Vom perfekten Eti
bis zum perfekten Etikettieren

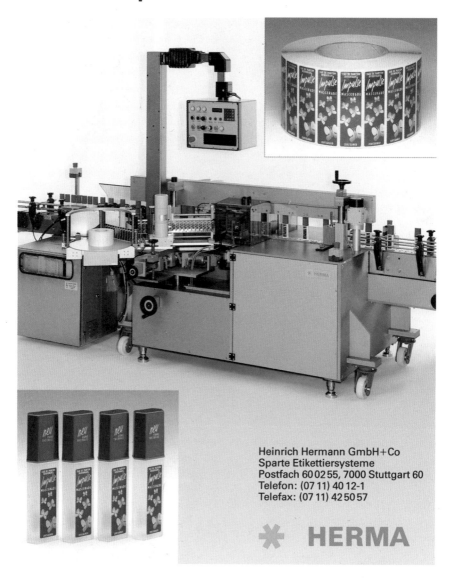

Heinrich Hermann GmbH+Co
Sparte Etikettiersysteme
Postfach 600255, 7000 Stuttgart 60
Telefon: (0711) 4012-1
Telefax: (0711) 425057

✳ **HERMA**

Fachwörterbuch Verpackung

Dictionary of Packaging

Dictionnaire de l'Emballage

Dizionario d'Imballaggio

Diccionario del Envase y Embalaje

Словарь по таре и упаковке

Deutsch – Englisch – Französisch –
Italienisch – Spanisch – Russisch

English – German – French –
Italian – Spanish – Russian

Français – Allemand – Anglais –
Italien – Espagnol – Russe

Italiano – Tedesco – Inglese –
Francese – Spagnolo – Russo

Español – Alemán – Inglés –
Francés – Italiano – Ruso

немецко-английско-французско-
итальянско-испанско-русский

Fachwörterbuch Verpackung

Herausgegeben von Johannes P. A. Hoffmann

Überarbeitet von Erich Krämer

2., überarbeitete Auflage

Hüthig Buch Verlag Heidelberg

CIP-Titelaufnahme der Deutschen Bibliothek

Hoffmann, Johannes P.A.:
Fachwörterbuch Verpackung: [deutsch, englisch, französisch,
italienisch, spanisch, russisch]/hrsg. von Johannes P.A.
Hoffmann. Überarb. von Erich Krämer. – Heidelberg: Hüthig,
1990
 ISBN 3-7785-1772-4
NE: Krämer, Erich [Bearb.]; HST

Inhaltsverzeichnis	Contents	Table des matières
Vorwort	Preface	Avant-propos 6 – 11
Hinweise für die Benutzung des Wörterbuches	Instructions for the use of the dictionary	Indications pour l'emploi de ce dictionnaire 12 – 16

Indice	Tabla de materias	Содержание
Prefazione	Prólogo	Предисловие
Istruzioni per l'uso del dizionario	Indicación	О пользовании словарем

Wörterbuch / Dictionary / Dictionnaire / Dizionario / Diccionario /Словарь

Vorwort

Die Sprache ist insbesondere in diesem Jahrhundert immer stärker von der in alle Lebensbereiche eindringenden Technik beeinflußt worden. Dies gilt auch für den großen Bereich des Verpackungswesens, der in den letzten Jahrzehnten zu besonderer volkswirtschaftlicher und betriebswirtschaftlicher Bedeutung gewachsen ist.

Viele hundert Termini technici werden täglich benutzt, oft mit von Branchen zu Branchen, sogar von Unternehmen zu Unternehmen und selbst innerhalb einzelner Unternehmen verschiedenen Bedeutungen. Umso bedeutsamer ist die Zuordnung der Benennungen zu anderen Sprachen, die durch die zunehmende Verflechtung der Wirtschaft und der Wissenschaft, nicht nur im gemeinsamen europäischen Markt, sondern in der gesamten Welt, einfach unerläßlich ist, um sinnvolle Verständigung in allen Bereichen des Verpackungswesens, in der Waren- und Materialwirtschaft, beim Einkauf und Verkauf, in Technik und Versand, zu erleichtern und auch der dazugehörigen elektronischen Datenverarbeitung eine Grundlage zu geben, ganz abgesehen von der Nutzung der internationalen Fachliteratur und bei Recherchen.

Diese Erkenntnisse führten bereits 1951 zur Gründung einer Arbeitsgruppe „Terminologie Verpackung" in der Rationalisierungs-Gemeinschaft Verpackung (RGV) des RKW und zu enger Zusammenarbeit in terminologischen Fragen innerhalb der European Packaging Federation (EPF). Die erste dreisprachige Veröffentlichung des Fachwörterbuches Verpackung (erste Auflage 1968, zweite verbesserte Auflage 1971) wurde so gut aufgenommen, daß schon bald darauf eine weitere Auflage, nunmehr in sechs Sprachen, erfolgen konnte.

Seitdem sind durch den technischen Fortschritt im Verpackungswesen mehrere hundert neue Termini technici hinzugekommen, sodaß es höchste Zeit wurde, eine gründliche Überarbeitung und Ergänzung vorzunehmen. Dies wurde durch die inzwischen im Deutschen Institut für Normung (DIN) fortgeführten Arbeiten der Arbeitsgruppe „Terminologie Verpackung", verstärkt durch Experten aus Österreich und der Schweiz, erleichtert, die zur Norm DIN 55 405 „Begriffe für das Verpackungswesen" führten, deren Inhalt mit der österreichischen Norm A 5405 identisch ist. Leider hat die Internationale Standardisierungs-Organisation (ISO) ihre Arbeiten auf diesem Gebiet nicht fortgesetzt.

Umso bedeutsamer ist deshalb das nunmehr aktualisiert vorliegende Fachwörterbuch Verpackung für alle am Verpackungswesen interessierten Kreise der Wirtschaft und der Wissenschaft.

Dank gilt allen, die an diesem Werk mitgearbeitet haben, insbesondere dem inzwischen verstorbenen Initiator und ersten Herausgeber Johannes Hoffmann.

Für den deutschsprachigen Raum sind die Normen DIN 55 405/A 5405 insofern als wertvolle Ergänzung zu empfehlen, als dort neben den Benennungen auch die Definitionen, also die Begriffserläuterungen, nachzulesen sind. Deren Aufnahme hätte den Umfang des vorliegenden Werkes gesprengt und ist außerdem durch die noch ausstehende Abstimmung mit den anderen Sprachräumen nicht möglich.

Nördlingen, Mai 1990   Erich Krämer

Preface

Our language has been influenced increasingly, in this century in particular, by modern technology intruding into all sectors of life. This also applies to the extensive area of packaging which has grown in political and industrial importance during recent decades.

Hundreds of technical terms are in daily use, often with different meanings in various industrial sectors, or from one company to another, and sometimes even within a single company.

Taking into account the increasing interplay between economy and science not only in the European Community but all over the world, the definition and classification of these technical terms in other languages is therefore of increasing importance, if not indispensable, for a meaningful understanding between all the sectors of the packaging industry, for product and material organisation, purchasing and sales, engineering and distribution, as well as forming a basis for electronic data processing and research. This must be seen in addition to the use of international trade literature.

This realisation led to the foundation of a working party "Terminology Packaging" in the Rationalisierungs-Gemeinschaft Verpackung (RGV) within the Rationalisierungs-Kuratorium der Deutschen Wirtschaft e. V. (RKW) as early as 1951, and to close cooperation in matters of terminology within the European Packaging Federation (EPF). The first publication in three languages of the Dictionary of Packaging (first edition 1968, second improved edition 1971) was received so well that the next edition soon followed, this time in six languages.

Since then technical progress in the field of packaging has resulted in hundreds of new words, making a fundamental revision and extension urgently necessary.

This has been facilitated by the work carried out by the Packaging Terminology Working Party of the German Institute for Standardisation (DIN) augmented by experts from Austria and Switzerland. This culminated in Standard DIN 55 405 "Begriffe für das Verpackungswesen", "Packaging concepts", the contents of which are identical with the Austrian Standard A 5405. Unfortunately the International Standardisation Organisation (ISO) has not continued its work in this field.

This revised and updated Dictionary of Packaging is therefore of even greater significance to those in industry and science concerned with packaging.

Thanks are due to all who cooperated in this work, especially to the initiator and first editor, the late Johannes Hoffmann.

For German speaking countries, the standards DIN 55 405/A 5405 are recommended as a valuable supplement since definitions are included in addition to the technical terms. To have included these in the dictionary would have resulted in a prohibitive size and was also precluded by the lack of harmonisation with other languages.

Nördlingen, May 1990   Erich Krämer

Avant-propos

Le langage – et ceci vaut surtout pour notre siècle – est de plus en plus influencé par la technique qui s'introduit dans tous les secteurs de notre vie. Cela est également valable pour le grand domaine de l'emballage qui, au cours des dernières décennies, a acquis de plus en plus d'importance dans la politique économique et commerciale.

Chaque jour, des centaines de termes techniques sont utitlisés souvent avec des significations qui diffèrent d'une branche à l'autre ou d'une société à l'autre et parfois dans la même entreprise. Déterminer les termes correspondants dans les autres langues est d'autant plus important que ces correspondances sont devenues indispensables en raison de l'interdépendance grandissante entre l'économie et la science, aussi bien au niveau du Marché Commun Européen que dans le monde entier, pour faciliter une coopération rationnelle dans tous les secteurs de l'emballage, dans l'organisation des produits et des matériaux, au niveau de l'achat et de la vente, de la production et de l'expédition et aussi pour la création d'une base pouvant servir au traitement électronique de l'information et aux recherches, sans oublier l'exploitation de la littérature spécialisée internationale.

Ces constatations ont conduit dès 1951 à la constitution d'un groupe de travail „Terminologie Emballage" au sein de la Rationalisierungsgemeinschaft Verpackung („RGV") du Rationalisierungs-Kuratorium der Deutschen Wirtschaft („RKW") et à une collaboration étroite avec la section terminologique de la European Packaging Federation („EPF"). La première publication du Dictionnaire de l'emballage en trois langues (1ère édition 1968, 2e édition revue et améliorée en 1971) a été si bien accueillie qu'une nouvelle édition, cette fois en six langues, a pu suivre très vite.

Depuis cette parution, les progrès techniques réalisés dans le domaine de l'emballage ont entraîné l'apparition de plusieurs centaines de termes techniques nouveaux, si bien qu'il a été indispensable de procéder rapidement à une profonde révision et à un complément de l'ouvrage.

Cette tâche a été facilitée par les travaux du groupe de travail „Terminologie de l'Emballage" qui ont été continués par l'Institut Allemand pour la Standardisation („DIN") auquel des experts autrichiens et suisses ont prêté leur concours. Ces travaux ont abouti à la norme DIN 55405 „Notions pour le Domaine de l'Emballage" dont le contenu est identique à la norme autrichienne A 5405. Malheureusement, l'Organisation Internationale de Standardisation („ISO") n'a pas poursuivi ses travaux en cette matière.

Le présent Dictionnaire de l'Emballage actualisé en est donc d'autant plus significatif pour quiconque s'intéresse à l'emballage dans l'industrie et la science.

Nos remerciements vont à tous ceux qui ont collaboré à cet ouvrage, particulierement à M. Johannes Hoffmann, l'initiateur et premier éditeur, décédé entretemps.

Pour les pays germanophones, on peut recommander les normes DIN 55405/A 5405 comme suppléments valables, parce qu'on y trouve et les termes et leurs définitions, c.-à-d. les explications des notions. Nous n'avons pas pu les inclure dans ce livre qui serait alors devenu trop volumineux et ceci n'aurait pas été possible non plus en raison du manque d'harmonisation avec les autres aires linguistiques.

Nördlingen, mai 1990   Erich Krämer

Prefazione

Soprattutto nel ventesimo secolo la lingua è stata crescentemente influenzata dalla tecnica, che ormai è penetrata in ogni ambiente. Ciò vale anche per il vasto settore dell'imballaggio, che negli ultimi decenni ha acquisito particolare importanza dal punto di vista sia dell'economia politica che di quella aziendale.

Ogni giorno vengono utilizzate diverse centinaia di termini tecnici, il cui significato spesso varia di branca in branca, di azienda in azienda e persino all'interno delle singole aziende. Diventa quindi ancora più significativo un coordinamento dei vocaboli nelle altre lingue che, per la crescente compenetrazione di economia e scienza, è diventato realmente indispensabile non solo nel mercato comune europeo ma in tutto il mondo per facilitare il raggiungimento di una opportuna concordanza in tutti i settori dell'imballaggio, nel ciclo commerciale e in quello produttivo, nell'acquisto e nella vendita, nella tecnica e nella spedizione, e anche per creare i presupposti per la relativa elaborazione elettronica dei dati, a prescindere dall'utilizzo che se ne può fare nella bibliografia tecnica internazionale e nella ricerca.

Queste considerazioni portarono già nel 1951 alla creazione di un gruppo di lavoro sulla „Terminologia dell'Imballaggio" nell'ambito della Rationalisierungs-Gemeinschaft Verpackung (Organizzazione per la Razionalizzazione nell'Imballaggio + RGV) e ad una più stretta collaborazione all'interno della European Packaging Federation (Federazione Europea dell'Imballaggio + EPF) per quanto riguarda i problemi terminologici.

La prima versione in tre lingue del Dizionario Tecnico dell'Imballaggio (prima edizione 1968, seconda edizione riveduta e corretta 1971) ricevette un'accoglienza così positiva che poté essere seguita in brevissimo tempo da un'ulteriore edizione già in sei lingue.

Da allora, a causa dei progressi tecnici conseguiti nel campo dell'imballaggio, si sono aggiunte altre centinaia di nuovi termini tecnici, per cui era veramente ora che venisse intrapresa una rielaborazione radicale e un'integrazione del dizionario. Questo compito è stato agevolato dagli studi portati avanti all'interno del Deutsches Institut für Normung (Instituto Tedesco per la Normalizzazione + DIN) dal gruppo di lavoro sulla „Terminologia dell'Imballaggio" ampliato in modo da comprendere anche esperti austriaci e svizzeri, studi che hanno portato alla creazione della Norma DIN 55 405 „Imballaggio, i concetti", il cui contenuto è identico alla Norma A 5405 austriaca. Purtroppo l'International Standardisation Organisation (Organizzazione Internazionale per la Standardizzazione + ISO) non ha continuato i propri lavori in questo campo. La versione aggiornata del Dizionario Tecnico dell'Imballaggio diventa quindi tanto più importante per tutti i settori dell'economia e della scienza collegati all'imballaggio.

Un ringraziamento va a tutti coloro che hanno collaborato a quest'opera, e in particolare al suo promotore e primo curatore Johannes Hoffmann, purtroppo nel frattempo defunto.

A tutt'oggi le Norme DIN 55 405/austriaca 5405 costituiscono un prezioso completamento per quanto riguarda la sezione in lingua tedesca, dato che esse contengono non solo i termini specifici ma anche le loro definizioni, ovvero le spiegazioni dei concetti a cui si riferiscono. L'inserimento di quest'ultime nel Dizionario Tecnico è stato reso impossibile non solo da problemi di mole eccessiva dell'opera in questione, ma anche dalla mancanza di concordanza che ne sarebbe risultata tra la sezione relativa alla lingua tedesca e quelle relative alle altre lingue.

Nördlingen, Maggio 1990   Erich Krämer

Prólogo

El idioma, especialmente durante éste siglo, y en toda clase de actividades, se ha visto fuertemente influenciado por la técnica. Así ha ocurrido también en el amplio sector de la Ciencia y de la Técnica del Envase y Embalaje, que en los últimos decenios, se ha desarrollado de forma muy importante, en la socio-economía y en la economía empresarial.

Muchos cientos de términos técnicos, utilizados diariamente en distintos sectores y entre ellos entre sí, así como entre las empresas e incluso dentro de las mismas empresas, pueden tener distintos significados. Asímismo es importante la clasificación de los significados en otros idiomas, para en el entramado de la Economía y de la Ciencia lograr y facilitar el entendimiento, no sólo en el mercado común europeo, sino en todo el mundo, cosa que es indispensable en todos los campos de la Ciencia y de la Técnica del Envase y Embalaje, en la economía de las mercancías, de los materiales, en las compras y en las ventas, en la expedición; todo ello, para el mejor y más claro entendimiento, no sólo de los términos que es preciso aplicar correctamente teniendo en cuenta el uso de los medios electrónicos existentes para la utilización de datos, sino para la correcta utilización de la literatura técnica internacional, y en los trabajos de investigación.

El reconocimiento de ésta necesidad provocó, ya en 1951, la creación del Grupo de Trabajo „Terminología del Envase y Embalaje" en la Asociación para la Racionalización del Envase y Embalaje (RGV) del R.K.W. (Consejo para la Racionalización de la Economía), que mantuvo siempre una estrecha colaboración, en cuanto a problemas de terminología, con la Federación Europea del Envase y Embalaje (E.P.F.) (European Packaging Federation). La publicación del primer Diccionario técnico-políglota del envase y embalaje en tres idiomas, (primera edición, 1968; segunda edición, mejorada, 1971), tuvo tanta aceptación que se prosiguió con una nueva edición, esta vez en seis idiomas.

Desde entonces, los nuevos desarrollos de la Ciencia y la Tecnología del Envase y Embalaje han aportado centenares de nuevos términos técnicos, de tal manera que llegó un momento en el que hubo que realizar un trabajo profundo y metódico para editar un suplemento. Este esfuerzo se vió reforzado con los trabajos del grupo de trabajo del Instituto Alemán de Normalización (DIN) y con expertos de Austria y Suiza, elaborándose la norma DIN 55Æ2405 „Ciencia del envase y embalaje: terminología", cuyo contenido es idéntico al de la norma austriaca A-5405. Desgraciadamente la Organización Internacional de Normalización (ISO) no ha proseguido sus trabajos en este campo.

Por ello es importante poder disponer desde ahora de este Diccionario Técnico Políglota del envase y embalaje, para todos los interesados en su Ciencia y Tecnología en los distintos círculos de la Economía y de la Ciencia.

Gracias a todos los que han colaborado en la realización de ésta obra y en especial a su fallecido iniciador y primer editor, Johannes Hoffmann.

Para el área geográfica de habla alemana las normas DIN 55405 y A 5405 son un complemento altamente recomendable, ya que en ellas pueden encontrarse junto a los términos, definiciones y aclaraciones terminológicas del mayor valor. Su alcance ha producido la extensión de esta obra, su sintonía con otros idiomas y sus correspondientes áreas geográficas, ya que sin ellas no habría sido posible.

Nördlingen, Mayo 1990   Erich Krämer

Предисловие

На язык все возрастающее влияние оказывала и оказывает проникающая во все сферы жизни техника. Это также относится к большой области упаковки, которая за последние десятилетия приобрела особое значение как для народного хозяйства в целом, так и для отдельного предприятия.

Ежедневно употребляют сотни технических терминов, причем их нередко толкуют по-разному в разных отраслях, на разных предприятиях и даже на одном и том же предприятии. Тем значительнее отнесение названий к другим языкам; оно просто необходимо, чтобы при все усиливающемся сплетении экономики и науки - не только на общеевропейском рынке, но во всем мире - облегчать толковое общение во всех областях упаковки, в товарном и материальном хозяйстве, при закупке и продаже, в технике и при отправке, а также создать базу для принадлежащей к этому электронной обработки данных, не говоря уже об использовании международной специальной литературы и при поисках.

Когда это было осознано, уже в 1957г. была создана рабочая группа "Терминология в области упаковки" ("Terminologie Verpackung") в объединении по рационализации в области упаковки Кураториума по рационализации немецкой экономики (Rationalisierungs-Gemeinschaft Verpackung (RGV) des Rationalisierungs-Kuratoriums der deutschen Wirtschaft (RKW)) и началось тесное сотрудничество по вопросам терминологии в рамках Европейской Федерации по упаковке (European Packaging Federation (EPF)).

Первая публикация специального словаря "Упаковка" на трех языках (первое издание в 1968г., второе, усовершенствованное издание в 1971.) нашла такой отклик, что скоро появилось новое издание - на этот раз на шести языках.

С тех пор благодаря техническому прогрессу в области упаковки число технических терминов увеличилось на несколько сот, так что стало крайне необходимо переработать и дополнить словарь. Это было облегчено работами, которые тем временем продолжались в Германском комитете по стандартизации (Deutsches Institut fr Normung (DIN)) рабочей группой "Терминология в области упаковки" и экспертами из Австрии и Швейцарии. Эти работы привели к стандарту DIN 55 405 "Verpackungswesen. Begriffe" ("Упаковочная техникаЯ Определения"), содержание которого идентично австрийскому стандарту А 5405. Международная организация по стандартизации (Internationale Standardisierungs-Organisation (ISO)), к сожалению, не продолжала работы в этой области.

Тем значительнее поэтому для всех интересующихся упаковкой кругов экономики и науки теперь существующий актуализованный специальный словарь по упаковке. Благодарность заслуживают все, кто принял участие в этой работе, особеннно покойный зачинатель и первый редактор словаря Йоханнес Хоффманн.

Для стран, где говорят на немецком языке, стандарты DIN 55 405/А 5405 представляют собой ценное дополнение, так как в них, кроме названий, можно найти и определения понятий. Включить последние объем настоящего словаря не позволил; это, кроме того, невозможно, пока не проведено согласование со странами, где говорят на других языках.

Нёрдлинген, в мае 1990 г.

Эрих Кремер

Hinweise für die Benutzung des Wörterbuches

Im Teil I sind die nach dem deutschen Alphabet geordneten und fortlaufend numerierten Begriffe in den sechs Sprachen (Deutsch, Englisch, Französisch, Italienisch, Spanisch und Russisch) nebeneinander aufgeführt.

Teil II erschließt die englischen, Teil III die französischen, Teil IV die italienischen, Teil V die spanischen und Teil VI die russischen Stichwörter durch einen alphabetischen Findex, der auf die jeweiligen Nummern im Teil I verweist.

Das * hinter einem deutschen Stichwort besagt, daß dieser Begriff in DIN 55 405 „Verpackungswesen, Begriffe" definiert ist, die vom Fachnormenausschuß Verpackung im Deutschen Normenausschuß (DNA) unter Mitwirkung von Vertretern Österreichs und der Schweiz aufgestellt wurde.

Verweise auf andere (verwandte) Begriffe geschehen durch den Zusatz (siehe . . .) in der Spalte Deutsch mit der Nummer, unter der das Wort im Teil I aufgeführt worden ist.

In den übrigen Sprachen ist dieser Hinweis nicht wiederholt worden. Die Benutzer dieser Spalten werden gebeten, den Verweis auf die entsprechende Nummer der ersten Spalte (Deutsch) zu entnehmen.

Unterschiede zwischen amerikanischem und britischem Englisch bleiben im Rahmen dieses Wörterbuches größtenteils unberücksichtigt; sie sind + soweit es notwendig erschien + durch (AE) bzw. (BE) gekennzeichnet.

In (*) gesetzte Wörter oder Wortteile sind,

mager gesetzt: Erklärungen, z.*B. Aufbau (bei Paletten);

halbfett gesetzt: Ergänzungen, weitere mögliche Konstruktionen oder Schreibweisen eines Ausdrucks, z.*B. Draht(heft)klammer; bitum(in)ieren.

Eine ~ steht nicht nur für das unveränderte Stichwort, sondern generell für logisch erkennbare Wiederholungen eines im zuvor genannten Ausdruck auftretenden Wortes.

m, f, n geben das Geschlecht des Substantivs an;
pl Plural.

Die Einordnung von ä = ae, ö = oe und ü = ue erfolgte nach den deutschen Einheits-Abc-Regeln.

Instructions for the use of the dictionary

In Part I the terms in the six languages (German, English, French, Italian, Spanish and Russian) are arranged horizontally. The German language has been used for alphabetising and numbering. There is for the English terms (Part II), for the French terms (Part III), for the Italian terms (Part IV), for the Spanish terms (Part V), and for the Russian terms (Part VI) an alphabetical index referring to the corresponding numbers in Part I.

The asterisk* behind a German term indicates that this term is defined in the standards DIN 55 405 (parts 1 to 7) „Verpackungswesen, Begriffe"* and DIN 8740 parts 1 to 9 „Verpackungsmaschinen, Begriffe"* which have been elaborated by the Fachnormenausschuß Verpackung im Deutschen Normenausschuß (DNA) and representatives from Austria and Switzerland.

References to other (related) terms are indicated by (siehe . . .) in the German terms column together with the number of that term in part I.

For the other languages this indication has not been repeated. The users of these columns are kindly asked to use the respective indication in the first column (German).

---

* Exclusive sale of standard sheets through Beuth-Vertrieb GmbH, Berlin 30, Köln, Frankfurt am Main.

Differences between American and British English are for the most part not taken into account within the frame of this dictionary; they are, where necessary, marked (AE) or (BE).

Words or parts of words in ( ) are +

printed in light face:	explanations, e. g. superstructure (of pallets);
printed in **medium face**:	supplements, further possible constructions or spellings of a term, e. g. **steam(-vacuum) closure** or **standard(ised) package.**

A ᴠ does not stand for the unchanged key-word only, but generally for logically discernible repetitions. of a word from the first mentioned expression.

m, f, n indicate the gender of the noun, pl means plural.

According to the German Official Rules for Alphabetising ä is arranged as ae, ö as oe, and ü as ue.

Indications pour l'emploi du dictionnaire

Dans la Partie I, les concepts dans les six langues (allemand, anglais, français, italien, espagnol, et russe) sont disposés horizontalement suivant l'ordre alphabétique allemand et selon un numérotage continu.

La Partie II présente les mots vedettes anglais, la Partie III français, la Partie IV italiens, la Partie V espagnols et la Partie VI russes, dans un index alphabétique qui renvoie chaque fois aux numéros de la Partie I.

L'astérisque derriére un terme allemand signifie que ce concept est défini dans la norme DIN 55 405 „Verpackungswesen, Begriffe" qui fut établi par le Fachnormenausschuß Verpackung im Deutschen Normenausschuß (DNA) avec la collaboration des représentants de l'Autriche et de la Suisse.

Des renvois à d'autres concepts (parents) apparaissent sous le signe additif (siehe . . .) dans la colonne allemande et au numéro sous lequel le mot a été cité dans la Partie I.

Dans les autres langues, cette indication n'a pas été répétée. Les utilisateurs de ces colonnes sont priés d'emprunter à la premiére colonne (allemand) le renvoi au numéro correspondant.

Indicazioni per l'uso del dizionario

Nella prima parte sono riportati orizzontalmente nelle sei lingue (tedesco, inglese, francese, italiano, spagnolo, russo) i termini, ordinati secondo l'alfabeto tedesco e numerati progressivamente.

La seconda parte comprende i termini inglesi, la terza quelli francesi, la quarta quelli italiani, la quinta quelli spagnoli e la sesta quelli russi, tutti ordinati in un „findex" alfabetico che rimanda ai relativi numeri della prima parte.

L'asterisco (*) dopo un termine tedesco ne indica la sua definizione nella norma DIN 55 405 (da parte 1 a parte 7) „Verpackungswesen, Begriffe" e nella norma DIN 8740 (da parte 1 a parte 9) „Verpackungsmaschinen, Begriffe", redatte Fachnormenausschuß Verpackung im Deutschen Normenausschuß (DNA) con il concorso di rappresentanti dell'Austria e della Svizzera.

Richiami ad altri termini affini avvengono con l'indicazione (siehe . . .) nella colonna deltedesco e del numero sotto cui il termine é stato registrato nella prima parte. Nelle altre lingue tale indicazione non é stata ripetuta. Coloro che si servono delle altre colonne, sono invitati a leggere l'indicazione al numero corrispondente della prima colonna (tedesco).

Differenze tra l'inglese americano e britannico non vengono, per la maggior parte dei casi, prese in considerazione nell'ambito di questo dizionario: in caso di opportunità i relativi termini sono contrassegnati rispettivamente con (AE) oppure (BE).

Termini o parte di termini tra parentesi ( ) sono stampati:

in carattere chiaro:	spiegazioni, per es. sovrastruttura (di palette)
in carattere neretto:	completamenti, ulteriori costruzioni o varianti ortografiche di una espressione, per es. rivestire, spalmare (con spazzole) oppure resistenza alla (com)pressione.

Il segno ⁓ non indica soltanto il termine immutato ma, in generale, ripetizioni logicamente riconoscibili in una parola apparsa in espressioni già citate in precedenza.

m., f., indicano il genere del sostantivo; pl., plurale.

L'ordinamento di ä = ae, ö = oe e ü = ue segue le regole alfabetiche tedesche.

Instrucciones para el uso del diccionario

En la parte I figuran las voces, por orden sucesivo, en los seis idiomas (alemán, inglés, francés, italiano, español y ruso), siguiendo la disposición alfabética alemana y enumeradas consecutivamente.

Las partes II, III IV, V y VI incluyen las voces inglesas, francesas, italianas, españolas y rusas respectivamente, en orden alfabético y provistas de una cifra que remite a los números correspondientes de la parte I.

El (*) detrás de un vocablo alemán significa que esta voz se halla definida en la norma base o modelo DIN 55 405 „Embalajes, Conceptos", confeccionada por el Centro de Racionalización del Embalaje (RGV) del RKW, en cooperación con la Comisión de Normas Embalaje del Comité de Normas Alemanas (DNA) y con la colaboración de representantes de Austria y Suiza.

Mediante la notación (siehe . . .) en la columna del alemán y en el número bajo el cual figura la palabra en la parte I se remite a otras ideas afines.

En los demás idiomas no se repite esta indicación. Se ruega, por lo tanto, a los usuarios de estas columnas que utilicen la remisión al número correspondiente inserta en la primera columna (alemán).

Las divergencias entre el inglés americano y británico no han sido tenidas en cuenta, en gran parte, dentro del margen de este diccionario; sin embargo, se especificaron mediante (AE) o (BE), siempre que pareció necesario hacer tal distinción.

Las expresiones o componentes integrantes de las mismas que van entre ( ) están impresas en caracteres sencillos: Aclaraciones, p. ej. Aufbau (bei Paletten),

en caracteres semigruesos: Complementos, otras construcciones posibles o grafias de una dicción, p. ej. Draht(heft)klammer, bitum(in)ieren.

Se inserta una ⁓ no solamente en sustitución de la voz invariable, sino que se emplea generalmente para evitar la repitición, lógicamente reconocible, de un vocablo que aparece en la expresión antes citada.

m, f, n indican los géneros gramaticales de los sustantivos; pl, el plural.

La disposición de ä = ae, ö = oe y ü = ue se rige por las reglas del alfabeto alemán.

О пользовании словарем

В первой части словаря находятся термины на шести языках (немецком, английском, французском, итальянском, испанском и русском), расположенные рядом; немецкие термины помещены в алфавитном порядке немецкого языка и снабжены порядковым номером.

Часть II является английским алфавитным указателем, часть III - французским, часть IV - итальянским, часть V - испанским и часть VI - русским алфавитным указателем. Эти части содержат все термины на вышеуказанных языках; термины расположены в алфавитном порядке отдельных язы ков и посредством находящихся при них чисел, указывают порядковые номера соответствующих терминов в части I.

Помета звездочка*, стоящая после немецкого термина, обозначает, что данный термин определен во временном стандарте или проекте германского стандарта ДИН 55 405 "Упаковочная техникаЯ Определения", который был разработан Германским обществом рационализации тары и упаковки (Rationalisierungs-Gemeinschaft Verpackung RGV des RKW) совместно со Специальной стандартизационной комиссией по таре и упаковке Германского комитета по стандартизации (Fachnormenausschuss Verpackung im Deutschen Normenausschuss) при сотрудничестве представителей Австрии и Швейцарии.

Ссылки на другие (близкие по значению) термины даются путем прибавления после основного немецкого термина слова siehe... (смотри...) и числа, соответствующего порядковому номеру родственного термина в части I словаря. Благодаря этому нет надобности помещать это указание после терминов на других языках, а пользующиеся словарем могут эту ссылку всегда взять из немецкого текста.

Различия между американским и британским английским языком в этом словаре в большинстве случаев не принимаются во внимание; если это оказалось необходимым они помечены соответственно посредством (AE) = (American expression - американское выражение) или (BE) = (British expression - британское выражение).

Слова или их части, заключенные в круглые скобки, являются:
если набраны стандартным шрифтом - объяснениями или дополнениями, напр. надстройка, надставка (при поддонах, вырубать (заготовки сборных металлических банок);
если набраны полужирным шрифтом - факультативными частями термина или возможной другой формой того же самого слова, напр. деформировать(ся), виккельное (викельное) кольцо.

В переводах принята следующая система разделительных знаков: близкие по значению переводы разделены запятой, более далекие или содержащие разные, а также противоположные понятия - точкой с запятой. Точкой с запятой разделены также термины, в составе которых находится запятая.

Тильдой (~) заменяются не только повторяющиеся одинаковые основные термины, но также все логически легкоразличимые повторения слов, входящих в состав предшествующего определения. Пометы m, f, n в немецком и французском тексте определяют род имен существительных.

Помета pl обозначает в этих текстах множественное число.
Буквы , , согласно Унифицированным немецким алфавитным правилам (Einheits-Abc-Regeln), приравниваются соответственно к - ae, - oe, - ue.

(Ver-)packende Technik

OPTIMA — ein mittelständisches Unternehmen mit 350 Mitarbeitern, hat als führender Hersteller von Abfüll- und Verpackungsmaschinen für die Nahrungsmittel- und Papierhygieneindustrie, weltweit einen guten Namen.
Der Erfolg gründet sich auf Kundennähe, Mitarbeiterorientierung, Innovation und modernste Fertigung.
Die Produkte, die tagtäglich auf OPTIMA-Maschinen in Beutel, Dosen oder Gläser abgefüllt und verpackt werden, erstrecken sich
von pulvrigen über körnige bis hin zu stückigen Produkten, von Lebensmitteln über Genußmittel zu chemischen und pharmazeutischen Produkten, wie z. B. Tee, Kaffee, Trockensuppen, Instantprodukte, Gewürze, Snackartikel und Kekse sowie Waschpulver.
Ein bedeutender Produktionszweig sind die Maschinen für das Gruppieren und Verpacken von Papierhygieneartikeln, wie Damenbinden, Slipeinlagen, Babywindeln und Toilettenrollen.

OPTIMA Maschinenfabrik · D-7170 Schwäbisch Hall
Telefon (0791) 506-0 · Telex 74874 · Telefax (0791) 51835

Nr.	DEUTSCH	ENGLISCH	FRANZÖSISCH
1	**A-Welle** f (grobe Riffelung der Wellpappe mit etwa 36 Wellen auf 30,48 cm, Höhe etwa 4,76 mm) (siehe 4452 ff.)	**A-flute** (type of corrugation with appr. 36 flutes per foot, height appr. 4,76 mm)	**cannelure** f **A** (type du carton ondulé avec env. 36 cannelures par 30,48 cm, hauteur env. 4,76 mm)
2	**abbinden** (aushärten von Klebstoff und Leim)	**to set** (adhesives)	**prendre** (colles)
3	**abbinden** (umwickeln)	**to tie up**	**fermer une enveloppe de fil**
4	**Abbindezeit*** f	**setting time**	**durée** f **de prise**
5	**abblättern, aufblättern**	**to peel off**	**s'écailler, effeuiller**
6	**Abbördelmaschine** f	**edge cutters** pl	**bordeuse** f
7	**abdecken**	**to mask, to cover**	**masquer, couvrir**
8	**Abdeckband** n	**masking tape**	**bande** f **de recouvrement**
9	**Abdeckpapier** n, **siliconisiertes Abdeckpapier** (siehe 3950)	**(silicone) anti-adhesive paper**	**papier** m **anti-adhésif papier au silicone**
10	**Abdeckscheibe** f (siehe 631)	**masking disk, covering disk**	**disque** m **de couverture**
11	**abdichten, dichten**	**to seal, to make tight, to waterproof**	**sceller, calfeutrer**
12	**Abdrückprüfung*** f	**internal pressure test**	**essai** m **de pression interne**
13	**abfärben** (Auslaufen von Farben)	**to bleed** (leaking out of dyes or pigments)	**(se) déteindre (échappement** m **d' encres)**

ITALIENISCH	SPANISCH	RUSSISCH	Nr.
onda f **A** (tipo di ondulazione del cartone ondulato con circa 36 ondulazioni per 30,48 cm, altezza circa 4,76 mm)	acanalado (a. m), **Tipo de cartón ondulado con aprox. 36 canales por 30,48 cm y una altura de aprox. 4,76 mm**	гофр **A** (профиль волнообразного слоя бумаги, состоящий приблизительно из 36 волн или рифлей на 30,48 см; толщина картона 4,76 мм)	1
aderire, far presa (di colle ed adesivi)	**pegar, prender, fijarse** (aplicado a colas, adhesivos)	**схватываться, затвердевать** (схватывание клеящего вещества)	2
legare con filo o corda	**atar**	**привязывать, связывать** (обертывать, обвертывать)	3
tempo m **di presa**	**tiempo de fraguado** m	**время схватывания, срок схватывания**	4
togliere, sfogliare, sbucciare, venir via	**descortezarse, deshojarse, pelarse**	**отслаиваться, расслаиваться**	5
bordatrice f, **flangiatrice** f	**cortadora** f, **rebordeadora**	**обрезной станок**	6
coprire, mascherare	**cubrir, tapar**	**покрывать, перекрывать, закрывать**	7
nastro m **di copertura**	**cinta de mascaje, cinta (adhesiva) cubridora** f	**лента для прикрывания** (маскировки)	8
carta f **anti adesiva, carta ai siliconi**	**papel** m **antiadhesivo** (siliconado)	**обклеечная бумага с проклейкой кремнийорганическими соединениями**	9
disco m **di copertura**	**disco de cobertura** m	**плита для перекрытия** (покрытия)	10
sigillare, render stagno	**soldar, sellar, hacer estanco**	**уплотнять, конопатить, набивать**	11
prova f **della pressione interna**	**esayo de presión interior**	**испытание на неплотности**	12
stingersi, perdere colore	**desteñirse, perder el color, decolorarse**	**выцветать, обесцвечивать** (растекание краски)	13

Nr.	DEUTSCH	ENGLISCH	FRANZÖSISCH
14	**Abfall** m	**waste**	**déchet** m
15	**Abfallgesetz** n	**law on garbage and waste disposal**	**loi sur l'évacuation des déchets**
16	**Abfallpresse** f	**waste baler**	**presse** f **à ballots**
17	**Abfallverpackung** f	**refuse package**	**emballage** m **de déchets**
18	**Abfallverwertung** f	**waste recycling**	**recyclage** m **des déchets**
19	**abfließen, ablaufen**	**to flow off, to run off**	**s'écouler**
20	**Abflußstopfen** m	**drain plug**	**bouchon** m **de drain**
21	**Abfüllanlage** f (Abfüllen in Flaschen)	**bottling line** (filling into bottles)	**équipement** m **d'embouteillage** (remplissage en bouteilles)
22	**Abfüllapparat** m (für Flaschen)	**filling machine, bottling machine**	**soutireuse** f **à bouteilles, machine** f **de mise en bouteilles**
23	**Abfüllbetrieb** m (siehe 43)	**packaging plant, contract packager**	**conditionneur** m **à façon**
24	**Abfüll- und Dosiermaschine** f	**filling and dosing machine**	**machine** f **à remplir et à doser**
25	**abfüllen**	**to fill, to bottle**	**mettre en bouteilles, embouteiller**
26	**abfüllen, auf Flaschen ziehen**	**to bottle**	**embouteiller**

ITALIENISCH	SPANISCH	RUSSISCH	Nr.
rifiuto m, scarto m	desperdicio m residuo	отходы, отбросы, обрезки	14
legge f sui rifiuti	legislación sobre residuos (solidos)	закон об отходах	15
pressarifiuti m	bala de desperdicios - prensa de formar balas	пресс для отходов	16
imballaggio m di rifiuti, di scarti	embalaje de residuos	мешок для сбора бытовых отходов	17
riciclaggio m dei rifiuti	desperdicios de envases y embalajes, embalajes de desecho, envases ya utilizados e inservibles ahora, envases usados inservibles	утилизация отбросов (отходов)	18
scorrere via, colare	fluir, desaguar	стекать, спускать	19
tappo m di scarico	tapón de desagüe	сливная пробка	20
impianto m di imbottigliamento (riempimento di bottiglie)	equipo m de embotellado, (llenado de botellas)	разливочная установка, разливочная линия, расфасовочная линия (для рафасовки или разлива в бутылки)	21
macchina f per imbottigliamento, riempimento di bottiglie	llenadora f de botellas	разливочная машина	22
azienda f d'imballaggio per conto terzi	planta de envasado	разливочный завод, упаковочное предприятие	23
macchina f riempitrice e dosatrice	máquina llenadora - dosificadora	расфасовочно-упаковочный автомат	24
riempire, imbottigliare, travasare	llenar, embotellar, decantar	разливать, расфасовывать, затаривать	25
imbottigliare, mettere in bottiglia	embotellar	разливать в бутылки, разливать по бутылкам	26

Nr.	DEUTSCH	ENGLISCH	FRANZÖSISCH
27	**Abfüllmaschine** f, **Füllmaschine** f	**filling machine, filler**	**remplisseuse** f, **machine** f **de remplissage**
28	**Abfüllwaage** f	**weighing and filling machine, fill-weigher, weigh-filler, dispensing scale**	**balance** f **pour le remplissage**
29	**Abfüllwaage** f (für Kleinbeutel)	**filling scales** pl (for small bags)	**balance** f **empocheuse** (pour petits sachets)
30	**abgelagertes Holz** n	**seasoned timber, seasoned lumber, seasoned wood**	**bois** m **vieilli**
31	**abgestreckte Dose*** f	**drawn and redrawn can**	**boîte** f **emboutie**
32	**abgraten** (durch Schneiden oder Abpressen)	**to trim, to burr (off)**	**ébavurer, ébarber** (par coupe on pression)
33	**Abguß** m	**cast, casting**	**moulage** m
34	**Abhesivpapier** n (siehe 9, 3950)	**anti-adhesive paper**	**papier** m **abhésif, papier anti-adhésif**
35	**abkanten und biegen**	**to fold and to bend, to crease and to bend**	**cintrer et plier**
36	**Abkühlmittel** n	**refrigerant, cooling agent**	**réfrigérant** m
37	**Ablaßöffnung** f, **Ausflußöffnung** f (Aerosolverpackung)	**bleeder orifice, vapour phase tap**	**orifice** m **d'aération, orifice** m **d'écoulement** (aéresols), **orifice** m **de pulvérisation**
38	**ablösbarer Klebstoff** m	**removable adhesive, soluble adhesive**	**adhésif** m **décollable**
39	**Ablösepapier** n, **Trennpapier** n (siehe 34)	**release paper**	**papier** m **abhésif**
40	**Abmessung** f	**size, dimension, measurement**	**taille** f, **dimension** f, **mesurage** m

ITALIENISCH	SPANISCH	RUSSISCH	Nr.
macchina f riempitrice, imbottigliatrice f	máquina f llenadora	расфасовочная машина, разливочная машина	27
pesatrice f e riempitrice f	balanza f para el llenado	взвешивающая и наполнительная машина	28
pesatrice f per piccoli sacchetti	balanza llenadora de bolsas	взвешивающая и наполнительная машина для расфасовки товара в мешочки или пакеты	29
legno m stagionato	madera seca	сухая древесина, выдержанная древесина	30
barattolo mimbutito	lata embutida	вытянутая банка	31
rifilare, togliere le materozze	rebarbar, desbarbar (mediante cuchillas, o a presión)	обрезать, удалять заусенцы	32
fusione f	fusión f, fundición f	отливка, литье	33
carta f anti-adesiva	papel antiadhesivo m	бумага с противоадгезионным покрытием	34
piegare e curvare	plegar y curvar	наносить линии сгиба и перегибать (фальцовать)	35
agente m refrigerante	refrigerante m	охлаждающее вещество, хладагент	36
valvola f di scarico (aerosol)	orificio m de aireación	выходное отверстие сопла, спускное отверстие (аэрозольной упаковки)	37
adesivo m rimovibile	adhesivo m despegable	растворимый клей	38
carta f anti-adesiva	papel adhesivo, despegable	отклеивающаяся бумага	39
misura f, dimensione f	dimensión f, medida f	размер, величина	40

Nr.	DEUTSCH	ENGLISCH	FRANZÖSISCH
41	**Abmessungen** fpl	**dimensions** pl	**dimensions** fpl
42	**Abnutzung** f, **Verschleiß** m	**wear, wear and tear**	**usure** f, **détérioration** f
43	**Abpackbetrieb*** m (Lohnabpack- oder Verpackungsbetrieb) (siehe 23, 2179, 4184)	**contract packaging plant, contract packager**	**usine** f **de conditionnement à façon, conditionneur** m **à façon, emballeur** m **sous contrat**
44	**Abpacken** n	**packaging**	**emballage** m, **conditionnement**
45	**Abpackmaschine** f, **Verpackungsmaschine** f	**packaging machine, packing machine**	**machine** f **d'emballage, machine d'empaquetage**
46	**Abquetschfläche** f (einer Blasform)	**flashing, flash ridge** (of a mould)	**surface** f **d'appui, appui** m (d'un moule), **moulerie** f **pour soufflage**
47	**abreiben**	**to rub** (off)	**frotter, ôter ou user en frottant**
48	**Abreißdeckel*** m	**tear-off lid**	**couvercle** m **arrachable**
49	**Abreißkapsel*** f	**tear-off cap**	**capsule** f **de déchirure**
50	**Abreißlasche*** f **Aufreißlasche*** f	**tear tab**	**patte** f **de déchirage, languette** f **de déchirure**
51	**Abreißpackung*** f	**tear-off package**	**emballage** m **à déchirer, emballage de déchirure**
52	**Abreißverschluß*** m	**tear tape, zip tape, tear-off closure, pull-off closure, stripseal**	**fermeture** f **à déchirer, obturateur** m **à déchirer**
53	**Abrieb** m	**abrasion, rubbing off**	**abrasion** f, **frottement** m
54	**Abriebwiderstand*** m **Abriebfestigkeit** f	**abrasion resistance**	**résistance** f **à l'abrasion, résistance au frottement**

ITALIENISCH	SPANISCH	RUSSISCH	Nr.
dimensioni f pl	dimensiones f pl	размеры, габариты	41
usura f, deterioramento m	desgaste m, deterioro m	износ, изнашивание, истирание	42
impianto m d'imballaggio o di confezionamento m per conto terzi	planta de envasado o embalado por encargo (envasado y embalado por cuenta de terceros, en plantas montadas para explotar el servicio como negocio)	упаковочное предприятие (для упаковывания товаров по договорам)	43
confezionamento m, imballaggio m	envasar, embalar	расфасовка, упаковка	44
macchina f per imballaggio m, macchina f per confezionamento	máquina de envasar, máquina f de embalar	упаковочная машина	45
cavità f dello stampo che raccoglie il residuo di materiale	superficie f de apoyo m de un molde m, (en moldeo por soplado)	отжимная кромка (формы для раздувания)	46
togliere strofinando	friccionar (desgastar por fricción)	затирать	47
coperchio m a strappo	opérculo desgarrable, cierre desgarrable	крышка с отрывочным язычком	48
capsula f a strappo	cápsula f de desgarro	отрывочный колпачок	49
linguetta f a strappo	lengüeta de desgarro	отрывочный язычок	50
imballaggio m a strappo	envase desgarrable (una tira especial saliente, permite la apertura del material de envase, al desgarrar éste)	тара с отрывочным язычком	51
chiusura f a strappo	cierre m u obturador m desgarrable	укупорочное средство с отрывочным язычком	52
abrasione f	abrasión f, roce m	истирание, износ	53
resistenza f all'abrasione	resistencia f a la abrasión, o al roce m	сопротивление истиранию, износостойкость	54

Nr.	DEUTSCH	ENGLISCH	FRANZÖSISCH
55	**Abrollapparat** m, **Geber** m, **Spender** m	**dispenser, dispensing machine**	**distributeur** m, **machine** f **débitrice**
56	**Abrolldeckel*** m	**wind-open end, key-opening lid**	**couvercle** m à **décollage**
57	**Abrollmaschine** f	**unwinding machine**	**dérouleuse** f
58	**Abrollung** f	**unwinding**	**déroulage** m
59	**Abrollwalze** f	**take-off roll**	**dérouleur** m
60	**Absackanlage** f	**sack filling plant**	**ensacheuse** f, **installation** f **ensacheuse**
61	**absacken** (in Säcke füllen)	**to sack, to bag**	**ensacher, mettre en sac(s)**
62	**Absauganlage** f	**exhausting equipment, vacuum equipment**	**installation** f **d'aspiration, groupe** m dépoussiéreur
63	**Abschirmblech** n (gegen Eindringen von Wasser)	**baffle** (plate of wood or metal to prevent entrance of water)	**tôle** f **d'écran, chicane** f (pour empècher l'entrée de l'eau)
64	**Abschreckprüfung*** f	**chilling test**	**essai** m **de refroidissement**
65	**Absorber** m	**dehumidifier, absorber**	**déshumidificateur** m, **absorbeur** m
66	**absorbieren**	**to absorb**	**absorber**
67	**Absorptionsfähigkeit** f	**absorptivity**	**pouvoir** m **absorbant, puissance** f **d'absorption**

ITALIENISCH	SPANISCH	RUSSISCH	Nr.
apparecchio m di distribuzione, "dispenser" m	máquina f distribuidora, dispensadora	отделитель для отклеек, распределитель клейкой ленты	55
coperchio m con apertura a spirale	tapa abrible	крышка с язычком, открываемая при помощи ключа путем навинчивания на ключ	56
macchina f sbobinatrice	máquina desenrolladora	размоточный станок	57
sbobinamento m	enrollado	размотка, разматывание	58
bobina f srotolatrice	desenrollador m	развертывающий валик	59
impianto m per riempimento di sacchi, insaccatrice f	planta f de ensacado	установка для расфасовки (для затаривания) в мешки	60
insaccare, mettere in sacchi	ensacar, colocar dentro de sacos	затаривать в мешки, упаковывать в мешки	61
implanto m d'aspirazione	equipo m o instalación f de aspiración (para la eliminación de polvo)	отсасывающая установка, вытяжное устройство	62
pannello m di protezione (contro infiltrazioni d'acqua)	plancha obturadora f (para evitar la entrada de agua en una caja, la plancha puede ser de madera o de metal)	экранирующий щиток, защитная пластина (против проникновения воды в обрешетку)	63
prova f di tempra	ensayo de enfriamiento	испытание на охлаждение	64
deumidificatore m, assorbitore m di umidità	deshumidificar, absorbente de humedad, absorber	абсорбер, поглотитель, гигроскопическое вещество	65
assorbire	absorber	абсорбировать, поглощать	66
potere m assorbente	poder m o capacidad f de absorción	абсорбционная способность, поглощающая способность, поглощаемость	67

Nr.	DEUTSCH	ENGLISCH	FRANZÖSISCH
68	**Absorption** f **von Wasserdampf, Feuchtigkeitsaufnahme** f	**water vapour absorption**	**absorption** f **de vapeur d'eau, reprise** f **d'humidité**
69	**absorptiver Stoff** m, **Absorptionsmittel** n	**absorptive material**	**matériel** m **absorbant**
70	**Absperrhahn** m	**stop-cock**	**robinet** m **d'arrêt**
71	**abspritzen**	**to spray off, to wash (off)**	**arroser, dégorger**
72	**Abspulvorrichtung** f **für Selbstklebeband**	**pressure-sensitive tape dispensing machine**	**distributeur** m **de ruban applicable sous pression**
73	**Abstechhülse** f (siehe 1822ff.)	**sleeve**	**douille** f, **gaine** f
74	**Absteifung** f, **Versteifung** f	**bracing, stiffening, strutting**	**calage** m **étayage** m
75	**Abstreckziehen** n	**drawing and redrawing**	**étirage** m
76	**Abstreifmesser** n, **Rakel** f	**doctor blade**	**râcle** f
77	**Abstreifpackung** f (maßgerechte Umhüllung, läßt sich wie eine Haut abziehen)	**peel-off wrapping, package with strippable wrap, strip packaging**	**emballage** m **avec enveloppe déchirable**
78	**Abstreifwalze** f, **Dosierwalze** f	**doctor roll**	**cylindre** m **doseur**
79	**Abstützung** f, **Absteifung** f	**bracing**	**calage** m, **support** m
80	**abtropfen lassen**	**to drain (off)**	**laisser égoutter**

ITALIENISCH	SPANISCH	RUSSISCH	Nr.
assorbimento m **di vapore acqueo**	**absorción** f **del vapor de agua**	абсорбция водяного пара, влагопоглощение	68
materiale m **assorbente**	**material** m **absorbente**	поглощающее вещество	69
rubinetto m **di chiusura**	**llave** f **de paso, grifo** m, **espita** f	запорный кран	70
spruzzare, lavar via	**pulverizar, rociar, desobstruir**	опрыскивать, разбрызгивать; смывать	71
distributore m **di nastro autoadesivo**	**máquina** f **dispensadora de cinta** f **presosensitiva, autoadhesiva** (aplicable por presión)	приспособление для размотки самоприклеивающихся лент	72
manicotto m, **tubolare** m **di protezione**	**tubo** m, **vaina** f, manga, **manguito**	отрезная гильза, отрезанная часть бесконечной трубки	73
supporto m **antiurto, imbottitura** f	**anclaje** m **trabazón** f, **apuntalamiento** m, **sujeción** f	крепление (продукции внутри тары), **фиксатор**	74
imbutitura f	**dibujar y rediseñar, estirar, embutido**	вытяжка с проскальзыванием в режимной раме	75
lama f **raschiatrice**	**rasqueta** f, **raspador** m	скребок, снимающий скребок, шабер, ракля	76
imballaggio m **con rivestimento pelabile, rivestimento strappabile**	**envasado con envoltura** f **desgarrable**	упаковка со снимающимся защитным слоем; упаковка с покрытием, снимающимся сплошной пленкой	77
cilindro m **regolatore di dosaggio**	**cilindro** m **dosificador**	дозирующие вальцы (для нанесения покрытия на подложку)	78
imbottitura f (di supporto)	**anclaje, sujeción** m, **amarre** m	блокировочная прокладка	79
lasciar gocciolare	**dejar gotear**	дать стечь по каплям	80

Nr.	DEUTSCH	ENGLISCH	FRANZÖSISCH
81	abwickeln, abspulen	to unwind, to unroll, to uncoil, to reel off	dérouler, dévider
82	abwiegen, auswiegen, wägen	to weigh	peser
83	Abwurfbehälter* m (Behältnis zum Abwerfen von Gütern aus der Luft)	container for dropping goods from planes, slip or belly tank, droppable tank	emballage m ou container m à lancer des marchandises d'un avion, réservoir m décrochable ou de largage
84	abziehbarer Überzug m	peelable protective coating, strippable coating, strip coating	revêtement m déchirable
85	Abziehetikett n	transfer label	étiquette f à décalquer
86	Acetatfolie f	acetate film	film m d' acétate
87	Acetonharz n	acetone resin	résine f acétonique
88	Acrylharz n	acrylic resin	résine f acrylique
89	Acrylnitril n	acrylo nitrile	nitrile m acrylique
90	Acrylsäureester m	acrylic ester	ester m acrylique
91	Adhäsion(skraft) f, Haftfestigkeit f	adhesive or bond strength, adherence, adhesion, tack	adhésion f, (force d') adhérence f, propriétés fpl adhésives
92	Adressenetikett n	address label	étiquette f d'adresse
93	Aerosol n	aerosol	aérosol m

ITALIENISCH	SPANISCH	RUSSISCH	Nr.
svolgere, srotolare	desenrollar, devanar	разматывать, сматывать, отматывать	81
pesare	pesar	развешивать, взвешивать, отвешивать	82
contenitore m per lanci da aerei	embalaje o contenedor m especial para el lanzamiento de mercancías desde un avión. Tanque o depósito m lanzable, previa desconexión	тара или емкость для сбрасывания из самолета	83
rivestimento m protettivo pelabile o strappabile	revestimiento o cobertura protectora pelable o desgarrable	устраняемое защитное покрытие, устранимое защитное покрытие, легкоснимающееся защитное покрытие	84
decalcomania f	etiqueta f transferible, calcomanía f	трансферт, переводная этикетка (с переводным рисунком)	85
film m di acetato	film de acetato	ацетатная пленка	86
resina f acetonica	resina acetónica	ацетоновая смола	87
resina f acrilica	resina acrílica	полиакриловая смола, акриловая смола	88
acrilonitrile m	acrilo-nitrilo	акрилонитрил	89
estere m acrilico	ester acrílico	акрилат, эфир акриловой кислоты	90
adesione f, proprietà f adesiva, forza f di adesione	adhesión f (fuerza de), adherencia f, propiedades adhesivas, adherentes	сила адгезии, сила сцепления, сила прилипания, прочность прилипания к поверхности, прочность связи	91
etichetta f postale	etiqueta de envío, etiqueta de consigna (etiqueta que contiene unas señas)	этикетка с адресом	92
aerosol m	aerosol	аэрозоль	93

Nr.	DEUTSCH	ENGLISCH	FRANZÖSISCH
94	**Aerosol** n **in Pastenform**	paste aerosol	**aérosol** m **pâteux**
95	**Aerosol-Abfüllung** f **für andere Firmen** (in Lohnarbeit)	aerosol contract filling	**chargement** m **d'aérosols sous contrat, chargement d'aérosols par sous-traitance**
96	**Aerosoldose*** f (siehe 3662)	aerosol can, fingertip dispenser	**boîte** f **aérosol**
97	**Aerosolflasche*** f	aerosol bottle	**flacon** m **aérosol**
98	**Aerosolpackung*** f **Druckpackung** f, **Druckzerstäuberpackung** f (siehe 767)	aerosol package, pressure pack, pressurized pack	**emballage** m **ou conditionnement** m **aérosol, emballage sous pression, emballage pressurisé**
99	**Aerosolventil*** n	aerosol valve	**valve** f **aérosol**
100	**Aerosol-Ventilvolumen*** n	aerosol valve capacity	**capacité** f **de valve aérosol**
101	**Ärztemusterpackung** f	pharmaceutical sample package	**emballage** m **d'échantillons pharmaceutiques**
102	**Äthanol** n (Äthylalkohol)	**ethanol** (ethyl alcohol)	**éthanol** m (alcool éthylique)
103	**Äthyl** n	**ethyl**	**éthyle** m
104	**Äthylcellulose** f	**ethylic cellulose**	**cellulose** f **éthylique**

ITALIENISCH	SPANISCH	RUSSISCH	Nr.
aerosol m in pasta	aerosol m pastoso	пастообразный аэрозоль	94
riempimento m in aerosol per conto terzi	envasado en aerosol por encargo (por cuenta de terceros, que encargan les envasen sus productos en el sistema aerosol)	расфасовка аэрозолей по договорам	95
barattolo m aerosol	bote o envase m aerosol	тара для аэрозолей, аэрозольная тара, аэрозольная банка, аэрозольный сосуд, аэрозольный баллончик	96
flacone m aerosol	frasco aerosol	аэрозольный стеклянный сосуд, аэрозольный стеклянный флакон, стеклянная тара для аэрозолей	97
confezione f aerosol, confezione f sotto pressione	envase o envasado m en aerosol bajo presión	аэрозольная упаковка, упаковка под давлением	98
valvola f aerosol	válvula aerosol	клапан, распылительный клапан, нажимный клапан	99
capacità f di una valvola aerosol	volumen de la válvula aerosol	объем (емкость) аэрозольного вентиля	100
confezione f di campioni farmaceutici	envase de muestra farmacéutica	упаковка образцов фармацевтических средств для рекламирования среди врачей	101
etanolo m (alcol etilico)	etanol m (alcohol etílico)	этанол, этиловый спирт	102
etile m	etilo	этил	103
cellulosa f etilica	celulosa etílica	этилцеллюлоза	104

Nr.	DEUTSCH	ENGLISCH	FRANZÖSISCH
105	ätzen	to etch, to corrode	corroder, mordre, ronger
106	ätzend	etching, corrosive, caustic	corrodant, corrosif, caustique
107	Air-Slip-Verfahren n	air-slip method	formage m "air-slip"
108	aktives Lösungsmittel n	active solvent	solvant m actif
109	Alabasterkarton m	alabaster cardboard	carton m bristol supérieur, carton albâtre
110	Alaun n (üblicher Ausdruck für Aluminiumsulfat)	alum (common term for aluminium sulfate)	alun m (terme usité pour sulfate d'aluminium)
111	Aleflasche* f	ale-bottle	bouteille f "Ale"
112	Alfapapier n	esparto paper	papier m d'alfa
113	Alkali-Aktivität f	alkali activity	activité f d'alcali
114	alkalifestes Papier n	alkali-proof paper, paper resistant to alkali	papier m résistant à la soude
115	Alkalilösung f	alkaline solution	solution f alcaline
116	alkalisches Lösungsmittel n	alkaline solvent	solvant m alcalin
117	Alkydharz n	alkyd resin	résine f alkyde
118	Alleskleber m	all-purpose adhesive	colle f universelle
119	Allylester m	allyl ester	ester m allylique
120	Allylharz n	allyl resin	résine f allylique

ITALIENISCH	SPANISCH	RUSSISCH	Nr.
corrodere	corroer, picar, morder	травить, протравливать	105
corrosivo	corrosivo, cáustico, corroedor	едкий, агрессивный	106
metodo m "air slip"	método de formado "air-slip"	позитивное вакуумформование с предварительной пневматической вытяжкой листа	107
solvente m attivo	disolvente activo	активный растворитель	108
cartone m alabastro	cartón m alabastro o bristol superior	алебастровый картон	109
allume m (termine comunemente usato per indicare solfato di alluminio)	aluminato (término común utilizado para denominar al sulfato de aluminio)	алюминиевые квасцы, алюмо-калиевые квасцы (обычное определение для сульфата алюминия)	110
bottiglia f per birra "Ale"	botella "ale"	фигурная бутылка для разлива пива "эль"	111
carta f di cellulosa di scarto	papel de esparto	бумага из волокон эспарто	112
attività f alcalina	actividad alcalina	активность щелока	113
carta f resistente agli alcali	papel m resistente a la sosa	щелочестойкая бумага, щелочеустойчивая бумага	114
soluzione f alcalina	solución alcalina	щелочной раствор	115
solvente m alcalino	disolvente m alcalino	щелочной растворитель	116
resina f alchidica	resina alquídica o alcídica	алкидная смола	117
colla f universale	cola universal	универсальный клей	118
estere m allilico	ester alílico	сложный аллиловый эфир	119
resina f allilica	resina alílica	аллиловая смола	120

Nr.	DEUTSCH	ENGLISCH	FRANZÖSISCH
121	**Alterung* f**	**ag(e)ing, maturing**	**vieillissement m, maturation f**
122	**alterungsbeständig**	**age resistant, non-ag(e)ing**	**résistant au vieillissement, non-vieillissant, inaltérable**
123	**Alterungsprüfung f**	**ag(e)ing test**	**essai m de vieillissement**
124	**Altpapier** n	**waste paper**	**vieux papier** mpl
125	**Aluminium** n	**aluminium** (BE), **aluminum** (AE)	**aluminium** m
126	**Aluminiumband*** n	**aluminium strip, aluminium tape**	**bande f d'aluminium**
127	**Aluminiumblech*** n	**aluminium sheet**	**tôle f d'aluminium**
128	**Aluminiumdose f**	**aluminium can**	**boîte f d'aluminium**
129	**Aluminiumfolie* f**	**aluminium foil**	**feuille f (mince) d'aluminium**
130	**Aluminiumfolienkapsel f**	**aluminium foil capsule**	**capsule f en feuille d'aluminium**
131	**Aluminium-Hartfolienverpackung f**	**rigid aluminium package, aluminium hard foil package**	**emballage m en feuilles rigides d'aluminium**
132	**Aluminiumkapsel f**	**aluminium capsule**	**capsule f en aluminium**
133	**aluminiumkaschierte Folie f**	**aluminium-laminated foil**	**feuille f laminée d'aluminium**
134	**aluminiumkaschiertes Papier** n	**aluminium-foiled paper**	**papier m laminé d'aluminium**

ITALIENISCH	SPANISCH	RUSSISCH	Nr.
invecchiamento m, degradazione f	envejecimiento m, maduración f	старение, окисление (красок и масел при хранении)	121
resistente all'invecchiamento, inalterabile	resistente al envejecimiento, inalterable	стойкий против старения, устойчивый против старения, нестареющий, не подвергающийся старению	122
prova f di invecchiamento	ensayo m de envejecimiento	испытание на старение	123
carta f straccia, carta f da macero	residuos, desperdicios de papel	макулатура	124
alluminio m	aluminio m	алюминий	125
nastro m di alluminio	banda, cinta de aluminio	алюминиевая лента	126
lastra f di alluminio	plancha de aluminio	алюминиевый лист, листовой алюминий	127
barattolo m di alluminio	bote o envase de aluminio	алюминиевая банка, алюминиевая коробка	128
lamina f (foglio m sottile) di alluminio	hoja, lámina de aluminio	алюминиевая фольга, альфоль	129
capsula f di foglio di alluminio	cápsula f de lámina de aluminio	колпачок из алюминиевой фольги	130
confezione f in foglio di alluminio rigido	envase rígido de hojas o láminas de aluminio	тара из жесткой (неотожженной) алюминиевой фольги	131
capsula f di alluminio	cápsula de aluminio	алюминиевый колпачок	132
foglio m di alluminio accoppiato	hoja (film o lámina) de aluminio recubierta (o revestida)	пленка, кашированная алюминиевой фольгой	133
carta f accoppiata ad alluminio	papel m recubierto (o revestido) con aluminio	бумага, кашированная (покрытая) алюминиевой фольгой	134

Nr.	DEUTSCH	ENGLISCH	FRANZÖSISCH
135	**Aluminiumschale** f (für Fertiggerichte)	**aluminium plate** (for ready-cooked meals)	**plateau** m **alvéolaire en aluminium** (pour plats préparés)
136	**Aluminiumtube** f	**aluminium tube**	**tube** m **d'aluminium**
137	**Aluminiumverbundfolie** f	**foil laminated to plastics films, aluminium composite foil**	**feuille** f **(mince) d'aluminium collée de film plastique ou de pellicule cellulosique**
138	**Aluminiumverpackung** f	**aluminium wrap, aluminium container**	**emballage** m **d' aluminium**
139	**Aminoplastharz** n	**amino resin**	**résine** f **amino**
140	**Ampulle*** f	**ampoule, ampul(e)**	**ampoule** f
141	**Ampullenglas** n	**ampoule glass**	**verre** m **pour ampoules**
142	**Ampullenkasten** m, **Ampullenschachtel** f	**ampoule box**	**boîte** f **pour ampoules**
143	**anerober Abbau** m	**anerobic decomposition**	**décomposition** f **anaérobique**
144	**Analysenschnellwaage** f	**analytical rapid-weighing balance**	**balance** f **analytique rapide**
145	**Anbauprinzip** n, **Baukastenprinzip** n	**modular system, building block system**	**construction** f **par éléments, système** m **modulaire**
146	**Anbindeetikett** n, **Anbindeschild** n	**tie-on label, tag**	**étiquette** f **à attacher, étiquette à oeillets**
147	**Anbruch** m, **angebrochene Packung** f	**open case, open pack**	**paquet** m **entamé, emballage** m **entamé**
148	**Anbruchmenge** f	**fractional quantity**	**quantité** f **fractionnée**

ITALIENISCH	SPANISCH	RUSSISCH	Nr.
vassoio m **di alluminio** (per piatti pronti)	**bandeja alveolar de aluminio** (para platos precocinados)	**лоток из алюминиевой фольги** (для упаковки кулинарных блюд), **противень из алюминиевой фольги**	135
tubo m **di alluminio**	**tubo** m **de aluminio**	**алюминиевый тюбик**	136
foglio m **di alluminio accoppiato a plastica o a pellicola cellulosica**	**hoja** f (fina) **de aluminio revestida** (por encolado o por extrusión) **de film plástico, o de película celulósica**	**комбинированный материал на основе алюминиевой фольги; алюминиевая фольга, кашированная пленкой или целлофаном**	137
contenitore m **di alluminio**	**envase** m **o contenedor de aluminio**	**алюминиевая тара**	138
aminoresina f	**aminoplasto**	**аминопласт, аминосмола**	139
fiala f	**ampolla** f	**ампула**	140
vetro m **per fiale**	**vidrio para ampollas** (suele servirse en varillas tubulares)	**ампульное стекло**	141
scatola f **per fiale**	**caja de** (o para) **ampollas** o via(es)	**коробка для ампул**	142
decomposizione anaerobica f	**composición anaeróbica**	**анаэробное разложение, анаэробный распад**	143
bilancia f **analitica rapida**	**balanza** f **analítica, rápida**	**быстродействующие аналитические весы**	144
sistema m **di costruzione a elementi componibili (modulari)**	**construcción** f **por elementos, sistema modular**	**принцип агрегатирования, агрегатирование**	145
etichetta f **da legare**	**etiqueta de sujeción** (etiquetas que se unen al objeto por atado a través de su ojete)	**ярлык, маркировочный ярлык**	146
pacchetto m **aperto**	**caja abierta, envase abierto**	**надлом, вскрытие тары**	147
quantità f **frazionata**	**cantidad** f **fraccionada**	**дробное количество**	148

Nr.	DEUTSCH	ENGLISCH	FRANZÖSISCH
149	**Andrucketikett** n, **Selbstklebeetikett** n	**pressure-sensitive label**	**étquette f applicable sous pression, étiquette f autocollante**
150	**Andruckpresse** f	**proof-press, proofing press**	**presse f à épreuves**
151	**Andrückdeckel** m, **Aufdrückdeckel** m (siehe 836)	**press-on lid, clip cover, snap cap**	**couvercle m autocollant**
152	**Aneinanderhaften** n (von Folien, unerwünscht) (siehe 490)	**blocking**	**adhérence f entre deux feuilles, blocking m**
153	**anerkannte Verpackung*** f (von der Deutschen Bundesbahn und der Österreichischen Bundesbahn geprüfte und anerkannte Verpackung)	**approved package** (package tested and approved by Deutsche Bundesbahn and Österreichische Bundesbahn)	**emballage m spécial approuvé** (emballage vérifié et approuvé par la Deutsche Bundesbahn et Österreichische Bundesbahn)
154	**Anfangsklebkraft** f (siehe 3851)	**initial tack**	**adhésion f initiale**
155	**Anfeuchtapparat** m	**moistening device, moistener**	**appareil m humidificateur, humidificateur** m
156	**Anfeuchter** m, **Befeuchtungsapparat** m	**humidifier, moistening equipment**	**humecteur** m, **mouilleur** m
157	**Anfeuchtwalze** f	**wetting roll**	**rouleau m mouilleur**
158	**Anforderung** f	**requirement**	**exigence f**
159	**angeschimmelt**	**mouldy**	**moisi**
160	**Angriff** m, **Korrosion** f	**attack, corrosion**	**corrosion f, attaque f**

ITALIENISCH	SPANISCH	RUSSISCH	Nr.
etichetta f autoadesiva	etiqueta f aplicable a presión (presoadhesiva), etiqueta autoadhesiva	самоприклеивающаяся этикетка	149
pressa f per prove di stampa	prensa de ensayos	пробопечатный станок	150
coperchio m a pressione	tapa a presión ajustada	вдвигаемая крышка, вдавливаемая крышка, рычажная крышка	151
bloccaggio m (adesione non voluta fra strati di materiali)	adherencia (no deseable) entre dos hojas (blocking)	слипание, слеживание (листов, пленок)	152
imballaggio m approvato (imballaggio speciale controllato ed approvato dalla Ferrovie tedesche e austriache)	embalaje especial homologado	одобренная специальная тара (тара, проверенная и одобренная Железными дорогами Федеративной Республики Германиии и Железными дорогами Австрии)	153
adesione iniziale	sujección incipiente (adhesión incipiente)	начальная клеящая сила	154
dispositivo m umidificatore	aparato m humidificador, humidificador	увлажнитель, увлажняющий аппарат	155
umidificatore m, umettatore m	humectador m mojador	увлажнитель, спрысковый аппарат, увлажнительная установка	156
rullo m umidificatore, rullo m umettatore	rodillo m mojador	увлажняющий валик	157
requisito m	exigencia f	требование	158
ammuffito m	mohoso	покрытый плесенью	159
corrosione f, aggressione f	corrosión f, ataque	воздействие, коррозия	160

Nr.	DEUTSCH	ENGLISCH	FRANZÖSISCH
161	**Anguß** m, **Materialzufuhr** f, **Beschickung** f	**feed**	**alimentation** f
162	**Anhängeetikett*** n, **Anhänger** m	**tag, ticket**	**étiquette** f **à attacher, étiquette à ficelle, étiquette volante**
163	**Anhänger** m **und Kontrollzeichen** n	**tag and tally**	**étiquette** f **d'identification et de contrôle**
164	**anhaften, haften**	**to adhere**	**adhérer**
165	**anheben, hier anheben!**	**lift here!**	**soulever ici!**
166	**Anilindruck*** m, **Flexodruck** m	**flexographic print, aniline printing**	**flexographie** f, **impression** f **flexo, impression** f **d'aniline**
167	**Anilinfarbe** f	**aniline ink**	**encre** f **d'aniline**
168	**Anilin-Formaldehydharz** n	**aniline-formaldehyde resin**	**résine** f **aniline-formaldéhyde**
169	**Anlaufen** n (von Metall)	**tarnishing** (of metal)	**oxidation** f (du métal)
170	**Anleim-Gummier-Lackier-Maschine** f	**glu(e)ing-gumming-varnishing-equipment**	**machine** f **à encoller, gommer et vernir**
171	**Anleimmaschine** f (siehe 1609)	**glu(e)ing machine, gluer**	**machine** f **à encoller, machine à gommer, encolleuse** f
172	**Annäherungsgewicht** n	**approximate weight**	**poids** m **approximatif**

ITALIENISCH	SPANISCH	RUSSISCH	Nr.
alimentazione f	alimentación (desde el punto de vista de entrada de material en una máquina, p.e. para su transformación o empleo por la misma)	питание, подача, загрузка, засыпка	161
cartellino m	etiqueta f de sujeción, con cuerda	ярлык, бирка	162
cartellino m e etichetta f di controllo	etiqueta f de identificación y de control.	ярлык с порядковым номером, бирка	163
aderire	adherir	прилипать, слипаться, слеживаться	164
sollevare qui	Levantar por aqui! (voz de instrucción en la manipulación de mercancías embaladas, se imprime en el embalaje para orientar el manejo)	Поднимать с этой стороны!	165
stampa f all'anilina, flessografia f	flexografía f, impresión gráfica flexo, impresión f a la anilina f	анилиновая печать, флексографическая печать, анилопечать, флексография	166
inchiostro m all'anilina	tinta de anilina	анилиновая краска	167
resina f di anilina-formaldeide	resina de anilina-formaldehido	анилино-формальдегидная смола	168
ossidazione f (di metallo e argento)	deslustre m oxidación (del metal y del dinero)	потускнение, появление налета, побежалость	169
macchina f incollatrice-gommatrice-verniciatrice	máquina f de encolar, engomar y barnizar	клеильно-гуммировальная и лакировочная машина	170
macchina f incollatrice	máquina f de encolar, de engomar, encoladora	клеильная машина, машина для нанесения клея, клеильный станок	171
peso m approssimativo	peso m aproximado	приблизительный вес	172

Nr.	DEUTSCH	ENGLISCH	FRANZÖSISCH
173	**Anpreßverschluß* m** (siehe 217)	**press-on closure**	**fermeture f à pression**
174	**Anpreßwalze f**	**pressure roll**	**rouleau m comprimeur**
175	**Anrollverschluß* m, Rollierverschluß m**	**rolled-on closure, curled cap**	**capsule f serrée par rouleaux, fermeture f pressée, fermeture f roulée**
176	**Anstaltspackung* f** (siehe 1584)	**institutional pack**	**emballage m clinique**
177	**Ansteckbretter** npl (zur Erweiterung der Auflagefläche der Palette)	**plug-in extensions** pl (for extending the pallet surface)	**planches fpl d'extension** (pour allonger la palette)
178	**Anstrichfarbe f**	**paint**	**peinture f**
179	**Antigleitmittel n**	**anti-slip agent**	**produit m antidérapant**
180	**Antihaftmittel n**	**anti-stick agent**	**agent m anti-adhésif**
181	**Antikondensations- beutel m**	**desiccant bag**	**sachet m anti- condensation**
182	**Antioxydans n**	**antioxidant**	**antioxydant m**
183	**Antischaummittel n**	**anti-foaming agent**	**produit m antimousse**
184	**Antistatikum n**	**anti-static agent**	**agent m antistatique**
185	**aseptisches Papier n**	**aseptic paper, sterile paper**	**papier m aseptique**
186	**appretieren**	**to finish, to dress**	**apprêter, finir**

ITALIENISCH	SPANISCH	RUSSISCH	Nr.
capsula f di chiusura a pressione	cierre a presión	обжимный затвор	173
cilindro m di pressione	rodillo m compresor, de presión	прижимный вал, нажимный вал	174
capsula f di chiusura a rotazione	cápsula engatillada por moletas, cierre m apretado, cerrado por moletas	колпачок, обжимающийся на горле бутылки; колпачок, обкатываемый по венчику горла бутылки	175
confezioni f pl per enti	envase para colectividades	упаковка для учреждений (организаций)	176
elementi m pl di allungamento (per estendere la superficie della paletta)	planchas f pl de extensión (para agrandar la superficie de la paleta)	выступы (для увеличения поверхности настила поддона)	177
pittura f	pintura f, color, barniz.	краска, малярная краска	178
sostanza f anti-scivolante	agente antideslizante	средство против скольжения	179
agente m anti-aderente	bolsa anticondensación, desecante, absorbente del vapor de agua.	средство для предотвращения прилипания	180
sacchetto m anticondensazione	bolsa desecante, anticondensación	пакетик со средством, противодействующим конденсации	181
antiossidante m	antioxidante m	антиокислитель, противоокислитель	182
agente m antischiuma	producto antimoho	антиспениватель, пеногаситель	183
agente m antistatico	agente m antiestático	антистатическое средство	184
carta f asettica, carta f sterile	papel m antiséptico	антисептическая бумага, медицинская бумага	185
apprettare	terminar, acabar	аппретировать	186

Nr.	DEUTSCH	ENGLISCH	FRANZÖSISCH
187	Appretur f	finish, dressing	apprêtage m, finissage m
188	Arbeitsbreite f, maximale (un)beschnittene Arbeitsbreite einer Maschine	maximum (un)trimmed machine width	largeur f (non-) rognée maximale d'une machine
189	Arbeitsfolge f, Arbeitsgang m	operation, pass, cycle, performance, sequence of operations	opération f, suite f des opérations, cycle m
190	Arbeitsgang m, in einem einzigen Arbeitsgang	in a single pass	en une seule opération
191	Arbeitstisch m	bench, work bench	établi m, banc m
192	Arbeitsvorgang m	operation	opération f
193	Arbeitszyklus m, Arbeitsrhythmus m	work cycle	cadence f de travail, cadence de production
194	Aromadichte f	resistance to transmission of flavour or aroma	étanchéité f aux arômes
195	Aromadurchlässigkeit* f	flavour permeability, aroma permeability	perméabilité f aux arômes
196	Arzneimittelverpackung f	medicine package, medical package	emballage m pour produits pharmaceutiques
197	Asbest m	asbestos	amiante m, asbeste m
198	Asbestpapier n	asbestos paper	papier m fossile
199	Asbestpappe f	asbestos board	carton m en amiante, carton fossile
200	Asbestplatte f	asbestos plate	plaque f en amiante

ITALIENISCH	SPANISCH	RUSSISCH	Nr.
appretto m	terminado, acabado	отделка, аппретура	187
larghezza f massima (non) rifilata di macchina	ancho máximo sin desbarbar del trabajo de una máquina	максимальная (не) обрезная полезная (рабочая) ширина (бумагоделательной) машины	188
operazione f, ciclo m di lavorazione	operación f, cadencia f de operaciones, ciclo m	последовательность операций, технологический маршрут	189
in una unica operazione	en una sóla operación	технологическая операция, в одной технологической операции	190
tavolo m di lavoro	mesa de trabajo, tablero m	рабочий стол	191
operazione f	operación	технологический процесс	192
ciclo m di lavorazione, cadenza f di produzione	cadencia f ciclo de trabajo, de producción f	рабочий цикл	193
impermeabilità f agli aromi	estanquidad f a los aromas	ароматонепроницаемость	194
permeabilità f agli aromi	permeabilidad a los aromas	ароматопроницаемость	195
imballaggio m di prodotti farmaceutici	envase m para productos farmacéuticos m pl	упаковка фармацевтических товаров	196
amianto m	asbesto m, amianto m	асбест	197
carta f di amianto	papel de amianto	асбестовая бумага, асбобумага	198
cartone m di amianto	cartón m de amianto	асбестовый картон, асбокартон	199
pannello m di amianto	placa f de amianto	асбестовая плита, асбоплита	200

Nr.	DEUTSCH	ENGLISCH	FRANZÖSISCH
201	aseptisches Verpacken* n	aseptic packaging	emballage m aseptique
202	asphaltieren, bitum(in)ieren	to asphalt, to bituminise	asphalter, goudronner, bitum(in)er
203	asphaltimprägniert	asphalt-impregnated, asphalt-treated	asphalté, goudronné, bituminé
204	Asphaltpapier* n, Bitumenpapier n	asphalt-laminated kraft paper, tar paper, bituminous paper	papier m asphalté, papier bitum(in)eux
205	Assoziationstest* m	association test	test m d'association
206	atmende Verpackung f	breathing package	emballage m respirant
207	Attrappe f (leere Verpackung)	dummy (empty package)	emballage m factice
208	auf Rollen transportieren!	use rollers!	transportez sur roulettes!
209	Aufbau m (bei Paletten)	superstructure (of pallets)	superstructure f (de palettes)
210	Aufblättern n, Abspalten n (von Schichtstoffen)	cleavage	clivage m
211	aufbringen, auftragen (beschichten) (siehe 395 ff.)	to apply, to coat	revêtir, appliquer, enduire
212	aufbringen, auftragen (mit der Bürste)	to brush-coat, to brush	enduire à la brosse

ITALIENISCH	SPANISCH	RUSSISCH	Nr.
imballaggio m asettico	envase aséptico	асептическая упаковка	201
bitumare, catramare	asfaltar, bituminar, embrear	асфальтировать, покрывать асфальтом	202
bitumato, catramato	asfaltado, bituminado, embreado	с битумной прослойкой, пропитанный асфальтом	203
carta f bitumata, carta f catramata	papel asfaltado, embreado, bituminoso	битумированная бумага, гудронированная бумага; бумага, пропитанная асфальтом или битумом	204
prova f di associazione	ensayo de asociación	испытание на ассоциацию	205
imballaggio m traspirante	envase (o embalaje) transpirable	дышащая упаковка	206
campione m (imballaggio vuoto)	envase m vacío (para anuncio o reclamo)	макет, бутафория (в витринах); порожняя тара	207
trasportare su rulli!	transportar con rodillos! (voz de instrucción impresa en los embalajes para orientar la operación de manipulación)	Транспортировать на роликах!	208
sovrastruttura f (di palette)	superestructura f de las paletas	надстройка, надставка (при поддонах)	209
fenditura f, sfaldatura f	deshojado, decapado	расслаивание, расслоение, расщепление, отслаивание	210
accoppiare, rivestire	revestir, aplicar, recubrir	наносить (краску, покрытие)	211
rivestire, spalmare (con spazzole)	recubrir con brocha	наносить (краску, покрытие) щеткой	212

Nr.	DEUTSCH	ENGLISCH	FRANZÖSISCH
213	aufbringen, auftragen (in der Lackiertrommel)	to tumble-coat	enduire en tonneau, appliquer en tambour
214	aufbringen, auftragen (durch Streichen)	to spread	enduire à la râcle, enduire à la brosse
215	aufbringen, auftragen (mit der Walze)	to roll-coat, to roll	enduire avec des cylindres
216	Aufdruck m, Beschriftung f	lettering, legend, inscription	inscription f, légende f, graphisme m
217	Aufdrückverschluß m (siehe 173)	press-on closure	fermeture f à pression
218	Aufgeber m (und Abwurfeinrichtung)	feeder (and dumping device)	distributeur m (et installation de déversement)
219	aufgefalzt	seamed-on	assemblé
220	aufgepreßter Metalldeckel m	rolled-on metal cap, friction cap	couvercle m en métal emmanché par pression
221	aufkleben	to stick on, to paste on, to glue on	coller, coller à, coller sur
222	Aufklebeetikett* n	stick-on label, gummed label, adhesive label	étiquette f adhésive, fiche f à coller
223	Aufladung f, elektrostatische Aufladung (siehe 915)	electrostatic charge	charge m électrostatique
224	Auflagefläche f, Stützfläche f	supporting surface	surface f de support, surface d'appui
225	Aufmachung f, Gestaltung f	set-up, make-up, display, presentation, decoration	présentation f, façonnement m

ITALIENISCH	SPANISCH	RUSSISCH	Nr.
rivestire, spalmare (con rullo)	revestir (con rodillo) en barilles, aplicar en tambores (en el revestimiento interior de tales envases)	наносить (краску, покрытие) в барабане для лакирования	213
rivestire, spalmare (con pennello)	pulverizar, revestir con racleta, con brocha	наносить (краску, покрытие) кистью	214
rivestire, spalmare (con cilindro)	revestir con cilindros.	наносить (краску, покрытие) при помощи наносящего валка	215
stampigliatura f, iscrizione f	inscripción f, leyenda f, grafismo m	маркировка, надпись	216
capsula f di chiusura a pressione	cierre a presión	нажимной, открывающийся затвор	217
alimentatore m (con dispositivo di ribaltamento)	cargador m - (y dispositivo de descarga)	питатель, дозатор (и устройство для сбрасывания)	218
assemblato, montato	ensamblado, soldado, unido	фальцованный, со швом	219
capsula f di chiusura di metallo a pressione	tapa f de metal a presión	металлическая крышка для укупорки методом обкатки вокруг горла (стеклянной) банки,	220
sovraincollare	pegar (a, sobre)	наклеивать, расклеивать	221
etichetta f gommata	etiqueta f, adhesiva, engomada	печатная наклейка, этикетка с клеящим слоем, клеящая этикетка, гуммированная этикетка	222
carica f elettrostatica	carga f electrostática	электростатический заряд	223
superficie f di supporto	superficie f, área f de soporte, de apoyo	площадь контакта, опорная поверхность	224
presentazione f, decorazione f	presentación f, exhibición	оформление, придание формы	225

Nr.	DEUTSCH	ENGLISCH	FRANZÖSISCH
226	**Aufnahmewirksamkeit** f	**pick-up efficiency**	**capacité** f **d'absorption**
227	**Aufprall** m	**shock, impact**	**choc** m
228	**Aufprallprüfung** f, **Conbur-Test** m (auf der schiefen Ebene)	**incline(d) impact test, Conbur test**	**essai** m **au plan incliné, essai** m **Conbur**
229	**Aufprallwinkel*** m (bei der Fall- und Stoßprüfung)	**angle of reflection, impact angle**	**angle** m **de rebondissement ou d'impact**
230	**aufrecht transportieren!**	**keep upright!**	**à transporter debout!**
231	**Aufreißband*** n	**tear strip, tear tab, pull tab**	**bande** f **déchirable, bande** f **d'arrachage, bandelette** f **d'arrachage**
232	**Aufreißdeckel*** m, **Abreißdeckel*** m	**pull tab lid, tear-tab lid**	**couvercle** m **de déchirage, couvercle d'arrachage**
233	**Aufreißfaden*** m, **Abreißfaden*** m	**tear string**	**fil de déchirage, fil d'arrachage**
234	**Aufreißlasche*** f, **Abreißlasche*** f	**tear tab**	**patte** f **de déchirage, languette** f **de déchirure**
235	**Aufreißstreifen*** m, **Aufreißdraht*** m, **Aufreißfaden*** m	**tear strip**	**bande** f **de déchirage, bande d'arrachage**
236	**Aufreißklappe*** f	**tear flap**	**patte** f **de déchirage**
237	**Aufreißpackung** f, **Aufreißdose*** f	**tear-off pack, tear-off can**	**emballage** m **avec bandelette d'arrachage, boîte** f **à déchirage**
238	**Aufreißverschluß*** m, **Aufreißnaht*** f	**tear-off closure, pull-off closure, stripseal, tear-off seam**	**fermeture** f **à déchirer, joint** m **de déchirage**

ITALIENISCH	SPANISCH	RUSSISCH	Nr.
capacità f di assorbimento	capacidad f de absorción f	восприимчивость, вспитывающая способность	226
urto m, impatto m	choque, impacto m	удар	227
prova f del piano inclinato, "conbur-test"	ensayo en plano inclinado, ensayo cobur	испытание на удар на наклонной плоскости, испытание ударом на наклонной плоскости	228
angolo m di impatto	ángulo m de rebote o de impacto	угол отражения, угол встречи (при испытании на свободное падение и на удар)	229
trasportare in senso verticale	transportar de pie! (verticalmente) (voz de manipulación impresa en los embalajes)	Не опрокидывать!	230
linguetta f a strappo, nastro m a strappo	cinta f desgarrable	разрывная лента, срывная лента, разрывная полоса, разрывная ленточка	231
coperchio m a strappo	tapa f desgarrable	крышка с язычком	232
filo m a strappo	film m desgarrable	разрывная нить	233
linguetta f a strappo	lengüeta de desgarro m	отрывочный язычок, отрывной язычок	234
nastro m a strappo	cinta de desgarro	разрывная лента, разрывная ленточка	235
falda f a strappo	falda desgarrable	разрывной клапан	236
confezione f con apertura a strappo, barattolo con apertura a strappo	envase con cinta de desgarro	тара с разрывной лентой, тара со срывной лентой	237
chiusura f a strappo, saldatura f a strappo	cierre m de desgarro	затвор с отрывочным язычком, укупорка с отрывочным язычком	238

Nr.	DEUTSCH	ENGLISCH	FRANZÖSISCH
239	**Aufreißzunge* f, Abreißlasche f**	**tear tab**	**patte f de déchirage, languette f de déchirure**
240	**aufrichten*** (von Faltschachteln)	**to set up, to erect** (folding boxes)	**élever, ériger, monter** (des boîtes pliantes)
241	**Aufricht-, Füll- und Verschließmaschine f**	**erecting, filling and closing/sealing machine**	**machine f à redresser, remplir et fermer**
242	**Aufrichteschachtel* f**	**set up folding box**	**boîte f pliante à montage instantané, boîte pliante à monter**
243	**Aufrichtwiderstand m**	**resistance to erect**	**résistance au redressement**
244	**Aufrichtmaschine f**	**erecting machine**	**machine f de rédressement**
245	**Aufrollung f**	**winding up**	**enroulage m, embobinage m**
246	**Aufsatzdeckel* m**	**hooded lid**	**couvercle m coiffant**
247	**Aufsatzdeckel- schachtel* f**	**hooded-lid box**	**caisse f télescopique**
248	**Aufschmelzüberzug m**	**hot-melt coating**	**application f d'un enduit thermocollant, enduit m chauffé en fusion**
249	**Aufschmelzwachs n**	**hot melt wax**	**cire f thermofusible**
250	**aufschrumpfen, schrumpfen**	**to shrink (on)**	**rétrécir, se rétrécir**

ITALIENISCH	SPANISCH	RUSSISCH	Nr.
linguetta f a strappo	lengüeta f de desgarro	отрывочный язычок, отрывной язычок	239
erigere, montare (astucci pieghevoli)	levantar, erectar, montar (envases plegables)	собирать складную коробку или складной ящик	240
macchina f per formare, riempire e chiutere/ saldare	maquina paraformar, ilenar y cerrar	машина для сборки, заполнения и запечатания складной упаковки	241
astuccio m pieghevole da montare	caja estuche f plegable, montable	складная коробка, складная пачка, складной (картонный) ящик	242
resistenza f al montaggio, resistenza f alla formatura (di scatole)	resistencia a la erección, al montaje	сопротивление при сборке складной упаковки	243
macchina f per montare astucci	máquina de erectar, montar.	машина для сборки складной упаковки	244
avvolgimento m	montar.	намотка, развертывание, навивание	245
capsula f aderente, coperchio m a cappuccio	tapa, cápsula f de adorno m	надеваемая крышка, съемная крышка, крышка "внахлобучку"	246
scatola f con coperchio a cappuccio	caja f telescópica	ящик с крышкой "внахлобучку", ящик внахлобучку	247
rivestimento m a caldo, rivestimento m "hot-melt"	aplicación m o revestimiento termosoldable, revestimiento m calentado hasta fusión (ceras combinadas fundidas, que se aplican en esta forma)	покрытие из расплава из термопластов (сополимеров этилена и винилацетата)	248
cera f fusibile a caldo, cera f "hot-melt"	cera f termofundible, fusible	воск из расплава из термопластов	249
retrarre (retrarsi)	retraerse (se aplica a las películas retráctiles)	усаживаться, давать усадку	250

Nr.	DEUTSCH	ENGLISCH	FRANZÖSISCH
251	**Aufsetzgerät** n für Paletten	**stacker for pallets**	**dispositif** m **pour l'empilage de palettes**
252	**Aufsetzrahmen*** m für Paletten	**collar for pallets, superstructure**	**rehausse** f **pour palettes, superstructure** f, **palette** f **à cadre amovible**
253	**aufspritzen, aufsprühen**	**to spray (on)**	**appliquer au pistolet**
254	**aufteilen, unterteilen**	**to divide, to distribute**	**subdiviser, répartir**
255	**Auf- und Abstapelmaschine** f	**stacking and unstacking machine**	**machine** f **à gerber et dégerber**
256	**aufstapeln, stapeln**	**to pile (up), to stack**	**empiler, entasser**
257	**aufstellen, aufrichten** (eine Schachtel aufrichten)	**to assemble, to set up** (a carton blank)	**monter, mettre en volume** (la découpe d'une boîte)
258	**Aufstellverpackung** f, **Präsentierpackung** f, **Schaupackung** f (siehe 313, 679, 4156)	**display package, display box, silent salesman**	**emballage** m **de présentation, emballage présentoir** m
259	**auftragen, aufbringen** (durch Tauchen) (siehe 3859)	**to dip-coat**	**revêtir par immersion**
260	**auftragen, aufbringen** (mit Kalander)	**to calender, to coat by calender**	**enduire (à la calandre)**
261	**auftragen, aufbringen** (mit Schneckenpresse)	**to coat by extrusion**	**enduire par extrusion-laminage**
262	**auftragen, aufbringen** (Beschichtungsmaterialien)	**to apply** (coatings)	**appliquer** (des enduits)
263	**auftragen, aufbringen** (Etiketten)	**to apply** (labels)	**appposer, poser** (des étiquettes)

ITALIENISCH	SPANISCH	RUSSISCH	Nr.
dispositivo m **di accatastamento su palette**	**dispositivo** m **para el apilamiento de las paletas**	штабелеукладчик для поддонов	251
sovrastruttura f **perimetrale per palette**	**superestructura** f, **cerco marco** m, **bastidor** m **movible para paletas**	съемная обвязка стоек, горизонтальные крепления стоек (в стоечном поддоне)	252
spruzzare, nebulizzare	**pulverizar con pistola**	наносить покрытие разбрызгиванием, напыливать	253
(sud)dividere, distribuire	**dividir, distribuir.**	распределять, разделить, (по)делить, дробить, разбивать	254
macchina f **per movimento di merci accatastate**	**máquina** f **para apilar y desapilar**	машина для укладки грузов в штабеля и для разгрузки штабелей	255
impilare	**apilar**	штабелировать, складывать в штабель	256
montare, erigere (un foglio di cartone fustellato)	**montar, erguir, erectar, poner en 3 dimensiones** (la plancha troquelada de una caja)	собирать картонную коробку или ящик	257
imballaggio m **di presentazione**	**envase de presentación, presentador** m **exhibidor.**	выставочная тара, выставочная коробка	258
rivestire mediante immersione	**revestir por inmersión**	наносить (покрытие) путем погружения или окунания	259
calandrare, rivestire mediante calandra	**recubrir** (por calandradro)	наносить (покрытие) при помощи каландра	260
rivestire mediante estrusione	**revestir por extrusión-laminado**	наносить (покрытие) при помощи экструдера	261
applicare (rivestimenti)	**aplicar** (recubrimientos)	наносить (накладывать)(кроющий материал или состав)	262
applicare (etichette)	**colocar, aplicar** (etiquetas)	накладывать (наклеивать) (этикетки)	263

Nr.	DEUTSCH	ENGLISCH	FRANZÖSISCH
264	**Auftragkalander** m	**calender coater**	**calandre** f **à enduire**
265	**Auftragmaschine** f, **Beschichtungsmaschine** f	**coating machine**	**machine** f **à enduire, machine d'enduction**
266	**Auftragsdicke*** f **Auftragsstärke** f (Schichtdicke)	**coating thickness**	**épaisseur** f de l'enduit
267	**Auftragsmenge*** f, **Auftragsgewicht*** n (einer Beschichtung)	**coating weight**	**grammage** m **de l'enduit**
268	**Aufragwalze** f	**application roller**	**cylindre** m **à enduire, cylindre toucheur**
269	**aufweichen**	**to soften, to soak, to moisten**	**mollir, amollir, décoller**
270	**aufwendige Verpackung** f	**over-packaging**	**emballage** m **excessif, emballage de luxe**
271	**Aufwickelmaschine** f, **Aufwindemaschine** f	**rewinding machine**	**enrouleuse** f, **machine** f **de rebobinage**
272	**aufwickeln**	**to reel, to wind up, to rewind**	**bobiner, rebobiner**
273	**Aufwickelhülse*** f (siehe 1822, 3229)	**winding core**	**mandrin** m **d'embobinage**
274	**ausbeulen, sich ausbeulen, ausbuchten, ausbauchen**	**to bulge, to warp**	**gauchir, s'emboutir**
275	**ausblassen** (Farben)	**to fade** (colours)	**passer** (couleurs)
276	**Ausblasvorrichtung** f (Aerosolverpackung)	**air blow-out** (aerosol package)	**soufflard** m, **purge** f d'air (emballage aérosol)

ITALIENISCH	SPANISCH	RUSSISCH	Nr.
calandra f	calandra f de recubrimiento	каландр для нанесения покрытия на подложку	264
macchina f per rivestire	máquina f de recubrir, de revestimiento m, de revestir	машина для нанесения покровного слоя, машина для нанесения покрытий	265
spessore m del rivestimento	espesor m del recubrimiento	толщина покрытий, толщина нанесенного слоя	266
peso m del rivestimento	gramaje m del recubrimiento	вес покрытия, вес нанесенного слоя	267
rullo m spalmatore	cilindro o rodillo m de recubrimiento	валик-аппликатор, валик для нанесения покрытий, накатный валик	268
ammorbidire	ablandar, despegar	размягчать, размачивать, набухать	269
imballaggio m eccessivo	exceso m de embalaje	излишняя упаковка	270
macchina f ribobinatrice, macchina f riavvolgitrice	bobinadora f, máquina de rebobinar	намоточная машина	271
riavvolgere, ribobinare	bobinar, rebobinar	наматывать, навивать, накатывать	272
mandrino m (anima f) d'avvolgimento	núcleo	намоточная гильза, приемная бобина	273
rigonfiare, imbutire	combar, embutir	выпучиваться, деформироваться, коробиться	274
sbiadire (colori)	marchitarse, extinguirse (los colores)	выцветать, блекнуть (цвет)	275
valvola f (imballaggio aerosol)	purga f de aire (en aerosoles)	агрегат для создания вакуума до запрессовки клапана в крышку аэрозольной банки	276

Nr.	DEUTSCH	ENGLISCH	FRANZÖSISCH
277	**ausbluten** (Farben)	**to bleed** (dyes)	**pleurer** (couleurs)
278	**Ausdehnung** f	**expansion, extension**	**expansion** f, **extension** f
279	**Ausdrücken** n	**ejection**	**éjection** f
280	**Ausdrücker** m, **Ausstoßer** m, **Auswerfer** m	**ejector**	**éjecteur** m
281	**Ausfallmuster** n, **Vorlagemuster** n	**sample, template, templet, pattern**	**feuille** f **échantillon-type**
282	**Ausflußöffnung** f, **Ablaßöffnung** f (Aerosolverpackung)	**bleeder orifice, vapour phase tap** (aerosol package)	**orifice** m **d'aération, prise** f **de phase vapeur** (emballage aérosol)
283	**Ausgabegerät** n, **Abgabegerät** n, **Geber** m, **Spender** m	**dispenser, dispensing machine**	**distributeur** m, **machine** f **débitrice**
284	**Ausgangsmaterial** n	**base material, basic material**	**matière** f **première**
285	**Ausgangsmaterial** n (das einer Maschine zugeführte Material)	**feed stock** (material fed into a machine)	**matière** f **utilisée** (matière alimentée à une machine)
286	**Ausgießer** m, **Auslauftülle** f	**pour spout**	**bec** m **verseur**
287	**Ausgießer*** m, **Ausgießverschluß*** m	**pour spout seal, pour spout closure**	**verseur** m, **fermeture** f **bec-verseur, obturateur** m **bec-verseur**

ITALIENISCH	SPANISCH	RUSSISCH	Nr.
gocciolare (colore)	goteado, sangrado (de colores)	пробивать (напр. краска)	277
espansione f, estensione f	expansión, extensión f	растяжение, удлинение	278
eiezione f, espulsione f, sformatura f	eyección f	выталкивание, выдавливание	279
eiettore m, estrattore m	eyector m	выталкиватель, выталкивающая система	280
foglio m di campione	hoja f, muestra-tipo	образец бумаги, пробный лист, эталонный лист-образец	281
orifizio m d'aereazione, foro m di vaporizzazione (imballaggio aerosol)	orificio de purga, toma de la fase de vapor (en envases aerosol)	выходное отверстие сопла, выпускное отверстие, спускное отверстие (аэрозольной упаковки)	282
macchina f distributrice, dispenser m, distributore m automatico	distribuidor m, máquina f suministradora (máquinas automáticas para la venta de artículos en todo momento, actúan generalmente al ser accionadas por monedas que se introducen en la ranura de que van provistas al objeto)	распределитель, распределитель клейкой ленты, отделитель для наклеек	283
materia f prima	material de base	исходный материал	284
materiale m di alimentazione (per una macchina)	material m utilizado (material o producto del que se alimenta una máquina)	исходное сырье	285
beccuccio m versatore	espita, caño o conducto vertedor	дозирующее устройство, выпускное отверстие	286
chisura f del beccuccio versatore	cierre m u obturador, con caño vertedor	затвор с дозирующим устройством	287

Nr.	DEUTSCH	ENGLISCH	FRANZÖSISCH
288	**aushärten, vulkanisieren**	**to cure, to vulcanize**	**(se) cuire, tremper, vulcaniser**
289	**auskleiden***	**to line**	**doubler**
290	**Auskleidepapier** n	**paper liner, lining paper**	**papier** m **à doubler**
291	**Auskleidung** f	**liner, lining**	**doublure** m, **revêtement** m
292	**Auslage** f (im Laden)	**display** (in a shop)	**étalage** m (sur le lieu de vente)
293	**auslaufen** (einen Packstoff durchdringen)	**to bleed, to leak, to leak through** (to penetrate a packaging material)	**fuir** (écouler d'un emballage)
294	**Auslauftülle** f, **Ausgießer** m	**pour spout, nozzle**	**bec** m **verseur**
295	**auspacken**	**to unpack, to empty**	**déballer, dépaqueter**
296	**auspolstern, polstern**	**to cushion, to pad**	**matelasser, rembourrer**
297	**Aussage** f (der Verpackung, der Packung)	**information** (of a package)	**information** f (d'un emballage)
298	**Ausschäumen** (siehe 868, 4040)	**to foam in**	**remplir de mousse, rembourrer de mousse**
299	**Ausschüttvorrichtung** f	**pour spout**	**dispositif** m **à déverser, tubulure** f **verseuse**
300	**Ausschuß** m	**waste**	**déchets** m, **maculature** f
301	**Außendruck** m	**exterior printing**	**impression** f **extérieure**
302	**Außenklappen*** fpl, (einer Faltschachtel)	**outer flaps** (of a folding carton)	**rabats** m **extérieurs** (d'une boîte pliante)

ITALIENISCH	SPANISCH	RUSSISCH	Nr.
vulcanizzare, temprare	curar se, vulcanizar, templar se, endurecer se	отвердевать, вулканизировать, вулканизовать	288
accoppiare	forrar, revestir	облицовывать, футеровать	289
carta f per accoppiamento, per laminazione	papel m para forrar, para revestir	бумага для внутренней обкладки тары	290
rivestimento m, accoppiamento m	forrado, revestido m	сорочка, внутренняя сорочка	291
espositore m (in un negozio)	colocación, exhibición f (en el lugar de venta)	выставка (в витрине)	292
colare (passare attraverso un imballaggio)	derramarse, vaciarse (un líquido, por ej. de un envase), gotear	вытекать (проникать через тароупаковочный материал)	293
beccuccio m versatore	pico, pitón, caño, vertedor, espita.	дозирующее устройство, выпускное отверстие, носик тубы	294
sballare, aprire un imballagio	desembalar, desempaquetar, desenvasar	распаковывать, вынимать	295
imbottire	almohadillar, acolchar, rellenar, embutir	обивать, демфировать	296
informazione f (di un imballaggio)	información (de un envase)	информация (на таре)	297
schiumare (espandere)	expander, ilenar de espuma	вспениваться	298
dispositivo m versatore	dispositivo vertedor	выпускное отверстие, дозирующее устройство	299
rifiuto m, residuo m	desperdicio, residuo	брак, некондиция, бракованный материал	300
stampa f esterna	impresión exterior	наружное печатание	301
falde f esterne (di un astuccio pieghevole)	ala, o lado exterior (de una caja plegable)	наружный клапан (складного картонного ящика)	302

Nr.	DEUTSCH	ENGLISCH	FRANZÖSISCH
303	**Außenlack** m	**outer lacquer**	**vernis** m **extérieur**
304	**Außenabmessungen** fpl, **Außenmaße** fpl	**outside dimensions** pl, **overall dimensions**	**dimensions** fpl **hors, dimensions** fpl **hors-tout**
305	**Außenschutzüberzug** m	**external protective coating**	**enduit** m **extérieur protecteur**
306	**Außenverpackung*** f	**exterior package, outer, master container**	**emballage** m **extérieur, suremballage** m, **caisse** f **d'expédition**
307	**Außenwand** f (z.B. einer Kiste)	**exterior surface** (of a case e.g.)	**paroi** f **faciale** (p. ex. d'une caisse)
308	**ausstanzen** (Rohlinge)	**to die-cut, to blank**	**estamper** (des ébauches)
309	**ausstanzen** (Zuschnitte)	**to die-cut, to stamp** (blanks)	**découper, estamper, poinçonner** (des découpes)
310	**Ausstattung** f (einer Verpackung oder Packung), **Ausstattungsmittel**	**decoration** (of a package), **decoration means**	**décoration** f (d'un emballage) **moyen** m **de décoration**
311	**Ausstattungspapier** n	**fancy paper**	**papier** m **fantaisie**
312	**Ausstellschachtel** f	**display box**	**boîte** f **de présentation**
313	**Ausstellverpackung** f (siehe 258)	**display package, show package**	**emballage** m **de présentation**
314	**Austauschpalette** f	**interchangeable pallet**	**palette** f **d'échange**
315	**Auswerfer** m, **Ausdrücker** m, **Ausstoßer** m	**ejector**	**éjecteur** m
316	**auswiegen, wägen**	**to weigh**	**peser**
317	**Auszeichnungsetikett** n	**marking label**	**étiquette** f **de marquage**

ITALIENISCH	SPANISCH	RUSSISCH	Nr.
vernice f esterna	barniz exterior	наружный лак	303
dimensioni f pl esterne, dimensioni f pl d'ingombro	dimensiones f pl exteriores	наружные размеры, габаритные размеры, габариты	304
rivestimento m protettivo esterno	revestimiento exterior protector	наружное защитное покрытие	305
inballaggio m esterno	embalaje exterior	внешняя тара	306
lato m esterno (ad es. di una cassa)	superficie, pared exterior (p.e. de una caja)	внешняя стенка (напр. ящика)	307
fustellare (bozzetti)	hendir, troquelar, preparar preformas	вырубать (заготовки сборных металлических банок)	308
fustellare (fogli di cartone)	troquelar, estampar, perforar (preformas)	высекать (картонные загатовки для коробок или ящиков, развертки ящиков)	309
decorazione f (di un imballaggio), materiale m per la decorazione	decoración f (de un envase o embalaje) accesorios decorativos	отделка (тары), декорация, оформление; оснащение	310
carta f fantasia	papel m de fantasía	отделочная бумага, декоративная бумага	311
scatola f di presentazione	caja f de presentación, envase m presentador	витринная коробка, выставочная коробка	312
imballaggio m di presentazione	envase presentador	выставочная тара	313
paletta f intercambiabile	paleta f intercambiale	обменный поддон	314
eiettore m, estrattore m, espulsore m	eyector m	выталкиватель, выталкивающая система	315
pesare	pesar	развешивать, взвешивать	316
etichetta f di marcatura	etiqueta f de marcado, marbete	маркировочный ярлык	317

Nr.	DEUTSCH	ENGLISCH	FRANZÖSISCH
318	**Auszeichnungsmaschine** f (siehe 3031)	**marking machine**	**machine** f **à marquer**
319	**Automaten(ver)packung** f (für Verkaufsautomaten)	**package for vending machines, vending machine pack**	**emballage** m **pour le distributeur automatique**
320	**automatische Steuerung** f	**automatic control**	**commande** f **automatique**
321	**axial gereckte Folie** f	**axially oriented film**	**feuille** f **étendue axialement**
322	**Azidität*** f (siehe 2941)	**acidity**	**acidité** f (voir valeur pH)
323	**B-Welle** f (feine Riffelung der Wellpappe mit ca. 50 Wellen auf 30,48 cm, Höhe ca. 3,2 mm) (siehe 4452 ff.)	**B-flute** (type of corrugation with appr. 47-53 flutes per foot, height approx. 3,2 mm)	**cannelure** f **B** (type du carton ondulé avec env. 50 cannelures par 30,48 cm, hauteur env. 3.2 mm)
324	**Backe** f	**jaw**	**mors** m **machoîre** f, **mordache** f
325	**Backen** n, **Blocken*** n (unerwünschtes Aneinanderhaften von Blättern oder Folien) (siehe 490, 1636)	**blocking** (undesired adhesion of sheets)	**adhérence** f **de contact** (entre feuilles; non désiré)
326	**Backfester Karton** m	**ovenable carton**	**carton** m **pour cuisson au four**
327	**Backform** f	**baking mould**	**moule** m **à pâtisserie**
328	**Bändchengewebe*** n	**woven ribbons**	**ruban** m **tissé**
329	**Bag-in-Box** m	**bag-in-box**	**sachet en boîte**
330	**Bahn** f (aus Papier, Pappe oder Kunststoff)	**web** (of paper, board or plastics)	**bande** f (de papier, carton ou matière plastique)
331	**Bahn** f, **endlose Bahn** (aus Papier, Geweben, Kunststoffen)	**continuous web** (of paper, fabrics, plastics)	**bande** f **continue, feuille** f **continue** (en papier, tissu matière plastique)

ITALIENISCH	SPANISCH	RUSSISCH	Nr.
apparecchio m **per marcare**	**máquina** f **de marcar** (o de etiquetar)	маркировочная машина	318
imballaggio m **per distributori automatici**	**envase para la máquina automática distribuidora** o suministradora	тара для автоматов, упаковка для автоматов	319
comando m **automatico**	**mando, o control automático**	автоматическое управление	320
film m **orientato assialmente**	**film** m **orientado axialmente**	пленка одноосной вытяжки	321
acidità	**acidez** (ver valor pH)	кислотность	322
onda f **B** (tipo di cartone ondulato con circa 50 ondulazioni per 30,48 cm, altezza circa 3,2 mm)	**acanalado b** (tipo de ondulado de cartón con aproximadamente 50 acanalados por 30,48 cm, y unos 3,2 mm de altura (ver cartón ondulado)	гофр В (профиль волнообразного слоя бумаги, состоящий приблизительно из 50 волн или рифлей на 30,48 см; толщина картона 3,2 мм)	323
ganascia f	**mordaza** f	щека, губка	324
bloccaggio m (adesione non voluta tra fogli)	**adherencia** f **por contacto** m (entre las hojas, es un inconveniente)	слипание, слеживание (листов, пленок)	325
cartone m **resistente alle alte temperature**	**cartón horneable**	термостойкий картон	326
stampo m **per formatura a caldo**	**molde para formar en frío**	форма для выпечки	327
nastri m pl **in tessuto**	**cinta rejida**	ленточная ткань	328
Bag-in-Box m	**caja-odre, bolsa en caja**	складная пачка с сорочками	329
foglio m **di carta o cartone o plastica**	**hoja** (de cartón, papel o material plástico)	полотно (напр. бумаги, картона, пленка)	330
bobina f **continua di carta, tessuto o plastica**	**film o banda contínua** (de papel, textil o material plástico)	непрерывное полотнице, полотно (бумаги, картона, ткани, пленки)	331

Nr.	DEUTSCH	ENGLISCH	FRANZÖSISCH
332	**Bahnversandbehälter** m	**rail shipment container**	**conteneur** m **pour transports ferroviaires**
333	**Bajonettverschluß*** m	**bayonnet closure, slide lock**	**verrouillage** m **à baïonnette, joint** m **à baïonnetter, emboîtement** m **à baïonnette**
334	**Bajonettverschluß-deckel*** m	**bayonnet-lock lid**	**couvercle** m **avec joint à baïonnette**
335	**bakterizider Packstoff*** m (widerstandsfähig gegen Bakterienbefall)	**bactericidal packaging material** (resistant to microorganisms)	**matériaux** mpl **d'emballage bactéricides** (résistant aux bactéries et microbes)
336	**Balkencode** m (siehe 812, 3808)	**bar code**	**code** m **barres**
337	**Ballen*** m	**bale**	**balle** f, **ballot** m
338	**Ballenpresse** f	**baling press**	**presse** f **à balles**
339	**Ballenumreifung** f	**bale hooping, bale strapping**	**cerclage** m **de balles**
340	**Ballenumschnürung** f	**bale cording**	**ficelage** m **de balles**
341	**Ballenverpackung** f	**baling, bale**	**mise** f **en balles**
342	**Ballon*** m	**carboy, demijohn**	**bonbonne** f, **dame-jeanne** f
343	**Bandeisen** n	**band iron, hoop iron strap, metal strap**	**feuillard** m **de fer, fer** m **en ruban**
344	**Bandeisenschere** f	**iron-band cutter, metal strap cutter**	**cisailles** fpl **à feuillard**
345	**Banderole*** f	**band, banderole, strapping, wrapping tape**	**bande** f, **bandelette** f, **banderole** f
346	**Banderoleneinschlag*** m	**partial wrapping**	**enveloppe** f **partielle**

ITALIENISCH	SPANISCH	RUSSISCH	Nr.
contenitore m per trasporti ferroviari	contenedor para el transporte ferroviario	железнодорожный контейнер	332
chiusura f a baionetta	cierre de bayoneta	штыковой затвор	333
coperchio m con chiusura a baionetta	tapa, con junta o cierre de bayoneta	крышка со штыковым затвором	334
materiale m d'imballaggio battericida (resistente ai microorganismi)	materiales de embalaje bactericidas (resistentes a bacterias y microbios)	бактерицидный упаковочный материал (предохраняющий от действия микроорганизмов)	335
codice m a barre	código barrado	штриховой код	336
balla f	bala	кипа, тюк	337
pressa f per balle	prensa de balas	киповый (тюковочный) пресс	338
reggettatura f (delle balle)	flejado o zunchado de balas	обвязка кип стальной лентой	339
legatura f (delle balle)	atado de balas	обвязка кип проволокой	340
imballaggio m (in balle)	formación de balas	упаковка кип	341
damigiana f	bombona, damajuana	баллон, бутыль	342
reggetta f metallica, reggia f metallica	banda, fleje de hierro, cinta	стальная лента, стальная полоса, обручное железо, полосовое железо	343
cesoia f per reggetta metallica	cizallas para cortar fleje	ножницы для резки стальной ленты	344
nastro m, fascetta f	banda, fleje, cinta de zunchar	бандероль, бумажная обойма	345
fascettatura f parziale	banderola envoltura parcial	бандерольная обертка	346

Nr.	DEUTSCH	ENGLISCH	FRANZÖSISCH
347	Banderoliermaschine f	banding machine, banderoling machine	banderoleuse f, machine f à banderoler
348	Bandförderer m	belt conveyor, conveyor belt	convoyeur m à courrroie, bande f transporteuse
349	Bandmundstück* n	band mouthpiece	embouchure f à bande
350	Bandumreifung f	strapping	cerclage m en bandes
351	Bauchfaß* n	belly-barrel	tonneau m ventru ou bombé
352	Baukastenprinzip n, Baukastensystem n	modular design, building-block system, unit-composed system, unitized construction	conception f (par) bloc-éléments, conception f, enèéléments démontables, système m des unités de montage, système m de construction par éléments, construction f modulaire
353	Baumwolle f	cotton	coton m
354	Baumwollhalbstoff m	cotton pulp	pâte f de coton
355	Baumwollsack m	cotton sack	sac m en coton
356	Beanspruchung f	strain, stress, stress-load	contrainte f, effort m
357	Beanspruchung f, dynamische Beanspruchung	dynamic stress	contrainte f dynamique, effort m d'oscillation
358	Beanspruchung f, hohe Beanspruchung	heavy duty	épreuve f, épreuve à forte charge f, épreuve à forte sollicitation f

ITALIENISCH	SPANISCH	RUSSISCH	Nr.
macchina f fascettatrice	máquina de flejar, de zunchar con cinta o de atar con cuerda	машина для наклеивания бандеролей	347
nastro m trasportatore (trasportatore m a nastro)	banda, cinta transportadora	ленточный конвейер, ленточный транспортер	348
imboccatura f per il nastro	banda, cinta de emboquillar	щелевая головка (для эсктрузии пленок)	349
reggettatura f	zunchado con fleje	обтяжка грузов обвязочной лентой	350
barile m, botte f	barril abombado	бочка с параболической формой корпуса	351
sistema f di costruzione ad elementi componibili (modulari)	estructura por elementos desmontables, sistema de construcción o de ensamblado por elementos o modular	принцип агрегатирования, агрегатирование, агрегатная система, унифицированная агрегатная система	352
cotone m	algodón	хлопок	353
pasta f di cotone	pulpa de algodón	полумасса из хлопчатобумажного тряпья	354
sacco m in cotone	saco de algodón	мешок из хлопчатобумажной ткани	355
sforzo m, sollecitazione f	tensión, estirado carga, esfuerzo	напряжение, нагрузка	356
sollecitazione f dinamica	resistencia dinámica, esfuerzo de oscilación, dinámico	динамическое напряжение, динамическая нагрузка	357
sollecitazione f severa	alta exigencia o resistencia (prueba severa)	высокая нагрузка, максимальная нагрузка	358

Nr.	DEUTSCH	ENGLISCH	FRANZÖSISCH
359	**Beanspruchung** f, **schwingende Beanspruchung**	**swinging stress**	**contrainte** f **ondulée**
360	**bearbeiten**	**to work, to fabricate, to machine**	**travailler, traiter, ouvrer, façonner**
361	**Becher*** m	**cup**	**gobelet** m
362	**Becherglas** n	**glass cup**	**gobelet** m **en verre**
363	**Becherkarton** m	**drinking-cup cardboard**	**carton** m **pour gobelets**
364	**Bedampfen*** n, **Aufdampfen** n	**vacuum metallizing, vapour deposition, vacuum deposition**	**titanisation** f, **métallisation** f **dans le vide, vaporisation** f
365	**Bedruckbarkeit** f	**printability**	**imprimabilité** f, **facilité** f **d'impression**
366	**bedrucken**	**to print**	**imprimer**
367	**bedrucktes Band** n	**printed ribbon**	**ruban** m **imprimé**
368	**befeuchten, anfeuchten**	**to moisten, to humidify**	**humecter**
369	**Befeuchter** m, **Anfeuchter** m	**moistener**	**humecteur** m
370	**Befilmen** n	**film coating**	**couchage** m
371	**beflammen***	**to flame**	**flamber**
372	**beflocken***	**to flock**	**floconner**
373	**befüllen**	**to fill, to fill up**	**remplir**

ITALIENISCH	SPANISCH	RUSSISCH	Nr.
sollecitazione f ondulatoria	resistencia a la vibración	циклическое напряжение, вибрационная нагрузка	359
lavorare (a macchina), trattare	trabajar, tratar, laborar, producir	обрабатывать	360
bicchierino m, coppetta f	vaso, recipiente	стаканчик, стакан	361
bicchierino m in vetro	vaso de cristal	химический стакан	362
cartone m per bicchierino	cartón para vasos	картон для стаканчиков	363
metallizzazione f sotto vuoto, applicazione f a spruzzo	titanización, metalización por alto vacío, vaporización	напыление, нанесение металлических покрытий, вакуумная металлизация	364
stampabilità f	imprimibilidad, facilidad de impresión	пригодность (материала) для печатания, печатные свойства	365
stampare	imprimir	печатать, покрывать печатью	366
nastro m stampato	banda, cinta impresa	лента с нанесенными печатными изображениями	367
inumidire (umidificare), umettare	humectar	увлажнять, замачивать	368
umettatore m	humectador	увлажнитель	369
rivestimento m con film	revestir, recubrir (con un film o película)	нанесение пленки, покрытие пленкой	370
flammare	flamear	обрабатывать огнем	371
flocculare	flocar	флокировать	372
riempire, colmare	llenar	наполнять, заполнять, загружать, расфасовывать, заливать, набивать	373

Nr.	DEUTSCH	ENGLISCH	FRANZÖSISCH
374	**Begasung* f**	**gas-flashing**	**chargement m de gaz de protection**
375	**Behälterglas* n**	**glass container**	**emballage m en verre, récipient m en verre**
376	**Behältnis* n, Behälter* m**	**container, receptacle, package**	**récipient m, réservoir m, container m, emballage m**
377	**Behältnisvolumen* n**	**container capacity**	**volume m, capacité f**
378	**beimpfte Packung f** (zur Prüfung der Sterilisierung mit Bakterienkulturen geimpft)	**inoculated pack** (for testing sterilization with injected bacteria)	**emballage m inoculé** (inoculé de bactéries pour vérifier la stérilisation)
379	**Beipackzettel m**	**information tag**	**fiche f explicative, fiche f d'avertissement**
380	**Beizfleck m** (unverzinnte Weißblechfläche)	**underpickling** (untinned area on tin-plate)	**tache f de décapage** (endroit mal étamé sur le ferblanc)
381	**beladen**	**to load**	**charger**
382	**belasten**	**to charge, to load**	**charger**
383	**Belastung f**	**load, charge**	**charge f, chargement m**
384	**beleimen**	**to gum, to glue**	**encoller**
385	**Beleimungsvorrichtung f**	**gumming device, glu(e)ing machine**	**appareil m à encoller, encolleuse f**
386	**beleisten** (mit Leisten verstärken)	**to cleat** (to reinforce with ledges)	**renforcer de tasseaux**
387	**Benetzbarkeit* f**	**wettability**	**capacité f d'humectage, absorptivité f**

ITALIENISCH	SPANISCH	RUSSISCH	Nr.
riempimento m con gas di protezione	carga de gas de proyección, propulsión	фумигация, окуривание	374
contenitore m in vetro	envase de vidrio, recipiente de vidrio	стеклянная тара, стеклотара	375
contenitore m	recipiente, contenedor, depósito, embalaje	контейнер, тара, емкость, сосуд	376
capacità f del contenitore	capacidad del envase, volumen del contenido	объем (емкость) сосуда (тары)	377
imballaggio m trattato con batteri (per provarne la sterilità)	envase inoculado (con bacterias, para verificar la esterilización)	упаковка привития (для проверки стерилизации привитая бактериями)	378
foglietto m illustrativo	etiqueta informativa	сопровождающий информационный листок	379
macchia f di decapaggio (area della banda stagnata non rivestita di stagno)	mancha de decapado (porosidad al recubrimiento de estaño en la hojalata)	протравное пятно (нелуженая поверхность белой жести)	380
caricare	cargar	загружать	381
caricare	cargar	нагружать	382
carico m	carga	нагрузка, загрузка, напряжение	383
incollare	encolar	покрывать клеем	384
macchina f incollatrice	aparato encolador, encolador	клеенамазочная машина, клеемазальная машина, гуммировальная машина	385
rinforzare con tassello	reforzar con varillas, listones, rebordes	упрочнять (укреплять) деревянными планками	386
capacità di inumidimento	humectabilidad	смачиваемость	387

Nr.	DEUTSCH	ENGLISCH	FRANZÖSISCH
388	**Berstdruck*** m	**bursting pressure, bursting strength**	**résistance** f **à l'éclatement, pression** f **d'éclatement**
389	**Berstdruckprüfung** f (siehe 2612)	**bursting test**	**essai** m **d'éclatement**
390	**Berstdrucktestgerät** n (siehe 2613)	**bursting tester**	**éclatomètre** m
391	**bersten**	**to burst**	**éclater**
392	**Berstindex** m	**burst ratio**	**indice** m **d'éclatement**
393	**Berstfestigkeit*** f, **Berstwiderstand** m (siehe 388, 2646)	**burst(ing) strength**	**résistance** f **á l'éclatement**
394	**beschädigen**	**to damage**	**endommager**
395	**beschichten*, laminieren** (siehe 211 ff.)	**to coat, to laminate**	**enduire, revêtir, laminer**
396	**beschichten** (durch Eintauchen)	**to dipcoat**	**revêtir par immersion**
397	**beschichten** (durch Extrusion) (siehe 985)	**to coat by extrusion, extrusion-coating**	**enduire par extrusion-laminage**
398	**Beschichtung** f	**coat, coating**	**enduit** m, **revêtement** m, **couchage** m, **enduction** f
399	**Beschichtungs-maschine** f	**coating machine**	**coucheuse** f, **machine** f **à enduire, enduiseuse** f

ITALIENISCH	SPANISCH	RUSSISCH	Nr.
pressione f di scoppio, resistenza f allo scoppio	resistencia al reventamiento o estallido, presión de reventamiento	продавливающее усилие	388
prova f di resistenza allo scoppio	ensayo de reventamiento (ver ensayo Müllen)	испытание на продавливание, испытание на сопротивление продавливанию	389
scoppiometro m	eclatómetro	прибор для испытания на продавливание	390
scoppiare	estallar, reventar	продавливаться, лопаться	391
indice m di scoppio	índice de estallido o reventamiento	показатель сопротивления продавливанию, коэффициент сопротивления продавливанию	392
resistenza f allo scoppio	resistencia al estallido	прочность на продавливание, сопротивление продавливанию	393
danneggiare	deteriorar, averiar, dañar	повреждать, портить	394
rivestire, laminare	revestir, laminar, rewbrir, alomplejar	наносить покрытие, меловать (бумагу)	395
rivestire per immersione	revestir, recubrir, laminar, acomplejar	наносить покрытие путем погружения или окунания	396
rivestire per estrusione	recubrir, revestir, por extrusión	наносить покрытие путем экструзии	397
rivestimento m, laminazione f	recubrir o revestir por extrusión-laminado	покрытие; слоистый пластик, слоистый материал, листовой слоистый материал	398
macchina f per laminare, macchina f per rivestire	máquina de recubrir, o revestir, revestidora o recubridora	машина для нанесения покрытий, машина для нанесения покровного слоя	399

Nr.	DEUTSCH	ENGLISCH	FRANZÖSISCH
400	Beschichtungsroh-papier n	laminating base paper	papier m brut pour collage
401	Beschickung f	feed	alimentation f
402	Beschickung f (einer Preßform)	load, charge (of a mould)	chargement m (d'un moule)
403	Beschickungsvorrich-tung f	feeder, feeding device, loading device	chargeur m, alimenteur m
404	Beschlag m, Beschlagteil n	fitting	pièce f d'armature, ferrures fpl
405	Beschleuniger m	accelerator	accélérateur m
406	beschleunigter Lagerungsversuch m	accelerated storage test	essai m de vieillissement accéléré
407	beschneiden	to trim, to cut	rogner, couper par les côtés
408	Beschriftung f, Aufdruck m	lettering, inscription, legend	inscription f légende f, graphisme m
409	Beschriftungsgerät n	lettering device	appareil m à marquer
410	besprühen	to spray	enduire au pistolet, pulvériser
411	Beständigkeit f, Dauerhaftigkeit f	durability	durée f, durabilité f
412	Beständigkeit f gegen Chemikalien	resistance to chemical agents, chemical resistance	résistance f aux agents chimiques
413	Bestrahlung f	irradiation	irradiation f

ITALIENISCH	SPANISCH	RUSSISCH	Nr.
carta f di supporto per laminazione	papel-base de laminación, o para acomplejar	бумага-основа для нанесения покрытий	400
alimentazione f	alimentación	питание, загрузка, засыпка	401
carico m di uno stampo	carga (de un molde)	навеска (для загрузки пресс-формы)	402
dispositivo m di alimentazione, dispositivo m di carico	cargador, alimentador	загрузочное устройство, загрузочный аппарат	403
accessorio m di rifinitura, guarnizione f	guarnición, capa, acoplador (de forros, p.e.)	обивка, обшивка	404
acceleratore m	acelerador	ускоритель (напр. отвердения)	405
prova mmf di immagazzinamento accelerato	ensayo de envejecimiento acelerado	испытание на ускоренное старение (во время хранения)	406
rifilare, tagliare	cortar, cercenar, ajustar	обрезать, срезать	407
stampigliatura f, iscrizione f	inscripción, leyenda, grafismo	маркировка, надпись	408
apparecchio m per stampigliare	aparato de marcar, marcador	маркировочный прибор, маркировочный аппарат	409
vaporizzare	pulverizar, aplicar por pulverización	опрыскивать, обрызгивать, наносить покрытие пульверизацией	410
durabilità f	durabilidad	устойчивость, стойкость; стабильность	411
resistenza f agli agenti chimici	resistencia a los agentes químicos	стойкость к действию химикалий	412
irradiazione	irradiación	облучение	413

Nr.	DEUTSCH	ENGLISCH	FRANZÖSISCH
414	Betätigungsknopf m	actuator button, actuator head	commande f, bouton m, poussoir m, diffuseur m
415	beulen, sich beulen	to bulge	s'enfler, boursoufler
416	Beulfestigkeit f	bulging resistance, bulge resistance, buckling or deflection strength	résistance f au boursouflage, résistance au voilement, résistance à l'enflure
417	Beutel* m	bag, pouch, sachet	sachet m, sac m
418	Beutel mpl, in Beutel verpacken, einbeuteln	to bag	ensacher
419	Beutel m, kombinierter Beutel	composite bag	sachet m mixte
420	Beutel m, konischer Beutel	conic(al) bag, taper(ed) bag	sachet m conique
421	Beutel m mit Ausgußtülle	spout bag	sachet m avec bec verseur
422	Beutel m mit Außenbeutel oder Innenbeutel, doppellagiger Beutel m	bag-in-bag, double-wall bag, multi-wall bag	sac en sac m
423	Beutel-Evakuier-maschine m	bag vacuumising machine	machine f automatique à évacuer les sachets
424	Beutelfüllmaschine f	bag filling machine, bagging machine	ensacheuse f
425	Beutel-Füll-und-Verschließmaschine f	bag filling and sealing machine	machine f à remplir et fermer les sachets
426	Beutelklammer f	bag staple	agrafe f à sachets

ITALIENISCH	SPANISCH	RUSSISCH	Nr.
pulsante m di comando	botón o pulsador de mando	нажимная кнопка, распылительный клапан, нажимный клапан	414
rigonfiarsi	combar se, pandearse	вспучиваться, разбухать	415
resistenza f al rigonfiamento	resistencia al pandeo	сопротивление продольному изгибу	416
sacchetto m	saco, bolsa	пакет, мешочек, кулек	417
insacchettare	ensacar, embolsar	затаривать в пакеты, упаковывать в пакеты	418
sacchetto m composito	bolsa mixta	комбинированный пакет	419
sacchetto m conico, cono	bolsa cónica	кулек, конусовидный пакет	420
sacchetto m con beccuccio versatore	bolsa con dispositivo vertedor	пакет с дорзирующим отверстием	421
sacchetto m con sacchetto interno	bolsa dentro de otra (bolsa doble, o con bolsa exterior), saco multipliego, bolsa embolsada	пакет с "покрышкой", пакет с сорочкой, пакет с подкладкой, двойной пакет	422
macchina f per applicare il vuoto nei sacchetti	máquina automática para hacer el vacío en las bolsas	машина для высасывания воздуха из мешочков	423
macchina f insacchettatrice	ensacadora, máquina llenadora de sacos	машина для наполнения пакетов	424
macchina f per riempimento e chiusura dei sacchetti	máqina de llenar y cerrar las bolsas	автомат для наполнения и укупорки пакетов	425
graffa f per sacchetti	grapa (cerradora de bolsas)	металлическая скобка для скрепления пакетов	426

Nr.	DEUTSCH	ENGLISCH	FRANZÖSISCH
427	Beutelmaschine f, Beutelherstellungs- maschine f	bag making machine	machine f à faire les sachets, confectionneuse f de sacs
428	Beutelöffner m, Beutelöffnungs- maschine f	bag opener, bag opening machine	ouvre-sachets m, machine f pour l'ouverture des sacs
429	Beutelpapier n	bag paper	papier m à sachets
430	Beutelverschluß m	bag closure, bag seal	fermeture f pour sachets
431	Beutelverschlußstreifen m (aus Karton)	bag header (sealing tape of cardboard)	bande f d'obturation (en carton pour sachets)
432	Beutelverschweißgerät n	bag sealing equipment	appareil m à souder les sachets
433	bewegliche Teile fpl	movable parts, moving parts	pièces fpl mobiles
434	bewehrtes Glas n, armiertes Glas	wire glass, reinforced glass	verre m armé (aves fils métalliques)
435	Bezugskappen- schachtel f	covered lid box	boîte f à capuchon revêtu
436	biaxial gereckt	biaxially oriented	étendu à deux axes, orienté à deux axes
437	Biegemoment* n Biegemoment n	bending moment, moment of flexure	moment m de flexion, moment de courbure, moment fléchissant
438	Biegeradius* m Krümmungsradius m	bending radius, radius of curvature	rayon m de flexion, rayon de courbure
439	Biegefestigkeit f, Biegebruchfestigkeit f	bending strength, flexural strength, pliability	résistance f à la flexion, résistance au pliage

ITALIENISCH	SPANISCH	RUSSISCH	Nr.
macchina f per la fabbricazione di sacchetti	máquina confeccionadora de bolsas o sacos	пакетоделательный агрегат, пакетная машина	427
dispositivo m per l'apertura dei sacchetti, macchina f per l'apertura dei sacchetti	máquina abridora de bolsas o sacos	приспособление для развертывания (горла) пакетов перед насыпкой	428
carta f per sacchetti	papel para bolsas	мешочная бумага, кулечная бумага	429
chiusura per sacchetti	cierre de bolsas, soldadura de bolsas	укупорка пакетов, заделка пакетов	430
nastro m di chiusura (in cartone per sacchetti)	banda o cinta obturadora (de cartón, para bolsas)	этикетка, перегибаемая пополам для запечатывания пакетов	431
attrezzatura f per chiusura di sacchetti (sigillatura)	aparato soldador de bolsas, o sacos	автомат для укупорки (пленочных) пакетов термосваркой	432
parti f pl mobili	piezas móviles	подвижные части или детали	433
vetro m armato (con fili metallici)	vidrio reforzado (con hilos metálicos)	армированное стекло, стекло, армированное проволочной сеткой	434
scatole con coperchio zivestito	envase operculado	обклеечная коробка с крышкой внахлобучку	435
orientato biassialmente	orientado biaxialmente (biorientado)	биаксиально ориентированный, двуосной вытяжки	436
momento m flettente	momento de flexión, de curvatura, de flecha	изгибающий момент	437
raggio m di curvatura, raggio m di piegatura	radio de flexión, de curvatura	радиус кривизны, радиус изгиба	438
resistanza f alla flessione, resistenza f alla piegatura	resistencia a la flexión, al plegado	прочность на изгиб, сопротивление сгибанию	439

Nr.	DEUTSCH	ENGLISCH	FRANZÖSISCH
440	**biegen und abkanten**	**to bend and to fold, to bend and to crease**	**plier et cintrer**
441	**Biegeprüfung* f**	**bend(ing) test**	**essai** m **de pliage**
442	**Biegesteifigkeit* f**	**bending stiffness, stiffness in flexure**	**rigidité** f **en flexion, rigidité** f **flexionnelle**
443	**Bierdose** f	**beer can**	**boîte** f **à bière**
444	**Bierfaß** n	**beer barrel**	**tonneau** m **à bière**
445	**Bierflasche** f	**beer bottle**	**bouteille** f **à bière**
446	**Bierflaschenkasten** m, **Bierkasten** m	**beer crate, beer shipper**	**caisse** f **pour bouteilles de bière, caisse** f **à bière**
447	**Bindefestigkeit** f	**interlaminar strength, bonding strength**	**résistance** f **interfaciale, résistance de collage, pouvoir** m **adhésif de collage**
448	**Bindegerät** n (zum Verschnüren von Schachteln und Kisten)	**tying device** (for securing cartons and crates), **tying machine**	**outil** m **à ficeler** (pour ficeler cartons et caisses)
449	**Bindekraft** f, **Kleb(e)kraft** f, **Kleb(e)vermögen** n	**adhesiveness, adhesion strength**	**adhésivité** f, **pouvoir** m **adhésif**
450	**Bindemittel** n, **Binder** m	**bonding (binding) agent, agglutinant**	**liant** m, **matière** f **agglutinante, adhésif** m
451	**Binderiemen** m, **Riemen** m	**strap, belt**	**lanière** f
452	**Bindeverschluß*** m	**tying closure, binding closure, tied tape closure**	**fermeture** f **ficelée, fermeture à lier, fermeture par bandes liées**

ITALIENISCH	SPANISCH	RUSSISCH	Nr.
piegare e cordonare	combar, curvar, doblar y plegar	гнуть (сгибать, изгибать) и складывать (фальцевать)	440
prova f di piegatura, prova f di flessione	ensayo de plegado	испытание на изгиб	441
rigidità alla flessione (piegatura)	rigidez a la flexión	жесткость при изгибе	442
barattolo m per birra	bote de cerveza	жестяная банка из-под пива	443
barile m per birra	barril de cerveza	бочка из-под пива	444
bottiglia f per birra	botella de cerveza	бутылка для разлива пива	445
gabbia f per bottiglie di birra	caja para botellas de cerveza, caja de cerveza	гнездовой ящик для бутылок из-под пива	446
resistenza f della adesione, resistenza f della giunzione	resistencia interlaminar de adhesión o pegado, poder adhesivo del encolado	прочность сцепления, прочность склейки, прочность связи, прочность клеевых швов	447
apparecchio m per legare (scatole e gabbie)	herramienta de zunchar o de atar (para cerrar o unir cajas de cartón, madera, objetos separados, etc.)	автомат для привязывания упаковок (коробок, ящиков) шпагатом	448
adesività f, forza f di adesione	adhesividad, poder adhesivo	сила схватывания, сила сцепления, величина адгезии, клеящая способность	449
agente m legante, adesivo m (agglutinante)	adherente, medio o agente aglutinante, adhesivo	связующее вещество, связующее средство, клеящее вещество, клей, биндер	450
cinghia f	fleje, zuncho	строп, ремень	451
chiusura f con nastro, chiusura f con legaccio	enlazador, precinto (para unir firmemente los extremos del fleie o zuncho)	связывание узлом, обвязка шпагатом с образованием узла	452

Nr.	DEUTSCH	ENGLISCH	FRANZÖSISCH
453	Bindfaden m	cord, twine, string	ficelle f, fil m d'emballage
454	biologischer Abbau m	biological decomposition	décomposition f biologique
455	biologische Beanspruchung f	biological stress	charge f biologique
456	Bitumen n	bitumen	bitume m
457	bitumenbeschichtet	bitumen-coated	enduit de bitume
458	bitumenimprägniert	bitumen-impregnated	imprégné de bitume
459	bitumenkaschiert	bitumen-laminated	laminé de bitume
460	Bitumenpapier* n, bituminiertes Papier n, Asphaltpapier n, Teerpapier* n	tarred brown paper, bituminous paper, tar paper, asphalt-laminated kraft, bitumen laminate	papier m goudronné, papier bitum(in)é
461	Bitumen- und Teerpapier n	reinforced union paper	papier m brun goudronné renforcé
462	Bitumenpappe* f	bitumen board	carton m bitum(in)é, carton goudronné
463	bitum(in)ieren, asphaltieren	to bituminize, to asphalt	bitum(in)er, asphalter, goudronner

ITALIENISCH	SPANISCH	RUSSISCH	Nr.
corda f, legaccio m	cuerda, hilo, de embalaje	шпагат, веревка	453
decomposizione f biologica	exigencia biológica	биологическая деструкция, биологическое разложение	454
stress m biologico	descomposición biológica, resistencia biológica	биологическая нагрузка	455
bitume m	brea, asfalto, alquitrán	битум, асфальт	456
rivestito di bitume	embreado, revestimiento con brea	покрытый битумом, покрытый асфальтом	457
impregnato di bitume	impregnación con brea, embreado, asfaltado, alquitranado	пропитанный битумом, пропитанный асфальтом	458
accoppiato con bitume	laminado o impregnación con brea	ламинированный битумом, ламинированный асфальтом	459
carta f bitumata, carta f catramata	recubrimiento o revestimiento con brea	битумированная бумага, гудронированная бумага	460
carta f catramata, carta f bitumata	papel asfáltico y embreado (reforzado)	юнион-крафт-бумага, ламинированная битумом и армированная (напр. стекловолокном)	461
cartone m bitumato	cartón asfaltado, embreado	битумированный картон	462
bitumare, catramare	asfaltar, embrear	битумировать, асфальтировать, покрывать асфальтом	463

Nr.	DEUTSCH	ENGLISCH	FRANZÖSISCH
464	**Blase** f	**bubble, blister, airpocket**	**bulle** f
465	**blasen**	**to blow**	**souffler**
466	**Blasenpackung*** f (Bubble-Pack)	**bubble pack**	**emballage** m **"bubble"**
467	**Blasflasche** f **aus Polyethylen**	**blow moulded polyethylene bottle**	**bouteille** f **soufflée en polyéthylène**
468	**Blasfolie*** f, **Schlauchfolie** f	**blown film, film tube**	**film** m **plastique soufflé, feuille** f **soufflée, feuille** f **extrudée en gaine**
469	**Blasfolienverfahren** n	**blowing an extruded tubular film**	**procédé** m **de soufflage de gaines**
470	**Blasform** f	**mould, blowing mould**	**moule** m, **moule de soufflage**
471	**Blasmaschine** f	**blow moulder, blowing machine, blow moulding equipment**	**machine** f **à souffler**
472	**Blasverfahren** n (Herstellung hohler Körper)	**blow moulding**	**méthode** f **de soufflage de corps creux**

ITALIENISCH	SPANISCH	RUSSISCH	Nr.
bolla f, **"blister"** m	**ampolla** (de aire), (como sistema de envasado por termomoldeo al vacío, sobre un soporte de cartón especialmente tratado, quedando el producto a contener entre la plancha (de plástico) termomoldeada y el soporte)	**пузырь, пузырек**	464
soffiare	**soplar**	**выдувать, формовать выдуванием, формовать раздувом, раздувать**	465
confezione f **a bolla**	**envase-ampolla** (blister o bubble)	**упаковка в оболочку "в пузырь", пузырчато-пленочная упаковка**	466
bottiglia f **soffiata in polietilene**	**botella de polietileno soplada** (proceso de moldeo por extrusión-soplado)	**полиэтиленовая бутылка, изготовленная методом формования выдуванием**	467
film m **soffiato, film** m **tubolare**	**film plástico soplado, film extrusionado en bobina tubular**	**пленка, полученная методом экструзией рукава с раздувом**	468
soffiaggio m **di un film** m **tubolare estruso**	**proceso de extrusión de film tubular**	**получение пленок экструзией рукава с раздувом**	469
stampo m, **stampo** m **per soffiaggio**	**molde de soplado**	**форма для раздувания, форма для выдувания, пресс-форма для выдувания, выдувная форма**	470
macchina f **per soffiaggio**	**máquina de soplado** (extrusión-soplado)	**выдувная машина, стекловыдувная машина, машина для выдувания**	471
soffiaggio m (di corpi cavi)	**método de soplado** (extrusión-soplado) **de cuerpos huecos**	**способ формования с раздувом, формование выдуванием**	472

Nr.	DEUTSCH	ENGLISCH	FRANZÖSISCH
473	**blasformen** (Folien)	**to blow form** (films)	**former, souffler** (pellicules en matière plastique)
474	**Blatt** n (aus Papier oder Pappe)	**sheet** (of paper or board)	**feuille** f (de papier ou carton)
475	**Blaugel*** n	**blue silica gel**	**gel** m **de silice bleu**
476	**Blech*** n	**sheet, plate, sheet metal**	**tôle** f, **feuille** f **de métal, lame** f **de métal**
477	**Blechdose** f	**metal can, tin**	**boîte** f **en fer-blanc**
478	**Blechdruckmaschine** f	**metal decorating press**	**machine** f **pour impressions sur métaux**
479	**Blechfaß** n, **Blechtrommel** f	**metal drum**	**fût** m **métallique**
480	**Blechkanister** m	**metal can, metal canister**	**bidon** m **en tôle, barillet** m **métallique**
481	**Blechkanne** f	**metal can**	**touque** f, **bidonnet** m **métallique**
482	**Blechrolle**	**sheel metal coil**	**bobine** f **de tôle, bobine de fer-blanc**
483	**Blechverpackung** f	**metal package, sheet metal container**	**emballage** m **métallique, emballage en tôle**
484	**bleibende Dehnung** f, **plastische Dehnung**	**permanent extension, permanent elongation**	**allongement** m **permanent**
485	**bleibende Verformung** f	**permanent set, permanent deformation**	**déformation** f **permanente**
486	**Bleifolie** f	**lead foil**	**feuille** f **de plomb, plomb** m **en feuilles**

ITALIENISCH	SPANISCH	RUSSISCH	Nr.
formare per soffiaggio (film di plastica)	**formar por soplado** (filmes) (películas)	**выдувать, формовать выдуванием, формовать с раздувом** (пластмассовые пленки)	473
foglio m (di carta o cartone)	**hoja, plancha** (de papel o de cartón)	**лист** (бумаги или картона)	474
gel m **di silice blu**	**sal de sílice azul**	**синий силикагель**	475
foglio m **di metallo, lastra** f	**plancha, lámina, hoja** (de metal)	**жесть, листовая жесть, листовая сталь, стальной лист, металлический лист**	476
barattolo m **di metallo, scatola** f **di metallo**	**bote, envase de hojalata**	**жестяная банка, жестянка**	477
macchina f **stampatrice per fogli di metallo**	**máquina metalgráfica** (para la impresión sobre metales)	**печатная по жести машина**	478
fusto m **metallico**	**barril metálico**	**металлическая бочка, металлический барабан**	479
bidone m **metallico, tanica** f **metallica**	**envase, recipiente metálico**	**металлическая канистра**	480
bidone m **metallico**	**envase metálico**	**металлический бидон**	481
bobina f **di lamiera sottile**	**bobina de acero**	**жестяной рулон, жестяная катушка**	482
imballaggio m **metallico**	**envase metálico, contenedor metálico, o de hoja lata**	**металлическая тара, жестяная тара, жестяноконсервная тара**	483
allungamento m **permanente**	**alargamiento, extensión permanente, alargamiento plástico**	**пластическое (остаточное) удлинение (растяжение)**	484
deformazione f **permanente**	**deformación permanente**	**пластическая (остаточная, необратимая) деформация**	485
foglio m **di piombo**	**hoja, lámina de plomo, plomo en hojas**	**свинцовая фольга**	486

Nr.	DEUTSCH	ENGLISCH	FRANZÖSISCH
487	**Blisterpackung*** f (siehe 2181)	**blister pack**	**emballage** m **"blister"**, **emballage "pelliplacage"**
488	**Blockbeutel*** m (mit rechteckigem Boden und gefalzter eingelegter Falte) (siehe 2111, 3608)	**self-opening square bottom bag, SOS bag** (with sharply creased fold)	**sachet** m **ou sac** m **à fond carré, sac** m **SOS** (à pli bien agrafé)
489	**Blockbodenbeutel*** m (mit zwei Seitenfalten und gefaltetem, rechteckigem Boden, meist zusätzliches Bodenblatt), **Bodenbeutel mit zwei Seitenfalten, Beutel BMS** (siehe 3608)	**gusseted bag, self-opening square bottom bag with gussets, SOS bag with gussets** (a bottomtype bag mostly with inserted bottom sheet)	**sachet** m **à fond carré avec soufflets, sac** m **SOS soufflet** (souvent avec une feuille de fond insérée), sachet à fond à 2 plis latéraux sachet BMS
490	**Blocken*** n, **Backen** n (unerwünschtes Aneinanderhaften von Folien) (siehe 152, 325, 1636)	**blocking** (undesired adhesion of sheets)	**adhérence** f **de contact entre feuilles** (non désiré), **blocking** m
491	**Blockfestigkeit** f	**blocking resistance**	**résistance** f **au blocking**
492	**Bobine*** f	**bobin**	**bobine** f
493	**Bocksbeutel*** m	**"Bocksbeutel"** (bagshaped bottle for Franconian wine), **flagon**	**Bocksbeutel** m (bouteille à vin franconien en forme de bourse)
494	**Boden*** m	**bottom, bottom end**	**fond** m
495	**Boden** m **einer Aerosoldose**	**domed bottom**	**fond** m **bombé**
496	**Bodenbeutel*** m (nach dem Füllen standfähig)	**bottom bag, flat-bottom bag** (able to stand upright after filling)	**sachet** m **à fond, sachet à plis latéraux rentrants** (capable d'être debout après remplissage)

ITALIENISCH	SPANISCH	RUSSISCH	Nr.
confezione f **"blister"**	**envase-ampolla**	**упаковка в оболочку "в пузырь", тара-блистер, пузырчато-пленочная упаковка**	487
sacchetto m **a fondo quadro con apertura automatica** (con piegature predisposte)	**bolsa o saco de fondo cuadrado** (SOS) **con plegado grapado o engatillado**	**пакет с прямоугольным дном и сфальцованными боками в виде гармошки, самооткрывающаяся сумка**	488
sacchetto m **a fondo quadro a soffietto** (con foglio inserito sul fondo)	**bolsa a saco de fondo cuadrado** (SOS) **con fuelles** (generalmente con una hoja inserta en el fondo) (dos pliegues laterales, bolsas, BMS)	**пакет гармошкой с крестообразным дном, пакет с крестообразным дном с боковыми складками**	489
bloccaggio m (adesione non desiderata tra fogli)	**adherencia de contacto entre hojas** (no deseable por producir atascos)	**слипание, слеживание** (листов, пленок)	490
resistenza f **al bloccaggio**	**resistencia al bloqueo o atasco**	**устойчивость против слипания**	491
bobina f	**bobina**	**бобина, катушка**	492
"Bocksbeutel" (boccia f, bottiglia f, panciuta)	**botella en forma de un pequeña bolsa de vino** (franconiano)	**плоская бутылка для розлива специальных сортов вин**	493
fondo m	**fondo**	**дно, днище, донышко; концы** (донышко и крышка) **банки**	494
fondo m **convesso per aerosol**	**fondo de un envase aerosol** (fondo abombado)	**выпуклое или вогнутое донышко аэрозольного сосуда**	495
sacchetto m **a fondo piatto** (capace di stare eretto dopo riempimento)	**bolsa con fondo, bolsa con pliegues laterales tipo fuelle,** (bolsa que es capaz de mantenerse de pie después de ser llenada)	**крестовой гладкий пакет; пакет со дном, склеенным по крестообразной форме** (устойчивый после заполнения)	496

Nr.	DEUTSCH	ENGLISCH	FRANZÖSISCH
497	**Bodenfaltenbeutel*** m	**folded bottom bag, gusseted bag** (two-gusset bag with bottom fold)	**sachet** m **à fond renforcé** (avec deux joints et pli de fond)
498	**Bodenfalz** m	**bottom seam, bottom fold**	**fond** m **serti**
499	**Bodenfalzmaschine** f	**bottoming machine, bottom folding and seaming machine**	**machine** f **à sertir les fonds**
500	**Bodenleiste*** f	**base ledge, bottom cleat, bottom batten**	**listeau** m **de fond, barre** f **de fond**
501	**Bodenverschlußklappe** f	**bottom flap**	**rabat** m **du dessous**
502	**Bodymaker** m, **Rumpfmaschine** f (Maschine zur Herstellung von Dosenrümpfen)	**bodymaker**	**machine** f **à former le corps d'une boîte métallique**
503	**Bördel*** n	**flange, chime**	**collet** m **rabattu, bord** m
504	**Bördelkapsel*** f	**bordered capsule, flanged cap**	**capsule** f **rabattue, capsule à collet**
505	**Bördelmaschine** f, **Sickenmaschine** f	**flanging machine, beading machine, bordering machine**	**machine** f **à border, machine à rabattre les collets, machine à moulurer**
506	**bördeln**	**to flange, to bead, to crimp, to bend**	**border, bordeler, faire un collet, rouler les bords**
507	**Bördelkapsel*** f	**beaded cap**	**capuchon** m **bordelé**
508	**Bördelrand** m	**bead**	**collet** m **rabattu**

ITALIENISCH	SPANISCH	RUSSISCH	Nr.
sacchetto m **a fondo rinforzato** (con due soffietti laterali e con fondo ripiegato)	**bolsa con fondo plegado**	пакет гармошкой с одинарным загибом дна; мешочек со дном, сложенным вдвое	497
fondo m **cucito**	**fondo plegado** (engatillado)	закаточный шов дна (банки), загиб дна (пакета)	498
macchina f **per cucire i fondi**	**máquina plegadora de fondos**	закаточная машина для прикатки донышек (к корпусу металлической банки)	499
listello m **di fondo, di base**	**barra, listón de fondo**	планка дна (деревянного ящика)	500
falda f **di chiusura del fondo**	**lengüeta del cierre del fondo**	клапан дна (картонного ящика)	501
macchina f **formatrice per corpi metallici**	**máquina formadora de cuerpos de botes metálicos**	корпусообразующая машина, корпусообразующий автомат	502
flangia f, **bordo** m	**reborde**	фланец, (закатанный) край, буртик, отбортовка	503
capsula f **flangiata**	**cápsula doblada, rebajada, rebordeada**	крышка с подвивкой края, фланцевый колпачок	504
macchina f **flangiatrice, macchina** f **bordatrice**	**máquina rebordeadora, engatilladora**	фланцеотгибочная машина, отбортовочная машина, зиговочно-отбортовочная машина, зигмашина, кромкозагибочный станок	505
flangiare, bordare	**rebordear, engatillar**	отбортывать, отгибать кромки, закатывать край, зиговать	506
coperchio m **flangiato**	**cápsula rebordeada**	капсула с отбортовкой	507
orlatura f **del bordo**	**reborde, cuello rebordeado**	подвитый край, фланец, буртик	508

Nr.	DEUTSCH	ENGLISCH	FRANZÖSISCH
509	**Bördelverschluß* m**	**beaded closure**	**fermeture f bordelée**
510	**Bogen* m**	**sheet**	**feuille f**
511	**Bogen, vom Bogen**	**sheet-fed**	**à partir de la feuille**
512	**Bombage* f, Flatterbombage f** (bombierte Dose, durch inneren Überdruck aufgetrieben)	**swell, flipper** (can bulged by internal pressure)	**boîte f floche** (gonflée par pression intérieure)
513	**Bonbonniere f**	**sweet box, candy box**	**bonbonnière f**
514	**Bottich m**	**vat, tub, tun, keeve, tank**	**cuve f, bac m**
515	**Boxpalette f, (mit Seitenwänden)**	**box pallet** (provided with side walls)	**palette-caisse f** (munie de parois latérales)
516	**braune Mischpappe* f**	**brown mixed pulp board**	**carton m de pâte brune mixte**
517	**Braunholzpapier n**	**brown wood paper, mechanical wrapping paper**	**papier m d'emballage brun, papier brun, papier de bois brun**
518	**Braunholzpappe f Braunschliff m**	**brown wood paperboard**	**carton m de bois brun**
519	**brauner Holzschliff m**	**brown mechanical woodpulp**	**pâte f mécanique brune**
520	**Braunpackpapier n**	**browns** pl	**papier m d'emballage brun**

ITALIENISCH	SPANISCH	RUSSISCH	Nr.
chiusura f flangiata	cierre rebordeado	затвор (запорная крышка) с отбортовкой	509
foglio m	hoja, plancha, lámina	лист (бумаги или картона)	510
a partire dal foglio	a partir de la hoja, de la plancha, o lámina	с полистной поддачей	511
scatola f bombata (gonfiata da pressione interna)	bombeo (debido a la presión interna, en un envase)	бомбаж (жестяная банка, бомбированная вследствие избыточного внутреннего давления)	512
bomboniera f	bombonera	бонбоньерка, коробка для конфет	513
tino m, mastello m	cuba, recipiente, tanque	чан, бак, резервуар	514
"box-pallet" m (paletta f con pareti laterali)	caja-paleta, embalaje-paleta (provista la paleta de paredes laterales)	ящичный поддон (с боковыми стенами)	515
cartone m di pasta bruna mista	cartón de celulosa marrón, mixta	сплошной картон, изготовленный главным образом из регенерированного волокнистого сырья с коричневой прокраской	516
carta f di legno bruna	papel de embalaje (marrón)	(небеленая) бумага из бурой древесной массы, темная оберточная бумага	517
cartone m di legno bruno	cartón marrón madera	картон из бурой древесной массы, кожевенный картон	518
pasta f meccanica bruna	pasta mecánica marrón	бурая древесная масса	519
carta f da imballaggio bruna	papel marrón de embalaje	упаковочная бумага из бурой древесной массы	520

Nr.	DEUTSCH	ENGLISCH	FRANZÖSISCH
521	Braunschliffpappe* f	brown mechanical pulp paperboard	carton m de pâte mécanique brune, carton m bois brun
522	brechen, vorbrechen	to prefold, to prebreak, to precrease	précasser
523	Breitborddeckel m	broad-flanged cap, open top end with increased curl diameter, wide flange fold lid	couvercle m à collet large, couvercle m avec large bord à sertir
524	brennbar	combustible, inflammable	combustible
525	Brennbarkeit f	combustibility	combustibilité f
526	Brett n	board	planche f, planchette f
527	bronzieren	to bronze	bronzer
528	Bruchdehnung* f	stretch (at breaking point), elongation at rupture, ductile yield	allongement m à la rupture, allongement de rupture
529	Bruchfallzahl* f, Fallzahl f beim Bruch	number of drops to breaking of product or package	nombre m de chutes pour faire casser un produit ou paquetage
530	Bruchfestigkeit f	resistance to rupture or fracture, bursting strength, breaking resistance	résistance f à la rupture, résistance à l'éclatement, résistance à l'écrasement
531	Bruchkraft* f (siehe 2647)	load at rupture	force f de rupture

ITALIENISCH	SPANISCH	RUSSISCH	Nr.
cartone m da pasta meccanica bruna	cartón de pasta mecánica marrón, cartón-madera, marrón	картон из бурой древесной массы, бурый древесный картон	521
rompere, prepiegare	preplegado, predoblado, plegadura, doblez	предварительно сгибать, предварительно фальцевать (картон)	522
coperchio m a bordo largo	tapa con lengüeta de desgarro para su apertura, tapa de amplio borde para engatillar	металлическая крышка к консервной банке с фигурным концом для нанесения уплотнительной пасты	523
combustibile	inflamable	горючий, воспламеняющийся	524
combustibilità f, infiammabilità f	combustibilidad	горючесть, воспламеняемость	525
tavola f, asse f	plancha	доска, планка	526
bronzare	broncear	покрывать бронзой, бронзировать	527
allungamento m alla rottura	alargamiento hasta la rotura	разрывное удлинение, относительное удлинение при разрыве, растяжение при разрыве	528
numero m di cadute per far rompere un prodotto o un imballaggio	número de caídas hasta la rotura de un producto o del embalaje	число ударов (сбросов) до нарушения целостности тары (ящика, мешка и т.д.)	529
resistenza f allo scoppio, resistenza f alla rottura	resistencia a la rotura, al estallido, a la compresión	прочность на разрыв, (временное) сопротивление разрыву, предел прочности на растяжение (на разрыв)	530
carico m di rottura	resistencia a la rotura	разрушающее усилие, предельная нагрузка	531

Nr.	DEUTSCH	ENGLISCH	FRANZÖSISCH
532	**Bruchlast*** f, **Bruchwiderstand** m	**tensile strength, breaking strength, load at rupture**	**résistance** f **à la rupture par traction, charge** f **de rupture**
533	**bruchsicher, bruchfest**	**unbreakable, resistant to breakage, safe against fracture**	**résistant à la rupture, incassable, résistant à l'écrasement**
534	**Bruchwiderstand*** m, **Bruchlast** f	**tensile strength**	**résistance** f **à la rupture par traction**
535	**brüchig, bruchempfindlich**	**fragile, brittle**	**fragile, cassant**
536	**Brustetikett*** n	**front label**	**étiquette** f **frontale**
537	**Bruttogewicht** n	**total weight, gross weight**	**poids** m **brut**
538	**Bruttovolumen** n	**gross volume**	**volume** m **brut**
539	**Bubbleverpackung** f, **Bubble-Pack** f, **Blasenverpackung** f	**bubble pack**	**emballage** m **"bubble"**
540	**Buchbinderpappe** f	**bookbinder's cardboard, bookbinding board, binder's board**	**carton** m **de relieur, carton à reliure**
541	**Buchdruck*** m	**letterpress printing**	**impression** f **typographique, typographie** f
542	**Buchenholz** n	**beechwood**	**bois** m **de hêtre**
543	**Buchhülle** f (einteilige Falthülle), **Buchfutteral** n	**book sleeve** (one-piece folder for books)	**fourreau** m **à livre(s) en une pièce, étui** m **livre(s) en une pièce**
544	**Büchse*** f (veraltete Benennung für Dose, die in der Fachsprache nicht mehr verwendet wird)	obsolete German term for can, which should no longer be used in the technical language)	(terme désuet allemand pour boîtes métalliques ou autres dont il ne faut plus faire usage dans la terminologie technique)
545	**Bügel** m, **Henkel** m	**handle, bail-handle**	**anse** f, **oreille** f

ITALIENISCH	SPANISCH	RUSSISCH	Nr.
carico m di rottura	resistencia a la rotura por tracción, carga de rotura	разрывное усилие, разрывной груз, разрывная нагрузка	532
resistente alla rottura	irrompible, resistente a la rotura, resistente al aplastamiento o a la compresión	стойкий к разрыву, стойкий к разрушению	533
carico m di rottura	resistencia a la tensión, a la rotura por tracción	разрывная прочность, прочность при разрыве	534
fragile m	frágil, rompible, quebradizo	ломкий, хрупкий	535
etichetta f frontale	etiqueta frontal	нагрудная этикетка	536
peso m lordo	beso bruto	вес брутто, брутто-вес	537
volume m lordo	volumen bruto	объем брутто	538
confezione f a bolla	envase ampolla (bubble)	упаковка в оболочку "в пузырь", пузырчато-пленочная упаковка	539
cartone m per legatoria	cartón para encuadernar libros	переплетный картон	540
stampa f tipografica, tipografia f	impresión tipográfica	типографская печать, высокая печать	541
legno m di faggio	madera de haya	буковая древесина	542
copertina f (guaina in un sol pezzo per contenere libri)	caja-envoltura de una pieza, para libros	коробка-футляр для книг	543
(termine in disuso per indicare una scatola metallica, non dovrebbe più essere usato nel linguaggio tecnico)	caja, lata, bote metálico	банка, жестянка (немецкий термин устаревший и не должен больше употребляться)	544
staffa f, maniglia f	asa, manija	ручка, скоба, ушко	545

Nr.	DEUTSCH	ENGLISCH	FRANZÖSISCH
546	**Bügelflasche** f, **Hebelflasche** f	**clip-lock bottle, lever-type (closure) bottle**	**bouteille** f **à bouchon étrier, bouteille à bouchon mécanique**
547	**Bügelverschluß*** m (siehe 1718)	**clip lock**	**fermeture** f **à étrier**
548	**Bündel*** n	**bundle, bale**	**paquet** m, **botte** f
549	**Bündelmaschine** f	**bundling machine, bundler, baler**	**fardeleuse** f, **machine** f **à fardeler, machine** f **à lier**
550	**bündeln**	**to bundle, to bale**	**fardeler, lier, paqueter**
551	**Bündelverschnür-maschine** f	**bundle tying machine**	**machine** f **à ficeler les ballots**
552	**Bund*** m	**bunch**	**paquet** m
553	**Buntdruck** m	**colour printing**	**impression** f **en couleurs, chromotyp(ograph)ie** f
554	**Buntpapier** n	**coloured paper, fancy paper**	**papier** m **de couleur**
555	**Butadienkautschuk** m	**butadiene rubber**	**caoutchouc** m **de butadiène**
556	**Butterfaß** n	**churn, butter tub**	**tonneau** m **de beurre, baril** m **de beurre**
557	**C-Welle** f (mittlere Riffelung der Wellpappe mit ca. 42 Wellen auf 30,48 cm, Höhe ca. 3,9 mm) (siehe 4452 ff.)	**C-flute** (type of corrugation with appr. 39-45 flutes per foot, heigth approx. 3,9 mm)	**cannelure** f **C** (type du carton ondulé avec env. 42 cannelures par 30, 48 cm; hauteur env. 3,9 mm)
558	**Caseliner*** m, **Auskleidung** f, **Verpackungseinsatz** m	**caseliner, liner**	**garniture** f **intérieure d'une caisse, revêtement** m **intérieur de caisse**
559	**Celluloid** n	**celluloid, cellulose nitrate**	**celluloïd** m

ITALIENISCH	SPANISCH	RUSSISCH	Nr.
bottiglia f **con chiusura a leva incorporata**	**botella con asa, botella con tapón de asa de capsulado mecánico**	**бутылка под укупорку рычажной пробкой**	546
chiusura f **a leva**	**cierre de abrazadera**	**рычажная пробка**	547
pacco m, **fardello** m	**paquete, bala, embalaje**	**связка, пучок, пачка, пакет**	548
macchina f **fardellatrice**	**máquina fardeladora, atadora**	**машина для связывания в пакеты**	549
affardellare	**atar, enfardar, liar**	**связывать в пакеты**	550
macchina f **per legare i pacchi e i fardelli**	**máquina atadora** (de fardos, bultos, paquetes)	**машина для увязки пачек**	551
collare m	**fardo, bala, bulto, hato**	**пучок, связка, пачка**	552
stampa f **a colori**	**impresión en colores** (cromotipografía)	**цветная печать, многокрасочная печать, цветное печатание**	553
carta f **colorata**	**papel de color, papel fantasía**	**цветная бумага, крашеная бумага**	554
gomma f **di butadiene**	**caucho de butadieno**	**бутандиеновый каучук, дивиниловый каучук**	555
zangola f	**barril de mantequilla**	**кадка для масла**	556
onda f **C** (tipo di ondulazione del cartone ondulato con circa 42 ondulazioni per 30,48 cm, altezza circa 3,90 mm + vedi cartone ondulato)	**canal C** (tipo de canal ondulado con unos 42 canales u ondas por cada 30,48 cm y de una altura cada canal de aproximadamente 3,9 mm, (véase "cartón ondulado")	**гофр С** (профиль волнообразного слоя бумаги, состоящий приблизительно из 42 волн или рифлей на 30,48 см; толщина картона 3,9 мм)	557
rivestimento interno m **di una cassa**	**revestimiento interior de una caja, revestimiento de una caja o forrado de una caja**	**облицовка, обивочная бумага для ящиков**	558
celluloide f	**celuloide**	**целлулоид, нитроцеллюлоза**	559

Nr.	DEUTSCH	ENGLISCH	FRANZÖSISCH
560	**Cellulose** f, **Zellulose** f (chem.), **Zellstoff** m (tech.), **Zellfaserstoff** m	**cellulose** (chem.), **pulp** (tech.)	**cellulose** f (chim.), **pâte** f **de bois** (techn.)
561	**Celluloseacetat*** n, **Acetylcellulose** f	**cellulose acetate**	**acétocellulose** f **acétate** m **de cellulose**
562	**Celluloseacetobutyrat** n	**cellulose aceto butyrate**	**acétobutyrate** m **de cellulose**
563	**Cellulosenitrat** n, **Nitrocellulose** f	**cellulose nitrate, nitrocellulose**	**nitrate** m **de cellulose, nitrocellulose** f
564	**Cellulosepapier** n	**sulfite paper, cellulose paper, wood-pulp paper**	**papier** m **à base de cellulose, papier à pâte de bois**
565	**Cellulosepropionat** n	**cellulose propionate**	**propionate** m **de cellulose**
566	**Chemiefaser** f	**man-made fibre, synthetic fibre**	**fibre** f **artificielle, fibre synthétique**
567	**chemikalienbeständig**	**chemically resistant**	**résistant aux produits chimiques, chimiquement neutre**
568	**Chemikalienverpackung** f	**chemical package**	**emballage** m **chimique, conditionnement** m **chimique**
569	**chemisch beständig**	**chemically stable, inert**	**chimiquement stable, inerte**
570	**chemische Beständigkeit** f	**chemical resistance, resistance to chemical agents**	**résistance** f **chimique, résistance aux attaques chimiques**
571	**chemische Trägheit** f, **inertes Verhalten** n	**chemical inertness**	**inertie** f **chimique**
572	**Chlorzellstoff** m	**soda-chlorine pulp**	**pâte** f **au chlore**
573	**Chromoduplexkarton** m	**chromo duplex board**	**carton** m **chromo duplex**

ITALIENISCH	SPANISCH	RUSSISCH	Nr.
cellulosa f (chim.), **pasta** f **di legno** (tecn.).	celulosa de madera, celulosa	клетчатка (хим.), целлюлоза (тех.), целлюлозный волокнистый материал	560
acetato m **di cellulosa**	acetato de celulosa	ацетат целлюлозы	561
acetobutirato m **di cellulosa**	acetobutirato de celulosa	ацетобутират целлюлозы	562
nitrato m **di cellulosa, nitrocellulosa** f	nitrato de celulosa, nitrocelulosa	нитрат целлюлозы, нитроцеллюлоза	563
carta f **a base di cellulosa**	papel a base de celulosa, papel sulfito, papel de pasta de madera	целлюлозная бумага	564
propionato m **di cellulosa**	propionato de celulosa	пропионат целлюлозы	565
fibra f **artificiale, fibra** f **sintetica**	fibra artificial, fibra sintética	химическое волокно (искусственное и синтетическое)	566
resistente agli agenti chimici	resistente a los agentes químicos, químicamente neutro	стойкий к действию химикалий, устойчивый к действию химических реагентов	567
imballaggio m **per prodotti chimici**	envase o embalaje químico	тара для химических продуктов, тара для химикатов	568
chimicamente stabile, inerte	químicamente estable	химически стойкий	569
resistenza f **agli agenti chimici**	resistencia química, resistencia a los ataques químicos	химическая стойкость, химическая устойчивость	570
inerzia f **chimica**	inercia química	химическая инертность	571
pasta f **al cloro**	pasta al cloro	хлорно-щелочная целлюлоза	572
cartone m **duplex al cromo**	cartón cromo duplex	хромовый двухслойный картон	573

Nr.	DEUTSCH	ENGLISCH	FRANZÖSISCH
574	Chromoersatzkarton* m	imitation chromo board	carton m simili-chromo
575	Chromokarton* m	chromo board	carton m chromo
576	Chromopapier* n	chromo paper	papier m chromo
577	Clinchdurchmesser* m	swage diameter	diamètre de gorge
578	clinchen	to swage, to clinch	gorger
579	Clinchhöhe* f	swage depth	profondeur de gorge
580	Clip* m, Clipverschluß m	clip	clip m, attache f, agrafe f
581	Clipapparat m	clipping equipment	appareil m à appliquer les clips
582	Clipband n	clip band	bande f de clip
583	Clipverschluß* m	clip closure	fermeture f à clips, fermeture à agrafe
584	Clubdose* f	Club can	boîte f "Club"
585	Codelesegerät n	code reader	décodeur m
586	Codierung f	coding	codage m

ITALIENISCH	SPANISCH	RUSSISCH	Nr.
cartone m similcromo	cartón imitación cromo	заменитель хромового картона, картон "хромэрзац"	574
cartone m al cromo	cartón cromo	хромовый картон	575
carta f al cromo	papel cromo	хромовая бумага	576
diametro m dello stampo	diámetro de la estampación	диаметр тарелки (гнезда) клапана (в аэрозольной упаковке), диаметр отверстия в крышке аэрозольной банки	577
foggiare con uno stampo	estampar	герметизировать клапан (в аэрозольной упаковке)	578
profondità f dello stampo	altura de la estampación	высота зажима тарелки клапана (в аэрозольной упаковке), высота фланца в аэрозольной банке	579
"clip" (chiusura a gancetto)	clip, grapa	зажим, металлический зажим, клипс	580
macchina f per applicare le "clips"	aparato de aplicar clips de grapar	приспособление для укупорки металлическими зажимами	581
nastro m di "clips"	cinta de clips	металлическая лента для изготовления кольцевых зажимов	582
chiusura f a "clip"	cierre de pinza	зажимный затвор	583
barattolo m "Club"	bote tipo "club", envase metálico tipo "club"	банка для сардин	584
lettore m di codice a barre	lector de códigos	устройство считывания кодов	585
codifica f, codificazione f	codificación	кодирование	586

Nr.	DEUTSCH	ENGLISCH	FRANZÖSISCH
587	**Coextrusion** f	**coextrusion**	**coextrusion** f
588	**computergestützte Konstruktion** f	**computer aided design CAD**	**construction** f **assistée par ordinateur, CAO**
589	**Container** m	**container**	**conteneur** m **container** m
590	**Copolymer** n	**copolymer**	**copolymère** m
591	**Corona-Entladung** f (siehe 2736)	**corona treatment**	**traitement** m **corona**
592	**crimpen, krimpfen**	**to crimp**	**sertir**
593	**Dachreiteretikett*** n	**header label, saddle label**	**étiquette** f **à cheval**
594	**dämpfen** (von Erschütterungen, Stößen)	**to damp, to attenuate, to suppress, to absorb** (vibrations, shocks)	**amortir, affaiblir** (des chocs, des coups)
595	**Dämpfer** m	**damper, absorber**	**amortisseur** m
596	**Dampfdichtigkeit** f, **Dampfundurchlässigkeit** f	**vapour impermeability, imperviousness to vapour**	**imperméabilité** f **à la vapeur, étanchéité** f **à la vapeur**
597	**Dampfdruck** m	**vapour pressure**	**pression** f **de la vapeur**
598	**Dampfdurchlässigkeit** f	**vapour permeability**	**perméabilité** f **à la vapeur**
599	**Dampfphase** f	**vapour phase**	**phase** f **vapeur**
600	**Dampfphasenschutz*** m **(V.P.I.)**	**volatile corrosion inhibitor (V.C.I.)**	**protection** f **contre la phase vapeur (V.P.I.), fermeture** f **par vide vapeur**

ITALIENISCH	SPANISCH	RUSSISCH	Nr.
coestrusione f	coextrusión	экструдирование многослойных полуфабрикатов	587
progettazione f assistita da calcolatore	CAD. Diseño asistido por ordenador	конструирование с использованием ЭВМ, система автоматизированного проектирования (САПР)	588
container m, contenitore m	contenedor, container	контейнер	589
copolimero m	copolimero	сополимер	590
trattamento m corona	tratamiento corona	коронный разряд	591
aggraffare	engatillar	запрессовывать клапан в крышку аэрозольной банки	592
collarino m	etiqueta a caballo	этикетка, перегибаемая пополам для запечатывания пакетов	593
attutire, ammortizzare, smorzare (vibrazioni, urti)	amortiguar, debilitar, absorber (choques, golpes)	демпфировать, гасить, глушить, амортизировать (вибрации, удары)	594
ammortizzatore m	amortiguar, debilitar	демпфер, амортизатор, буфер	595
impermeabilità, al vapore, ermeticità f al vapore	impermeabilidad al vapor, estanquidad al vapor	паронепроницаемость	596
pressione f del vapore	presión al vapor	давление пара	597
permeabilità f al vapore	permeabilidad al vapor	паропроницаемость	598
fase f vapore	fase de vapor	паровая фаза	599
inibitore m in fase vapore (U.P.I.)	inhibidor de la fase de vapor (V.P.I.)	летучий ингибитор в пароукупорке по способу СКН, ингибитор	600

Nr.	DEUTSCH	ENGLISCH	FRANZÖSISCH
601	Dampfvakuumver- schluß* m	steam(-vacuum) closure	fermeture f par vide vapeur
602	Datumskennzeichnung f	date labelling	datation f
603	Daube* f, Faßdaube f	stave	douve f
604	Daubenfaß* n	stave barrel	tonneau m en douves
605	Daubenholz n	stave wood	bois m à douves
606	Dauerdose* f	permanent can	boîte f métallique à long stockage
607	Daueretikett* n, eingebranntes Daueretikett	permanent label, ceramic label	étiquette f durable, étiquette cuite en verre
608	dauerhaft, fest, stabil	durable, lasting, stable	durable, solide
609	Dauerhaftigkeit f	durability, stability, solidity	durabilité f, solidité f, stabilité f
610	Dauerhaftigkeitsprüfung f	durability test, endurance test	essai m de durabilité, essai d'endurance
611	Dauerkiste* f	permanent case, reusable case	caisse f réutilisable
612	Dauerschablone f	permanent stencil	patron m durable
613	Dauerverpackung* f, Mehrwegverpackung f	reusable package, returnable package	emballage m réutilisable, emballage renvoyable, emballage retournable
614	Daumenausschnitt* m	thumb cut	échancrure f, encoche f
615	Deckel* m	lid, cover, top (end), cap	couvercle m, dessus m, capsule f, chapeau m

ITALIENISCH	SPANISCH	RUSSISCH	Nr.
chiusura f in fase vuotovapore	cierre al vacío por vapor	паровакуумная укупорка, укупорка по способу СКН	601
applicazione f di etichette con data	aplicación de etiqueta fechada	обозначение даты	602
doga f	duela	клепка, бочарная клепка	603
botte f a doghe	barril de duelas	деревянная бочка	604
legno m per doghe	madera para duelas	бочарный лесоматериал	605
barattolo m durevole	lata, conserva	упаковка многоразового применения, многооборотная упаковка	606
etichetta f durevole, etichetta f pirografata	etiqueta permanente, etiqueta vitrificada	несмываемая этикетка, несмываевая красочная этикетка, постоянная этикетка	607
durevole, solido, resistente	durable, sólido, estable	долговечный, прочный, стабильный	608
conservabilità f, durabilità f, resistenza f	durabilidad, solidez, estabilidad	долговечность, выносливость	609
prova f di durabilità	ensayo de durabilidad, de fatiga, de resistencia	испытание на долговечность	610
cassa f durevole, riutilizzabile	caja recuperable	многооборотный ящик	611
stampone m durevole	patrón durable	долговечный шаблон	612
imballaggio m riutilizzabile, imballaggio m a rendere	envase reutilizable, recuperable, de varios usos	многооборотная тара, возвратная тара, инвентарная тара, держаная тара	613
solco m	corte (de) pulgar	выемка для удобного вскрытия тары	614
coperchio m, capsula f	tapa, cápsula, cierre	крышка	615

Nr.	DEUTSCH	ENGLISCH	FRANZÖSISCH
616	**Deckel** m, **konischer Deckel** (einer Aerosolverpackung)	**cone, top end** (of an aerosol package)	**sommet** m, **cône** m, (d'un emballage aérosol)
617	**Deckel (-und Boden)- heftung** f	**top (and bottom) stapling**	**agrafage** m **du dessus (et du fond ou dessous)**
618	**Deckelleiste*** f	**top batten, cover ledge**	**barre** f **de couvercle, listeau** m **de couvercle**
619	**Deckelmembran** f (siehe 1270)	**foil lid, covering membrane**	**membrane** f **d'obturation**
620	**Deckelprofil** n	**end contour, cover contour**	**profil** m **du couvercle**
621	**Deckelring*** m	**ring, lever ring, lid ring**	**bague de couvercle**
622	**Deckelschachtel** f (siehe 2041, 3820)	**lidded box**	**boîte** f **avec couvercle**
623	**Deckel- und Stopfen- Anpreßmaschine** f	**lid and stopper pressing machine**	**machine** f **à comprimer les couvercles et bouchons**
624	**Deckelverschließ- maschine** f	**lidding machine**	**machine** f **à fixer les couvercles**
625	**Deckelverschlußklappe** f	**top flap**	**clapet** m **de couvercle**
626	**Deckelverschraubung** f	**lid screwing, screw cap**	**fermeture** f **à vis du couvercle**
627	**Deckenbahn** f (bei Wellpappe)	**liner, liner board** (of corrugated board)	**couverture** f **pour carton ondulé, liner** m

ITALIENISCH	SPANISCH	RUSSISCH	Nr.
coperchio m **conico, cupola** f (di imballaggio aerosol)	**tapa cónica** (de un envase aerosol)	конусовидно суживающаяся крышка (аэрозольной банки)	616
aggraffatura f **del coperchio** (e del fondo)	**engatillado de la tapa y fondo**	крепление крышки или дна (коробки или ящика) скобами	617
bordo m **del coperchio, orlo** m **del coperchio**	**listón, barra de la tapa**	планка крышки, планка на крышке	618
coperchio m **in film plastico, coperchio** m **a membrana**	**membrana opercular**	крышка-мембрана	619
profilo m **del coperchio**	**perfil de la tapa**	рельеф крышки, рельеф концов банки	620
anello m **del coperchio**	**anilla del cierre o tapa**	уплотняющее кольцо, кольцо-подушка	621
scatola f **con coperchio**	**caja con tapa**	коробка внахлобучку, коробка с крышкой внахлобучку, ящик с крышкой	622
macchina f **per pressare coperchi e tappi**	**máquina para comprimir las tapas y tapones**	машина для обжима крышек и кронен-корок (на горле стеклянных банок и бутылок)	623
macchina f **per applicare il coperchio**	**máquine para cerrar tapas**	машина для укупоривания тары крышками	624
falda f **superiore**	**orejeta de la tapa de cierre** (o de cápsula)	клапан крышки, наружный клапан, крышечный клапан	625
chiusura f **a vite del coperchio**	**cierre a rosca de la tapa**	навинчивание крышки с резьбой (на горло банки)	626
copertina f (di cartone ondulato)	**revestimiento** (para el cartón ondulado)	облицовочный (наружный) слой (гофрированного картона)	627

Nr.	DEUTSCH	ENGLISCH	FRANZÖSISCH
628	**Deckenpapier*** n (siehe 2229, 2425, 3877)	**lining paper**	**papier** m **à doubler**
629	**Deckfolie*** f (siehe 1270)	**foil lid, covering film**	**pellicule** f **de revêtement**
630	**Deckleiste*** f, **Tretleiste** f	**end ledge** (for cases)	**listeau** m **d'arête** (d'une caisse)
631	**Deckscheibe*** f (siehe 10)	**sealing disk, gasket disk, cover disk**	**disque** m **d'obturation, disque de couverture, disque de recouvrement**
632	**Deckschicht*** f	**facing liner (AE)**	**couverture** f
633	**Dehnbarkeit** f	**stretchability, extensibility dilatability**	**extensibilité** f, **ductilité** f
634	**Dehnfestigkeit** f	**tensile strength**	**résistance** f **à l'allongement**
635	**Dehnfolie*** f (siehe 3803)	**stretch film**	**pellicule** f **extensible**
636	**Dehnfolienpackung** f (siehe 3804)	**stretch film pack**	**emballage** m **en pellicule extensible**
637	**Dehnkrepp** m	**extensible crêpe**	**papier** m **crêpe extensible**
638	**Dehnung*** f	**elongation**	**allongement** m
639	**Dehnung** f, **elastische Dehnung, bleibende Dehnung**	**elastic elongation, elastic stretch, permanent extension, permanent elongation**	**allongement** m **élastique, allongement** m **permanent**

ITALIENISCH	SPANISCH	RUSSISCH	Nr.
carta f per copertina	papel de recubrimiento	оклеечная бумага	628
film m plastico di copertura, coperchio m a membrana	opérculo laminar	герметизирующая пленка	629
listello m angolare (per casse)	listón de arista (para cajas)	кромочная планка (деревянного ящика)	630
disco m di chiusura, disco m di copertura	disco obturador (de una tapa por ej.)	укупорочный картонный кружок (выполняющий роль крышки)	631
strato m di copertura, rivestimento m di copertura	revestimiento de cobertura	покрывающий слой, покровный слой	632
estensibilità f, dilatabilità f	extensibilidad, dilatabilidad, ductilidad	растяжимость, эластичность	633
resistenza f all'allungamento	resistencia al alargamiento	прочность при растяжении, прочность на разрыв	634
film m estensibile	película extensible	растяжимая пленка, усадочная пленка, эластичная пленка	635
imballaggio m in film estensibile	material de envase, embalaje, envase, embalaje (pelicula extensible) (para envasar, embalar)	упаковка из растяжимой пленки	636
carta f crespata estensibile	papel rizado extensible	растяжимая крепированная бумага	637
allungamento m	alargamiento	удлинение, растяжение	638
allungamento m elastico, permanente	alargamiento elástico, alargamiento permanente, remanente	упругая деформация, эластическая деформация, эластическое удлинение; остаточное (необратимое) удлинение	639

Nr.	DEUTSCH	ENGLISCH	FRANZÖSISCH
640	Dekorationsfolie f	decorative sheet, decorative foil	feuille f décorative
641	Dekorationsschachtel f	fancy box	boîte f fantaisie
642	dekorativer Überzug m	decorative coating	enduit m décoratif
643	Delaminierung* f	delamination	délaminage m
644	Demijohn* m, Glasballon m, Korbflasche f	demijohn, carboy	dame-jeanne f, bonbonne f
645	Design n	design	dessin m, design
646	Desinfektion f	disinfection	désinfection f, aseptisation f, stérilisation
647	Dextrin n	dextrine, British gum, artificial gum	dextrine f, gomeline f, gomme f indigène
648	Diagonalleiste* f	diagonal strut, diagonal brace, cross ledge	listeau m en diagonale, listeau croisé
649	dicht, undurchlässig	tight, impermeable, impervious, sealed, hermetic	étanche, imperméable, hermétique, jointif, fermé
650	Dichte f	density	densité f
651	Dichte f, hohe Dichte, niedere Dichte	high density, low density	haute densité f, basse densité
652	dichten	to seal, to tighten	boucher, calfeutrer, étancher
653	Dichtfaß* n	liquidproof light-weight barrel	fût m allégé étanche aux liquides
654	Dichtheit f, Dichtigkeit f	tightness, impermeability, closeness, imperviousness	étanchéité m, imperméabilité f
655	Dichtigkeitsprüfung* f	leakage test	essai m d'étanchéité

ITALIENISCH	SPANISCH	RUSSISCH	Nr.
foglio m decorativo	hoja decorativa (lámina)	декоративная пленка, декоративная фольга	640
scatola f fantasia	caja de fantasía	декоративная коробка	641
rivestimento m decorativo	revestimiento decorativo	декоративное покрытие	642
delaminazione f	delaminación	расслаивание, расщепление	643
damigiana f	damajuana, bombona	баллон в защитной корзине, оплетенная бутыль	644
design m	diseño	дизайн	645
decontaminazione f, disinfezione f	desinfección	дезинфекция	646
destrina f	dextrina, goma artificial	декстрин	647
listello m diagonale	listón en diagonal, cruzado	раскос, диагональный раскос	648
impermeabile, ermetico, a tenuta stagna	estanco, impermeable, hermético	плотный, густой, непроницаемый, герметичный	649
densità f	densidad	плотность, густота	650
alta densità f, bassa densità f	alta, baja densidad	высокая плотность; низкая плотность	651
sigillare, chiudere (a tenuta)	soldar, cerrar en forma estanca	уплотнять, конопатить	652
fusto m leggero impermeabile ai liquidi	barril ligero estanco a los líquidos	заливная бочка	653
impermeabilità f, ermeticità f	estanquidad, impermeabilidad	плотность, непроницаемость, герметичность	654
prova f di impermeabilità	ensayo de estanquidad, de impermeabilidad	испытание на непроницаемость	655

Nr.	DEUTSCH	ENGLISCH	FRANZÖSISCH
656	**Dichtmittel*** n	**sealing means**	**produit** m **d'étanchéité**
657	**Dichtung*** f, **Abdichtung** f	**gasket, seal, sealing**	**joint** m, **garniture** f, **étanchage** m, **étoupage** m, **bourrage** m
658	**Dichtung** f, **eingegossene Dichtung**	**flowed-in gasket, flowed-in compound**	**joint** m **moulé, composé** m **de moulage**
659	**Dichtungslack** m	**sealing lacquer**	**vernis** m **d'étanchétité, vernis de joint**
660	**Dichtungsmasse** f, **Dichtungsmaterial** n	**sealing compound or material, gasket material, lining material**	**matériaux** mpl **d'étanchéité, matière** f **jointive, matériel** m **de revêtement intérieur, matériel d'étoupage**
661	**Dicht(ungs)pappe** f	**gasket board, sealing board**	**carton** m **pour joints, carton d'étoupage**
662	**Dicht(ungs)ring*** m	**sealing ring, gasket ring**	**rondelle** f **de joint, anneau** m **d'obturation**
663	**Dicht(ungs)scheibe*** f	**washer, sealing disk, wad**	**disque** m **de bouchage, rondelle** f **d'étanchéité**
664	**Dicht(ungs)schnur*** f	**sealing cord, packaging cord**	**corde** f **d'obturation, corde de bourrage, corde de garniture**
665	**Dicht(ungs)stopfen** m	**sealing wad**	**tampon** m **d'obturation**
666	**dick**	**thick**	**épais**
667	**Dicke*** f	**thickness**	**épaisseur** f
668	**Dickenmesser** m	**caliper gauge, thickness metering device**	**calibre** m **d'épaisseur**

ITALIENISCH	SPANISCH	RUSSISCH	Nr.
sostanza f saldante, sostanza f sigillante	sellador, cerrador	уплотняющее средство	656
guarnizione f	junta, cierre, obturador, soldadura	уплотнение, уплотняющая прокладка, уплотнительная прокладка	657
guarnizione f fusa	junta o dispositivo de cierre moldeado, compuesto moldeado para la obturación estanca	прокладка из расплавленной пластмассы в виде кольца	658
vernice f per saldature, vernice f di guarnizione	laca o barniz de cierre, barniz soldador	уплотняющий лак	659
composto m per guarnizione, materiale m di guarnizione, materiale m di rivestimento interno	material para cierre estanco, masa o compuesto para obturar, revestimiento interior para producir estanquidad, empaquetadura	уплотнительная паста, уплотнительная масса, уплотняющая паста, уплотнитель, герметизирующий состав, герметик	660
cartone m per guarnizioni	cartón para juntas	прокладочный картон	661
anello m di guarnizione	anillo obturador	уплотняющее резиновое кольцо, виккельное (викельное) кольцо	662
disco m di guarnizione	disco de obturación o cierre estanco	пробочный кружок, внутренняя прокладка	663
corda f per guarnizione	empaquetadura	уплотнительный шнур, набивочный шнур	664
stoppaccio m per guarnizione	tampón obturador	уплотняющая прокладка	665
spesso (aggettivo)	grueso	толстый	666
spessore m	espesor	толщина	667
spessimetro m	calibre del espesor (galgómetro)	толщиномер	668

Nr.	DEUTSCH	ENGLISCH	FRANZÖSISCH
669	dickflüssig, viskos	viscous, semifluid	consistant, visqueux, épais
670	diebstahlsicher	pilferproof	incrochetable, "pilferproof"
671	diebstahlsicherer Verschluß* m	pilferproof closure	fermeture f pilferproof, fermeture anti-vol
672	diese Seite nach oben!	this side up!	haut!
673	differenzverzinntes Weißblech* n	differential tinplate, dual coated plate	fer-blanc m différentiel
674	Dimensionsstabilität f, Maßhaltigkeit f	dimensional stability, dimensional accuracy	stabilité dimensionnelle, exactitude f des dimensions
675	Dingleydose* f	Dingley can	boîte f "Dingley"
676	DIN-Norm f	DIN Standard	norme f DIN
677	Diphenylpapier* n, fungizides Papier n	diphenyl paper, fungicidal paper	papier m diphénylique, papier fongicide
678	Dispersionsklebstoff m	dispersion adhesive	colle f de dispersion
679	Displayverpackung* f (siehe 258)	display package	emballage m d'exposition
680	Distribution f	distribution	distribution f
681	Doppelbeutel* m	double-bag	sachet m double
682	Doppelbitumenpapier n	twin tar paper	papier m double bituminé
683	Doppeldeck-Flachpalette f (mit Lade- und Bodenfläche)	double-decked pallet, double-faced pallet (with load and base deck)	palette f à double plancher (aves plancher pour la charge et plancher d'appui)

ITALIENISCH	SPANISCH	RUSSISCH	Nr.
viscoso, semifluido, spesso	viscoso, semifluído, espeso	вязкотекучий, густотекучий, консистентный	669
a prova di furto	inviolable, antihurto, a prueba de robo	оберегающий от скрытых, частичных хищений	670
chiusura f di garanzia (chiusura f a prova di furto)	cierre inviolable	укупорка, оберегающая от скрытых, частичных хищений	671
alto!	este lado hacia arriba! (instrucción de manipulación)	Верх!, Этой стороной вверх!	672
banda stagnata f a copertura differenziata	hojalata diferencial	белая жесть с разной толщиной полуды по обеим сторонам листа	673
stabilità f dimensionale, precisione f dimensionale	estabilidad dimensional, exactitud dimensional	неизменяемость (стабильность) размеров	674
barattolo m "Dingley"	envase métalico "Dingley"	банка для сардин	675
norma f DIN	Norma DIN	норма ДИН	676
carta f al difenile, carta f fungicida	papel difenílico, fungicida	дифениловая бумага, фунгицидная бумага	677
disperdente m	adhesivo de dispersión	дисперсионный клей	678
imballaggio m di presentazione	exhibidor, envase exhibidor	упаковка дисплея	679
distribuzione f	distribución	дистрибутивность, распределительность	680
sacchetto doppio m	bolsa doble	двойной мешок	681
carta f bitumata sulle due facce	papel doblemente bituminado, bituminado por las caras	двухслойная бумага с внутренним слоем из битума	682
paletta f a doppio pianale (con un piano di carico e uno d'appoggio)	paleta de doble plancha, (con fondo para carga y tablero de apoyo)	плоский поддон с двумя настилами	683

Nr.	DEUTSCH	ENGLISCH	FRANZÖSISCH
684	**Doppel-Doppelwellpappe** f, **zweiwellige Wellpappe** f	**double-wall(ed) corrugated board**	**carton** m **ondulé double-double**
685	**Doppel-Durchzugschachtel** f	**three-piece pull-through box**	**boîte** f **à tirette (en) trois pièces**
686	**Doppelfalz*** m (bei Blechverpackungen)	**double seam, lock seam** (of metal containers)	**double pli** m (d'un emballage métallique)
687	**Doppelkrepp** m	**double-faced crêpe paper**	**papier** m **crêpe double face**
688	**Doppel-L-Verschluß*** m	**double-L closure, double-L seal, double-L bond**	**fermeture** f **en double L**
689	**doppelseitig beklebte Wellpappe** f	**double-face corrugated board**	**carton** m **ondulé double-face**
690	**doppelt beleistete Kiste** f	**double-battened case**	**caisse** f **à double ceinture**
691	**Doppel-T-Verschluß*** m	**double-T seal, double-T bond, "H"-seal** (six-strips)	**collage** m **en double T, fermeture** f **en H** (six bandes)
692	**Doppelwachspapier*** n	**double-faced wax paper**	**papier** m **paraffiné double face, papier ciré double face**
693	**Dorn** m (Blaskopf)	**mandrel**	**poinçon** m, **mandrin** m

ITALIENISCH	SPANISCH	RUSSISCH	Nr.
cartone m ondulato doppio-doppio	cartón ondulado doble-doble	пятислойный гофрированный картон	684
scatola f a tiretto in tre pezzi	caja doble con tirador	ящик из трех деталей, вдвигаемых одна в другую; коробка из трех деталей	685
doppia piegatura f (di imballaggi metallici)	junta doble (en un envase de hojalata)	двойной шов (в металлической таре), двойной закаточный шов, углошов	686
carta f crespata doppia	papel rizado de doble cara (por ambos lados)	упаковочная бумага, крепированая в двух направлениях	687
saldatura f a doppia L	pegado, soldadura en L	укупоривание картонных ящиков путем заклеивания продольного шва клапанов и поперечных швов крышки лентой (без загиба свободных концов)	688
cartone m ondulato doppio	cartón ondulado de doble cara	трехслойный гофрированный картон	689
cassa f con doppio rinforzo di assicelle	caja o cajón reforzado con listones centrales dobles	(деревянный) ящик с тремя поясами из планок	690
chiusura f a doppio T	pegado en doble T, cierre en H (a 6 bandas)	укупоривание картонных ящиков путем заклеивания продольного шва клапанов и поперечных швов крышки лентой с загибом свободных концов на обе боковые стороны ящика	691
carta f paraffinata a doppia faccia, carta f cerata a doppia faccia	papel parafinado por ambos lados, encerado por ambas caras	двухслойная бумага, ламинированная воском	692
mandrino m, punzone m	mandril	дорн (выдувной головки), сердечник	693

Nr.	DEUTSCH	ENGLISCH	FRANZÖSISCH
694	**Dose* f**	**can** (can AE, tin BE)	**boîte f, boîte métallique**
695	**Dose f, dreiteilige Dose** (bestehend aus Rumpf, Boden und Deckel)	**three-piece can** (consisting of body, bottom and top end)	**boîte f (en) trois pièces:** corps, fond et couvercle)
696	**Dose f, einteilige Dose** (mit eingezogenem Hals)	**one-piece can** (with drawn neck)	**boîte f (en) une pièce** (à goulot étiré)
697	**Dose f, gefalzte Dose***	**seamed can, lockseam(ed) can, interlocked-sideseam can**	**boîte f métallique à joint d'agrafe ou à jointure entrelacée**
698	**Dose f, gezogene Dose***	**drawn can**	**boîte f métallique emboutie**
699	**Dose f mit Abrolldeckel**	**key-opening can**	**boîte f à ouverture à clef**
700	**Dose f, spiralgewickelte Dose**	**spiral wound can**	**boîte f spiralée**
701	**Dose f, undichte Dose**	**leaker**	**boîte f non-étanche**
702	**Dose f, zusammengelegte Dose** (flach verpackte Dose)	**collapsed can** (packaged flat)	**boîte f aplatie** (emballée en état plat)
703	**Dose f, zweiteilige Dose** (bestehend aus Unterteil und Deckel)	**two-piece can** (consisting of bottom part and top end)	**boîte f (en) deux pièces:** partie inférieure avec couvercle)
704	**Dose f, zylindrische Dose**	**cylinder can**	**boîte f cylindrique**
705	**Dosen fpl, in Dosen füllen, in Dosen verpacken**	**to can**	**remplir en boîtes**

ITALIENISCH	SPANISCH	RUSSISCH	Nr.
barattolo m	envase, bote (metálico), lata (de hojalata, tipo AE, o BE)	банка, жестяная банка	694
barattolo m in tre pezzi (consistente in un corpo, un fondo e un coperchio)	envase metálico de tres piezas (consistente en: cuerpo, fondo y tapa)	сборная банка	695
barattolo m in un pezzo con collo imbutito	envase metálico (bote) de una sóla pieza (de cuello embutido)	ударно-вытяжная штампованная алюминиевая банка	696
barattolo m con aggraffatura longitudinale	bote o envase metálico con junta engatillada, o junta entrelazada	банка с продольным швом корпуса "в замок"	697
barattolo m imbutito	envase metálico embutido	цельноштампованная банка, цельноъянутая банка	698
barattolo m con apertura a chiave	envase metálico, lata, bote de apertura con llave	банка с язычком, открываемая при помощи прилагаемого к ней ключа	699
barattolo m formato con avvolgimento a spirale	envase metálico en espiral	бумажно-металлическая комбинированная банка (корпус навивной в спираль)	700
barattolo m non a tenuta	bote no estanco (cuya junta cierra mal)	негерметичная банка, банка с течью	701
barattolo m appiattito (imballato in forma appiattita)	bote plegable (embalado en plano)	сборная банка, поставляемая потребителям в разобранном виде	702
barattolo m in due pezzi (consistente in un fondo e in un coperchio)	bote de dos piezas (consistente en parte inferior con tapa)	цельноштампованная банка из двух деталей (низа и крышки)	703
barattolo m cilindrico	bote cilíndrico (envase metálico cilíndrico)	цилиндрическая банка	704
riempire i barattoli, imballare in barattoli	enlatar	упаковывать в жестяные банки, консервировать	705

Nr.	DEUTSCH	ENGLISCH	FRANZÖSISCH
706	**Dosenautomat** m (Maschine zur automatischen Herstellung von Dosenrümpfen)	**bodymaker** (machine for automatic forming of can bodies)	**bodymaker** m (machine à former les corps de boîtes)
707	**Dosendichtung** f	**can sealing compound**	**composé** m **d'obturation de boîtes**
708	**Dosen-Füllmaschine** f	**can filler**	**machine** f **à remplir les boîtes**
709	**Dosen-Paketiermaschine** f	**can packer**	**machine** f **à (em)paqueter les boîtes**
710	**Dosenrumpf** f	**can body**	**corps** m **de boîte**
711	**Dosen-Verschließmaschine** f	**can closing machine, can sealing machine**	**machine** f **à fermer les boîtes**
712	**Dosiergerät*** n	**dosing apparatus, portioning machine**	**doseuse** f, **appareil** m **à doser**
713	**dosieren**	**to dose, to portion, to meter**	**doser**
714	**Dosier-Füllmaschine*** f	**metering filling machine**	**doseuse** f **à remplir les boîtes**
715	**Dosierkammer** f	**metering chamber**	**chambre** f **de dosage**
716	**Dosierkappe*** f	**metering cap**	**capuchon** m **de dosage**
717	**Dosierkolben** m	**metering piston**	**piston** m **doseur, sabot** m **de dosage**
718	**Dosiermittel*** n	**metering means**	**moyen** m **de dosage**
719	**Dosiermundstück*** n	**metering mouth piece**	**bouche** f **de dosage, bec** m **de dosage**
720	**Dosierpumpe** f	**dosage pump**	**pompe** f **doseuse**

ITALIENISCH	SPANISCH	RUSSISCH	Nr.
macchina f **formatrice** (per formare i corpi dei barattoli)	**máquina formadora de cuerpos** (de las latas o envases metálicos)	**корпусообразующий автомат, корпусообразующая машина** (изготовление банок)	706
composto m **per la saldatura dei barattoli**	**compuesto obturador** (para el cierre estanco de las latas)	**уплотнительная паста**	707
macchina f **riempitrice di barattoli**	**máquina llenadora de latas**	**машина для наполнения жестяных банок**	708
macchina f **imballatrice di barattoli**	**máquina embaladora de latas, agrupadora de latas**	**машина для упаковки консервных банок**	709
corpo m **del barattolo**	**cuerpo de la lata**	**корпус банки**	710
macchina chiuditrice per barattoli	**máquina cerradora de latas**	**закаточная машина** (для укупоривания консервных банок)	711
macchina f **dosatrice**	**aparato o dispositivo dosificador**	**дозатор, дозировочный аппарат**	712
dosare	**dosificar**	**дозировать**	713
macchina f **riempitrice-dosatrice**	**máquina llenadora-dosificadora**	**дозировочная машина, дозатор, фасовочная машина**	714
camera f **di dosaggio**	**cámara de dosificación**	**измерительная камера, дозирующая камера**	715
cappuccio m **dosatore**	**tapón-dosificador**	**дозировочный колпа(чо)к**	716
pistone m **dosatore**	**pistón dosificador**	**дозирующий поршень**	717
dosatore m	**dosificador, medidor**	**дозировочное средство**	718
bocchetta f **dosatrice**	**vertedor dosificador**	**дозировочный мундштук**	719
pompa f **dosatrice**	**bomba dosificadora**	**дозирующий насос**	720

Nr.	DEUTSCH	ENGLISCH	FRANZÖSISCH
721	**Dosiertank** m	**metering tank**	**réservoir** m **jauge**
722	**Dosierventil** n	**metering valve**	**valve** f **doseuse**
723	**Dosierverpackung** f	**dosing package**	**emballage** m **doseur**
724	**Dosiervorrichtung*** f (nach Gewicht)	**dosing feeder, weigh feeder**	**dispositif** m **de dosage** (au poids)
725	**Dosierwalze** f, **Abstreifwalze** f	**doctor roll**	**cylindre** m **doseur**
726	**Draht** m	**wire**	**fil** m, **fil métallique** ou **de fer**
727	**drahtarmiertes Glas** n, **drahtbewehrtes Glas**	**wire glass**	**verre** m **armé** (de fils métalliques)
728	**Drahtbindevorrichtung** f, **Drahtumschnürungs- apparat** m	**wire strapping equipment**	**équipement** m **de cerclage au fil**
729	**Drahtbundkiste*** f	**wire-bound crate**	**caisse** f **en bois armé, caisse armée**
730	**drahtgeheftete Pappeschachtel** f	**wire-stitched cardboard box**	**boîte** f **en carton brochée à fil métallique**
731	**Drahtgewebe** n	**wire cloth**	**tissu** m **métallique grillage** m
732	**Drahtglas** n	**wire glass, wire- reinforced glass**	**verre** m **armé ou filé, verre à fils de fer**
733	**Draht(heft)klammer** f, **Heftklammer** f	**staple, wire staple**	**crochet** m **agrafe** f

ITALIENISCH	SPANISCH	RUSSISCH	Nr.
tramoggia f per dosaggio	depósito medidor	мерник, дозирующая емкость	721
valvola f dosatrice	válvula dosificadora	клапан-мерник, доззатор, дозирующий клапан	722
imballaggio m dosatore	envase dosificador	дозирующая упаковка	723
dispositivo m dosatore (a peso)	dispositivo dosificador (por peso)	весовое дозирующее устройство, весовой дозатор	724
rullo m dosatore	cilindro dosificador	дозирующий ролик, дозирующий барабан, дозировочный валик	725
filo m metallico	alambre (metálico o de hierro)	проволока	726
vetro m rinforzato con filo metallico	vidrio armado (con hilos metálicos)	армированное стекло	727
attrezzatura f per reggettatura con filo metallico	equipo de zunchado (o de atado) con alambre	станок для обвязки проволокой	728
cassa f armata (con filo metallico)	caja armada (o alambrada) de madera	деревянный ящик, армированный проволокой; дощатый ящик, обвязанный проволокой	729
scatola f di cartone aggraffata con filo metallico	caja de cartón cosida con alambre	картонная сшивная коробка; картонный ящик, сшитый металлическими скобами	730
tessuto m metallico	tejido metálico, tramado metálico	металлическая ткань, проволочная сетка	731
vetro m armato con filo metallico	vidrio reforzado con hilo metálico o alambre	армированное стекло, армированное проволокой стекло	732
graffa f, punto m metallico	grapa, grapa de alambre	проволочная скоба (для сшивания), металлическая скоба	733

Nr.	DEUTSCH	ENGLISCH	FRANZÖSISCH
734	**Drahtklammern** fpl, **mit Drahtklammern verschlossen**	**staple sealed**	**agrafes** fpl, **fermé avec des agrafes**
735	**Drahtheftmaschine** f	**wire-stitching machine**	**brocheuse** f **à fil métallique**
736	**Drahtheftung** f	**wire-stitching, stapling**	**brochage** m **en fil de fer**
737	**Drahtseil** n	**wire rope, cable**	**câble** m **métallique**
738	**Draht- und Stahlband-Schneidezange** f	**wire and steel strap cutter**	**pince** f **à couper fils et feuillards métalliques**
739	**Drahtstift** m, **"Blaupinne"** f, **Stiftnagel** m	**tack, wire nail, brad**	**clou** m **d'épingle, pointe** f
740	**Drahtumschnürung** f	**wire strapping**	**cerclage** m **au fil métallique**
741	**Dreheinschlag*** m **Zwirbelverschluß** m	**twist(ing) wrap, torsion closure**	**fermeture** f **par toronnage, enveloppe** f **tordue, papillotage** m, **enveloppe** f **papillote**
742	**Dreierpackung** f	**triple pack, three-unit package**	**emballage** m **à trois unités**
743	**Dreikantleiste*** f (siehe 1853)	**triangular ledge, three-cornered strut**	**listeau** m **triangulaire, listeau à trois bords**
744	**Dreirandsiegelbeutel*** m	**three-side-sealed bag**	**sachet** m **à trois bords scellés**

ITALIENISCH	SPANISCH	RUSSISCH	Nr.
chiuso con graffe	cerrado por grapado	закупорка (картонной тары) **металлическими скобами**	734
macchina f cucitrice a filo metallico	máquina cosedora (o grapadora) con alambre	проволокошвейная машина, проволокосшивальная машина	735
aggraffatura f con filo metallico	cosido con alambre, grapado	сшивание проволочными скобами, скрепление проволочными скобами	736
cavo m di fili metallici e reggette	cable metálico, cable hecho con hilos metálicos	проволочный канат, проволочный строп, стальной трос	737
cesoia f per fili metallici e reggette	tijera para cortar hilos, alambres y flejes metálicos	острогубцы, кусачки (для проволоки или стальной ленты)	738
bulletta f, chiodo m	clavo con punta, clavo de alambre	проволочный гвоздь, штифт	739
avvolgimento m con filo metallico	zunchado con alambre	обвязка проволокой, крепление грузов проволокой	740
chiusura f con avvolgimento di estremità ritorte	cierre por torsión, envoltura cerrada por torsión	завертка "вперекрутку", завертка "в хвостик", перекрутка	741
imballaggio m in tre unità	embalaje de tres unidades	тара из трех деталей	742
listello m triangolare	listón triangular, listón de tres cantos	планка треугольного сечения	743
sacchetto m saldato su tre lati	bolsa soldada por tres lados	пакет, образуемый трехсторонним свариванием свернутого V-образно одинарного полотна пленки	744

Nr.	DEUTSCH	ENGLISCH	FRANZÖSISCH
745	**Drei-Weg-Ecke* f**	**three-way corner**	**coin** m **à trois voies**
746	**dreiwellige Wellpappe** f	**tri(ple)-wall(ed) corrugated board**	**carton** m **ondulé triple face ou épaisseur**
747	**Drillverschluß* m**	**torsion seal, twist(ing) closure, twined end closure** (by tape or wire)	**fermeture** f **par toronnage, fermeture tordue** (par bande ou fil de fer)
748	**Druck** m	**pressure, load, print(ing)**	**pression** f, **compression** f, **poids** m, **charge** f, **impression** f
749	**Druck** m, **fortlaufender Druck**	**non-register printing, continuous printing**	**impression** f **en continu**
750	**Druck(ab)füllung** f (von Aerosolen)	**ambient-temperature filling, injection filling, pressure filling** (of aerosols)	**remplissage** m **à température ambiante, remplissage par injection, remplissage à la pression** (des aérosols)
751	**Druckbelastung** f	**compressive load, compression stress**	**charge** f **de compression**
752	**drucken, bedrucken**	**to print**	**imprimer**
753	**Druckerschlitzer m**	**printer slotter**	**encocheuse-imprimeuse** f
754	**Druckfarbe** f	**printing ink, ink**	**encre** f **d'imprimerie**
755	**Druckfestigkeit* f, Stauchwiderstand** m, **Stapeldruckwiderstand** m	**compression strength, compressive strength, crushing strength, resistance to compression**	**résistance** f **à la (com)pression, résistance à l'écrasement**
756	**Druckfilter** m	**pressure filter**	**filtre-presse** m
757	**Druckform** f	**printing form**	**forme** f, **cliché** m

ITALIENISCH	SPANISCH	RUSSISCH	Nr.
angolo m a tre vie	esquina de tres caminos	трехходовое соединение углов, тройное крепление	745
cartone m ondulato triplo	cartón ondulado triple (de tres capas)	семислойный гофрированный картон	746
sigillo m a torsione (con nastrino o filo di ferro)	cierre por torsión (sea de cinta o de alambre)	соединение концов проволочных креплений в форме скрученного узла	747
pressione f, stampa f	presión, compresión, carga, peso, impresión	давление, сжатие; печать, оттиск	748
stampa f in continuo	impresión contínua	печать форзацного типа	749
riempimento m a temperatura ambiente (aerosol)	llenado a temperatura ambiente, por inyección, o a presión (en el caso de aerosoles, por ej.)	расфасовка аэрозолей в тару при нормальной температуре	750
carico m di compressione	carga de compresión	усилие сжатия, снимающая нагрузка	751
stampare	imprimir	печатать	752
"printer-slotter" m	impresora - hendedora - ranuradora	печатающее устройство для просекания шлицев	753
inchiostro m da stampa, inchiostro m tipografico	tinta de imprimir, negro, o tinta de imprenta	печатная краска, типографская краска, краска для печати	754
resistenza f alla compressione	resistencia a la compresión, resistencia al estallido, al aplastamiento	прочность при сжатии, предел прочности при сжатии, устойчивость против давления, сопротивление сжатию	755
filtro m di pressione	filtro-prensa	напорный фильтр, фильтрпресс	756
forma f tipografica, matrice f	forma impresora	печатная форма	757

Nr.	DEUTSCH	ENGLISCH	FRANZÖSISCH
758	Druckgaspackung* f	pressure gas pack	emballage m à gaz sous pression
759	Druckmaschine f, Druckerpresse f	printing machine, printing press	machine f à imprimer, imprimeuse f, presse f d'imprimerie
760	Druckmeßgerät n	pressure gauge	indicateur m de pression
761	Druckprüfmaschine f, Prüfmaschine f für Druckversuche	compression test machine	machine f à essayer les matériaux à la compression
762	Druckslotter m (für Wellpappe)	printer-slotter (for corrugated board)	encocheuse-imprimeuse f (pour carton ondulé)
763	Druckspannung f	compressive stress, crushing strain	contrainte f de compression, tension f de compression
764	Drucktest m, Druckprüfung f	pressure test, compression test	épreuve f de (com)pression, essai m de résistance à la pression
765	Druckverfahren n	printing method	procédé m d'impression
766	Druckwalze f	printing roller	rouleau m imprimeur
767	Druck(zerstäuber)dose f, Druck(zerstäuber)verpackung f (siehe 98)	aerosol package, pressure pack, fingertip dispenser, pressurized dispenser, atomizer, sprayer	emballage m aérosol, emballage sous pression, emballage pressurisé, distributeur m presse-bouton; vaporisateur m, distributeur m
768	Drückverschluß* m	press-on closure	fermeture f à pression

ITALIENISCH	SPANISCH	RUSSISCH	Nr.
imballaggio m con gas conpresso	envase a presión	упаковка под давлением инерᵗного газа	758
macchina f da stampa	máquina de imprimir, prensa para imprimir	печатная машина, печатный станок	759
indicatore m di pressione, manometro m	indicador de presión	указатель давления, манометр	760
macchina f per la prova di compressione	aparato para efectuar el ensayo de los materiales en la prueba de compresión (prensa de ensayos)	машина для испытания на сжатие	761
"printer slotter" (per cartone ondulato)	hendidora-cortadora-impresora (para cartón ondulado)	биговально-высекальный станок с печатным устройством, друкслоттер (для гофрированного картона)	762
sollecitazione f di compressione	esfuerzo de compresión, tensión de compresión	напряжение при сжатии, напряжение сжатия	763
prova f di resistenza alla pressione, prova f di compressione	prueba de compresión, ensayo de resistencia a la presión	испытание на сопротивление сжатию, испытание на сжатие, испытание на статическое давление	764
stampa f, procedimento m di stampa	proleso de impresión, procedimiento de impresión	способ печати	765
cilindro m per stampa	rodillo impresor	печатный валик, печатный вал	766
imballaggio m aerosol, imballaggio m sotto pressione	envase aerosol, vaporizador, envase a presión, distribuidor por presión sobre la válvula	упаковка под давлением, аэрозольная упаковка	767
chiusura f a pressione	cierre a presión	нажимный затвор	768

Nr.	DEUTSCH	ENGLISCH	FRANZÖSISCH
769	**Drum*** f (siehe 3968)	**drum**	**tambour** m, **fût** m
770	**dünne Bänder*** fpl	**thin bands**	**bandes** fpl **fines, rubans** mpl **fins**
771	**dünnflüssig**	**dilute, highly fluid**	**fluide, très liquide, léger**
772	**Dünnpapier** n, **Seidenpapier** n	**tissue paper**	**papier** m **mousseline**
773	**dünnwandig**	**thin-walled**	**à paroi mince**
774	**Düse** f, (**Düsen-**)- **Mundstück** n, **Öffnung** f	**nozzle, orifice**	**nez** m **de buse**
775	**Düse** f (einer Aerosolverpackung)	**nozzle** (of an aerosol pack)	**gicleur** m (d'une boîte aérosol)
776	**Düse** f, **Einspritzdüse** f	**nozzle, die**	**buse** f, **filière** f
777	**düsenförmige erweiterte** (od.verjüngte) **Mündung** f	**straight (or reverse) taper orifice**	**orifice** m **conique droit** (ou inversé)
779	**Duplexkarton*** m	**duplex board**	**carton** m **duplex**
780	**Duplexkreppapier** n	**duplex crêpe paper**	**papier** m **crêpe double**
781	**Duplexpapier*** n	**duplex paper**	**papier** m **duplex, biplex** m
782	**Duplexpappe*** f	**two-ply board**	**biplex** m, **carton** m **biplex, carton** m **duplex**
778	**Duplexfolie*** f	**duplo film**	**feuille** f **duplo**
784	**Duplopapier*** n	**duplo paper**	**papier** m **duplo**
783	**Duplokarton*** m	**duplo board**	**carton** m **duplo**

ITALIENISCH	SPANISCH	RUSSISCH	Nr.
tamburo m, fusto m	barril, tambor	барабан	769
nastri m pl sottili	zunchos delgados	тонкие ленты	770
fluido, molto liquido	fluído, muy líquido, ligero	жидкотекучий	771
carta f sottile, carta-seta f, carta "tissue" f	papel de seda	тонкая бумага, шелковая бумага, шелковка	772
a pareti sottili	de pared delgada	тонкостенный	773
ugello m, imboccatura f, apertura f	vertedor, orificio vertedor	сопло, мундштук, головка (экструдера), насадка	774
orifizio m, ugello m erogatore (di imballaggio aerosol)	válvula dosificadora, pulverizador (de un envase aerosol)	выпускное отверстие, распылитель (в аэрозольной таре)	775
spruzzatore m, iniettore	boquilla, vertedor troquelado	впрыскивающее сопло, спрыск	776
ugello m conico a restringere (o viceversa)	orificio cónico (derecho o invertido)	конусообразно расширенное или суженое устье сопла	777
cartoncino m in duplex	cartón duplex	двойной картон, двухслойный картон	779
carta f crespata duplex	papel rizado doble	двухслойная крепированная бумага	780
carta f duplex	papel duplex	двухслойная бумага	781
cartone m duplex	cartón duplex	двухслойный картон	782
film m accoppiato	película doble	дупло-пленка, дупло-фольга	778
carta f "duplo", carta f accoppiata	papel duplo	двухслойная склеенная бумага	784
cartoncino m "duplo", cartoncino m accoppiato	cartón duplo	двухслойный склеенный картон	783

Nr.	DEUTSCH	ENGLISCH	FRANZÖSISCH
785	durchbiegen	to bend, to deflect	fléchir, couder, courber
786	Durchbiegung f	deflection, bending, flexure	flèche f, flexion f, fléchissement m
787	Durchbiegung f, bleibende Durchbiegung, elastische Durchbiegung	permanent set, transverse elasticity	déformation f permanente; flexion f élastique
788	durchdringen, durchschlagen	to penetrate, to permeate	pénétrer, traverser
789	Durchdrückpackung* f	press-through pack	emballage m en blister, emballage m thermoformé
790	durchlässig, undicht	pervious, permeable, leaky, untight	perméable, non-étanche
791	durchlässige Fläche f, durchlässige Oberfläche f	open surface, broken surface	surface f perméable
792	Durchlässigkeit f	permeability	perméabilité f
793	Durchlässigkeit f, geringe Durchlässigkeit, hohe Durchlässigkeit	low permeability, high permeability	faible perméabilité f, forte perméabilité
794	Durchlässigkeitsprüfgerät n	permeability tester	appareil m pour l'essai de perméabilité
795	durchlöchern	to perforate	perforer
796	durchreiben, durchscheuern	to rub throught, to fray	écorcher en frottant
797	durchscheinend	translucent	transparent, translucide
798	durchschlagen*, durchdringen	to bleed through, to penetrate, to permeate	pénétrer, traverser

ITALIENISCH	SPANISCH	RUSSISCH	Nr.
flettere, curvare	curvar, flexionar, doblar	прогибать	785
flessione f, curvatura f	flexión, flecha	прогиб, стрела прогиба	786
flessione f permamente, flessione f elastica	deformación permanente, flexión elástica	остаточный (необратимый) прогиб; упругий прогиб, эластический прогиб	787
penetrare, filtrare	penetrar, atravesar	проникать, пробивать, пропускать (о бумаге)	788
confezione f blister m	envase prensado	продавливающая тара	789
permeabile, non a tenuta	permeable, no estanco	проницаемый, неплотный, негерметичный	790
superficie f permeabile	superficie permeable	проницаемая поверхность	791
permeabilità f	permeabilidad	проницаемость, пропускание	792
bassa permeabilità f, alta permeabilità f	permeabilidad débil, alta permeabilidad	низкая проницаемость; высокая проницаемость	793
apparecchio m per la prova di permeabilità	aparato para el ensayo de la permeabilidad	прибор для определения (измерения) проницаемости	794
forare	perforar	перфорировать	795
abradere per sfregamento	friccionar, desollar, perforar, desgastar frotando	перетирать, истирать	796
translucido m	transparente, translúcido	просвечивающий	797
filtrare, penetrare	penetrar, atravesar	проступать (о клее), пробивать, проникать, пропускать	798

Nr.	DEUTSCH	ENGLISCH	FRANZÖSISCH
799	**Durchsicht** f (Gefügebild des Papiers)	**look-through** (formation) (structural appearance of paper)	**épair** m (image de la texture de papier)
800	**durchsichtig, klarsichtig**	**transparent, clear**	**transparent, clair, limpide**
801	**Durchstichflasche*** f	**piercing bottle**	**flacon** m **à bouchon perforable**
802	**Durchstoßarbeit*** f	**puncture effort**	**travail** m **de percement**
803	**durchstoßen**	**to pierce, to puncture**	**percer**
804	**Durchstoßprüfung*** f, **Durchstoßversuch** m	**puncture test**	**essai** m **à déterminer la résistance au percement**
805	**Durchstoßwiderstand** m, **Durchstoßfestigkeit** f	**puncture resistance**	**résistance** f **au percement, résistance à poinçonnement**
806	**durchweichen**	**to soak through**	**tremper**
807	**Durchziehgürtelschachtel** f (siehe 1593)	**two-piece staple-joined box**	**boîte** f **en carton composée de deux pièces agrafées**
808	**Durchzugschachtel*** f	**pull-through box**	**caisse** f **à tirette (en) deux pièces**
809	**Duroplast*** m	**thermosetting plastics**	**thermodurci** m, **matière** f **plastique thermodurcissable**
810	**Duroplast-Klebstoff** m, **hitzehärtbarer Klebstoff** m	**thermosetting adhesive**	**colle** f **thermodurcissable**

ITALIENISCH	SPANISCH	RUSSISCH	Nr.
filigrana f (immagine della struttura della carta)	filigrana (visible al trasluz en algunos papeles)	просвет (бумаги)	799
trasparente, chiaro	transparente, claro, límpido	прозрачный, просвечивающий	800
bottiglia f punzonata	botella perforada	пробойная бутылка	801
energia f di perforazione	esfuerzo de perforación	энергия прокалывания, прокалывающее усилие	802
perforare	perforar	прокалывать, пробивать	803
prova f di perforazione	ensayo para determinar la resistencia a la perforación	испытание на прокол, испытание на пробой	804
resistenza f alla perforazione	resistencia a la perforación	прочность на прокол, прочность на пробой	805
inzuppare, bagnare	humedecer, mojar	промокать, размягчать	806
scatola f in due pezzi aggraffati	envase de cartón compuesto de dos piezas grapadas	складная коробка или ящик с приставным поясом (боковыми стенками)	807
scatola f a manicotto	caja con dispositivo de desgarro, de dos piezas	двойной ящик, (картонный) ящик из двух деталей	808
plastica f termoindurente	materia plástica termoendurecible	термоактивная пластмасса, реактопласт	809
adesivo m termoindurente, colla f termoindurente	adhesivo, cola termoendurecible	термоактивный клей	810

Nr.	DEUTSCH	ENGLISCH	FRANZÖSISCH
811	**E-Welle** f (ca. 96 Wellen auf 30,48 cm, Höhe ca. 1,19 mm) (siehe 4452 ff.)	**E-flute** (type of corrugation with appr. 96 flutes per foot, height approx. 1,19 mm)	**cannelure** f **E** (type du carton ondulé avec env. 96 cannelures par 30,48 cm, hauteur env. 1,19 mm)
812	**EAN-Code** m (siehe 336)	**EAN code**	**code** m **EAN**
813	**Echtpergament*** n, **vegetabilisches Pergament** n, **Pergamentpapier** n	**vegetable parchment, genuine parchment, vellum**	**papier** m **sulfurisé, sulfurise** m **véritable, parchemin** m **végétal, vélin** m, **papier** m **parchemin(e)**
814	**Eckenheftmaschine** f	**corner stitching machine**	**machine** f **à agrafer les coins**
815	**Eckenheftung** f	**corner stapling**	**agrafage** m **de coins, piquage** m **de coins**
816	**Eckenpolster*** n	**corner cushion**	**rembourrage** m **aux coins**
817	**Eckenverbindepapier** n	**stay paper**	**papier** m **collant pour coins**
818	**Eckleiste*** f	**corner ledge, corner strut, angle block**	**listeau** m **aux coins, taquerie** f
819	**Eckenverstärkung*** f, **Eckversteifung** f	**corner staying, corner fillet, supporting angle piece**	**renfor(cemen)t** m **aux coins,èéquerre** f **de support**
820	**eichen, messen**	**to gauge, to calibrate**	**étalonner, jauger, étançonner**
821	**Eichenholz** n	**oak wood**	**bois** m **de chêne**

ITALIENISCH	SPANISCH	RUSSISCH	Nr.
onda f **E** (tipo di ondulazione con circa 96 onde per 30,48 cm, altezza circa 1,19 mm + vedi cartone ondulato)	**acanalado E** (tipo de cartón ondulado con 96 canales aproximadamente, por 30,48 cm, altura aprox. 1,19 mm, ver cartón ondulado)	**гофр Е** (профиль волнообразного слоя бумаги, состоящий приблизительно из 96 волн или рифлей на 30,48 см; толщина картона 1,19 мм)	811
codice m **EAN**	**código EAN (EAN = Numeración Europea de Artículos)**	**код ЕАН**	812
pergamena f **vegetale, carta** f **pergamena**	**papel sulfurizado, papel pergamino, papel pergamino vegetal**	**растительный пергамент, настоящий растительный пергамент, пергаментная бумага**	813
macchina f **per cucire gli angoli**	**máquina para grapar esquinas, ángulos**	**угловая сшивательная машина**	814
cucitura f **degli angoli**	**grapado de esquinas** (o de ángulos)	**скрепление углов металлическими скобами**	815
imbottitura f **degli angoli**	**almohadillado de las esquinas**	**угловая амортизирующая прокладка**	816
carta f **adesiva per angoli**	**papel adhesivo para las esquinas** (o engomado)	**бумажная лента для оклеивания по стыку корпуса картонного ящика**	817
listello m **angolare**	**listón angular, listón angular**	**внутренняя планка** (для сборки стенок деревянных ящиков)	818
struttura f **di rinforzo angolare**	**refuerzo angular o de las esquinas, pieza de refuerzo angular**	**угловое крепление, угловой фиксатор** (груза на поддоне)	819
tarare, misurare	**medir, calibrar**	**градуировать, калибровать, эталонировать, измерять**	820
legno m **di quercia**	**madera de roble**	**дубовая древесина**	821

Nr.	DEUTSCH	ENGLISCH	FRANZÖSISCH
822	**Eichrecht** n	**weight and measures act**	**loi** f **sur les poids et mesures**
823	**Eigengewicht** n	**dead weight**	**poids** m **mort, poids à vide, tare** f
824	**Eigenschaften** fpl	**properties**	**particularités** fpl, **qualités** fpl, **propriétés** fpl
825	**Eignungsprüfung** f	**suitability test**	**essai** m **de qualification**
826	**Eimer*** m	**pail, bucket**	**seau** m
827	**einbeuteln, in Beutel verpacken**	**to bag**	**ensacher**
828	**Einbinden** n, **Faßbinden** n	**hooping, cooping, binding**	**cerclage** m **(re)liage** m
829	**Einbrennbeschriftung** f	**heat marking**	**marquage** m **à chaud**
830	**Einbrenneisen** n (zum Kistenmarkieren)	**branding iron** (for case marking)	**fer** m **à marquer** (les caisses)
831	**einbrennen** (bei Schutz- oder Dekorationslack)	**to bake (in), to stove-enamel** (protective or decorative varnishes)	**étuver, cuire** (le vernis protecteur ou de décoration)
832	**Einbrennetikett** n, **Abbügeletikett** n	**hot transfer label**	**étiquette** f **pour transfert d'impression à chaud**
833	**Einbrennlack** m	**baked varnish, baked lacquer, stove(d) enamel (finish)**	**vernis** m **au four, vernis-émail** m
834	**Eindeck-Flachpalette** f	**single-decked pallet, single-faced pallet**	**palette** f **à un seul plancher**
835	**eindringen, durchdringen, durchschlagen**	**to penetrate, to leak (through)**	**pénétrer**

ITALIENISCH	SPANISCH	RUSSISCH	Nr.
legge f sui pesi e misure	legislación de pesos y medidas	калибровочное право	822
tara f, peso m a vuoto	peso muerto, peso en vacío, tara	собственный вес, тара	823
proprietà f pl	propiedades	свойства	824
prova f di idoneità, prova f di compatibilità	examen de aptitud	профессиональная экспертиза	825
secchiellone m	cubo, pail	ведро	826
insacchettare, imballare in sacchetti	ensacar	упаковывать в мешочки, расфасовывать в пакеты	827
cerchiatura f (delle botti)	zunchar, atar	система крепления при помощи обручей	828
marcatura f a caldo	marcado al fuego	штамповка выжиганием, маркировка выжиганием	829
attrezzo m per marcare (per casse)	hierro de marcar (las cajas)	станок для выжигания марок и надписей	830
cuocere (la vernice protettiva o la decorazione)	esmaltar al horno, (aplicar esmalte protector o decorativo en estufa)	выжигать, сушить горячей (печной) сушкой (защитный или декоративный лак)	831
etichetta f applicabile con trasferimento a caldo	etiqueta para transferir la impresión, en caliente (impresión por termotransferencia)	ярлык горячей накатки, этикетка горячей накатки	832
vernice f a caldo, smalto m a caldo	barniz aplicable al horno, barniz-esmalte	лак горячей (печной) сушки	833
palette f pl a pianale singolo	paleta sencilla (paleta de una sóla plancha o cubierta)	плоский поддон с одним настилом	834
penetrare, filtrare	penetrar	проникать	835

Nr.	DEUTSCH	ENGLISCH	FRANZÖSISCH
836	Eindrückdeckel* m, Eingreifdeckel m (siehe 151, 881)	lever lid, press-in lid, plug lid	couvercle m rentrant, couvercle à friction, couvercle à enfoncer
837	Eindrückdeckeldose* f	press-in-lid can, single-friction can, lever-lid can	boîte f à couvercle rentrant
838	Eindrückklappe* f (siehe 882)	tuck-in flap	clapet m rentrant
839	Eindrückverschluß* m	tuck-in closure	fermeture f rentrante
840	einfach beleistete Kiste f	single-battened case	caisse f à une ceinture
841	Einfahröffnung f (bei Paletten)	entry, pallet fork entry (of pallets)	entrée f (de palettes)
842	Einfahrteil n (bei Paletten)	entry member edge board (of pallets)	élément m d'entrée, élément de rive (de palettes)
843	Einfülltrichter m	feed hopper, filler neck	trémie f de chargement, trémie d'alimentation
844	eingebranntes Etikett* n	permanent label, permanent marking	étiquette f étuvée ou cuite en verre, étiquette durable, marquage m cuit
845	eingegossene Dichtung f, eingeschwemmte Dichtungsmasse f	flowed-in gasket, flowed-in compound	joint m moulé, composé m de moulage
846	eingeschlossene Luftblase f	entrapped air bubble	bulle f d'air occluse
847	eingespannte Folie f	trapped sheet	feuille f pincée

ITALIENISCH	SPANISCH	RUSSISCH	Nr.
coperchio m a pressione	tapa a presión, tapa a fricción, tapa de encaje forzado	рычажная крышка, вдавливающая крышка, вдвигаемая крышка, вдавливаемая крышка	836
barattolo m con coperchio a pressione	bote con tapa de palanca embutida, bote con tapa de fricción simple	банка с вдвигаемой крышкой, банка с вдавливаемой крышкой	837
linguetta f a incastro	solapa abatible	закрылок вдавливания	838
chiusura f con pateletta rientrante	cierre, abatible	затвор вдавливания	839
cassa f con singolo listello di rinforzo	caja con una pletina (caja con listón de refuerzo)	(деревянный) ящик с двумя поясами из планок	840
entrata f (di pelette)	entrada (de paletas)	заход (в поддоне для вхождения вилочных захватов автопогрузчика)	841
elemento m di entrata (di palette)	elemento de entrada (de paletas)	просвет (в поддоне для свободного входа вилочного автопогрузчика)	842
tramoggia f di alimentazione	tolva de alimentación o carga	загрузочная воронка, засыпная воронка, питающий бункер	843
etichetta f permanente, etichetta f formata a caldo	etiqueta vitrificada, etiqueta permanente, marcaje indeleble	несмываемая этикетка, несмываемая красочная этикетка, постоянная этикетка	844
mastice m fluido per guarnizione	junta moldeada, realizada por moldeo	прокладка из расплавленной пластмассы, латексная уплотняющая паста	845
bolla f d'aria chiusa	bola de aire obturadora	включенный пузырек воздуха, воздушный пузырь (дефект)	846
foglio m teso	hoja tensada	натянутая пленка	847

Nr.	DEUTSCH	ENGLISCH	FRANZÖSISCH
848	eingezogene Dose* f	drawn and ironed can	boîte f en fer-blanc à col et à rebord
849	Eingreifdeckel m (siehe 836)	lever lid	couvercle m rentrant
850	Einheit f	unit	unité f
851	Einheitsverpackung f	standard(ized) package	emballage m standardisé
852	Einheits-Verpackungsanlage f	unit packaging line	emballeuse f unitaire, empaqueteuse f unitaire, ligne f d'emballage unitaire
853	Einheits-Verpackungsflasche f	standard(ized) packaging bottle	bouteille f d'emballage unitaire ou standard(isée)
854	Einlage* f (siehe 4575)	insert, liner	insertion f, pièce f d'insertion, doublure f
855	einlagern	to store	emmagasiner, stocker
856	Einmalspritze f	one-way syringe	seringue f à usage unique
857	Einmalverpackung f, Einwegverpackung f	single-service container, one-way package, disposable package	emballage m perdu, emballage non-réutilisable
858	einpacken, abpacken	to pack, to package	emballer, conditionner
859	Einpreßteil n	insert	insertion f, prisonnier m
860	Einreißwiderstand* m	tear strength, tearing resistance	résistance f à la déchirure
861	Einrollverschluß* m	roll-in closure	fermeture f à enroulement
862	einsacken, in Säcke packen	to sack, to bag	ensacher, mettre en sac(s)

ITALIENISCH	SPANISCH	RUSSISCH	Nr.
barattolo m imbutito in banda stagnata	lata embutida	тянутая консервная банка	848
coperchio m rientrante	tapa embutida de palanca (o apalancable)	рычажная крышка, вдавливаемая крышка	849
unità f	unidad	единица	850
imballaggio m standard	envase (o embalaje) unitario, normalizado	унифицированная (стандартная) тара	851
linea f d'imballaggio unitario	línea de envasado unitario	унифицированная упаковочная линия	852
bottiglia f d'imballaggio standard	botella de envase unitario normalizada	унифицированная (стандартная) бутылка	853
rivestimento m interno	inserción, pieza de inserción, doblez, anexo, elemento adjunto	прокладка, вкладыш, прослойка, внутренний слой	854
immagazzinare	almacenar	складировать, хранить	855
siringa f a perdere	jeringuilla de un sólo uso	одноразовый шприц	856
imballaggio m a perdere	envase de un sólo uso, envase ó embalaje perdido, envase ó embalaje no retornable	разовая тара, необоротная тара, одноразовая упаковка	857
imballare, confezionare	envasar, embalar	затаривать, расфасовывать	858
inserto m	insertar, pieza comprimida insertada	запрессованная деталь	859
resistenza f alla lacerazione	desgarro sin entalladura, previa, resistencia al desgarro	сопротивление надрыву или раздиранию, прочность на надрыв	860
chiusura f ad avvolgimento	cierre enrollado	накатный затвор	861
insaccare, mettere in sacchi	ensacar, embolsar	затаривать в мешки, упаковывать в мешки	862

Nr.	DEUTSCH	ENGLISCH	FRANZÖSISCH
863	Einsackmaschine f	bag filling machine, bagging machine	ensacheuse f
864	einsäuern	to pickle, to ensilage	conserver par acidification, ensiler
865	Einsatz m (für Verpackungen)	insert, liner	garniture f, insertion f
866	Einschachtelmaschine f, Schachtelfüllmaschine f	box filling machine, boxing machine, casing machine	encaisseuse f, encartonneuse f, machine f à mettre en ou sous boîtes
867	einschachteln	to box	encaisser, encartonner, emboîter
868	Einschäumen n (siehe 298, 4040)	foaming-in	remplir de mousse, mouler par expansion
869	Einschlag* m	wrapper, wrapping	enveloppe f
870	Einschlagmaschine f, Einwickelmaschine f	wrapping machine	enveloppeuse f, machine f à envelopper
871	Einschnappverschluß* m, Schnappverschluß* m	snap closure, snap-off closure	fermeture f encliquetée, fermeture au loquet, fermeture à ressort
872	Einschubdeckel* m (siehe 3376)	slide lid	couvercle m à coulisse
873	einseitige Wellpappe* f (siehe 4452 ff.)	single-faced corrugated board	carton m ondulé une face, carton ondulé simple face
874	einseitig gefärbt	one-side coloured	coloré sur une face

ITALIENISCH	SPANISCH	RUSSISCH	Nr.
macchina f insaccatrice	ensacadora, máquina ensacadora	машина для упаковки в мешки	863
conservare in liquido acido	conservar por acidificación, hacer fermentar	заквашивать, квасить	864
interno m (per imballaggi), rivestimento m	traviesa, inserción, guarnición	вкладыш, вставка, прокладка	865
macchina f inscatolatrice	máquina estuchadora, máquina encartonadora, máquina para colocar objetos dentro de envases	фасовочно- упаковочный агрегат для упаковывания в картонные коробки или ящики	866
inscatolare	envasar, encartonar, encajonar, llenar un estuche	упаковывать в картонные коробки или ящики	867
schiumatura f	espumar	обдать пеной	868
avvolgimento m, involucro m	envolver	обертка, завертка	869
macchina f avvolgitrice	máquina envolvedora	заверточная машина, автомат для обертывания в завертки	870
chiusura f a scatto	cierre de resorte	захватывающая крышка; крышка, захлопывающаяся под венчик горла	871
coperchio m scorrevole	tapa deslizante ó deslizadera, tapa corrediza ó tapa de corredera	скользящая крышка	872
cartone m ondulato semplice	cartón ondulado una cara ó cartón ondulado simple	двухслойный гофрированный картон	873
colorato da un lato	coloreado por un sólo lado	односторонне окрашенный	874

Nr.	DEUTSCH	ENGLISCH	FRANZÖSISCH
875	einseitig gestrichenes Papier n	one-side coated paper	papier m couché sur une face
876	einseitig glattes Papier* n	machine-glazed (M.G.) paper	papier m frictionné (sur un côté)
877	Einspritzdruck m	injection pressure	pression f d'injection
878	Einspritzdüse f	injection nozzle	gicleur m, injecteur m
879	einspritzen	to inject	injecter
880	Einsteckbeutel* m	inner bag	sachet m intérieur
881	Einsteckdeckel* m (siehe 836)	press(-in) lid, tuck-in lid	couvercle m rentrant
882	Einsteckklappe f, Stecklasche f (siehe 838)	tuck-in flap	patte f rentrante
883	Einstecklasche* f, Lasche* f	tab, tongue	patte f rentrante, languette f
884	Einstecksack* m	insertable sack	sac m d'insertion
885	Einsteckverschluß* m (siehe 3736)	tuck-end closure, tuck-in closure	fermeture f à patte rentrante
886	Einstellsack* m	inner sack	sac m inséré
887	eintauchen	to dip, to immerse	tremper, enrober par immersion, immerger
888	Eintauchwachs n	dipping wax	cire f pour l'immersion
889	einteilige Falthülle f	five-panel folder	caisse f enveloppe (à, en) cinq panneaux

ITALIENISCH	SPANISCH	RUSSISCH	Nr.
carta f patinata su una faccia	papel recubierto (cuché) una cara	мелованная бумага одностороннего покрытия	875
carta f monolucida	papel satinado por un sólo lado	бумага односторонней гладкости, бумага машинной гладкости	876
pressione f ad iniezione	presión de inyección	давление литья	877
ugello m di iniezione, iniettore m	boquilla de inyección	сопло впрыска, спрыск	878
iniettare	inyectar	впрыскивать	879
sacchetto m interno	bolsa interior	карманный мешо(че)к	880
coperchio m a pressione	tapa de fricción, tapa a presión	рычажная крышка, вдавливаемая крышка	881
linguetta f a incastro	lengüeta penetrante ó de encaje ó tapa para encajarse	"загибающий внутрь" клапан; клапан, засовываемый или подгибаемый внутрь коробки	882
pateletta f, linguetta f	pata, lengüeta	язычок, подтыкаемый клапан	883
sacco m inseribile	bolsa de inserción, bolsa insertada, saco insertado	вкладыш-мешок	884
chiusura f con pateletta rientrante, chiusura f ad incastro	cierre con pata ó lengüeta penetrante	закупорка (картонной коробки) "загибающимся внутрь" клапаном	885
sacco m interno	saco interior	вкладыш-мешок	886
immergere	sumergir, empapar	окунать, макать, погружать (напр. в раствор)	887
cera f ad immersione	cera de inmersión	воск для вощения методом погружения	888
confezione f pieghevole in un solo pezzo, involucro m in un solo pezzo	caja o envuelta de cinco capas	футляр для книг и т.д., изготовленный из одного куска картона	889

Nr.	DEUTSCH	ENGLISCH	FRANZÖSISCH
890	Einwegflasche f, pfandfreie Flasche f	one-way bottle, no-deposit bottle, no-return bottle, non-returnable bottle	bouteille f perdue, bouteille non-retournable, bouteille non-réutilisable
891	Einwegverpackung* f, verlorene Verpackung f (siehe 4174)	one-way package, no-return package, non-returnable package, disposable package, throw-away package	emballage m perdu, emballage non-réutilisable
892	einwellige Wellpappe* f, zweiseitige Wellpappe (siehe 4452 ff.)	double-faced corrugated, single-wall corrugated board	carton m ondulé double face
893	Einwickelbogen m, Einwickler* m	wrapper, wrap	enveloppe f
894	Einwickelmaschine f, Einschlagmaschine f	wrapping machine	enveloppeuse f, machine f à envelopper
895	einwickeln*	to wrap	envelopper
896	Einwickelpapier n	wrapping paper	papier m à envelopper
897	Einwickler* m	wrapper, wrap	enveloppe f
898	Einzelhandelspackung* f	retail pack	emballage m au détail
899	Einzelpackung* f, Grundpackung* f	unit pack(age), single pack	emballage m unitaire
900	Einzelsteg* m	single-partition	entretoise f unique
901	elastische Dehnung f	elastic elongation, elastic stretch	allongement m élastique
902	elastische Verformung f	elastic deformation	déformation f élastique

ITALIENISCH	SPANISCH	RUSSISCH	Nr.
bottiglia f a perdere	botella de un sólo uso, botella no retornable, botella no reutilizable	невозвратная бутылка, бутылка для разового употребления	890
imballaggio m a perdere	envase de un sólo uso no retornable, envase no reutilizable, envase perdido	разовая тара, одноразовая тара, необоротная тара	891
cartone m ondulato doppio, cartone m ad un'onda	cartón ondulado doble cara	трехслойный гофрированный картон	892
foglio m per avvolgere, incarto m	envoltura, sobre	обертка, завертка	893
macchina f avvolgitrice	máquina envolvedora, máquina para envolver	заверточная машина, оберточный станок	894
avvolgere incartare	envolver	обертывать, завертывать	895
carta f da imballaggio (carta f per avvolgere)	papel de envolver	оберточная бумага	896
foglio m per avvolgere, incarto m	envuelta, sobre	завертка, обертка	897
confezione f per la vendita al dettaglio	envase unitario, al detalle	розничная упаковка	898
confezione f unitaria, imballaggio m primario	envase unitario, envase primario	розничная упаковка, первичная упаковка	899
divisorio m in un solo pezzo	pared o dispositivo separador simple	перегородка, вертикальный вкладыш	900
allungamento m elastico	alargamiento elástico	эластическое удлинение, эластическая деформация	901
deformazione f elastica	deformación elástica	эластическая деформация, упругая деформация	902

Nr.	DEUTSCH	ENGLISCH	FRANZÖSISCH
903	Elastizität f	elasticity	élasticité f
904	Elastizitätsgrenze f	elastic limit	limite f élastique
905	Elastizitätsmodul m bei Biegung	modulus of elasticity, coefficient of elasticity	module m d'élasticité, coefficient m d'élasticité
906	Elastizitätsmodul m bei Druck	modulus in compression	module m en compression
907	Elastizitätsmodul m bei Zug	modulus in tension	module m en traction
908	Elastomer n	elastomer	élastomère m
909	Elefantenhaut f	cover skin	couverture f imitation peau
910	Elektro-Isolierpappe f	electric insulating board	carton m d'isolation électrique
911	Elektrokarren m	electric truck	chariot m électrique
912	Elektronenstrahl m	electronic beam	rayon m électronique
913	elektrolytisch verzinntes Weißblech n	electrolytic tinplate	fer-blanc m électrolytique, fer-blanc étainé per électrolyse
914	elektronische Steuerung f	electronic control	commande f électronique
915	elektrostatische Aufladung f (siehe 223)	electrostatic charge	charge f émaillée
916	emailliertes Glas n	enamelled glass	verre m émaillé
917	Emaillierung f	enamelling	émaillage m
918	Emballagenlack m	package lacquer, package varnish	vernis m d'emballage

ITALIENISCH	SPANISCH	RUSSISCH	Nr.
elasticità f	elasticidad	эластичность, упругость	903
limite m di elasticità, limite m elastico	límite elástico	предел упругости	904
modulo m di elasticità a flessione	módulo de elasticidad, coeficiente de elasticidad	модуль упругости, модуль эластичности	905
modulo m di elasticità a compressione	módulo de elasticidad en compresión	модуль упругости при сжатии	906
modulo m di elasticità a trazione	módulo de tracción	модуль упругости при растяжении	907
elastomero m	elastómero	эластомер	908
copertina f similpelle	recubrimiento imitación de piel	"слоновая кожа"	909
cartone m per isolamento elettrico	cartón aislante eléctrico	электроизоляционный картон	910
carrello m elettrico	carretilla eléctrica	электрокар, электротележка	911
fascio m elettronico, fascio m di elettroni	barra electrónica	электронный луч, катодный луч	912
banda f stagnata elettrolitica	hojalata electrolítica	жесть электролитического лужения, электролуженая жесть	913
comando m elettronico	mando electrónico	электронное управление	914
carica f elettrostatica	carga electroestática	электростатический заряд	915
vetro m smaltato	vidrio esmaltado	эмалированное стекло	916
smaltatura f	esmalte	эмалирование, эмалировка, покрытие эмалью	917
vernice f per imballaggio	barniz para envases	лакокрасочное покрытие для защиты (пищевой) тары	918

Nr.	DEUTSCH	ENGLISCH	FRANZÖSISCH
919	**Emballierdraht** m	**baling wire**	**fil** m **à emballer**
920	**Emballierreifen** m	**baling hoop**	**cerceau** m **à emballer**
921	**Empfehlung** f	**recommendation**	**recommandation** f
922	**empfindliches Gut** n	**sensitive product**	**produit** m **sensible**
923	**emulgiert**	**emulsified**	**émulsionné**
924	**Emulsion** f	**emulsion**	**émulsion** f
925	**Emulsionsklebstoff** m	**emulsion adhesive**	**colle** f **émulsionnée**
926	**Endformat** n (beschnittenes Format)	**trimmed size, final size**	**format** m **fini, format final**
927	**endlose Bahn** f (einer Folie)	**web, continuous sheeting, endless sheeting**	**bande** f **continue, feuille** f **en bande continue**
928	**endlose Folie** f	**sheeting, continuous sheeting, endless sheeting**	**feuille** f **continue**
929	**Energieinhalt**	**energy content**	**contenu** m **énergétique**
930	**Enghals** m	**narrow neck**	**goulot** m **étroit, ouverture** f **étroite**
931	**Enghalskanne*** f **Trichterkanne*** f	**narrow-neck(ed) (fixed end) drum, funnel drum, cylindrical taper drum with screw neck and cap**	**touque** f **à goulot étroit, bidon** m **de trémie, bidon** m **avec goulotè**
932	**Enghals-Standflasche** f	**narrow-neck bottle**	**bouteille** f **à goulot étroit**
933	**Entfettungsmittel** n	**degreasing compound**	**produit** m **de dégraissage, dégraissant** m

ITALIENISCH	SPANISCH	RUSSISCH	Nr.
filo m di ferro per balle	alambre para embalar	обвязочная проволока	919
cerchiatura f per balle	zunchado para embalar	стальная лента для обтяжки кип (тюков)	920
raccomandazione f	recomendación	рекомендация	921
prodotto m sensibile	producto sensible	чувствительный материал, чувствительный товар	922
emulsionato	emulsionado	эмульгированный	923
emulsione f	emulsión	эмульсия	924
adesivo m emulsionato	cola emulsionada, adhesivo emulsionado	эмульсионный клей	925
formato m finito, formato m finale	formato final, acabado	стандартный формат, потребительский формат	926
nastro m continuo, bobina f	banda contínua, hoja ó lámina en banda contínua	непрерывное полотно	927
foglio m continuo	hoja, lámina ó banda contínua	непрерывная пленка	928
contenuto m energeticó	contenido energético	содержание энергии, энергоемкость	929
collo m stretto, imboccatura f stretta	cuello estrecho, apertura estrecha	узкая горловина, узкое горло, узкое горлышко	930
bidone m a imboccatura stretta	barril con cuello estrecho (fijado al final) o con apertura estrecha, tapa cilíndrica para un barril con cierre de rosca y tapa	бидон с узкой горловиной	931
bottiglia f a collo stretto	botella de cuello estrecho	узкогорлая бутылка	932
composto m sgrassante, sgrassante m	producto de desengrase, desengrasante	обезжириватель, обезжиривающее средство	933

Nr.	DEUTSCH	ENGLISCH	FRANZÖSISCH
934	entflammbar	inflammable, flammable	inflammable
935	Entflammbarkeit f	inflammability	inflammabilité f
936	entkeimen, keimfrei machen, sterilisieren	to sterilize	aseptiser, stériliser, dégermer
937	entkorken	tp destop, to uncork	déboucher, ôter le bouchon
938	Entkorkmaschine f	destopping machine, uncorking machine	déboucheuse f
939	entladen	to unload	décharger
940	entleeren	to empty	vider
941	Entlüftungsloch n, Belüftungsloch n	vent hole, breather hole	évent m, reniflard m
942	Entnahmehilfe f	emptying accessory	dispositif m à prélèvement
943	Entnahmesicherung f (siehe 2768)	tamper-proof seal	joint m anti-vol
944	Entschäumungsmittel n	anti-foaming (agent)	agent m anit-moussant
945	Entsorgung f	waste removal	évacuation f des déchets
946	Entstapelmaschine f (siehe 2827)	destacking machine	dépileuse f
947	Entstaubung f	dust removal	dépoussiérage m
948	Entstörer m (von statischen Aufladungen)	static eliminator	suppresseur m d'électricité statique

ITALIENISCH	SPANISCH	RUSSISCH	Nr.
infiammabile	inflamable	воспламеняющийся	934
infiammabilità f	inflamabilidad	воспламеняемость	935
sterilizzare, rendere asettico	aseptizar, esterilizar, desgerminizar	стерилизовать	936
sturare, stappare	descorchar, quitar el tapón, destapar	откупоривать	937
macchina f per sturare, macchina f per stappare	descorchadora, descorchador, sacacorchos	откупорочная машина	938
scaricare	descargar	разгружать, выгружать	939
vuotare, svuotare	vaciar	опоражнивать	940
apertura f per sfogo d'aria, sfiatatoio m	orificio ventilador	отдушина, вентиляционное отверстие	941
accessorio m di svuotamento	dispositivo de vaciado	вспомогательное устройство для отбора	942
sigillo m di garanzia	junta estanca, sello de garantía, precinto	гарантия от преждевременного вскрытия тары	943
sostanza f antischiuma	agente antiespumante	антивспенивающее вещество	944
smaltimento m dei rifiuti	limpieza	удаление отходов	945
depalettizzatore m, macchina f depalettizzatrice	máquina, deplaletizadora	машина для разборки	946
asportazione f della polvere	desempolvar	обеспыливание, пылеулавливание, удаление пыли	947
eliminatore m di elettricità statica	eliminador de la electricidad estática	устройство для устранения статического электричества, антистатическое средство	948

Nr.	DEUTSCH	ENGLISCH	FRANZÖSISCH
949	entzündbar, entzündlich	inflammable, combustible	inflammable, combustible
950	Epoxidharz n	epoxy resin	résine f époxyde
951	Erhitzer m, Erhitzungsstation f	heater, heating station	appareil m à réchauffer
952	Ermüdung f, Ermüdung f des Materials (siehe 2510)	fatigue, fatigue of material (see deterioration factor)	fatigue f, fatigue f des matériaux (voir facteur de fatigue)
953	Ermüdungsfestigkeit f	fatigue strength	résistance à la fatigue
954	Ermüdungsgrenze f	fatigue limit	limite f de fatigue, limite d'endurance à la fatigue
955	Ersatz m	substitution	succédané m
956	Erschütterung f, Stöße mpl	vibration, percussion, concussion, shocks pl	trépidation f, vibration f, ébranlement m, secousse f, chocs mpl
957	erschütterungsfrei	free from vibration, shockless, vibrationless	à l'abri de vibrations, insensible à l'ébranlement, antivibratoire
958	Erstarrungszeit f, Abbindezeit f	setting time	durée f de prise
959	Erweichungsbereich* m	softening range	zone f de ramollissement
960	Erweichungspunkt m, Erweichungstemperatur f	softening point	température f de ramollissement, point m de ramollissement
961	Esparto-Cellulose f	esparto pulp	pâte f d'alfa, pâte de sparte
962	Ester m	ester	ester m, éther-sel m
963	Etikett* n	label	étiquette f

ITALIENISCH	SPANISCH	RUSSISCH	Nr.
infiammabile, combustibile	inflamable, combustible	воспламеняемый	949
resina f epossidica	resina epoxy	эпоксидная смола, эпокси-смола	950
stazione f di riscaldamento	aparato o dispositivo de calentamiento	нагреватель, подогреватель	951
fatica f, fatica f del materiale (vedi fattore di deterioramento)	fatiga, fatiga de los materiales (ver factor de fatiga)	усталость, усталость материала	952
resistenza f alla fatica	resistencia a la fatiga	усталостная прочность	953
limite m di fatica	límite de fatiga, resistencia a la fatiga	предел усталости, предел выносливости	954
sostituzione f	sustitución	замена, заменитель, суррогат	955
vibrazione f, urti m pl	vibración, trepidación, choque, percusión	сотрясение, вибрация; удары, толчки	956
privo di vibrazioni, insensibile alle vibrazioni	libre de vibraciones, insensible al choque, antivibratorio	защищенный от вибраций, антивибрационный	957
tempo m di presa	duración de, tiempo de fraguado	время схватывания, время затвердевания	958
zona f di rammollimento	zona de ablandamiento	область (интервал) температур размягчения	959
punto m di rammollimento, temperatura f di rammollimento	temperatura de ablandamiento, punto de ablandamiento	точка размягчения, температура размягчения	960
spartocellulosa f	pasta celulósica de esparto	эспарто-целлюлоза	961
estere m	éster, sal de éter	сложный эфир,эфир	962
etichetta f	etiqueta	этикетка, ярлык	963

Nr.	DEUTSCH	ENGLISCH	FRANZÖSISCH
964	Etikettengummier-maschine f	label gumming machine	machine f à gommer les étiquettes
965	Etikettenklammer f	label clip	agrafe f d'étiquettes
966	Etiketten-Überdruckungs-maschine f	label overprinting machine	machine f de surimpression des étiquettes
967	etikettieren	to label	étiqueter
968	Etikettiermaschine f	labelling machine, labeller	étiqueteuse f
969	Etikettierung f	labelling	étiquetage m
970	Etui* n (besonders ausgestattetes Packmittel)	etui, box (specially outfitted package)	étui m (emballage bien garni)
971	Euro-Bierflasche* f	Euro-beer bottle	bouteille f à bière Euro
972	Evakuierung* f (siehe 4085)	evacuation	évacuation f
973	explosionsgefährliche Güter npl	explosives pl	explosifs mpl
974	Explosionsgefahr f	explosion hazard	danger m ou risque m d'explosion
975	explosionssicher	explosion-proof	à l'épreuve de l'explosion, anti-explosif, inexplosible
976	explosionsverhütend	explosion-preventive	antidéflagrant, protégé-contre les explosions
977	explosiv, explodierbar	explosive	explosif
978	Explosivität f	explosiveness	explosibilité f

ITALIENISCH	SPANISCH	RUSSISCH	Nr.
macchina f per gommare etichette	máquina engomadora de etiquetas	станок для гуммирования этикеток	964
graffa f per etichetta	grapadora de etiquetas	зажим для прикрепления ярлыка к таре	965
macchina f per sovrastampare etichette	máquina de sobreimpresión de etiquetas	машина для дополнительного печатания на этикетках	966
etichettare	etiquetar	этикетировать	967
etichettatrice f	máquina etiquetadora	этикетировочная машина	968
etichettatura f	etiquetaje	этикетировка, этикетирование	969
astuccio m (confezione realizzata in modo particolare)	estuche (envase bien protegido o bien revestido)	футляр	970
condizionamento m sotto vuoto	botella europea de cerveza	европейская пивная бутылка	971
bottiglia f "Euro" per birra	evacuación	откачивание, отсасывание, вакуумирование	972
esplosivi m pl	explosivos	взрывчатые вещества, взрывоопасные материалы	973
pericolo m di esplosione	peligro de explosión	опасность взрыва	974
anti-deflagrante	prueba de explosión, antiexplosivo, no explosivo	взрывобезопасный	975
preservante contro l'esplosione	protector contra la explosión, preventivo contra la explosión	взрывозащищенный	976
esplosivo	explosivo	взрывчатый	977
esplosività f	explosividad	взрывчатость	978

Nr.	DEUTSCH	ENGLISCH	FRANZÖSISCH
979	Exportverpackung* f	export package, transit package	emballage m industriel à l'exportation, emballage d'exportation
980	Exportversandpacker m	export packer	emballeur m pour l'exportation
981	Extruder m, Strangpresse f	extruder	boudineuse f, extrudeuse f, machine f à extrusion
982	Extruderkopf m	extrusion head	tête f de boudineuse
983	Extrudermundstück n	extrusion die opening, extrusion orifice	filière f de boudineuse
984	Extrudieren* n, Extrusion f	extrusion	extrusion f, boudinage m, moulage m par extrusion
985	Extrusionsbeschichtung f (siehe 397)	extrusion-coating	revêtement m par extrusion
986	Fabrikkante* f, Klebekante f, Heftkante f	manufacturer's joint	jointure f de fabrication
987	Fachhochschule f	technical college	école f technique supérieure
988	Fachtablett n (Tablett mit Fächereinteilung)	compartment tray	plateau m à compartiments
989	Faden m, Garn n	thread	fil m
990	Fadendichtung* f	sealing thread, string gasket	fil m d'obturation, fil m jointif

ITALIENISCH	SPANISCH	RUSSISCH	Nr.
imballaggio m per esportazione	embalaje para la exportación, embalaje de exportación, embalaje destinado a la exportación de productos	экспортная тара	979
imballatore m per l'esportazione	embalador para la exportación	предприятие, специализированное на упаковывание товаров для поставки за границу	980
estrusore m	extrusora, máquina extrusora	экструдер, червячный пресс, червячный экструдер, шнековый экструдер, поршневой экструдер	981
testa f dell'estrusore	cabezal extrusor	экструзионная головка	982
apertura f dell'estrusore	hilera de la extrusora, orificio de extrusión	мундштук экструдера	983
estrusione f	extrusión	экструзия, непрерывное выдавливание	984
rivestimento m per estrusione	recubrimiento por extrusión	нанесение на поверхность методом экструзии	985
giuntura f di fabbricazione	junta de fabricación	вертикальный клапан-замок (картонного ящика или коробки), полоса нахлестки	986
politecnico m, istituto m superiore di qualificazione professionale	Escuela Técnica	специализированный вуз	987
vassoio m a compartimenti	bandeja compartimentada	лоток с перегородками, образующими гнезда	988
filo m, filamento m	hilo, hebra	нить, нитка	989
guarnizione f, filamento m per chiusure	anillo sólido de caucho, empaquetadura para uniones o para juntas	прокладочное кольцо	990

Nr.	DEUTSCH	ENGLISCH	FRANZÖSISCH
991	Fadenheftmaschine f	thread stitching machine	brocheuse f
992	Fächereinsatz* m, Stegeinsatz m	compartment(ed) insert, partitioning insert	entretoises fpl insérées, compartiments mpl insérés
993	Fächerkasten m	compartment(ed) case, partitioned case	caisse-casier f
994	fälschungssicherer Verschluß* m	pilferproof closure, anti-adulteration closure	fermeture f empêchement l'adultération
995	Fäßchen n	keg, barrel	tonnelet m, barillet m
996	Fässer npl, in Fässer verpacken	to barrel	entonner
997	Fäulnis f, Fäule f	rottenness, putridity, decay	pourriture f, putridité f
998	Fäulnisschutz m	rot prevention	protection f contre la pourriture
999	fäulnisverhütend	antiseptic, anti-rot, rot-preventing	antiseptique
1000	Fall m	fall, drop	chute f
1001	Fall m, freier Fall	free fall	chute f libre
1002	Fallbeschleunigung f	acceleration due to gravity, gravitational constant	accélération f de la chute
1003	Fallebene f	plane of fall, plane of gravitation	plan m de gravitation
1004	fallen, fallen lassen	to fall, to drop	tomber, laisser tomber
1005	Fallfolge* f	order of drops, drop sequence	série f de chutes
1006	Fallgewicht n	falling weight	masse f tombante

ITALIENISCH	SPANISCH	RUSSISCH	Nr.
macchina f cucitrice a filo	máquina cosedora con hilo	ниткошвейная машина	991
inserto m divisorio	inserciones para compartimentar, separadores interiores	гнездовая решетка, ячеистая вставка-разделитель	992
cassa f con divisori interni	caja compartimentada	гнездовой ящик; ящик с перегородками	993
chiusura f a prova di contraffazione, chiusura f di garanzia	cierre inviolable	затвор, защищенный от фальсификации	994
barilotto m	tonelete, barrilito	бочонок, чанок	995
mettere in botte	envasar en barril	затаривать в бочку	996
putrefazione f	putrefacción	гниль, гниение	997
protezione f contro la putrefazione	protección contra la putrefacción	предохранение от гниения	998
antisettico, preventivo, della putrefazione	antiséptico, protector contra la putrefacción	антисептический, противогнилостный	999
caduta f	caída	падение, спад, сброс	1000
caduta f libera	caída libre	свободное падение	1001
accelerazione f di gravità	aceleración de la caída (debida a la gravedad constante)	ускорение свободного падения, ускорение силы тяжести	1002
piano m di caduta	plano de gravitación, plano de caída	ударная поверхность, плоскость падения	1003
cadere, lasciar cadere	caer, dejar caer	падать, спадать, сбросить, сбрасывать	1004
sequenza f di cadute	serie de caídas (programadas)	порядок сбрасывания	1005
massa f cadente	masa que cae (conjunto del cuerpo que cae)	гравитационная масса	1006

Nr.	DEUTSCH	ENGLISCH	FRANZÖSISCH
1007	**Fallgriff* m**	**drop(ping) handle, falling handle, tilting carrier**	**poignée f tombante, anse f rabattable**
1008	**Fallhaken m**	**drop device on hoist, tumbling hook**	**crochet m tombant**
1009	**Fallhöhe* f**	**drop height, height of fall**	**hauteur f de chute**
1010	**Fall(tisch)prüfung* f**	**drop test**	**essai m de chute (libre)**
1011	**Fallwinkel m**	**angle of fall, angle of descent**	**angle m d'arrivée**
1012	**Fallzahl f beim Bruch*, Bruchfallzahl f**	**number of drops to failure or tear of a product or package**	**nombre m de chutes pour faire casser un produit ou emballage**
1013	**Faltbodenschachtel* f**	**folded bottom box**	**boîte f à fond à fermeture automatique, boîte f à fond automatique**
1014	**Falte f**	**fold, tuck**	**pli m**
1015	**Falte f** (eines flächigen Stoffes)	**wrinkle** (of a surface), **fold**	**ride f** (d'une surface)
1016	**Falteinschlag* m** (siehe 1036)	**folding wrapper, folded wrapping**	**enveloppe f pliante**
1017	**falten***	**to fold**	**plier**
1018	**Faltenbeutel* m**	**folding bag**	**sachet m pliant**
1019	**Faltensack* m**	**folding sack**	**sac m pliant**

ITALIENISCH	SPANISCH	RUSSISCH	Nr.
maniglia f di caduta, piano m ribaltabile	empuñadura caída, asa abatible	проволочная рукоятка или дужка, проволочная ручка (прикрепленная к корпусу банки с помощью ушек или сережек)	1007
gancio m di caduta	gancho de caída	спусковой крючок (в приборе для испытания на падение)	1008
altezza f di caduta	altura de caída	высота падения, высота сбрасывания	1009
prova f di caduta	ensayo de caída (libre)	испытание на свободное падение, испытание ударом при свободном падении	1010
angolo m di caduta	ángulo de caída o ángulo de descenso	угол падения	1011
numero m di cadute necessario per la rottura del prodotto o dell'imballaggio	número de caídas para hacer que un producto o un embalaje se rompa	число ударов (сбросов) до нарушения целостности тары (ящика, мешка и т.д.)	1012
astuccio m con fondo pieghevole	caja de fondo plegado	быстрособираемая складная коробка с самособираемым дном	1013
piega f	pliegue	складка, сгиб	1014
grinza f (di una superficie)	pliegue, arruga (de una superficie)	морщина, складка (в плоском материала напр. бумаге и т.д.)	1015
involucro m ripiegato	envoltura plegable	способ обертывания, при котором оберточные материалы образуют двойной замок продольного шва или складки	1016
piegare	plegar	складывать, гнуть, фальцевать	1017
sacchetto m pieghevole	bolsa plegable	складной пакет	1018
sacco m pieghevole	saco plegable	складной мешок	1019

Nr.	DEUTSCH	ENGLISCH	FRANZÖSISCH
1020	**Falthülle** f	**folder**	**caisse** f **enveloppe**
1021	**Falthüllenschachtel*** f	**folding sleeve box**	**boîte** f **à pochette** f **pliante**
1022	**Faltkiste*** f	**folding case** (wooden)	**caisse** f **pliante** (en bois)
1023	**Falt- und Leimmaschine** f	**folder-gluer**	**plieuse-colleuse** f
1024	**Faltpapier** n (siehe 1016)	**folding paper**	**papier** m **pliant**
1025	**Faltpapierbecher** m	**crimped-paper cup**	**godet** m **en papier plissé**
1026	**Falt-Preiszettel** m	**folded price tag**	**étiquette** f **de prix pliable**
1027	**Faltschachtel*** f (aus Karton, Voll- oder Wellpappe)	**folding box** (BE), **folding carton** (AE) (of cardboard, solid fibreboard or corrugated board)	**caisse** f **pliante, boîte** f **pliante** (en carton, carton compact ou carton ondulé)
1028	**Faltschachtel-Aufrichtmaschine** f	**folding box set-up machine, folding box erecting machine**	**machine** f **à élever, ériger ou à monter les caisses pliantes**
1029	**Faltschachtel-Heftmaschine** f	**folding box stapling machine**	**machine** f **à agrafer les boîtes pliantes, agrafeuse** f pour les boîtes pliantes
1030	**Faltschachtelkarton*** m (siehe 1969)	**folding-box carton**	**carton** m **pour boîtes pliantes**
1031	**Faltschachtel-Klebemaschine** f	**folding box glu(e)ing machine, folder-gluer**	**plieuse - colleuse** f, **machine à plier et coller les boîtes**
1032	**Faltschachtelpappe** f	**folding boxboard**	**carton** m **pour boîtes pliantes**

ITALIENISCH	SPANISCH	RUSSISCH	Nr.
confezione f pieghevole	caja-estuche plegable	складной ящик-футляр для плоских предметов, конверт	1020
scatola f pieghevole ad involucro	caja plegable	коробка со складчатой оболочкой	1021
cassa f pieghevole (in legno)	caja plegable (de madera)	складной ящик	1022
macchina f piegatrice-incollatrice	plegadora-encoladora	фальцовочно-клеильная машина	1023
carta f pieghettata	papel plegable	бумага для заверток	1024
coppetta f in carta pieghettata, pirottino m	recipiente de papel plegado	бумажный стаканчик с радиальными складками по всему корпусу	1025
cartellino m del prezzo pieghevole	etiqueta plegable marcadora de un precio	ярлык для обозначения цены, перегибаемый пополам	1026
astuccio m pieghevole, scatola f pieghevole (in cartoncino, cartone solido o ondulato)	envase plegable, estuche plegable (de cartón, cartón compacto o cartón ondulado)	складной картонный ящик, складная (картонная) коробка, складная пачка	1027
macchina f per il montaggio delle scatole pieghevoli	máquina para montar o erectar las cajas plegables	машина для сборки складных картонных ящиков или коробок	1028
macchina f graffatrice di scatole pieghevoli	máquina para grapar los envases plegables, grapadora para los envases plegables	проволокосшивальная машина для складной картонной тары	1029
cartone m per scatole pieghevoli	estuche plegable de cartón	картон для складной коробки	1030
macchina f incollatrice di scatole pieghevoli	máquina encoladora de cajas plegables	клеильная машина для складной картонной тары	1031
cartoncino m per scatole pieghevoli	cartón para cajas plegables	картон для складных ящиков, ящичный картон	1032

Nr.	DEUTSCH	ENGLISCH	FRANZÖSISCH
1033	Faltschachtel-Verschließmaschine f	folding box sealing machine	machine f à fermer les boîtes pliantes
1034	Faltsteige* f	collapsible crate	plateau m pliant, barquette pliante f
1035	Faltung f, Falzung f	folding, seaming	pliage m
1036	Faltverschluß* m (siehe 1016)	folding closure, folded wrap(ping)	fermeture f par pliage, enveloppe f pliante
1037	Faltversuch m	folding test, doubling test, bending test	essai m de pliage
1038	Falz* m	seam, double seam, joint, fold	repli m, pli m
1039	Falzbeständigkeit f	folding endurance	stabilité f du pliage
1040	Falzboden* m	seamed bottom (can)	fond m serti (boîte métallique)
1041	Falzdeckel* m	lid to be seamed, grooved cover	couvercle m à sertir
1042	Falzdeckeldose* f	seamed-lid can, open-top can	boîte f à couvercle serti
1043	Falzdeckel-Füllochdose* f (siehe 1346)	double seamed vent-hole can, fold-lid can with filling aperture	boîte f sertie avec trou de remplissage
1044	Falzdorn m	horn mandrel	mandrin m

ITALIENISCH	SPANISCH	RUSSISCH	Nr.
macchina f chiuditrice di scatole pieghevoli	máquina para cerrar las cajas plegables	машина для закупорки складной картонной тары	1033
gabbia f smontabile	envase o bandeja plegable	складной лоток	1034
piegatura f	plegado	образование складок, складка, фальцовка	1035
chiusura f per piegatura, involucro m ripiegato	cierre por plegado, envoltura plegable	заделка завертки путем образования складок	1036
prova f di piegatura	ensayo de plegado	испытание на выносливость при многократных перегибах	1037
ripiegatura f, aggraffatura f	pliegue, plegadura	замок, двойной замок, двойной замок продольного шва, замочный шов, замковое соединение; перегиб, сгиб, фальц	1038
durata f di piegatura	estabilidad al plegado	сопротивление перегибам	1039
fondo m aggraffato (di barattolo)	fondo cosido	фальцевальное дно	1040
coperchio m da aggraffare	tapa para engatillar	закаточная крышка	1041
barattolo m con coperchio aggraffato	bote con tapa engatillada	консервная банка, санитарная банка, "открытая" банка	1042
barattolo m aggraffato con foro di riempimento	envase engatillado con agujero de llenado	консервная банка с прифальцовывынными концами и наливами отверстием, запаиваемым после наполнения	1043
mandrino m	cilindro, cilindro de plegado	патрон закаточной машины	1044

Nr.	DEUTSCH	ENGLISCH	FRANZÖSISCH
1045	falzen*	to seam, to double-seam, to lap, to fold	sertir, agrafer, replier, plier
1046	Falzmaschine f (Verschließmaschine für Metalldosen)	folding and seaming machine, beading press (for sealing cans)	machine f à sertir, sertisseuse f (pour fermer les boîtes métalliques)
1047	Falzmaschine f (Verschließmaschine für Schachteln)	folding machine (for closing boxes)	machine f de pliage, plieuse f (pour fermer les boîtes pliantes)
1048	Falznaht* f	lockseam	joint m d'agrafe
1049	Falz-Prüfmaschine f	folding tester	pliagraphe m
1050	Falzung f, Faltung f	seaming, folding	pliage m
1051	Falzverbindung f	scarf joint	jonction f agrafée, joint m serti
1052	Falzverschließmaschine f	seam closing machine	seam closing machine
1053	Falzverschluß* m	seamed closure	fermeture f sertie
1054	Falzzahl* f	number of double foldings	nombre de plis doubles
1055	Falzwiderstand m	folding strength	résistance f de pliage
1056	Familienpackung f, Großpackung f	familiy package, economy size pack	emballage m familial, emballage de grand format

ITALIENISCH	SPANISCH	RUSSISCH	Nr.
piegare, aggraffare	engatillar, grapar, plegar, replegar, doblar	закатывать в замок, закатывать в двойной замок; соединять внахлестку, фальцевать	1045
macchina f aggraffatrice (per chiusura di barattoli)	máquina de engatillar, engatilladora (para cerrar los envases metálicos)	закаточная машина (для прикатки донышек к корпусам жестяных банок)	1046
macchina f chiuditrice (per scatole pieghevoli)	máquina plegadora (para cerrar las cajas)	фальцовочный станок, фальцевальная машина (для заделки складных коробок)	1047
giunzione f per aggraffatura	junta de grapado	закатной шов, продольный шов "в замок" (взамок)	1048
apparecchio m di prova di piegatura	máquina de ensayo de plegado	прибор для испытания на многократный перегиб	1049
piegatura f, aggraffatura f	plegado	фальцовка, перегиб	1050
giunzione f aggraffata	unión grapada, unión engatillada	соединение в замок	1051
macchina f aggraffatrice	máquina para cerrar las grapas, máquina para cerrar los envases por grapas (engatillado por grapas de envases metálicos)	склепмашина, образующая продольный шов "в замок"	1052
chiusura f per aggraffatura	cierre cosido	затвор фальцем	1053
numero m di pieghe doppie	doble pliegue, numero de pliegues dobles	фальцовое число	1054
resistenza f alla piegatura	resistencia al plegado	сопротивление сгибанию	1055
confezione f familiare, confezione f formato gigante	envase familiar, envase económico de gran tamaño	семейная упаковка, комплектовая упаковка	1056

Nr.	DEUTSCH	ENGLISCH	FRANZÖSISCH
1057	**Farbe** f (allgemein und als Effekt)	**colour**	**couleur** f
1058	**Farbe** f (als Stoff)	**paint**	**peinture** f
1059	**Farbe** f, **schreiende Farbe**	**loud colour, intensive colour**	**couleur** f, **tranchante,couleur très ou trop vive, couleur criarde**
1060	**Farbechtheit*** f	**fastness of dyes, colour fastness**	**résistance** f **de couleurs, solidité** f **de couleurs**
1061	**Farben** fpl, **Farbstoffe** fpl (allgemein)	**dyes** pl **and pigments** pl, **dyestuffs** pl	**colorants** mpl **et pigments** mpl, **peintures** fpl
1062	**Farbenseparator** m	**colour separator**	**séparateur** m **de couleurs**
1063	**Farblack** m	**lacquer**	**vernis** m **de couleur, laque** f **colorée**
1064	**farblos**	**colourless**	**incolore**
1065	**Farbstoff** m, **löslicher Farbstoff**	**soluble dye**	**colorant** m **soluble**
1066	**Farbstoff** m, **unlöslicher Farbstoff**	**insoluble dye**	**colorant** m **insoluble**
1067	**Farbstrahl** m	**ink jet**	**jet** m **d'encre**
1068	**Faser** f	**fibre, filament**	**fibre** f, **fil** m
1069	**Faser** f, **synthetische Faser, Kunstfaser** f	**synthetic fibre, man-made fibre**	**fibre** f **artificielle**
1070	**Faser** f, **vegetabilische Faser**	**vegetable fibre**	**fibre** f **végétale**
1071	**faserförmig, faserig**	**fibrous, grained, filamentous, filaceous**	**fibreux, filandreux, filamenteux**
1072	**Faser-Füllstoff** m	**fibre filler, fibre stuffing**	**matiére** f **fibreuse de remplissage**

ITALIENISCH	SPANISCH	RUSSISCH	Nr.
colore m	color (en general y como efecto)	цвет, окраска	1057
pittura f, vernice f	pintura (como material)	краска, краситель, пигмент	1058
colore m vivace	color chillón, muy o demasiado vivo	"кричащий" цвет	1059
resistenza f dei colori, indelebilità f	resistencia de los colores, solidez de los colores, indelebilidad	цветостойкость, прочность окраски, стойкость окраски	1060
coloranti m pl, pigmenti m pl	colorantes y pigmentos, pinturas	красители, красящие вещества	1061
separatore m di colori	separador de colores	сепаратор для цветов	1062
lacca f colorata, smalto m colorato	barnices coloreados, laca coloreada	красильный лак, фарблак	1063
incolore	incoloro	бесцветный, обесцвеченный	1064
colorante m solubile	colorante soluble	растворимый краситель	1065
colorante m insolubile	colorante insoluble	нерастворимый краситель	1066
getto m d'inchiostro	proyector de tinta	струя краски, поток краски	1067
fibra f, filamento m	fibra, filamento, hilo	волокно	1068
fibra f sintetica, fibra f artificiale	fibra artificial o sintética	синтетическое волокно, искусственное волокно	1069
fibra f vegetale	fibra vegetal	растительное волокно	1070
fibroso, filamentoso	fibroso, filamentoso	волокнистый	1071
materia f fibrosa di riempimento	materia fibrosa de llenado	волокнистый наполнитель, волокнит	1072

Nr.	DEUTSCH	ENGLISCH	FRANZÖSISCH
1073	**Faserguß** m, **Faserpreßstoff** m	**pulp moulding, moulded pulp**	**pâte** f **moulée, carton- pâte** m, **cellulose** f **moulée**
1074	**Fasergußverpackung*** f, **Faserpreßstoff- verpackung** f	**moulded-pulp container**	**emballage** m **en pâte moulée, emballage en carton-pâte**
1075	**Faserplatte** f	**chip board**	**panneau** m **de fibres, carton** m **de fibres**
1076	**Faserrichtung** f, **quer zur Faserrichtung**	**cross grain**	**perpendiculaire aux fibres, transversal aux fibres**
1077	**Faserstoff** m	**fibre, fibrine, fibrous material**	**matière** f **textile, matière filable, matière fibreuse**
1078	**Faserstoffzusammen- setzung** f	**fibre furnish**	**composition** f **fibreuse**
1079	**Faserstruktur** f	**fib(e)ring, fibrous structure**	**structure** f **fibreuse**
1080	**Faß*** n	**cask, barrel, keg, tun, vat, drum**	**tonneau** m **fût** m, **tonne** f, **baril** m, **futaille** f, **foudre** m
1081	**Faß*** n, **geschobtes Faß**	**disassembled barrel, cask taken (apart) to pieces**	**fût** m **démonté, fût décomposé, fût désassemblé**
1082	**Faßauskleidung** f	**cask liner**	**revêtement** m **de tonneaux**
1083	**Faßbauch** m	**belly, barrel-belly, bulge of a barrel**	**bouge** m **(de fût)**
1084	**Faßbinden** n, **Faßbereifen** n	**hooping, cooping**	**cerclage** m, **(re)liage** m

ITALIENISCH	SPANISCH	RUSSISCH	Nr.
pasta f di cellulosa modellata	cartón moldeado, pasta celulósica moldeada, cartón-celulosa, celulosa moldeada	бумажная масса, волокнистая масса	1073
contenitore m di pasta di cellulosa modellata	embalaje de celulosa moldeada, embalaje de cartón celulósico	литая тара из бумажной массы, тара из формованной бумажной массы (бумлитья), литая тара из волокнистой массы	1074
pannello m di materiale fibroso, cartone m di fibra	plancha de fibra (aislante), cartón de fibra	волокнистая плита, древесноволокнистая плита	1075
direzione f trasversale al senso fibra	perpendicular a las fibras, transversal a las fibras	перпендикулярно к направлению волокна	1076
materiale m fibroso	materia textil, materia fibrosa, materia hilable	волокнистое вещество, волокнистое сырье, волокнистый материал	1077
composto m fibroso	composición fibrosa	состав волокнистого вещества, состав (бумаги) по волокну	1078
struttura f fibrosa	estructora fibrosa	структура волокна	1079
botte f, fusto m, barile m	barril, tonel, odre, bidón	бочка	1080
fusto m ad elementi smontabili	barril dividido en sus piezas componentes (desmontable)	бочка в разобранном виде	1081
rivestimento m dei fusti	revestimiento de los barriles	материал для внутренней обкладки бочек	1082
forma f panciuta del barile	comba (de un barril)	пук (в бочках), пук бочки	1083
cerchiatura f della botte	flejado, aros de unión de las duelas del barril o aros de sujeción del barril	набивка обручей на бочки	1084

Nr.	DEUTSCH	ENGLISCH	FRANZÖSISCH
1085	Faßboden m	cask-head	enfonçure f du tonneau, fond m du fût
1086	Faßdaube f	stave	douve f
1087	Faßdose* f	barrel can	boîte f en form de fût
1088	Faßgarnitur* f	cask fittings pl, cask set	garniture f de fût
1089	Faßhaken* m, Faßkrampen* m	cooper's hook	crochet m à tonneaux, briquet m à fûts
1090	Faßmantel* m	cask wall	paroi f du tonneau
1091	Fassonbeschichtung* f	pattern coating	revêtement m à dessins
1092	Faßreifen* m	hoop	cercle m de fût, cerceau m de fût
1093	Faßspund m, Spund m	bung, faucet, plug, stopper	bonde f, bouchon m
1094	Fassungsvermögen n	capacity, holding capacity, volume, cubis contents	capacité f, contenance f, volume m
1095	faul	rotten, decaying	pourri
1096	faulen	to rot, to moulder, to decompose, to decay	pourrir, se putréfier
1097	Federaufhängung f	spring suspension	suspension f à ressort
1098	federn	to be elastic, to spring, to cushion	faire ressort
1099	federnd, elastisch	springy, elastic(al), resilient	élastique, à ressorts, suspendu (à ressorts)
1100	federnde Verpackung f	spring-clamped package	emballage m à ressorts
1101	Federstoßdämpfer m	spring(-type) shock absorber	ressort m compensateur

ITALIENISCH	SPANISCH	RUSSISCH	Nr.
fondo m della botte	fondo del barril	дно (днище) бочки	1085
doga f della botte	duela	клепка, бочарная клепка	1086
barattolo m a botte	barril, bidón (metálico)	бочечная банка	1087
guarniture f pl della botte	guarnición del barril	бочковый комплект	1088
gancio m per botti	gancho o agarradero del barril	заклепка (для скрепления обруча бочки)	1089
mantello m del fusto	pared del barril	остов (корпус) бочки	1090
rivestimento m modellato	revestimiento (interior) del barril, del bidón	фасонное нанесение на поверхность	1091
cerchio m per botti	flejado del barril, aro metálico del barril	обруч (бочки)	1092
tappo m della botte	canilla o tapón del barril	втулка (для бочек), бочечная втулка	1093
capacità f, volume m	capacidad, contenido cúbico, volúmen, cubicaje	вместимость, емкость, вместительность, объем	1094
guasto m	podrido, corrompido	гнилой	1095
decomporsi, guastarsi, putrefarsi	pudrirse, putrificarse	гноить	1096
sospensione f a molla	suspensión por resorte, suspensión por muelles	пружинная подвеска, пружинная опора	1097
essere elastico, essere molleggiante	amortiguar, ser elástico, flexible, mullido	пружинить	1098
elastico, resiliente	elástico, suspendido por muelles flexibles, mullido	упругий, эластичный	1099
imballaggio m a molla	embalaje con muelles o suspensión elástica	упаковка с пружинными амортизаторами	1100
ammortizzatore m d'urto a molla	muelle o dispositivo absorbente de choques, muelle, amortiguador compensador	пружинный амортизатор	1101

Nr.	DEUTSCH	ENGLISCH	FRANZÖSISCH
1102	**Federung** f	**springiness, elasticity, spring action, (spring) suspension, resilience**	**suspension** f **élastique, suspension sur ressorts**
1103	**Federungsgrenze** f	**yield point**	**limite** f **de l'effet de ressort**
1104	**Federungsweg** m	**pitch of spring, shock course, travel of the spring system**	**course** f **élastique, déplacement** m **élastique, trajet** m **élastique**
1105	**Federwirkung** f	**spring action, spring reaction**	**effet** m **de ressort**
1106	**Feinblech*** n	**steel sheet, thin sheet**	**tôe** f **fine, tôle mince**
1107	**Feinblechverpackung** f	**steel-sheet container**	**emballage** m **en tôle fine**
1108	**Feinfolie** f	**film**	**feuille** f **mince, pellicule** f
1109	**Feinkartonage*** f (siehe 4011)	**fine cardboard box, refined board for boxes, coated cardboard**	**cartonnage** m **fin, cartonnage** m **couché, boîte** f **en carton fin, boîte raffinée**
1110	**Feinschüttgut** n	**fine bulk materials** pl	**matière** f **fine en vrac**
1111	**Feinstband*** n	**ultra-fine band**	**bonde** f **extra-fine**
1112	**Feinstblech*** n	**super-thin sheet, ultra-thin sheet**	**tôle** f **extra-fine**
1113	**Feinstblechverpackung*** f	**ultra-thin sheet container**	**emballage** m **en tôle extra-fine**
1114	**feinwellige Pappe** f	**board with narrow-spaced flutes**	**carton** m **ondulé en petites cannelures**
1115	**Feinzeug** n, **Ganzzeug** n, **Ganzstoff** m, **Papierstoff** m	**stuff, pulp, paper pulp**	**pâte** f, **pulpe** f, **pâte de cellulose**

ITALIENISCH	SPANISCH	RUSSISCH	Nr.
sospensione f elastica, sospensione f a molla, resilienza f, elasticitá f	suspensión elástica por muelles, acción elástica	амортизация (ударов), поглощение толчков	1102
punto m di deformazione permanente	límite de elasticidad	предел пружинистости, предел упругости	1103
corsa f dell'ammortizzatore a molla	recorrido, desplazamiento, trayecto elástico	шаг пружины	1104
ritorno m della molla	acción o reacción del resorte, del muelle elástico, mullir	пружинящее действие	1105
lamierino m di banda stagnata	plancha fina de acero, hojalata	тонкий лист, тонколистовая сталь, тонкая жесть	1106
contenitore m in lamierino di banda stagnata	envase de hojalata	тара из тонкой жести	1107
foglio m sottile	película, lámina fina, film	тонкая пленка	1108
scatola f in cartoncino fine	caja de cartón fino, cartón fino para confeccionar cajas, cartonajes revestidos, cuché	качественные картонные коробки, качественные картоны	1109
materie f pl fini alla rinfusa	materiales finos a granel	мелкозернистый сыпучий материал	1110
nastro m sottilissimo, fascia f sottilissima	cinta ultrafina, zuncho ultradelgado	тонкая лента	1111
foglio m di lamiera sottilissimo	plancha extrafina (hojalata superdelgada)	тончайшая жесть, ультратонкая жесть	1112
contenitore m di lamiera in foglio sottilissimo	envase de hojalata superfina	тара из ультратонкой жести	1113
cartone m ondulato ad onda fine	cartón ondulado de acanalado pequeño, microcanal	гофрированный картон с мелкой волной	1114
pasta f per carta, pasta f di legno	pasta de papel, pasta de celulosa (materia prima para)	готовая бумажная масса, бумажная масса (см. 1368, 1369)	1115

Nr.	DEUTSCH	ENGLISCH	FRANZÖSISCH
1116	**Fenster** n (Öffnung in der Bodenplatte einer Palette)	**opening, pallet opening** (provided in the bottom deck of a pallet)	**lumière** f (ouverture prévue dans le plancher - d'une palette)
1117	**Fensterbeutel*** m	**window bag**	**sachet** m **à fenêtre**
1118	**Fenster(falt)schachtel*** f	**window (folding) box**	**boîte** f **pliante à fenêtre**
1119	**Fensterverpackung** f, **Sichtverpackung** f	**window pack, package with display window**	**emballage** m **à fenêtre**
1120	**Fertiggericht** n	**ready-made meal, heat-and-serve food, prepared food, convenience food, fast food**	**plat** m **cuisiné, repas** m **complet, mets** m **préparé, mets** m **fini**
1121	**Fertigkost** f	**prepared food**	**aliment** m **préparé, plat** m **cuisiné**
1122	**Fertigpackung*** f	**pre-pack**	**emballage** m **fini**
1123	**Fertigpackungs-Verordnung** f	**pre-pack ordinance**	**réglementation** f **sur les emballages finis**
1124	**fest**	**solid, compact, firm**	**solide**
1125	**feste Phase** f	**solid phase**	**phase** f **solide**
1126	**festes Paraffin** n	**paraffin wax**	**cire** f **de paraffine**
1127	**Festigkeit** f	**strength, resistance**	**résistance** f
1128	**Festkartonage*** f **feste Schachtel** f	**rigid box, set-up box**	**caisse** f **montée, boîte** f **carton monté**

ITALIENISCH	SPANISCH	RUSSISCH	Nr.
via f (apertura realizzata nel fondo di una paletta)	luces de una paleta (apertura del fondo de una paleta de carga)	окно (проем в нижнем настиле поддона)	1116
sacchetto m con finestra	bolsa de ventana	пакет со смотровым окошком, мешочек с прозрачной стенкой	1117
astuccio m pieghevole con finestra	cajita plegable de ventana	складная коробка с окошками, пачка с прозрачным окном	1118
confezione f con finestra	envase de ventana, envase con ventana para exhibición	тара с прозрачным окном, тара с прозрачной стенкой	1119
piatto m pronto, pasto m pre-confezionato	comida preparada, precocinada	пищевые полуфабрикаты, готовые блюда, готовые консервированные блюда	1120
cibo m preparato	comida cocinada, ya preparada	кулинария, готовая пища	1121
preconfezionamento m	envase-embalaje terminado, acabado	готовая упаковка	1122
EINTRAG FEHLT!	preenvase, preenvasado, envasado previo	постановление по конечным упаковкам	1123
solido, compatto	sólido, firme, compacto	прочный, крепкий, твердый	1124
fase f solida	fase sólida (en los envases aerosol)	твердая фаза	1125
cera f di paraffina	cera de parafina	твердый парафин	1126
resistenza f	resistencia	сопротивляемость, устойчивость, сопротивление, прочность, стойкость	1127
scatola f rigida, astuccio m rigido	caja rígida de cartón, caja montada de cartón	жесткая коробка	1128

Nr.	DEUTSCH	ENGLISCH	FRANZÖSISCH
1129	**Festkörpergehalt** m, **Feststoffgehalt** m (einer Aerosolpackung)	**solid content** (of an aerosol pack)	**teneur** f **en produits solides** (d'un emballage aérosol)
1130	**fettdicht**	**greaseproof, grease-resistant**	**anti-graisse, résistant à la graisse, étanche à la graisse, imperméable à la graisse**
1131	**fettdichtes Papier*** n	**grease-resistant paper, grease-proof paper**	**papier** m **ingraissable, papier à l'épreuve de la graisse, papier antigraisse, papier sulfurisé**
1132	**Fettdurchlässigkeit*** f	**grease permeability**	**perméabilité** f **à la graisse**
1133	**fettundurchlässig**	**grease-proof, grease-resistant**	**anti-graisse, résistant à la graisse, étanche à la graisse, imperméable à la graisse**
1134	**feucht**	**wet, damp, moist, humid**	**humecté, humide, mouillé**
1135	**Feuchtdehnung** f	**elongation due to humidity**	**allongement** m **dû à l'humidité**
1136	**feuchten**	**to moisten, to damp(en), to wet**	**humecter, mouiller**
1137	**Feuchtigkeit** f	**moisture content, humidity**	**humidité** f
1138	**Feuchtigkeit** f **(oder Wasser) anziehend, hygroskopisch**	**hygroscopic(al)**	**hygroscopique**
1139	**feuchtigkeitsabweisend**	**moisture-repellent**	**hydrofuge**
1140	**Feuchtigkeitsaufnahme** f	**humidity absorption, water vapour absorption**	**absorption** f **d'humidité, absorption** f **de la vapeur d'eau, reprise** f **d'humidité**

ITALIENISCH	SPANISCH	RUSSISCH	Nr.
contenuto m solido (di un imballaggio aerosol)	contenido sólido (en un envase aerosol)	содержание нерастворимых веществ, остаток химикатов (в аэрозольной упаковке)	1129
impermeabile ai grassi	antigraso, resistente a la grasa, impermeable a la grasa	жиронепроницаемый	1130
carta f impermeabile ai grassi (carta f resistente ai grassi)	papel antigraso, papel resistente a la prubea de la grasa, estanco, impermeable a la grasa, sulfurizado	жиронепроницаемая бумага	1131
permeabilità f ai grassi	permeabilidad a la grasa	жиропроницаемость	1132
impermeabile ai grassi	impenetrable, impermeable, estanco a la grasa, antigrasa	жиронепроницаемый	1133
umido, inumidito	humectado, húmedo, mojado	влажный, сырой	1134
allungamento m dovuto all'umidità	alargamiento (debido a la humedad, estirado)	деформация (бумаги) при увлажнении, набухание	1135
umidificare, inumidire	humectar, humedecer, mojar	смачивать, увлажнять	1136
umidità f	humedad	влажность	1137
igroscopico	higroscopicidad	гигроскопический, гигроскопичный	1138
impermeabile all'umidità	hidrófugo	водоотталкивающий, гидрофобный	1139
assorbimento m di umidità, assorbimento m di vapore acqueo	absorción de humedad, del vapor de agua	влагопоглощение, водопоглощение	1140

Nr.	DEUTSCH	ENGLISCH	FRANZÖSISCH
1141	feuchtigkeitsbeständig	moisture-proof, moisture-resistant	insensible à l'humidité, imperméable à l'humidité
1142	feuchtigkeitsdicht	moisture-proof, moisture-resistant, damp-proof	résistant à l'humidité, imperméable à l'humidité
1143	feuchtigkeitsempfindlich	moisture-sensitive	sensible à l'humidité
1144	Feuchtigkeitsgehalt m	moisture content	humidité f, quantité f d'humidité, degré m hygrométrique
1145	Feuchtigkeitsindikator* m	humidity indicator	indicateur m d'humidité
1146	Feuchtigkeitsmesser m, Hygrometer n	hygrometer, hygroscope, psychrometer	hygromètre m, hygroscope m
1147	Feuchtprobe f	moisture test	épreuve f hygrométrique
1148	feuerbeständig, feuerfest, feuersicher	fireproof, incombustible	ignifugé, à l'épreuve du feu, ininflammable, réfractaire
1149	feuergefährlich	inflammable, combustible	inflammable, combustible
1150	feuerverzinkt	galvanized, hot galvanized	zingué (au feu), galvanisé au feu ou par trempé
1151	feuerverzinnt	fire-tinned, tin-coated, hot-dipped	étamé au feu, étamé à chaud
1152	Fiber f, Faser f	fibre	fibre f

ITALIENISCH	SPANISCH	RUSSISCH	Nr.
impermeabile all'umidità	insensible, resistente, impermeable a la humedad, antihumedad	влагостойкий, влагоустойчивый	1141
resistente all'umidità	estanco, impermeable a la humedad	влагонепроницаемый	1142
sensibile all'umidità	sensible a la humedad	чувствительный к влажности	1143
contenuto m di umidità	contenido de humedad, grado, cantidad, higrométrico	влагосодержание, влагоемкость, влажность	1144
indicatore m di umidità	indicador de humedad	влагопоглощающее вещество-индикатор (влажности)	1145
igrometro m, psicrometro m	higrómetro, higróscopo	влагомер, психрометр, гигрометр	1146
prova f di umidità	ensayo higrométrico, preparación	испытание на влажность, определение влажности	1147
resistente al fuoco, ignifugo m	ignífugo, ignífugo a la prueba del fuego, incombustible, refractario, ininflamable	огнестойкий, жаростойкий, огнеупорный	1148
infiammabile	inflamable, combustible	огнеопасный	1149
galvanizzato a caldo, galvanizzato a tempera	galvanizado al fuego o por inmersión	горячего цинкования, покрытый цинком горячим способом	1150
stagnato a fuoco, stagnato a caldo	estañado al fuego, en caliente	горячего лужения, покрытый оловом горячим способом	1151
fibra f	fibra	фибра, вулканизированный картон, фибровый картон	1152

Nr.	DEUTSCH	ENGLISCH	FRANZÖSISCH
1153	**Fiberdose** f	**fibre can, fibreboard can**	**boîte** f **en fibre**
1154	**Fibertrommel*** f, **Fibredrum** f	**fibre drum**	**fût** m **en fibre**
1155	**Fichtenholz** n	**pine wood**	**bois** m **de pin**
1156	**Fichtenholzstoff** m (siehe 4508)	**wood pulp**	**pâte** f **de bois mécanique**
1157	**Film** m (siehe 1252 ff.)	**film**	**feuille** f **mince, film** m, **pellicule** f
1158	**Filmdruck** m	**film printing**	**impression** f **à l'écran, impression sur feuilles, impression au pochoir**
1159	**Filter** m	**filter**	**filtre** m
1160	**Filterpapier** n	**filter paper**	**papier** m **filtre**
1161	**Filzpapier** n	**felt paper**	**papier** m **feutré, papier-feutre** m
1162	**Filzpappe*** f	**felt board**	**carton** m **feutré, carton-feutre** m
1163	**Filzdichtung** f	**felt pad**	**joint** m **de feutre**
1164	**Filzeinlage** f	**felt insert, felt cushion, felt ply**	**couche** f **de feutre, insertion** f **de feutre, pli** m **de feutre**
1165	**Filzscheibe** f	**felt disk**	**disque** f **en feutre**
1166	**Filzunterlage** f	**felt (under)layer, felt liner**	**base** f **de feutre, couche** f **de feutre**
1167	**Fiole** f, **Phiole** f	**vial, phial, flask**	**fiole** f, **flacon** m
1168	**Firnis** m	**varnish**	**vernis** m

ITALIENISCH	SPANISCH	RUSSISCH	Nr.
barattolo m in fibra	envase de fibra (de papel kraft de alto gramaje y resistencia)	банка из фибрового картона	1153
fusto m in fibra	bidón de papel enrollado contínuo (de kraft, alto gramaje y resistencia)	картонный барабан, бочка из фибрового картона	1154
legno m di pino	madera de pino	еловая древесина	1155
pasta f di legno	pasta mecánica de madera	еловая масса, древесная масса из еловой древесины	1156
film m	película, film	пленка	1157
stampa f su film	impresión de la película	шелкотрафаретная печать, трафаретная печать, шелкографская печать, шелкография	1158
filtro m	filtro	фильтр	1159
carta f filtro	papel filtro	фильтровальная бумага	1160
carta f feltro	papel de fieltro	мягкая (изолировочная) бумага	1161
cartone m feltro	cartón de fieltro	мягкий картон (содержащий текстильное волокно)	1162
guarnizione f di feltro	junta de fieltro	войлочное уплотнение	1163
imbottitura f di feltro	capa, inserción, forro, pliegue de fieltro	войлочная прокладка	1164
disco m di feltro	disco de fieltro	войлочный полировальный диск	1165
strato m di feltro, base f di feltro	base, capa de fieltro	суконная подкладка	1166
fiala f	vial	склянка, аптечная склянка, пробирка	1167
vernice f	barniz	олифа, фирнис	1168

Nr.	DEUTSCH	ENGLISCH	FRANZÖSISCH
1169	flach verpackte Dose f	collapsed can, flattened can (packaged flat)	boîte f aplatie (emballée en état plat)
1170	Flachbeutel* m, Flachbeutel ohne Seitenfalten; Beutel FOS	flat bag, satchel bag	sachet m à (fond) plat (sans plis latéraux sachet FOS)
1171	Flachbeutel m mit Parallelklebung	flat bag with parallel glu(e)ing	sachet m plat à collage parallèle
1172	Flachdose f	flat top can	boîte f à couvercle plat
1173	Flachdruck* m	flat printing, letter-press (printing), surface printing	impression f à plat
1175	Flachfolie f	flat sheet, flat film	feuille f plate
1176	Flachgewinde n	square thread	filet m carré
1177	Flachkanne* f	flat-top(ped) drum, closed-head drum with screw neck and cap	bidon m à couvercle plat
1178	Flachpalette* f (ohne Aufbau)	flat pallet (without superstructure)	palette f simple (sans superstructure)
1179	Flachsack* m	flat sack, flat-end sack	sac m à (fond) plat
1180	Flachstauchwiderstand* m, Flachstauchdruck m	flat crush resistance, compression resistance	résistance f à la compression à plat, pression décrasement
1181	Flachsteige f	flat tray	plateau m plat, cageot m

ITALIENISCH	SPANISCH	RUSSISCH	Nr.
scatola f deformabile, scatola f appiattita (imballata piatta)	bote plegable (envasado en forma plegada)	сборная банка, поставляемая потребителям в разобранном виде	1169
sacchetto m a fondo piatto	bolsa, saquito plegable (de fondo plano) (bolsa FOS) (sin pliegues laterales)	плоский пакет, гладкий пакет	1170
sacchetto m piatto con incollatura parallela	bolsa plegable de pegado paralelo	гладкий пакет, склеенный по двум бокам в виде кармана	1171
barattolo m a coperchio piatto	envase plano, de tapa plana (horizontal)	металлическая банка с плоским верхом	1172
stampa f piana	impresión tipográfica, impresión de platina, plana	плоская печать	1173
foglio m piano	hoja, lámina, película plana	плоская пленка	1175
filettatura f bassa	platina para filetear	прямоугольная резьба	1176
fusto m a coperchio piatto	bidón de tapa plana	барабан с закупоренным плоским верхом, снабжен средством укупорки в виде шейки и навинчивающейся крышки	1177
paletta f piana (senza sovrastrutture)	paleta simple (sin superestructura)	плоский поддон (без надстроек)	1178
sacco m a fondo piatto	saco (de fondo plano)	плоский мешок	1179
resistenza f alla compressione in piano	resistencia a la compresión horizontal (en plano)	сопротивление раздавливанию, сопротивляемость сжатию (волнистого слоя)	1180
vassoio m piatto	bandeja plana	плоский лоток для фруктов	1181

Nr.	DEUTSCH	ENGLISCH	FRANZÖSISCH
1182	flächenbezogene Masse* f	mass per unit area	masse f proportionelle à la superficie
1183	Flächendruck m, spezifischer Flächendruck	surface pressure per unit area	pression f par unité de surface
1184	Flächengewicht* n, flächenbezogene Masse f (z.B. von Papier) (siehe 3090, 3634)	basis weight (e. g. of paper)	grammage m, masse f au m^2 (p. ex. de papier)
1185	Fläschchen n	phial, vial, flask	fiole f, flacon m
1186	Flakon* n (Flasche für Kosmetika)	flacon (bottle for cosmetics)	flacon m (bouteille pour produits cosmétiques)
1187	flammensicher, feuersicher	flameproof, fireproof	ignifugé, ignifuge, résistant à la flamme
1188	Flankendurchmesser m, mittlerer Gewindedurchmesser m	thread-pitch diameter	diamètre m à flanc de filets
1189	Flansch m, Rand m	flange	collet m, collerette f, rebord m, bride f
1190	Flanschdichtung f	gasket	joint à brides
1191	flanschen	to flange, to flange the edge over	mettre une bride, brider
1192	Flasche* f	bottle	bouteille f
1193	Flasche f mit Innengewinde	bottle with internal thread	bouteille f à filetage intérieur
1194	Flasche f mit Schraubverschluß, Schraubflasche f	bottle with screw cap (closure), screw-cap bottle	bouteille f à bouchon fileté
1195	Flaschen fpl, auf Flaschen ziehen, in Flaschen füllen, abfüllen	to bottle	embouteiller

ITALIENISCH	SPANISCH	RUSSISCH	Nr.
massa f per unità di superficie	masa por área unitaria	масса, отнесенная к единице поверхности (площади)	1182
pressione f per unità di superficie	presión por unidad superficial	удельная нагрузка	1183
grammatura f (p. es. della carta)	gramaje, masa por m² (por ejemplo, de papel)	масса 1 м² (напр. бумаги), масса бумаги в г/м²	1184
flaconcino m, fiala m	frasquito, vial	склянка, бутылочка	1185
flacone m (per prodotti cosmetici)	frasco (botella para productos cosméticos)	флакон	1186
resistente al fuoco, ignifugo	ignífugo, resistente a la llama, ignifugado	огнестойкий, огнеупорный, несгораемый	1187
diametro m effettivo della filettatura	diámetro del ribete o filete	средний диаметр резьбы	1188
flangia f, bordo m	collarín, reborde	фланец, буртик, кромка	1189
guarnizione f della flangia	empaquetadura, brida, reborde, pestaña	фланцевое уплотнение	1190
flangiare	embridar, rebordear	отбортовывать, загибать кромку	1191
bottiglia f	botella	бутылка, бутыль	1192
bottiglia f con filettatura interna	botella de rosca interior	бутылка с внутренней резьбой горла	1193
bottiglia f con capsula a vite	botella con cierre (cápsula) a rosca	бутылка под укупорку навинчивающимся колпачком	1194
imbottigliare	embotellar	разливать в бутылки, разливать по бутылкам	1195

Nr.	DEUTSCH	ENGLISCH	FRANZÖSISCH
1196	Flaschen(ab)füll-maschine f	bottling machine	soutireuse f à bouteilles, machine f de mise en bouteilles
1197	Flaschenboden m	bottle bottom, heel	fond m de bouteille
1198	Flaschendichtung f	gasket, bottle gasket	joint m de bouteille
1199	Flaschengreifer m, Flaschenheber m, Auspackmaschine h	uncaser	vide-bouteille m
1200	Flaschenhals m	bottle neck	goulot m (de bouteille)
1201	Flaschenhülse* f, Flaschenhülle f	bottle sleeve, bottle jacket, bottle wrapper	gaine f de bouteille, fourreau m de bouteille, paillon m de bouteille
1202	Flaschenkanne* f	bottle-shaped can	bouteille f en forme de cruche, bouteille en forme de carafe
1203	Flaschenkapsel* f (siehe 4256)	bottle cap, bottle capsule	capsule f à bouteilles
1204	Flaschen-Kapselmaschine f	bottle capping machine, capper	encapsuleuse f de bouteilles
1205	Flaschenkasten* m	bottle crate	caisse f à bouteilles, casier m à bouteilles
1206	Flaschenpapier n	bottle wrapping (paper)	papier m pour bouteilles
1207	Flaschenpfand n	bottle deposit	consigne f de bouteilles
1208	Flaschenscheibe* f (aus Gummi für Bügel- und Hebelverschlüsse)	sealing disk, bottle-disk rubber sealing ring (of rubber for clip and lever stoppers)	rondelle f de bouteilles (en coautchouc pour fermetures à étrier et à levier)
1209	Flaschenseidenpapier n	bottle (wrapping) tissue	papier m de soie pour bouteilles

ITALIENISCH	SPANISCH	RUSSISCH	Nr.
imbottigliatrice f	máquina de embotellar	машина для разлива в бутылки, разливочная машина	1196
fondo m di bottiglia	fondo de botella	дно бутылки	1197
guarnizione f per bottiglia	junta, obturador de botella	эластичная прокладка, обеспечивающая герметическую укупорку бутылки	1198
estrattore m di bottiglie (dalle casse)	vacía-botellas (desencajonadora de botellas)	машина для выгрузки порожней стеклотары (из гнездовых ящиков)	1199
collo m di bottiglia	cuello de botella	горло бутылки, горлышко бутылки	1200
guaina f di protezione per bottiglie	funda para botellas	защитная манжета для бутылок	1201
barattolo m a forma di bottiglia	lata abotellada, con forma de botella de cuello hendido	бутылочный бидон	1202
capsula f per bottiglie	cápsula para botellas	бутылочный колпачок	1203
macchina f incapsulatrice per bottiglie	capsuladora	машина для укупорки бутылок колпачками	1204
gabbia f per bottiglie	caja para botellas	гнездовой ящик для бутылок	1205
carta f di avvolgimento per bottiglie	papel para envolver botellas	бумага для упаковки бутылок	1206
deposito m sul vuoto (di bottiglie)	consigna, depósito de botellas	залог за бутылку	1207
rondella f per bottiglie (di gomma per chiusura a leva)	disco, obturador para botellas (de caucho para cierre de anilla y desgarro por tirón)	уплотняющее кольцо (из вулканизированной резины для рычажной укупорки)	1208
carta f di seta per avvolgimento di bottiglie	papel de seda para (envolver) botellas	тонкая бутылочная бумага	1209

Nr.	DEUTSCH	ENGLISCH	FRANZÖSISCH
1210	Flaschenspülmaschine f	bottle rinsing or washing machine, bottle washer	rince-bouteilles m, machine f à rincer les bouteilles
1211	Flaschenstopfen m	bottle stopper	obturateur m de bouteilles
1212	Flaschenträger* m	bottle carrier	porte-bouteilles m
1213	Flaschen(ver)kork-maschine f, Flaschenpfropf-maschine f	bottle corking machine, bottle corker	bouche-bouteille(s) m, machine f à boucher les bouteilles
1214	Flaschenverpackungs-maschine f	bottle packing machine	machine f à emballer les bouteilles
1215	Flaschenverschließ-maschine f	bottle closing or sealing machine	machine f à fermer les bouteilles, boucheuse f
1216	Flaschenverschluß m	bottle closure, bottle cap	fermeture f de bouteilles, bouchon m
1217	Flatterbombage f, Bombage f	flipper	boîte f floche
1218	flexibel, biegsam	flexible	flexible, souple
1219	Flexodruck* m, Flexographie f, Anilindruck m	flexographic print(ing), anilin(e) print(ing)	flexographie f, impression f flexo, impression f d'aniline
1220	Fließarbeitstisch m	conveyor table, table for continuous production	table f de travail continu, table f pour le travail à la chaîne
1221	Fließband n, Fließbandstraße f	conveyor(belt), continuous-production line	chaîne f de fabrication, tapis m roulant

ITALIENISCH	SPANISCH	RUSSISCH	Nr.
macchina f lavatrice per bottiglie	máquina lavadora de botellas	бутылкомоечная машина, машина для мойки бутылок	1210
turacciolo m, tappo m	obturador de botellas	бутылочная пробка	1211
portabottiglie m	porta botellas	держатель (обойма) для бутылок	1212
macchina f tappatrice (per tappo di sughero)	máquina taponadora de botellas	машина для укупорки бутылок пробками	1213
macchina f imballatrice di bottiglie	máquina embaladora de botellas (envolvedora)	машина для упаковки бутылок	1214
macchina f tappatrice (per tappo corona)	máquina cerradora de botellas, taponadora	машина для укупоривания бутылок	1215
chiusura f per bottiglia	cierre, tapón (de botellas)	укупорочное средство для укупоривания бутылок	1216
scatola f vellutata	bombeo (deformación de un bote de hojalata por producción interna de aire, o por desprendimiento de gas del contenido)	флош (начало бомбажа), бомбаж	1217
flessibile, deformabile	flexible, deformable, plegable	гибкий, эластичный	1218
stampa f flessografica, flessografia f, stampa f all'anilina	impresión flexográfica, impresión flexo, impresión con tintas de anilina al alcohol	флексографическая печать, флексография, печать с упругих форм, анилиновая печать	1219
piano m per lavoro continuo	mesa transportadora para trabajar en cadena	рабочий стол в конвейерной (поточной) системе производства	1220
catena f di montaggio, nastro m trasportatore continuo	cinta transportadora	конвейер, поточная линия	1221

Nr.	DEUTSCH	ENGLISCH	FRANZÖSISCH
1222	Fließgrenze f, Streckgrenze* f	yield point, yield value, flow limit	limite f d'écoulement, limite d'allongement, limite d'élasticité
1223	Fließlinie f	flow line	ligne f d'écoulement
1224	Fließvermögen n, Fließfähigkeit f, Fließen n	flow, fluidity, flowability	fluidité f
1225	Fließvermögen n, leichtes Fließvermögen, hohes Fließvermögen, gutes Fließvermögen	high flow, soft flow, good flow	haute fluidité f, bonne fluidité
1226	Fließvermögen n, geringes Fließvermögen, schwaches Fließvermögen	low flow	basse fluidité f
1227	Flockenasbest m	flaked asbestos	amiante m floconneux
1228	flüchtig, volatil	volatile	volatil
1229	flüchtig machen, flüchtig werden	to volatilize	volatiliser, se volatiliser
1230	flüssig	liquid, fluid	liquide, fluide
1231	flüssig machen, flüssig werden	to liquefy	liquéfier, se liquéfier
1232	Flüssigdichtung* f	fluid seal(ing), liquid sealing compound, liquid gasket	joint m liquide, matière f d'étanchage liquide
1233	flüssige Güter npl	liquids pl	liquides mpl
1234	Flüssigkeit f	liquid, fluid, fluidity, liquidity	liquide m, liquidité f, fluidité f
1235	Flüssigkeitsbehälter m, Tank m	container for liquids	réservoir m à liquides
1236	flüssigkeitsdicht	liquidproof, liquid tight	étanche aux liquides

ITALIENISCH	SPANISCH	RUSSISCH	Nr.
limite m di estensibilità, limite m di fluidità	límite de alargamiento, de estiramiento o de elasticidad, límite elástico aparente, esfuerzo mínimo de deformación permanente	предел текучести, предел текучести при растяжении	1222
linea f di fludità	línea de deslizamiento, de fluidez	линия стока, след течения	1223
fluidità f	fluidez	текучесть, течение (материала)	1224
alta fluidità f, buona fluidità f	alta, buena fluidez	высокая текучесть	1225
bassa fluidità f, debole fluidità f	baja fluidez	низкая текучесть	1226
amianto m flocculante	amianto en copos	асбест хлопьями	1227
volatile	volátil	летучий, улетучивающийся	1228
volatilizzare, volatilizzarsi	volatizar, volatizarse	улетучиваться, испаряться	1229
liquido, fluido	líquido	жидкий, текучий	1230
liquefarsi, liquefare	licuar	ожижать, превращать в жидкость	1231
guarnizione f liquida, composto m sigillante liquido	obturador, junta de cierre, materia estanca líquida	уплотнительная паста, уплотняющая паста	1232
liquidi m pl	líquidos	жидкости	1233
liquido m, liquidità f, fluidità f	líquido, flúido	жидкость	1234
contenitore m per liquidi	tanque, contenedor, despósito para líquidos	резервуар, емкость, бак, цистерна	1235
impermeabile ai liquidi	estanco a los líquidos	непроницаемый для жидкостей	1236

Nr.	DEUTSCH	ENGLISCH	FRANZÖSISCH
1237	**Flüssigkeitsgrad m, Viskosität** f	**viscosity, fluidity**	**viscosité f, fluidité** f
1238	**Flüssigkeitsmanko n, Verschlußabstand m** (siehe 1322, 2189, 2384)	**outage, ullage, headspace**	**espace m aérien** (en boîtes, bouteilles, fûts etc.)
1239	**Flüssigkeitsphase** f	**liquid phase**	**phase f liquide**
1240	**Flüssigkeitsstand m**	**liquid level**	**hauteur f du liquide, niveau m du liquide**
1241	**Flüssigkeitsstandanzeiger m**	**liquid-level indicator**	**indicateur m de niveau, jaugeur m**
1242	**Flüssigkeitsstandregler m**	**liquid-level control**	**régulateur m de niveau** (du liquide)
1243	**Flurfördergerät(e) n (pl)**	**materials handling equipment**	**matériel m de manutention, chariots mpl de manutention**
1244	**Flußmittel n** (zum Löten und Schweißen)	**flux** (chemical for soldering and welding)	**fondant m** (moyen à souder)
1245	**Fluting* n** (siehe 4451)	**fluting**	**papier m à cannelure, papier pour cannelure**
1246	**Förderband n, Förderkette f, Förderer m**	**belt conveyor, conveyor belt, conveyor chain, conveyor**	**bande f transporteuse, courroie f transporteuse, chaîne f transporteuse, transporteuse f, tapis m roulant**
1247	**Förderband-Kühlanlage f**	**cooling belt conveyor**	**convoyeur m à refroidissement, tapis m roulant à refroidissement**
1248	**Fördergerät(e) n (pl)**	**mechanical handling equipment, materials handling equipment**	**appareil m de manutention, matériel m de manutention**

ITALIENISCH	SPANISCH	RUSSISCH	Nr.
grado m di viscosità, grado m di fluidità	fluidez, viscosidad	степень текучести, вязкость	1237
spazio m libero (nella parte superiore delle scatole, dei fusti, delle bottiglie)	hueco, cámara de aire (en botes, botellas, barriles, etc.)	свободное пространство, незаполненное пространство между уровнем жидкости и крышкой (в таре)	1238
fase f liquida	fase líquida (aerosoles)	жидкая фаза	1239
livello m del liquido	altura, nivel del líquido	уровень жидкости	1240
indicatore m del livello del liquido	indicador de nivel	указатель уровня жидкости	1241
controllo m del livello del liquido, regolatore m del livello del liquido	regulador de nivel (de un líquido)	регулятор уровня жидкости	1242
attrezzatura f per il maneggiamento dei materiali	carretillas elevadoras como material de majeno mecánico	погрузочно-разгрузочные механизмы	1243
fluido m (agente chimico per la saldatura)	fundente (agente químico para soldadura)	флюс (паяльный флюс и сварочный флюс)	1244
ondulazione f	ondulación, estría, canal	бумага для гофрирования	1245
nastro m trasportatore, trasportatore m a nastro	banda f, correa f, cadena f, transportadora f, camino m de rodillos m	ленточный транспортер, конвейерная лента, транспортерная лента, подающая цепь	1246
nastro m trasportatore a raffreddamento	banda f transportadora con equipo m de enfriamiento	конвейерная холодильная установка	1247
attrezzatura f meccanica per il maneggiamento dei materiali	equipo m de manejo, mecánico, material de	подъемно-транспортное и погрузочно-разгрузочное оборудование	1248

Nr.	DEUTSCH	ENGLISCH	FRANZÖSISCH
1249	**Förderstation** f	**conveyor unit**	**transporteur** m
1250	**Fördertechnik** f	**mechanical handling**	**manutention** f **mécanique**
1251	**Folie*** f (aus Metall gewalzt, dünner als 0,150 mm)	**foil** (below 0,150 mm thickness)	**feuille** f **métallique** (jusqu'à 0,150 mm d'épaisseur)
1252	**Folie*** f (Kunststoff-Folie, dünner als 0,254 mm) (siehe 1157)	**film** (below 0,254 mm thickness)	**feuille** f **en matière plastique** (jusqu'à 0,254 mm d'épaisseur), **pellicule** f
1253	**Folie** f, **auf Format geschnittene Folie, Formatfolie** f	**cut-to-size sheet, sized sheet**	**feuille** f **(dé)coupée à format, feuille** f **découpée**
1254	**Folie** f, **beschichtete Folie**	**coated sheet(ing)**	**feuille** f **enduite**
1255	**Folie** f, **biegsame Folie**	**flexible sheeting**	**feuille** f **flexible**
1256	**Folie** f, **eingespannte Folie**	**trapped sheet**	**feuille** f **pincée**
1257	**Folie** f, **endlose Folie**	**continuous sheeting, endless sheeting**	**feuille** f **continue, feuille sans fin**
1258	**Folie** f, **gegossene Folie, Gießfolie** f	**cast film**	**feuille** f **coulée**
1259	**Folie** f, **geprägte Folie, genarbte Folie**	**embossed sheet, textured sheeting**	**feuille** f **grainée, feuille estampée**
1260	**Folie** f, **gepreßte Folie**	**pressed sheet**	**feuille** f **pressée, feuille gaufrée, plaque** f **pressée**

ITALIENISCH	SPANISCH	RUSSISCH	Nr.
mezzo m **trasportatore meccanico**	**transportador**	транспортер, конвейер, конвейерная установка	1249
mezzo m **tecnico per il trasporto**	**manejo** (manipulación) **mecánico** a	подъемно-транспортное оборудование	1250
foglio m **metallico** (fino a 0,150 mm di spessore)	**lámina metálica, hoja** (de hasta 0,150 m/m de espesor, lámina fina metálica), **película**	фольга, металлическая фольга (тоньше 0,150 мм)	1251
film m **plastico** (fino a 0,254 mm di spessore)	**película** (flexible, no fibrosa, de materia orgánica, de un espesor de hasta 0,254 mm, película fina de material plástico)	пленка, пластмассовая пленка, пластмассовый лист (тоньше 0,254 мм)	1252
foglio m **tagliato in formati**	**lámina, hoja cortada en formatos determinados, formatos**	форматная пленка	1253
foglio m **rivestito**	**lámina, hoja recubierta, película recubierta**	пленка с покрытием	1254
foglio m **flessibile**	**lámina, hoja flexible**	гибкая пленка, гибкий лист	1255
foglio m **teso**	**hoja, lámina** (perforada)	натянутая пленка, закрепленный лист	1256
foglio m **continuo**	**lámina contínua, sin fin**	непрерывная пленка	1257
foglio m **colato**	**lámina, hoja fundida, colada, moldeada**	пленка, полученная методом полива; пленка, полученная поливом; отлитая пленка	1258
foglio m **imbutito, foglio** m **lavorato**	**lámina, hoja granulada, estampada en relieve, lamina gofrada**	тисненый лист; лист, полученный методом вдавливанием	1259
foglio m **pressato**	**lámina, hoja, plancha, placa prensada, película**	прессованный лист	1260

Nr.	DEUTSCH	ENGLISCH	FRANZÖSISCH
1261	**Folie f, geschälte Folie, Schälfolie f**	**sliced film, sliced sheeting**	**feuille f tranchée**
1262	**Folie f, kalandrierte Folie, Kalanderfolie f**	**calendered sheeting**	**feuille f calandrée**
1263	**Folie f, kaschierte Folie**	**laminated sheeting, doubled sheet**	**feuille f doublée, feuille laminée**
1264	**Folie f, stranggepreßte Folie**	**extruded sheeting, extruded film**	**feuille f extrudée, feuille boudinée**
1265	**Folie f, trägerlose Folie**	**unsupported sheeting**	**feuille f simple, feuille sans support**
1266	**Folie f, vom Block geschnittene Folie**	**sliced sheet**	**feuille f tranchée**
1267	**Folien fpl, in Folien einschlagen**	**to wrap in film**	**envelopper sous pellicule**
1268	**Folienbedruckung f**	**foil or film printing**	**impression f sur feuille**
1269	**Folienblasverfahren n**	**blowing an extruded tube**	**extrusion-soufflage m de feuilles**
1270	**Foliendeckel* m** (siehe 619)	**foil lid**	**couvercle m en feuille**
1271	**Foliendicke f**	**sheet thickness, thickness of sheeting**	**épaisseur f de feuille**
1272	**Folieneinschlag m**	**film wrap(per), sheet wrapping**	**enveloppage m sous pellicule, habillage m pelliculé**
1273	**Folieneinwickel- maschine f**	**sheet wrapping machine**	**emballeuse f sous pellicule**

ITALIENISCH	SPANISCH	RUSSISCH	Nr.
foglio m tagliato	película, lámina, troquelada, cortada (a troquel por ej.)	строганая пленка, строганый лист	1261
foglio m calandrato	hoja, lámina calandrada	каландрованная пленка, каландрованный лист	1262
foglio m laminato, foglio m accoppiato	lámina, hoja, recubierta película recubierta, contralaminada (en materiales flexibles complejos, por ej.)	кашированная пленка, кашированный лист	1263
film m estruso	lámina, hoja extrusionada, película extruída, extrusionada	экструдированная пленка	1264
foglio m senza supporto	lámina, hoja, película simple, sin soporte	пленка без подложки	1265
foglio m sezionato	lámina, hoja, película cortada, troquelada (en formatos)	лист, полученный строганием блока; строганая пленка	1266
avvolgere in film	envolver con película	завертывать в пленку	1267
stampa f su foglio o su film	impresión sobre lámina o película	печатание на пленках или металлической фольге	1268
soffiaggio m di un film estruso	extrusión soplado de películas	получение пленок экструзией рукава с раздувом	1269
coperchio m in film plastico, coperchio m a membrana	cierre laminar, opérculo	крышка из пленки, крышка из фольги	1270
spessore m del foglio	espesor de la película	толщина пленки	1271
avvolgimento m in film	envoltura con una película	завертка из пленки, пленочная обертка	1272
macchina f avvolgitrice con film	máquina envasadora con película	машина для завертывания в пленку	1273

Nr.	DEUTSCH	ENGLISCH	FRANZÖSISCH
1274	Folienetikett n	foil label	étiquette f en feuille métallique
1275	Folienheißprägung f	hot foil stamping	estampage m à chaud
1276	Folienhaube f (siehe 1712)	covering film hood	capuchon m en feuille
1277	Folienkalander m	sheeting calender	calandre f pour feuilles, tireuse f de feuilles
1278	folienkaschiert	laminated film	couché de feuille, doublé de feuille
1279	Folienkaschierung f	film lamination	couchage m sur feuilles, doublage m de feuilles
1280	Folienmaschine f, Strangpresse f	sheet extruder	boudineuse f pour feuilles
1281	Folienmaß n	sheet gauge (BE), sheet gauge (AE)	épaisseur f de feuille
1282	Folienrolle f	film or foil roll	bobine f de feuille
1283	Folienschlauch m, Schlauchfolie f	tubular sheeting, tubular film, film tube	feuille f extrudée en gaine, gaine f en matière plastique
1284	folienüberzogen	foil-lined, film-lined	doublé de feuille, revêtu de feuille
1285	Folienverbundkleber m	foil or film laminating adhesive	adhésif m pour complexes de feuilles
1286	Folienverformung f	sheet forming	formage m des feuilles, façonnage m de feuilles

ITALIENISCH	SPANISCH	RUSSISCH	Nr.
etichetta f di foglio di alluminio	etíqueta de lámina o película metálica	этикетка из алюминиевой фольги	1274
stampaggio m a caldo di film o fogli	impresión laminar en caliente	горячее тиснение на пленке, горячее тиснение на фольге	1275
cappuccio m di copertura in film plastico	película de cobertura	колпак из пленки, колпак из фольги	1276
calandra f per fogli	calandra de películas o láminas	листовальный каландр, пленочный каландр	1277
foglio m laminato, film m laminato	película laminada, lámina recubierta	кашированный алюминиевой фольгой, ламинированный алюминиевой фольгой	1278
laminazione f di film o di fogli, accoppiatura f di film o di fogli	revestimiento de películas	каширование пленок	1279
estrusore m di fogli	extrusora de láminas, películas o planchas	пленочный экструдер поршневого типа	1280
misura f del foglio	espesor de la hoja o película	толщина пленки, толщина листа	1281
rotolo m di film, bobina f di film	bobina de film, película o lámina	рулон фольги, рулон пленки	1282
film m tubolare	película extrusionada de forma tubular, película o film tubular de materia plástica	пленочный рукав (получаемый экструзией рукава с раздувом)	1283
accoppiato o rivestito con foglio o film	revestido de la película o lámina	покрывать пленкой, кашировать пленкой, кашировать фольгой	1284
adesivo m per laminazione di foglio o film	adhesivos para complejos producidos con películas	клей для многослойных пластиков	1285
formatura f dei fogli	formación de las películas, confección de las planchas o películas	формование изделий из пленок и листов	1286

Nr.	DEUTSCH	ENGLISCH	FRANZÖSISCH
1287	**Folienzuschnitt* m**	**film cut, blank**	**découpe f en feuille**
1288	**Foliermaschine* f**	**foiling machine**	**étameuse f**
1289	**Form f** (Gestalt)	**form, shape, design**	**forme f, taille f, dessin m**
1290	**Form m** (zum Pressen oder Gießen)	**mould** (for pressing or casting)	**moule m** (à presser ou à mouler)
1291	**Format n**	**size**	**format m**
1292	**Formatfolie f, auf Format geschnittene Folie f**	**cut-to-size sheet**	**feuille f (dé)coupée à format, feuille découpée**
1293	**Formbeständigkeit f** (in der Wärme)	**dimensional stability or deflection under load** (at high temperature)	**stabilité f dimensionnelle (à chaud), stabilité dimensionnelle à température élevée**
1294	**Formblock m**	**die block**	**forme f, contreforme f**
1295	**Formen* n** (von Halbzeug)	**forming, shaping** (of semi-finished goods)	**formage m** (de demi-produits)
1296	**formfeste Schachtel* f**	**rigid box**	**boîte f rigide**
1297	**Form-, Füll- und Verschließmaschine* f**	**forming, filling and closing sealing machine**	**machine f de remplissage et de conditionnement**
1298	**Formgebung f**	**design**	**dessin m, façonnage m**
1299	**Formgestalter m, Designer m**	**designer**	**dessinateur m**

ITALIENISCH	SPANISCH	RUSSISCH	Nr.
film m fustellato	formato, troquelado	кройка (раскрой) фольги, кройка (раскрой) пленки	1287
macchina f per la produzione di film o fogli	máquina de foliar, de laminar	машина для покрытия фольгой, машина для покрытия пленкой	1288
forma f	forma, tamaño, diseño	форма, вид, конфигурация	1289
stampo m (a pressione o per colaggio)	molde (para prensar o moldear)	пресс-форма, форма, матрица	1290
formato m	formato	формат, размер	1291
foglio m tagliato in formato	hoja o película o film cortado en formatos, formato cortado	форматная пленка	1292
stabilità f dimensionale, flessione f sotto carico, temperatura f di distorsione a caldo	estabilidad dimensional (en caliente), temperatura de distorsión en caliente	теплостойкость, теплостойкость пластмасс под нагрузкой, устойчивость формы, формоустойчивость, стабильность размеров	1293
forma f, matrice f	forma, contraforma	обойма, штамп, подушка матрицы	1294
formatura f (di prodotti semilavorati)	formación (de productos semi-acabados)	формование, формовка (полупродукта, полуфабриката)	1295
scatola f rigida	cajarígida	коробка устойчивой формы	1296
macchina f per formare, riempire e chiudere/ sigillare, "form-fill-seal"	máquina de formar-llenar y cerrar	формовочная, расфасовочная и закаточная (укупорочная) машина	1297
modellatura f, design m	diseño, confección, manufactura	формование, формообразование	1298
modellatore m, designer m	diseñador	проектировщик, художник-оформитель	1299

Nr.	DEUTSCH	ENGLISCH	FRANZÖSISCH
1300	**Formmasse** f, **Preßmasse** f	**moulding compound, moulding material**	**matière** f **à mouler, matière moulable**
1301	**Formmaschine** f	**forming machine**	**machine de formage**
1302	**Formpressen** n	**moulding, compression moulding**	**moulage** m, **moulage par compression**
1303	**Formschulter** f	**forming shoulder**	**épaule** f **de formage**
1304	**Formspritzen** n, **Spritzpressen** n	**injection moulding**	**moulage** m **par transfert**
1305	**formstabile Schachtel** f	**rigid box**	**boîte** f **indéformable, boîte rigide**
1306	**formstabiles Packmittel*** n	**rigid package**	**emballage** m **rigide**
1307	**Formstabilität** f	**rigidity**	**rigidité** f
1308	**Formstanzen** n	**pressure forming**	**estampage** m, **gaufrage** m
1309	**Formteil** n (Teil der Preßform), **oberes Formteil** n, **unteres Formteil**	**force, top force, bottom force**	**moitié** f **du moule, moitié du moule** f **supérieure, moitié du moule inférieure**
1310	**Formteil** n, **Preßteil** n, **Preßling** m	**moulding, moulded piece**	**pièce** f **moulée, objet** m **moulé, moulage** m
1311	**Formungstemperatur** f	**forming or moulding temperature**	**température** f **de formage ou de moulage**
1312	**Formunterteil** n, **Gesenk** n	**cavity**	**matrice** f, **dé** m, **estampe** f
1313	**Formwerkzeug** n (für die Folienverformung)	**forming die** (for films and sheets)	**moule** m **de formage** (pour feuilles)
1314	**Formwerkzeug** n, **Preßwerkzeug** n	**moulding tool, compression mould**	**moule** m **à compression**

ITALIENISCH	SPANISCH	RUSSISCH	Nr.
materiale m di formatura	materia moldeable, material moldeable, masa de moldeo	формовочная масса, масса для формования, пресс-масса	1300
macchina f formatrice	máquina formadora	формовочная машина	1301
stampaggio m, stampaggio m per compressione	moldeo por compresión	прессование, прямое прессование, прессование в форме	1302
spallamento m di formatura	formadora de hombros	формочное плечо	1303
stampaggio m mediante trasferimento	moldeo por transferencia, moldeo por inyección	литьевое прессование, пресс-литье	1304
scatola f rigida	envase rígido	коробка устойчивой (стабильной) формы	1305
imballaggio m rigido	caja rígida	упаковочный материал устойчивой формы	1306
rigidità f	rigidez	устойчивость формы	1307
formatura f per pressione	estampado, gofrado, moldeo por estampación	штамповка листовых материалов	1308
parte f dello stampo, parte f superiore dello stampo, parte f inferiore dello stampo	mitad del molde, mitad superior o mitad inferior del molde	элемент (часть) пресс-формы; пуансон; матрица	1309
pezzo m stampato	pieza moldeada, objeto moldeado, moldeado	формованное изделие, отливка, прессизделие	1310
temperatura f di formatura, temperatura f di stampaggio	temperatura de moldeo, temperatura de formación por moldeo	температура формования	1311
matrice f	matriz, cavidad, matriz de estampación	матрица, оформляющая полость матрицы	1312
matrice f di formatura (per film e fogli)	molde de formación (para el moldeo a partir de películas o láminas)	пресс-форма (для пленок)	1313
stampo m a pressione	molde de compresión	пресс-форма для прямого прессования	1314

Nr.	DEUTSCH	ENGLISCH	FRANZÖSISCH
1315	**Fortlaufdruck* m, fortlaufender Druck m, Streudruck* m**	**non-register printing, continuous printing**	**impression f en continu**
1316	**fotoelektrische Registrierkontrolle f**	**photo-electric register control, electric eye control**	**commande f d'enregistrement (à cellule) photo-électrique**
1317	**Fotozellensteuerung f, lichtelektrische Steuerung f**	**photo-electric control (system), control through photo-electric cells**	**commande f photo-électrique**
1318	**freier Fall m**	**free fall**	**chute f libre**
1319	**freifließendes Produkt n**	**free-flowing product**	**produit m d'écoulement facile**
1320	**freihängend, frei aufgehängt, schwebend**	**suspended in air, freely suspended**	**à suspension libre**
1321	**Frei-Haus-Lieferung f**	**home delivery**	**livraison f (franco) à domicile**
1322	**Freiraum* m, Kopfraum m, Gasraum m, Verschlußabstand m** (siehe 1238)	**ullage** (BE), **headspace** (AE)	**garde f de sécurité vide m** (dans des récipients, bouteilles, fûts etc.)
1323	**freischwebende Verpackung f**	**floating package**	**emballage m flottant**
1324	**Fremdgeruch m**	**off-odour**	**odeur f étrangère**
1325	**Fremdgeschmack m**	**off-taste**	**goût m étranger**
1326	**Fremdstoff m, Fremdkörper m**	**foreign body, foreign matter, foreign substance**	**corps m étranger**

ITALIENISCH	SPANISCH	RUSSISCH	Nr.
stampa f in continua	impresión en contínuo	печать форзацного типа, печать с непрерывно повторяющимся рисунком	1315
comando m del registro a cellula fotoelettrica	mando de registro fotoeléctrico (por célula fotoeléctrica)	фотоэлектронное устройство для регулирования правильного расположения печатного рисунка	1316
comando m fotoelettrico	mando fotoeléctrico	техника автоматического управления при помощи фотоэлементов	1317
caduta f libera	caída libre	свободное падение	1318
prodotto m scorrevole	producto de fácil deslizamiento	материал высокой текучести	1319
in sospensione libera	suspensión libre o suspensión en el aire	висящий в воздухе, в подвешенном состоянии	1320
consegna f a domicilio	suministro a domicilio, entrega a domicilio	доставка (продуктов) на дом	1321
spazio m libero (in bottiglie, recipienti ecc.)	espacio vacío (en recipientes, botellas, barriles, etc.)	незаполненный объем наполненной тары, свободное пространство (в таре)	1322
imballaggio m sospeso, imballaggio m non ancorato	embalaje flotante	тара, в которой упакованное изделие находится в подвешенном состоянии	1323
odore m estraneo	inodoro	посторонний запах	1324
gusto m estraneo	insaboro	посторонний (при)вкус	1325
corpo m estraneo, sostanza f estranea	cuerpo extraño, sustancia extraña	постороннее вещество, примесь	1326

Nr.	DEUTSCH	ENGLISCH	FRANZÖSISCH
1327	**Frischhaltepapier** n	**keep-fresh paper**	**papier** m **pour la conservation**
1328	**Frischhaltepackung*** f	**keep-fresh or preserving package, protective food pack or wrapper, freshpack**	**emballage** m "**toujours frais**", **emballage pour la conservation des aliments, emballage étanche**
1329	**Frontaldruck*** m	**frontal printing, top surface printing** (on the face of a transparent printing carrier)	**impression** f **frontale, impression recto** (sur la face d'un support d'impression transparent)
1330	**Frostschutzmittel** n	**anti-freeze agent, frost preventive agent**	**produit** m **antigel, solution** f **anti-réfrigérante**
1331	**füllen*, abfüllen**	**to fill**	**remplir**
1332	**füllen** (abfüllen von Flüssigkeiten in Flaschen)	**to bottle**	**embouteiller**
1333	**füllen** (feste Stoffe und Güter abfüllen)	**to pack(age), to fill**	**emballer, remplir, conditionner**
1334	**Füllen** n **bei niedriger Temperatur**	**cold filling, low-temperature filling**	**remplissage** m **à froid, remplissage à basse température**
1335	**Füllen** n **bei Raumtemperatur**	**ambient-temperature filling**	**remplissage** m **à température ambiante ou normale**
1336	**Füllform** f, **Füllraumform** f	**positive mould, male mould**	**moulde** m **positif**
1337	**Füllgewicht*** n	**weight of filling**	**poids** m **de remplissage**

ITALIENISCH	SPANISCH	RUSSISCH	Nr.
carta f per conservare alimenti	papel para la conservación en fresco	бумага для сохранения продуктов в свежем состоянии	1327
imballaggio m di conservazione per alimenti	envase "siempre fresco", envase para la conservación de alimentos, envase estanco.	упаковка для сохранения продуктов в свежем виде	1328
stampa f in bianco (sul recto di un supporto da stampa trasparente)	impresión frontal, impresión recto (sobre una cara de un soporte transparente o nó a imprimir)	печать с лицевой стороны на прозрачных пленках	1329
agente m anticongelante	producto anticongelante, solución antirefrigerante	антифриз, средство для предохранения от замерзания	1330
riempire	llenar	наполнять, заполнять, загружать	1331
imbottigliare (con prodotti liquidi)	embotellar	разливать жидкости в бутылки	1332
imballare riempire (con prodotti solidi)	embalar, envasar, llenar	затаривать, упаковывать (продукцию в тару)	1333
riempimento m a bassa temperatura, riempimento m a freddo	llenado en frío, llenado a baja temperatura	холодная расфасовка под давлением	1334
riempiemento m a temperatura ambiente	llenado a la temperatura ambiente	расфасовка при нормальной температуре	1335
stampo m positivo	molde positivo	закрытая пресс-форма, поршневая пресс-форма	1336
peso m di riempimento	peso del llenado	насыпной вес	1337

Nr.	DEUTSCH	ENGLISCH	FRANZÖSISCH
1338	**Füllgut*** n (schüttbares oder fließfähiges Packgut) (siehe 2786)	**pourable or flowable products** pl (to be packaged)	**produits** mpl **en état granulaire, pulvérulent ou liquide** (pour être conditionnés)
1339	**Füllhöhe*** f, **Füllgrenze** f	**level of fill, fill point, fill limit**	**hauteur** f **ou niveau** m **de remplissage, remplissage** m **limite**
1340	**Füllinhalt*** m, **Füllmenge** f, **Füllgewicht** n (siehe 1344, 2661)	**capacity, quantity of fill** (corresponding to the nominal contents of a package by weight or volume); **nominal contents**	**contenance** f, **capacité** f, quantité f **de remplissage** (correspondant à la contenance nominale d'un emballage au poids et volume), **contenance** f **nominale**
1341	**Füllkopf** m, **Füllkörper** m	**filler, filling head**	**corps** m **de remplissage, tête** f **de remplissage**
1342	**Füllmaschine** f, **Abfüllmaschine** f	**filling machine, filler, filling unit**	**remplisseuse** f, **machine** f **de remplissage, machine** f **à remplir**
1343	**Füllmaterial** n (zum Formen)	**mould charge**	**charge** f **du moule**
1344	**Füllmenge*** f (siehe 1340)	**filling quantity, capacity**	**quantité** f **remplissage, contenance** f, **capacité** f
1345	**Fülloch** n	**fill(ing) hole, vent hole**	**trou** m **de remplissage**
1346	**Füllochdose*** f (siehe 1043, 2438)	**vent-hole can**	**boîte** f **avec trou de remplissage**
1347	**Füllöffnung** f, **Fülltülle** f	**filling spout, funnel**	**orifice** m **de remplissage, embouchure** f
1350	**Füllstoff** m, **Füllmittel** f	**filling material, filler**	**matière** f **de charge, charge** f

ITALIENISCH	SPANISCH	RUSSISCH	Nr.
prodotti m pl allo stato granulare, polverulento o fluido (da imballare)	productos en estado granuloso o pulverulento o líquido (a envasar)	упаковываемый материал (сыпучей консистенции или в жидком состоянии)	1338
livello m di riempimento	altura o nivel de llenado, límite de llenado	высота загрузки, высота засыпки (массы в пресс-форму), уровень загрузки (засыпки)	1339
capacità f, contenuto m nominale, quantitá f di riempimento (corrispondente al contenuto nominale di un imballaggio, in peso e in volume)	capacidad, cantidad de llenado (que corresponde al contenido nominal de un envase, en peso y en volumen), contenido nominal	объем заполнения, вместимость, номинальная вместимость	1340
dispositivo m di riempimento, testa f del dispositivo di riempimento	cuerpo de llenado, cabezal de llenado	устройство для наполнения, загрузочное устройство	1341
macchina f riempitrice	máquina llenadora, máquina para llenar	разливочная машина, загрузочная машина	1342
carica f., materiale m di riempimento (di uno stampo)	carga del molde	загружаемый материал, загрузка, доза впрыска	1343
capacità f, quantità f di riempimento	cantidad de llenado, contenido, capacidad	вместимость	1344
foro m di riempimento	agujero orificio de llenado	наливное отверстие	1345
barattolo m con foro di riempimento	bote con orificio de llenado	(консервная) банка с наливным отверстием	1346
apertura f di riempimento	orificio de llenado, orificio en forma de embudo	загрузочное отверстие, заливочное отверстие	1347
materiale m di riempimento	material de carga, carga	наполнитель, заполнитель	1350

Nr.	DEUTSCH	ENGLISCH	FRANZÖSISCH
1348	Füllschraube f	filler plug, screw plug, filler cap	bouchon m de remplissage, vis f de remplissage
1349	Füllstand* m	filling level	niveau m de remplissage
1351	Füllstutzen m	filling nozzle, filling nipple, filling socket, filling stud, filling pipe	tuyau m de remplissage, tubulure f de remplissage
1352	Fülltrichter m	hopper, bin, feeder or charging or loading hopper, filling funnel	entonnoir m d'alimentation, bec m de remplissage, trémie f de remplissage
1353	Füll- und Verschließmaschine f	filling and closing sealing machine	machine f de remplissage et de fermeture
1354	Füllung f, Abfüllung f	filling, charge	remplissage m, charge f
1355	Füllungsgrad* m	degree of filling	degré de remplissage
1356	Füllventil n	fill-up valve	soupape f de remplissage
1357	Füllvolumen* n	filling volume	volume m de remplissage
1358	Füllvorrichtung f	filling device, charging hopper	appareil m de remplissage, chargeur m
1359	Fürederflasche f	Füreder-shaped bottle	bouteille f Füreder
1360	fungizider Packstoff* m	fungicidal packaging material, antimycotic material	matériel m d'emballage fongicide
1361	funktionelle Verpackung f	functional package	emballage m fonctionnel

ITALIENISCH	SPANISCH	RUSSISCH	Nr.
tappo m a vite per riempimento	tapón de llenado, rosca de llenado	пробка штуцера, пробка заливочного отверстия	1348
livello m di riempimento	nivel de llenado	уровень заполнения	1349
cannello m di riempimento, bocca f di riempimento	boca o boquilla de elendao	наполнительный штуцер	1351
tramoggia f di carico	tolva, depósito o alimentador de carga, o tolva de carga	загрузочная воронка, питающий бункер, питатель	1352
macchina f per riempire e chiudere/sigillare	máquina llenadora-cerradora	расфасовочная, закаточная (укупорочная) машина	1353
riempimento m, carico m	llenado, carga	навеска, загрузка, засыпка	1354
grado m di riempimento	nivel, grado de llenado	степень наполнения, коэффициент заполнения	1355
valvola f di riempimento	válvula de llenado	питательный клапан, впускной клапан	1356
volume m apparente	volumen de llenado	емкость	1357
dispositivo m di riempimento, dispositivo m di carico	dispositivo de carga, tolva de carga, aparato de carga, cargador	загрузочное приспособление, загрузочное устройство	1358
bottiglia f Füreder	botella acanalada	бутылка формы фюредера	1359
materiale m di imballaggio fungicida	material de embalaje fungicida	фунгицидный упаковочный материал	1360
imballaggio m funzionale	embalaje funcional	функциональная упаковка	1361

Nr.	DEUTSCH	ENGLISCH	FRANZÖSISCH
1362	**Fußreifen*** m (zur Verstärkung einer Rumpf-Boden-Verbindung und/oder der Stapelbarkeit von Packmitteln)	**bottom strengthening hoop** (for the reinforcement of a body-and-base assembly and/or for ensuring the stackability of packages)	**cerceau** m **base de renfort** (renforcant l'assemblage du corps et du fond et/ou assurant la gerbabilité des emballages)
1363	**Fuß** m **und Runge** f (bei Paletten)	**foot and post** (of pallets)	**pied** m **ou support** m **et montant** m (de palettes)
1364	**Futteral*** n	**case, sheath, etui, sleeve**	**étui** m, **fourreau** m
1365	**Gabelstapler** m	**lift truck, fork lift, fork truck**	**chariot** m **élévateur à fourche**
1366	**Gang** m (einer Maschine)	**running** (of a machine)	**marche** f (d'une machine)
1367	**Ganzeinschlag*** m, **Volleinschlag*** m	**over-all wrap, overwrap**	**enveloppe** f **complète**
1368	**Ganzstoff** m, **Papierstoff** m, **Feinzeug** n	**stuff, pulp, paper pulp**	**pulpe** f, **pâte** f **à papier** (en cours de fabrication du papier)
1369	**Ganzzeug** n, **Feinzeug** n	**stuff, pulp, paper pulp**	**pâte** f, **pulpe** f
1370	**Garagenfaß*** n	**garage barrel**	**fût** m **de garage**
1371	**Garantieverschluß*** m	**guarantee closure**	**fermeture** f **de garantie**
1372	**Garn** n, **Faden** m	**thread, yarn**	**fil** m
1373	**Garnrolle** f (Rolle Garn, Packgut plus Packhilfsmittel)	**reel or spool of thread or of yarn**	**bobine** f **de fil, bobineau** m **de fil**

ITALIENISCH	SPANISCH	RUSSISCH	Nr.
cerchio m per il rinforzo della base (per il rinforzo dell'unione tra base e corpo e/o per assicurare l'accatastabilità degli imballaggi)	arandela o aro, anilla, collarín o zuncho para el refuerzo de base (para el refuerzo de la base del cuerpo del envase a fin de asegurar la estibilidad y apilamiento de los embalajes)	торцевой обруч, уторно-торцевой обруч, обруч для перекатывания	1362
supporto m e montante m (di palette)	pie o soporte y montante de las paletas	шашка, лежень (поддона); стойка, наставная стойка (в поддонах)	1363
astuccio m, rivestimento m, custodia f	caja, estuche, envoltura, cubierta, manguito	футляр	1364
carrello m elevatore a forca	carretilla elevadora de horquilla	автопогрузчик, вилочный автопогрузчик, автопогрузчик с вилочным захватом	1365
funzionamento m, marcia f (di una macchina)	marcha (de una máquina)	ход (машины)	1366
avvolgimento m totale	envuelta o envoltura completa o total	завертка, полная обертка	1367
impasto m, pasta f per carta	celulosa, pasta de papel, estopa, papilla (en la fabricación del papel)	бумажная масса, готовая масса (см. 1115, 1369)	1368
impasto m, pasta f per carta	papilla, pulpa, pasta de papel, celulosa (pasta de)	бумажная масса, готовая масса (см. 1115, 1368)	1369
fusto m da garage	bidón de garage	гаражная бочка	1370
chiusura f di garanzia	cierre de garantía, precinto de garantía	гарантийная укупорка	1371
filo m	hilo, hebra	пряжа, (филаментная) нить	1372
bobina f di filo	bobina de hilo, bobinado de hilo o de hebra	катушка ниток	1373

Nr.	DEUTSCH	ENGLISCH	FRANZÖSISCH
1374	Garnspule f (als Packhilfsmittel)	yarn reel, thread spool	bobine f (à fil), bobineau m (à fil)
1375	Gas n	gas	gaz m
1376	gasdicht	gas-tight, evaporation-proof, hermetic	imperméable aux gaz, étanche aux gaz
1377	Gasdichtigkeit f	impermeability to gas	imperméabilité f aux gaz
1378	gasdurchlässig	permeable to gas	perméable aux gaz
1379	Gasdurchlässigkeit* f	gas permeability	perméabilité f aux gaz
1380	Gaspackung* f (siehe 3495)	gas pack	emballage m à gaz
1381	Gasphase f	vapour phase	phase f vapeur
1382	Gasraum m, Freiraum* m	ullage (BE), headspace (AE)	vide m de sécurité (en récipients, bouteilles, fûts etc.)
1383	Gasraum* m (bei Aerosolpackungen)	volume of propellant (in aerosol packs)	compartiment m à gaz (gaz propulseur d'aérosol)
1384	gasundurchlässig, gasdicht	gas-tight, impervious or impermeable to gas, hermetic	étanche aux gaz, imperméable aux gaz
1385	Gasundurchlässigkeit f, Gasdichtigkeit f	gas impermeability	imperméabilité f aux gaz, étanchéité f aux gaz
1386	Gasverpackung f, Schutzgasverpackung* f	inert gas package, gas pack	emballage m sous gaz neutre ou inerte, emboîtage m sous gaz

ITALIENISCH	SPANISCH	RUSSISCH	Nr.
rocchetto m di filo	bobina (de hilo), bobinado (de hilo)	шпулька, катушка	1374
gas m	gas	газ	1375
impermeabile ai gas	impermeable al gas o a los gases, estanco al gas o a los gases	газонепроницаемый, газоплотный	1376
impermeabilità ai gas	impermeabilidad al gas a o los gases	газонепроницаемость, газоплотность	1377
permeabile ai gas	permeable al gas o a los gases	газопроницаемый	1378
permeabilità f ai gas	permeabilidad al gas o a los gases	газопроницаемость	1379
imballaggio m con gas	envase A/M (con atmòsfera modificada)	газовая упаковка	1380
fase f vapore	estado gaseoso (fase de vapor)	газовая фаза, паровая фаза	1381
spazio m libero (in bottiglie, recipienti ecc.)	espacio vacío (BE), espacio de aire (AE) (en recipientes, botellas, barriles, etc.)	заполненный газом объем (тары) над жидкостью, свободное пространство (в таре)	1382
volume m del propellente (in confezioni aerosol)	volumen de gas propelente, espacio gaseoso (en envases aerosol)	газовое пространство (при аэрозольной упаковке)	1383
impermeabile ai gas	estanco al gas o a los gases, impermeable al gas o los gases	газонепроницаемый	1384
impermeabilità f ai gas	impermeabilidad al gas o a los gases, estanquidad al gas o los gases	газонепроницаемость	1385
imballaggio m sotto-gas neutro o inerte	envasado bajo gas inerte o neutro, envase que admite el gas inerte o neutro (incluyendo el producto que ha de ser envasado) (A/M)	упаковывание с инертным газом, упаковка с инертным газом	1386

Nr.	DEUTSCH	ENGLISCH	FRANZÖSISCH
1387	Geber m, Spender m, Aus- bzw. Abgabegerät n, Abrollapparat m	dispenser, dispensing machine	distributeur m, machine f débitrice
1388	Gebinde* npl (Sammelbegriff für (Blech-)Packmittel)	packages pl and containers pl (collective term in German)	emballages mpl et récipients mpl (terme collectif en allemand)
1389	gebleichter Halbstoff m	bleached pulp	pâte f à papier blanchie
1390	Gebrauchsanweisung f	instruction for use	mode m d'emploi
1391	Gebrauchserleichterung f	consumer's or user's convenience, ease of use	commodité f d'emploi, commodité d'utilisation, facilité f d'utilisation
1392	gefährliche Güter* npl	dangerous products pl	matériaux mpl ou produits mpl dangereux
1393	Gefäß* n	container, receptacle, jar, pot	récipient m, réservoir m, vaisseau m, vase m
1394	gefalzte Dose* f	seamed can, lockseam(ed) can, interlocked sideseam can	boîte métallique à joint d'agrafe ou à jointure entrelacée
1395	gefalzte Längsnaht f	interlocked sideseam	jointure f entrelacée
1396	gefalzte Längsnaht f mit überlappten Teilstücken	lock-lap sideseam	jointure f entrelacée à recouvrement
1397	geformt, gepreßt	moulded	moulé
1398	Gefrieren n	freezing	congélation f
1399	gefrierfest, kältebeständig	nonfreezing, anti-freezing, cold-resisting	non-congelable, résistant au froid

ITALIENISCH	SPANISCH	RUSSISCH	Nr.
distributore m, macchina f distributrice	distribuidor, máquina distribuidora o suministradora	распределитель, распределитель клейкой ленты, отделитель для наклеек	1387
imballaggi m pl e confezioni f pl (termine generico che in tedesco indica tutti i mezzi di imballaggio)	envases y recipientes (término colectivo en alemán)	бочки, барабаны и банки; бондарная банка	1388
pasta f bianchita per carta	pasta de papel blanqueado	беленая полумасса	1389
istruzioni f pl per l'uso	modo de empleo, instrucciones de uso, de empleo	инструкция по употреблению	1390
facilità di impiego	comodidad de empleo, facilidad de utilización	удобство в употреблении, удобство в пользовании	1391
materiali m pl pericolosi	materiales o productos peligrosos	опасные материалы	1392
recipiente m, vaso m, contenitore m	contenedor, recipiente, tanque, vasija	сосуд, бак, резервуар, емкость	1393
barattolo m aggraffato	bote metálico con junta de engatillado o de junta entrelazada	банка с продольным швом корпуса "в замок"	1394
aggraffatura f longitudinale	junta o unión entrelazada, engatillada	продольный шов "в замок" (взамок)	1395
giunzione f per sovrapposizione	junta o unión de recubrimiento	продольный шов "в замок" с частью, соединенной внахлестку	1396
stampato, pressato, formato	moldeado	формованный, прессованный	1397
congelazione f	congelación	замораживание	1398
non congelabile, resistente al freddo	no congelable, resistente al frío	морозостойкий, устойчивый ка холоду, незамерзающий	1399

Nr.	DEUTSCH	ENGLISCH	FRANZÖSISCH
1400	gefriergetrocknete Lebensmittel npl	freeze-dried foods	produits mpl alimentaires lyophilisés, déshydratés-congelés mpl
1401	Gefriermöbel n, Heimgefrierer m	freezer, home freezer	congélateur m domestique
1402	gefriertrocknen	to freeze-dry, to dry-freeze	lyophiliser
1403	Gefriertrockner m, Vakuumgefriertrockner m	vacuum freeze drier	appareil m de lyophilisation à vide, sécheur m à vide
1404	Gefriertrocknung f	accelerated freeze drying (AFD), freeze drying, lyophilization, freeze dehydration	cryodessiccation f, lyophilisation f
1405	Gefriertruhe f, Gefrierschrank m	frozen food display cabinet, deep-freeze(r)	armoire f frigorifique, congélateur m
1406	Gefrierverpackung f, Gefrierpackung f	deep-freeze package, deep-frozen food pack, freeze packed food	emballage m pour produits surgelés, emballage frigorifique
1407	Gefrierwaren fpl, gefrorene Lebensmittel npl	frozen foods	produits mpl alimentaires congelés, denrées fpl (alimentaires) surgelées
1408	gefrorene Lebensmittel npl, tiefgefrorene Lebensmittel	deep-frozen foods	denrées fpl alimentaires surgelées

ITALIENISCH	SPANISCH	RUSSISCH	Nr.
alimenti m pl disidratati a freddo, alimenti m pl liofilizzati	productos alimenticios o alimentarios liofilizados, deshidratados, congelados secos	пищевые продукты сублимационной сушки; продукты, обезвоженные сублимацией	1400
frigorifero m domestico	armario frigorífico, nevera	холодильник, рефрижератор	1401
liofilizzare	liofilizar	сушить методом сублимации, сушить вымораживанием	1402
apparecchio m per liofilizzazione sotto vuoto	aparato de liofilización al vacío, secador por vacío	сублимационная сушилка	1403
liofilizzazione f, disidratazione f a freddo	cryodesecación, liofilización	сушка вымораживанием, сублимационная сушка	1404
banco m frigorifero, armadio m frigorifero	cámera de congelación a muy baja temperatura, refrigerador, armario frigorífico, armario de congelación	морозильная камера	1405
imballaggio m per prodotti surgelati	envase o embalaje para productos congelados, envase o embalaje frigorífico, envase o embalaje para productos congelados o refrigerados	тара для замороженных продуктов	1406
alimenti m pl congelati	productos alimentarios congelados, artículos (alimentarios) congelados	замороженные пищевые продукты, мороженые пищевые продукты	1407
alimenti m pl surgelati	artículos alimentarios congelados	глубоко замороженные пищевые продукты	1408

Nr.	DEUTSCH	ENGLISCH	FRANZÖSISCH
1409	gefütterter Beutel* m	lined bag, multi-wall bag, multi-ply bag	sachet m doublé, sachet à parois multiples, sachet à plusieurs plis, sachet à feuilles superposées, sachet enchemisé
1410	gegautschte Pappe f	vat-lined board	carton m duplex, carton m biplex
1411	gegautschtes Papier n	duplex paper, patent-coated paper	papier m duplex
1412	geglättetes Papier n	glazed paper, calendered paper	papier m calandré
1413	gegossene Folie f, Gießfolie f	cast film	feuille f (mince) coulée
1414	gegossenes Formteil n	cast moulding	objet m coulé
1415	geheftete Schachtel f	stitched or stapled box	boîte f en carton agrafée
1416	gekerbter Nagel m	barbed nail	clou m crénelé
1417	geklebter Karton m	pasteboard	carton m collé
1418	geklebte Schachtel f	glued box	boîte f collée
1419	geklebtes Papier n	pasted paper	contrecollé m, papier m contrecollé
1420	gekreuzte Wellpappe f (Pappe, deren zwei- oder dreiwellige Wellenbahnen kreuzweise angeordnet sind) (siehe 4452 ff.)	crosswise glued corrugated board (double or tri-wall board whose layers of corrugating medium are glued at right angles to each other)	carton m ondulé à cannelures croisées (carton double ou triple épaisseur dont les cannelures sont collées en forme de croix)

ITALIENISCH	SPANISCH	RUSSISCH	Nr.
sacchetto m a più pareti, sacchetto m a più strati	bolsa revestida, bolsa de paredes múltiples, bolsa de varias hojas, bolsa de varias hojas sobrepuestas, bolsa multicapa	пакет с сорочкой, двойной пакет, мешочек "дуплекс"	1409
cartone m lavorato a mono, cartone m duplex	cartón duplex, cartón biplex	многослойный картон, толстый картон, отжатый картон	1410
carta f lavorata a mano, carta f duplex	papel duplex	двухслойная бумага	1411
carta f calandrata	papel satinado	лощеная бумага, гладкая бумага	1412
foglio m ottenuto per colata	película (delgada) fundida (obtenida por fusión), hoja (delgada) obtenida por fusión o colada	пленка, полученная методом полива; поливная пленка, отлитая пленка	1413
prodotto m formato per colata, oggetto m formato per colata	objeto colado (obtenido por colada)	отливка	1414
scatola f in cartone aggraffata	envase grapado de cartón	картонный ящик, сшитый проволокой; сшивная коробка, сшивная пачка	1415
chiodo m dentellato	clavo dentado	заершенный гвоздь	1416
cartone m incollato	cartón contracolado	клееный картон, склеенный картон	1417
scatola f incollata	envase engomado	склеенный картонный ящик, клееная коробка	1418
carta f incollata	papel contracolado	склеенная бумага, клееная бумага	1419
cartone m ondulato incollato incrociato (cartone doppio o triplo con le ondulazioni incollate a forma di croce)	cartón ondulado de acanalado cruzado (cartón de doble o triple espesor cuyo acanalado se pega en forma de cruz)	гофрированный картон (пятислойный или семислойный) с перекрестным расположением волнообразных слоев	1420

Nr.	DEUTSCH	ENGLISCH	FRANZÖSISCH
1421	**Gel** n	**gel**	**gel** m
1422	**Gelatine** f	**gelatin**	**gélatine** f
1423	**gelatineartig**	**gelatinous, colloidal**	**gélatineux, colloïdal**
1424	**Gelatinefolie** f, **Gelatineblatt** n	**sheet gelatin**	**feuille** f **de gélatine**
1425	**Gelatinekapsel** f	**gelatin capsule**	**capsule** f **gélatineuse**
1426	**Gelbstrohstoff** m	**yellow straw pulp**	**pâte** f **de paille lessivée, pâte** f **jaune de paille**
1427	**geleimtes Papier** n (an der Oberfläche geleimt)	**sized paper** (surface-treated paper)	**papier** m **enduit de collé** (pour l'amélioration de la surface)
1428	**Gelierungszeit** f	**gel time**	**temps** m **de gélification**
1429	**gelötete Längsnaht** f	**soldered side seam**	**jointure** f **soudée**
1430	**genarbt, gekörnt**	**grained**	**grainé**
1431	**genormt**	**standardized**	**normalisé, standardisé**
1432	**genormtes Packmittel** n, **Normverpackung*** f	**standard(ized) package**	**emballage** m **standard(isé)**
1433	**geprägte Bilder** npl	**embossed pictures** pl	**images** fpl **gaufrées**
1434	**geprägte Folie** f, **genarbte Folie**	**embossed sheet, textured sheeting**	**feuille** f **grainée**
1435	**geprägtes Papier** n	**embossed paper**	**papier** m **gaufré**
1436	**gepreßt, geformt**	**moulded**	**moulé**
1437	**gepreßte Folie** f	**pressed sheet**	**feuille** f **pressée, plaque** f **pressée**

ITALIENISCH	SPANISCH	RUSSISCH	Nr.
gel m	sal, gel	гель	1421
gelatina f	gelatina	желатина, желатин	1422
gelatinoso	gelatinoso, coloidal	желатинозный, коллоидальный	1423
foglio m di gelatina	hoja, lámina de gelatina	желатиновый лист	1424
capsula f di gelatina	cápsula de gelatina	желатиновый капсюль	1425
pasta f gialla di paglia	pasta amarilla de paja	желтая соломенная масса	1426
carta f collata (per migliorarne la superficie)	papel encolado (el encolado del papel se efectúa en la masa o en el acabado del mismo para mejorar su superficie)	проклеенная бумага	1427
tempo m di coagulazione (di gelatina)	tiempo de gelificación	время желатинизации, время гелеобразования	1428
giunzione f saldata	junta soldada	паяный продольный шов	1429
granulato	granulado	тисненый, зерненый	1430
standardizzato, normalizzato	normalizado	нормированный, стандартный	1431
imballaggio m standardizzato	envase, embalaje normalizado	стандартная тара, стандартизированная тара	1432
immagini f pl goffrate	imágenes gofradas	тисненые изображения, тисненые рисунки	1433
foglio m goffrato, foglio m granulato	hoja graneada	тисненый лист, прегированный лист	1434
carta f goffrata	papel gofrado	тисненая бумага, прегированная бумага	1435
modellato, formato	moldeado	прессованный, формованный	1436
foglio m pressato	hoja o lámina prensada, placa prensada	прессованный лист	1437

Nr.	DEUTSCH	ENGLISCH	FRANZÖSISCH
1438	gepreßter Papierstoff m	pressed pulp	pulpe f comprimée
1439	Geradhalsflasche f	straight-necked bottle	bouteille f à gorge droite
1440	gereckte Folie f, orientierte Folie	oriented film, oriented sheet	film m orientée
1441	geringe oder niedere Dichte f	low density	basse densité f, faible densité
1442	geripptes Papier n	laid paper, ribbed paper	papier m vergé, papier à nervures
1443	geruchdicht	odour-proof	étanche aux odeurs
1444	geruchlos	odour-free, odourless	inodore
1445	geruchlos machen	to deodorize	désodoriser
1446	Geruchstest m, Riechprobe f	odour test, smelling test	essai m à ou par l'odeur, détection f des odeurs
1447	geschälte Folie f, Schälfolie f	sliced film, sliced sheeting	feuille f tranchée
1449	geschäumtes Polystyrol n	expanded polystyrene, foam(ed) polystyrene	polystyrène m moussé
1450	Geschenk- und Luxusverpackungen fpl	gift and fancy boxes	emballages mpl et pour cadeaux de luxe
1451	Geschenk(ver)packung* f	gift pack(age), gift box	boîte-cadeau f, emballage m de luxe
1452	geschlossenzelliger Schaum m	closed-cell foam	mousse f à cellules fermées, plastique m expansé à cellules fermées
1453	Geschmack m	taste	goût

ITALIENISCH	SPANISCH	RUSSISCH	Nr.
pasta f pressata	pulpa o pasta comprimida, prensada	прессованная бумажная масса	1438
bottiglia f a collo diritto	botella de gollete derecho	фигурная бутылка с прямоугольными плечиками	1439
film m orientato	película orientada, film orientado	ориентированная пленка	1440
bassa densità f	baja densidad	низкая плотность	1441
carta f vergatina, carta f vergata	papel nervado	бумага верже, вержированная бумага	1442
impermeabile agli odori	estanco a los aromas, a los olores	запахонепроницаемый	1443
inodore	inodoro, sin olor, sin aroma	без запаха	1444
rendere inodore	desodorizar	дезодорировать	1445
prova f dell'odore	ensayo de aroma, detección de los olores o aromas	испытание на посторонний запах и привкус	1446
foglio m tagliato	película cortada, troquelada	строганая пленка, строганый лист	1447
polistirene m espanso	poliestireno expandido	вспененный полистирол, пенополистирол, стиропор	1449
scatole f pl da regalo e di lusso	envases o envolturas para regalos	подарочные и изящные коробки	1450
confezione f regalo	envase para regalos, envase de lujo	подарочная тара, тара для подарков	1451
espanso m a cellule chiuse	espuma de células cerradas, plástico expandido espumoso	пенопласт (с закрытыми ячейками или порами)	1452
gusto m	gusto	вкус	1453

Nr.	DEUTSCH	ENGLISCH	FRANZÖSISCH
1454	geschmacklos	tasteless, insipid, flavourless	insipide, sans goût
1455	Geschmacksab- weichung f	off-odour	altération du goût
1456	geschobtes Faß* n	cask taken (apart) to pieces, dismantled barrel, disassembled barrel	fût m démonté
1457	Geschwindigkeit f der Wasseraufnahme	speed of water absorption	vitesse f d'absorption d'eau
1458	Gesenk n, Matrize f	cavity, force, matrix	matrice f, empreinte f, cavité f
1459	Gesetz n	law	loi f
1460	gespritzte Folie f	extruded sheet	feuille f extrudée
1461	Gestaltung f, Formgebung f, Aufmachung f	layout, outfit, design, display	façonnage m, dessin m, présentation f
1462	gestreckte Folie* f (siehe 4293)	oriented film	feuille f expansée, feuille orientée, feuille étendue
1463	gestrichenes Papier* n	coated, clay-coated paper	papier m couché, papier à la craie
1464	Getränkeflasche* f	beverage bottle	bouteille f à boissons
1465	getränktes Papier n, imprägniertes Papier	impregnated paper	papier m imprégné
1466	Gewebe n	fabric, web, texture, tissue	tissu m, texture f

ITALIENISCH	SPANISCH	RUSSISCH	Nr.
insipido, insapore	insípido, sin gusto	безвкусный, не имеющийся вкуса	1454
odore m estraneo	sin olor, aroma	отклонение вкуса	1455
fusto m suddiviso in pezzi	barril dividido en piezas	бочка в разобранном виде	1456
velocità f di assorbimento d'acqua	velocidad de absorción de agua	скорость адсорбции воды, скорость водопоглощения	1457
impronta f, matrice f	matriz, cavidad, hueco	оформляющая полость гнезда пресс-формы, оформляющая полость матрицы	1458
legge f	ley, disposición	закон	1459
foglio m estruso	lámina u hoja extruída, película extruída, extrusionada, film extrusionada	экструдированная пленка, экструдированный лист	1460
presentazione f, design m	confección, diseño, presentación	оформление, художественное оформление, проектирование	1461
film m estensibile (orientato)	film (película) orientado/a	раскатанная пленка, раскатанная фольга	1462
carta f patinata	papel satinado, papel revestido, papel couché, (papel revestido con caolin)	мелованная бумага, бумага с покрытием	1463
bottiglia f per bevande	botella para bebidas	бутылка для напитков	1464
carta f impregnata	papel impregnado	пропитанная бумага	1465
tessuto m	tejido, textil	ткань	1466

Nr.	DEUTSCH	ENGLISCH	FRANZÖSISCH
1467	Gewebe n, beschichtetes Gewebe, kaschiertes Gewebe	coated fabric, backed fabric	tissu m enduit, tissu doublé
1468	gewebeverstärkter Klebestreifen m	fabric-reinforceed adhesive tape	ruban m adhésif renforcé de tissu
1469	gewellt	corrugated	ondulé
1470	Gewicht n	weight	poids m
1471	Gewichtsdosierung f	weight dosage, weight feeding	dosage m pondéral, alimentation f pondérale
1472	Gewichtskontrolle f	weight (register) control	contrôle m de poids
1473	Gewichtspackung* f	weight package, package according to weight	emballage m pondéral, emballage au poids ou sur poids
1474	Gewichtsregler m	weight governor	régulateur m à poids
1475	gewickelte Dose f, Wickeldose f	convolute can	boîte f enroulée, boîte bobinée
1476	Gewinde n, Schraubgewinde n	thread, screw	filet m, filetage m
1477	Gewinde n, äußeres Gewinde, Schraubgewinde n	screw thread, external thread	filet(age) m
1480	Gewinde n, einfaches Gewinde, eingängiges Gewinde	single thread	pas de vis m simple
1481	Gewinde n, flaches Gewinde, flachgängiges Gewinde, Flachgewinde n	square thread	filet m carré, filet droit, filet rectangulaire

ITALIENISCH	SPANISCH	RUSSISCH	Nr.
tessuto m rivestito	tejido revestido, tejido recubierto	ткань с покрытием, кашированная ткань	1467
nastro m adesivo rinforzato con fibre	cinta adhesiva reforzada con tejido	клеящая (гуммированная) лента, армированная тканью	1468
ondulato	ondulado	волнистый, гофрированный	1469
peso m	peso	вес, масса	1470
dosaggio m ponderato	dosificación por pesada, dosificación por peso, dosificación ponderal	дозирование по массе, весовая дозировка	1471
controllo m del peso	control de peso	весовой контроль	1472
imballaggio m a peso	envase o embalaje para un peso determinado correspondiente al peso del producto que contiene, envase o embalaje ponderal	упаковывание по массе	1473
regolatore m del peso	regulador del peso	весовой регулятор	1474
barattolo m con avvolgimento a strati paralleli sovrapposti	envase enrollado, envase bobinado	комбинированная банка, бумажно-металлическая комбинированная банка (с навивным корпусом)	1475
filettatura f, filetto m	tornillo, rosca	резьба, нарезка	1476
filettatura f a vite	rosca a tornillo, rosca o filete	винтовая резьба, винтовая нарезка	1477
passo m semplice, filetto m semplice	EINTRAG FEHLT!	однозаходная резьба, одноходовая резьба, однониточная резьба	1480
filetto m piatto, filetto m rettangolare	rosca plana, derecha, rectangular	квадратная резьба, прямоугольная резьба	1481

Nr.	DEUTSCH	ENGLISCH	FRANZÖSISCH
1482	Gewinde n, inneres Gewinde, Muttergewinde n	internal or nut thread, female screw thread	filet m intérieur, filet d'écrou, taraudage m
1483	Gewinde n, mehrfaches Gewinde, mehrgängiges Gewinde	multiplex thread, multiple thread	pas de vis m multiple, filet m multiple
1484	Gewinde n, mit Gewinde versehen	threaded	fileté
1485	Gewinde n, rechtsgängiges Gewinde, linksgängiges Gewinde	right-handed thread, left-handed thread	filet m à droite, filet à gauche
1486	Gewinde n, rundes Gewinde	round thread, knuckle thread	filet m arrondi
1487	Gewindeauslauf m	back taper thread	fin f du filet
1488	Gewindedeckel* m, Schraubdeckel m (siehe 3457)	screw cap, screw lid, screw-cap closure	couvercle m fileté, capsule f à vis
1489	Gewindedurchmesser m, äußerer Gewindedurchmesser	thread diameter, outside diameter	diamètre m nominal, diamètre extérieur
1490	Gewindedurchmesser m, innerer Gewindedurchmesser, Kerndurchmesser m	thread-core diameter, root diameter	diamètre m du noyau
1491	Gewindedurchmesser m, mittlerer Gewindedurchmesser, Flankendurchmesser m	effective thread diameter	diamètre m à flanc de filets
1492	Gewindegang m, Schraubengang m	course of thread, thread, pitch of screw thread	spire f, pas m de vis
1493	Gewindemündung f	threaded mouth	embouchure f filitée, embouchure à vis

ITALIENISCH	SPANISCH	RUSSISCH	Nr.
filetto m interno, filetto m femmina	filete o rosca interior, rosca o filete hembra	внутренняя резьба	1482
passo m multiplo, filetto m multiplo	fileteado de paso múltiple, filete múltiple, rosca múltiple	многозаходная резьба, многоходовая резьба, многониточная резьба	1483
filettato	fileteado, roscado	снабженный резьбой, резьбовой	1484
filetto m destrorso, filetto m sinistrorso	filete o rosca hacia la derecha, filete o rosca a la izquierda fileteado o roscado hacia la derecha, fileteado o roscado hacia la izquierda	правая резьба; левая резьба	1485
filetto m arrotondato	fileteado o roscado redondeado	круглая резьба	1486
fine f del filetto	final del filete o rosca	сбег резьбы	1487
coperchio m a vite, coperchio m filettato	tapa fileteada o roscada, cápsula de rosca	крышка с резьбой, крышка с винтовой резьбой, винтовая резьба	1488
diametro m esterno del filetto, diametro m esterno della filettatura	diámetro nominal, diámetro exterior	диаметр резьбы, наружный диаметр резьбы	1489
diametro m interno del filetto, diametro m interno della filettatura	diámetro del núcleo	внутренний диаметр резьбы	1490
diametro m medio del filetto, diametro m medio della filettatura	diámetro real del filete o de la rosca	средний диаметр резьбы	1491
passo m del filetto	espiral, paso de rosca	нитка резьбы, виток резьбы	1492
imboccatura f filettata	embocadura fileteada, embocadura a rosca	резьбовой венчик горловины (стеклянной банки), горловое кольцо бутылки с винтовой резьбой	1493

Nr.	DEUTSCH	ENGLISCH	FRANZÖSISCH
1494	**Gewindemuffe** f	**threaded sleeve, screw socket or sleeve, collar with thread**	**manchon** m **taraudé, manchon fileté, manchon d'accouplement à vis**
1495	**Gewindepassung** f	**close fit of thread, thread fit**	**tolérance** f **de filetage**
1496	**gewölbt**	**domed, convex, vaulted, arched**	**bombé, convexe, courbé, voûté, cambré**
1497	**gewölbter Rand** m	**rim**	**rebord** m cambré
1498	**gezogene Dose*** f	**drawn can**	**boîte** f **métallique emboutie**
1499	**Gießen** n	**casting**	**coulée** f, **coulage** m
1500	**Gießen** n (eines Formteils)	**injection moulding**	**moulage** m **par coulage**
1501	**Gießfolie*** f, **gegossene Folie** f	**cast film**	**feuille** f **(mince) coulée, film** m **coulé**
1502	**Gießform** f	**mould**	**moule** m **à couler, moule de coulée**
1503	**Gießharz** n	**cast resin**	**résine** f **coulée, résine à couler, résine moulée**
1504	**Gießling** m (gegossenes Teil)	**casting**	**objet** m **coulé**
1505	**Gießmaschine** f	**casting machine**	**machine** f **à couler**
1506	**giftfrei, ungiftig**	**non-poisonous, poisonless, harmless, non-toxic**	**atoxique, sans poison, sans venin, non-vénéneux**
1507	**giftig**	**poisonous, toxic(al), venomous**	**toxique, venimeux, vénéneux**

ITALIENISCH	SPANISCH	RUSSISCH	Nr.
manicotto m filettato, collarino m filettato	manguito fileteado o a rosca, collar fileteado, arandela de acoplamiento a rosca, junta ...	винтовая муфта, муфта с резьбой, сцепная муфта	1494
tolleranza f di filettatura	tolerancia del fileteado o roscado	припасовка резьбы, пригонка резьбы	1495
convesso, bombato	bombeado, convexo, curvado, arqueado, combado	сводчатый, выпуклый, куполообразный	1496
bordo m curvato	reborde	выпуклый край, борт, буртик	1497
barattolo m imbutito	bote metálico embutido	цельноштампованная банка, цельнотянутая банка	1498
colata f, colaggio m	fundido, colado, vaciado	литье, отливка (пленок)	1499
formatura f per colaggio	moldeo por colada, por fusión	отливка (изделий)	1500
film m colato	película colada o fundida	пленка, полученная поливом; поливная пленка, отлитая пленка, литая пленка	1501
stampo m per colaggio (per resine fluide)	molde para fundir o colar, molde de colada	литейная форма, форма для литья	1502
resina f colata, resina f da colare	resina colada, resina para colar o fundir, resina moldeada	литьевая смола, литая смола	1503
oggetto f colato	objeto colado, vaciado o fundido	литое изделие, отливка	1504
macchina f per colare	máquina para fundir o colar	литьевая машина, поливочная машина	1505
atossico, non velenoso	atóxico, exento de veneno, sin veneno, no venenoso	нетоксичный, неядовитый	1506
velenoso, tossico	tóxico, venenoso	токсический, ядовитый	1507

Nr.	DEUTSCH	ENGLISCH	FRANZÖSISCH
1508	**Giftigkeit** f	**toxicity**	**toxicité** f
1509	**Giftstoff** m	**toxic agent, toxin(e)**	**toxine** f, **toxique** m
1510	**Gitterboxpalette** f	**box pallet with mesh panels, cage, crate pallet**	**palette-caisse** f **cadrée**
1511	**Glacépapier** n	**enamel paper, glazed paper**	**papier** m **glacé**
1512	**glänzend**	**brilliant, glossy, bright, lustrous**	**luisant, lustré, brillant**
1513	**glätten, satinieren**	**to glaze, to calender, to satin**	**lisser, satiner, calandrer**
1514	**Glättwerk** n	**calender, glazing machine**	**lissoir** m, **satineuse** f
1515	**Glanz** m	**brightness, gloss, brilliancy, polish, lustre**	**brillant** m, **brillance** f, **lustre** m, **satiné** m
1516	**Glanzblech** n	**polished sheet metal**	**tôle** f **étamée, tôle polie, tôle glacée, tôle lustrée**
1517	**Glanzfolie** f	**high-gloss foil or film**	**feuille** f **glacée**
1518	**Glanzmesser** m	**gloss-meter**	**lustre-mètre** m, **luisance-mètre** m
1519	**Glanzpapier** n, **Glacépapier** n	**glazed paper, enamel paper, high-gloss paper, glossy paper**	**papier** m **lissé, papier glacé, papier lustré, papier satiné**
1520	**Glanzpappe** f, **Glanzkarton** m	**glazed board, enamel board**	**carton** m **porcelaine, carton lissé, carton satiné**
1521	**Glas*** n (als Packmittel und als Behälterglas)	**glass** (as a package and glass container)	**verre** m (comme emballage et récipient en verre)

ITALIENISCH	SPANISCH	RUSSISCH	Nr.
tossicità f	toxicidad	токсичность, ядовитость	1508
sostanza f tossica	agente tóxico, toxina, tóxico	ядовитое вещество, отравляющее вещество, токсин	1509
box-paletta con pannelli laterali reticolari	caja-paleta cuadrada (con paneles laterales)	решетчатый ящичный поддон, сеточный ящичный поддон	1510
carta f satinata, carta f lucida	papel satinado	глазированная бумага	1511
brillante, lucido, splendente, non opaco	lustroso, brillante	блестящий, лоснящийся	1512
lisciare, satinare, calandrare	bruñir, satinar, calandrar	лощить, лощить на машинном каландре, каландрировать	1513
macchina f calandratrice, macchina f satinatrice	calandra, satinadora	машинный каландр	1514
brillantezza f, lucentezza f	brillante, lustre, satinado	глянец, лоск, блеск	1515
foglio m metallico levigato, foglio m metallico lucido	plancha esmaltada, plancha pulida, plancha abrillantada, plancha o lámina lustrada	лист с блестящей поверхностью, полированная плита	1516
film m brillante, foglio m brillante	hoja brillante o abrillantada	глянцевая фольга, глянцевая пленка	1517
apparecchio m per prova di brillantezza	lustrómetro, aparato para la determinación del brillo	блескометр, гляриметр, прибор для измерения лоска	1518
carta f satinata, carta f lucida	papel brillante, papel abrillantado, lustrado, satinado	глянцевая бумага, глазированная бумага	1519
cartone m brillante, cartone m lucido	cartón porcelana, cartón brillante - cartón satinado	глянцевый картон, лощеный картон, английский картон	1520
vetro m (come contenitore e recipiente in vetro)	vidrio (como envase y recipiente de vidrio)	стеклянная тара, стеклотара	1521

Nr.	DEUTSCH	ENGLISCH	FRANZÖSISCH
1522	**Glas*** n (als Packstoff)	**glass** (as packaging material)	**verre** m (comme matériel d'emballage)
1523	**Glas** n, (**draht**)**bewehrtes Glas, (draht)armiertes Glas**	**wire glass**	**verre** m **armé** (de fils métalliques)
1524	**Glas** n, **matt geschliffenes Glas, Mattglas** n	**ground glass, frosted glass**	**verre** m **mat, verre dépoli**
1525	**Glasballon** m	**demijohn, carboy, glass balloon**	**bonbonne** f **en verre, dame-jeanne** f, **ballon** m **en verre**
1526	**Glasballon** m, **ungeschützter Glasballon, umflochtener Glasballon**	**bare, braided demijohn**	**bonbonne** f (**en verre**) **nue, bonbonne clissée**
1527	**Glasdose** f, **Industrie-Konservenglas*** n	**industrial glass container, glass (jar) for industrial preserves**	**verre** m **industriel, verre de conserves industrielles**
1528	**Glasemaillierung** f	**glass enamelling**	**émaillage** m **de verre**
1529	**Glasfaden** m	**glass thread**	**fil** m **de verre**
1530	**Glasfaser** f	**glass fibre, spun glass**	**fibre** f **de verre**
1531	**Glasfaserkunststoff** m (**GFK**)	**glass fibre reinforced plastics (material) (RP)**	**matière** f **plastique renforcée de fibres de verre, matière** f **plastique verre-résine**
1532	**Glasfaserschichtstoff** m (**GFS**)	**glass fibre laminate**	**stratifié-verre** m, **tissu** m **de verre stratifié**
1533	**glasfaserverstärkt**	**glass fibre reinforced**	**renforcé ou armé de fibres de verre**
1534	**glasfaserverstärkter Kunststoff*** m	**glass fibre reinforced plastics**	**matière** f **plastique rencorcée de fibres de verre**

ITALIENISCH	SPANISCH	RUSSISCH	Nr.
vetro m (come materiale d'imballaggio)	vidrio (como material de envase) (materia prima)	стекло (упаковочный материал)	1522
vetro m rinforzato (con filo metallico)	vidrio armado (con hilos metálicos), reforzado	армированное стекло; стекло, армированное проволочной сеткой	1523
vetro m opaco, vetro m smerigliato	vidrio opaco armado (con hilos metálicos)	матовое стекло, матовое шлифованное стекло	1524
damigiana f	bombona de vidrio, damajuana, garrafa de vidrio	бутыль, стеклянный баллон	1525
damigiana f nuda, damigiana f rivestita	bombona (de vidrio) simple, damajuana sin protección	неоплетенная бутыль	1526
barattolo m in vetro per conserve	vidrio industrial, vidrio de conservas industriales	стеклянная банка, стеклобанка	1527
smaltatura f del vetro	esmaltado de vidrio	эмалирование стеклом	1528
filo m di vetro	filamento de vidrio	стеклянная нить	1529
fibra f di vetro	fibra de vidrio	стеклянное волокно, стекловолокно	1530
plastica f additivata con fibra di vetro, vetro-resina	materia plástica reforzada con fibra de vidrio, materia plástica vidrio-resina	стеклопластик	1531
laminato m di fibra di vetro	vidrio estratificado, tejido de vidrio estratificado	слоистый стеклопластик, стеклотекстолит	1532
rinforzato con fibra di vetro	reforzado o armado con fibras de vidrio	упрочненный стекловолокном, армированный стекловолокном	1533
plastica f rinforzata con fibra di vetro	material plástico reforzado con fibras de vidrio	стеклопластик	1534

Nr.	DEUTSCH	ENGLISCH	FRANZÖSISCH
1535	Glasfläschchen n	phial, vial, flask (all of glass)	fiole f, flacon m (en verre)
1536	Glasgefäß n, Glas n	jar, glass	bocal m
1537	Glasgewebe n	glass cloth or fabric, spun glass fabrics	tissu m de verre
1538	glasgrün	bottle-green	vert bouteille
1539	glashart, spröde	brittle, glass-hard, glassy	dur comme le verre, cassant
1540	Glashaut f	viscose film, cellophane	pellicule f cellulosique transparente
1541	glasklar	transparent, pellucid, diaphanous, clear as glass,	clair, clair comme le verre
1542	Glasur f	glaze, glazing	glaçure f, glaçage m, vernissage m
1543	Glasverpackung f	glass container	emballage-verre m, emballage m en verre
1544	Glaswatte f	spun glass wadding	ouate f de verre
1545	Glaswolle f	glass wool	laine f de verre
1546	Gleichgewicht n	balance, equilibrium, stability	équilibre m, balance f
1547	Gleichgewicht n, außer Gleichgewicht	unbalanced, unpoised	non-équilibré, hors d'équilibre, déséquilibré
1548	Gleichgewicht n, dynamisches Gleichgewicht	dynamic equilibrium, dynamic balance	balance f dynamique
1549	Gleichgewicht n, indifferentes Gleichgewicht	neutral equilibrium	équilibre m indifférent

ITALIENISCH	SPANISCH	RUSSISCH	Nr.
flacone m di vetro, fiala f di vetro	vial, pomo, frasco (de vidrio)	склянка, стеклянная бутылочка	1535
vaso m di vetro	bocal, jarro, jarra	стеклянная банка	1536
tessuto m di vetro	EINTRAG FEHLT!	стеклоткань, стеклянная ткань	1537
verde bottiglia	EINTRAG FEHLT!	бутылочно-зеленый	1538
duro come il vetro	duro como el vidrio, quebradizo	имеющий твердость стекла, хрупкий	1539
film m di cellulosa, cellofan m	película celulósica transparente, celofán, celulosa regenerada	целлофан	1540
trasparente come il vetro	claro, claro como el vidrio, transparente como el vidrio	прозрачный (как стекло), имеющий прозрачность стекла	1541
lucidatura f, smaltatura f	vidriado, esmaltado	глазурь, полива, прозрачный лак	1542
imballaggio m in vetro	envase de vidrio	стеклянная тара, стеклотара	1543
ovatta f di vetro	guata de vidrio	стеклянная вата, стекловата	1544
lana f di vetro	lana de vidrio, fibra de vidrio	стеклянный войлок, стеклянная шерсть	1545
equilibrio m	equilibrio, estabilidad	равновесие	1546
sbilanciato, fuori equilibrio	desequilibrado	неуравновешенный, несбалансированный, разбалансированный	1547
equilibrio m dinamico	equilibrio dinámico	динамическое равновесие	1548
equilibrio m indifferente	equilibrio indiferente	безразличное равновесие	1549

Nr.	DEUTSCH	ENGLISCH	FRANZÖSISCH
1550	Gleichgewicht n, stabiles Gleichgewicht, labiles Gleichgewicht	stable equilibrium, unstable equilibrium	équilibre m stable, équilibre instable
1551	Gleichgewichtslage f, Gleichgewichtszustand m, Ruhelage f	balance, balanced position, state or point of equilibrium	position f d'équilibre, état m d'équilibre
1552	gleiten	to slide, to skid, to slip	glisser
1553	Gleitfähigkeit f	sliding ability	glissement, facilité de glissement
1554	Gleitmittel n	lubricant	lubrifiant m, agent m anti-friction
1555	Gleitschutzmittel n	anti-skid agent	produit m antidérapant
1556	gleitsicher, rutschfest	nonslip, nonskid, anti-skid	antidérapant
1557	Gleitverschluß* m	sliding fastener, slide zipper (with a slider joining and separating the plastics profiles of a package)	fermeture f automatique glissante, fermeture éclair à glissière (avec un curseur réunissant en glissant deux profils plastiques d'un emballage)
1558	Gliederband n	jointed-band conveyor, link conveyor, chain conveyor	bande f transporteuse à maillons
1559	Goldpapier n	gold paper, gilt paper	papier doré
1560	grafisch-werblich	graphic-advertising	graphico-publicitaire
1561	granulär	granular, granulated, granulous	granulaire, granuleux

ITALIENISCH	SPANISCH	RUSSISCH	Nr.
equilibrio m **stabile, equilibrio instabile**	**equilibrio estable, equilibrio inestable**	устойчивое равновесие, стабильное равновесие; неустойчивое равновесие, лабильное равновесие	1550
(posizione f **di equilibrio) stato** m **di equilibrio, punto** m **di equilibrio**	**posición de equilibrio, estado de equilibrio, punto de equilibrio**	положение равновесия, состояние равновесия	1551
scivolare, slittare	**deslizar, deslizarse, resbalar**	скользить, проскальзывать	1552
indice m **di slittamento**	**deslizabilidad, deslizante**	способность к скольжению	1553
lubrificante m	**lubrificante, agente antifricción**	смазочный материал, смазочное вещество, смазка	1554
agente m **antiscivolante**	**producto o agente antiderrapante**	предохранитель от скольжения	1555
antiscivolante	**antiderrapante, antideslizante**	нескользящий, препятствующий скольжению	1556
chiusura f **a slittamento** (mediante un dispositivo che, spostandosi avanti o indietro, unisce o separa i profili di un imballaggio di plastica)	**cierre automático deslizante**	замок "молния", застежка "молния"	1557
nastro m **trasportatore a maglie**	**cinta transportadora por mallas, cadenas**	гусеничная лента	1558
carta f **dorata**	**papel de oro, papel dorado**	позолоченная бумага	1559
grafico-pubblicitario	**gráfico-publicitario**	рекламный в графической форме	1560
granulare	**granuloso, granular**	гранулярный, гранулированный, зернистый	1561

Nr.	DEUTSCH	ENGLISCH	FRANZÖSISCH
1562	Granulat n	granulated material, granulates pl	produits mpl granuleux, granulés mpl
1563	Granulation f, Körnung f	granulation	granulation f
1564	Granuliermaschine f	granulating machine	machine f à granuler
1565	Graupappe* f, Schrenzpappe f	grey board, chipboard, millboard	carton m gris de vieux papiers mêlés, carton Schrenz
1566	gravieren	to engrave	graver
1567	Greiferverschluß m,Ohrenverschluß m	tab closure, ear-tab closure	fermeture f à tenons et à oreilles, fermeture à pattes (rabattantes)
1568	Greiftest* m	grip test	test m de préhension
1569	Griff m (einer Trageverpackung)	handle (of a carrier package)	poignée f (d'un emballage portatif)
1570	Griffdaube* f	grip-hole stave	douve f avec trou de préhension
1571	Griffloch* n	grip hole	trou m de préhension
1572	Griffstopfen* m (siehe 3771 ff.)	grip stopper, gripshaped stopper, grip-handle	bouchon m à poignée, bouchon-poignée m
1573	Grobblech n, Schwerblech n	heavy plate, thick metal plate	tôle f forte, tôle grosse
1574	grobwellig	with widely spaced flutes	ondulé en grosses cannelures
1575	Großbehältnis n	large container	conteneur m à grande capacité, conteneur à grand volume

ITALIENISCH	SPANISCH	RUSSISCH	Nr.
prodotto m granulare, granulato m	productos granulosos, granulados	гранулат, гранулированный продукт, гранулированный материал	1562
granulazione f	granulación	грануляция, зернистость	1563
macchina f granulatrice	máquina de granular	гранулятор	1564
cartone m grigio	cartón gris de papeles viejos mezclados cartón Schrenz	газетномакулатурный картон, низкосортный макулатурный картон	1565
incidere	grabar	гравировать	1566
chiusura f ad orecchiette	cierre de orejetas, cierre de patas abatibles	замок, состоящий из язычка и ушка; застежка, состоящая из язычка и прорези	1567
prova f di resistenza alla presa	ensayo de agarre	зажимный (захватный) тест	1568
manico m, maniglia f (di un imballaggio da portatile da trasporto trasportabile)	puño o asa (de un envase o embalaje portátil)	ручка, рукоятка	1569
doga f con incavo di presa	duela con perforación para aprehensión	удлиненная клепка, имеющая отверстие для захвата	1570
foro m di presa	orificio de aprehensión	отверстие для захвата	1571
chiusura f con maniglia	cierre u obturador con empuñadura	пробка или бушон с захватным устройством	1572
lamiera f spessa, lamiera f grezza	plancha fuerte, plancha gruesa (generalmente de metal)	толстолистовая сталь	1573
a ondulazione f grossa	ondulado con grandes acanalados	с крупной волной	1574
contenitore m a grande capacità	envase, embalaje grande	крупный (большой) сосуд	1575

Nr.	DEUTSCH	ENGLISCH	FRANZÖSISCH
1576	**Großdose** f	**large can**	**grande boîte** f
1577	**Großglasbehältnis*** n (Oberbegriff für Ballons, Demijohns und Korbflaschen aus Glas)	**large-volume glass container pl** (e. g. balloons, demijohns and carboys)	**emballage mpl en verre de grande contenance** (p. e. ballons, bonbonnes et dame-jeannes)
1578	**Großhandelspackung*** f	**large scale trade pack**	**emballage** m **pour le commerce en gros**
1579	**Großkiste** f (siehe 1584)	**large-size case, big-volume case**	**caisse** f **de grande contenance**
1580	**Großpackmittel*** n	**large-size package, big-volume package**	**emballage** m **de grande contenance**
1581	**Großpackung** f, **Familienpackung** f	**economy size pack, family package**	**emballage** m **de grand format, emballage familial, emballage géant**
1582	**Großsack** m, **Mehrlagensack** m	**multi-ply sack, multi-wall sack**	**sac** m **à parois ou plis multiples, sac** m **G. C.** (G. C.= de grand contenance)
1583	**Großschrumpfgebinde*** n	**pallet-less shrink unit**	**grand emballage** m **à film retractable**
1584	**Großverbraucherpackung*** f (siehe 176, 1579)	**institutional pack(age)**	**emballage** m **de grand consommateur**
1585	**Grünspan** m	**verdigris**	**vert-de-gris** m
1586	**Grundfarbe** f	**base colour, ground colour, background colour**	**couleur** f **de fond, couleur d'apprêt, fond** m
1587	**Grundfläche** f	**floor space, (surface) area base, foundation plate**	**surface** f **de base**

ITALIENISCH	SPANISCH	RUSSISCH	Nr.
barattolo m a grande capacità	lata grande	крупная банка, крупная коробка, крупный ящик	1576
contenitori m pl di vetro a grande capacità (ad es. fiasche, damigiane)	envase de vidrio de gran contenido (por ejemplo, bombonas, damajuanas, etc.)	крупная стеклянная тара, транспортная тара из стекла	1577
confezioni f pl per il commercio all'ingrosso	envase comercial grande	упаковка оптовой торговли	1578
cassa f voluminosa, cassa f di grande capacità	caja de gran contenido, de gran volumen	крупный деревянный ящик на гвоздевых соединениях	1579
imballaggio m a grande capacità	gran embalaje, embalaje grande	крупная тара (транспортная тара, внешняя тара)	1580
imballaggio m formato gigante, formato famiglia	embalaje de gran formato, embalaje familiar (de gran tamaño para que resulte más económico)	комплектовая упаковка, семейная упаковка	1581
sacco m a pareti multiple	saco de paredes múltiples o multipliegues (de gran contenido)	многослойный бумажный мешок	1582
grossi fastelli m pl in retraibile	sin paleta - retractilado, unidad retractilada sin paleta	крупная усадочная связка	1583
confezione f per enti (ospedali, ecc.)	envase embalaje institucional, para consumo colectivo, embalaje de gran consumo o contenido (embalaje de transporte o de expedición)	упаковка для крупного (оптового) потребления	1584
verderame m	verde gris	ярь-медянка, медянка	1585
colore m di fondo	color de fondo, color base, color básico	грунтовая краска, грунтовочная краска, грунтовка	1586
base f, superficie f di base	superficie de base	основание, площадь основания, базовая поверхность	1587

Nr.	DEUTSCH	ENGLISCH	FRANZÖSISCH
1588	**Grundierung** f	**priming**	**couche** f **de fond**
1589	**Grundmaß** n, **Standardmaß** n	**standard of measurement**	**mesure** f **normale, mesure fondamentale, dimension** f **de base**
1590	**Grundmetall** n	**basic metal, base metal**	**métal** m **de fond**
1591	**Grundpackung*** f	**unit pack(age), basic pack(age)**	**emballage** m **individuel, emballage de base**
1592	**Grundstoff** m	**basic material, raw material**	**matière** f **de base, élément** m
1593	**Gürtel(falt)schachtel*** f **Durchziehgürtelschachtel** f (siehe 807)	**two-piece staple-joined box, girdle case**	**boîte** f **en carton composée de deux pièces agrafées, caisse** f **à ceinture, boîte** f **à ceinture**
1594	**Gütebestimmung** f	**quality specification, quality determination**	**détermination** f **de la qualité**
1595	**Güter** npl, **gefährliche Güter**	**dangerous products**	**matériaux** mpl **dangereux, produits** mpl **dangereux**
1596	**Gütestempel** m, **Gütezeichen** n	**quality label, quality mark, compliance stamp**	**estampille** f **de qualité, marque** f **de qualité**
1597	**Guillotineschere** f	**guillotine, guillotine cutters**	**guillotine** , **cisailles** fpl **guillotine**
1598	**Gummi** m, n	**rubber, gum, caoutchouc**	**gomme** f, **caoutchouc** m
1599	**Gummi** m, **synthetischer Gummi**	**synthetic rubber**	**caoutchouc** m **synthétique**
1600	**Gummiabfederung** f	**rubber shock absorber**	**suspension** f **élastique en caoutchouc, amortisseur** m **à ou en caoutchouc**
1601	**Gummi arabicum** n	**arabic gum, gum arabic**	**gomme** f **arabique**

ITALIENISCH	SPANISCH	RUSSISCH	Nr.
mano f di fondo, prima mano f	imprimación	грунтовка	1588
misura f standard, misura f base	medida normal, medida fundamental, básica	основной модуль	1589
metallo m di base	metal de fondo, básico (metal)	металл основы, основной металл	1590
confezione f unitaria	envase unitario, envase individual, envase primario	дозовая упаковка одноразовых порций продукта, первичная тара	1591
materiale m di base, materia f prima	material de base, material básico, materia prima	сырье, исходное сырье, исходный материал	1592
cassa f in cartone composta di due pezzi aggraffati II V voce V diz. FEFCO	bote o envase de cartón formado por dos piezas grapadas entre sí, caja de cintura (voz v del Diccionario FEFCO)	складная коробка или складной ящик с приставным поясом (боковыми стенками)	1593
determinazione f della qualità	especificación cualitativa, determinación de la calidad	проверка качества, определение качества	1594
materiali m pl pericolosi	mercancías peligrosas	опасные материалы	1595
marchio m di qualità	estampilla, marca de calidad	клеймо ОТК, знак качества, инспекторский штамп	1596
coltelli m pl a ghigliottina	guillotina, cizalla	гильотинные ножницы, гильотина, стопорезка	1597
gomma f, caucciù m	goma, caucho	резина, каучук	1598
gomma f sintetica	caucho sintético	синтетический каучук	1599
ammortizzatore m d'urto in gomma	suspensión elástica de caucho, amortiguador de caucho	резиновая подвеска	1600
gomma f arabica	goma arábiga	гумми-арабик	1601

Nr.	DEUTSCH	ENGLISCH	FRANZÖSISCH
1602	**Gummiaufreißdose f**	**easy opening can with solid rubber ring**	**boîte** f **à bande d'arrachage en caoutchouc**
1603	**Gummiband** n	**rubber(ed) tape, rubber band**	**ruban** m **caoutchouté, ruban en caoutchouc**
1604	**Gummi(dichtungs)ring** m	**rubber (sealing) ring**	**anneau** m **(joint) en caoutchouc**
1605	**Gummidruck*** m, **Flexodruck*** m	**flexographic printing, anilin(e) printing**	**flexographie** f, **impression** f **flexo, impression** f **d'aniline**
1606	**Gummidruckwalze** f (stereotyp oder handgraviert)	**rubber printing roller** (stereo or hand engraved)	**rouleau** m **imprimeur en caoutchouc** (stéréotypé ou gravé à la main)
1607	**gummieren*** , **beleimen**	**to gum, to rubberize**	**gommer, engommer, encoller**
1608	**Gummierleim** m	**coating adhesive**	**colle** f **pour gommage**
1609	**Gummiermaschine** f (siehe 171)	**gumming machine**	**machine** f **à gommer**
1610	**gummierte Kokosfaser** f	**rubberized coco fibre, rubberized coir**	**fibre** f **de coco caoutchoutée**
1611	**gummierte Stoffe mpl**	**rubberized fabrics** pl	**tissus** mpl **(en)gommés, tissus encollés**
1612	**gummierter Klebestreifen** m, **gummiertes Klebeband** n	**gummed tape**	**ruban** m **gommé, bande** f **gommée**

ITALIENISCH	SPANISCH	RUSSISCH	Nr.
barattolo m ad apertura facile mediante anello di gomma	bote metálico de apertura fácil con anilla abridora, de apertura, de caucho	жестяная консервная банка, открываемая путем извлечения за язычок резинового кольца, запрессованного в закаточное поле крышки	1602
nastro m gommato	cinta de caucho, cinta recauchutada	резиновая лента	1603
anello m di gomma per saldatura	anillo de junta de caucho, junta anular de caucho	резиновое кольцо, уплотнительное резиновое кольцо, прокладочное резиновое кольцо	1604
flessografia f	flexografía, impresión flexográfica, impresión con anilina	способ печати с эластичных форм (высокой печати), флексографическая печать	1605
rullo m stampatore in gomma (stereotipo o inciso a mano)	rodillo impresor de caucho (estereotipia o grabado a mano)	обрезиненный печатный валик	1606
gommare, incollare	engomar, encolar	гуммировать, обрезинивать, прорезинивать, покрывать клеем	1607
colla f per incollare	revestimiento adhesivo, cola de revestimiento superficial	клей для гуммирования	1608
macchina f incollatrice	máquina engomadora	гуммировальная машина	1609
fibra f vegetale gommata	fibra de coco recauchutada crin vegetal recauchutado	прорезиненное кокосовое волокно	1610
tessuti m pl gommati	telas, artículos engomados, encolados	прорезиненные ткани	1611
nastro m gommato	cinta, precinto, banda engomada	гуммированная лента	1612

Nr.	DEUTSCH	ENGLISCH	FRANZÖSISCH
1613	gummiertes Haar n, Gummihaar n (zum Polstern)	rubberized hair (for cushioning)	crin m caoutchouté, poil m en caoutchouc (pour rembourrage)
1614	gummiertes Papier* n	gummed paper	papier m gommé, papier collant
1615	gummiertes Papierband n	gummed paper tape	bande f de papier gommé
1616	Gummierung* f	adhesive film, rubber coating, rubberizing, gumming	gommage m, couche f de gommage, collage m
1617	Gummifaser* f	rubber fibre	fibre f de caoutchouc
1618	Gummihaarpolster* n, Haargummipolster n	rubberized hair pad or cushion	rembourrage m de poil en caoutchouc
1619	Gummihydrochlorid-Folie f	rubber hydrochloride film, Pliofilm	feuille f de caoutchouc chlorhydrate, Pliofilm
1620	Gummilösung f	rubber solution	gomme f arabique liquide, dissolution f de caoutchouc
1621	Gummimilch-Klebstoff m, Latex-Klebstoff m	latex adhesive	adhésif m au latex de caoutchouc
1622	Gummistempel m	rubber stamp, rubber die	timbre m en caoutchouc, matrice f en caoutchouc
1623	Gummistoff m	rubberized material	tissu m coautchouté
1624	Gummistopfen m, Gummipfropfen m	rubber stopper	bouchon m en caoutchouc
1625	Gummi(unterleg)-scheibe f	rubber disk, rubber washer	rondelle f en caoutchouc, bague f en caoutchouc

ITALIENISCH	SPANISCH	RUSSISCH	Nr.
crine m gommato (per imbottitura)	crin (animal) recauchutado	волос, покрытый каучуком; прорезиненный волос	1613
carta f gommata	papel engomado	гуммированная бумага	1614
nastro m di carta gommata	cinta de papel engomado (precinto de papel engomado)	гуммированная бумажная лента	1615
gommatura f, rivestimento m in gomma, rivestimento m adesivo in gomma	película adhesiva, recubrimiento de engomado, engomado, pegado	гуммирование, обрезинивание, прорезинивание, покрытие резиной	1616
fibra f di gomma	fibra de caucho	растительное волокно, связанное резиной	1617
imbottitura f di crine gommato	viruta de crin recauchutado (en forma de taco o almohadilla para relleno amortiguador)	прорезиненный животный волос в виде отформованной прокладки	1618
film m di cloridrato di gomma	película de hidrocloruro de caucho	пленка на основе гидрохлорида каучука, плиофильм	1619
mastice m, soluzione f di gomma	disolución de caucho, disolución de goma	раствор каучука, резиновый клей, каучуковый клей	1620
adesivo m di lattice di gomma	adhesivo de latex de caucho	латексный клей	1621
timbro m di gomma	sello de caucho, matriz de caucho	резиновый штемпель, упругий пуансон, эластичный пуансон	1622
materiale m gommato	material, tejido cauchutado	прорезиненный материал	1623
chiusura f di gomma, tappo m di gomma	tapón, obturador de caucho	резиновая пробка	1624
rondella f di gomma, disco m di gomma	arandela, anillo de caucho	резиновое кольцо, резиновая прокладка, резиновая подкладка	1625

Nr.	DEUTSCH	ENGLISCH	FRANZÖSISCH
1626	**Gurt** m, **Gurtband** n	**belt, strap, belt strap**	**sangle** f, **ceinture** f, **courroie** f
1627	**Gurtförderer** m	**belt or band conveyor**	**transporteur** m **à courroie, bande** f **transporteuse**
1628	**Guß** m, **Gußstück** n, **Gießling** m	**casting, cast piece**	**pièce** f **coulée**
1629	**Gußform** f	**mould**	**moule** m
1630	**Gut** n, **Güter** npl	**product, goods, article**	**produit** m **marchandise** f, **article** m
1631	**Haar** n, **gummiertes Haar, Gummihaar** n (zum Polstern)	**rubberized hair** (for cushioning)	**crin** m **caoutchouté** (pour rembourrage)
1632	**Haarfilz** m	**hair felt**	**feutre** m **de poil**
1633	**Härte** f, **Härtegrad** m	**hardness**	**dureté** f
1634	**Härtemittel** n, **Härter** m	**hardener**	**durcisseur** m
1635	**Härtungszeit** f	**curing time, setting time**	**temps** m **de cuisson, temps de durcissement, temps de prise**
1636	**haften, anhaften, kleben** (siehe 152, 490)	**to adhere**	**adhérer, coller**
1637	**Haftetikett*** n, **Selbstklebeetikett** n, **druckwirksames Etikett** n	**adhesive label, self-adhesive label, pressure-sensitive label**	**étiquette** f **adhésive, étiquette auto-collante**
1638	**Haftfestigkeit*** f, **Adhäsion(skraft)** f	**adhesive strength, adherence, bond strength, tack**	**adhésion** f, (**force** f **d')** **adhérence** f, **propriétés** fpl **adhésives**

ITALIENISCH	SPANISCH	RUSSISCH	Nr.
nastro m	cinturón, cinta, banda, zuncho	лента, пояс	1626
nastro m trasportatore, trasportatore m a nastro	cinta transportadora, camino transportador por correas	ленточный транспортер, ленточный конвейер	1627
oggetto m colato	colado, fundido, pieza colada o fundida	литье, отливка, литое изделие	1628
stampo m	molde	литейная форма	1629
prodotto m, merce f, articolo m	producto, mercancía, artículo	материал, груз	1630
crine m gommato per imbottitura	crin recauchutado (para relleno, como antichoque)	волос, покрытый каучуком; прорезиненная щетина (для амортизирующих прокладок)	1631
feltro m	fibra de fieltro	войлок; фетр	1632
durezza f	dureza, grado de dureza	твердость, степень твердости	1633
sostanza f indurente	endurecedor	отвердитель, закрепитель	1634
tempo m di indurimento, tempo m di presa	tiempo de curación, del endurecimiento	выдержка, время выдержки, время схватывания, длительность отвердения	1635
far aderire, incollare	pegar, adherir, colar	прилипать, сцепляться, слипаться, слеживаться, липнуть	1636
etichetta f adesiva, etichetta f autoadesiva	tejido de vidrio	наклейка, самоприклеивающаяся этикетка; липкая этикетка, приклеемая одним давлением	1637
proprietà f adesiva, adesione f	verde botella	адгезионная прочность, прочность связи, прочность сцепления, сила адгезии, сила сцепления	1638

Nr.	DEUTSCH	ENGLISCH	FRANZÖSISCH
1639	**Haftfolie** f	**stick film**	**pellicule** f **adhésive**
1640	**Haftsprühung** f	**residual spray**	**pulvérisation** f **résiduelle**
1641	**Haftklebung*** f (siehe 3557)	**contact adhesion**	**adhésion** f **par contact**
1642	**Haftklebepapier*** n	**pressure-sensitive paper**	**papier** m **collant par pression**
1643	**Haftklebeverschluß*** m	**pressure-sensitive closure**	**fermeture** f **à pression**
1644	**Haken** mpl, **keine Haken benutzen!**	**use no hooks!**	**maniez sans crampons!**
1645	**Hakenverbindung*** m (von Schachteln aus Pappe), **Steckverschluß** m	**locking tongues closure, hooked lock** (of board boxes)	**fermeture** f **par languettes, fermeture à crochets** (de boîtes en carton)
1646	**halbautomatisch**	**semi-automatic**	**semi-automatique**
1647	**Halbdichtfaß*** n (siehe 2389)	**slack barrel**	**fût** m **demi-étanche**
1648	**Halbfabrikat** n, **Halbfertigprodukt** n, **Zwischenprodukt** n	**intermediate product, semi-manufactured product**	**produit** m **semi-ouvré, demi-produit** m
1649	**halbgebleichter Halbstoff** m	**partly bleached pulp**	**pâte** f **(à papier) semi-blanchie**
1650	**Halbkarton** m	**unfinished board**	**semi-carton**
1651	**Halbkonservendose*** f, **Präservendose*** f	**can for semi-preserves, preserved-food can**	**boîte** f **de conservation limitée**

ITALIENISCH	SPANISCH	RUSSISCH	Nr.
film m adesivo	película adhesiva	липкая фольга, липкая пленка	1639
adesivo m vaporizzato	pulverización residual, adhesivo pulverizado	распыление с целью создания остатка вещества на поверхности	1640
adesione f per contatto	adhesión por contacto	контактное сцепление, контактное прилипание	1641
carta f adesiva per contatto	papel autoadhesivo (contacto-presión)	липкая бумага	1642
chiusura f ad adesione per contatto	cierre por contacto-presión (com lámina o película autoadhesiva)	липкий затвор	1643
ganci m pl, non usare ganci!	ganchos, no use ganchos! (voz de manipulación, como instrucción)	Не используй крюков!, Не проколи!, Крюками не брать!	1644
chiusura f con linguetta ad incastro (per scatole di cartone)	cierre por lengüetas (en cajas de cartón)	закупорка картонного ящика клапанами с удлиненным концом, засовываемыми или погибаемыми внутрь ящика	1645
semiautomatico	semiautomático	полуавтоматический	1646
fusto m alleggerito	barril ligero semiestanco	сухотарная бочка, фанерно-штампованная бочка	1647
prodotto m semilavorato	artículo semimanufacturado, producto intermedio	полуфабрикат, промежуточный продукт	1648
pasta f di cellulosa semibianchita	pasta de papel semiblanqueda	полубеленая полумасса	1649
cartone m non rifinito	pasta de cartón, cartón semielaborado	неотдаленный картон	1650
barattolo m per conservazione limitata	envase (metálico) para semiconservas, envase protector	банка для пищевых презервов	1651

Nr.	DEUTSCH	ENGLISCH	FRANZÖSISCH
1652	**Halbmetall** n	**metalloid**	**métalloïde** m
1653	**halbstarres Packmittel*** n	**semi-rigid package**	**emballage** m **semi-rigide**
1654	**Halbstoff** m, **Papierfaserstoff** m	**pulp** (prior to stuff or stock preparation)	**pâte** f (matière première)
1655	**Halbstoff** m **aus Holz**	**woodpulp**	**pâte** f **de bois**
1656	**Halbstoff** m **aus Lumpen**	**rag pulp**	**pâte** f **de chiffon**
1657	**Halbstoff** m **aus Stroh**	**straw pulp**	**pâte** f **de paille**
1658	**Halbstoff** m, **ungebleichter Halbstoff**	**unbleached pulp**	**pâte** f **écrue**
1659	**Halbzellstoff** m, **Halbzellulose** f	**semi-chemical pulp, semi(-cellulose) pulp**	**pâte** f **mi-chimique, cellulose** f **mi-chimique**
1660	**Halbzellstoffpapier** n	**semi-pulp paper**	**papier** m **en demi-pâte**
1661	**Halbzeug** n	**half stuff**	**demi-produit** m, **demi-pâte** f
1662	**Hals** m, **Flaschenhals** m	**neck, bottle neck**	**goulot** m **(de bouteille)**
1663	**Halsringetikett** n	**collar label**	**étiquette-collier** f
1664	**haltbar machen, konservieren**	**to preserve**	**conserver**
1665	**Haltbarkeit*** f, **Lebensdauer** f	**shelf life, product durability, package life**	**durabilité** f, **durée** f **de conservation, temps** m **de vie**
1666	**Haltbarkeit** f (eines Werkstoffes)	**durability, stability, solidity, endurance** (of material)	**solidité** f, **durabilité** f, **durée** f (des matériaux)

ITALIENISCH	SPANISCH	RUSSISCH	Nr.
metalloide m	metaloide	неметалл, металлоид, полуметалл	1652
imballaggio m semirigido	envase semirrígido	полужесткий упаковочный материал	1653
materiale m fibroso (per produrre pasta per carta)	pasta, pulpa (materia prima para la producción de papel, cartón)	полумасса, волокнистый полуфабрикат	1654
pasta f di legno	pasta de madera	древесная полумасса	1655
pasta f di stracci	pasta de trapos	тряпичная полумасса	1656
pasta f di paglia	pasta de paja	соломенная полумасса	1657
pasta f non bianchita, pasta f naturale	pasta sin blanquear	небеленая полумасса	1658
pasta f semichimica	pasta semi-química, pasta semicelulósica	полуцеллюлоза	1659
carta f di pasta semichimica	papel semicelulósico	бумага из полуцеллюлозы	1660
pasta f semilavorata	semi-pasta	полумасса, полуфабрикат	1661
collo m (di bottiglia)	cuello (de botella), gollete	горловина, шейка, горло бутылки, горлышко бутылки	1662
etichetta f a collare	etiqueta-collarín	кольцевая этикетка на горлышке	1663
conservare	conservar, hacer estable, proteger	консервировать	1664
conservabilità f, vita f di un prodotto, tempo m di conservazione	durabilidad, tiempo de conservación (de un producto)	срок сохранности, предельный срок хранения, сохраняемость, время жизни	1665
durabilità f (di materiali), durata f, solidità f	durabilidad, estabilidad, solidez (de un material)	долговечночсть, стойкость, прочность, стабильность, устойчивость, выносливость	1666

Nr.	DEUTSCH	ENGLISCH	FRANZÖSISCH
1667	Haltbarkeitsgrenze f (Datum)	pick-up date, durability limit	date f limite de consommation ou d'utilisation (de denrées périssables)
1668	Hand f, von Hand	hand-operated, manual(ly)	par opération manuelle, manuel(lement)
1669	Handbetätigung f	manual operation, manual working	manoeuvre f manuelle, commande f manuelle, commande f à la main
1670	Handelspackung f	trade pack	emballage m commercial
1671	handelsübliche Verpackung* f (handelsübliches Verpacken* n)	usual trade package (or packaging), commercial (grade) package, commercially approved package	emballage m (ou conditionnement) (de type) commercial, emballage m usuel
1672	Handform f	hand mould	moule m à main
1673	Handgraupappe f	common grey board	carton m gris à la forme
1674	Handgriff m, Tragegriff m, Henkel m	handle, bail	poignée f, manche m, manette f, anse f
1675	handhaben	to handle	manutentionner, manipuler, manier
1676	Handhabung f	handling	manutention f, maniement m
1677	Handhabungshilfe* f	handling accessory	accessoire m de manutention
1678	Handhabungsmarkierung f für den Transport	handling instructions, marking for shipping, caution labels	marquage m de transport
1679	Handhabungstest* m	handling test	essai m de maniabilité
1680	Handhubwagen m	manual lift truck	chariot m élévateur à bras (à longue course)

ITALIENISCH	SPANISCH	RUSSISCH	Nr.
limite m di conservazione, data f di scadenza	límite de conservación, fecha límite de consumición o utilización (para un producto perecedero)	предельный срок хранения, максимальная долговечность	1667
manuale	manualmente	с ручным управлением, с ручным приводом	1668
comando m manuale	operación manual, acción manual, a mano	ручное управление	1669
confezione f corrente (pasta in commercio)	envase comercial	торговая упаковка	1670
imballaggio m corrente	envase de uso comercial, adoptado o empleado comercialmente	унифицированная тара, стандартная тара, коммерческая упаковка, торговая упаковка	1671
stampo m manuale	molde manual	форма для ручной формовки	1672
cartone m grigio a mano	cartón plano, cartón gris, cartoncillo	газетномакулатурный картон ручного съема	1673
maniglia f, manico m, impugnatura f	manilla, asa	ручка, рукоятка, ушко	1674
maneggiare, manipolare	manipular, manejar	манипулировать, управлять	1675
maneggiamento m, manipolazione f	manejo, manipulación	манипулирование, управление	1676
accessorio m per la movimentazione	accesorio de manipulación	приспособление для манипуляции	1677
marcatura f per spedizione	marcaje de expedición o para el transporte	предупредительная маркировка	1678
prova f di movimentazione, prova f di manipolazione	ensayo de manipulación	тест пользования	1679
carrello m elevatore a mano	carretilla de brazo de gran recorrido	ручная подъемная тележка	1680

Nr.	DEUTSCH	ENGLISCH	FRANZÖSISCH
1681	**Handholzpappe** f	**wood board**	**carton** m **bois à la forme**
1682	**Handpappe*** f	**millboard**	**carton** m **à enrouleuse, carton à la forme**
1683	**Handpappenmaschine** f	**intermittent board machine, wet board machine**	**enrouleuse** f **(pour carton)**
1684	**Handspreizenstapler** m	**hand pallet stacker**	**gerbeur** m **à fourche à bras**
1685	**Handzuführung** f, **durch Handzuführung**	**hand feed, hand fed**	**alimentation** f **manuel, alimenté manuellement**
1686	**Hanfleinwand** f	**canvas, hemp linen**	**toile** f **de chanvre**
1687	**Hanfpapier** n	**hemp paper**	**papier** m **corde, papier de cordes**
1688	**Hanfseil** n	**hemp rope, sash line**	**corde** f **en chanvre, cordon** m **de chanvre, câble** m **de chanvre**
1689	**Hansadose*** f	**Hansa can**	**boîte** f **"Hansa"**
1690	**Haraß (Harass)*** m, f	**harasse** (special type of a wooden crate)	**harasse** f (type spécial d'une caisse de bois)
1691	**hart**	**hard, rigid**	**dur, rigide**
1692	**harter Schaumstoff** m	**ridig foam**	**mousse** f **rigide**
1693	**Hartfaserplatte** f	**moulded fibre board, hard board**	**plaque** f **de fibre comprimée, panneau** m **dur**
1694	**Hartfolie** f	**rigid sheet**	**feuille** f **rigide**

ITALIENISCH	SPANISCH	RUSSISCH	Nr.
cartone m a mano da pasta di legno	cartón-madera	древесномассный картон ручного съема	1681
cartone m a mano	cartón grueso, cartón de encuadernar	наслойный картон, картон ручного съема	1682
macchina f per cartone a mano	cartón producido en máquina de forma contínua	машина для картона ручного съема, машина для выработки наслойного картона	1683
accatastatore m manuale a forca	apilador manual de horquila	ручной штабелеукладчик	1684
alimentazione f manuale, ad alimentazione f manuale	alimentación manual	ручная подача; с ручной подачей	1685
tela f di canapa	tela de cáñamo	пеньковое полотно	1686
carta f di canapa	papel de cáñamo	бумага из пеньковых волокон, "манильская" бумага	1687
corda f di canapa	cuerda de cáñamo	пеньковый канат	1688
barattolo m "Hansa"	bote "Hansa"	овальная банка для рыбоконсервной промышленности	1689
"Harass" (tipo speciale di cassa di legno)	"Harasse" (caja de madera de un tipo especial)	специальный тип гнездового деревянного ящика	1690
duro, rigido	duro, rígido	твердый, жесткий	1691
schiuma f rigida	espuma rígida	жесткий пенопласт	1692
pannello m di fibra, compressa, pannello m di truciolato	cartón-fibra, plancha de cartón-piedra (masonite)	твердая древесноволокнистая плита, твердая волкнистая плита	1693
foglio m rigido	lámina rígida	жесткая пленка, жесткий лист	1694

Nr.	DEUTSCH	ENGLISCH	FRANZÖSISCH
1695	Hartgewebe n	hard tissue, laminated fabric, impregnated fabric, phenolic-resin bonded fabric	stratifié m (à base de) tissu
1696	Hartglas n	hardened glass	verre m trempé
1697	Hartgummi m, Kautschuk m	hard rubber, ebonite, vulcanite	caoutchouc m durci, ébonite f
1698	Hartharz n	hardened resin	résine f durcie
1699	Hartholz n	hardwood, ironwood, compressed or densified laminated wood	bois m dur, stratifié m (à base de) bois, bois m lamellé densifié
1700	hartlöten	to braze, to hard-solder	braser
1701	Hartpapier n	hard paper, bakelized paper, laminated paper, phenolic-resin bonded paper	papier m bakélisé, papier dur, papier durci
1702	Hartpapierisolator m	laminated insulator	isolant m stratifié
1703	Hartpappe* f	hardboard, card hardboard, box hardboard, press hardboard, millhardboard	carton m dur, carton rigide, carton bakélisé
1704	Hart-PVC* n (hartes Polyvinylchlorid) (siehe 3002)	rigid PVC (rigid polyvinyl chloride)	PVC rigide m (chlorure de vinyle rigide)
1705	Hartschaum m	rigid plastics foam	mousse f plastique durcie
1706	Hartschaumverpackung f	rigid foam package	emballage m en mousse plastique durcie
1707	Harz n	resin	résine f

ITALIENISCH	SPANISCH	RUSSISCH	Nr.
tessuto m compatto, tessuto m laminato	tejido estratificado	текстолит, пропитанная ткань	1695
vetro m temperato	vidrio templado	закаленное стекло	1696
gomma f dura, gomma f vulcanizzata	caucho endurecido, ebonita, vulcanita	эбонит, твердая резина, вулканит	1697
resina f dura	resina dura	высокоплавкая смола	1698
legno m duro, legno m stratificato	madera dura, estratificado a base de madera, madera comprimida, densificada, laminada	древесина твердых пород, древесина лиственных пород, прессованная древесина, древесный пластик	1699
saldare a fuoco, brasare	hacer duro, soldar fuertemente	пайка твердым припоем	1700
carta f rigida, carta f compressa	papel duro, papel baquelizado, endurecido con resina fenólica	жесткая бумага; твердая бумага, бакелизированная бумага, бумаголит, гетинакс	1701
isolante m di carta rigida	papel aislante (estratificado)	изоляционный картон	1702
cartone m rigido, cartone m compresso	cartón-piedra, cartón duro, cartón baquelizado	твердый картон, обивочный картон	1703
PVC m rigido (cloruro di polivinile rigido)	P (CV) PVC rígido: poli(cloruro de vinilo) rigido	непластифицированный поливинилхлорид, жесткий поливинилхлорид	1704
schiuma f plastica rigida	espuma plástica endurecida, o rígida	жесткий пенопласт	1705
imballaggio m in schiuma plastica rigida	embalaje de espuma plástica rígida	тара из жесткого пенопласта	1706
resina f	resina	смола, канифоль	1707

Nr.	DEUTSCH	ENGLISCH	FRANZÖSISCH
1708	Harz n, wärmehärtbares Harz	thermosetting resin	résine f thermodurcissable
1709	Harz n, lösliches Harz	soluble resin	résine f soluble
1710	harzen (mit Harz tränken)	to impregnate with resin	résin(ifi)er
1711	Harzleim m	resin glue	colle f de résine
1712	Haubenüberziehmaschine f (siehe 1273)	hood covering machine	machine f à poser les capuchons, encapuchonneuse f
1713	Haushaltskonserven- glas n	household glass (or jar or glass jar) for preserves	verre m à conserves domestiques
1714	Hausmüll m	domestic refuse	déchets mpl ménagers
1715	hautenge Verpackung f, Hautverpackung f, Skinverpackung* f	skin-pack	emballage m épousant les contours du produit, "skin-pack" m
1716	HDPE Polyethylen hoher Dichte n (siehe 2986)	HDPE high density polyethylene	PEHD, polyéthylène m à haute densité
1717	Hebelflasche f, Bügelflasche f	clip-lock bottle, lever- type (closure) bottle	bouteille f à bouchon levier, bouteille à bouchon étrier, bouteille à bouchon mécanique
1718	Hebelverschluß* m, Bügelverschluß m (siehe 547)	lever lock, lever stopper, clip lock, lever type closure	fermeture f à levier, fermeture à étrier
1719	Hebetisch m	lifting table	table f de levage
1720	Hebevorrichtung f	lifting platform	élévateur m
1721	Heftdraht* m	stitching wire	fil m (de fer) à brocher, fil à agrafer

ITALIENISCH	SPANISCH	RUSSISCH	Nr.
resina f termoindurente	resina termoendurecible	термореактивная смола	1708
resina f solubile	resina soluble	растворимая смола	1709
resinificare, impregnare con resina	resinar	пропитывать смолой	1710
colla f di resina	cola de resina	смоляной клей, канифольный клей	1711
macchina f per applicare cappucci	máquina capsuladora	машина для покрытия колпачком	1712
contenitore m di vetro ad uso domestico per conserve	tarro para conservas domésticas	стеклянная банка для домашнего консервирования	1713
rifiuti m pl domestici	residuos domésticos	домашний мусор	1714
imballaggio m a pelle, "skin-pack" m	envase-piel (skin pack, cuya envoltura sigue la forma del objeto que contiene)	упаковка "картон-пленка", облегающая упаковка, упаковка в оболочку "в пузырь" типа картон и плотная оболочку	1715
HDPE, PEAD, polietilene ad alta densità	polietileno de alta densidad PE/AD	полиэтилен высокой плотности	1716
bottiglia f con tappo a leva	botella con cápsula o tape de desgarro, botella de capsulado mecánico	бутылка под укупорку рычажной пробкой	1717
chiusura f a leva	cierre de desgarro	рычажный затвор, рычажная крышка, рычажная пробка	1718
tavolo m elevatore	mesa elevable	подъемный стол	1719
pianale m elevatore	plataforma elevable	подъемное приспособление	1720
fil di ferro m per cucitura, fil di ferro m per aggraffare	alambre para grapar, coser	стальная сшивательная проволока, проволока для шитья	1721

Nr.	DEUTSCH	ENGLISCH	FRANZÖSISCH
1722	**heften** (mittels Faden oder Draht)	**to stitch**	**brocher (à fil), agrafer**
1723	**heften*** (mittels Heftklammern) (siehe 1732)	**to staple**	**agrafer**
1724	**Heftkante*** f, **Fabrikkante*** f	**manufacturer's joint**	**jointure** f **de fabrication**
1725	**Heftklammer*** f, **Draht(heft)klammer** f	**staple, wire staple**	**agrafe** f, **crochet** m
1726	**Heftkopf** m	**stapling head**	**tête** f **agrafeuse**
1727	**Heftlasche*** f (siehe Lasche)	**stitched tongue, stapled tongue**	**patte d'agrafage**
1728	**Heftleistung** f	**stapling rate**	**cadence** f **d'agrafage**
1729	**Heftmaschine** f **für Drahtheftung**	**stapling machine, stapler**	**agrafeuse** f **(à fil métallique)**
1730	**Heftmaschine** f **für Fadenheftung**	**thread-stitching machine**	**brocheuse** f
1731	**Heftschweißen** n	**tack-welding, stitch-welding**	**soudure** f **à la molette, soudure provisoire**
1732	**Heftverschluß*** m (siehe 1723)	**stapled closure, stapled seal**	**fermeture à agrafes**
1733	**Heißgasschweißen** n	**hot-gas welding**	**soudage** m **aux gaz chauds**
1734	**Heißkaschierung** f	**heat lamination**	**doublage** m **à chaud**

ITALIENISCH	SPANISCH	RUSSISCH	Nr.
cucire (con filo o filo di ferro)	**coser, grapar**	**сшивать** (нитками или проволокой)	1722
aggraffare (con punti metallici)	**grapar**	**сшивать** (проволочными скобами)	1723
giunzione f **di fabbricazione**	**junta, unión, canto grapado**	**вертикальный клапан- замок, полоса нахлестки**	1724
punto m **metallico**	**grapa, grapa de alambre**	**скоба, проволочная скоба для сшивания**	1725
testa f **cucitrice**	**cabeza o cabezal grapador**	**головка швейного аппарата**	1726
pateletta f **da cucire**	**lengüeta grapadora**	**клапан, крепленный проволочными скобами; язычок, крепленный проволочными скобами**	1727
cadenza f **di cucitura**	**cadencia, velocidad de grapado**	**скорость сшивки**	1728
macchina f **cucitrice con filo metallico**	**máquina grapadora de alambre**	**проволокосшивальная машина, проволокошвейная машина**	1729
macchina f **cucitrice con filo**	**grapadora, cosedora**	**сшивальная машина**	1730
saldatura f **con filo metallico**	**soldadura por engrapado**	**стежковая сварка**	1731
chiusura f **a punti metallici**	**cierre por engatillado**	**закупорка проволочными скобами**	1732
saldatura f **a gas caldo**	**soldadura por gases calientes**	**сварка нагретым газом, сварка горячим газом, газовая сварка**	1733
accoppiamento m **a caldo**	**laminación en caliente**	**ламинирование горячим способом**	1734

Nr.	DEUTSCH	ENGLISCH	FRANZÖSISCH
1735	**Heißkleben*** n, **Heißklebung** f (siehe 1738 ff.)	**hot-glu(e)ing, heat sealing**	**thermocollage** m, **collage à chaud, thermosoudage** m, **thermosoudure** f, **soudure** f **à chaud**
1736	**Heißklebestreifen** m	**heatfix tape**	**ruban** m **thermocollant**
1737	**Heißprägedruck** m	**hot foil stamping**	**étampage** m **à chaud à bandes métalliques**
1738	**Heißsiegelband** n	**heat-seal tape**	**ruban** m **thermosoudable**
1739	**Heißsiegeleisen** n (Handbetrieb)	**heat-sealing iron**	**fer** m **pour le thermosoudage**
1740	**Heißsiegeletikett*** n, **Heißklebeetikett** n	**heat-seal label**	**étiquette** f **thermocollable, étiquette thermosoudable**
1741	**Heißschmelzmasse*** f (siehe 1817)	**hot-melt**	**thermo-adhésif** m
1742	**heißsiegelfähig, heißsiegelbar**	**heat-sealable**	**thermosoudable, thermocollable, collable à chaud**
1743	**Heißsiegelklebstoff** m, **Heißkleber** m	**heat-sealing adhesive, heat-sealing compound**	**adhésif** m **pour le thermosoudage, thermocollant** m
1744	**Heißsiegellack** m	**heat-seal(ing) coating, heat-seal lacquer**	**enduit** m **thermocollable, vernis** m **thermocollable**
1745	**Heißsiegelmaschine** f, **Heißsiegelgerät** n	**heat-sealing machine, heat-sealing equipment**	**thermosoudeuse** f, **appareil** m **à souder, soudeuse** f

ITALIENISCH	SPANISCH	RUSSISCH	Nr.
saldatura f a caldo, incollatura f a caldo, termosaldatura f	termoencolado, termosoldadura, soldadura térmica	горячая склейка, горячая фиксация, склеивание горячим способом, склеивание при нагреве, горячее склеивание	1735
nastro m termoadesivo	banda, cinta termoencolable	лента, склеивающаяся горячим способом	1736
stampaggio m a caldo (di film)	película para termoestampar/ termoestampación	печать горячего тиснения	1737
nastro m termosaldante	banda, cinta termosoldable	лента, приваривающаяся горячим способом	1738
ferro m per termosaldatura	plancha para termosoldar (manualmente)	горячий "утюг" или плита для горячей фиксации (вручную)	1739
etichetta f termosaldante	etiqueta termosoldable, etiqueta termopegable, etiqueta termoadhesiva	этикетка, приваривающаяся горячим способом	1740
adesivo m fusible a caldo, adesivo m per incollaggio a caldo (hotmelt)	mezcla de adhesivos calientes, termo-adhesivo	плавящийся при нагревании материал	1741
termosaldabile	termosoldable, termopegable; plegable en caliente	термосвариваемый, горяческлеивающийся	1742
adesivo m termosaldabile, composto m termosaldabile	adhesivo termosoldable o termopegable	клей для горячего склеивания	1743
rivestimento m termosaldante, lacca f termosaldante	revestimiento, recubrimiento termoencolable; barniz termoencolable	лак для горячего склеивания	1744
macchina f termosaldatrice, dispositivo m per termosaldatura	máquina termosoldable; aparato o herramienta para soldar por calor, para termosoldar	машина для горячего склеивания, машина для горячей фиксации, аппарат для сваривания пленки	1745

Nr.	DEUTSCH	ENGLISCH	FRANZÖSISCH
1746	Heißsiegeln* n, Heißsiegelung f (siehe 3582)	heat sealing	thermosoudage m, thermosoudure f, soudure f à chaud, thermocollage m
1747	Heißsiegelpapier* n	heat-sealable paper, heat-sealing paper	papier m thermosoudable, papier thermocollant
1748	Heißsiegeltemperatur f	heat-seal(ing) temperature	température f de thermosoudage
1749	Heißsiegelwachs n	heat-sealing wax	cire f pour le thermosoudage
1750	Heißtauchen* n	hot dip coating	barbotage m à chaud, enduit m de barbotage à chaud
1751	Heizkanal m	heating channel, heating passage	canal m de chauffage, canneau m de chauffage
1752	Heizkeil m	heated wedge, heated tool	panne f chauffante
1753	Heizkeilverfahren* n (Heizkeilsiegeln und -schweißen)	heated tool welding, heated wedge method	soudage m à panne chauffante
1754	Heiztunnel m	heating tunnel	tunnel m chauffant
1755	Henkel m, Bügel m, Handgriff m	handle	anse f, manche m, poignée f
1756	Herstellungsdatum n	date of manufacture	date f de fabrication
1757	Herstellungsgang m	process or course of manufacture, manufacturing process	processus m de fabrication
1758	hervorstehende Teile fpl	projecting parts, protruding parts	parties fpl en saillie

ITALIENISCH	SPANISCH	RUSSISCH	Nr.
termosaldatura f, saldatura f a caldo	termosoldadura; soldadura térmica; pegado por calor	горячее склеивание, склеивание горячим способом, термосварка, сварка (термопластичных пленок) при нагреве	1746
carta f termosaldabile	papel termosoldable, papel termopegable	бумага, склеивающаяся горячим способом	1747
temperatura f di termosaldatura	temperatura de termosoldadura	температура горячего склеивания	1748
cera f termosaldante	cera para termosoldar	парафин для самозаклеивающихся покрытий при нагреве	1749
immersione f a caldo, rivestimento m per immersione a caldo	revestimiento por inmersión en caliente	горячее лужение, нанесение покрытий методом окунания	1750
canale m di riscaldamento	canal, pasillo de calentamiento	обогревающий канал, канал для подачи тепла	1751
dispositivo m riscaldante	plancha, lámina, dispositivo caliente	нагретый клиновый инструмент	1752
saldatura f con dispositivo riscaldante	soldadura por dispositivo caliente	сварка нагретым клиновым инструментом	1753
tunnel m di riscaldamento	túnel calefactor	тепловой тоннель (для усадки пленки)	1754
maniglia f, manico m, impugnatura f	asa, puño, agarre, manilla	ручка, рукоятка	1755
data f di fabbricazione	fecha de fabricación	дата изготовления, дата производства	1756
processo m di fabbricazione	proceso de fabricación	ход производства, производственный процесс	1757
parti f pl sporgenti	partes, piezas proyectadas	выступающие вперед части	1758

Nr.	DEUTSCH	ENGLISCH	FRANZÖSISCH
1759	**hier anheben!**	**lift here!**	**soulevez ici!**
1760	**hier öffnen!**	**open here!**	**ouvrez ici!**
1761	**Hilfsmittel** n	**auxiliary means**	**moyen** m **auxiliaire, moyen de secours, expédient** m
1762	**hitzebeständig**	**heat-resistant**	**réfractaire, résistant à la chaleur**
1763	**Hitzebeständigkeit*** f (siehe 3872)	**heat resistance, heat-resisting quality**	**résistance** f **à la chaleur**
1764	**Hitzeempfindlichkeit** f	**sensitiveness to heat**	**sensibilité** f **à la chaleur**
1765	**hitzehärtbar**	**thermosetting**	**thermodurcissable**
1766	**hitzehärtbarer Klebstoff** m, **Duroplast-Klebstoff, wärmehärtbarer Klebstoff**	**thermosetting adhesive**	**colle** f **thermodurcissable**
1767	**Hitzeschmelzklebstoff** m	**hot melt, hot-melt adhesive**	**thermo-adhésif** m
1768	**Hobbock*** m (siehe 3678)	**hobbock, full aperture drum**	**hobbock** m, **tonnelet** m
1769	**hochdehnbares Papier*** n	**highly extensible paper**	**papier** m **hautement extensible**
1770	**Hochdruck*** m	**relief print, letterpress printing, typography**	**impression** f **typographique, typographie** f, **impression** f **en relief**

ITALIENISCH	SPANISCH	RUSSISCH	Nr.
alzare qui, sollevare qui!	levantar por aquí! (voz de manipulación)	Поднимать с этой стороны!	1759
aprire qui!	abrir por aquí! (instrucción de manipulación)	Здесь открывать!	1760
mezzo m ausiliario	medios auxiliares	вспомогательное средство, вспомогательное вещество, вспомогательный материал	1761
refrattario, resistente al calore	refractario, resistente al calor, termo-resistente	жаропрочный, жаростойкий, жароупорный	1762
resistenza f al calore	resistencia al calor; termo-resistencia	жаростойкость, жароупорность, жаропрочность	1763
sensibilità f al calore	sensibilidad al calor; termosensibilidad	чувствительность к нагреванию	1764
termoindurente	termoendurecible; endurecible térmicamente	термореактивный	1765
adesivo m termoindurente	adhesivo, cola, termoendurecible	термореактивный клей	1766
"hot-melt", adesivo m fusibile a caldo, adesivo m per incollaggio a caldo	revestimiento termoendurecible; adhesivo termoendurecible	клеевой расплав из термопластов	1767
"Hobbock", fusto ad apertura totale	barril de apertura total	легковесный металлический барабан со съемной крышкой	1768
carta f estensibile	papel muy extensible	высокорастяжимая бумага	1769
stampa f tipografica, stampa f in rilievo	impresión en relieve; impresión tipográfica, tipografía	высокая печать, типографская печать	1770

Nr.	DEUTSCH	ENGLISCH	FRANZÖSISCH
1771	Hochdruck-Polyethylen n, LD-Polyethylen n, PE n niederer Dichte	high pressure polyethylene, LD polyethylene = PE of low density	polyéthylène m haute pression, PE m (d'une) basse densité
1772	Hochfrequenzschweißen* n, HF-Schweißen n	high-frequency welding, HF welding	soudage m en haute fréquence, soudage HF
1773	Hochfrequenzschweiß-gerät n	high-frequency welding equipment	soudeuse f haute fréquence
1774	Hochglanzpapier n	enamel(led) paper, friction-glazed paper, high-gloss paper	papier m brossé, papier glacé (par friction), papier de haut brillant, papier lustré
1775	Hochkurzsterilisation f	high-temperature short time sterilisation	stérilisation f à haute température de courte durée
1776	Hochleistungsmaschine f	high-speed machine	machine f à grande capacité, machine à grande puissance, machine à haut ou grand rendement
1777	Hochpolymer n	high polymer	haut polymère m
1778	Hochregallager m	high-shelf store	magasin m à grande hauteur (MGH)
1779	hochsatiniert, scharfsatiniert	superfinished, superglazed	surglacé
1780	hochsatiniertes Papier n	supercalendered paper	papier m surglacé
1781	Höchstgewicht n, Maximalgewicht n`	maximum weight	poids m maximum
1782	Höchstleistungs-maschine f	maximum speed machine	machine f à rendement maximum

ITALIENISCH	SPANISCH	RUSSISCH	Nr.
polietilene m ad alta pressione, polietilene m a bassa densità	polietileno (PE) de alta densidad (o baja presión) (PE/AD)	полиэтилен высокого давления, полиэтилен низкой плотности	1771
saldatura f ad alta frequenza	soldadura por alta frecuencia	сварка токами высокой частоты, высокочастотная сварка	1772
saldatrice f ad alta densità	máquina soldadora de alta frecuencia	сварочный аппарат для сварки токами высокой частоты	1773
carta f ad alta brillantezza	papel brillo; papel altobrillo	мелованная бумага с высоким глянцем, глянцевая бумага	1774
sterilizzazione f breve ad alta temperatura	UHT (ultra alta temperatura) (en muy corto espacio de tiempo) (esterilizacion)	мгновенная стерилизация	1775
macchina f ad alta velocità	máquina de alta producción	высокопроизводительная машина, машина высокой производительности	1776
alto polimero m	alto polímero	высокополимер	1777
magazzino m con scaffalature a grandi altezze	almacén de gran altura	склад с высокими полками	1778
supercalandrato, supersatinato	supersatinado	сатинированный до высокого глянца	1779
carta f supercalandrata	papel supersatinado (supercalandrado)	бумага, сатинированная до высокого глянца	1780
peso m massimo	peso máximo	максимальный вес	1781
macchina f a massimo rendimento	máquina de alto rendimiento (o velocidad)	машина максимальной производительности	1782

Nr.	DEUTSCH	ENGLISCH	FRANZÖSISCH
1783	**Höhenförderer** m	**overhead conveyor**	**convoyeur** m **aérien**
1784	**hohe Dichte** f	**high density**	**haute densité** f
1785	**Hohlboden*** m, **Hohldeckel*** m	**hollow bottom, recessed bottom, hollow lid, recessed lid**	**fond** m **creux, fond rentrant, couvercle** m **creux, couvercle rentrant**
1786	**Hohlkörper** m	**hollow body, hollow piece, hollow article**	**corps** m **creux, creux** m, **pièce** f **creuse**
1787	**Hohlraum** m	**cavity, hollow space**	**cavité** f, **espace** m **vide ou creux, vide** m, **creux** m
1789	**Holzfaser** m	**wood fibre**	**fibre** f **ligneuse, fibre de bois**
1790	**Holzfaserplatte** f	**rigid wood fibreboard**	**panneau** m **à base de fibres agglomérées**
1791	**Holzfaserstoff** m	**wood-fibre pulp**	**pâte** f **mécanique**
1792	**Holzfaß** n	**wood(en) barrel**	**tonneau** m **en bois**
1793	**holzfreies** (h'freies) **Papier*** n	**wood-free paper**	**papier** m **sans bois, papier exempt de pâte mécanique**
1794	**holzhaltiges Papier*** n	**wood-containing paper**	**papier** m **contenant de la pâte mécanique**
1795	**Holzfurnierpapier** n	**veneer paper**	**papier** m **en bois de placage**
1796	**Holzkiste** f	**wooden case, wooden box**	**caisse** f **en bois**
1797	**Holzkiste** f, **genagelte Holzkiste**	**nailed wooden case**	**caisse** f **de bois clouée**

ITALIENISCH	SPANISCH	RUSSISCH	Nr.
trasportatore m aereo	transportador aéro (camino transportador aéro para desplazar mercancías)	элеватор, подвесной конвейер	1783
alta densità f	alta densidad (AD)	высокая плотность	1784
fondo m rientrante, coperchio m concavo	fondo hueco o embutido; tapa embutida	углубленное дно; углубленная крышка	1785
corpo m cavo	cuerpo hueco	полое изделие, пустотелая деталь	1786
cavità f, spazio m cavo	cavidad, espacio vacío, o hueco	полость, пустота, каверна	1787
fibra f di legno	fibra leñosa, fibra de madera	древесное волокно	1789
pannello m di fibra di legno	plancha de cartón-fibra; plancha de pista mecánica	древесноволокнистая плита	1790
pasta f di fibra di legno, pasta f meccanica	pasta mecánica	облагороженная древесная масса	1791
barile m di legno	barril de madera	деревянная бочка	1792
carta f senza pasta di legno	papel sin madera; papel exento de pasta mecánica	бумага, несодержащая древесной массы, бумага без содержания древесной массы	1793
carta f con pasta di legno	papel de pasta mecánica	бумага, содержащая древесную массу	1794
carta f per impiallacciatura	papel con plancha de madera	бумага для облицовки древесного шпона, бумага для производства крафт-шпона	1795
cassa f di legno	caja de madera	деревянный ящик, дощатый ящик	1796
cassa f di legno chiodata	caja de madera clavada	деревянный ящик, сколоченный гвоздями	1797

Nr.	DEUTSCH	ENGLISCH	FRANZÖSISCH
1798	Holzpapier n	wood(-pulp) paper	papier m (de) bois
1799	Holzpappe f, Holzschliffpappe f	wood(-pulp) board	carton m bois
1800	Holzpappe f, weiße Holzpappe*	mechanical pulp board	carton m de pâte mécanique, carton bois blanc
1801	Holzschliff m	mechanical woodpulp	pâte f mécanique
1802	Holzschliffpapier n, Holzstoffpapier n	mechanical paper, wood(-pulp) paper	papier m (en) bois, papier de pâte mécanique
1803	Holzschliffpappe f	wood board	carton m (en) bois, carton pâte mécanique
1804	Holzschraube f	wood screw	vis f de ou en bois, vis à bois
1805	Holzstoff m, Holzschliff m	mechanical wood pulp	pâte f mécanique
1806	Holzstoffpappe f	mechanical woodpulp (paper)board	carton m en pâte mécanique
1807	Holzverpackung f	wooden package, wooden container	emballage m en bois
1808	Holzverschlag m	wooden crate	caisse f (à claire-voie) en bois, cadre m en bois
1809	holzverstärkte Pappeschachtel f	wood-reinforced fibre-board box	caisse f en carton avec renforcement de bois
1810	Holzwolle* f	wood wool, wood fibre, excelsior	laine f de bois, fibre f de bois, fibre f d'emballage
1811	Holzwollehülse f	wood-wool sleeve	fourreau m en laine de bois
1812	Holzwollepolster n	wood-wool pad	matelas m en fibre de bois, tampon m en laine de bois

ITALIENISCH	SPANISCH	RUSSISCH	Nr.
carta f da pasta legno	papel de madera (papel de pasta de madera)	бумага из древесной массы	1798
cartone m da pasta legno	cartón de pasta de madera	картон из древесной массы, древесномассный картон	1799
cartone m da pasta legno bianchita	cartón de pasta mecánica; cartón de pasta de madera blanca	картон из белой древесной массы	1800
pasta f meccanica	pasta mecánica	древесная масса	1801
carta f da pasta meccanica	papel de madera; papel de pasta mecánica	бумага из древесной массы	1802
cartone m da pasta meccanica	cartón de madera; cartón de pasta mecánica	древесномассный картон	1803
vite f a legno	tornillo de madera	винт для дерева, шуруп, глухарь	1804
pasta di legno meccanica	pasta mecánca	древесная масса	1805
cartone da pasta di legno meccanica	cartón de pasta mecánica	древесномассный картон	1806
imballaggio m di legno	embalaje de madera	деревянная тара	1807
gabbia f di legno	caja, cadre de madera	решетка, деревянная решетка, обрешетка, решетчатый ящик	1808
cassa f in cartone rinforzata con legno	caja de cartón con refuerzos de madera	картонный ящик с деревянными планками	1809
trucioli m pl di legno	viruta de madera	древесная шерсть, древесная стружка	1810
manicotto m di trucioli di legno	forro de viruta de madera	древесная тонкая стружка, вложенная в бумажный рукав	1811
imbottitura f in trucioli di legno	manta, capa de viruta de madera	демпфирующая подушка в виде бумажного рукава с древесной стружкой	1812

Nr.	DEUTSCH	ENGLISCH	FRANZÖSISCH
1813	Holzwolleseil* n	wood-wool rope	corde f den laine de bois
1814	Holzzellstoff m	wood pulp	pâte f de bois, ligno-cellulose f
1815	Holzzellulose f	wood cellulose	cellulose f de bois, ligno-cellulose f
1816	Honigwabenkon-struktion f	honeycomb structure	construction f honeycomb, construction f à nid d'abeilles
1817	Hotmelt* m (siehe 1741, 2061, 3418)	hot-melt	hot-melt m, thermo-adhésif m
1818	Hot-tack m (siehe 3851)	hot-tack	thermo-adhésif m
1819	Hubwagen m, Hubkarren m	elevating platform truck, liftruck	chariot m élévateur
1820	Huckepackverkehr m	piggyback transport or service, pickaback transport or service, pick-a-back transport or service	transport m continué railroute (avec semi-remorque), ferroutage m
1821	Hülle f, Umhüllung f	envelope, wrapping	enveloppe f, housse f, gaine f
1822	Hülse f (Aufwickelhülse, Packhilfsmittel) (siehe 273, 3229)	core, coil, reel, spool, core of spool	mandrin m, bobineau m, tube f à embobiner
1823	Hülse f (Versandhülse, Packmittel) (siehe 4235)	sleeve, hull, jacket	gaine , douille f, fourreau m
1824	Hülse f (Verschließhülse, Verschließmittel) (siehe 4254)	strapping seal (for fastening the straps)	boucle f agrafe f (pour fixer le cerclage)
1825	hydrieren, verflüssigen	to hydrogenate, to hydrogenize	hydrogéner

ITALIENISCH	SPANISCH	RUSSISCH	Nr.
corda f di trucioli di legno	cuerda de viruta de madera	канат из древесной стружки	1813
pasta f di legno	pasta de madera, ligno-celulosa	древесная целлюлоза, техническая целлюлоза	1814
cellulosa f da legno	celulosa de madera ligno-celulosa	древесная целлюлоза, клетчатка	1815
struttura f a nido d'ape	estructura de nido de abejas	сотовая конструкция, ячеистая конструкция	1816
adesivo m fusibile a caldo, adesivo m per incollaggio a caldo (hot-melt)	termo-adhesivo	горячее плавление	1817
adesività f a caldo	agarre en caliente	горячее сцепление	1818
carrello m elevatore a piattaforma	carretilla elevadora	подъемная тележка, подъемная вагонетка	1819
trasporto m combinato strada-rotaia (con semirimorchi)	transporte mixto ferrocarril-carretera (con semi-remolque)	контрейлерные перевозки, перевозки с применением автомобильных прицепов и полуприцепов	1820
avvolgimento m, manicotto m, involucro m	envoltura, funda	оболочка, чехол, обертка, конверт	1821
mandrino m, anima f	mandril; cilindro bobinador	гильза, патрон, шпула, катушка	1822
manicotto m, guaina f	funda, manguito, tubo, forro, capucha	защитная манжета, трубка из ящичного картона, обойма	1823
sigillo m di garanzia (per fissare la reggetta)	enlazador (para unir los extremos del fleje en el proceso de flejado)	замок для скрепления обвязочной (стяжной) ленты	1824
idrogenare	hidrogenar	гидрировать, сжижать	1825

Nr.	DEUTSCH	ENGLISCH	FRANZÖSISCH
1826	hydrodynamisch	hydrodynamic	hydrodynamique
1827	Hydrophobizität f	hydrophobicity	hydrophobicité f
1828	Hygrometer n, Hygroskop n, Feuchtigkeitsmesser m	hygrometer	hygromètre m, hygroscope m
1829	hygroskopisch, Feuchtigkeit f oder Wasser n anziehend	hygroscopic	hygroscopique
1830	Imitationskraftpapier n	imitation kraft (paper)	papier-kraft m imitation
1831	imprägnieren*	to impregnate, to soak	imprégner, enduire, vernir
1832	Imprägniermaschine f	impregnating machine, impregnator	imprégneuse f, machine f à imprégner
1833	Imprägniermasse f, Imprägnierstoff m	impregnating agent	liquide m d'imprégnation, substance f d'imprégnation
1834	Imprägnier-Rohpapier n, Wasserpapier n	waterleaf paper	papier m sans colle, papier non-collé
1835	imprägniertes Gewebe n	impregnated fabric	tissu m imprégné
1836	Imprägnierwachs n	impregnating wax	cire f pour l'imprégnation
1837	Impulskauf n	impulse purchase	achat m impulsif
1838	Impulsschweißen n	impulse welding	thermosoudure f à impulsion
1839	Impuls-Schweißgerät n	impulse welding equipment	soudeuse f à impulsion
1840	Indikatorpapier n	indicator paper	papier m indicateur
1841	Industriekartonagen fpl	industrial cardboard products, industrial cartons	cartonnages mpl industriels

ITALIENISCH	SPANISCH	RUSSISCH	Nr.
idrodinamico	hidrodinámico	гидродинамический	1826
impermeabilità f all'acqua	hidrofobia; higroscopicidad	гидрофобность	1827
igrometro m, misuratore m di umiditá	higrómetro, higróscopo	гигрометр, влагометр	1828
igroscopico	higroscópico	гигроскоспический, гигроскопичный	1829
carta f imitazione Kraft	papel kraft (imitación)	имитация крафт-бумаги	1830
impregnare	impregnar, revestir, barnizar	пропитывать, насыщать, импрегнировать	1831
macchina f per impregnare	máquina impregnadora, revestidora, de recubrir	пропиточная машина	1832
agente m impregnante	líquido, sustancia del impregnación	пропитывающее вещество, средство для пропитывания	1833
carta f non collata	papel sin cola, no encolado	пропиточная бумага, "водяная" бумага	1834
tessuto m impregnato	tejido impregnado	пропитанная ткань	1835
cera f per impregnazione	cera de impregnación	пропиточный воск	1836
acquisto m d'impulso	compra por impulso	импульсная покупка	1837
saldatura f ad impulsi	termosoldadura por impulsos	импульсная сварка, термоимпульсная сварка	1838
saldatrice f ad impulsi	soldadora por impulsos	аппарат для импульсной сварки	1839
carta f tornasole (carta f indicatrice reattiva)	papel indicador	индикаторная бумага	1840
prodotti m pl industriali di cartone	cartonajes industriales (cajas de cartón de uso industrial)	промышленные картонные изделия	1841

Nr.	DEUTSCH	ENGLISCH	FRANZÖSISCH
1842	**Industrie-Konservenglas* n, Glasdose** f	**industrial glass container, glass jar for industrial preserves**	**verre** m **industriel, verre de conserves industrielles**
1843	**industrielle Befestigungsmittel** npl	**industrial fasteners**	**agrafeuses** fpl **industrielles, pièces** fpl **de fixation industrielles**
1844	**Industrie-(Ver)packung*** f	**industrial pack(age), package for industrial products**	**emballage** m **industriel, emballage pour produits industriels**
1845	**inertes Verhalten** n, **chemische Trägheit** f	**chemical inertness**	**inertie** f **chimique**
1846	**Inertgas** n, **Schutzgas** n	**inert gas, protective gas**	**gaz** m **inerte, gaz neutre, gaz protectif**
1847	**Inhalt*** m (nach Gewicht und Menge)	**contents** (by weight and quantity)	**contenu** m (par poids et quantité)
1848	**Inhibitor*** m (zur Verzögerung oder Vermeidung einer unerwünschten chemischen Reaktion)	**inhibitor** (to slow or prevent undesired chemical reactions)	**inhibiteur** m (pour arrêter ou ralentir des réactions chimiques non voulues)
1849	**Innenauskleidung*** f	**interior lining**	**revêtement** m **intérieur, doublure** f **interne**
1850	**Innenbehältnis** m	**inner container**	**récipient** m **interne**
1851	**Innenbeutel*** m, **Innensack** m	**insertable bag, insertable sack, inner bag/sack**	**sachet** m **d'insertion, sac** m **inséré**
1852	**Innendruck*** m	**internal pressure**	**pression** f **intérieure, pression à l'intérieur**
1853	**Inneneckleiste*** f (siehe 743)	**inside corner ledge, inner angle strut**	**listeau** m **aux coins à l'intérieur**

Inneneckleiste

ITALIENISCH	SPANISCH	RUSSISCH	Nr.
contenitore m **industriale di vetro per conserve**	**vidrio industrial; vidrio para conservas industriales**	**стеклотара для** промышленного консервирования	1842
attrezzi m pl **per il fissaggio industriale**	**grapadoras industriales; piezas industriales de fijación**	**промышленные крепежные детали, фиксаторы**	1843
imballaggio m **industriale**	**embalaje industrial; embalaje para productos industriales**	**тара для промышленных товаров, промышленная тара**	1844
inerzia f **chimica**	**inercia química**	**химическая инертность**	1845
gas m **inerte, gas** m **protettivo**	**gas inerte, neutro, protector**	**инертный газ, защитный газ**	1846
contenuto m (in peso e in quantità)	**contenido** (por peso y cantidad)	**содержание** (по весу и количеству)	1847
inibitore m (per abbassare o prevenire reazioni chimiche non desiderate)	**inhibidor** (para detener o hacer más lentas las reacciones químicas no deseadas)	**ингибитор, замедлитель** (вещество для замедления или избежания нежелательных химических реакций)	1848
rivestimento m **interno**	**revestimiento, recubrimiento interior, forro**	**внутренняя облицовка, внутренняя футеровка, внутренняя сорочка**	1849
contenitore m **interno**	**recipiente interior**	**внутренний сосуд**	1850
sacchetto m **interno**	**bolsa interior; bolsa inserta**	**внутренний вкладыш в форме мешка, вкладываемый в тару**	1851
pressione f **interna**	**presión interior**	**внутреннее давление**	1852
angolare m **interno**	**listón interior de esquina**	**внутренняя вертикальная планка треугольного или прямоугольного сечения** (в ящиках-лотках)	1853

Nr.	DEUTSCH	ENGLISCH	FRANZÖSISCH
1854	**Inneneinrichtung*** f (siehe 2030, 4204)	**inner fitments**	**agencement** m **intérieur**
1855	**Inneneinwickler*** m	**interior wrap, interior wrapper, interior wrapping**	**enveloppe** f **intérieure**
1856	**Innengewinde** n	**internal thread(ing), inside thread, female thread**	**filet de vis intérieur, filet d'écrou, taraudage** m
1857	**Innenklappen*** fpl	**inner flaps**	**pattes** fpl **intérieures**
1858	**Innenlackierung*** f	**interior coating, interior varnishing**	**laquage** m **intérieur**
1859	**Innenraum** m	**interior room, inside room, interior space**	**intérieur** m
1860	**Innensack*** m	**inner sack, insertible sack**	**sachet** m **intérieur**
1861	**Innenschicht** f	**core sheet**	**âme** f, **strate** f **intérieure**
1862	**Innentemperatur** f	**internal temperature, inside temperature**	**température** f **intérieure, température à l'intérieur**
1863	**Innenverpackung*** f	**interior package**	**emballage** m **intérieur**
1864	**innere Trübung** f	**internal haze, internal clouding, internal opacity**	**trouble** m **interne, louche** m **interne**
1865	**innere Verpackung** f (erste Umhüllung)	**inner package, first wrapper**	**emballage** m **intérieur, première enveloppe** f
1866	**Insektenbefall** m	**insect infestation**	**infestation** f **par insectes**
1867	**Insektenfestigkeit** f	**insect resistance**	**résistance** f **aux insectes, imperméabilité** f **aux insectes**

ITALIENISCH	SPANISCH	RUSSISCH	Nr.
rivestimenti m pl interni	sujeción interior	внутреннее оборудование	1854
avvolgimento m interno	envoltura interior	подвертка	1855
filetto m di vite interno, filettatura f interna, madrevite f	ribete hembra interior; reborde hembra de rosca	внутренняя резьба	1856
falde f pl interne	aleta interior; aletas interiores	внутренние заслонки	1857
laccatura f interna	laca, barniz interior	внутреннее лакирование, внутренняя лакировка	1858
spazio m interno	interior	внутренний объем, внутреннее пространство	1859
sacco m interno	saco, bolsa, interior	внутренний мешок	1860
strato m interno (di materiale a più strati)	alma, estrato interior	внутренний слой	1861
temperatura f interna	temperatura interna	внутренняя температура, комнатная температура	1862
imballaggio m interno	embalaje interior	внутренняя тара	1863
opacità f interna	empañado; opacidad interior	внутреннее помутение	1864
imballaggio m interno (primo avvolgimento)	embalaje interior (embalaje primario) (envase), protección interior	внутренняя упаковка	1865
infestazione f da insetti	infestación por insectos	поражение насекомыми, инвазия насекомых	1866
resistenza f agli insetti	resistencia a los insectos	устойчивость к воздействию насекомых	1867

Nr.	DEUTSCH	ENGLISCH	FRANZÖSISCH
1868	Insektenschutzmittel n, Insektenvertilgungsmittel n	insecticide	insecticide m
1869	insektensicher, insektengeschützt	insect-proof	imperméable aux insectes, à l'abri des insectes
1870	Insektizid* n	insecticide	insecticide m
1871	Instabilität f	instability	instabilité f
1872	intermittierend, aussetzend	intermittent, interrupted	intermittent, discontinu
1873	Ionomere fpl	ionomers	ionomères npl
1874	IR-Strahlung f	IR-irradiation	irradiation f IR
1875	Isobutylen n	isobutylene	isobutylène m
1876	Isolation f, Isolierung f	insulation	isolation f
1877	Isolationsmaterial n, Isolationsstoff m	insulating material, insulant	matière f isolante, isolant m
1878	Isolationswiderstand m	insulation resistance	résistance f d'isolement
1879	Isolator m	insulator, non-conductor	isolateur m
1880	Isolierfähigkeit f, Isolationsvermögen n	insulating quality, insulating property	pouvoir m isolant
1881	Isolierflasche f	insulating bottle	bouteille f isolante
1882	Isolierfolie f	insulating sheet	feuille f isolante, feuille d'isolation
1883	Isolierhülle f	insulating envelope, insulating wrapping	gaine f isolante
1884	Isolierkrepp m	insulating crêpe	papier m crêpe isolant

ITALIENISCH	SPANISCH	RUSSISCH	Nr.
agente m protettivo contro gli insetti, insetticida m	insecticida	инсектицид, препарат для борьбы с насекомыми	1868
a prova di insetti	impermeable, barrera a los insectos	устойчивый к воздействию насекомых	1869
insetticida m	insecticida	инсектицид	1870
instabilità f	inestabilidad	неустойчивость, нестабильность	1871
intermittente, discontinuo	intermitente, discontínuo	прерывистый, периодический	1872
ionomeri m pl	ionómero	иономеры	1873
irradiazione f iR (infrarossa)	irradiación	ИК излучение	1874
isobutilene m	isobutileno	изобутилен	1875
isolamento	aislamiento	изоляция, изолирование	1876
materiale m isolante, isolante m	material aislante	изоляционный материал	1877
resistenza f di isolamento	resistencia al aislamiento	сопротивление изоляции	1878
isolatore m	aislante, no conductor	изолятор	1879
potere m isolante	propiedad aislante	изолирующая способность, изоляционная способность	1880
bottiglia f isolante	botella aislante; recipiente aislante	термос	1881
foglio m isolante	hoja, lámina aislante	изоляционная пленка	1882
avvolgimento m isolante	funda aislante	изоляционная оболочка	1883
carta f crespata isolante	papel rizado aislante	изоляционная крепированная бумага	1884

Nr.	DEUTSCH	ENGLISCH	FRANZÖSISCH
1885	**Isolierlack** m	**insulating varnish**	**vernis** m **isolant**
1886	**Isoliermasse** f	**insulating compound, mouldable insulating substance**	**pâte** f **isolante, masse** f **isolante**
1887	**Isolierpapier** n	**insulating paper**	**papier** m **isolant**
1888	**Isolierpappe** f	**insulating board**	**carton** m **isolant**
1889	**Isolierschicht** f	**insulating layer**	**couche** f **isolante, gaine** f **isolante**
1890	**Isolierstoff** n, **wärmeisolierender Isolierstoff**	**heat insulator, thermal insulant**	**calorifuge** m
1891	**Isolierung** f, **Wärmeisolierung** f	**heat insulation, thermal insulation**	**calorifugeage** m, **isolation** m **thermique**
1892	**Isolierverpackung*** f	**insulated package**	**emballage** m **isolant**
1893	**Isomer*** n	**isomer**	**isomère** m
1894	**ISO-Norm** f	**ISO-standard**	**norme** f **ISO**
1895	**Istfüllmenge*** f	**true filling quantity**	**remplissage** m **effectif**
1896	**Japanpapier** n	**Japan(ese) paper**	**papier** m **(du) Japon**
1897	**Joghurtflasche** f	**yogh(o)urt bottle**	**bouteille** f **à yaourt**
1898	**Justierung** f, **Einstellung** f	**adjustment, adjusting operation, setting**	**ajustage** m
1899	**Justiervorrichtung** f	**adjusting device**	**dispositif** m **d'ajustage**
1900	**Justierwaage** f	**adjusting balance**	**balance** f **à égaler, ajustoir** m

ITALIENISCH	SPANISCH	RUSSISCH	Nr.
vernice f isolante	barniz aislante	изоляционный лак	1885
composto m isolante	pasta, masa aislante	изоляционная масса	1886
carta f isolante	papel aislante	изоляционная бумага	1887
cartone m isolante	cartón aislante	изоляционный картон	1888
strato m isolante	capa, lámina, funda aislante, estrato	изоляционный слой, изоляционная оболочка	1889
isolante m termico	calorífugo	изоляционный материал, теплоизоляционный материал	1890
isolamento m termico	aislamiento térmico	изолирование, изоляция, теплоизоляция	1891
imballaggio m isolante	envase, embalaje aislante	изоляционная упаковка	1892
isomero m	isómero	изомер	1893
norma f ISO	norma ISO	норма ИСО	1894
capacità f reale, capacità f effettiva	capacidad real de llenado	фактическое количество наполнения	1895
carta f di riso (carta f giapponese)	papel del Japón	японская бумага	1896
bottiglia f di yogurt	botella para yogur	бутылка для разлива югурта	1897
regolazione f	ajuste	юстировка, калибровка, регулировка, настройка, наладка	1898
dispositivo m di regolazione	dispositivo de ajuste	юстировочный аппарат	1899
bilancia f regolabile	balanza de ajuste	юстирные весы	1900

Nr.	DEUTSCH	ENGLISCH	FRANZÖSISCH
1901	Jute f, Jutehanf m	jute	jute m
1902	Jutefaser f	jute fibre	fibre f de jute
1903	Juteleinwand f, Sackleinwand f, Packleinen n	jute linen, jute canvas	toile f de jute, toile des Indes
1904	Jutesack m	jute sack, canvas sack	sac m de jute
1905	Jutesacktuch n	jute wrapping linen	toile f de jute à emballer
1906	Kabel n	cable, rope	câble m
1907	Kabeltrommel* f	cable reel, cable drum	bobine f de câble, tambour m de câble, touret m dévideur à câble
1908	Kälte-Abfüllung f	cold filling, low-temperature filling	remplissage m à froid, remplissage à basse température
1909	kältebeständig, kältefest, gefrierfest	nonfreezing, cold resistant	résistant au froid, non-congelable
1910	Kältebeständigkeit* f, Temperaturbeständigkeit* f, Kältefestigkeit f	antifreezing quality, resistance to cold, resistance to low temperatures, strength at low temperatures	résistance f au froid, résistance aux basses températures
1911	kälteerzeugend	cryogenic, frigorific	frigorifique, cryogénique
1912	Kälteerzeugung f	refrigeration	production f du froid, production des basses températures, cryogénie f
1913	Kälteisolierung f	cold insulation	calorifuge m frigorifique
1914	Kältelagerraum m, Kälteraum m	chillroom	local m frigorifique, local frigorifié, chambre f froide
1915	Kälteleistung f	refrigerating capacity	capacité f frigorifique

ITALIENISCH	SPANISCH	RUSSISCH	Nr.
juta f	yute	джут	1901
fibra f di juta	fibra de yute	джутовое волокно	1902
tela f di juta	tela de yute; arpillera	джутовая ткань, мешковина, упаковочный холст	1903
sacco m di juta	saco de yute	джутовый мешок	1904
tela f di juta per avvolgimento	tela de yute para embalar; arpillera	джутовый холст, джутовое полотно	1905
cavo m	cable	кабель	1906
bobina f di cavo	bobina para cable; barril, tambor, carrete de cable	кабельный барабан	1907
riempimento m a freddo	llenado en frío; a baja temperatura	холодная расфасовка под давлением	1908
resistente al freddo	resistente al frío; ne congelable	холодостойкий, хладостойкий, морозостойкий	1909
resistenza f alle basse temperature	propiedad anticongelante; resistencia a las bajas temperaturas	холодостойкость, хладостойкость, морозостойкость	1910
criogenico, congelante	frigorífico	криогенный, холодильный	1911
refrigerazione f	refrigeracón	охлаждение, замораживание	1912
isolamento m dal freddo	frioaislamiento; isotermo	холодильная изоляция	1913
cella f frigorifera	frigorífico (almacén, nave)	холодильное складское помещение, холодильная камера	1914
capacità f refrigerante	capacidad frigorífica	холодопроизводительность	1915

Nr.	DEUTSCH	ENGLISCH	FRANZÖSISCH
1916	**Kältemaschine** f, **Kühlmaschine** f	**refrigerating machine, refrigerator**	**machine** f **frigorifique, machine à froid**
1917	**Kälteschlagfestigkeit*** f (siehe 3872)	**brittle point**	**constance** f **thermique, résistance** f **aux chocs aux basses températures**
1918	**Kälteschutzmittel** n	**anti-freeze agent, cold protection**	**agent** m **antigel, isolement** m **à froid**
1919	**Kälteschutzverpackung** f	**anti-freeze package**	**emballage** m **de protection contre le froid, emballage à froid**
1920	**Kältetechnik** f	**refrigeration**	**technique** f **frigorifique, technique du froid**
1921	**Kälteträger** m, **Kältemittel** n	**cooling agent, freezing mixture**	**agent** m **frigorifique, liquide** m frigorifique
1922	**Kalander** m	**calender**	**calandre** m
1923	**Kalanderfolie*** f, **kalandrierte Folie** f	**calendered sheet(ing)**	**film** m **calandrée**
1924	**Kalanderwalze** f	**calender roll**	**cylindre** m **calandreur**
1925	**kalandern, kalandrieren**	**to calender**	**calandrer, lisser, satiner**
1926	**kalandrierte Folie** f	**calendered sheet(ing)**	**feuille** f **calandrée**
1927	**kalandriertes Papier** n	**calendered paper**	**papier** m **calandré**
1928	**Kaliber** n (Dicke f)	**caliper**	**calibre** m
1929	**kalt abbindender Klebstoff** m	**cold-setting adhesive**	**colle** f **à froid**

ITALIENISCH	SPANISCH	RUSSISCH	Nr.
refrigeratore m	máquina, aparato frigorífico	холодильная машина, холодильная установка, холодильник	1916
punto m di stabilità termica	constancia térmica; punto de friabilidad	ударная прочность при низких температурах	1917
agente m anticongelante	agente anticongelante; aislamiento contra el frío	антифриз, противоморозное средство	1918
imballaggio m antigelo	embalaje protector contra el frío	упаковка, предохраняющая от замерзания	1919
tecnica f di refrigerazione	técnica frigorífica; técnica del frío	холодильная техника	1920
agente m refrigerante, refrigerante m	agente frigorífico; líquido, mezcla frigorífica	холодоноситель, холодильный теплоноситель, хладагент	1921
calandra f	calandra	каландр, машинный каландр	1922
foglio m calandrato	hoja calandrada	каландрованный лист	1923
cilindro m di calandratura	cilindro calandrador	вал каландра, каландровый вал	1924
calandrare	calandrar, satinar, alisar	каландрировать, лощить	1925
foglio m calandrato	hoja, lámina calandrada	каландрованная пленка	1926
carta f calandrata	papel calandrado	каландрованная бумага, лощеная бумага	1927
calibro m	calibre	калибр, мера	1928
adesivo m a freddo	cola fría; adhesivo, aplicable en frío	клей холодного отвердения; клей, схватывающий на холоду	1929

Nr.	DEUTSCH	ENGLISCH	FRANZÖSISCH
1930	**Kaltbeschriftung** f	**cold marking**	**marquage** m **à froid**
1931	**kaltbrüchig**	**cold-short**	**cassant à froid**
1932	**Kaltformen** n	**cold-forming**	**moulage** m **à froid, façonnage** m **à froid**
1933	**Kaltkleben** n	**cold glu(e)ing**	**collage** m **à froid**
1934	**Kaltlack** m	**cold-cut varnish**	**vernis** m **fait à froid**
1935	**Kaltleim** m	**cold glue, wood cement**	**colle** f **froide, colle pour collage à froid**
1936	**kaltpressen**	**to cold-press**	**matricer à froid, boudiner ou filer à la presse**
1937	**kaltschweißen**	**to cold-(pressure-) weld, to weld without preheating**	**souder à froid**
1938	**Kaltsiegeln*** n	**cold sealing**	**scellage** m **à froid**
1939	**Kaltsiegelpapier*** n, **Selbstklebepapier*** n	**cold seal(ing) paper**	**papier** m **de scellage à froid**
1940	**Kaltsiegelung** f, **Selbstklebung*** f	**cold seal(ing)**	**scellage** m **à froid**
1941	**Kaltspritzen** n	**impact extrusion**	**boudinage** m **à froid**

ITALIENISCH	SPANISCH	RUSSISCH	Nr.
marcatura f a freddo	marcaje en frío	холодная маркировка	1930
fragile a basse temperature	frágil al frío	хладноломкий	1931
formatura f a freddo	formado en frío	холодная формовка	1932
incollaggio m a freddo	encolar, pegar en frío	склеивание при комнатной температуре, склеивание "на холоду"	1933
vernice f a freddo	barniz frío (producido en frío)	лак, изготовленный на холоду	1934
colla f a freddo	cola, goma, fría; cola para encolar en frío	клей для холодной склейки, клей для склеивания "на холоду"	1935
pressare a freddo	matrizar en frío; estampar en frío	прессовать вхолодную, прессовать при комнатной температуре	1936
saldare a freddo	soldar en frío	сваривать при комнатной температуре, сваривать вхолодную	1937
saldatura f a freddo	soldado en frio, soldadura ... (cierre por autopegado en frío)	холодное запечатание	1938
carta f saldabile a freddo	papel sellable (pegable), soldable en frío	самоприклеивающаяся бумага; бумага, покрытая чувствительным к давлению клеем	1939
saldatura f a freddo	sellado, pegado, soldado en frío	холодная склейка, холодная спайка, самоклейкость	1940
estrusione f a freddo	extrusión por impacto (en frío)	ударное прессование, ударное выдавливание	1941

Nr.	DEUTSCH	ENGLISCH	FRANZÖSISCH
1942	**Kaltverformung** f	**cold working, cold (de)forming, cold shaping**	**écrouissage** m **à froid, déformation** f **à froid, façonnage** m **à froid**
1943	**Kaltvulkanisation** f	**cold cure, acid cure**	**vulcanisation** f **à froid**
1944	**kaltziehen**	**to cold-draw**	**étirer à froid**
1945	**Kammerprofilplatte*** f (siehe 3739, 4450)	**profiled plastics panel**	**panneau** m **profilé en plastique**
1946	**Kanister*** m	**drum, can, canister** (with rectangular or square cross section)	**bidon** m, **boîte-bidon** f (à la section rectangulaire ou carrée)
1947	**Kanne*** f	**drum, can, canister** (generally with round cross section)	**touque** f, **bidon** m (en général de section ronde)
1948	**Kante** f	**edge, rim**	**bord** m, **arrête** f; **côté** m
1949	**kanten, nicht kanten!**	**Do not tilt!**	**ne pas renverser!**
1950	**kantenbindender Klebstoff** m	**edge jointing adhesive**	**colle** f **pour joints**
1951	**Kanten-Gummiermaschine** f	**edge gumming machine**	**machine** f **à gommer les bords**
1952	**Kantenpolster*** n	**edge cushion(ing), corner cushion(ing)**	**rembourrage** m **aux coins**
1953	**Kantenpressung** f	**end pressure**	**compression** f **des arrêtes, pression** f **sur les arrêtes**
1954	**Kantenriß** m, **Querriß** m	**edge fracture**	**rupture** f **transversale, crique** f **transversale, fissure** f **d'angle, fissure** f **de bord**

ITALIENISCH	SPANISCH	RUSSISCH	Nr.
formatura f **a freddo**	**formado en frío; deformacíon, moldeo, confección en frío**	холодная обработка, формование при обычной температуре, холодное формование	1942
vulcanizzazione f **a freddo**	**vulcanización en frío**	холодная вулканизация	1943
imbutire a freddo	**estirar en frío**	тянуть вхолодную, вытягивать вхолодную	1944
pannello m **in plastica profilate**	**plástico ondulado**	камерная профильная панель	1945
petroliera f, **tanica** f (a sezione quadrato o rettangolare)	**bidón, tambor, barril** (de sección rectangular o cuadrada; contenido < 60 l)	канистра	1946
bidone m (a sezione cilindrica)	**barril, bidón, garrafa, tambor** (en general de sección cilindrica, redonda contenido < 60 l)	бидон, мелкий барабан	1947
bordo m	**borde, ribete, orilla**	кромка, борт, ребро, край	1948
non capovolgere!	**no volcar**	Не кантовать!	1949
adesivo m **per la giunzione dei bordi**	**cola para juntas** (uniones)	клей для склеивания кромок, клей для стыков	1950
macchina f **gommatrice dei bordi**	**máquina engomadora** (encoladora) **de cantos**	станок для гуммирования кромок	1951
cantonale m **di protezione**	**relleno de ángulos, esquinas**	угловая амортизирующая прокладка	1952
pressione f **sulle parti terminali**	**compresión de aristas, bordes; presión sobre los bordes, cantos**	сжатие кромок, опорное давление	1953
fessurazione f **del bordo**	**rotura transversal; fisura de bordes, de ángulos**	трещина по краю	1954

Nr.	DEUTSCH	ENGLISCH	FRANZÖSISCH
1955	**Kantenschutz** m	**sheathing, edge or corner protection**	**protège-arrête** m
1956	**Kantenstauchwiderstand*** m	**edge crush resistance, short column test**	**résistance** f **des bords à l'écrasement**
1957	**Kaolin** n	**kaolin, china clay**	**kaolin** m, **caolin** m
1958	**Kapillarsteigrohr** n	**capillary dip tube**	**tube** f **plongeur capillaire**
1959	**Kappe*** f, **Verschließkappe*** f	**cap, capsule**	**capsule** f, **couvercle** m, **capot** m, **obturateur** m
1960	**Kappenaufsetzmaschine** f, **Kapselaufsetzmaschine** f	**capping machine, capper**	**machine** f **à (en)capsuler, capsuleuse** f
1961	**Kappenschachtel** f	**capped box**	**boîte** f **à rabattues**
1962	**Kapsel*** f (1. Packmittel, 2. Verschließmittel, siehe 4256, 4533)	**capsule** (1. package, 2. closure), **cap**	**capsule** f (1. emballage, 2. moyen de fermeture), **couvercle** m
1963	**Kapseldichtung** f	**cap sealing (compound)**	**obturateur** m **de capsules**
1964	**Kapseleinlagemaschine** f	**cap lining machine**	**machine** f **à doubler les capsules**
1965	**Kapselfülltrichter** m	**cap hopper**	**trémie** f **à capsules**
1966	**Kapselmaschine** f, **Kappenaufsetzmaschine** f	**capping machine, capper**	**capsuleuse** f, **machine** f **à (en)capsuler**
1967	**Kapselzuführungsrinne** f	**cap feed chute**	**goulotte** f **à capsules**
1968	**Karaffe** f, **Karaffenflasche** f	**decanter, carafe**	**bouteille-carafe** f, **décanteur** m

ITALIENISCH	SPANISCH	RUSSISCH	Nr.
protezione f angolare, protezione f del bordo	protector de bordes	усилитель кромки, защита кантов, защитная упаковка кромок	1955
resistenza f alla compressione del bordo, prova f in colonna corta	resistencia a la compresión	сопротивление краев против осадки	1956
caolino m	caolin	каолин	1957
capillare m di caduta	tubo de inmersión capilar	капиллярная сифонная трубка	1958
capsula f di chiusura, coperchio m	cápsula, tapa, cierre, obturador	колпачок	1959
macchina f incapsulatrice per capsule di chiusura	máquina encapsuladora, capsuladora	машина для укупорки колпачками, машина для капсюлирования	1960
scatola f con coperchio	bote con tapa	коробка с крышкой внахлобучку	1961
capsula f (1: imballaggio, 2: mezzo di chiusura), coperchio m	cápsula (1. envase, 2. medio de cierre); **tapa**	капсюль, колпачок	1962
composto m saldante per capsule	obturador de cápsulas (compuesto)	уплотняющая паста для колпачков	1963
macchina f formatrice di capsule	máquina revestidora de tapas	пастонакладочная машина для колпачков	1964
tramoggia f per capsule	tolva de tapas	загрузочная воронка для капсюлей	1965
macchina f capsulatrice, macchina f incapsulatrice	máquina capsuladora	машина для капсюлирования, машина для надевания колпачков	1966
alimentatore m a caduta per capsule	tobogan, guía para capsular (en las máquinas encapsuladoras)	загрузочный лоток для капсюлей или колпачков	1967
caraffa f, bottiglia f a bocca larga	garrafa, garrafón, botella de boca ancha	графин	1968

Nr.	DEUTSCH	ENGLISCH	FRANZÖSISCH
1969	**Karton*** m (Die Benennung "Karton" soll für "Schachtel" nicht verwendet werden!) (siehe 1030)	**cardboard, carton board** (The term "carton" should not be used for fibre board box!)	**carton** m (le terme "carton" ne doit pas être employé pour "caisse-carton"!)
1970	**Karton** m **aus Faserguß**	**moulded pulp board**	**carton** m **moulé**
1971	**Kartonagen*** fpl	**cardboard articles**	**cartonnages** mpl
1972	**Kartonagen(herstellungs)-maschine** f	**box making machine**	**machine** f **pour la fabrication des cartonnages, machine à cartonnages**
1973	**Kartonagenpappe** f	**boxboard, board for boxes**	**carton** m **pour cartonnages**
1974	**Kartonfilz** m	**board felt, wet felt**	**carton** m **feutre**
1975	**Kartoniermaschine** f	**cartoning machine, cartoner**	**encartonneuse** f
1976	**Kartonpapier** n	**cardboard paper**	**carton** m **papier, papier** m **cartonné**
1977	**Kartonunterlage** f, **Kleinwaren** fpl **auf Kartonunterlage**	**carded products, board underlayer**	**petits objets** mpl **fixés sur un support** m **(en) carton, sous-couche** f **carton**
1978	**Kartonzuschnitt** m	**box blank, blank, carton blank**	**découpe** f **carton, flan** m
1979	**Kartusche*** f	**cartridge**	**cartouche** f

ITALIENISCH	SPANISCH	RUSSISCH	Nr.
cartone m (termine per definire i vari tipi di cartone, non sinonimo di scatola)	**cartón** (puede indicar cartón plano, cartulina, y se emplea para designar el material de que están hechos determinados envases; pero no debe emplearse la palabra "carton" para designar un envase, una caja o estuche por ejemplo)	**картон, коробочный картон** (вес примерно 250 до 450 г/м²) (термин "картон" не должен употребляться для обозначения "картонной коробки" или "картонного ящика")	1969
cartone m **modellato**	**cartón moldeado**	**картон "литой" из волокнистой массы**	1970
imballi m pl **in cartone**	**cartonajes** (artículos de cartón)	**картонажные изделия**	1971
macchina f **per la fabbricazione di scatole/ imballi di cartone**	**máquina para la fabricación de cajas de cartón**	**машина для производства картонажных изделий, картонажная машина**	1972
cartone m **per scatole**	**cartón para cajas**	**коробочный картон**	1973
cartone m **feltro**	**cartón fieltro**	**самоснимающее мокрое сукно**	1974
macchina f **per la fabbricazione di scatole**	**máquina encartonadora; máquina para la fabricación de cajas de cartón**	**машина для упаковки в картонные коробки**	1975
cartoncino m	**cartón-papel; papel acartonado**	**картонажная бумага, (картонажная) масленка**	1976
cartoncino m **di supporto, piccoli oggetti** m pl **fissati su un supporto in cartoncino**	**soporte de cartón; pequeños objetos colocados sobre un soporte de cartón**	**картонная подкладка**	1977
foglio m **di cartone**	**cartón troquelado**	**картонная заготовка для коробки или ящика**	1978
cartuccia f	**cartucho**	**картуш**	1979

Nr.	DEUTSCH	ENGLISCH	FRANZÖSISCH
1980	**kaschieren***	**to coat, to laminate, to double, to cover**	**contrecoller, doubler, coucher, laminer, revêtir**
1981	**Kaschierfestigkeit*** f, **Spaltwiderstand** m, **Verbundhaftung** f	**laminating strength, bond strength, interlaminar strength**	**résistance** f **du contrecollage, cohérence** f **entre les couches**
1982	**Kaschierfolie** f, **klebefertige Kaschierfolie**	**pressure-sensitive adhesive film**	**feuille** f **adhésive autocollante, feuille autoadhésive**
1983	**Kaschiermaschine** f	**laminating machine, pasting machine**	**machine** f **à contrecoller**
1984	**Kaschierpapier** n	**laminating paper**	**papier** m **à doubler**
1985	**kaschiert, mit Gewebe kaschiert**	**fabric-backed**	**doublé de tissu**
1986	**kaschierte Folie** f	**laminated sheet(ing), doubled sheet(ing)**	**feuille** f **doublée, feuille enduite**
1987	**kaschiertes Gewebe** n	**backed fabric, coated fabric**	**tissu** m **doublé, tissu enduit**
1988	**kaschiertes Papier** n	**laminated paper, pasted paper, lined paper**	**papier** m **contrecollé, papier doublé, papier couché**
1989	**Kaschierung** f	**lamination**	**contrecollage** m, **stratification** f
1990	**Kasein** n	**casein**	**caséine** f
1991	**Kaseinleim** m, **wasserfester Kaltleim** m	**casein glue**	**colle** f **(froide) (de) caséine**
1992	**Kasten*** m, **Kiste*** f	**case, box**	**caisse** f, **boîte** f, **coffre** m

ITALIENISCH	SPANISCH	RUSSISCH	Nr.
accoppiare, laminare, rivestire	contracolar, revestir, laminar, cubrir	оклеивать, ламинировать, кашировать, дублировать	1980
resistenza f di accoppiamento	resistencia del contracolado; coherencia entre las capas que forman el contracolado 1982 lámina revestida, lámina autoadhesiva	стойкость к расслаиванию, стойкость к расщеплению, сопротивление раскалыванию	1981
foglio m autoadesivo	EINTRAG FEHLT!	пленка для каширования	1982
macchina f accoppiatrice	máquina para contracolar, revestir	оклеечная машина, кашированная машина	1983
carta f per accoppiamento	papel recubierto	оклеечная бумага	1984
accoppiato con tessuto	revestido con tejido	кашированный тканью	1985
foglio m accoppiato	lámina revestida, recubierta	кашированная пленка, кашированный лист	1986
tessuto m accoppiato	tejido revestido, recubierto, laminado	кашированная ткань	1987
carta f accoppiata	papel contracolado, revestido, recubierto	ламинированная бумага, многослойная бумага	1988
accoppiamento m	contracolado	оклеивание, ламинирование, каширование, дублирование	1989
caseina f	caseína	казеин	1990
colla f di caseina	cola (fria) de caseína	казеиновый клей, водостойкий клей для холодной склейки	1991
cassa f, scatola f, gabbia f	caja, cajón, arcón	ящик	1992

Nr.	DEUTSCH	ENGLISCH	FRANZÖSISCH
1993	**Kaufanreiz** m	sales appeal, shelf appeal, consumer appeal	**attrait** m **d'achat, attrait pour la vente, stimulation** f **à la vente**
1994	**Kautschuk** m, **Hartgummi** m, n	caoutchouc, rubber, ebonite	caoutchouc m, **ébonite** f
1995	**Kautschukgewebe** n	elastic fabric	**tissu** m **en caoutchouc**
1996	**Kautschukmilch** f	latex	**lait** m **de caoutchouc**
1997	**keimfrei, steril(isiert)**	sterilized, free from germs, disinfected, sterile	**stérile, stérilisé**
1998	**keimfrei machen**	to sterilize	**stériliser**
1999	**keine Haken benutzen!**	use no hooks!	**maniez sans crampons!**
2000	**Kennzeichnung*** f	identification, marking	**identification** f, **marquage** m
2001	**Keramik*** f	ceramics	**céramique** f
2002	**Keramikverpackung** f	ceramics package, package of ceramics	**emballage** m **(en) céramique**
2003	**keramisch**	ceramic	**céramique**
2004	**Kerbe** f, **Kerb** m	groove, slot, notch, score	**coche** f, **entaill(ur)e** f, fente f, **rainure** f
2005	**Kerbempfindlichkeit** f	score resistance	**sensibilité** f **à l'entaille**
2006	**Kerbfestigkeit** f, **Kerbzähigkeit** f	notched-bar strength, impact strength	**dureté** f **à l'entaille**

ITALIENISCH	SPANISCH	RUSSISCH	Nr.
attrazione f di vendita	atracción para la venta, estímulo de compra	привлечение внимания покупателей, "продающий" внешний вид (тары)	1993
gomma f, cauccíû m	tejido de caucho	каучук, резина, эбонит	1994
tessuto m di gomma	EINTRAG FEHLT!	прорезиненная ткань	1995
lattice m	latex	латекс, каучуковый латекс	1996
sterile, sterilizzato	estéril, esterilizado	стерильный, стерилизованный, асептический	1997
sterilizzare	esterilizar	стерилизовать	1998
non usare ganci!	no emplear ganchos! (no usar ganchos!) (voz o marca de manipulación)	Не используй крюков!, Не проколи!, Крюками не брать!*	1999
identificazione f, marcatura f	identificación, marcado	обозначение, маркировка, опознавательная маркировка	2000
ceramica f	cerámica	керамика	2001
imballaggio m di ceramica	envase cerámico	керамическая тара, фарфор-фаянсовая тара	2002
ceramico	cerámico	керамический	2003
intaglio m, fenditura f	entalladura, incisión	надрез, паз, насечка	2004
sensibilità f all'intaglio	sensibilidad a la incisión	чувствительность к надрезу	2005
resistenza f all'intaglio	resistencia a la incisión	сопротивление раздиру, сопротивление надрыву	2006

Nr.	DEUTSCH	ENGLISCH	FRANZÖSISCH
2007	**Kerbschlagbiegeprobe** f	notch(ed-bar) impact-bending test	essai m de flexion par choc sur barreaux entaillés
2008	**Kerbschlagfestigkeit** f	notch(ed) impact strength	résistance f à l'enfoncement
2009	**Kerbschlagprobe** f	notched-bar impact test, notch bending test	essai m de choc sur éprouvettes entaillées
2010	**Kettenförderer** m	chain conveyor	convoyeur m à chaîne, transporteur m à (chaîne à) raclettes
2011	**keulenförmig**	club-shaped	en forme de massue
2012	**Kiefernholz** n	pine wood	bois m de pinastre, bois du pin sylvestre
2013	**Kieselgel*** n	silica gel	gel m de silice
2014	**Kieselgur** f	fossil meal, diatomaceous or infusorial earth, kieselguhr	farine f fossile, farine tellurine, terre f de diatomées ou d'infusoires, kieselguhr m
2015	**Kindergesicherte Packung*** f	child-resistant pack	emballage m protège-enfants
2016	**Kindergesicherter Verschluß*** m	child-resistant closure	fermeture protège-enfants
2017	**Kippbewegung** f	tilting motion, tipping motion	mouvement m basculant
2018	**kippen, nicht kippen!**	Not to be tilted! Do not tilt!	ne pas basculer!, ne pas renverser!

ITALIENISCH	SPANISCH	RUSSISCH	Nr.
prova f di flessione per impatto su provette intagliate	ensayo de flexión por impacto sobre barras entalladas	испытание образца с надрезом на ударную вязкость	2007
resistenza f all'intaglio	resistencia al impacto	ударная вязкость (образца с надрезом)	2008
prova f d'urto su provette intagliate	ensayo de choque sobre barra entallada	испытание образца с надрезом на удар	2009
trasportatore m a catena	cinta o banda transportadora de cadenas, o racletas	цепной транспортер, цепной конвейер	2010
a forma di clava	forma de maza	напоминающий булаву, шишковатый	2011
legno m di pino silvestre	madera de pino silvestre, madera de pino	сосновая древесина	2012
gel m di silice	gel de silice (silicaged, absorbente de vapor de agua)	силикагель	2013
farina f fossile	harina fósil, tierra de infusorios o de diatomáceas, eflorescencia silícea, (se emplea también con el nombre alemán de Kieselgur) (caolin)	кизельгур, трепел, инфузорная земля, диатомовая земля, диатомит	2014
confezione f a prova di bambino	cierre a prueba de niños, resistente a los niños	упаковка с противооткрыванием детьми	2015
chiusura f a prova di bambino	envase a prueba de niños, resistente a los niños	затвор, предохраняющий от открывания детьми	2016
movimento m a bilico	movimiento basculante	опрокидывающее движение	2017
non rovesciare	no bascular! no volcar! (voz j marca de manipulación de embalajes)	Не опрокидывать!	2018

Nr.	DEUTSCH	ENGLISCH	FRANZÖSISCH
2019	**Kippvorrichtung** f	**tipping device, tilting device, dumping mechanism**	**dispositif** m **d'inclinaison, dispositif à bascule, dispositif de renversement**
2020	**Kissenpackung*** f	**pillow(-type) pack**	**emballage-coussin** m
2021	**Kistchen** n, **Leichtkiste** f	**light wooden box**	**caissette** f
2022	**Kiste*** f (Packmittel aus Holz)	**case, box** (all of wood)	**caisse** f (en bois)
2023	**Kiste** f, **doppelt beleistete Kiste**	**double-battened wood box**	**caisse** f **à double ceinture**
2024	**Kiste** f, **einfach beleistete Kiste**	**single-battened wood box**	**caisse** f **à une ceinture**
2025	**Kiste** f **mit beleistetem Boden und Deckel**	**double-framed wood box**	**caisse** f **à double monture**
2026	**Kiste** f **mit beleistetem Kopfteil**	**wood box with batten-reinforced ends**	**caisse** f **à tête barrée**
2027	**Kiste** f **mit Kopfkranzleisten**	**wood box with pictureframe ends**	**caisse** f **à tête encadrée**
2028	**Kistenauslegepapier** n, **Kistenauskleidepapier** n	**wood box paper, case lining paper**	**papier** m **pour doubler les caisses**
2029	**Kistenbrett*** n	**board, case board**	**planche** f, **planche de caisse**
2030	**Kisteneinsatz*** m (1. zur Auskleidung, 2. zur Unterteilung) (siehe 4204)	**1. case liner, 2. compartment(ed) insert, partitioning insert for cases**	**1. doublure** f **de caisse, 2. entretoises** fpl **insérées, compartiments** mpl **insérés pour caisses**

ITALIENISCH	SPANISCH	RUSSISCH	Nr.
dispositivo m di ribaltamento (dispositivo di rovesciamento)	dispositivo para inclinar, bascular, volcar	опрокидывающий механизм, опрокидывающее устройство	2019
confezione f a cuscino	envase tipo cojín (a almohada)	мешочек "саше" подушечкой, подушечка	2020
cassettina f, cassetta f leggera	cajita, caja ligera	мелкий ящик для легких грузов	2021
cassa f (in legno)	caja, cajón, embalaje (de madera en todos los casos)	ящик, деревянный ящик	2022
cassa f con doppia assicella di rinforzo	caja de doble listón	ящик с тремя поясами из планок	2023
cassa f ad assicella singola di rinforzo	caja de un sólo listón	ящик с двумя поясами из планок	2024
cassa f con assicelle di rinforzo sul fondo e sul coperchio	caja de tapa y fondo listonado, caja de doble montura	ящик с прибитыми планками на крышке и дне	2025
cassa f con assicelle di rinforzo sulle testate	caja de tapa listonada	ящик с головками, собранными на двух планках	2026
cassa f con intelaiatura perimetrica sulle testate	caja de testero cuadrado	ящик с головками, собранными на четырех планках в рамку	2027
carta f per rivestimento di casse	papel para forrar cajas	обивочная бумага для ящиков, облицовочная бумага для ящиков	2028
tavola f per casse	tabla, tablero para cajas	ящичная дощечка	2029
1: rivestimento m per casse, 2: divisorio m interno per casse	dispositivo(s) interior(es) de una caja (para 1. revestimiento interior, 2. separadores interiores, 3. elementos interiores)	внутренняя облицовка для ящиков; перегородка, гнездовая решетка	2030

Nr.	DEUTSCH	ENGLISCH	FRANZÖSISCH
2031	**Kistengarnitur* f**	**set of box parts, case set, case fittings and components, set of a case**	**garniture f des éléments d'une caisse, pièces** fpl **de caisse, jeu** m **complet de caisse**
2032	**Kistenöffner** m	**crow bar, nail puller**	**ciseau** m **à déballer**
2033	**Kistenschoner*** m	**box protection**	**protège-caisse** m
2034	**Kistenteile* npl**	**case panels** pl, **box walls** pl	**panneaux mpl de caisse, parois fpl de caisse**
2035	**Kisten-Umreifungsband** n	**case strap**	**cerceau** m **pour caisses**
2036	**Kistenwand*** m	**case edge**	**bord** m **de caisse**
2037	**Kistenzuschnitt*** m	**box parts cut to size, cut-to-size case components**	**éléments mpl de caisse débités aux dimensions**
2038	**Klammer** f, **Heftklammer** f	**clamp, staple, clip**	**agrafe** f, crochet m
2039	**Klammerdraht** m	**stapling wire**	**fil** m **métallique à agrafer**
2040	**Klappdeckel*** m	**hinged lid, flap lid**	**couvercle** m **rabattant, couvercle à charnière**
2041	**Klappdeckelschachtel* f** (siehe 622)	**case with hinged lid**	**boîte f à couvercle rabattant**
2042	**Klappdeckelschachtel f mit Steckverschluß**	**self-locking (one-piece) case with hinged lid**	**boîte f à couvercle rabattant avec fermeture à crochets**
2043	**Klappe*** f (siehe 4257)	**flap, lid**	**rabat** m

ITALIENISCH	SPANISCH	RUSSISCH	Nr.
accessori m pl **per cassa, elementi** m pl **per cassa**	**guarniciones de una caja, elementos, piezas de una caja**	ящичный комплект, комплект ящичных досок, набор деталей ящика	2031
attrezzo m **per apertura delle casse, levachiodi** m	**abridor de cajas, tijeras de desembalar, cincel para desembalar**	гвоздодер, клещи для гвоздей	2032
protezione f **per casse**	**caja de protección**	защита ящика	2033
pannelli m pl **di casse**	**paneles, tableros de una caja**	элементы ящика (боковые стенки, головки, дно и крышка)	2034
cerchione m **per casse**	**fleje para cajas**	лента для обвязки ящиков	2035
parete f **della cassa**	**ángulo, esquina de la caja**	край ящика	2036
componenti m pl **di una cassa tagliati su misura**	**partes, elementos, componentes de una caja** (de dimensiones determinadas)	комплект ящичных досок, набор деталей ящика, комплект ящика	2037
graffa f, **punto** m **metallico**	**grapa**	скоба, проволочная скоба, сшивка	2038
filo m **metallico per aggraffatura**	**hilo metálico para grapar**	проволока для скоб	2039
coperchio m **ribaltabile, coperchio** m **a cerniera**	**tapa de goznes, bisagras**	откидная крышка, шарнирная крышка, навесная крышка	2040
scatola f **con coperchio ribaltabile**	**caja con tapa abatible y elevable** (tapa fija en gozne o bisagra que puede abrirse y cerrarse)	ящик или коробка с откидной крышкой, ящик или коробка с шарнирной крышкой, ящик или коробка с навесной крышкой	2041
scatola f **a coperchio ribaltabile con chiusura a ganci**	**caja de tapa basculante con cierre de ganchos, u orejetas**	коробка с откидной засовывающейся крышкой	2042
falda f	**tapa**	клапан	2043

Nr.	DEUTSCH	ENGLISCH	FRANZÖSISCH
2044	**Klappenbeutel*** m	**flap(ped) bag, flat bag with flap closure**	**sachet** m **à patte, sachet plat avec fermeture à patte**
2045	**Klappentaschenbeutel*** m	**flap bag with pocket**	**sachet** m **à patte avec poche**
2046	**Klappenverschluß** m	**flap snap**	**fermeture** f **à rabat, fermeture rabattable**
2047	**Klarsichtfenster*** n	**transparent window**	**fenêtre** f
2048	**Klarsichtfolie** f	**transparent sheet(ing), transparent film**	**film** m **transparente**
2049	**klarsichtig, durchsichtig**	**transparent, clear**	**transparent, clair**
2050	**Klarsichtpackung*** f (siehe 3571)	**see-through pack, transparent pack, window pack**	**emballage** m **transparent**
2051	**Klebeband*** n (mit Haftklebstoffschicht versehenes Kunststoff-, Papier- oder Textilband)	**tape, adhesive tape** (adhesive-coated band of plastics, paper, or fabric)	**bande** f **adhésive, ruban** m **adhésif, ruban collant** (bande collée en matière plastique, papier ou textile)
2052	**Klebeband** n, **selbstklebendes Klebeband** (siehe 3553)	**pressure-sensitive (adhesive) tape, self-adhesive tape**	**ruban** m **applicable sous pression, ruban auto-collant, ruban auto-adhésif**
2053	**Klebebandgeber** m	**adhesive-tape dispenser**	**machine** f **débitrice pour ruban adhésif, distributeur** m **de ruban collant**
2054	**Klebebandverschluß*** m	**taped closure, taped seal**	**fermeture** f **par ruban collant**
2055	**Kleb(e)etikett** n	**gummed label**	**étiquette** f **collante**
2056	**Kleb(e)fähigkeit** f	**cohesiveness, binding property, tack(iness)**	**adhésivité** f, **pouvoir** m **adhésif**

ITALIENISCH	SPANISCH	RUSSISCH	Nr.
sacchetto m con lembo di chiusura	bolsa de orejetas, bolsa plana con cierre de orejetas	упаковочный пакет или конверт с клапаном	2044
sacchetto m con lembo di chiusura e tasca	caja-bolsa con lengüetas	мешок с карманами-клапанами	2045
chiusura f a falda	cierre, tapa abatible	клапанный затвор	2046
finestra f trasparente	ventana transparente	световой люк	2047
foglio m trasparente	hoja, película transparente	прозрачная пленка, прозрачный лист	2048
trasparente, chiaro	transparente, claro	прозрачный	2049
confezione f trasparente, imballaggio m trasparente	envase transparente	прозрачная тара, тара из прозрачной пленки	2050
nastro m gommato (in plastica, in carta, in tessuto)	banda, cinta adhesiva (puede ser de papel, tejido, plástico)	клеящая лента, клейкая лента, липкая лента, склеивающая лента	2051
nastro m autoadesivo	banda, cinta autoadhesiva (pegado por presión)	самоклеящая лента, самоклейкая лента, самоприклеивающаяся лента, липкая лента (чувствительная к давлению)	2052
"dispenser" m per nastro adesivo	máquina suministradora de cinta engomada, o adhesiva (precintadoras)	машинка для оклейки, распределитель клейкой ленты	2053
chiusura f con nastro adesivo	cierre por cinta o precinto engomado	закупорка клейкой лентой, закупорка гуммированной лентой	2054
etichetta f gommata adesiva	etiqueta engomada	клеящая этикетка, гуммированная клейка	2055
adesività f, potere m adesivo	adhesividad, poder adhesivo	клеящая способность, клейкость	2056

Nr.	DEUTSCH	ENGLISCH	FRANZÖSISCH
2057	Kleb(e)festigkeit f, Haftfestigkeit* f	adhesive strength, bond strength, adherence	adhésion f (force f d')adhérence f, propriétés fpl adhésives
2058	Kleb(e)folie f	adhesive film	film m collant
2059	Kleb(e)fuge f	bond, joint	joint m
2060	Kleb(e)gummi m,n	rubber, adhesive sizing rubber	caoutchouc m collant
2061	Klebe-Hotmelt* m (siehe 1817)	hot-melt adhesive	colle f de thermo-soudage
2062	Klebekante f, Fabrikkante* f	manufacturer's joint	jointure f de fabrication
2063	Kleb(e)lack m	adhesive lacquer, adhesive varnish	vernis m adhésif
2064	Kleb(e)lasche f (siehe 2351)	glued tab, adhesive (tape) tongue	patte f à coller, languette f collante
2065	Kleb(e)maschine f	glu(e)ing machine	machine f à coller, colleuse f
2066	kleben*, verkleben	to glue, to bond, to stick, to adhere, to paste	coller, attacher, adhérer, se coller, être collé
2067	klebend, klebrig	adhesive, sticky, glutinous	adhésif, collant, gluant, glutineux
2068	Klebenaht* f	adhesive seal	trace f de colle
2069	Kleb(e)papierband n	paper tape, adhesive paper tape	ruban m papier adhésif
2070	Kleb(e)rand m	gummed edge	bord m (en)collé

ITALIENISCH	SPANISCH	RUSSISCH	Nr.
forza f di adesione, propietà f adesiva	adhesión, fuerza de adherencia,propiedad adhesiva	прочность склеивания, прочность склейки, сцепляемость	2057
foglio m adesivo	película adhesiva	клейкая пленка, склеивающая пленка	2058
unione f, legame m	ligazón, unión	клеевой шов	2059
gomma f adesiva	adhesivo de caucho, adhesivo de latex	резиновый клей на основе каучука	2060
adesivo m fusibile a caldo, adesivo m per incollaggio a caldo (adesivo m hot-melt)	termoadhesivo, adhesivo hot-melt	материал, склеенный горячим плавлением	2061
giuntura f di fabbricazione	junta de fabricación	вертикальный клапан-замок, полоса нахлестки	2062
vernice f adesiva	barniz adhesivo	клеящий лак, лак для склеивания	2063
linguetta f adesiva	orejeta engomada, lengüeta adhesiva	полоса нахлестки, клеящий язычок	2064
macchina f incollatrice	máquina engomadora, pegadora	клеильная машина, клеильный пресс	2065
incollare, attaccare, aderire	pegar, encolar, adherir, unir, engomar (para pegar)	клеить, склеивать, липнуть, приклеиваться	2066
adesivo, collante	adhesivo, glutinoso	клеящий, клейкий, липучий	2067
chiusura f per adesione, giunzione f per adesione	cierre adhesivo	клеевой шов, клеевой стык	2068
nastro m di carta adesiva	banda de papel adhesivo	клейкая бумажная лента, гуммированная бумажная лента	2069
bordo m incollato	borde encolado	кромка для склеивания	2070

Nr.	DEUTSCH	ENGLISCH	FRANZÖSISCH
2071	**Kleb(e)rolle* f** (Klebestreifen in Rollenform)	**gummed coil, gummed-tape reel**	**rouleau** m **de papier adhésif, rouleau de ruban collant**
2072	**Kleb(e)scheibe* f**	**adhesive (tape) disk, gummed (sealing) disk**	**disque** m **adhésif, disque collant, disque en papier gommé**
2073	**Kleb(e)streifen* m** (gummierter Papierstreifen)	**tape, gummed tape** (gummed paper tape)	**ruban** m **adhésif** (bande en papier gommé)
2074	**Kleb(e)streifenanfeuchter m**	**tape moistening device, tape moistener**	**mouilleuse** f **pour ruban adhésif**
2075	**Kleb(e)streifengeber m**	**tape dispenser**	**débiteur** m **de ruban adhésif, appareil** m **de pose pour ruban adhésif**
2076	**Kleb(e)streifenverschluß* m**	**taped closure, taped seal**	**fermeture** f **par ruban collant**
2077	**Kleb(e)test m**	**bonding test**	**essai** m **d'adhésion**
2078	**Kleb(e)verbindung f**	**adhesive joint**	**joint** m, **collure** f
2079	**Kleb(e)vermögen n, Klebkraft f, Bindekraft f**	**adhesiveness, adhesive strength, tack(iness)**	**adhésivité** f, **pouvoir** m **adhésif, pouvoir** m **collant**
2080	**Kleb(e)verschluß* m**	**bonded seal, glued seal**	**fermeture** f **collée**
2081	**Kleb(e)wachs n**	**adhesive wax**	**adhésif** m **à la cire, cire** f **à luter**

ITALIENISCH	SPANISCH	RUSSISCH	Nr.
rotolo m di nastro adesivo	bobina de papel adhesivo, bobina de papel engomado (de papel precinto)	рулон ленты для склейки, катушка с клейкой лентой	2071
disco m adesivo	disco adhesivo, engomado (de papel encolado)	клейкая лента в форме кольца	2072
nastro m adesivo (nastro m di carta gommata)	cinta, banda, precinto adhesivo, engomado	клеящая лента, клейкая лента, лента для склеивания (гуммированная бумажная лента)	2073
umidificatore m del nastro gommato	humectador para precinto engomado	увлажнитель клеящей ленты, увлажнитель клейкой ленты	2074
"dispenser" m di nastro gommato	aparato suministrador de cinta, banda o precinto engomado	распределитель клейкой лентой, отрывной распределитель клейкой лентой	2075
chiusura f con nastro gommato	cierre por preciento engomado	закупорка клейкой лентой, закупорка гуммированной лентой	2076
prova f di adesività	ensayo de adhesión	определение прочности на отдирание липкой ленты (чувствительной к давлению)	2077
unione f per adesione	junta, unión por adhesión	клеевое соединение	2078
forza f adesiva, adesività f, potere m adesivo	adhesividad, poder adhesivo, poder de pegado	клеящая способность, склеивающая способность, сила сцепления, сила адгезии	2079
chiusura f adesiva	cierre por pegado	закупорка клеящими веществами	2080
adesivo m a base di cera	cera adhesiva	парафин для склеивания, воск для склеивания	2081

Nr.	DEUTSCH	ENGLISCH	FRANZÖSISCH
2082	klebfähig (durch Haftung)	pressure-sensitive	auto-collant, auto-adhésif
2083	Klebstoff m, Kleber m (siehe 2098)	adhesive, glue, gum, binding material, bonding material	colle f, adhésif m, matière f adhésive ou collante
2084	Klebstoff m auftragen	to spread an adhesive, to apply an adhesive	étendre l'adhésif, appliquer la colle
2085	Klebstoff m für Sperrholz	plywood adhesive	colle f de placage
2086	Klebstoff m, hitzehärtbarer Klebstoff, Duroplast-Klebstoff m	thermosetting adhesive	colle f thermodurcissable
2087	Klebstoff m, kaltabbindender Klebstoff	cold-setting adhesive	colle f à froid
2088	Klebstoff m, thermoplastischer Klebstoff	thermoplastic adhesive	matière f adhésive thermoplastique
2089	Klebstoff m, warmabbindender Klebstoff	intermediate temperature setting adhesive	colle f à chaud
2090	Klebstoff m zur Kantenbindung, kantenbindender Klebstoff	edge jointing adhesive	colle f pour joints
2091	klebstoffabweisend	anti-adhesive	anti-adhésif
2092	Klebstoffauftrag m	application of adhesive	application f de la colle
2093	Klebstoffauftragmaschine f	gum or adhesive applicator	(en)colleuse f, machine f à étendre l'adhésif, machine f à appliquer la colle

ITALIENISCH	SPANISCH	RUSSISCH	Nr.
adesivo, autoadesivo	autoadhesivo	самоклеящий, самоприклеивающийся, липкий (чувствительный к давлению)	2082
colla f, adesivo m	adhesivo, cola, goma	клей, клеящее вещество	2083
applicare la colla, applicare l'adesivo	aplicar el adhesivo, la cola	наносить клей, наносить клейкую массу шпредингованием	2084
colla f per compensato	cola para madera contrachapada	фанерный клей	2085
adesivo m termoindurente	cola termoendurecible	термореактивный клей	2086
colla f a freddo	cola fría	клей холодного отвердения	2087
adesivo m termoplastico	adhesivo termoplástico	термопластичный клей	2088
colla f a caldo	cola en caliente	клей горячего отвердения	2089
adesivo m per la giunzione dei bordi	cola para uniones, cantos, esquinas	клей для склеивания кромок, клей для стыков	2090
antiadesivo	antiadhesivo	клееотталкивающий	2091
applicazione di adesivo	aplicación de la cola, del adhesivo	нанесение клея, намазывание клея	2092
macchina f applicatrice di adesivo	máquina engomadora, encoladora, aplicadora del adhesivo	машина для нанесения клея, клеенаносящая машина, клеенамазочная машина, шпредингмашина	2093

Nr.	DEUTSCH	ENGLISCH	FRANZÖSISCH
2094	**Klebstoffpulver** n	**powdered adhesive**	**colle** f **en poudre**
2095	**Kleinverkaufseinheit** f, **Kleinverkaufspackung** f	**minimum retail order unit**	**unité** f **de détail**
2096	**Klein(ver)packung** f, **Einzel(ver)packung*** f	**smal-size package, unit package, package for a unit** (of packaged goods)	**emballage** m **unitaire, emballage de petite contenance, emballage pour une unité (d'articles emballés)**
2097	**Kleinwaren** fpl **auf Kartonunterlage**	**carded products**	**petits objets** mpl **fixés sur un support (en) carton**
2098	**Kleister** m (siehe 2083)	**paste, glue**	**colle** f, **colle de pâte, empois** m
2099	**Klemmdeckel*** m	**clamping lid**	**couvercle** m **de serrage**
2100	**Klimaanlage** f	**air-conditioning plant, air conditioner**	**installation** f **de conditionnement d'air, climatiseur** m
2101	**Klimabeständigkeit*** f	**resistance to adverse climatic conditions**	**résistance** f **aux intempéries**
2102	**Klimaraum** m, **Klima(prüf)schrank** m	**conditioning chamber, climate chamber**	**chambre** f **de climatisation, chambre climatique, caisson-tous climats**
2103	**Klimaschutzverpackung** f	**tropical and arctic package**	**emballage** m **isotherme**
2104	**Klimatisieren*** n	**(air) conditioning**	**conditionnement** m **de l'air, climatisation** f
2105	**Klimaverhältnisse** npl	**climatic conditions** pl	**conditions** fpl **climatiques**

ITALIENISCH	SPANISCH	RUSSISCH	Nr.
adesivo m in polvere	cola en polvo	порошкообразный клей	2094
unità f di vendita al dettaglio	unidad de venta al detalle, envase de unidad de venta	наименьшая единица упаковки для розничной торговли	2095
imballaggio m di piccole dimensioni, imballaggio m unitario	envase unitario, de pequeño contenido, embalaje unitario (para mecancías previamente envasadas)	мелкая тара	2096
piccoli oggetti m pl fissati su un supporto di cartone	objetos de pequeño tamaño fijados sobre una plancha o soporte de cartón	мелкие товары на картонной подкладке	2097
colla f d'amido	pasta, goma, cola, empaste	клейстер	2098
coperchio m a ganascia	tapa, cierre a presión	зажимная крышка	2099
condizionatore m d'aria	planta, instalación de aire acondicionado, climatizador	климатизационная установка, кондиционирующая установка, кондиционер	2100
resistenza f al clima, resistenza f alle intemperie	resistencia a los efectos de climas extremos	устойчивость против климатических воздействий	2101
cella f di condizionamento, cella f di climatizzazione	cámara de climatización, climática, climatizada	камера кондиционирования, климатическая камера, климатический испытательный шкаф	2102
imballaggio m isotermico	embalaje isotérmico	упаковка, защищающая от атмосферных воздействий; упаковка для тропиков, упаковка для арктических условий	2103
condizionamento m d'aria	climatizar	кондиционирование, климатизация	2104
condizioni f pl climatiche	condiciones climáticas	климатические условия	2105

Nr.	DEUTSCH	ENGLISCH	FRANZÖSISCH
2106	**Klimaversuch** m	climatic test	**essai** m **climatique**
2107	**Klinikpackung*** f	hospital pack	**emballage** m **de grand consommation, emballage pour hôpitaux**
2108	**Klischee** n	block, printing block, printing plate	**cliché** m
2109	**Klischeebearbeitungs- maschine** f	blockmaking equipment	**machine** f **à usiner les clichés**
2110	**Klischeejustierapparat** m	block justifying device	**appareil** m **à ajuster les clichés**
2111	**Klotz(boden)beutel*** m (siehe 489, 3608)	gusseted bag, self- opening square bottom bag with gussets, SOS bag with gussets	**sachet** m **à fond carré, sachet** m **SOS**
2112	**Knet- und Mischmaschine** f	kneading and mixing machine	**pétrin-malaxeur** m
2113	**Knickbeanspruchung** f	axial compression, buckling stress	**travail** m **dû au flambage, effort** m **de flexion par compression axiale, contrainte** f **de flambage**
2114	**knicken**	to break, to buckle, to bend, to compress	**flamber, briser ou s'infléchir par compression axiale**
2115	**Knickfestigkeit** f, **Falzfestigkeit** f	buckling strength, breaking strength, flexing endurance	**résistance** f **au flambage, résistance à la flexion par compression axiale**

ITALIENISCH	SPANISCH	RUSSISCH	Nr.
prova f climatica	ensayo climático	испытание в определенных климатических условиях	2106
confezione f per ospedali	envase clínico	упаковка для клиники	2107
cliché m	clisé	клише, печатная форма	2108
attrezzatura f per fabbricare i cliché	máquina para elaborar los clisés	машина для обработки клише, станок для отделки клише	2109
apparecchio m per l'aggiustatura dei cliché	aparato ajustador de clisés	аппарат для выключки строк в машине для обработки клише	2110
sacchetto m a fondo quadro	bolsa de fondo cuadrado, bolsa SOS	пакет гармошкой с крестообразным дном, пакет с крестообразным дном с боковыми складками	2111
macchina f trituratrice e mescolatrice	máquina amasadora-mezcladora	меситель-смеситель, месильная машина и мешалка	2112
resistenza f alla flessione sotto carico	compresión axial, inflexión por compresión axial	напряжение при перегибе, напряжение при многократном продольном изгибе	2113
rompere, comprimere, cedere	romper, quebrar por compresión axial, aplastar	перегибать, изгибать, подвергать продольному изгибу, изгибаться	2114
resistenza f a flessione	resistencia a la compresión, al combado por el efecto de la compresión axial, resistencia a la flexión	сопротивление продольному изгибу, сопротивление многократному изгибу, прочность при многократном продольном изгибе	2115

Nr.	DEUTSCH	ENGLISCH	FRANZÖSISCH
2116	**Knickfestigkeitsprüfung** f	**buckling strength test**	**essai** m **de la résistance au flambage**
2117	**Knickkraft** f, **Knicklast** f	**buckling load, fracturing load**	**force** f **de flambage, charge** f **de flambage**
2118	**Knickspannung** f	**breaking stress, buckling stress**	**tension** f **de flambage**
2119	**Knickversuch** m	**buckling test**	**essai** m **de flambage**
2120	**Kniehebelverschluß** m, **Spannverschluß*** m	**bent-lever closure**	**fermeture** f **à genouillère, fermeture à canne**
2121	**kochbeständig, kochecht**	**boilproof, boil resistant, boil fast**	**stable à l'ébullition, résistant à la cuisson**
2122	**Kochbeutel*** m	**boil-in-bag-package, boilable pouch**	**sachet** m **de cuisson**
2123	**kochfertige Gerichte** npl	**heat-and-serve meals, prepared food**	**plats** mpl **cuisinés, repas** mpl **préparés**
2124	**Kochfestigkeit*** f	**resistance to boiling, fastness to boiling**	**résistance** f **à ébullition, résistance à la cuisson**
2125	**körnig**	**grained, granular**	**granulaire, granuleux, en grains**
2126	**Körnung** f	**granulation, grain, coarseness**	**granulation** f, **grainure** f
2127	**Koextrusion** f	**coextrusion**	**coextrusion** f
2128	**Kohäsion** f	**cohesion**	**cohésion** f

ITALIENISCH	SPANISCH	RUSSISCH	Nr.
prova f di resistenza a flessione	ensayo para determinar la resistencia a la compresión axial	испытание прочности при многократном изгибе	2116
carico m di flessione	carga de compresión axial, fuerza de flexión	критическая сила при продольном изгибе, нагрузка при многократном продольном изгибе	2117
tensione f di flessione	tensión al combado, resistencia al combado, a la flexión	напряжение при многократном продольном изгибе	2118
EINTRAG FEHLT!	ensayo de flexión	испытание прочности при продольном изгибе	2119
cerchio m di chiusura a leva	cierre combado de palanca	рычажная крышка, зажимный затвор	2120
resistente all'ebollizione	estable e la ebullición	стойкий к кипячению в воде, стойкий при кипячении	2121
sacchetto m da far bollire	bolsa para cocer los productos en su interior	гибкая упаковка порционных блюд, разогреваемых в таре	2122
cibi pl precucinati, piatti m pl pronti	platos precocinados, platos preparados (de comidas)	пищевые полуфабрикаты, готовые консервированные блюда	2123
resistenza f all'ebollizione	resistencia a la ebullición	стойкость к кипячению, прочность при кипячении	2124
granulare	granuloso, granular	зернистый, гранулированный	2125
granulazione f	granulación, grano	зернистость, грануляция, гранулирование, зернение	2126
coestrusione f	coextrusión	коэкструзия	2127
coesione f	coesión	когезия, сцепление	2128

Nr.	DEUTSCH	ENGLISCH	FRANZÖSISCH
2129	**Kohlendioxid** n	**carbon dioxide**	**dioxyde** m **de carbone, gaz** m **carbonique**
2130	**Kokonisieren** n, **Umspinnen*** n	**cocooning, spray webbing**	**coconisation** f, **enveloppement** m **de cocon, emballage** m **cocon, mise** f **en cocon**
2131	**Kokon-Verpackung** f	**cocoon packaging**	**emballage** m **en ou sous cocon**
2132	**Kokosfaser** f	**coco fibre, coir**	**fibre** f **de coco, kaïr** m, **coir** m
2133	**Kolben** m	**piston, plunger**	**piston** m
2134	**Kolbendose*** f	**piston can**	**boîte** f **à piston**
2135	**Kolbenstrangpresse** f	**hydraulic extruder, ram extruder**	**presse** f **à extrusion, presse à filer**
2136	**Kolloid** n, **Gel** n	**colloid**	**colloïde** m
2137	**Kombi-Dose*** f	**composite can**	**boîte** f **composée**
2138	**Kombinationspackung*** f (verschiedene Wareneinheiten zu einer Packungseinheit zusammengefaßt)	**combined package** (unitising products of different kinds to one package or unit pack)	**emballage** m **complexe** (groupant différents produits pour un emballage ou une unité d'emballage)
2139	**Kombinationsverpackung*** f (Packmittel aus verschiedenen Werkstoffen)	**composite container** (package made of various materials)	**emballage** m **mixte** (emballage fait de différents matériaux)
2140	**kombinierter Beutel*** m	**composite bag**	**sachet** m **mixte**

ITALIENISCH	SPANISCH	RUSSISCH	Nr.
anidride f carbonica (biossido m di carbonio)	anhídrido carbónico, bióxido de carbono, dióxido de carbono	двуокись углерода	2129
"cocoonizzazione" f, rivestimento m a spruzzo	coconización, envoltura de cocún, colocación, protección por cocún (embalaje capullo)	коконизация, нанесение антикоррозионной обдирной пленки напылением	2130
imballaggio "Cocoon"	embalaje cocún (capullo)	упаковка "кокон", кокон, оболочка типа "кокон"	2131
fibra f di cocco	fibra de coco, bonote	кокосовое волокно	2132
pistone m	pistón	поршень, плунжер	2133
barattolo m a pistone	envase de pistón	поршневая коробка, поршневая банка, поршневой ящик	2134
pressa f per estrusione	prensa de extrusión	штрангпресс, поршневой экструдер, плунжерный экструдер	2135
colloide m	coloide	коллоид	2136
barattolo m composito	envase mixto (generalmente papel enrollado-metal)	комбинированная банка	2137
confezione f multipla (che raggruppa differenti prodotti in una sola confezione)	embalaje combinado (que se forma con diferentes materiales para constituir un embalaje unitario)	комплектное упаковывание (упаковывание в одну тару нескольких различных изделий), комплектная упаковка	2138
contenitore m composito (imballaggio realizzato con vari materiali)	embalaje mixto (hecho con diferentes materiales)	комбинированная тара (тара, изготовленная из нескольких различных материалов)	2139
sacchetto m composito	bolsa mixta	мешочек с прозрачной передней стенкой (сделанный из пленки с бумагой)	2140

Nr.	DEUTSCH	ENGLISCH	FRANZÖSISCH
2141	**Kompressibilität** f, **Verdichtbarkeit** f	**compressibility**	**compressibilité** f
2142	**Kompression** f, **Komprimierung** f	**compression**	**compression** f
2143	**Kompressor** m	**compressor**	**compresseur** m
2144	**komprimieren, verdichten**	**to compress**	**comprimer**
2145	**Kondensat** n	**condensate**	**produit** m **de condensation, condensé** m
2146	**Kondensation** f, **Kondensierung** f	**condensation**	**condensation** f
2147	**Kondensationsanlage** f	**condenser system**	**installation** f **de condensation**
2148	**Kondensationsmittel** n	**condensation agent**	**agent** m **de condensation**
2149	**Kondensator** m	**condenser**	**condensateur** m
2150	**kondensieren**	**to condense**	**condenser, évaporer**
2151	**Kondenswasser** n, **Kondensat(ionswasser)** n	**condenser water, water of condensation**	**eau** f **condensée, eau de condensation**
2152	**konditionieren** (den Feuchtigkeitsgehalt einstellen)	**to condition**	**conditionner; déterminer l'humidité**
2153	**konisch, kegelförmig**	**cone-spaced, conic(al), taper(ed)**	**conique, en cône**
2154	**konischer Beutel*** m	**conic bag**	**sachet** m **conique**
2155	**konisch verengte Mündung** f	**reverse taper orifce**	**orifice** m **conique inversé**

ITALIENISCH	SPANISCH	RUSSISCH	Nr.
compressibilità f	compresibilidad	сжимаемость	2141
compressione f	compresión	сжатие, компрессия	2142
compressore m	compresor	компрессор	2143
comprimere	comprimir	сжимать, компримировать	2144
prodotto m di condensazione	condensado, producto de condensación	конденсат	2145
condensazione f	condensación	конденсация	2146
impianto m di condensazione	instalación de condensación	конденсационная машина, конденсационная установка	2147
agente m di condensazione	agente, medio de condensación	конденсирующее средство	2148
condensatore m	condensador	конденсатор	2149
condensare	condensar, evaporar	конденсировать, сгущать	2150
acqua f condensata, acqua f di condensazione	agua condensada, agua de condensación	конденсационная вода, конденсатная вода, конденсат	2151
condizionare	acondicionar (establecer la humedad)	кондиционировать	2152
conico	cónico (en forma de cono), conoide	конусный, конический	2153
sacchetto m conico	bolsa cónica	конусовидный пакет, кулек	2154
orifizio m conico invertito	orificio cónico invertido	конический жиклер обратного действия	2155

Nr.	DEUTSCH	ENGLISCH	FRANZÖSISCH
2156	**Konizität** f, **Verjüngung** f	**taper, draft, conity**	**angle** m **du cône, obliquité** f **du cône, conicité** f
2157	**konkav, konkav-konvex**	**concave, concavo-convex**	**concave; concavo-convexe**
2158	**Konserve(n)** f(pl), **Eingemachtes** n	**preserves, preserved or canned food, conserves**	**conserves** fpl, **conserves alimentaires**
2159	**Konservendose*** f	**can, food can, preserved-food can**	**boîte** f **de ou à conserve(s)**
2160	**Konservenglas*** n	**glass jar for preserves, Mason jar**	**bocal** m **de conserves en verre**
2161	**konservieren, haltbar machen, einmachen**	**to preserve** (very rarely also: to conserve)	**conserver**
2162	**konservieren, in Dosen konservieren**	**to can**	**conserver en boîtes**
2163	**Konservierung** f	**preservation**	**conservation** f
2164	**Konservierungsmittel** n, **Konservierungsstoff** m	**preservative**	**agent** m **conservateur, antiseptique** m, **agent** m **de conservation**
2165	**Konservierungsöl** n (für Metall gegen Rost)	**slushing oil** (protecting metal against rust)	**huile** f **protectrice contre la rouille** (pour métaux)
2166	**Konservierungs-Schutzverpackung** f	**preservative package**	**emballage** m **de préservation, emballage protecteux**
2167	**konsistent, fest**	**consistent**	**consistant**
2168	**Konsistenz** f	**consistence, consistency**	**consistance** f

ITALIENISCH	SPANISCH	RUSSISCH	Nr.
conicità f	conicidad, ángulo del cono, oblicuidad del cono	конусность, сужение	2156
concavo, concavo-convesso	cóncavo, cóncavo-convexo	вогнутый; вогнуто-выпуклый	2157
conserve f pl. conserve f pl alimentari	conservas, conservas alimentarias	консервы, консервированные пищевые продукты	2158
barattolo m pl conserve	bote, envase de conserva	консервная банка, санитарная банка, "открытая" банка	2159
vaso m in vetro per conserve	tarro de vidrio (bocal) para conservas	широкогорлая стеклянная банка, стеклянная консервная банка	2160
conservare	conservar, (estabilizar)	консервировать, предохранять от порчи	2161
conservare in barattoli	envasar en conserva, conservar (en botes metálicos)	консервировать	2162
conservazione f	conservación, tratamiento para la conservación	консервация, консервирование	2163
agente m di conservazione	agente conservador, producto antiséptico	консервант, консервирующее средство	2164
olio m preservante (che protegge il metallo contro la ruggine)	aceite protector contra el óxido (para metales)	смазка для консервации, антикоррозийная смазка	2165
imballaggio m di preservazione, imballaggio m di conservazione	envase conservador, envase/embalaje protector	защитная упаковка	2166
consistente	consistente	твердый, плотный, консистентный	2167
consistenza f	consistencia	консистенция	2168

Nr.	DEUTSCH	ENGLISCH	FRANZÖSISCH
2169	Konstruktionsverpackung* f, konstruierte Verpackung f, Verpackung f nach Maß	tailor-made package, made-to-measure package custom, pack	emballage m sur mesures, emballage (fabriqué) à façon
2170	Konsumverpackung f (siehe 4120)	retail package	emballage m de détail
2171	Kontaktfläche f	contact (sur)face	surface f de contact, superficie f de contact
2172	Kontaktkleben* n	contact adhesion	adhésion f par contact
2173	Kontaktklebstoff m	contact adhesive	colle f de contact
2174	Kontaktschutzmittel n (gegen Korrosion)	contact preservative (against corrosion)	produit m protecteur de contact (contre la corrosion)
2175	Kontaktschweißen n	contact welding	soudage m par de contact
2176	Kontamination f	contamination	contamination f
2177	Konterdruck* m	reverse (side) printing	impression f par renversement de l'image, impression verso
2178	kontinuierlich arbeitende Maschine f	continuous-process machine, continuously operating machine	machine f à travail continu, machine marchant en continu
2179	Kontraktverpacker m (siehe 43)	contract packager	emballeur m sous contrat
2180	Kontrollwaage f, Prüfwaage f	checkweigher	balance f de contrôle

ITALIENISCH	SPANISCH	RUSSISCH	Nr.
imballaggio m su misura	embalaje a medida o por encargo	тара с внутренней стороной, полностью соответствующей конфигурации упаковываемого изделия	2169
confezione f per la vendita al dettaglio	envase comercial, unitario de consumo	потребительская тара, тара для розничной торговли	2170
superficie f di contatto	superficie de contacto	поверхность соприкосновения, контактная поверхность, контактная площадь	2171
adesione f per contatto	adhesión per contacto	контактное склеивание	2172
adesivo m a contatto	cola, adhesión por contacto	контактный клей	2173
agente m preservante a contatto (contro la corrosione)	producto protector por contacto (contra la corrosión)	контактное предохраняющее средство (для предотвращения коррозии)	2174
saldatura f a contatto	soldadura por contacto	контактная тепловая сварка	2175
contaminazione f	contaminación	загрязнение	2176
stampa f sul verso	impresión verso, retroverso	печать с оборотной стороны на прозрачных пленках	2177
macchina f continua	máquina de trabajo contínuo, máquina para trabajar de foma inintermitente	машина непрерывного действия	2178
impianto m d'imballaggio/ condizionamento per conto terzi	envasador, embalador por encargo, por cuenta de terceros	контрактный (договорный) упаковочный завод	2179
bilancia f di controllo	balanza de control	контрольные весы	2180

Nr.	DEUTSCH	ENGLISCH	FRANZÖSISCH
2181	**Konturpackung*** f (Blisterpackung, Skinpackung) (siehe 487, 3596)	**contour pack** (skin pack, blister pack)	**emballage** m **épousant les contours du produit** ("skin-pack", emballage m "blister")
2182	**konvex, konvex-konkav**	**convex, convexo-concave**	**convexe, courbé, convexo-concave**
2183	**Konzentrat** n	**concentrate**	**produit** m **concentré**
2184	**Kopfteil** n	**end, head**	**tête** f
2185	**Kopfkranzleiste*** f	**picture-framed end (cleat), peripheral head ledge, head border ledge**	**tasseau** m **à l'extrémité, tête** f **encadrée**
2186	**kopflastig**	**bow-heavy, top-heavy, nose-heavy**	**lourd du nez, lourd de l'avant**
2187	**Kopfleiste*** f	**end batten, vertical head ledge**	**barre** f **de tête, listeau** m **de tête**
2188	**Kopfzwischenleiste** f	**head cushion**	**appui-tête** m
2189	**Kopfraum*** m, **Verschlußabstand** m, **Freiraum*** m (siehe 1238, 2384)	**ullage** (BE), headspace (AE)	**espace** m **aérien** (dans des récipients, bouteilles, fûts etc.), **garde de sécurité, vide** m
2190	**Kopfseite** f, **Vorderseite** f, **Stirnfläche** f	**end, head end, front side**	**panneau** m **de tête, paroi** f **de face**
2191	**Kopfverschluß*** m	**top closure**	**fermeture** f **de tête**
2192	**Kopfwand***	**head wall**	**paroi** f **de tête**
2193	**Kopfzwischenleiste***	**intermediate front ledge**	**barre** f **de tête intermédiaire, rebord** m **intermédiaire**

ITALIENISCH	SPANISCH	RUSSISCH	Nr.
imballaggio m **sulla forma del prodotto** (imballaggio "skin", imballaggio "blister")	**envase-ampolla, envase-piel** (blister, skin pack)	облегающая упаковка, упаковка в оболочку "в пузырь" типа картон и плотная оболочка	2181
convesso, convesso-concavo	**convexo, convexo-cóncavo**	выпуклый; выпукло-вогнутый	2182
concentrato m	**concentrado** (producto concentrado)	концентрат	2183
testa f	**cabeza** (parte superior)	головка, головка ящика, дно бочки	2184
telaio m **perimetrale delle testate delle casse**	**testero enmarcado, parte superior enmarcada**	планка головки в рамку, наружная планка торцовой стенки деревянного ящика	2185
carico m **superiore**	**carga superior**	перетяжеленный на нос, дифферент на нос	2186
listello m **di testata**	**listón testero**	вертикальная планка головки деревянного ящика	2187
listello m **intermedio di testata**	**listón superior intermedio**	горизонтальная (внутренняя) планка головки деревянного ящика	2188
spazio m **libero** (in bottiglie, recipienti ecc.)	**espacio vacío** (en recipientes, barriles, botellas, etc.)	незаполненный объем наполненной тары, свободное пространство (в таре)	2189
pannello m **di testata**	**testero** (panel que forma el testero en una caja)	торец, поверхность головки, торцевая поверхность	2190
chiusura f **superiore, chiusura** f **anteriore**	**cierre superior**	головной затвор	2191
parete f **anteriore**	**pared superior**	головная стена	2192
listello m **anteriore intermedio**	**borde** (traviesa) **intermedio** (a) **frontal**	головной промежуточный брусок	2193

Nr.	DEUTSCH	ENGLISCH	FRANZÖSISCH
2194	**Korb*** m (siehe 3610)	**basket, hamper**	**panier** m, **corbeille** f
2195	**Korbflasche*** f, **Demijohn** m	**demijohn, carboy, wicker bottle**	**dame-jeanne** f, **ballon** m **clissé, bonbonne** f
2196	**Korbgeflecht** n	**wicker basket**	**clisse** f **(de) panier**
2197	**Korbweide** f	**wicker, osier**	**osier** m, **clayon** m
2198	**Kordel** f	**twine, string, cord**	**ficelle** f, **cordelette** f, **cordon** m, **fil** m **fort**
2199	**Kork** m	**cork**	**liège** m
2200	**Korken** m, **Stopfen*** m	**cork**	**bouchon** m **(de liège), bouche-bouteille** m
2201	**korken, verkorken**	**to cork**	**mettre un bouchon, boucher**
2202	**Korkenzieher** m	**corkscrew**	**tire-bouchon** m
2203	**Korkmaschine** f, **(Flaschen-) Verkorkmaschine** f	**corking machine**	**presse-bouteille(s)** f, **bouche-bouteille(s)** m, **machine** f **à boucher les bouteille(s), presse-bouchons** f
2204	**Korkmundstück** n	**mouthpiece for cork stoppers**	**embouchure** f **à bouchon de liège**
2205	**Korkscheibe** f	**cork disk, cork sheave**	**rondelle** f **de liègeè**
2206	**Korkstopfen** m	**cork stopper, cork plug**	**bouchon** m **de liège**
2207	**Korona-Entladung** f (siehe 591, 2736)	**Corona treatment**	**décharge** f **corona**
2208	**korrodieren, angreifen**	**to corrode**	**corroder**

ITALIENISCH	SPANISCH	RUSSISCH	Nr.
paniere m, cestino m	cesta	корзина, корзина-чемодан	2194
damigiana f, fiasca f	damajuana, bombona	стеклянный баллон в защитной корзине, оплетенная бутыль	2195
impagliatura f di paniere	canasta, banasta, capazo trenzado	плетеная корзина, ивовая корзина	2196
vimine m	cesto de mimbre	ива корзиночная, белотал	2197
filo , cordicelle f, spago m	cuerda, cordón, hilo fuerte	обвязка, шнур	2198
sughero m	corcho	пробковая кора, пробка	2199
tappo m di sughero	tapón de corcho	пробка	2200
tappare con sughero	taponar	закупоривать пробкой, укупоривать пробкой	2201
apribottiglie m	saca-corchos	штопор, пробочник	2202
macchina f tappatrice	máquina taponadora	укупорочная машина, машина для закупорки (бутылок) пробками	2203
imboccatura f per tappo di sughero	embocadura de corcho	горло бутылки под укупорку корковой пробкой	2204
disco m di sughero	disco de corcho	пробковое уплотняющее кольцо	2205
tappo m di sughero	tapón, obturador, de corcho	корковая пробка	2206
trattamento m corona	tratamiento corona	коронный разряд	2207
corrodere	corroer, atacar	корродировать, ржаветь	2208

Nr.	DEUTSCH	ENGLISCH	FRANZÖSISCH
2209	**Korrosion** f	corrosion	corrosion f
2210	**Korrosionsanfälligkeit** f, **Korrosionsneigung** f	tendency towards corrosion, susceptibility to corrosion	sensibilité f à la corrosion
2211	**korrosionsbeständig, korrosionsfest**	corrosion-resistant, corrosion-proof, non-corrodible, corrosion-resisting	non-corrosif, résistant à la corrosion
2212	**Korrosions-Dauerfestigkeit** f	corrosion-fatigue strength	résistance f de fatigue à la corrosion
2213	**korrosionsempfindlich**	corrodible, sensitive to corrosion	sensible à la corrosion
2214	**Korrosionsfestigkeit** f (siehe 2224)	corrosion resistance	résistance f à la corrosion
2215	**Korrosionsinhibitor** m (siehe 2219)	corrosion inhibitor	agent m anticorrosif
2216	**Korrosionsmittel** n	corrosive agent	corrodant m, agent m corrosif
2217	**Korrosionsschutz** m	protection against corrosion, corrosion prevention	protection f de métaux, anticorrosif m, prévention f à la corrosion
2218	**Korrosionsschutzfolie*** f	anti-corrosive film	feuille f anticorrosive
2219	**Korrosionsschutzmittel** n, **Korrosionsverhütungsmittel** n	corrosion inhibitor, corrosion preventive compound, anti-corrosive (agent)	anticorrosif m, agent m, anticorrosif, protection f contre la corrosion
2220	**Korrosionsschutzpapier*** n	anti-corrosive paper, corrosion-preventive paper	papier m anticorrosif, papier préventif à la corrosion

ITALIENISCH	SPANISCH	RUSSISCH	Nr.
corrosione f	corrosión	коррозия	2209
attitudine f alla corrosione	tendencia a la corrosión, corrosibilidad, corroíble, oxidable	склонность к коррозии, подверженность коррозии	2210
resistente alla corrosione	resistente a la corrosión, inoxidable	коррозионностойкий, коррозионноустойчивый, стойкий против коррозии	2211
limite m di fatica alla corrosione	resistencia (límite) de fatiga a la corrosión	коррозионноусталостная стойкость	2212
sensibile alla corrosione	corroíble, sensible a la corrosión	корродирующий, подверженный коррозии	2213
resistenza f alla corrosione	resistencia a la corrosión	коррозионная стойкость, коррозиеустойчивость	2214
agente m anticorrosivo	agente anticorrosivo	ингибитор коррозии, замедлитель коррозии	2215
agente m corrosivo	agente corrosivo	вещество, вызывающее коррозию; коррозионная среда	2216
protezione f contro la corrosione, prevenzione f della corrosione	protección contra la corrosión, protección anticorrosiva	защита от коррозии	2217
foglio m anticorrosivo	película anticorrosiva	пленка, пропитанная летучими ингибиторами коррозии	2218
agente m inibitore di corrosione, agente m anticorrosivo	agente protector anticorrosivo	антикоррозийнное средство, антикоррозионное средство	2219
carta f anticorrosiva	papel anticorrosivo	упаковочная бумага, пропитанная летучими ингибиторами коррозии	2220

Nr.	DEUTSCH	ENGLISCH	FRANZÖSISCH
2221	**Korrosionsschutz-verpackung** f	**corrosion-preventive package**	**emballage** m **de protection contre la corrosion, emballage anticorrosif**
2222	**korrosionssicher, korrosionsbeständig**	**resistant to corrosion**	**résistant à la corrosion**
2223	**korrosionsverhütend, korrosionsverhindernd, korrosionshemmend**	**anti-corrosive, corrosion-preventing, corrosion-preventive, corrosion-inhibiting**	**préventif à la corrosion, évitant la corrosion, anticorrosif**
2224	**Korrosionswiderstand** m, **Korrosionsbeständigkeit** f, **Korrosionsfestigkeit** f	**corrosion resistance, stain resistance, corrosion-resisting quality, rust-resisting property**	**résistance** f **à la corrosion**
2225	**Korrosionswirkung** f	**corrosion effect, corrosiveness**	**effet** m **corrosif, corrosivité** f
2226	**Kraftersatzpapier** n	**imitation kraft paper**	**papier** m **simili-kraft**
2227	**Kraftkarton** m	**kraft board**	**carton** m **kraft**
2228	**Kraftkreppapier** n	**kraft crêpe paper**	**papier** m **kraft crêpe**
2229	**Kraftliner*** m (siehe 628)	**kraftliner**	**kraft liner** m
2230	**Kraftpackpapier*** n	**kraft wrapping paper**	**papier** m **kraft d'emballage**
2231	**Kraftpapier*** n	**kraft paper, kraft (or Kraft)**	**papier** m **kraft, kraft** m **(ou Kraft)**
2232	**kraftpapierüberzogene Pappe** f	**kraft-lined board**	**carton** m **doublé de kraft**
2233	**Kraftsackpapier*** n	**kraft sack paper**	**papier** m **kraft pour sacs**

ITALIENISCH	SPANISCH	RUSSISCH	Nr.
imballaggio m anticorrosivo	embalaje anticorrosivo	коррозионнозащитная упаковка	2221
resistente alla corrosione	resistente a la corrosión, estable frente a la corrosión	неподверженный коррозии, коррозионностойкий, коррозионноустойчивый	2222
anticorrosivo	protector de la corrosión, anticorrosivo	препятствующий коррозии, затрудняющий коррозию, защищающий от коррозии	2223
resistenza f alla corrosione	resistencia a la corrosión	коррозионная стойкость, коррозиеустойчивость, стойкость к коррозии	2224
effetto m di corrosione	corrosividad, efecto corrosivo	коррозионное действие, коррозионное воздействие	2225
carta f imitazione kraft	imitación de papel kraft	имитация крафт-бумаги	2226
cartoncino m kraft	cartón kraft (cartón fuerte)	крафт-картон	2227
carta f kraft crespata	papel kraft rizado	крепированная крафт-бумага	2228
prova f di flessione	kraftliner (forro de papel kraft)	крафт-лайнер	2229
carta f kraft per avvolgimento	papel kraft de embalaje	упаковочная крафт-бумага, крафт-обертка	2230
carta f kraft	papel kraft	крафт-бумага	2231
cartone m rivestito di carta kraft	cartón revestido de kraft	картон с наружным слоем из крафт-бумаги	2232
carta f kraft per sacchi	papel kraft para sacos	мешочная крафт-бумага	2233

Nr.	DEUTSCH	ENGLISCH	FRANZÖSISCH
2234	**Kraftzellstoff** m	**kraft pulp**	**pâte** f **kraft**
2235	**Krampe** f, **Kramme** f	**clamp, staple, cramp iron, clip**	**briquet** m, **crampe** f, **patte** f **de fermeture**
2236	**Kratzfestigkeit** f	**scratch-resistance, mar-resistance**	**résistance** f **aux éraflures, résistance à l'abrasion**
2237	**Kreisförderer** m	**overhead chain conveyor**	**transporteur** m **circulaire**
2238	**Krepp** m	**crêpe, crape** (BE), **crepe** (AE)	**crêpe** m
2239	**Kreppapier** n	**crêped paper**	**papier** m **crêpe, papier crêpé**
2240	**Kreppen** n	**crêping**	**crêpage** m
2241	**Kreuzbodenbeutel*** m (ohne Seitenfalten, bildet durch Falten und Füllen rechteckigen oder quadratischen Boden) **Bodenbeutel ohne Seitenfalten, Beutel BOS**	**crossbottom bag, blockbottom bag, satchelbottom bag** (without gussets, forming a rectangular or square bottom by folding and filling)	**sac** m **ou sachet** m **à fond croisé** (sans plis latéraux, qui forme en pliant un fond rectangulaire ou carré après remplissage), **sachet à fond** (sans plis latéraux), **sachet BOS**
2242	**Kreuzbodensack*** m, **Schmalbodensack** m (siehe 3414)	**crossbottom sack, blockbottom sack** (forming the bottom by crosswise folding of a tube end)	**sac** m **à fond croisé** (formant le fond par pliage en croix d'un but de tuyau)
2243	**Kreuzsteg*** m	**crossed partition walls** pl, **crossed compartment(ed) inserts** pl	**entretoises** fpl **croisées**
2244	**Kreuzverschließhülse*** f	**cross-shaped retaining sleeve**	**douille** f **de fermeture croisée, bague** f **de retenue à verrouillage croisé**
2245	**Kriechdehnung** f, **Warmdehnung** f	**creep elongation (under heat)**	**allongement** m **à chaud, allongement de fluage**

ITALIENISCH	SPANISCH	RUSSISCH	Nr.
pasta f **per kraft**	**pasta kraft**	крафт-целлюлоза, сульфатная целлюлоза	2234
graffa f, **punto** m **metallico**	**tapa de cierre** (metálica por ej.)	скоба, проволочная скоба, зажим, скрепка	2235
resistenza f **alla scalfittura, resistenza** f **all'abrasione**	**resistencia a la abrasión**	сопротивление царапанью, твердость царапанья	2236
trasportatore m **aereo circolare**	**transportador circular** (cinta o camino transportador circular)	замкнутый конвейер, круговой конвейер	2237
carta f **crespata**	**crepé** (rizado) (BE, AE)	крепированная бумага	2238
carta f **crespata**	**papel rizado** (crepé)	крепированная бумага, гофрированная бумага	2239
crespatura f	**rizado**	крепирование, гофрирование	2240
sacchetto m **a fondo incrociato** (senza soffietti laterali, che forma un fondo quadrato o rettangolare dopo il riempimento)	**bolsa o saco de fondo cruzado** (sin pliegues laterales, que forma un fondo rectangular o cuadrado al ser plegado y al llenarse)	пакет с крестообразным дном без боковых складок, крестовой гладкий пакет	2241
sacco m **a fondo incrociato**	**saco de fondo cruzado** (que forma el fondo por plegado en cruz al final de un tubo)	мешок с плоским дном	2242
separatori m pl **incrociati, alveari** m pl	**separadores interiores** (celdillas cruzadas)	решетка, гнездовая решетка	2243
manicotto m **(a rete) incrociato di tenuta, tubolare** m **(incrociato) di tenuta**	**formato cruzado de retención del manguito**	гильза перекрестного затвора	2244
allungamento m **a caldo**	**estirado en caliente**	удлинение при ползучести, удлинение при крипе	2245

Nr.	DEUTSCH	ENGLISCH	FRANZÖSISCH
2246	Kriechen n	creep	fluage m, viscosité f à chaud
2247	Kriechfestigkeit f	creep strength, creep resistance	résistance f à l'essai de fluage
2248	Kriechgrenze f	creep limit	limite f de viscosité
2249	Kronenkork* m	crown cork, crown (bottle) cap, crown stopper	bouchon-couronne m
2250	Kronenkorkmundstück* n	mouthpiece for crown corks	embouchure f à bouchons-couronnes
2251	Kronenkork-Verschließmaschine f	crowning machine	machine f à presser les bouchons-couronnes
2252	Kropfhalsflasche* f	crankpin bottle, enlargedneck bottle	bouteille f à gorge-goitre
2253	Krümmungsradius m, Biegebruchradius m	radius of curvature, bending radius	rayon m de courbure, rayon de flexion
2254	Kübel* m	bucket, pail, vat, tub	seau m, cuve f, couveau m, baquet m
2255	Kühlgut n	chilled goods	marchandise f de refroidissement
2256	Kühlkette f	refrigerating chain, refrigeration circuit	chaîne f frigorifique, chaîne du froid
2257	Kühlhaus n, Kühllager n	cold store, cold storage house	entreposage m frigorifique, entrepôt m frigorifique
2258	kühl lagern!	keep cool!	gardez en lieu frais!

ITALIENISCH	SPANISCH	RUSSISCH	Nr.
scorrimento m a caldo	flujo, viscosidad en caliente	ползучесть, крип, деформация ползучести	2246
resistenza f allo scorrimento a caldo	resistencia al ensayo de flujo (viscosidad)	сопротивление ползучести, сопротивление крипу	2247
limite m di scorrimento a caldo	viscosidad límite	предел ползучести	2248
tappo m a corona	tapón corona	кронен-корка, корончатая крышка, кроненпробка, крышка СКК	2249
imboccatura f per tappo a corona	obturador, disco, redondela (interior) para el tapón-corona	горло бутылки под кроненкорковую укупорку	2250
macchina f tappatrice per tappi a corona	máquina capsuladora de tapón-corona	машина для закупорки кронен-корками	2251
bottiglia f a collo ingrossato	botella de cuello alto	фигурная бутылка с прямоугольными плечиками и горлом	2252
raggio m di curvatura	radio de curvatura, de flexión	радиус кривизны	2253
secchiello m	cubo, recipiente, bidón	ковш, бадья, чан	2254
prodotti m pl in regime di freddo	producto enfriado (refrigerado)	охлаждаемый продукт, охлаждаемый материал	2255
circuito m di raffreddamento, catena f del freddo	cadena de frío	холодильная цепь	2256
magazzino m frigorifero	almacén frigorífico, frigorífico	холодильник	2257
conservare in luogo fresco	almacenar en sitio fresco! conservar en sitio fresco! (voz, marca, de manipulación)	Содержи в холоде!, Держать в холодном месте!	2258

Nr.	DEUTSCH	ENGLISCH	FRANZÖSISCH
2259	**Kühlmittel** n	**cooling agent, cooling medium, freezing mixture, refrigerant**	**produit** m **réfrigérant, agent** m **refroidisseur**
2260	**Kühlraum** m	**refrigerating chamber**	**chambre** f **frigorifique**
2261	**Kühlschrank** m, **Kühltruhe** f	**refrigerator, cooling box**	**armoire** f **frigorifique, congélateur** m
2262	**Kühlung** f, **Tiefkühlung** f	**cooling, refrigeration**	**surgélation** f, **refroidissement** m, **réfrigération** f
2263	**Kühlverkehr** m	**refrigeration traffic**	**transport** m **frigorifique**
2264	**Kühlwagen** m	**refrigerator truck, refrigerator car, refrigerator wagon**	**voiture** f **isothermique, wagon** m **frigorifique, wagon réfrigérant**
2265	**Kufe*** f	**sledge runner, skid, ski**	**patin** m, **ski** m
2266	**Kugelstoßprüfung*** f	**ball impact test**	**essai** m **au choc de bille**
2267	**Kundendessin** n, **Sonderdessin** n	**sepcial design, custom design**	**dessin** m **spécial**
2268	**Kunstdarm*** m	**artificial sausage casing**	**boyau** m **synthétique**
2269	**Kunstdruckpapier** n, **Kreidepapier** n	**chromo paper, art paper, enamelled paper, coated paper**	**papier** m **chromo, papier pour impression artistique**
2270	**Kunstfaser** f, **synthetische Faser** f, **Synthesefaser** f	**synthetic fibre, man-made fibre, artificial fibre**	**fibre** f **synthétique, fibre artificielle**
2271	**Kunstfaserpapier** n	**synthetic-fibre paper**	**papier** m **avec des fibres synthétiques**

ITALIENISCH	SPANISCH	RUSSISCH	Nr.
agente m di raffreddamento, agente m refrigerante	producto o agente refrigerante, refrigerador	холодоноситель, охлаждающее вещество, охлаждающее средство, хладагент	2259
cella f frigorifera	cámara frigorífica	холодильная камера	2260
armadio m frigorifero	nevera, armario frigorífico	холодильный шкаф, бытовой холодильник, охлаждаемый прилавок	2261
refrigerazione f, congelazione f	refrigeración, congelación	охлаждение, глубокое охлаждение, быстрое замораживание	2262
trasporto m frigorifero, trasporto m in regime di freddo	transporte frigorífico	холодильный транспорт	2263
carro m frigorifero, vagone m frigorifero, autocarro m frigorifero	camión, vehículo, cagón isotérmico, frigorífico	холодильный вагон, вагон-холодильник, изотермический вагон, авторефрижератор	2264
scivolo m, corsia f di scorrimento	cuba, tina, tinaja	полоз, лыжа; полозья	2265
prova f d'urto della sfera	ensayo del impacto por bola	ударный тест шариком	2266
disegno m speciale	diseño especial	проект оформления тары, изготвленный покупателем тары	2267
budello m artificiale	tripa artificial (para embutidos) (chacinería)	синтетическая кишечная оболочка	2268
carta f cromo, carta f per stampe artistiche	papel cromo, para impresión artística	бумага для художественной печати, мелованная бумага	2269
fibra f sintetica, fibra f artificiale	fibra sintética, artificial	искусственное волокно, синтетическое волокно	2270
carta f con fibra sintetica	papel de fibra sintética	бумага из искусственного волокна	2271

Nr.	DEUTSCH	ENGLISCH	FRANZÖSISCH
2272	**Kunstfaserzellstoff** m	**rayon pulp, artificial-fibre pulp**	**pâte** f **textile**
2273	**Kunstharz** n (Preßstoff)	**plastics resin, resin**	**matière** f **plastique, matière moulée, matière synthétiqueè**
2274	**Kunstharz** n, **duroplastisches Kunstharz**	**thermosetting plastics material**	**matière** f **synthétique type Bakélite**
2275	**Kunstharz** n, **synthetisches Harz** n	**synthetic resin, artificial resin, resin**	**résine** f **synthétique, résine artificielle**
2276	**Kunstharz** n, **thermoplastisches Kunstharz**	**thermoplastic synthetic material**	**matière** f **synthétique thermoplastique**
2277	**Kunstharzhartpapier** n, **Hartpapier** n	**hard paper, bakelized paper**	**papier** m **imprégné de bakélite**
2278	**Kunstharzklebstoff** m	**synthetic resin adhesive**	**colle** f **synthétique**
2279	**Kunstharzlack** m	**synthetic resin varnish**	**laque** f **synthétique**
2280	**Kunstharzstoffe** mpl, **Kunststoffe mpl**	**plastics, plastics materials**	**matières** fpl **plastiques, plastiques** mpl
2281	**Kunststoff*** m	**plastics, plastics material**	**plastique** m, **matière** f **plastique**
2282	**Kunststoff...,kunststoff...** (in Zusammensetzungen und als Adjektiv) (siehe 2952)	**plastics**	**plastique, en matière plastique**
2283	**Kunststoff** m, **flexibler Kunststoff**	**flexible plastics, flexible plastics material**	**matière** f **plastique flexible**

ITALIENISCH	SPANISCH	RUSSISCH	Nr.
pasta f di fibra artificiale	pasta de rayón, de fibra artificial	целлюлоза для изготовления искусственного волокна	2272
resina f sintetica stampata	material plástico, material moldeable, sintético	синтетическая смола, искусственная смола (пресс-материал)	2273
resina f sintetica termoindurente	material sintético (plástico), tipo bakelita	термореактивная синтетическая смола	2274
resina f sintetica, resina f artificiale	resina sintética, artificial, plástica	синтетическая смола, искусственная смола	2275
resina f sintetica termoplastica	material sintético, termoplástico	термопластичная синтетическая смола	2276
carta f compressa alle resine sintetiche	papel impregnado de bakelita	бакелизированная бумага, гетинакс	2277
adesivo m alle resine sintetiche	cola sintética (a base de resina sintética)	клей на основе синтетической смолы, синтетический клей	2278
vernice f di resina sintetica	laca, barniz sintético, pintura gliceroftálica	лак на основе синтетической смолы	2279
materie f pl plastiche	materiales plásticos, plásticos	пластики, пластические массы, пласстмассы	2280
plastica f, materia f plastica	plástico, material plástico	пластмасса, пластическая масса, пластик	2281
plastico, in plastica	plástico, de materia plástica (como conjunto y como adjetivo)	пластмассовый, синтетический, искусственный	2282
materia f plastica flessibile	material plástico flexible	эластичный пластик, гибкий пластик	2283

Nr.	DEUTSCH	ENGLISCH	FRANZÖSISCH
2284	Kunststoff m, glasfaserverstärkter Kunststoff*	glass-fibre reinforced plastics material	matière f plastique renforcée de fibres de verre
2285	Kunststoff m, steifer Kunststoff	rigid plastics (material)	matière f plastique rigide
2286	Kunststoff m, verstärkter Kunststoff	reinforced plastics	plastique m renforcé
2287	Kunststoff m, warmhärtbarer Kunststoff, duroplastischer Kunststoff, Duroplast m	thermosetting plastics	thermodurci m, matière f plastique thermodurcissable
2288	Kunststoffauskleidung f	plastics liner	doublure f ou revêement m (en matière) plastique
2289	kunststoffbeschichtet	plastics-coated	enduit de plastique
2290	Kunststoffbeschichtung f, Kunststoffüberzug m	plastics coating	revêtement m en matière plastique, enduction f plastique
2291	Kunststoffe mpl auf Cellulosebasis	cellulosic plastics	matières fpl plastiques cellulosiques
2292	Kunststoff-Flasche f	plastics bottle	bouteille f (en matière) plastique
2293	Kunststoff-Folie* f	film, plastics film or sheet, sheet plastics	feuille f (mince) en matière plastique
2294	Kunststoffpresse f	moulding press	presse f à matière synthétique
2295	Kunststoffpreßstoff m	plastics moulded material	matière f plastique moulée

ITALIENISCH	SPANISCH	RUSSISCH	Nr.
materia f plastica rinforzata con fibre di vetro	material plástico reforzado con fibras de vidrio	стеклопластик	2284
materia f plastica rigida	material plástico rígido	жесткий пластик	2285
materia f plastica rinforzata	plástico reforzado	усиленный пластик, армированный пластик	2286
materia f plastica termoindurente	material plástico termoendurecible	пластмасса горячего отвердения, термореактивная пластмасса, термореактопласт, реактопласт	2287
rivestimento m in materia plastica	capa o revestimiento (de material) plástico	облицовка из пластмассы, пластмассовая сорочка, пластмассоый вкладыш	2288
rivestito in plastica	revestido, recubierto de plástico	с пластмассовым покрытием	2289
rivestimento m in plastica	revestimiento plástico, recubrimiento plástico	пластмассовое покрытие, покрытие из пластика	2290
fibra f artificiale a base di cellulosa	materias plásticas celulósicas	пластмассы на основе целлюлозы, целлюлозные пластики	2291
bottiglia f di plastica	botella de plástico	пластмассовая бутылка	2292
foglio m di plastica, film m in plastica	película (delgada) de plástico	синтетическая пленка, пленка из синтетического полимера, тонкий лист из синтетического полимера	2293
pressa f di stampaggio	prensa de moldeo	формовочный пресс	2294
materia f plastica stampata	material plástico moldeado	пресс-материал на основе синтетических смол	2295

Nr.	DEUTSCH	ENGLISCH	FRANZÖSISCH
2296	**Kunststoffschlauch** m	plastics tube, tubular plastics	gaine f (en matière) plastique, plastique m tubulaire
2297	**Kunststofformmaschine** f	plastics moulding machine	machine f à former les (matières) plastiques
2298	**Kunststoffverpackung** f	plastics package, plastics container	emballage m (en matière) plastique, emballage sous plastique
2299	**Kupferasbestdichtung** f	copper-asbestos sealing compound	joint m métalloplastique cuivre-amiante
2300	**Kupferblech** n	copper-sheet, copper plate, copper foil	feuille f de cuivre, tôle f de cuivre, cuivre m laminé
2301	**Kupferfolie** f, **Blattkupfer** n	copper foil, sheet copper foil	feuille f de cuivre
2302	**kupferplattiert**	copper-plated	plaqué de cuivre
2303	**Kupfertiefdruck** m	copperplate printing	impression f (en) taille-douce
2304	**Kupfertiefdruckpapier** n, **Kupfertiefdruckkarton** m	plate paper, plate board	papier m pour impression en taille-douce, carton m pour taille-douce
2305	**Kurzhalsflasche** f	short-neck bottle	bouteille f à gorge courte
2306	**Kuvertiermaschine** f	enveloping machine	machine f à mettre sous enveloppe
2307	**Labor(atoriums)versuch** m, **Labor(atoriums)prüfung** f	laboratory test	essai m en ou de laboratoire
2308	**Lack** m, **Firnis** m	lacquer, varnish, primer	vernis m, peinture f, laque f
2309	**Lack** m, **säurefester Lack**	acid-resisting lacquer, acid-proof varnish	vernis m anti-acide, laque f inattaquable aux acides

ITALIENISCH	SPANISCH	RUSSISCH	Nr.
materia f plastica tubolare	película plástica de forma tubular	пластмассовый рукав	2296
macchina f per lo stampaggio di materie plastiche	máquina de moldeo de materiales plásticos	формовочная машина для получения изделий из пластмасс	2297
imballaggio m in materia plastica	embalaje de plástico, envase de plástico	полимерная тара, тара из пластмасс	2298
composto m sigillante a base di rame-amianto	junta metalo-plástica de cobre-amianto	медно-асбестовая уплотнительная паста	2299
lastra f di rame	lámina, plancha de cobre, cobre laminado	листовая медь, медний лист, медная жесть	2300
foglio m di rame	película de cobre	медная фольга	2301
placcato in rame	placado de cobre	омедненный, с покрытием медью	2302
stampa f con lastra di rame, calcografia f, stampa f, calcografica	impresión por grabado de cobre (huecograbado)	глубокая печать с плоских медных форм	2303
carta f da stampa calcografica, cartone m da stampa calcografica	papel para impresión en hueco-grabado, cartón para impresión en hueco-grabado	бумага для глубокой печати (с медных досок), тифдручный картон для печатания с медных досок	2304
bottiglia f a collo corto	botella de cuello corto	бутылка с коротким горлом	2305
macchina f imbustatrice	máquina de envolver	машина для упаковки в конверты	2306
prova f di laboratorio	ensayo, prueba de laboratorio	лабораторное испытание	2307
lacca f vernice f	barniz, laca, pintura	лак	2308
lacca f resistente agli acidi	barniz, laca anti-ácidos, inalterable por los ácidos	кислотоупорный лак, кислотостойкий лак	2309

Nr.	DEUTSCH	ENGLISCH	FRANZÖSISCH
2310	**Lackdichtung*** f	**lacquer(ed) seal(ing), lacquer(ed) gasket**	**étanchage** m **par vernis, étoupage** m **laqué**
2311	**Lackfirnis** m	**lac varnish**	**vernis** m **de laque**
2312	**Lackgewebe** n, **lackiertes Gewebe** n	**varnished fabric**	**tissu** m **vernis**
2313	**lackieren***	**to lacquer, to varnish**	**laquer, verni(sse)r, vernisser de laque**
2314	**Lackiermaschine** f	**varnishing machine**	**vernisseuse** f
2315	**lackierte Pappe** f	**varnished board**	**carton** m **laqué**
2316	**Lackierung** f, **Lacküberzug** m	**varnish coat(ing)**	**enduit** m **de vernis, couche** f **de vernis, laquage** m
2317	**Lackpapier** n	**varnished paper**	**papier** m **verni(s)**
2318	**Ladeeinheit** f	**unit(ized) load, unit load**	**unité** f **de charge, charge** f **unitaire**
2319	**Ladegewicht** n	**load capacity, weight of load**	**poids** m **de charge, charge** f **admise**
2320	**Ladekasten** m, **Lagerkasten** m	**tote box, materials handling container**	**bac** m **de manutention, cagette** f **pour la manutention**
2321	**laden, umladen, aufladen**	**to load**	**charger**
2322	**Ladengerechte Versandverpackung*** f, **Ladenverpackung** (siehe 4243)	**self-service shelf unit, self-service shipping package**	**emballage** m **self-service, emballage** m **d'expédition self-service, caisse d'expédition self-service**
2323	**Ladeplatte** f (bewegliche Plattform mit oder ohne Aufbau)	**load board** (portable platform with or without superstructure)	**plateau** m **de chargement** (dispositif mobile, muni ou non de superstructure)
2324	**Ladung** f, **Fracht** f	**load, charge, cargo**	**cargaison** f, **charge** f

ITALIENISCH	SPANISCH	RUSSISCH	Nr.
guarnizione f a lacca	estanco por barnizado, obturación lacada	лаковое уплотнение	2310
vernice f di lacca	barniz-laca	лаковая олифа, масляный лак	2311
tessuto m laccato	tejido barnizado	лакоткань, лакированная ткань	2312
laccare, verniciare	lacar, barnizar, aplicar una capa de laca	лакировать, покрывать лаком	2313
macchina f verniciatrice, macchina f laccatrice	máquina barnizadora	лакировочная машина	2314
cartone m laccato	cartón lacado	лакированный картон	2315
rivestimento m a base di vernice, laccatura f	revestimiento, recubrimiento, cobertura, capa de barniz, de laca	лакирование, лаковое покрытие, лакокрасочное покрытие	2316
carta f laccata	papel barnizado	лакированная бумага	2317
unità f di carico	unidad de carga, carga unitaria	транспакет	2318
portata f, carico m utile	peso de carga, tara, capacidad de carga	грузоподъемность, подъемный груз, допустимая нагрузка	2319
contenitore m per trasporti interni	recipiente, cajón de manipulación	ящик для внутризаводского транспорта, цеховой ящик	2320
caricare	cargar	грузить, загружать, перегружать	2321
imballaggio m di spedizione (per confezioni unitarie da self-service)	autoservicio envase unitario	внешняя тара, транспортная тара, упаковка для пересылки в магазин	2322
pianale m di carico (piattaforma portatile con o senza sovrastrutture)	plataforma de carga (dispositivo móvil, dotado o no de super estructura)	грузовая площадка (с надстройками или без настроек)	2323
carico m	carga, cargamento	груз, фрахт	2324

Nr.	DEUTSCH	ENGLISCH	FRANZÖSISCH
2325	**Ladungssicherung** f	**unit load retention**	**calage** m **de la charge**
2326	**Läng(enau)sdehnung** f, **lineare Ausdehnung** f	**linear extension, linear expansion, linear elongation**	**allongement** m **longitudinal, dilatation** f **linéaire**
2327	**Längsfalz*** m	**longitudinal seam, side seam, straight bead (welding)**	**agrafe** f **longitudinale, soudure** f **longitudinale, rivure** f **longitudinale**
2328	**Längsnaht** f, **(gelötete Längsnaht)**	**(soldered) side seam**	**jointure** f **soudée**
2329	**Längsriß** m	**longitudinal crack**	**fissure** f **longitudinale**
2330	**Längsschneidemaschine** f	**longitudinal slitting machine**	**machine** f **à couper en long, découpeur** m **longitudinal, coupeuse** f **en long**
2331	**Lage** f, **Schicht** f	**ply** (of paper), **layer, coat(ing), lamination**	**pli** m (de papier), **couche** f, **strate** f
2332	**Lager** n, **Lagerraum** m, **Lagerhaus** n	**store-room, stockroom, storage space**	**entrepôt** m, **magasin** m
2333	**Lagerbeständigkeit** f	**storage life, shelf life**	**durée** f **de conservation**
2334	**lagerfähig**	**storable**	**supportant le stockage**
2335	**Lagerfähigkeit** f, **Haltbarkeit** f	**shelf life, product durability, package life, durability limit**	**durée** f **de conservation, durée** f **limite de stockage, temps** m **de vie**
2336	**Lagerkasten** m, **Ladekasten** m	**materials handling container, tote box**	**caisse** f **de manutention, cagette** f

ITALIENISCH	SPANISCH	RUSSISCH	Nr.
conservazione f del carico	retención de la unidad de carga	предохранение груза	2325
allungamento m longitudinale, dilatazione f lineare	alargamiento longitudinal, dilatación linear, elongación	удлинение, продольное растяжение, линейное расширение	2326
saldatura f longitudinale	engatillado longitudinal, soldadura, engarzado longitudinal	продольный шов (корпуса банки), сцепленный в замок, боковой шов	2327
aggraffatura f longitudinale saldata	junta soldada	паяный продольный шов	2328
fessurazione f longitudinale	fisura longitudinal	продольная трещина	2329
taglierina f longitudinale	máquina cortadora longitudinal	продольно-резальный станок	2330
strato m	pliegue (de papel), capa, estrato	слой, пласт	2331
magazzino m	almacén, depósito	склад, складское помещение	2332
durata f di conservazione in magazzino	tiempo de conservación	устойчивость при хранении	2333
immagazzinabile	almacenable (capaz de soportar el almacenamiento)	стойкий при хранении	2334
limite m di durata in magazzino, tempo m di conservazione	plazo de conservación, duración límite del tiempo de almacenamiento, validez límite (de conservación de las propiedades del producto)	сохраняемость, стойкость при хранении, срок сохранности, срок хранения, "жизнь на полке"	2335
contenitore m per trasporti interni	cajón de manipulación, contenedor de manipulación	ящик для внутризаводского транспорта, цеховой ящик	2336

Nr.	DEUTSCH	ENGLISCH	FRANZÖSISCH
2337	**lagern**	**to store, to warehouse, to stock, to shelve**	**emmagasiner, mettre en stock, mettre en dépôt**
2338	**lagern, kühl lagern!**	**Keep cool!**	**gardez en lieu frais!**
2339	**lagern, trocken lagern!**	**Keep dry!**	**gardez en lieu sec!**
2340	**Lagerregal** n	**storing shelf**	**rayon** m **d'entrepôt**
2341	**Lagersortiment** n, **Lagerbestand** m	**inventory, stock**	**inventaire** m, **stock** m
2342	**Lagerung** f, **Lagerung im Freien**	**storage, storage in the open air**	**stockage** m, **stockage en plein air**
2343	**Lager(ungs)prüfung*** f	**storage test, durability test, shelf-life test**	**essai** m **de stockage, essai de durée de conservation**
2344	**Lagerverpackung*** f	**storage package**	**emballage** m **de stockage**
2345	**Lagerungsversuch** m, **beschleunigter Lagerungsversuch**	**accelerated storage test**	**essai** m **de vieillissement accéléré**
2346	**Laminat** n	**lamination**	**aggloméré** m **laminé, aggloméré stratifié**
2347	**Laminierharz** n	**laminating resin**	**résine** f **à laminer**
2348	**Laminierwachs** n	**laminating wax**	**cire** f **à coller les complexes**

ITALIENISCH	SPANISCH	RUSSISCH	Nr.
immagazzinare	almacenar, depositar	хранить на складе, храниться на складе	2337
conservate in luogo fresco!	consérvese en sitio fresco! (voz, instrucción, marca, rótulo de manipulación)	Содержи в холоде!, Хранить в холоде!	2338
conservate in luogo asciutto!	consérvese en sitio seco! (voz, instrucción, marca, rótulo de manipulación)	Хранить в сухом состоянии!	2339
scaffalatura f per magazzino	estante de almacén	стеллаж для складирования	2340
inventario m, assortimento m di magazzino	inventario, existencias	инвентарь, складские запасы	2341
immagazzinaggio m all'aperto	almacenamiento al aire libre	хранение на складе, хранение на воздухе	2342
prova f di immagazzinaggio, prova f di durata di conservazione	ensayo de almacenamiento, ensayo de durabilidad del almacenamiento, ensayo de duración de la conservación en almacén	испытание на стойкость при хранении, испытание на долговечность	2343
imballaggio m per immagazzinaggio	envase, embalaje de almacenamiento	упаковка для склада	2344
prova f accelerata di immagazzinaggio	ensayo de envejecimiento acelerado	ускоренное испытание на стойкость при хранении, ускоренное испытание на искусственное старение	2345
laminazione f	acomplejado, laminación	ламинат	2346
resina f per laminazione	resina de laminación	синтетическая смола для ламинирования	2347
cera f per laminazione	cera para contracolar los materiales complejos	воск для ламинирования	2348

Nr.	DEUTSCH	ENGLISCH	FRANZÖSISCH
2349	Landtransport m	overland transport(ation), transport by road or rail	transport m routier et ferroviaire, transport par route ou rail
2350	Langzeitlagerung f	long-time storage,storage of long duration	stockage m continu, stockage de longue durée
2351	Lasche* f (siehe 2064)	tab, tongue	patte f, languette f
2352	Laschendeckel m	tab cover, lid with tongues	couvercle m à pattes rabattables ou rabattantes
2353	Laser m	laser	laser m, rayon m, laser
2354	lasieren	to glaze	glacer
2355	Last f (Belastung)	load, weight	charge f
2356	Last f (Ladung)	load, charge	fardeau m, faix m, charge f
2357	Last f, einfach zu behandelnde Last, mittelschwierig zu behandelnde Last, schwierig zu behandelnde Last	easy load, medium load, difficult load	charge f facile, charge à manutention moyenne, charge difficile
2358	Last(hebe)haken m	load hook	crochet m porte-charge
2359	Latex m, Kautschukmilch f	latex	latex m
2360	Latex-Klebstoff m, Gummimilch-Klebstoff m	latex adhesive	adhésif m au latex de caoutchouc
2361	Latte* f, Leiste f	batten, cleat	listeau m, barre f, latte f
2362	Lattenkiste* f	crate	caisse f à claire-voie
2363	Lattenrost* m, Podest n	stillage, platform	caisse-palette f, plateau m, plate-forme f

ITALIENISCH	SPANISCH	RUSSISCH	Nr.
trasporto m via terra (per strada o ferrovia)	transporte por carretera y ferroviario, por carretera o via férrea	сухопутный транспорт	2349
immagazzinaggio m a lunga durata	almacenamiento de larga duración	долгосрочное хранение (на складе)	2350
pateletta f, linguetta f, aletta f	patilla, lengüeta, orejeta	язычок, полоса нахлестки, вертикальный клапан-замок	2351
coperchio m ad aletta	tapa con lengüetas o patillas abatibles	крышка с язычком, клапан с язычком	2352
laser m	laser	лазер	2353
glassare, verniciare con vernice trasparente	satinar, esmaltar, glasear	покрывать глазурью, глазуровать	2354
carico m, peso	carga	нагрузка	2355
carico m, caricamento m	cargamento	груз	2356
carico m ordinario, carico m di media difficoltà, carico m difficile	carga de fácil manejo, de manejo semi fácil, de difícil manejo	легкообрабатываемый груз; довольно трудно обрабатываемый груз; труднообрабатываемый груз	2357
gancio m di carico	ganchos porta-cargas	грузовой крюк, грузоподъемный крюк	2358
lattice m	latex	латекс, каучуковый латекс	2359
adesivo m di lattice di gomma	adhesivo a base de latex de caucho	латексный клей	2360
listello m, barra f	listón, barra, tablón	планка, брусок, рейка	2361
gabbia f	caja de tablillas	решетчатый ящик	2362
piattaforma f a listelli	caja-paleta, plataforma	площадка	2363

Nr.	DEUTSCH	ENGLISCH	FRANZÖSISCH
2364	Lattenverschlag* m	crate lattice crate	clôture f de lattes, lattage m, caisse f à claire-voie
2365	Laugenbeständigkeit* f	alkali-resistance	résistance aux solutions alcalines
2366	Layout n, Dessin n	layout, design	layout m, dessin m
2367	LDPE-Polyethylen niederer Dichte n (siehe 2986)	LDPE low-density polyethylene	LDPE polyéthylène m de faible densité
2368	Lebensdauer f, Haltbarkeit f	shelf-life, product durability, package life	temps m de vie, durabilité f, durée f de conservation
2369	Lebensmittel n(pl), Nahrungsmittel n(pl)	food, foodstuff(s), provisions	produit m alimentaire, denrées fpl (alimentaires)
2370	Lebensmittel npl, leichtverderbliche Lebensmittel	perishable goods	produits mpl alimentaires périssables
2371	Lebensmittel-bestrahlung f	irradiation of food	irradiation f (ionisante) des denrées alimentaires
2372	Lebensmitteldose f	food can	boîte f pour denrées alimentaires
2373	Lebensmittelpackung f	food pack	emballage m alimentaire
2374	Lebensmittelrecht n, Lebensmittelgesetz n	food law(s)	droit m alimentaire, loi f sur les denrées alimentaires
2375	Lebensmittel-verpackung f	food package, package for foods	emballage m pour produits alimentaires, emballage pour denrées alimentaires
2376	Leckage f (Verlust durch Auslaufen)	leakage	coulage m, fuite f, vidange f

ITALIENISCH	SPANISCH	RUSSISCH	Nr.
ingabbiatura f, **incastellatura** f	**jaula** (normalmente, de madera)	решетка, обрешетка	2364
resistenza f **alle soluzioni alcaline (alcali)**	**resistencia al alcali**	устойчивость к щелочи	2365
"layout", schema m **disegno** m	**trazado, diseño**	эскиз, макет, проект	2366
LDPE/PEBD, polietilene a bassa densità	**polietileno de baja densidad (PE/BD)**	полиэтилен низкого давления	2367
durata f **di conservazione, vita** f **del prodotto**	**plazo de vida, durabilidad, validez de conservación**	долговечность, сохраняемость, срок сохранности, выносливость, "жизнь на полке"	2368
prodotti m pl **alimentari**	**producto alimenticio, artículo alimenticio, alimento, provisión**	пищевые продукты, продовольственные товары	2369
prodotti m pl **alimentari deperibili**	**productos alimenticíos**	скоропортящиеся пищевые продукты	2370
irradiazione f **di prodotti alimentari**	**irradiación de productos alimenticios** (irradiación ionizante)	облучение пищевых продуктов, иррадиация пищевых продуктов	2371
barattolo m **per prodotti alimentari**	**bote, lata, envase para alimentos** (de hojalata)	консервная банка, "открытая" банка	2372
confezione f **per prodotti alimentari**	**envase de alimentos, para alimentos**	упаковка пищевых продуктов	2373
legislazione f **alimentare**	**derecho alimentario, legislación alimentaria**	продовольственное право	2374
imballaggio m **per prodotti alimentari**	**envase para productos alimenticios**	тара для пищевых продуктов, тара для пищевой продукции	2375
perdita f, **colaggio** m	**escape, fuga, merma, derrame, pérdida**	течь, утечка (жидкости), неплотность	2376

Nr.	DEUTSCH	ENGLISCH	FRANZÖSISCH
2377	**Leckdose** f	**leaker**	**boîte** f **métallique non-étanche**
2378	**lecksicher**	**leakproof**	**résistant au coulage, étanche contre les fuites**
2379	**Lederfaserpappe** f	**leatherpulp board**	**carton** m **de pâte de cuir**
2380	**Lederpappe*** f, **Braunschliffpappe*** f	**leather board, brown mechanical pulp board**	**carton** m **cuir, carton de pâte mécanique brune**
2381	**leeren, entleeren, ausleeren**	**to empty**	**vider**
2382	**Leergewicht** n	**dead weight, net weight, tare**	**poids** m **à vide, poids mort, tare** f
2383	**Leergut*** n	**empties, returned empties**	**vides** mpl, **emballage** m **rendu, emballage vide en retour, emballage à rendre**
2384	**Leerraum** m, **Freiraum** m (siehe 1238, 2189)	**free space, head space**	**vide** m
2385	**Leerraumhöhe*** f	**height of head space**	**hauteur** f **du vide**
2386	**Legemaße** npl (für Textilien)	**folding sizes** pl (width by length - for textile packages)	**dimensions** fpl **de pliage** (longueur et largeur pour emballages textiles)
2387	**Leichtbehältnis*** n	**light container**	**récipient** m **léger, conteneur** m **léger**
2388	**leicht transportabel**	**easily transportable**	**facile à transporter**
2389	**Leichtfaß*** n (siehe 1647, 3626)	**light(-weight) barrel, plywood drum**	**fût** m allégé, fût en (bois) contreplaqué

ITALIENISCH	SPANISCH	RUSSISCH	Nr.
barattolo m metallico con difetto di tenuta	envase metálico no estanco	неплотная банка, банка с течью	2377
a prova di perdita, a tenuta	resistente a las fugas, estanco	течезащищенный, не имеющий течи	2378
cartone m imitazione cuoio	cartón de pasta de cuero	картон из кожевенного волокна	2379
cartone m cuoio, cartone m di pasta meccanica bruna	cartón-cuero, de pasta mecánica marrón	кожевенный картон, кожкартон, картон из бурой древесной массы	2380
vuotare	vaciar	опорожнивать, выгружать, разгружать	2381
tara f, peso m a vuoto	peso en vacío, peso neto, peso muerto, tara	вес тары, вес порожняка, собственный вес	2382
imballaggi m pl vuoti	vacíos, embalaje retornable, embalaje recuperable (normalmente de uso reiterado) envase recuperable	возвратная тара, освобожденная из-под товаров	2383
spazio m vuoto, spazio m libero	espacio libre	вакуум, пустота, свободное пространство	2384
altezza f dello spazio vuoto/libero	altura del espacio libre	высота пустоты, высота свободного пространства	2385
dimensioni f pl (lunghezza x larghezza-per imballaggi tessili)	dimensiones de plegado (largo-ancho en embalajes textiles)	складные размеры (ширина и длина) для упаковки текстильных изделий	2386
contenitore m leggero	envase ligero	легкий сосуд, легкий бак, легкий контейнер, легкая тара	2387
facilmente trasportabile	fácilmente transportable	легкотранспортабельный	2388
fusto m leggero, barile m leggero	bidón ligero, de madera contrachapada	легковесная бочка или барабан, фанерная бочка или барабан	2389

Nr.	DEUTSCH	ENGLISCH	FRANZÖSISCH
2390	**leichtfließend**	**freeflowing**	**très fluide, à écoulement facile**
2391	**Leichtglas** n	**light-weight glass**	**verre** m **allégé**
2392	**Leichtglasbehältnis*** n	**light-weight glass package**	**emballage** m **en verre allégé**
2393	**Leichtkiste** f	**light(-weight) case**	**caissette** f
2394	**Leichtkrepp*** m	**light crêpe**	**crêpe** m **léger**
2395	**Leichtkrepp-Kraftsackpapier** n	**light crêpe kraft paper**	**papier** m **en kraft crêpé léger**
2396	**Leichtmetall** n	**light metal**	**métal** m **léger**
2397	**Leichtmetallverpackung** f	**light metal package**	**emballage** m **en métal léger**
2398	**leichtverderbliche Güter** npl	**perishable goods** pl	**produits** mpl **périssables**
2399	**Leihverpackung*** f, **Mehrwegverpackung*** f	**returnable package, package to be returned, multi trip package**	**emballage** m **repris, emballage consigné**
2400	**Leim** m, **Kleister** m	**glue, size**	**colle** f
2401	**Leimauftragmaschine** f	**glue spreading machine**	**machine** f **à étendre la colle, colleuse** f
2402	**leimen, anleimen, verleimen**	**to glue, to bond, to size**	**coller, encoller**
2403	**Leimfestigkeit** f (von Papier)	**adhesive strength, bonding strength** (of paper)	**résistance** f (de papier) **à l'encollage**
2404	**Leimpresse** f	**glue press**	**presse** f **encolleuse**

ITALIENISCH	SPANISCH	RUSSISCH	Nr.
di facile scorrimento, molto fluido	muy flúido, que mana fácilmente	текучий, высокой текучести	2390
vetro m alleggerito	vidrio aligerado	легкое стекло	2391
imballaggio m in vetro alleggerito, contenitore m in vetro alleggerito	envase de vidrio aligerado	легкая стеклянная тара	2392
cassetta f leggera	cajita, caja ligera (de poco peso)	легкий ящик, ящик для легких грузов	2393
crespatura f leggera	rizado ligero, sencillo	легкая крепировка	2394
carta f leggermente crespata	papel rizado simple	бумага с легкой крепировкой	2395
metallo m leggero	metal ligero	легкий металл	2396
imballaggio m in metallo leggero	envase/embalaje ligero, de metal	тара из легких металлов	2397
prodotti m pl facilmente deperibili	productos perecederos	скоропортящиеся товары	2398
imballaggio m a rendere	embalaje retornable, recuperable, consignado	инвентарная тара, возвратная тара, держанная тара, многооборотная тара	2399
colla f	cola	клей, животный клей, клейстер	2400
macchina f spalmatrice di colla	máquina para extender la cola, encoladora	клеенаносящая машина, клеепромазочная машина, клеемазальная машина	2401
incollare	encolar	клеить, склеивать, приклеивать, проклеивать	2402
resistenza f della carta all'incollatura (carta)	resistencia al encolado (del papel)	степень проклейки (бумаги), прочность склейки	2403
pressa f per incollare	prensa encoladora	клеильный пресс	2404

Nr.	DEUTSCH	ENGLISCH	FRANZÖSISCH
2405	**Leimung** f	**glu(e)ing, sizing**	**encollage** m, **collage** m
2406	**Leinen** n	**linen, canvas, cloth**	**toile** f
2407	**Leinenpapier** n	**cloth-lined paper**	**papier** m **entoilé, papier doublé de toile**
2408	**Leinwand** f	**linen, canvas, cloth**	**toile** f, **tissu** m **de lin**
2409	**Leiste*** f, **Latte** f	**batten, cleat, ledge**	**barre** f, **barrette** f, **baguette** f, **listeau** m
2410	**Leitvorrichtung** f, **Führungsvorrichtung** f	**guiding device, guide mechanism**	**dispositif** m **de guidage**
2411	**Leitwalze** f	**guide roll**	**rouleau-guide** m
2412	**Leuchtfarbe** f	**phosphorescent ink, fluorescent ink, luminous paint**	**encre** f **phosphorescente**
2413	**lichtbeständig, lichtfest**	**light resistant, fast to light, light fast**	**stable à la lumière**
2414	**Lichtdurchlässigkeit** f, **Transparenz** f	**transparency, light transmittance**	**transparence** f, **transmittance** f **de lumière**
2415	**lichtecht**	**light fast, fast to light, light proof, light resistant**	**solide à la lumière, stable à la lumière, résistant à la lumière**
2416	**Lichtechtheit*** f	**fastness to light, colour stability, light resistance**	**solidité** f **à la lumière, résistance** f **à la lumière, stabilité** f **à la lumière**
2417	**lichtelektrische Steuerung** f, **Fotozellensteuerung** f	**photo-electric control (system), photo cell control, electric eye control**	**commande** f **photoélectrique**
2418	**lichtempfindlich**	**sensitive to light, photosensitive, light-reactive**	**sensible à la lumière**

ITALIENISCH	SPANISCH	RUSSISCH	Nr.
incollaggio m	encolado	склеивание, склейка, проклейка	2405
tela f	tela, lona, lienzo	полотно, холст, парусина	2406
carta f telata	papel-tela	бумага, слеенная с полотном	2407
tela f, tessuto m di lino	tela, tejido de lino	полотно, холст	2408
listello m, barra f	barra, tabla, listón	планка, рейка, брусок	2409
dispositivo m di guida	guía, dispositivo para guiar	направляющее приспособление, направляющий механизм	2410
rullo m di guida	rodillo-guía	направляющий валик, ведущий валик	2411
vernice f fosforescente, vernice f luminescente	tinta fosforescente	люминесцентная краска, светящаяся краска	2412
resistente alla luce	fotoestable, fotorresistente, resistente a la luz	светостойкий, светопрочный	2413
trasparenza f	transparencia, transmisión de la luz	светопроницаемость, светопропускаемость, прозрачность	2414
stabile alla luce, resistente alla luce	resistente, estable a la luz	светопрочный, светостойкий	2415
stabilità f alla luce, resistenza f alla luce	resistencia a la luz, fotorresistencia	светопрочность, светоустойчивость, светостойкость	2416
comando f fotoelettrico	control, mando fotoeléctrico	система автоматического управления при помощи фотоэлемента	2417
sensibile alla luce, fotosensibile	sensible a la luz, fotosensible	светочувствительный	2418

Nr.	DEUTSCH	ENGLISCH	FRANZÖSISCH
2419	lichtempfindliches Papier n	photographic paper	papier m photographique
2420	lichtundurchlässig	opaque, light-tight, impervious to light	opaque, imperméable à la lumière
2421	Lichtundurchlässigkeit f, Opazität f	light impermeability, opacity	imperméabilité f à la lumière, opacité f
2422	lichtunempfindlich	insensitive to light	insensible à la lumière
2423	Lieferbedingungen fpl, technische Lieferbedingungen	technical terms of delivery	conditions fpl techniques de livraison
2424	LLDPE lineares Polyethylen niederer Dichte n (siehe 2986)	LLDPE linear low density polyethylene	LLDPE polyéthylène m linéaire à faible densité
2425	Liner m (siehe 627, 2229)	liner	doublure f, papier m à doubler, liner
2426	linksgängig	left-handed	fileté à gauche
2427	Linksgewinde n, linksgängiges Gewinde n	left-hand(ed) thread	filet m à gauche
2428	Lithographie f, Steindruck m	lithography, lithographic printing, offset	lithographie f, impression f lithographique
2429	lochen	to pierce, to perforate, to punch	trouer, perforer, poinçonner, percer
2430	Lochfraß m, örtliche Korrosion f	pitting, localized or selective corrosion, pinholing	pigûres fpl, corrosion f localisée
2431	Lochmundstück* n	clip-lock mouthpiece	embouchure f à bouchon levier
2432	Lösemittel n	solvent	solvant m
2433	Lösemittelbeständigkeit f	solvent resistance	résistance f aux solvants

ITALIENISCH	SPANISCH	RUSSISCH	Nr.
carta f sensibile alla luce	papel fotosensible	светочувствительная бумага, фотобумага	2419
opaco	opaco, impermeable a la luz	светонепроницаемый	2420
opacità f	impermeabilidad a la luz, opacidad	светонепроницаемость, непрозрачность	2421
insensibile alla luce	inalterable a la luz	нечувствительный к свету	2422
condizioni f pl tecniche di consegna	condiciones técnicas de suministro (pliego de condiciones)	условия поставки, технические условия поставки	2423
LLDPE, polietilene m lineare a bassa densità	polietileno linear de baja densidad (PELBD)	линейный полиэтилен низкого давления	2424
liner m, copertina f	forro	облицовочный (наружный) слой гофрированного картона, облицовка	2425
filettato a sinistra	fileteado a la izquierda	левый (о резьбе)	2426
filetto m sinistroso	filete hacia la izquierda	левая резьба, левая винтовая нарезка	2427
litografia f, stampa f litografica	litografía, impresión litográfica	литография, литографская печать	2428
perforare, punzonare, forare, bucare	agujerear, perforar, punzar	перфорировать, пробивать	2429
corrosione f localizzata	picado, corrosión localizada	точечная коррозия, сквозная коррозия	2430
imboccatura f per tappo a leva	embocado con tapón de boquilla	горло бутылки под укупорку рычажной пробкой	2431
solvente m	disolvente	растворитель	2432
resistenza f ai solventi	resistencia a los disolventes	устойчивость к растворителям	2433

Nr.	DEUTSCH	ENGLISCH	FRANZÖSISCH
2434	löslich, lösbar	soluble, dissolvable, detachable	soluble, détachable
2435	Löslichkeit f	solubility	solubilité f
2436	Lösungskleber m	solvent-type adhesive	colle f au solvant
2437	lötbar	solderable	soudable
2438	Lötdeckel-Füllochdose* f (siehe 1346)	snap-end vent hole can, can with capped-on end (or solder lid) and filling aperture	boîte f à fond et couvercle coiffant avec trou de remplissage
2439	löten*, verlöten	to solder	souder
2440	Lötflansch m	soldering flange, brazed flange	bourrelet m de soudure
2441	Lötfuge f, Lötnaht f	soldered joint	joint m de soudure
2442	Lötverschluß m	soldered closure	fermeture f soudée
2443	Lohnabpackbetrieb* m, Abpackbetrieb* m	contract packaging plant, contract packager	usine f de conditionnement à façon, conditionneur m à ou sous contrat
2444	Lohnabpacker m	contract packer	emballeur m industriel, emballeur sous contrat
2445	Lohnverpackung f, Lohnverpacken n	contract packaging, trade packaging	conditionnement m à façon
2446	lose (lose verpackt) (siehe 2503)	in bulk	en vrac
2447	Lüftung f, Belüftung f	ventilation, aeration, airing	ventilation f, aération f, aérage m

ITALIENISCH	SPANISCH	RUSSISCH	Nr.
solubile	soluble, disolvible	растворимый	2434
solubilità f	solubilidad	растворимость	2435
adesivo m del tipo a solvente	adhesivo de tipo disolvente	клей на основе (неводных) растворителей	2436
saldabile	soldable	допускающий пайку	2437
barattolo m con coperchio saldato e foro per riempimento	bote con tapa soldada y orificio de llenado	банка с концами, припаянными к корпусу, снабженная наливным отверстием в крышке, запаиваемым после наполнения	2438
saldare	soldar	паять, запаивать	2439
flangia f di saldatura	burlete de soldadura	паяный фланец корпуса банки	2440
giuntura f saldata	junta de soldadura, unión de soldadura	паяный шов, припоечный шов, спай	2441
chiusura f saldata	cierre soldado	паяльный затвор	2442
stabilimento m di imballaggio per conto terzi	planta de envasado por encargo (de envasado bajo contrato, por cuenta de terceros)	упаковочное предприятие (специализированное в упаковывании товаров по договорам)	2443
imballatore m per conto terzi	embalador industrial, por cuenta de terceros	упаковочное предприятие	2444
imballaggio m per conto terzi	envasado por encargo, por contrato	упаковка по заказу	2445
alla rinfusa, sciolto	a granel	навалом (упаковка навалом)	2446
ventilazione f, areazione f	ventilación, aireación, aireamiento	вентиляция, вентилирование, проветривание, аэрация	2447

Nr.	DEUTSCH	ENGLISCH	FRANZÖSISCH
2448	**Luftabsaugvorrichtung** f, **Luftabsauger** m	air-suction device, suction ventilator	dispositif m d'aspiration d'air, aspirateur m
2449	**Luftabschluß** m	air seal, exclusion or absence of air, hermetic seal	exclusion f d'air, isolation f contre l'air
2450	**Luftabschluß** m, **unter Luftabschluß, luftdicht verschlossen**	hermetically sealed, hermetic, impermeable to air, airtight	hermétiquement clos, à l'abri d'air, isolé contre l'air
2451	**Luftblase** f, **eingeschlossene Luftblase**	entrapped air bubble	bulle f d'air occluse
2452	**Luftbürste** f, **Luftpinsel** m	air-brush, air-knife, air-jet	lame f d'air, brosse f à l'air, râcle m à l'air comprimé
2453	**Luftbürstenauftrag** m	air-brush coating	application f avec brosse à air
2454	**luftdicht, luftundurchlässig**	airtight, hermetic, impermeable to air	hermétique, étanche ou imperméable à l'air
2455	**Luftdruckausgleich** m	equalization of atmospheric or air pressure, air pressure balance	compensation f de la pression atmosphérique
2456	**Luftdurchlässigkeit*** f	air permeability, porosity	perméabilité f à l'air, porosité f à l'air
2457	**Lufteinschluß** m	entrapped air, air-pocket	bulle f d'air, inclusion f d'air
2458	**luftempfindlich**	sensitive to air	sensible à l'air

ITALIENISCH	SPANISCH	RUSSISCH	Nr.
aspiratore m d'aria	dispositivo de aspiración de aire, aspirador, ventilador por succión	воздухосос, вытяжной вентилятор, всасывающий вентилятор	2448
isolamento m dall'aria, chiusura f ermetica	soldadura estanca, aislamiento atmosférico, aislamiento ambiente, cierre hermético	герметический затвор, воздухонепроницаемое уплотнение, герметичное уплотнение	2449
impermeabile all'aria, chiuso ermeticamente	soldadura hermética, soldado herméticamente, cerrado herméticamente	закупоренный без доступа воздуха, герметически укупоренный, герметический	2450
bolla f d'aria incorporata	burbuja de aire ocluída	воздушный пузырь, закрытый воздушный пузырь, воздушное включение	2451
lama f d'aria	cepillo, cuchilla, raqueta de aire comprimido	плавающий нож, пневматическая щетка, воздушная щетка, воздушная ракля	2452
rivestimento m a lama d'aria	aplicación, recubrimiento por lámina de aire	способ нанесения покрытия с применением плавающего ножа	2453
impermeabile all'aria, ermetico, a tenuta d'aria	hermético, estanco, impermeable al aire	воздухонепроницаемый, герметический	2454
equilibratura f della pressione atmosferica	compensación de la presión atmosférica	уравнивание давления воздуха, выравнивание давления воздуха	2455
permeabilità f all'aria	permeabilidad al aire, porosidad al aire	воздухопроницаемость	2456
bolla f d'aria	burbuja de aire, inclusión de burbuja de aire	воздушный пузырь, воздушное включение	2457
sensibile all'aria	sensible al aire	чувствительный к воздействию воздуха	2458

Nr.	DEUTSCH	ENGLISCH	FRANZÖSISCH
2459	**Luftfeuchtigkeit** f	**humidity of the air, hygrometric condition, atmospheric moisture**	**humidité** f **atmosphérique, humidité de l'air**
2460	**Luftfracht** f	**air freight, air cargo**	**fret** m **aérien**
2461	**Luftfrachtverpackung** f	**air freight packaging**	**emballage** m **(pour le transport) aérien**
2462	**luftgetrocknet**	**air-dried**	**séché à l'air**
2463	**Luftkissen*** n, **Luftpolsterkissen** n	**air cushion**	**coussin** m **pneumatique, coussin à air, amortisseur** m **à air**
2464	**Luftleere** f, **luftleerer Raum** m	**evacuated space, vacuum**	**vide** m, **espace** m **vide d'air**
2465	**Luftloch** n, **Lüftungsöffnung** f	**vent hole, air hole**	**bouche** f **d'aérage, trou** m **de ventilation**
2466	**Luftpolsterfolie*** f	**air bubble film**	**pellicule** f **à coussin d'air**
2467	**Lufttransport** m	**air transport**	**transport** m **aérien**
2468	**Luftundurchlässigkeit** f, **Luftdichtigkeit** f	**air impermeability**	**imperméabilité** f **à l'air, étanchéité** f **à l'air**
2469	**Luxuskartonagen** fpl	**fancy cardboard articles**	**cartonnages** mpl **de luxe**
2470	**Luxus(ver)packung** f	**fancy package, fancy box**	**emballage** m **de luxe, boîte** f **de luxe**
2471	**Magnetkopf** m	**magnetic head**	**tête** f **aimantée**

ITALIENISCH	SPANISCH	RUSSISCH	Nr.
umidità f dell'aria, umidità f atmosferica	humedad atmosférica, del aire, condición higrométrica	влажность воздуха, атмосферная влажность	2459
carico m aereo	flete aéreo	груз, перевозимый на самолете	2460
imballagio m per trasporto aereo	embalaje para el transporte aérero	тара для грузовочных авиаперевозок, тара для воздушной отгрузки	2461
essiccato all'aria	secado al aire	воздушносухой, высушенный на воздухе	2462
cuscino m d'aria, cuscino m pneumatico	cojín neumático, de aire, amortiguador de aire	амортизирующая надувная подушка, пневматическая подушка	2463
vuoto m d'aria, spazio m senza aria	vacío, espacio sin aire	вакуум, безвоздушное пространство	2464
foro m di areazione	boca de aireación, agujero de ventilación	отдушина, вентиляционное отверстие, отверстие для выпуска воздуха, отверстие для выхода газов	2465
film m a bolle d'aria	película de burbujas de aire (material antichoque)	пленка с воздушной подушкой	2466
trasporto m aereo	transporte aéreo, por avión	воздушный тарнспорт, авиатранспорт	2467
impermeabilità f all'aria	impermeabilidad al aire, estanquidad al aire	воздухонепроницаемость	2468
imballi m pl di lusso in cartone	cartones de lujo, cajas de cartón de lujo	высокосортные (цветные) картонные коробки	2469
imballaggio m di lusso, scatola f di lusso	envase, caja de lujo	высококачественная декоративная упаковка	2470
testa f magnetica	cabezal magnético	магнитная головка	2471

Nr.	DEUTSCH	ENGLISCH	FRANZÖSISCH
2472	Manila-Karton m	manila board	carton m manille
2473	Manila-Papier n	manila paper	papier m manille
2474	Manschette* f	sleeve	manchette f, manchon m
2475	Mantel* m, Rumpf m	body, wall	corps m, paroi f
2476	Mantelblech n	shell plate, metal sheet covering	tôle f d'enveloppe, tôle de chemise
2477	Manteletikett* n	wrap-around label	étiquette f enveloppante, étiquette f enveloppe
2478	manuell, von Hand	manual, hand-operated	manuel, par opération manuelle
2479	manuelle Verpackung f, manuelles Verpacken n	manual pack(ag)ing	emballage m manuel, conditionnement m manuel
2480	markieren	to mark	marquer
2481	Markierung f	marking	marquage m
2482	Markierung f für Versandverpackungen, Markierungszeichen n für Versandverpackungen	marking for shipping	marquage m de transport, marquage d'expédition, marquage pour les emballages d'expédition
2483	Markier(ungs)apparat m	marking equipment, marker	marqueur m, appareil m marqueur
2484	Markierungsstempel m	marking stamp	timbre m marqueur
2485	Markierungszeichen* n	mark(ing), mark(ing) symbol	marque f, signe m
2486	Maschendraht m	wire netting, wire mesh, screen wire	treillis m ou grillage m de fils de fer

ITALIENISCH	SPANISCH	RUSSISCH	Nr.
cartoncino m manila	cartón manila	канатный картон, манильский картон	2472
carta f manila	papel manila	манильская бумага, прочная бумага цвета манильской пеньки	2473
manichetta f	manguito	манжета	2474
mantello m, corpo m	cuerpo, pared	остов, корпус, обечайка	2475
mantello m di foglio metallico	plancha metálica, de envoltura	лист обшивки, лист корпуса	2476
etichetta f avvolgente	etiqueta envolvente circular	этикетка, окружающая банку вокруг всего корпуса	2477
manuale	manual, a mano	ручной, вручную	2478
imballaggio m manuale, confezionamento m manuale	envase, embalaje hecho a mano, manual	упаковывание вручную, упаковка вручную	2479
marcare	marcar	маркировать	2480
marcatura f	marcaje	маркировка, клеймение	2481
marcatura f per spedizione, marcatura f per imballaggi da spedizione	marcaje de transporte, de expedición, para los embalajes de expedición, (o de exportación)	транспортная маркировка, маркировка грузов	2482
attrezzatura f per marcatura	marcador, aparato marcador	маркировочно-печатная машина, маркировочный станок	2483
timbro m per marcatura	sello marcador	маркировочный штемпель	2484
marchio m, simbolo m di marcatura	timbre, estampilla de marcar	маркировочные надписи и рисунки	2485
maglia f metallica, rete f metallica	malla de alambre	проволока для сеток	2486

Nr.	DEUTSCH	ENGLISCH	FRANZÖSISCH
2487	Maschennetz n	mesh net, wire mesh, scrim	filet m à mailles
2488	Maschine f für Handbetrieb	hand-operated machine	machine f à commande manuelle
2489	maschinell	mechanical, machine-operated	mécanique, sur la machine
2490	maschinell hergestellt	machine-made	fabriqué à la machine
2491	maschinelle Verpackung f, maschinelles Verpacken n	automatic pack(ag)ing	emballage m mécanique
2492	maschinengerechte Packung f, maschinengerechte Verpackung f	pack(age) to suit the machine	emballage m adapté à la machine
2493	maschinengestrichenes Papier n	machine-coated paper	papier m couché de fabrication mécanique, papier couché sur machine
2494	maschinenglattes Papier* n	machine-glazed paper, M.G. paper, machine-finished paper, M.F. paper	papier m apprêté, papier apprêté sur machine
2495	Maschinengraupappe f	machine-made grey board	carton m gris fabrication mécanique
2497	Maschinenpappe* f	mill board, pulp board, machine-made board	carton m fabriqué sur machine plate, carton fabriqué mécaniquement

ITALIENISCH	SPANISCH	RUSSISCH	Nr.
rete f metallica	red metálica	проволочная сетка	2487
macchina f a comando manuale	máquina de manejo manual (herramienta)	машина с ручным управлением, машина с ручным приводом	2488
meccanico	mecánico, a máquina	машинный, механический	2489
fabbricato a macchina	producido mecánicamente	машинной выработки, сделанный механическим способом	2490
imballaggio m fabbricato automaticamente	embalaje mecánico, automático, envase fabricado mecánica o automáticamente	механизированное упаковывание	2491
imballaggio m adattato alla macchina	envase/embalaje adaptado a la máquina	тара, удовлетворяющая требованиям упаковочных машин	2492
carta f patinata in macchina	papel revestido producido mecánicamente, papel brillo fabricado mecánicamente (fabricado mecánicamente)	бумага машинного мелования	2493
carta f lisciata in macchina	papel satinado a máquina, papel de acabado mecánico	бумага машинной гладкости	2494
cartone m grigio da cartaccia, cartone m rigenerato	cartón gris mecánico	серый макулатурный (ролевой) картон	2495
cartone m a macchina	cartón hecho a máquina	(ролевой) картон машинной выработки	2497

Nr.	DEUTSCH	ENGLISCH	FRANZÖSISCH
2498	**Maschinenrichtung** f, **Laufrichtung** f, **Längsrichtung** f	**machine direction**	**sens** m **machine**
2499	**Maßbehältnis*** n	**measuring container**	**conteneur** m **doseur, conteneur calibré**
2500	**Maßeinheit** f	**unit, unit of measure**	**unité** f **de mesure**
2501	**Massenfertigung** f	**mass production, bulk production**	**fabrication** f **en masse**
2502	**Massengüter** npl	**bulk goods, large-scale manufactured goods**	**marchandises** fpl **en vrac, marchandises en gros, marchandises de gros tonnage; marchandises en (grandes) masses**
2503	**Massengut** n, **loses Massengut, geschüttetes Massengut** (siehe 2446)	**bulk goods**	**marchandise** f **en vrac**
2504	**Massengut-Verpackungsmaschine** f	**bulk packaging machine**	**machine** f **de conditionnement en vrac**
2505	**Maßhaltigkeit** f, **Maßbeständigkeit** f	**dimensional stability, dimensional accuracy**	**stabilité** f **dimensionnelle**
2506	**Maßverpackung** f, **Verpackung** f **nach Maß**	**tailor-made package, package tailored to one's needs**	**emballage** m **à façon, emballage fabriqué sur mesures**
2507	**Material** n, **Werkstoff** m	**material**	**matériel** m, **matière** f, **matériaux** mpl
2508	**Materialbeanspruchung** f	**material stress**	**effort** m **des matériaux, travail** m **de matériaux**

ITALIENISCH	SPANISCH	RUSSISCH	Nr.
direzione f macchina	sentido, dirección de la máquina	продольное направление, машинное направление (бумаги), направление по ходу машины	2498
contenitore m dosatore	envase-medida	мерный сосуд	2499
unità f di misura	unidad de medida	единица, единица измерения	2500
produzione f in serie	producción masiva, a granel, en serie	массовое производство	2501
prodotti m pl alla rinfusa	mercancías a granel, producidas en grandes cantidades	массовые изделия	2502
prodotti m pl alla rinfusa (vedi alla rinfusa)	granel, a granel	массовый груз, насыпной массовый груз, материал сыпучей консистенции	2503
macchina f per imballaggio alla rinfusa	máquina para envasar (o embalar) a granel	фасовочно-упаковочное оборудование, автомат для массовых упаковок	2504
stabilità f dimensionale	estabilidad dimensional	соблюдение размеров, выдержанность размеров, стабильность размеров	2505
imballaggio m su misura	envase/embalaje a medida, fabricado sobre medidas dadas	тара, полностью соответствующая конфигурации упаковываемого изделия	2506
materiale m	material, materiales	материал	2507
lavoro m dei materiali	esfuerzo, trabajo de los materiales	напряжение материала	2508

Nr.	DEUTSCH	ENGLISCH	FRANZÖSISCH
2509	Materialbewegung f, Handhabung f	materials handling	manutention f
2510	Materialermüdung f (siehe 952)	material fatigue, fatigue of material	fatigue f des matériaux
2511	Materialermüdungswert m	deterioration factor, fatigue factor	facteur m de fatigue
2512	Materialprüfung f	material testing	essai m des matériaux, épreuve f des matériaux
2513	Materialzuführung f	feed of material, material feeder	alimentation f des matériaux, appareil m d'alimentation ou d'avance
2514	Matrize f, Gesenk n	cavity, mould cavity, mould impression	matrice f, empreinte f, cavité f
2515	Matrize f, Mater f	matrix	matrice f
2516	Mattblech n, Terneblech n	terneplate, pickled sheet metal	tôle f terne
2517	Mattglas n, mattgeschliffenes Glas n	ground glass, frosted glass	verre m mat, verre dépoli
2518	maximale (un)beschnittene Arbeitsbreite f (einer Maschine)	maximum (un)trimmed (machine) width	largeur f (non-)rognée maximale (d'une machine)
2519	Maximalgewicht n, Höchstgewicht n	maximum weight	poids m maximum,
2520	Mechanische Prüfung f	mechanical testing	épreuve f mécanique
2521	Medizinflasche f	medicine bottle	flacon m médical

ITALIENISCH	SPANISCH	RUSSISCH	Nr.
manipolazione f, maneggiamento m dei materiali	manipulación mecánica, manejo mecánico	погрузочно-разгрузочные операции, перемещение грузов	2509
fatica f dei materiali	fatiga de los materiales	усталость материала	2510
fattore m di deterioramento	factor de fatiga, de deterioro	показатель усталости материала	2511
prova f dei materiali	ensayo, prueba de los materiales	испытание материалов	2512
alimentazione f dei materiali, dispositivo m di alimentazione dei materiali	alimentación de los materiales, dispositivo o aparato alimentador, o de avance de los materiales	подача материала, питание	2513
cavità f dello stampo, impronta f	matriz, cavidad del molde, impresión del molde	матрица, полость матрицы, оформляющая полость матрицы	2514
matrice f	matriz	матрица, форма	2515
banda f stagnata opaca	plancha revestida, recubierta, estañada	матовый лист, матовая жесть	2516
vetro m opaco, vetro m smerigliato	vidrio mate, deslustrado, sin brillo	матовое стекло	2517
larghezza f massima non refilata (di macchine)	ancho máximo (no) recortado (de una máquina)	максимальная (не) обрезная рабочая ширина (машины)	2518
peso m massimo	peso máximo, el mayor peso	максимальный вес, предельный вес	2519
prove f pl meccaniche	ensayo mecánico	механический тест	2520
flacone m medicinale	frasco medicinal	склянка для лекарственных средств, медицинская бутылка	2521

Nr.	DEUTSCH	ENGLISCH	FRANZÖSISCH
2522	Medizinflasche f mit Steilbrust für Stopfen	medicine bottle with vertical neck for stoppers	flacon m de médecine à parapet à bouchon
2523	Medizinglas* n, medizinische Glasverpackung f	medicine glass (container), medical glass bottle	verre m à médicaments, verre médical, emballage-verre m à médicaments
2524	Medizintropfer m	medicine dropper	compte-gouttes m médical
2525	mehrfach beschichtete Folie f	sandwich film	feuille f à plusieurs couches
2526	Mehrfarbendruck m	multicolour printing	impression f en plusieurs couleurs, impression polychrome
2527	mehrfarbig	multicoloured, polychrome	polychrome
2528	Mehrfunktions-Verpackungsmaschine f (siehe 4212)	multiple-function packaging machine	machine à emballer à plusieurs fonctions, conditionneuse à plusieurs fonctions
2529	mehrgängiges Gewinde n	multiple thread	filet(age) m multiple
2530	Mehrgewicht n, Übergewicht n	overweight, excess weight	surchage f, surpoids m
2531	Mehrkammer-Aerosolpackung* f	multiple-chamber aerosol pack	emballage m à plusieurs composants
2532	Mehrkomponenten-Packung* f	multi-component pack	emballage m aérosol à chambres (ou compartiments) multiples, emballage aérosol multicellulaire
2533	Mehrlagenpapier* n	multi-ply paper	papier m à plis multiples

ITALIENISCH	SPANISCH	RUSSISCH	Nr.
flacone m per medicinali con collo verticale	botella medicinal de cuello vertical para obturadores	склянка или банка с прямым горлом под укупорку притертой фигурной пробкой	2522
vetro m per medicinali, contenitore in vetro per medicinali	envase medicinal de vidrio, botella medicinal de vidrio	аптекарская посуда, склянки и банки для лекарственных средств, медицинское стекло	2523
contagocce m per medicinali	cuenta-gotas medicinal (farmacéutico)	склянка-капельница, медицинская капельница	2524
foglio m a più strati, film m multistrato	película de capas múltiples, película sandwich	слоистый пластик, лист сандвичевой конструкции	2525
stampa f a più colori, stampa f policroma	impresión multicolor	многокрасочная печать, многоцветная печать	2526
policromo	multicolor, policromo	многокрасочный, многоцветный	2527
macchina f multi-funzionale per imballaggio	máquina de envasar multifuncional	многофункциональная упаковочная машина	2528
filetto m multiplo	tornillo plurirrosca (de rosca múltiple)	многозаходная резьба	2529
sovraccarico m, peso m eccedente	sobrecarga, sobrepeso, peso excesivo	лишний вес (груза), добавочный вес, излишний вес, перевес	2530
confezione f aerosol a camere multiple	envase de componentes múltiples	многокамерная аэрозольная упаковка	2531
confezione f a conponenti multipli	envase aerosol de cámaras múltiples (multicámara)	многокомпонентная упаковка	2532
carta f a piú strati	papel multipliego, multipliegue	многослойная бумага	2533

Nr.	DEUTSCH	ENGLISCH	FRANZÖSISCH
2534	**Mehrlagenpappe** f, **Mehrlagenkarton*** m	**mutli-ply board, multiwall board**	**carton** m **à plis multiples, carton à parois multiples, carton multi-plis**
2535	**Mehrlagensack*** m, **Großsack** m	**multi-ply sack, multi-wall sack**	**sac** m **à parois ou plis multiples, sac multi-plis, sac G.C.** (G.C. = grande contenance)
2536	**Mehrschichtfolie*** f	**multi-ply foil or film**	**film** m **multi-plis**
2537	**Mehrschichtenglas** n, **Verbundglas** n	**laminated glass, compound glass**	**verre** m **stratifié**
2538	**Mehrstückpackung*** f (siehe 2546)	**multipack, multi-unit pack(age) or item, multiple pack(age)**	**emballage** m **multiple, emballage en groupage, emballage à plusieurs unités, multipack** m
2539	**Mehrteilpackung*** f	**composite pack**	**emballage** m **à plusieurs éléments**
2540	**mehrwandig, mehrlagig**	**multi-wall, multi-ply**	**multi-plis, à parois multiples, à plis multiples**
2541	**Mehrwegverpackung*** f, **Leihverpackung*** f	**returmable package, reusable package, multiway package**	**emballage** m **réutilisable, emballage récupérable, emballage retournable**
2542	**Mehrzweckverpackung*** f	**multi(ple)-purpose package, generalpurpose package, dualpurpose package**	**emballage** m **polyvalent**
2543	**Membran(e)** f	**diaphragm, membrane**	**diaphragme** m, **membrane** f
2544	**Membrandeckel** m	**diaphragm cap, foil lid**	**capsule** f **à diaphragme**
2545	**Mengeneinheit** f	**unit of quantity**	**unité** f **de quantité**

ITALIENISCH	SPANISCH	RUSSISCH	Nr.
cartone m **a più strati, cartoncino** m **a più strati**	**cartón multipliego, de paredes múltiples**	**многослойный картон, ламинированный картон**	2534
sacco m **a più strati, sacco** m **a grande capacità**	**saco de paredes o capas múltiples** (de gran contenido) (multicapa)	**многослойный мешок, многослойный бумажный мешок**	2535
film m **o foglio** m **multistrato**	**película o lámina multipliegues**	**многослойная пленка**	2536
vetro m **stratificato**	**vidrio laminado, triplex, vidrio triplex**	**многослойное стекло, безопасное стекло**	2537
imballaggio m **multiplo (multipack** m**)**	**envase/embalaje múltiple,** (envase o embalaje que une o agrupa varias unidades también envasadas normalmente con anterioridad para formar así un conjunto que constituye una unidad de venta)	**групповая тара, групповая упаковка**	2538
confezione f **composita**	**envase mixto**	**составная упаковка, разборная упаковка**	2539
a più strati, a più pareti	**multipliego, de varias paredes**	**многослойный**	2540
imballaggio m **a rendere, imballaggio** m **riutilizzabile**	**envase/embalaje recuperable, retornable, reutilizable, de varios usos, consignable**	**многооборотная тара, возвратная тара, держаная тара**	2541
imballaggio m **plurifunzionale**	**embalaje para** (o de) **usos generales**	**тара многоцелевого назначения, универсальная тара**	2542
membrana f, **diaframma** f	**diafragma, membrana**	**мембрана, диафргама, защитная пленка**	2543
capsula f **a diaframma**	**cápsula diafragmática**	**крышка с защитной пленкой**	2544
unità f **di quantità**	**unidad cuantitativa**	**единица количества**	2545

Nr.	DEUTSCH	ENGLISCH	FRANZÖSISCH
2546	**Mengenpackung** f (siehe 2538)	**mass package, multi-unit package**	**emballage** m **en masse, emballage à plusieurs unités**
2547	**Mengenzählapparat** m	**batch counter**	**compteur** m **de séries**
2548	**Menüschale*** f	**menu tray**	**barquette-repas** f
2549	**Meplatflasche*** f	**bottle "Meplat"**	**bouteille** f **"Méplat"**
2550	**Meßapparat** m, **Dosierapparat** m	**dosing apparatus, metering equipment, measuring apparatus**	**doseur** m, **appareil** m **de mesure**
2551	**Meßdüse** f	**calibrated nozzle, calibrated spout, calibrated pourer**	**buse** f **de mesure, tuyère** f **de mesure**
2552	**Meßeinrichtung** f	**measuring device**	**dispositif** m **de mesure, appareil** m **de mesure**
2553	**messen, eichen**	**to measure, to gauge, to meter**	**mesurer, jauger, étalonner**
2554	**Meßgerät** n	**measuring instrument**	**instrument** m **indicateur, dispositif** m **mesureur**
2555	**Messing** n	**brass**	**laiton** m, **cuivre** m **jaune**
2556	**Messingblech** n	**brass plate, sheet brass**	**tôle** f **de laiton, laiton** m **en lames**
2557	**Messingfolie** f	**brass foil**	**feuille** f **en laiton**
2558	**Messung** f	**measurement, measuring**	**mesure** f, **mesuration** f, **mesurage** m
2559	**Meßvorrichtung** f	**measuring device**	**dispositif** m **mesureur**

ITALIENISCH	SPANISCH	RUSSISCH	Nr.
imballaggio m multiplo	envase/embalaje masivo, capaz de contener varias unidades (concepto similar al del envase/embalaje múltiple)	групповая тара, комплектная упаковка, комплектовая упаковка	2546
contatore m di serie di produzione	contador de series	счетчик дозатора	2547
vassaio m per manu/pranzo a più scomparti	bandeja menú	лоток для готовой пищи	2548
bottiglia f "Meplat"	botella "méplat"	фигурная бутылка восьмиугольного сечения	2549
apparecchio m di dosaggio, dosatore m	aparato dosificador, aparato de medida, dosificador, medidor	измерительный аппарат, дозатор	2550
erogatore m a misura, versatore m calibrato	boquilla calibrada, tubito de medición	калибровочное сопло, мерное сопло, дозирующее сопло	2551
strumento m di misurazione, attrezzatura f di misurazione	dispositivo medidor	измерительное устройство	2552
misurare	medir, calibrar	мерить, измерять, калибровать, эталонировать	2553
strumento m di misura	instrumento de medida, de medición	измерительный прибор, измерительный инструмент, измеритель	2554
ottone m	latón, cobre amarillo	латунь, желтая медь	2555
lastra f di ottone, lamiera f di ottone	chapa, plancha de latón	листовая латунь, латунный лист	2556
foglio m di ottone	película, lámina de latón	латунная фольга	2557
misura f, misurazione f	medida, medición	измерение, замер, обмер	2558
strumento m di misurazione, attrezzatura f di misurazione	dosificador	измерительное устройство	2559

Nr.	DEUTSCH	ENGLISCH	FRANZÖSISCH
2560	**Metall*** n, **plattiertes Metall**	**plated metal**	**plaqué** m
2561	**Metallbandverschluß** m (für Papierbeutel)	**metal strip closure** (for paper bags)	**fermeture** f **en bande métallique** (pour sacs de papier)
2562	**Metallbeschläge** mpl	**metal fittings**	**garnitures** fpl **en métal, montures** fpl **métalliques**
2563	**Metalldekorierungsanstrich** m	**metal decorative coating**	**enduit** m **décoratif de métaux**
2564	**Metalldetektor** m	**metal detector**	**détecteur** m **de métaux**
2565	**Metalldichtung** f	**metal(lic) seal**	**joint** m **métallique**
2566	**Metalldose** f	**metal can, can, tin**	**boîte** f **métallique**
2567	**Metallfolie** f	**foil, metal foil**	**feuille** f **de métal, feuille métallique**
2568	**Metallgewebe** n	**metal cloth, metal gauze, wire cloth**	**tissu** m **à mailles métalliques, toile** f **métallique**
2569	**metallisieren*** (siehe 4087)	**to metalize, to coat with aluminium, to bronze**	**métalliser, bronzer**
2570	**Metallkanister** m	**metal canister, metal drum**	**jerrycan** m **en métal, bidon** m, **barillet** m
2571	**Metallkasten** m, **Metallkiste** f	**metal crate, metal box**	**caisse** f **métallique**
2572	**Metalloid** n, **Nichtmetall** n	**metalloid**	**métalloïde** m, **élément** m **métalloïde**
2573	**Metallpapier** n, **metallisiertes Papier** n	**metallic paper, metal(ized) paper**	**papier** m **métallisé, papier métal(lique)**

ITALIENISCH	SPANISCH	RUSSISCH	Nr.
metallo m placcato	metal placado	плакированный металл	2560
chiusura f con nastro metallico (per sacchetti di carta)	cierre de cinta metálica (para sacos de papel)	тонкая полоска гибкого металла (для закрытия бумажных пакетов)	2561
accessori m pl metallici	guarniciones, monturas metálicas	металлическое крепление	2562
rivestimento m per decorazione di metalli	revestimiento decorativo de metales	металлизационный покровный слой	2563
"detector" m di metalli, rivelatore m di metalli	detector de metales	металлоискатель	2564
giuntura f metallica	junta metálica	металлический уплотнительный элемент	2565
barattolo m metallico	envase, bote, lata (metálicos) (de hojalata o de aluminio)	металлическая банка, жестяная банка	2566
foglio m metallico	lámina metálica	металлическая фольга	2567
tessuto m metallico	tela metálica	проволочная ткань, проволочная сетка	2568
metallizzare	metalizar, broncear	металлизировать	2569
bidone m in metallo, fusto m in metallo	envase, bidón metálico	металлический бидон, металлическая канистра	2570
cassa f metallica	caja metálica	металлический ящик	2571
metalloide m	metaloide (elemento no metálico)	металлоид, неметалл	2572
carta f metallizzata	papel metalizado, papel-metal	металлизированная бумага	2573

Nr.	DEUTSCH	ENGLISCH	FRANZÖSISCH
2574	Metallspritzverfahren n	metalization, metal spray method	procédé m de métallisation au pistolet, procédé de projection de poudre métallique
2575	Metalltrommel f	metal drum	fût m en métal
2576	Metallüberzug m	plating, metal(lic) coat(ing)	revêtement m métallique
2577	Methanol n, Methylalkohol m	methanol, methyl(ic) alcohol	méthanol m, alcool m méthylique
2578	Migration f	migration	migration f
2579	Mikrobenbeständigkeit f, Mikrobenfestigkeit f	resistance to microorganisms	résistance f aux micro-organismes
2580	Mikrobieller Abbau m	biological decomposition	décomposition f microbielle
2581	Mikroklima n	micre-climate	micro-climat m
2582	Mikrokristallinwachs n, Mikrowachs m	microcrystalline wax	cire m microcristalline
2583	Mikroorganisamen fpl	micro-organisms	micro-organismes mpl
2584	Milchflasche f	milk bottle	bouteille f à lait
2585	Milchflaschen-Kapselmaschine f	milk bottle capping machine	encapsuleuse f de bouteilles à lait
2586	Milchflaschenkasten m	milk bottle carrier, box for milk bottles	caisse f pour bouteilles à lait
2587	Milchglas n, Beinglas n	bone glass, opal glass	verre m mat, verre laiteux, verre opale

ITALIENISCH	SPANISCH	RUSSISCH	Nr.
metallizzazione f a spruzzo	**metalización por proyección metálica** (polvo) **mediante pistola**	метод металлизации распылением, метод нанесения металлизационных покрытий, метод металлизации	2574
fusto m **metallico**	**barril metálico**	металлический барабан	2575
rivestimento m **metallico**	**recubrimiento metálico**	металлическое покрытие, металлопокрытие	2576
metanolo m, **alcool** m **metilico**	**metanol, alcohol metílico**	метанол, метиловый спирт	2577
migrazione f	**migración**	миграция	2578
resistenza f **ai microorganismi**	**resistencia a los microorganismos, a los microbios**	устойчивость к воздействию микроорганизмов	2579
decomposizione f **microbica**	**cultivo biológico, descomposición biológica**	бактериальное разложение	2580
microclima m	**microclima**	микроклимат	2581
cera f **microcristallina**	**cera microcristalina**	микрокристаллический воск, микрокристаллический парафин	2582
microorganismi m pl	**microorganismos**	микроорганизмы	2583
bottiglia f **da latte**	**botella de leche,** (para leche)	молочная бутылка	2584
incapsulatrice f **per bottiglie da latte**	**capsuladora de botellas para leche**	машина для закупорки молочных бутылок	2585
cassetta f **per bottiglie da latte**	**caja destinada a contener botellas** (de) **leche**	гнездовой ящик для перевозки молочных бутылок	2586
vetro m **opaco, vetro** m **opalescente**	**vidrio mate, lechoso, ópalo**	молочное стекло, опаловое стекло, матированное стекло	2587

Nr.	DEUTSCH	ENGLISCH	FRANZÖSISCH
2588	milchig, trübe	milky, opaque	laiteux, terne
2589	Milchverpackung f aus Karton	milk carton	carton m à lait
2590	Mindergewicht n	short weight	manque m de poids
2591	Mindestgewicht n, Minimalgewicht n	minimum weight	poids m minimum
2592	Mindestinhalt m	guaranteed contents	contenu m garanti, contenu minimum
2593	Mischdüse f	mixing nozzle	buse f mélangeuse
2594	Mischklebstoff m, Reaktionsklebstoff m, Zweikomponenten- klebstoff m	mixed adhesive	colle f de mélange
2595	Mischpappe* f	mixed pulp board	carton m de pâte mixte
2596	mißbrauchsicher, mißgriffsicher	tamperproof, foolproof	garanti contre toute possibilité d'erreur au maniement
2597	Modul-System n	modulus system	système m modulaire
2598	Mogelpackung* f	deceptive package, "bluff" package, dummy package	emballage-trompeur m
2599	Monoblocdose* f	monobloc can	boîte monobloc

ITALIENISCH	SPANISCH	RUSSISCH	Nr.
lattiginoso, torbido	lechoso, opaco	молочный, молочно-матовый	2588
imballaggio m in cartone per latte	envase de cartón para leche	картонная тара для молока	2589
peso m scarso	falta de peso	недогрузка	2590
peso m minimo	peso mínimo	минимальный вес, наименьший вес	2591
contenuto m minimo	contenido garantizado	минимальное содержание	2592
foro m di miscelazione	cabezal mezclador	смесительное сопло	2593
colla f miscelata	cola de mezcla, adhesivo mezclado	комбинированный клей, многокомпонентный клей, двухкомпонентный клей	2594
cartone m ad impasto misto	cartón de pasta mixta	картон из регенерированного волокнистого сырья и желтой соломенной массы	2595
garantito contro ogni abuso	garantizado contra todo error de manejo	защищенный от неумелого или неосторожного обращения, рассчитанный на неквалифицированное обслуживание	2596
sistema m modulare (d'imballaggio)	sistema modular	система размеров тары	2597
imballaggio m ingannevole	envase engañoso	"обманчивая" упаковка	2598
bombole monobloc	botes monobloque	ударно-вытяжная штампованная (цельнотянутая) банка (напр. алюминиевый аэрозольный сосуд)	2599

Nr.	DEUTSCH	ENGLISCH	FRANZÖSISCH
2600	Monofolie* f	mono-film	film m mono
2601	Monomer n	monomer	monomère m
2602	Montage f, Aufstellung f, Zusammenbau m	assembly, erection, mounting, setting up	montage m, assemblage m
2603	Montageband n	assembly line	chaîne f roulante, tapis m roulant
2604	Montagegestell n, Montagegerät n	assembly stand, erecting scaffolding	échafaudage m de montage
2605	mottensicher	moth proof	résistant aux mites
2606	Müll m	rubbish, refuse, garbarge, trash	immondices fpl, déchets mpl, ordures fpl, balayures fpl
2607	Müllsack m (aus Papier) mit Müllsackständer	refuse (paper) sack with frame	poubelle f (en papier) ou sac m à ordures avec support
2608	Müllverbrennung f	garbage incineration	incinération f des immondices
2609	Müllverwertung f	refuse recycling	utilisation f des immondices, recyclage m des déchets, récupération f des déchets
2610	Mündung* f (siehe 2616)	mouth	embouchure f
2611	muldenförmiges Schachtelunterteil n, wabenförmiger Untersatz m	trough-shaped tray, honeycomb tray	plateau m alvéolaire

ITALIENISCH	SPANISCH	RUSSISCH	Nr.
film m **mono, film** m **monostrato**	**monofilm**	монопленка, монофольга	2600
monomero m	**monómero**	мономер	2601
montaggio m, **assemblaggio** m	**montaje, ensamblado,** erección	монтаж, сборка	2602
catena f **di montaggio**	**línea de montaje**	сборочный конвейер, монтажесборочный конвейер	2603
attrezzatura f **per montaggio**	**estación de montaje**	монтажный инструмент, сборочный инструмент	2604
resistente alle tarme, antitarme m	**resistente a la polilla**	гарантирующий от (разведения) моли	2605
immondizie f pl **rifiuti** m pl	**residuos, basuras, desperdicios**	мусор	2606
sacco m (di carta) **per rifiuti con supporto**	**saco bolsa** (de papel) **para basuras, con soporte**	(бумажный) **мешок для мусора со стойкой**	2607
incenerimento m **di rifiuti**	**incineración de desperdicios, de residuos**	сжигание мусора	2608
utilizzazione f **dei rifiuti**	**utilización, aprovechamiento de los desperdicios, residuos**	утилизация мусора	2609
imboccatura f	**embocadura, boquilla**	венчик горловины, горловое кольцо; горловина, горло, устье	2610
vassoio m **alveolare, vassoio** m **a nido d'ape**	**bandeja alveolar**	ячеистая нижняя часть коробки в виде лотка, сотообразный лоток	2611

Nr.	DEUTSCH	ENGLISCH	FRANZÖSISCH
2612	**Mullentest*** m (zur Ermittlung des relativen Berstdruckes von Papier- und Folienwerkstoffen) (siehe 388)	**Mullen test, Cady test, pop test** (to determine the relative bursting strength of paper and film materials)	**essai** m **Mullen** (pour déterminer la résistance relative à l'éclatement des matériaux comme le papier et les pellicules
2613	**Mullentester** m, **Mullen-Berstdruckprüfer** m (siehe 390)	**Mullen tester**	**éclatomètre** m **Mullen**
2614	**Multipackung** f, **Mehrstückpackung** f	**multipack, multi-unit pack(age), multiple pack(age)**	**emballage** m **multiple, emballage en groupage, emballage à plusieurs unités**
2615	**Multiplex-Karton*** m, **Multiplex-Pappe*** f, **mehrschichtige Pappe** f	**multi-ply carton board, multi-ply board**	**carton** m **multiplex**
2616	**Mundstück*** n (siehe 2610)	**neck, mouth(piece), orifice, (pouring) spout, muzzle, nozzle, tip**	**embouchure** f, **orifice** f, **bouche** f, **bec** (-verseur) m, **nez** m, **buse** f
2617	**Musterbeutel** m	**sample bag**	**sachet** m **à échantillons**
2618	**Musterfläschchen** n	**sample flask**	**flacon** m **à échantillons**
2619	**Musterpackung** f	**sample pack(age), sampler**	**emballage-échantillon** m
2620	**Musterversandbeutel** m	**postal sample bag**	**sachet** m **à échantillons postal**
2621	**Mutter** f, **Schraubenmutter** f	**screwed nut, nut**	**écrou** m
2622	**Mutter** f, **Schraube** f **mit Mutter**	**nut, bolt with nut**	**écrou** m, **boulon** m **avec écrou**
2623	**Muttergewinde** n, **inneres Gewinde** n	**internal thread, female screw thread**	**filet** m **intérieur, filet d'écrou**

ITALIENISCH	SPANISCH	RUSSISCH	Nr.
prova f **Mullen** (per determinare la resistenza relativa allo scoppio delle carte e dei fogli)	**ensayo Müllen** (para determinar la resistencia al estallido de materiales tales como papel, láminas, cartón ondulado)	**испытание на продавливание прибором Муллена, испытание прибором Муллена** (на сопротивление продавливанию бумаги и пленки)	2612
scoppiometro m (per prova Mullen)	**eclatómetro Müllen**	**прибор Муллена для испытания на продавливание**	2613
imballaggio m **di raggruppamento (multipack)**	**embalaje múltiple, agrupador, que contiene o une a varios productos envasados formando una unidad de venta**	**групповая тара, групповая потребительская упаковка**	2614
cartone m **a più strati, cartone** m **multistrato**	**cartón múltiple**	**многослойный картон**	2615
imboccatura f, **orifizio** m	**boquilla, boca, pico, vertedor, cuello**	**мундштук, сопло, насадка, выходное отверстие мундштука**	2616
sacchetto m **campione**	**bolsa, saquito para muestras**	**кулек для образцов**	2617
flacone m **campione**	**frasco para muestras**	**флакон для образцов**	2618
imballaggio m **campione**	**envase, para,** (de) **muestras**	**образец тары**	2619
sacchetto m **campione postale**	**bolsa postal para muestras**	**кулек для отправки образцов по почте**	2620
madrevite f, **dado** m	**tuerca, tuerca roscada**	**гайка**	2621
vite f **con dado, vite** f **senza dado**	**cerrojo, tornillo**	**болт; винт, шуруп**	2622
filettatura f **interna, madrevite** f	**fileteado interior, fileteado de tuerca**	**внутренняя резьба, гаечная резьба**	2623

Nr.	DEUTSCH	ENGLISCH	FRANZÖSISCH
2624	Nachbehandlung f	final treatment, finish(ing)	traitement m final
2625	Nachformen n	postforming	postformage m
2626	nachfüllen, auffüllen	to fill up, to top up, to refill, to replenish	refaire le plein, remplir
2627	Nachfüllventil n	refillable valve	valve f rechargeable
2628	Nachschrumpfung f, Nachschwindung f	shrinkage, shrinkage factor	retrait m postérieur au moulage, post-contraction f
2629	nachwiegen	to check-weigh, to weigh again	repeser, vérifier le poids
2630	Nacktflasche f (Innenteil einer Isolierflasche)	bare bottle (interior of an insulating bottle)	bouteille f blanche (intérieur d'une bouteille isolante)
2631	Nähverschluß* m	sewn closure	fermeture f cousue
2632	Nässe f, vor Nässe schützen!	keep dry!	craint l'humidité!
2633	Nagel m, glatter Nagel	common nail	clou m lisse
2634	Nagel m, hölzerner Nagel, Dübel m	dowel, peg	cheville f
2635	Nagel m, langer Nagel	spike	broche f
2636	Nagelmaschine f	nailing machine	machine f à clouer, machine f chasse-clous, cloueur m
2637	nageln, vernageln	to nail, to tack	clouer

ITALIENISCH	SPANISCH	RUSSISCH	Nr.
trattamento m finale, rifinitura f	acabado final	отделка, окончательная обработка, заключительная обработка	2624
post-formatura f	postformado, formación posterior	дополнительное формирование, копировальная обработка	2625
riempire, ricaricare	llenar a borde, llenar	доливать, дополнять, пополнять	2626
valvola f di ricarica	válvula recargable	пополняющий клапан	2627
fattore m di retrazione	retracción, factor de retracción tras el moldeo, postcontracción	последующая усадка, дополнительная усадка	2628
verificare il peso	repesar, verificar el peso	перевешивать, проверять вес	2629
bottiglia f semplice interna (parte interna di una bottiglia atermica)	botella desnuda (interior de una botella aislante)	внутренний вкладыш для термоса	2630
chiusura f con cucitura	cierre cosido	швейное соединение, шов	2631
proteggere dall'umidità	protéjase de la humedad	Боится сырости!, Беречь от сырости!	2632
chiodo m liscio	clavo liso, común	гвоздь, гладкий гвоздь	2633
chiodo m di legno	clavija, espiga, raso	деревянный гвоздь, дюбель	2634
chiodo m lungo	alcayata	костыль	2635
chiodatrice f	máquina clavadora	гвоздезабивной станок	2636
chiodare	clavar	сколачивать гвоздями, сбивать гвоздями, прибивать гвоздями	2637

Nr.	DEUTSCH	ENGLISCH	FRANZÖSISCH
2638	Nahrungsmittel npl, Lebensmittel npl	food, foodstuff(s), provisions	produits mpl alimentaires, denrées fpl (alimentaires)
2639	Naht f, Schweißnaht f	seam, weld, joint	joint m (de soudure), joint (soudé)
2640	Nahtausparung f (bei Metalldosen*)	non-lacquered seam area (metal cans)	partie f non vernissée de la soudure (boîtes métalliques)
2641	Nahtfestigkeit f	seam strength	résistance f de la soudure, résistance du joint
2642	nahtlos	seamless, weldless, jointless	sans soudure, sans couture
2643	nahtlos gezogener Schlauch m	seamless tube	tuyau m sans soudure
2644	Nahtschweißen n	seam welding	soudage m par joints, soudage par couture, soudure f continue
2645	naß	wet, moist, damp	mouillé, humide
2646	Naßberstfestigkeit* f (siehe 393)	wet burst strength	résistance f à l'éclatement à l'état humide
2647	Naßbruchkraft* f (siehe 531)	strength of rupture in the wet stage	résistance f à la rupture à l'état humide
2648	naßfest	wet strength	résistant à l'état humide, résistant à l'humidité, résistant à l'eau
2649	Naßfestigkeit* f, relative Naßfestigkeit*	wet strength, relative wet strength	résistance f relative à l'état humide

ITALIENISCH	SPANISCH	RUSSISCH	Nr.
prodotti m pl alimentari	productos alimenticios	пищевые продукты, продовольственные товары	2638
aggraffatura f, giunzione f, saldatura f	junta, unión (de soldadura)	шов, сварной шов, сварочный шов	2639
zona f non laccata della saldatura (in barattoli metallici)	área de la junta no lacada (envases metálicos, impresos normalmente)	выемка в шве	2640
resistenza f della saldatura	resistencia de la unión, de la costura	прочность шва	2641
senza aggraffatura, senza saldatura	sin soldadura, sin costura	бесшовный, без шва	2642
tubo m senza saldatura	tubo sin costura, sin soldadura	бесшовный рукав	2643
saldatura f per sovrapposizione	soldadura por junta, por costura, contínua	шовная сварка, линейная сварка, сварка швом	2644
umido, bagnato	mojado, húmedo	мокрый, влажный	2645
resistenza f allo scoppio allo stato umido	resistencia a la humedad	прочность на растрескивание в мокром состоянии	2646
resistenza f alla rottura in presenza di umidità	resistencia a la rotura en condiciones de humedad, o en ambiente húmedo	хрупкость в мокром состоянии	2647
resistente all'umidità	resistente a la humedad, al agua	водоупорный, водостойкий, влагостойкий, влагопрочный	2648
resistenza f relativa all'umidità	resistencia relativa a la humedad	прочность в мокром состоянии, относительная прочность во влажном состоянии	2649

Nr.	DEUTSCH	ENGLISCH	FRANZÖSISCH
2650	**Natroncellulose** f	**sulphate cellulose**	**cellulose** f **à soude**
2651	**Natronduplexkarton** m, **Natronduplexpappe** f	**sulphate duplex cardboard, kraft duplex cardboard**	**carton** m **duplex à la soude, carton duplex kraft**
2652	**Natronkraftkarton** m, **Natronkraftpappe** f	**sulphate kraft cardboard, kraft cardboard**	**carton** m **à soude kraft, carton (sulfate) kraft**
2653	**Natronkraftpapier** n	**kraft paper, kraft sulphate paper**	**papier** m **kraft, papier à soude kraft**
2654	**Natronmischpapier*** n	**sulphate mixed paper, kraft mixed paper**	**papier** m **mixte à soude, papier mélangé kraft**
2655	**Natronpapier** n	**sulphate paper, sodium kraft paper**	**papier** m **à soude, papier sulfate, papier kraft**
2656	**Natronzellstoff** m	**soda pulp, sulphate pulp**	**pâte** f **à soude**
2657	**Naturharz** n	**natural resin**	**résine** f **naturelle**
2658	**Neigungsebene** f	**inclined plane**	**plan** m **d'inclinaison**
2659	**Neigungswinkel** m	**angle of tilt, angle of inclination**	**angle** m **d'inclinaison**
2660	**Nennfüllmenge*** f	**nominal volume**	**remplissage** m **nominal**
2661	**Nenninhalt** m (siehe 1340)	**nominal contents**	**contenance** f **nominale**
2662	**Nennvolumen*** n	**nominal capacity**	**contenance** f **nominale**

ITALIENISCH	SPANISCH	RUSSISCH	Nr.
cellulosa f alla soda	sulfato de celulosa, celulosa a la sosa	щелочная целлюлоза, сульфатная целлюлоза, натронная целлюлоза	2650
cartoncino m duplex alla soda, cartone m doppio alla soda	cartón duplex a la sosa, kraft duplex a la sosa	сульфатный двойной картон, сульфатный двухслойный картон	2651
cartoncino m Kraft alla soda, cartone m Kraft alla soda	cartón kraft a la sosa, kraft sulfato	сульфатный крафт-картон	2652
carta f Kraft alla soda, carta f Kraft	papel kraft, papel kraft a la sosa	сульфатная крафт-бумага	2653
carta f mista alla soda, carta f mista Kraft	papel mixto a la sosa, papel kraft mezcla (mixto)	бумага из сульфатной целлюлозы с содержанием синтетических волокон	2654
carta f alla soda, carta f Kraft	papel sulfito, papel a la sosa	бумага из сульфатной целлюлозы, крафт-бумага	2655
pasta f alla soda	celulosa a la sosa, pasta al sulfato	сульфатная целлюлоза, натронная целлюлоза	2656
resina f naturale	resina natural	естественная смола	2657
piano m inclinato	plano inclinado	наклонная плоскость	2658
angolo m di inclinazione	ángulo de inclinación	угол наклона	2659
volume m nominale	volumen nominal	номинальное количество загружаемого материала	2660
centenuto m nominale	contenido nominal	номинальный объем заполнения, номинальная вместимость	2661
capacità f nominale	capacidad nominal	номинальный объем	2662

Nr.	DEUTSCH	ENGLISCH	FRANZÖSISCH
2663	Nestbares Packmittel* n	nesting package	emballage-nid m, emballage m formant un nid
2664	Netz* n	net	filet m
2665	Netzbeutel* m	net bag	sachet m en filet
2666	Netzfenster* n	net window	fenétre f en filet
2667	Netzsack* m	net sack	sac m en filet
2668	Netzschlauch* m	net tubing	conduite f à filet
2669	Netzverpackung f, Verpackungsnetz n	net package, packaging net	emballage m en filet tubulaire, filet m tubulaire (à emballer)
2670	Neutralisationszahl f, Säurezahl f (siehe 2941)	acid value, pH value	indice m d'acide
2671	nicht kanten!	do not tip!, not to be tipped!	ne pas reuverser!
2672	nicht stürzen!	do not drop!, not do be dropped!	ne pas renverser!
2673	nicht werfen!	do not throw! not to be thrown!	ne pas jeter!
2674	Nichtaushärtung f	undercure	sous-cuisson f
2675	nichtentflammbar	non-inflammable	ininflammable
2676	Nichteisenmetall n, NE-Metall n	non-ferrous metal	métal m non-ferreux
2677	nichtfaserig	non-fibrous	non-fibreux
2678	nichtflüchtig	non-volatile	non-volatil
2679	Nichtlebensmittel npl	non-foods, non-food products	produits mpl non-alimentaires

ITALIENISCH	SPANISCH	RUSSISCH	Nr.
confezioni f pl/imballaggi m pl inseriti uno nell'altro	envase agrupador, grupaje	тара, вставляемая друг в друга	2663
rete f	red	сетка	2664
sacchetto m a rete	bolsa de red	сетчатая сумка	2665
finestra f a rete	ventana de red	сетчатое окошко	2666
sacco m a rete	saco de red	сетчатый мешок	2667
tubo m a rete	red tubular	сетчатый шланг	2668
imballaggio m a rete	envase formado con una red (tubular), red tubular para envasar	сетчатая тара в виде мешка или рукава, упаковочная сетка	2669
indice m di acidità	índice de acidez	кислотное число	2670
non rovesciare!	no volcar! (voz, instrucción, rótulo de manipulación)	Не кантовать!	2671
non capovolgere!	mantener hacia arriba! arriba! (voz, instrucción, rótulo de manipulación)	Не опрокидывать!	2672
non gettare!	no tirar! (voz, instrucción, rótulo de manipulación)	Не бросать!, Сбрасывать воспрещается!	2673
insufficienza f di indurimento	insuficiencia de endurecimiento	недодержка	2674
non infiammabile	ininflamable	негорючий, невоспламеняющийся	2675
metallo m non ferroso	metal no férrico	цветной металл	2676
non fibroso	no fibroso	неволокнистый	2677
non volatile	no volátil	нелетучий	2678
prodotti m pl non alimentari	productos no alimenticios	непищевые продукты	2679

Nr.	DEUTSCH	ENGLISCH	FRANZÖSISCH
2680	nichtleitend, isolierend	non-conducitve, non-conducting, dielectric	isolant, non-conducteur
2681	nichtoxydierbar	inoxidizable	inoxydable
2682	nichtreproduzierbar	non-reproducible	non-reproduisable
2683	nichtrostend, rostfrei, nichtoxydierend	rustproof, rust-free, non-corroding, corrosion resistant, stainless	inoxydable, résistant à la corrosion
2684	nichttrocknend	non-drying	non-siccatif
2685	nichttrübend	non-tarnish	non-ternissant
2686	nichtverstopfend, nichtverschmutzend	non-clogging	inobturable
2687	Niederdruck m	low pressure	basse pression f
2688	Niederdruck-Polyethylen n, Polyethylen hoher Dichten, HDPE	high density polyethylene, HDPE	polyéthylène m basse pression, polyéthylène m haute densité, polythène m haute densité
2689	Niederdruck-Preßverfahren n	low-pressure moulding	moulage m basse pression
2690	niedere Dichte f	low density	basse densité f, faible densité
2691	niedrige Kleinpalette f	low small pallet	palette f petit modèle, palette de hauteur réduite
2692	Niederschlag m, Kondensation f	condensation	condensation f
2693	Niet m, Niete f	rivet, riveted joint, pin	rivet m
2694	nieten, vernieten	to rivet	river
2695	Nietmaschine f, Nietpresse f	riveting machine, riveter	machine f à river, riv(et)euse f
2696	Nietnaht f	riveted seam, riveted joint, row of rivets	rivure f, joint m rivé

ITALIENISCH	SPANISCH	RUSSISCH	Nr.
isolante, non conduttore, dielettrico	aislante, no conductor, dieléctrico	непроводящий, изоляционный	2680
inossidabile	inoxidable	неокисляющийся	2681
non riproducibile	no reproducible, irreproducible	невоспроизводимый	2682
inossidabile, resistente alla corrosione, resistente alla ruggine	inoxidable, resistente a la corrosión	нержавеющий, не корродирующий	2683
non siccativo	no secativo	невысыхающий	2684
non intorbidante	inempañable	нетускнеющий	2685
non otturabile, non chiudibile	inobturable	незасоряющийся, незагрязняющийся	2686
bassa pressione f	baja presión	низкое давление	2687
polietilene m a bassa pressione, ad alta densità (HDPE/PEAD)	polietileno de baja presión (PE. BP) (polietileno de alta densidad PE-AD)	полиэтилен низкого давления	2688
stampaggio m a bassa pressione	moldeo a baja presión	способ прессования при низком давлении	2689
bassa densità f	baja densidad	низкая плотность	2690
paletta f bassa	paleta de pequeño formato, de poca altura	низкий малый поддон	2691
condensazione f	condensación	конденсация, выпадение осадка	2692
rivetto m	remate	заклепка	2693
rivettare	remachar	заклепывать, склепывать, клепать	2694
rivettatrice f	máquina remachadora, remachadora	клепальная машина, клепальный пресс	2695
rivettatura f, giuntura f a rivetti	unión, junta, remachada	заклепочный шов, заклепочное соединение	2696

Nr.	DEUTSCH	ENGLISCH	FRANZÖSISCH
2697	Nitrocellulose f, Cellulosenitrat n	cellulose nitrate, nitro-cellulose	nitrate m de cellulose, nitrocellulose f
2698	Nockendeckel* m	cam lid	couvercle m de came
2699	Nonfood-Packung f	non-food package, general-line package	emballage m à produits non-alimentaires
2700	Norm f	standard, standard specification	norme f
2701	Normblatt n	standard sheet, specifications	feuille f de normes, tableau m de normalisation
2702	normen, standardisieren, vereinheitlichen	to standardize	standardiser, normaliser
2703	Normentwurf m	draft, tentative standard (specification)	projet de normes
2704	normgerecht, normentsprechend	normal, standard	normal(isé), standardisé
2705	Normverpackung* f, genormtes Packmittel n	standard(ized) package	emballage m standard(isé), emballage normalisé
2706	Normvorschrift f	standard specification	exigence f des normes
2707	Normung f	standardization	standardisation f, normalisation f
2708	Numerier(ungs)gerät n	numbering apparatus	appareil m de numérotage, numéroteur m
2709	Nutzeffekt m, Wirkungsgrad m	efficiency, useful effort, working efficiency	rendement m
2710	Nutzlast f	actual load, working load, effective load, net load, useful load	charge f utile, poids m utile

ITALIENISCH	SPANISCH	RUSSISCH	Nr.
nitrocellulosa f	nitrato de celulosa, nitrocelulosa	нитроцеллюлоза, нитрат целлюлозы	2697
coperchio m a camma	tapa de leva	кулачковая крышка	2698
imballaggio m per prodotti non alimentari	envase para productos no alimenticios	общая тара, нестандартная металлическая тара	2699
norma f	norma	стандарт, норма	2700
specifica f, capitolato m	hoja de normas, tabla de normas	стандарт	2701
normalizzare, standardizzare, unificare	normalizar, estandarizar	стандартизировать, нормализовать, нормировать	2702
progetto m di norma	propuesta de norma	временный стандарт, проект стандарта	2703
secondo norma, standardizzato, unificato	normalizado, conforme a norma s, estandarizado	в соответствии со стандартами, нормированный	2704
imballaggio m standardizzato	envase/embalaje normalizado	стандартная упаковка, стандартизированная тара	2705
capitolato m standard, specifica f standard	requisito, exigencia de la norma	стандартные технические условия	2706
normalizzazione f, standardizzazione f	normalización	стандартизация, нормализация, нормирование	2707
numeratore m	aparato numerador, numerador	нумератор	2708
efficienza f, rendimento m	eficiencia, rendimiento	эффективность, полезное действие	2709
carico m utile, peso m effettivo	carga, peso útil	полезный груз	2710

Nr.	DEUTSCH	ENGLISCH	FRANZÖSISCH
2711	**Nylon** m	**nylon**	**nylon** m
2712	**nylonverstärkt**	**nylon-reinforced**	**renforcé (de) nylon**
2713	**oben!**	**this side up! top!**	**haut!, dessus!**
2714	**oben offener Eimer** m	**open-top pail**	**seau** m **à ouverture totale, seau ouvert**
2715	**Oberboden*** m	**top, top end** (of a drum or can)	**dessus** m (d'un fût ou tambour)
2716	**Oberfläche** f, **Fläche** f	**surface**	**surface , superficie** f
2717	**Oberfläche** f, **glänzende Oberfläche**	**brilliant surface, glossy surface, bright surface**	**surface** f **luisante, surface brillante, surface lustrée**
2718	**Oberfläche** f, **glatte Oberfläche**	**smooth surface, even surface, plain surface**	**surface** f **lisse, surface polie, surface plaine**
2719	**Oberfläche** f, **rauhe Oberfläche, gerauhte Oberfläche**	**rough surface, coarse surface**	**surface** f **rugueuse**
2720	**Oberfläche** f, **stumpfe Oberfläche, glanzlose Oberfläche, matte Oberfläche**	**dull surface, unpolished surface**	**surface** f **mate, surface terne, surface sans éclat**
2721	**Oberfläche** f, **wellige Oberfläche, gewellte Oberfläche**	**corrugated surface**	**surface** f **ondulée**
2722	**Oberflächen- behandlung** f, **Oberflächenbearbeitung** f	**surface treatment, surface finish(ing)**	**traitement** m **des surfaces, usinage** m **des surfaces**

ITALIENISCH	SPANISCH	RUSSISCH	Nr.
nylon m	**nilon** (nylon)	**найлон, нейлон** (полиамид)	2711
rinforzato con nylon	**reforzado con nilon** (nylon)	**усиленный найлоном**	2712
alto	**alto, arriba**	**Верх!**	2713
secchio m **aperto, secchio** m **senza coperchio**	**cubo** (pail) **de apertura total**	(металлическое) **ведро с открытым верхом**	2714
parte f **superiore** (di fusto o di barile)	**cabeza, parte superior** (de un barril o tambor)	**крышка, головное днище** (барабана)	2715
superficie f, **area** f	**superficie**	**поверхность, площадь**	2716
superficie f **lucida, superficie** f **brillante**	**superficie brillante, lustrada, reluciente**	**блестящая поверхность, глянцевитая поверхность**	2717
superficie f **liscia**	**superficie lisa, pulida**	**гладкая поверхность, ровная поверхность**	2718
superficie f **ruvida**	**superficie rugosa, arrugada**	**шероховатая поверхность, необработанная поверхность**	2719
superficie f **opaca, superficie** f **sbiadita, superficie** f **non levigata**	**superficie mate, sin pulir, sin brillo**	**тусклая поверхность, матовая поверхность, неотполированная поверхность**	2720
superficie f **ondulata**	**superficie ondulada**	**волнистая поверхность, гофрированная поверхность, рифленная поверхность**	2721
trattamento m **della superficie, finitura** f	**tratamiento, acabado superficial**	**подготовка поверхности, обработка поверхности, отделка поверхности**	2722

Nr.	DEUTSCH	ENGLISCH	FRANZÖSISCH
2723	Oberflächenbeschaffen-heit f	surface finish, surface condition	constitution f de la superficie, état m de surfacefini m
2724	Oberflächenendbe-arbeitung f, Finish n	finishing	finissage m
2725	oberflächengeleimtes Papier n	tub-sized paper	papier m collé en surface
2726	Oberflächengüte f	surface finish, finish, surface quality	qualité f de surface
2727	Oberflächenhärte f	surface hardness	dureté f de la surface
2728	Oberflächenhärtung f	surface hardening, superficial hardening	trempe f superficielle
2729	Oberflächenleimung f	surface sizing	collage m en surface
2730	Oberflächenreibung f	surface friction, skin friction	frottement m superficiel
2731	Oberflächenriß m, Hautriß m	surface crack	fissure f superficielle
2732	Oberflächenschutz m	surface protection, protection coating	protection f superficielle, préservation f des surfaces, revêtement m protecteur
2733	Oberflächensprühung f	surface spray	pulvérisation f en surface
2734	Oberflächentrübung f	surface haze	trouble m superficiel
2735	Oberflächenveredlung* f	surface finish	traitement m de surface
2736	Oberflächenvorbehandlung f (siehe 591, 2207)	surface pretreatment	traitement m préliminaire de la surface
2737	Oberflächenwider-stand m	surface resistance	résistance f superficielle

ITALIENISCH	SPANISCH	RUSSISCH	Nr.
finitura f della superficie	constitución, acabado, estado de la superficie	характер поверхности, качество поверхности, состояние поверхности	2723
finitura f, finissaggio m	acabado	окончательная отделка, чистовая обработка	2724
carta f collata in superficie	papel con engomado superficial	бумага с поверхностной проклейкой	2725
qualità f di superficie	acabado, o calidad superficial	чистота поверхности, качество поверхности	2726
durezza f di superficie	dureza superficial	поверхностная твердость	2727
tempera f di superficie	temple superficial	поверхностная закалка	2728
incollaggio m superficiale	encolado superficial	поверхностная проклейка	2729
frizione f superficiale	frición superficial	поверхностное трение	2730
fessurazione f superficiale	fisura superficial, por una cara	поверхностная трещина	2731
protezione f della superficie, rivestimento m protettivo	protección superficial, recubrimiento protector de la superficie (o parte exterior)	защита поверхности	2732
spruzzatura f superficiale	pulverización superficial	распыление на поверхности	2733
opacità f della superficie	empañado superficial	поверхностное помутнение	2734
rifinitura f della superficie, finitura f superficiale	acabado superficial	облагораживание поверхности	2735
pre-trattamento m superficiale	tratamiento previo superficial	предварительная обработка поверхности	2736
resistenza f superficiale	resistencia superficial	поверхностное сопротивление	2737

Nr.	DEUTSCH	ENGLISCH	FRANZÖSISCH
2738	Oberkante f	top edge	bord m supérieur
2739	Oberschicht f	surface layer	couche f supérieure, surface f
2740	Oberseite f	top side, upper side	côté m supérieur, face f supérieure, partie f supérieure
2741	Oberteil n (einer Schachtel)	top, lid (of a box)	dessus m, couvercle m (d'une boîte)
2742	Obsteinwickelpapier n	fruit wrapping tissue	papier m mousseline à fruits
2743	Obstkorb m	fruit basket, fruit crate	panier m à fruits
2744	öffnen	to open, to unseal, to unlock	ouvrir
2745	Öffnung f, Mündung f, Loch n	opening, orifice	orifice m, embouchure f, ouverture f
2746	Öffnungsanleitung f	instruction for opening	mode m d'ouverture
2747	Öffnungshilfe* f	opening aid	dispositif m d'ouverture
2748	Öffnungsmittel* n	opening means	moyen m d'ouverture
2749	ölgetränktes Papier n	oiled paper	papier m imprégné d'huile
2750	Ölkrepp n	oil(ed) crêpe paper	crêpe m huile
2751	Ölleinwand f, Ölleinen n	oil cloth, oiled canvas	toile f huilée
2752	Ölpackpapier n	oil packing paper	papier m huile d'emballage
2753	Ölpapier* n (siehe 2902)	oil paper, oiled paper	papier m huilé, papier huile

ITALIENISCH	SPANISCH	RUSSISCH	Nr.
bordo m superiore	borde superior	верхняя кромка	2738
strato m superiore	capa superior, superficie	поверхностный слой, верхний слой	2739
parte f superiore	parte, cara, lado superior	верхняя сторона, "суконная" сторона (бумаги)	2740
parte f superiore (di una scatola), coperchio m	parte superior, tapa (de una caja)	верхняя часть, крышка (ящика или коробки)	2741
carta f per avvolgere frutta	papel fino (manila o similar) para envolver frutos	фруктовая бумага, фруктовая оберточная бумага	2742
cesto m per frutta, paniere m per frutta	cesta de frutas	корзина для фруктов	2743
aprire	abrir	открывать, раскрывать, вскрывать	2744
apertura f, imboccatura f	abertura, orificio	отверстие, устье	2745
istruzioni f pl per l'apertura	forma de apertura, instrucciones para abrir	инструкция о вскрытии (тары)	2746
accessorio m per l'apertura	apertura fácil	вспомогательное устройство для открывания	2747
strumento m per l'apertura, mezzo m d'apertura	dispositivo de apertura	средство для открывания	2748
carta f oleata	papel impregnado de aceite, aceitado	промасленная бумага	2749
carta f crespata oleata	papel rizado impregnado de aceite	промасленная крепированная бумага	2750
tessuto m oleato	tejido, tela, aceitada	кембрик, клеенка	2751
carta f oleata per imballaggio	papel graso para embalaje (papel oleoso)	промасленная оберточная бумага	2752
carta f oleata	papel aceitado (ver papel parafinado)	промасленная бумага	2753

Nr.	DEUTSCH	ENGLISCH	FRANZÖSISCH
2754	**Öse** f	**eyelet, lug, eye**	**oeillet** m, **oreille** f, **oeil** m
2755	**Ofenfester Packstoff*** m	**ovenable packaging material**	**matériau** m **résistant à la cuission au four**
2756	**Offsetbogendruck-maschine** f	**sheet-fed offset press**	**presse** f **offset à feuilles**
2757	**Offset(druck)*** m	**offset (printing), flat offset (printing)**	**impression** f **offset, offset** m, **impression** f **à plat**
2758	**Offset(druck)presse** f	**offset (printing) press, flat-bed offset machine**	**presse** f **(typographique) offset**
2759	**Offsetrotations(druck)-maschine** f	**offset rotary press, web offset press**	**machine-offset** f **rotative**
2760	**Ohrenverschluß*** m	**tab closure**	**fermeture** f **à pattes (rabattantes)**
2761	**Olefinharze** npl (Sammelbezeichnung für sämtliche PE- und PP-Arten)	**olefin resins** pl (collective term for all types of PE and PP)	**oléfines** fpl (nom collectif pour toutes sortes des PE et PP)
2762	**Opalglas** n	**opal glass, frosted glass**	**verre** m **opalin**
2763	**opak, lichtundurchlässig, undurchsichtig**	**opaque**	**opaque**
2764	**Opaleszenz** f, **Opalisieren** n	**opalescence**	**opalescence** f
2765	**Opazität*** f	**opaqueness, opacity**	**opacité** f
2766	**organoleptische Prüfung** f (siehe 3563)	**sensorie testing**	**test** m **sensoriel**
2767	**orientierte Folie*** f, **gereckte Folie**	**oriented film, oriented sheet**	**feuille** f **orientée, feuille étendue**

ITALIENISCH	SPANISCH	RUSSISCH	Nr.
occhiello m, orecchietta f	lengüeta, orejeta, corcheta	петля, ушко, проушина	2754
materiale m da imballaggio resistente alle alte temperature	material de envase horneable	огнеустойчивое паковальное вещество, огнеупорный упаковочный материал	2755
macchina f per stampa offset su fogli	máquina para la impresión offset de hojas	офсетная печатная машина с полистной подачей бумаги	2756
stampa f offset	impresión offset (impresión plana)	офсетная печать, офсет	2757
macchina f per stampa offset	impresora (tipográfica) offset	офсетная печатная машина, офсет-машина	2758
macchina f per stampa offset rotativa	máquina rotativa de impresión offset	ротационная офсетная машина	2759
chiusura f a pateletta	cierre por orejetas, o patillas	закупорка картонной коробки при помощи двойного замка, состоящего из парных язычков и ушков	2760
olefine f pl (termine comune per tutti i tipi di PE e PPE)	olefinas (nombre genérico para denominar a todos los tipos polietileno PE y de polipropileno PP) (resinas)	полиолефины	2761
vetro m opale	vidrio opalino	опаловое стекло	2762
opaco, non trasparente	opaco, no transparente	опаковый, непрозрачный	2763
opalescenza f	opalescencia	опалесценция	2764
opacità f	opacidad	непрозрачность	2765
prova f organolettica	ensayo, análisis sensorial	органолептический тест	2766
foglio m orientato	lámina orientada	ориентированная пленка	2767

Nr.	DEUTSCH	ENGLISCH	FRANZÖSISCH
2768	Originalitätsverschluß* m (siehe 943)	safety closure	fermeture f non violable
2769	Ort m des Kaufs, Verkaufsort m	point of purchase (POP), point of sale	lieu m de vente, point m de vente
2770	Oxidation f, Oxidierung f	oxidation	oxydation f, oxygénation f
2771	Oxidationsbeständigkeit f	oxidation stability	résistance f à l'oxydation
2772	Oxidationsmittel n	oxidizing agent	agent m d'oxydation, oxydant m
2773	Oxidationsschutz-mittel* n	antioxidant, oxidation preventive, oxidation prevention compound	agent m préventif à l'oxydation
2774	oxidationssicher, oxidationsbeständig	resistant to oxidation, inoxidizable	résistant à l'oxydation, non-oxydant, inoxydable
2775	oxidationsverhindernd, oxidationshemmend	oxidation-preventing, oxidation-inhibiting	préventif à l'oxydation
2776	oxidierbar	oxidizable	oxydable, oxygénable
2777	oxidierbar, nicht oxidierbar	inoxidizable	inoxydable
2778	oxidieren	to oxidize	oxygéner, (s')oxyder
2779	Pack m, n, Packen m, Bündel n, Packung f	pack, package, packet, bundle	paquet m, paquetage m, ballot m, balle f
2780	Packbock m, Packtisch m	pack(ag)ing table	table f d'emballage
2781	packen, verpacken, abpacken, einpacken	to pack, to package	emballer, (em)paqueter

ITALIENISCH	SPANISCH	RUSSISCH	Nr.
chiusura f di garanzia	cierre original	оригинальный затвор	2768
punto m di vendita	punto de venta	место продажи	2769
ossidazione f	oxidación	окисление, оксидирование	2770
resistenza f all'ossidazione	resistencia, estabilidad a la oxidación	неокисляемость, устойчивость к окислению	2771
agente m ossidante	agente oxidante	окислитель	2772
agente m antiossidante	agente preventivo (protector) de la oxidación	противоокислительное защитное средство	2773
resistente all'ossidazione, inossidabile	resistente a la oxidación, inoxidable	неокисляющийся, устойчивый к окислению	2774
inibitore di ossidazione	preventivo, inhibidor de la oxidación	препятствующий окислению, замедляющий окисление	2775
ossidabile	oxidable	окисляемый, окисляющийся	2776
inossidabile	inoxidable	неокисляемый, неокисляющийся	2777
ossidare	oxidar	окислять, оксидировать	2778
pacco m, pacchetto m, confezione f, avvolgimento m, balla f	envase, paquete, embalaje, bala	пакет, пачка, упаковка; связка, сверток	2779
tavolo m d'imballaggio	mesa de embalar	стол для упаковки	2780
imballare, impacchettare	envasar, embalar, empaquetar	упаковывать, затаривать, расфасовывать	2781

Nr.	DEUTSCH	ENGLISCH	FRANZÖSISCH
2782	packen, in Dosen packen, (in) Dosen(ab)füllen	to can	mettre en boîtes
2783	packen, in Fässer packen, (in) Fässer (ab)füllen	to barrel	encaquer, entonner
2784	packen, in Flaschen packen, (in) Flaschen (ab)füllen	to bottle	embouteiller
2785	Packfaß* n	pack(ag)ing cask, shipping cask, cask for dry goods	fût m d'emballage, fût d'expédition, futaille f en fagot
2786	Packgut* n (verpacktes oder zu verpackendes Gut; siehe 1338)	goods or products packaged or to be packaged	marchandises fpl emballées ou empaquetées ou à emballer
2787	Packhilfsgerät n	auxiliary packaging appliance, auxiliary packaging tools pl	appareil m auxiliaire d'emballage, outillage m auxiliaire d'emballage
2788	PA - Polyamid n (siehe 2979).	PA polyamide	polyamide m
2789	Packhilfsmittel* n	packaging accessory, auxiliary packaging means	matériaux mpl auxiliaires d'emballage, accessoires mpl d'emballage, moyens mpl d'emballage
2790	Packleinen n, Packleinwand f	burlap, pack(ag)ing linen, pack cloth	toile f d'emballage
2791	Packmittel* n (Erzeugnis aus einem oder mehreren Packstoffen, dazu bestimmt, das Packgut zu umschließen oder zusammenzuhalten) (siehe 4016)	package, means of packaging (product of one or more packaging materials designed to envelop, wrap or hold the goods together)	emballage m, moyen m d'emballage (produit d'un ou de plusieurs matériaux d'emballage pour envelopper ou tenir ensemble les marchandises)
2792	Packmitteleinsatz* m	package insert	insert m, insertion f

ITALIENISCH	SPANISCH	RUSSISCH	Nr.
imballare in barattoli, inscatolare	enlatar	упаковывать в жестяные банки, консервировать	2782
mettere in barili, mettere in fusti	llenar barriles, meter en toneles o barricas	разливать по бочкам, затаривать в бочки	2783
imbottigliare	embotellar	разливать в бутылки, разливать по бутылкам	2784
fusto m per imballaggio di spedizione	barril de expedición, envase de expedición (para mercancías secas)	бочка, сухотарная бочка	2785
merce f imballata, merce f da imballare	mercancías envasadas o embaladas, o por embalar	затариваемая продукция (товар, упакованный или предназначенный для упаковывания)	2786
apparecchio m ausiliario d'imballaggio	herramienta o aparato auxiliar para embalar	вспомогательный упаковочный аппарат	2787
poliammide m	poliamida	полиамид	2788
materiali m pl ausiliari d'imballaggio, accessori m pl	materiales auxiliares o accesorios de embalaje	вспомогательные упаковочные средства	2789
tela f da imballaggio	arpillera de embalaje	упаковочный холст	2790
mezzo m per imballare (prodotto costituito da uno o più materiali da imballaggio per avvolgere o contenere le merci)	envase/embalaje, medios de embalaje (producto que consta de uno o varios materiales de embalaje para envolver o mantener unificadas las mercancías)	тара, упаковочное средство (изделие из одного или нескольких упаковочных материалов, предназначенное для размещения, обертывания или удерживания вместе продукции)	2791
interno m dell'imballaggio	separador	вставка из упаковочного материала	2792

Nr.	DEUTSCH	ENGLISCH	FRANZÖSISCH
2793	**Packmittelhersteller** m	**package manufacturer**	**fabricant** m **d'emballages**
2794	**Packmittelprüfung** f	**package test(ing)**	**essai** m **d'emballages**
2795	**Packmittelteil** n	**package part**	**partie** f **d'emballage, composant** m **d'emballage**
2796	**Packmittelzuschnitt*** m	**package blank**	**découpe** f **d'emballage**
2797	**Packpapier*** n (siehe 2830)	**wrapping paper, packing paper**	**papier** m **d'emballage, papier à envelopper**
2798	**Packpappe** f	**packing board, wrapping board**	**carton** m **d'emballage**
2799	**Packpresse** f	**baling press**	**presse** f **à (em)paqueter, presse à balles**
2800	**Packrahmen*** m	**baling frame, packing frame**	**cadre** m **d'emballage**
2801	**Packschnur** f, **Ballenschnur** f	**twine, packing rope, packing cord**	**ficelle** f **d'emballage, lisse** f, **seizaine** f
2802	**Packstoff*** m (Werkstoff, aus dem Packmittel hergestellt werden)	**packaging material** (material from which packages are manufactured)	**matériaux** mpl **d'emballage, matériel** m **de conditionnement** (matériaux dont les emballages sont fabriqués)
2803	**Packstoffbahn*** f	**web of packaging material**	**bande** f **de matériau d'emballage**
2804	**Packstoffrolle** f	**roll of packaging material**	**bobine** f **de matériau d'emballage**
2805	**Packstoffzuschnitt*** m	**packaging material blank**	**découpe** f **de matériau d'emballage**

ITALIENISCH	SPANISCH	RUSSISCH	Nr.
fabbricante m **di imballaggii**	**fabricante de envases o embalajes**	завод-изготовитель тары	2793
prova f **sull'imballaggio**	**ensayo de envases/ embalajes**	испытание тары	2794
parte f **dell'imballaggio**	**parte del envase**	часть упаковочного материала	2795
mezzo m **per imballare fustellato, fustellato** m **di mezzo per imballare**	**formato, troquel de envase**	покрой упаковочного материала	2796
carta f **d'avvolgimento, carta** f **per imballaggio**	**papel de embalar, de envolver**	оберточная бумага, упаковочная бумага	2797
cartoncino m **per imballaggio**	**cartón de embalaje**	упаковочный картон	2798
pressa f **imballatrice**	**prensa de embalar,** (para formar y atar balas)	упаковочный пресс, кипный пресс	2799
intelaiatura f **per imballaggio**	**cuadro, marco, estructura de embalaje**	упаковочная рамная конструкция	2800
corda f **per imballaggio, legaccio** m **per imballaggio**	**cuerda, cordel hilo de embalar** (o de atar paquetes)	шнур, шпагат, веревка	2801
materiale m **d'imballaggio** (materiale di cui sono formati gli imballaggi)	**material de embalaje** (a partir del cual se fabrican las manufacturas o envases/embalajes propiamente dichos)	тарный материал, тароупаковочный материал, упаковочный материал (материалы, применяемые для изготовления тары и осуществления упаковочных операций)	2802
bobina f **di materiale d'imballaggio**	**banda de material de envase**	полотно упаковочного материала	2803
rotolo m **di materiale d'imballaggio**	**bobina de material de envase**	рулон упаковочного материала	2804
materiale m **d'imballaggio fustellato, fustellato** m **in materiale d'imballaggio**	**formato troquel de material envase**	покрой упаковочного материала	2805

Nr.	DEUTSCH	ENGLISCH	FRANZÖSISCH
2806	**Packstück*** n (Packmittel und/oder Packhilfsmittel plus Packgut; vorwiegend in Transport und Versand benutzter Begriff, **Kollo** n, **Kolli** npl	**package** (package and/or auxiliary packaging means plus packaged goods, shipping term)	**colis** m(pl) (emballage et/ou matériaux auxiliaires d'emballage et marchandises emballées, terme de transport)
2807	**Packtisch** m	**pack(ag)ing table**	**table** f **d'emballage**
2808	**Packung*** f (Ergebnis der Vereinigung von Packgut und Verpackung; durch Hinzufügen der Packgutbenennung wird der Inhalt der Packung gekennzeichnet: Packung Zigaretten oder Zigarettenpackung)	**pack, package** (result of the combination of the goods to be packaged and the package, contents of the package is indicated by adding the goods' name: pack of cigarettes or cigarette pack)	**emballage** m, **paquet** m (le résultat de la combinaison des marchandises à emballer et de l'emballage, c'est-à-dire du moyen d'emballage, en ajoutant le nom des marchandises, on dénote le contenu de l'emballage: paquet de cigarettes ou emballage à cigarettes)
2809	**Packung** f, **maschinengerechte Packung**	**machinable package**	**emballage** m **adapté à la machine**
2810	**Packungseinheit*** f	**packaging unit, unit of a package**	**unité** f **d'(un) emballage**
2811	**Packungsfamilie** f	**family range (of) package(s)**	**série** f **d'emballages semblables**
2812	**Paket*** n	**parcel, package**	**paquet** m, **colis** m
2813	**paketieren**	**to pack(age)**	**(em)paqueter**
2814	**Paketiermaschine** f	**packaging machine, casing machine, parcelling machine**	**empaqueteuse** f, **machine** f **à empaqueter, machine d'empaquetage**
2815	**Palette** f	**pallet**	**palette** f

ITALIENISCH	SPANISCH	RUSSISCH	Nr.
imballaggio m, **collo** m (imballaggio e/o materiale d'imballaggio più merci imballate, termine di trasporto)	**embalaje** (en el sentido empleado en transporte como medio o material de embalaje o de mercancías embaladas)	**посылка, пакет, грузовая единица** (тара, вспомогательные упаковочные средства и затариваемая продукция; термин, употребляемый преимущественно в перевозке и отправке грузов)	2806
tavolo m **d'imballaggio**	**mesa de embalar**	**стол для упаковки**	2807
confezione f (il risultato dell'unione delle merci da imballare, aggiungendo il nome della merce si indica il contenuto dell'imballaggio, ad es: pacchetto di sigarette, confezione per sigarette)	**embalaje, paquete** (como resultado de la combinación de las mercancías a embalar y del embalaje mismo, ésto es, de un medio de embalaje, añadiendo el nombre de las mercancías se aclara su contenido, así: paquete de cigarrillos, o envase de tabaco, por ej.)	**упаковка, пакет, пачка** (результат соединения затариваемой продукции и тары; путем прибавления названия товара отмечается содержание тары, напр. упаковка папирос, пачка папирос)	2808
imballaggio m **adattato alla macchina**	**envase conforme a un tipo de máquina**	**упаковка, удовлетворяющая требованиям упаковочных машин**	2809
unità f **d'imballaggio**	**envase unitario**	**единица упаковки**	2810
linea f **di imballaggio**	**familia o serie de envases**	**серия упаковок**	2811
pacco m	**paquete, bulto**	**пакет**	2812
impacchettare	**empaquetar**	**пакетирование**	2813
macchina f **impacchettatrice**	**máquina empaquetadora, empaquetadora, envasadora o embaladora** (según el caso concreto)	**машина для упаковки в пакеты, пакетоформирующая машина**	2814
paletta f	**paleta**	**поддон**	2815

Nr.	DEUTSCH	ENGLISCH	FRANZÖSISCH
2816	Palette f mit Einhängewand	pallet with loose partition	palette f avec un côté démontable
2817	Palette f mit freier Einfahröffnung	free-entry pallet	palette f d'entrée libre
2818	Palettenansteck- und -aufsatzvorrichtung f	removable pallet stacking rack, stacker for pallets	équipement m de montage et d'empilage pour palettes, accessoire m pour l'empilage de palettes
2819	palettenartige Verpackung f	pallet-type packaging	emballage m type palette
2820	Palettenaufbau m	pallet superstructure	superstructure f de palettes
2821	Palettenaufsetzrahmen m	pallet collar, pallet superstructure	rehausse f pour palettes, superstructure f de palettes, palette f avec cadre amovible
2822	Palettenfuß m und Palettenrunge f	pallet foot and post	pied m ou support m et montant m de palettes
2823	Palettenkiste* f	large-size pallet-type crate, pallet crate, pallet case	caisse f de grande contenance type palette, caisse-palette
2824	Paletten-Pool m	pallet pool	pool m de palettes
2825	palettieren, auf Paletten stapeln	to palletize	palettiser
2826	palettierbar	palletizable	palettisable
2827	Palettiermaschine f (siehe 946)	palletizing machine, palletizer	machine f de palettisation

ITALIENISCH	SPANISCH	RUSSISCH	Nr.
paletta f con parete montabile	paleta con un lateral desmontable	ящичный поддон с одной съемной или откидной стенкой	2816
paletta f ad entrata libera, paletta f a quattro vie	paleta de entrada libre	четырехзаходный поддон	2817
attrezzatura f per l'accatastamento di palette	equipo de montaje y apilado de las paletas y accesorio para el apilado de las paletas	штабелеукладчик для поддонов	2818
imballaggio m tipo palette	caja-paleta	поддонообразная упаковка	2819
sovrastruttura f di paletta	superestructura de la paleta	надстройка для поддона	2820
struttura f di paletta con intelaiatura mobile	marco para las paletas, superestructura de las paletas, paleta con marco móvil, cerco plegable	съемная обвязка стоек стоечного поддона, горизонтальные крепления стоек (в стоечном поддоне)	2821
supporto m e montante m delle palette	pie o soporte o pata y montante de la paleta	шашка поддона, лежень поддона, ножка поддона; наставная стойка для поддона	2822
cassa-paletta f	caja-paleta (caja de gran contenido paletizable por su estructura, diseño)	ящичный решетчатый поддон, ящичный поддон	2823
"pool" m di palette	pool de paletas	парк поддонов, пул взаимозаменяемых поддонов	2824
palettizzare	paletizar	укладывать груз в виде пакета для транспорта на поддоне, штабелировать на поддоне	2825
palettizzabile	paletizable	способный к укладке в штабели на поддоне	2826
palettizzatore m	máquina paletizadora	машина для укладки груза на поддоне	2827

Nr.	DEUTSCH	ENGLISCH	FRANZÖSISCH
2828	**Palettierung** f	**palletizing, palletization**	**palettisation** f
2829	**PAN, Polyacrylnitril** n (siehe 2977)	**PAN polyacrylonitrile**	**polyacrylonitrile** m
2830	**Papier*** n	**paper**	**papier** m
2831	**Papier** n, **a(nti)septisches Papier**	**medicated paper, aseptic paper**	**papier** m **antiseptique**
2832	**Papier** n, **bitumiertes Papier, Bitumenpapier** n, **Asphaltpapier** n	**bituminous paper, bituminized paper, tar-paper, asphalt-laminated paper**	**papier** m **bitum(in)é, papier goudronné**
2833	**Papier** n, **einseitig gestrichenes Papier**	**one-side coated paper**	**papier** m **couché sur une face, papier couché sur un côté**
2834	**Papier** n, **einseitig glattes Papier***	**machine-glazed paper, M.G. paper**	**papier** m **frictionné sur un côté, papier frictionné sur une face**
2835	**Papier** n, **fettdichtes Papier***	**grease-resistant paper, grease-proof paper**	**papier** m **ingraissable, papier à l'épreuve de la graisse, papier sulfurisé**
2836	**Papier** n, **gegautschtes Papier**	**duplex paper, patent-coated paper**	**papier** m **duplex**
2837	**Papier** n, **geglättetes Papier**	**glazed paper**	**papier** m **laminé**
2838	**Papier** n, **geleimtes Papier**	**sized paper**	**papier** m **collé**
2839	**Papier** n, **geripptes Papier**	**laid paper, ribbed paper**	**papier** m **vergé, papier à nervures**
2840	**Papier** n, **gestrichenes Papier**	**coated paper, clay-coated paper**	**papier** m **enduit, papier à la craie**

ITALIENISCH	SPANISCH	RUSSISCH	Nr.
palettizzazione	paletización	палетизация, загрузка поддонов, пакетные перевозки	2828
poliacrilonitrile m	políacrilo-nitrilo (PAN)	полиакрилнитрил	2829
carta f	papel	бумага	2830
carta f asettica	papel antiséptico	антисептическая бумага, медицинская бумага	2831
carta f bitumata, carta f catramata	papel bituminado, asfaltado	битумированная бумага, битуминированная бумага, асфальтированная бумага	2832
carta f rivestita da un lato	papel revestido por una cara	бумага с односторонним покрытием, мелованная бумага одностороннего покрытия	2833
carta f lisciata a macchina	papel alisado a máquina por una cara	бумага односторонней гладкости	2834
carta f resistente ai grassi	papel antigraso, sulfurizado	жиронепроницаемая бумага, жиростойкая бумага	2835
carta f duplex	papel duplex	двухслойная бумага	2836
carta f calandrata	papel laminado, recubierto, satinado, barnizado	лощеная бумага, гладкая бумага	2837
carta f collata	papel encolado	проклеенная бумага	2838
carta f vergatina	papel nervado, veteado	вержированная бумага, бумага верже	2839
carta f patinata	papel revestido (de caolin), esmaltado	мелованная бумага, бумага с покрытием	2840

Nr.	DEUTSCH	ENGLISCH	FRANZÖSISCH
2841	Papier n, getränktes Papier, imprägniertes Papier	impregnated paper	papier m imprégné
2842	Papier n, gummiertes Papier*	gummed paper	papier m gommé
2843	Papier n, hochsatiniertes Papier, scharfsatiniertes Papier	surglacé, highly glazed paper, supercalendered paper	papier m surglacé
2844	Papier n, holzfreies Papier*	wood-free paper	papier m exempt de pâte mécanique, papier sans bois
2845	Papier n, holzhaltiges Papier*	wood-containing paper	papier m contenant de la pâte mécanique
2846	Papier n, kalandriertes Papier	calendered paper	papier m calandré
2847	Papier n, kaschiertes Papier	laminated paper, pasted paper, lined paper	papier m contrecollé, papier doublé, papier couché
2848	Papier n, lichtechtes Papier	fade proof paper, non-fading paper	papier m résistant à la lumière
2849	Papier n, lichtundurchlässiges Papier	black-out paper	papier m étanche à la lumière
2850	Papier n, luftdichtes Papier	airproof paper, airtight paper	papier m étanche à l'air
2851	Papier n, maschinengestrichenes Papier	machine-coated paper	papier m couché de fabrication mécanique, papier couché sur machine
2852	Papier n, maschinenglattes Papier*	machine-glazed paper, M.G. paper, machine-finished paper, M.F. paper	papier m glacé à la machine, papier apprêté, papier apprêté sur machine
2853	Papier n, naßfestes Papier	wet strength paper	papier m résistant à l'état humide

ITALIENISCH	SPANISCH	RUSSISCH	Nr.
carta f impregnata	papel impregnado	пропитанная бумага, пропиточная изоляционная бумага	2841
carta f gommata	papel engomado	гуммированная бумага	2842
carta f supercalandrata	papel de alto satinado, supercalandrado	сильно-глазированная бумага, бумага с высоким лоском	2843
carta f senza pasta legno	papel exento de pasta mecánica (sin madera)	бумага без содержания древесной массы	2844
carta f con pasta legno	papel con pasta mecánica (que contiene madera)	бумага с содержанием древесной массы	2845
carta f calandrata	papel calandrado	каландрованная бумага	2846
carta f accoppiata	papel contracolado, papel recubierto (couché)	ламинированная бумага, многослойная бумага	2847
carta f resistente alla luce	papel fotorresistente (resistente a la luz)	светоустойчивая бумага, невыцветающая бумага	2848
carta f impenetrabile alla luce	papel fotoestanco (estanco a la luz)	светонепроницаемая бумага	2849
carta f impermeabile all'aria	papel estanco al aire	воздухонепроницаемая бумага	2850
carta f patinata in macchina	papel recubierto fabricado mecánicamente	бумага машинного мелования	2851
carta f lisciata in macchina	papel satinado de producción mecánica	бумага машинной гладкости, бумага односторонней гладкости, бумага машинной отделки	2852
carta f resistente all'umidità	papel resistente a la humedad	влагопрочная бумага	2853

Nr.	DEUTSCH	ENGLISCH	FRANZÖSISCH
2854	**Papier** n, **oberflächengeleimtes Papier**	**tub-sized paper**	**papier** m **collé en surface**
2855	**Papier** n, **pharmazeutisches Papier**	**pharmaceutical paper**	**papier** m **pharmaceutique**
2856	**Papier** n, **satiniertes Papier**	**glazed paper**	**papier** m **satiné**
2857	**Papier** n, **textilverstärktes Papier**	**reinforced paper**	**papier** m **renforcé, papier entoilé**
2858	**Papier** n, **ungeglättetes Papier**	**unfinished paper**	**papier** m **brut**
2859	**Papier** n, **ungeleimtes Papier**	**unsized paper**	**papier** m **non-collé**
2860	**Papier** n, **wasserabstoßendes Papier, wasserabweisendes Papier**	**water-repellent paper, water-resistant paper**	**papier** m **hydrofuge, papier résistant à l'eau**
2861	**Papier** n **zum Schutz gegen Trübung** (glänzender Metalloberflächen)	**anti-tarnish paper** (protecting glossy metal surfaces)	**papier** m **anti-ternissure** (protégeant les surfaces brillantes de métaux)
2862	**Papierbahn** f	**paper web**	**bande** f **(continue) de papier**
2863	**Papierband** n	**web, paper tape, endless paper**	**ruban** m **de papier**
2864	**Papierband** n, **gummiertes Papierband**	**gummed paper tape**	**bande** f **de papier gommé ou (en)collé**
2865	**Papierband-Etiketten** npl **auf Rollen**	**continuous roll labels**	**bande** f **d'étiquettes** fpl, **en bobine**
2866	**Papierbecher** m	**paper cup**	**gobelet** m **en carton**
2867	**Papierbeutel** m	**paper bag**	**sachet** m **de papier**
2868	**Papierbrei** m, **Papiermasse** f	**pulp, paper pulp, furnish**	**pulpe** f, **pâte** f, **pâte** f à papier

ITALIENISCH	SPANISCH	RUSSISCH	Nr.
carta f **collata in superficie**	**papel encolado superficialmente**	бумага с поверхностной проклейкой	2854
carta f **ad uso farmaceutico**	**papel farmacéutico** (de uso)	фармацевтическая бумага, аптечная бумага	2855
carta f **satinata**	**papel satinado**	лощеная бумага, атласная бумага	2856
carta f **rinforzata**	**papel reforzado con tejido**	армированная бумага	2857
carta f **grezza**	**papel en bruto, sin acabar**	некаландрованная бумага	2858
carta f **non collata**	**papel sin encolar**	непроклеенная бумага	2859
carta f **resistente all'acqua**	**papel hidrófugo, resistente al agua**	водоотталкивающая бумага	2860
carta f **antiossidante** (che protegge le superfici lucide dei metalli)	**papel antiempañante** (para proteger la superficie brillante de los metales)	антикоррозийнная бумага (для завертки металлических изделий)	2861
bobina f **di carta**	**papel en banda contínua**	бумажное полотно, полотно бумаги	2862
nastro m **di carta**	**cinta de papel**	бумажная лента	2863
nastro m **di carta gommata**	**cinta engomada de papel**	гуммированная бумажная лента	2864
etichette f pl **di carta in bobina**	**etiquetas en rollo contínuo, o en bobina**	этикетки в виде рулона, этикетки-рулон	2865
bicchiere m **di carta**	**vaso de papel**	бумажный стакан	2866
sacchetto m **di carta**	**bolsa de papel**	бумажный пакет, бумажный мешочек	2867
pasta f **per carta**	**pulpa, pasta de papel**	бумажная масса	2868

Nr.	DEUTSCH	ENGLISCH	FRANZÖSISCH
2869	**Papierfaser** f	**paper fibre**	**fibre** f de papier
2870	**Papierfaserstoff** m, **Halbstoff** m	**pulp** (prior to stuff or stock preparation)	**pâte** f, **demi-pâte** f (matière première)
2871	**Papierhülse** f	**paper sleeve, paper tube**	**douille** f **en papier, tube** f **en papier**
2872	**Papierleimung** f	**paper sizing**	**collage** m **du papier**
2873	**Papierrolle** f	**paper roll**	**bobine** f **de papier**
2874	**Papiersack** m	**paper sack**	**sac** m **en papier**
2875	**Papierschneide- und -wickelmaschine** f	**paper slitting and rewinding machine**	**machine** f **à découper et bobiner le papier**
2876	**Papierstoff** m, **Ganzzeug** n, **Feinzeug** n	**paper pulp, pulp, stuff**	**pâte à papier** (en cours de fabrication du papier), **pulpe** f, **bouille**
2877	**Papierstreifen** m, **gummierter Papierstreifen, Klebestreifen** m	**gummed paper tape, adhesive paper tape, pressure-sensitive paper tape**	**bande** f **en papier gommé, ruban** m **adhésif**
2878	**Papierumhüllung** f	**paper-wrapping, paper wrapper, shroud**	**enveloppe** f **en papier**
2879	**Papierverpackung** f	**paper pack(age)**	**emballage** m **en papier**
2880	**Papierwolle*** f	**paper wool**	**laine** f **de papier**
2881	**Pappe*** f	**board** (including paperboard, cardboard, cartonboard, containerboard, fibreboard, folding box board, and other variations)	**carton** m
2882	**Pappe** f, **bitumierte Pappe, Bitumenpappe** f, **Asphaltpappe** f	**bituminous board, bituminized board, tar-board, asphalt-laminated board**	**carton** m **bitum(in)é, carton goudronné**

ITALIENISCH	SPANISCH	RUSSISCH	Nr.
fibra f per carta	fibra de papel	волокно бумажной массы, целлюлозное волокно	2869
materiale m fibroso per carta	pasta de papel (como materia prima)	полумасса	2870
manicotto m di carta, anima f di carta	manga, tubo de papel	бумажная гильза	2871
incollaggio m della carta	encolado del papel	проклейка бумаги	2872
rotolo m di carta	bobina de papel	рулон бумаги	2873
sacco m di carta	saco de papel	бумажный мешок	2874
macchina f refilatrice e ribobinatrice per carta	máquina para cortar y bobinar el papel	бумагорезательная и намоточная машина	2875
pasta f per carta	pasta de papel (en el proceso de fabricación), pulpa, materia prima	бумажная масса, готовая бумажная масса	2876
nastro m di carta adesiva	banda, cinta de papel engomado (papel precinto), cinta adhesiva	бумажная лента, клеящая бумажная лента, гуммированная бумажная лента	2877
avvolgimento m in carta	envoltura de papel	бумажная обертка	2878
imballaggio m in carta	envase de papel	бумажная тара	2879
truciolo m di carta	lana, viruta de papel	искусственная шерсть, бумажная стружка	2880
cartone m	cartón	картон (вес от 500-1000 г/м²) (в русской терминологии существует различие только между бумагой и картоном)	2881
cartone m bitumato, cartone m catramato	cartón bituminado, revestido de asfalto	битумированный картон, гудронированный картон	2882

Nr.	DEUTSCH	ENGLISCH	FRANZÖSISCH
2883	Pappe f, einseitig gestrichene Pappe	one-side coated board	carton m couché sur une face, carton couché sur un côté
2884	Pappe f, einseitig glatte Pappe	machine-glazed board, M. G. board	carton m frictionné sur un côté, carton frictionné sur une face
2885	Pappe f, gegautschte Pappe	vat-lined board	carton m duplex, carton biplex
2886	Pappe f, geglättete Pappe	glazed board	carton m calandrié
2887	Pappe f, gestrichene Pappe	coated board, clay-coated board	carton m enduit, carton à la craie
2888	Pappe f, kaschierte Pappe	laminated board, pasted board, lined board	carton m contrecollé, carton doublé, carton couché
2889	Pappe f, naßfeste Pappe	wet strength board	carton m résistant à l'humidité
2890	Pappedose f	fibre(board) can	boîte f (en) carton
2891	Pappedose f, spiralgewickelte Pappedose	spiral-wound fibre(board) can, convolute wound fibre(board) can	boîte f en carton spiralé
2892	Pappeschachtel f	fibre(board) case, fibre(board) box	caisse f en carton, caisse-carton f, boîte f en carton
2893	Pappeschachtel f mit Holzverstärkung	wood-reinforced fibre(board) box	caisse f en carton avec renforcement de bois
2894	Pappeschale f	cardboard tray	plateau m (en) carton
2895	Pappetrommel f	fibreboard drum	tambour m en carton, fût m carton
2896	Pappeunterlage f	cardboard backing, cardboard tray	support m en carton

ITALIENISCH	SPANISCH	RUSSISCH	Nr.
cartone m rivestito da un lato	cartón revestido por una cara por un lado	картон с односторонним покрытием	2883
cartone m lisciato in macchina	cartón pulido por un lado	картон односторонней гладкости, картон машинной гладкости	2884
cartone m duplex	cartón duplex	многослойный картон, картон машинной облицовки	2885
cartone m calandrato	cartón recubierto, laminado	лощеный картон, гдадкий картон	2886
cartone m patinato	cartón revestido, satinado, brillo (con caolin)	мелованный картон, крашенный картон	2887
cartone m rivestito	cartón contracolado, recubierto, revestido (con brillo)	листоклееный картон, скаеенный картон, машиноклееный картон	2888
cartone m resistente all'umidità	cartón resistente a la humedad	влагопрочный картон	2889
barattolo m di cartone	envase, de cartón	картонная банка	2890
barattolo m di cartone con avvolgimento a spirale	envase de cartón enrollado en espiral	картонная банка с корпусом, изготовленным методом спиральной навивки	2891
cassa f di cartone, scatola f di cartone	caja de cartón, envase, bote de cartón	картонный ящик, картонный короб	2892
cassa f di cartone con rinforzi in legno	caja de cartón con refuerzos de madera	картонный ящик с деревянными планками	2893
vassoio m di cartoncino	barqueta de cartón	картонный лоток	2894
fusto m in fibra di cartone	barril, tambor, de papel enrollado contínuo	картонный барабан	2895
supporto m di cartone	soporte de cartón	картонная подкладка	2896

Nr.	DEUTSCH	ENGLISCH	FRANZÖSISCH
2897	Pappeverpackung f	board package, board container, fibreboard package	emballage m en carton
2898	Pappewandung f	fibreboard panel	panneau m en carton, paroi f en carton
2899	Pappmaché n, Papiermaché n	papier-ma&533ché, papiermache	carton-pâte m papier m mâché
2900	Paraffin n	paraffin, paraffin wax	paraffine f
2901	Paraffiniermaschine f	paraffining machine, waxing machine	machine f à paraffiner
2902	Paraffinpapier* n, Ölpapier n (siehe 2753)	paraffin(ed) paper, paraffin-waxed paper, paraffin-impregnated paper, oil paper	papier m paraffiné, papier imprégné de paraffine, papier enduit de paraffine
2903	Paraffinüberzug m	paraffin coating	paraffinage m
2904	Paraffinwachs n	paraffin wax	cire f de paraffine
2905	Parallelklebung f	parallel glui(e)ng	collage m parallèle
2906	Partikel-Schaumstoff m	particle foam	mousse f à particules
2907	Paste f	paste	pâte f
2908	pasteurisieren	to pasteurize	pasteuriser
2909	pastös	pasty	pâteux
2910	Patentdeckel* m, Eindrückdeckel* m	press-in lid, lever lid, safety lid	couvercle m à friction, couvercle à enfoncer
2911	Patentdeckeldose f, Eindrückdeckeldose f	single-friction can, lever-lid can	boîte f à couvercle rentrant

ITALIENISCH	SPANISCH	RUSSISCH	Nr.
imballaggio m in cartone	embalaje de cartón	картонная тара, тара из ящичного картона	2897
pannello m in cartone	panel, pared, de cartón	картонный лист, картонная стенка	2898
cartapesta f	cartón-pasta (pasta de cartón, papel triturado)	папье-маше	2899
paraffina f	parafina	парафин	2900
macchina f paraffinatrice	parafinadora (máquina de parafinar)	парафинировальная машина	2901
carta f paraffinata	papel parafinado, impregnado, recubierto de parafina	парафинированная бумага	2902
rivestimento m di paraffina	parafinado	парафиновое покрытие	2903
cera f di paraffina	cera de parafina	твердый парафин	2904
incollaggio m parallelo	encolado paralelo	параллельное приклеивание	2905
resina f espansa a particelle	espuma de particulas	пенистый пластический материал из частиц, пенопласть, поропласт	2906
pasta f	pasta	паста	2907
pastorizzare	pasterizar	пастеризовать	2908
pastoso	pastoso	пастообразный, густотертый	2909
coperchio m a pressione	tapa de friccón, a presión	вдавливаемая крышка, рычажная крышка	2910
barattolo m con coperchio a pressione	envase de tapa, a fricción	банка с рычажной крышкой, банка с вдавливаемой крышкой	2911

Nr.	DEUTSCH	ENGLISCH	FRANZÖSISCH
2912	**Patrize** f (u.a. für Vakuum-Formung)	**male die, positive die**	**moule** m **mâle**
2913	**Patrize** f (zum Tiefziehen)	**plug**	**poinçon** m
2914	**PB Polybuten** n (siehe 2980)	**PB polybutene**	**PB polybutène** m
2915	**PC-Polycarbonat** n (siehe 2982)	**PC polycarbonate**	**PC polycarbonate** m
2916	**PCB-Polychlorierte Biphenyle** fpl	**PCB polychlorinated biphenyls**	**PCB polychlorobiphéniles** mpl
2917	**PE-Polyethylen** n (siehe 2985)	**PE polyethylene**	**PE polyéthylène** m, **polythène** m
2918	**Pendelstoßprüfung*** f	**pendulum impact test**	**essai** m **de résistance aux chocs à pendule**
2919	**Penetration** f	**penetration**	**pénétration** f
2920	**Perchloräthylen** n	**perchloroethylene**	**perchloréthylène** m
2921	**perforieren**	**to perforate**	**perforer**
2922	**Perforierlinie** f, **perforierte Linie** f	**perforated line**	**filet** m **perforé**
2923	**Perforiermaschine** f	**perforating machine, perforator**	**machine** f **à perforer, perforateur** m
2924	**Pergament** n	**parchment, vellum**	**parchemin** f, **vélin** m
2925	**Pergamentersatz*** m	**greaseproof, artificial parchment, imitation parchment**	**simili-sulfurisé** m, **simili-parchemin** m

ITALIENISCH	SPANISCH	RUSSISCH	Nr.
stampo m **maschio** (per sottovuoto)	**molde macho**	верхний штамп, пуансон для комбинированного пневмо-вакуум-формирования	2912
punzone m	**troquel** (para estirado profundo)(para embutir)	пуансон для глубокой вытяжки	2913
polibutilene m	**polibutano (PB)**	полибутен, полибутилен	2914
PC policarbonato m	**PC** (policarbonato)	поликарбонат	2915
PCB bifenile m **policlorurato**	**policloreno bifenilo (P.C.B.), policlorinatado**	полихлорированные бифенилы, полихлорированные дифенилы	2916
polietilene m	**polietileno bifenilo (P.E.B.)**	полиэтилен	2917
pova f **d'urto con pendolo**	**PE polietileno**	испытание на удар с помощью маятника, испытание на сосредоточенный удар	2918
penetrazione f	**penetración**	проницание, пенетрация	2919
percloroetilene m	**percloroetileno**	тетрахлорэтилен	2920
perforare	**perforar**	перфорировать	2921
linea m **perforata**	**banda, línea perforada**	перфорированная линия	2922
macchina f **perforatrice**	**máquina perforadora**	перфорированная машина, дыропробиватель, перфоратор	2923
pergamena f	**pergamino, vitela**	пергамент, тонкий пергамент, животный пергамент	2924
pergamena f **artificiale**	**papel antigraso artificial, simil sulfurizado, simil pergamino**	заменитель пергамента, подпергамент	2925

Nr.	DEUTSCH	ENGLISCH	FRANZÖSISCH
2926	**Pergamentersatzpapier** n	**imitation parchment, greaseproof paper, parchment substitute**	**imitation** f **parchemin**
2927	**Pergamentpapier** n, **Echt Pergamentpapier** n (vegetabilisches Pergament)	**vegetable parchment, parchment paper**	**papier** m **sulfurisé, papier parchemin(é), parchemin** m **végétal ou véritable**
2928	**Pergamin*** n, **Pergaminpapier** n	**glassine, imitation parchment**	**pergamyne** m, **papier** m **cristal, papier** m **parchemin imité**
2929	**permeabel, durchlässig**	**permeable**	**perméable**
2930	**Permeabilität** f, **Durchlässigkeit** f	**permeability**	**perméabilité** f
2931	**PET(P) Polyethylenterephthalat*** n (siehe 2998)	**PET polyethylene terephthalate**	**PET polyéthylène terephthalate** m
2932	**Pfand** n	**deposit (money)**	**consigne** f
2933	**Pfandflasche** f, **Leihflasche** f	**deposit bottle, returnable bottle**	**bouteille** f **consignée, bouteille retournable**
2934	**pfandfreie Flasche** f, **Einwegflasche** f	**no-deposit bottle, one-way bottle, no-return bottle**	**bouteille** f **non-consignée, bouteille perdue, bouteille non-réutilisable**
2935	**Pfandverpackung*** f	**deposit package**	**emballage** m **à consigne**
2936	**Pflanzenleim** m, **vegetabilischer Leim** m	**vegetable glue**	**colle** f **végétale**
2937	**Pfropfen** m, **Stopfen*** m	**stopper, cork**	**bouchon** m, **tampon** m
2938	**pfropfen, verkorken**	**to stopper, to cork**	**boucher, tamponner**

ITALIENISCH	SPANISCH	RUSSISCH	Nr.
carta f pergamena artificiale	imitación pergamino	подпергамент, искусственный пергамент	2926
carta f pergamena vegetale	papel sulfurizado, papel pergamino vegetal o natural	растительный пергамент, настоящий растительный пергамент, пергаментная бумага, пергамент	2927
carta f pergamina, carta f glassina	pergamino (papel), papel cristal, papel pergamino, imitación	пергамин, лощеный пергамин	2928
permeabile	permeable	проницаемый	2929
permeabilità f	permeabilidad	проницаемость	2930
polietilentereftalato m	tereftalato de polietileno (PET)	терефталат полиэтилена	2931
deposito m (di denaro, per imballaggio a rendere)	consigna, depósito (de dinero)	залог	2932
bottiglia f a rendere	botella consignada, retornable (de uso repetido)	бутылка, выдаваемая под залог; залоговая бутылка, многооборотная бутылка	2933
bottiglia f a perdere	botella de un sólo uso, no retornable, no reutilizable	необоротная бутылка, разовая бутылка	2934
imballaggio m a rendere	envase consignado	залоговая упаковка	2935
colla f vegetale	cola vegetal	растительный клей, клей растительного происхождения	2936
turacciolo m, tappo m	tapón, corcho	пробка, затычка	2937
tappare con turacciolo	taponar, tapar	закупоривать, закупоривать пробкой	2938

Nr.	DEUTSCH	ENGLISCH	FRANZÖSISCH
2939	Pfropfmaschine f, Korkmaschine f	corking machine	presse-bouchons f
2940	pH-Meßgerät n	pH-meter	pH-mètre m
2941	ph-Wert* m (pH = Wasserstoffionenkonzentration) (siehe 322, 2941, 3310, 4419)	ph-value (pH = concentration of hydrogen ions)	valeur pH f (pH = concentration des ions d'hydrogène)
2942	Phenolharz n	phenolic resin	résine f phénolique
2943	Phiole f, Fiole f	vial, phial, flask	fiole f, flacon m
2944	Physikalisch-chemische Eigenschaften fpl	physico-chemical properties	propriétés fpl physiques et chimiques
2945	Pigment n, Farbstoff m, Pigmentfarbstoff m	pigment, toner	pigment m, matière f colorante
2946	pigmentierte Oberfläche f, pigmentierte Deckschicht f	pigmented layer	couche f pigmentée
2947	Pilferproof-Verschluß m, Verschluß m mit Originalitätssicherung	pilferproof, pilferproof seal, pilferproof closure, tamperproof	fermeture f pilferproof, fermeture anti-fraude, fermeture non-violable
2948	Plane f	tarpaulin, cover, canvas hood	bâche f, prélart m
2949	Planopapier n (weder gefaltet noch aufgerollt)	flat paper, paper in the flat (neither folded nor rolled up)	papier m à plat, papier en feuilles plates (ni plié ni roulé)
2950	Plastifikator m	plasticizer	plastificateur m
2951	plasti(fi)zieren, weichmachen	to plasticize	plastifier

ITALIENISCH	SPANISCH	RUSSISCH	Nr.
macchina f **tappatrice**	**máquina taponadora**	машина для закупоривания (корковой) **пробкой**	2939
misuratore m **di pH**	**medidor de pH**	pH-метр, прибор для измерения pH	2940
valore m **pH** (pH = concentrazione di ioni idrogeno)	**valor pH** (pH = concentración de los iones de hidrógeno)	показатель pH, значение pH, значение водородного показателя	2941
resina f **fenolica**	**resina fenólica**	феноловая смола, фенольная смола	2942
fiala f	**vial, frasco**	склянка, бутылочка	2943
proprietà f pl **fisico-chimiche**	**propiedades fisico-químicas**	физико-химические свойства	2944
pigmento m, **colorante** m	**pigmento, colorante**	пигмент, краситель, пигментный краситель	2945
strato m **pigmentato**	**capa pigmentada**	пигментированная поверхность, пигментированный наружный слой	2946
chiusura f **di garanzia, chiusura** f **anti-manomissioni, chiusura** f **anti-frode**	**cierre, cápsula inviolable**	укупорка, оберегающая от скрытых частичных хищений; укупорка для гарантирования от преждевременного вскрытия тары	2947
tela f **cerata, telone** m	**lona, cubierta, toldo, lona embreada**	брезент, непромокаемая парусина, просмоленная парусина	2948
carta f **in piano** (né piegata, né arrotolata)	**papel plano** (ni doblado ni enrollado)	флатовая бумага	2949
plastificatore m	**plastificador, plastificante**	пластификатор, смягчитель	2950
plastificare	**plastificar**	пластифицировать	2951

Nr.	DEUTSCH	ENGLISCH	FRANZÖSISCH
2952	plastisch	plastic	plastique
2953	plastische Massen fpl (siehe 2282)	plastics materials, plastics	substances fpl plastiques synthétiques, masses fpl plastiques, matières fpl plastiques, plastiques mpl
2954	plastische Verformung f	plastic deformation	déformation f plastique
2955	Plastizität f	plasticity	plasticité f
2956	Plastomer n	plastomer	plastomère m
2957	Plateau* n	plate	plateau m
2958	Platte f (einer Palette)	deck (of a pallet)	plancher m (d'une palette)
2959	Plattendruck m, Stereotypdruck m	stereotype printing, stereotypography	stéréotypie f, clicherie f
2960	Plattenkalander m	plate glazing calender	calandre m à la plaque, laminoir m à la plaque
2961	Plattenvorsprung m (einer Palette)	wing (of a pallet)	aile f (d'une palette)
2962	Plattformwagen m	platform truck	chariot m à plate-forme
2963	plattiertes Blech n	plated sheet	métal m plaqué
2964	Plattierung f	plating	plaqué m, doublé m, placage m
2965	Platzdruck m	bursting pressure, cracking force	pression f d'éclatement, force f d'éclatement
2966	Plombe* f	seal, lead seal	plomb m, plomb à sceller

ITALIENISCH	SPANISCH	RUSSISCH	Nr.
plastico	plástico	пластический, пластичный	2952
materie f pl plastiche, plastiche f pl	materiales plásticos, plásticos	пластические массы, пластмассы, пластики	2953
deformazione f plastica	deformación plástica	пластическая деформация	2954
plasticità f	plasticidad	пластичность	2955
plastomero m	plastómero	пластомер	2956
vassoio m	plano, plato, plancha, placa	плато	2957
pianale m (di una paletta)	piso, suelo, base (de una paleta)	настил (поддона), плита	2958
stereotipia f	esterotipia (impresión por), impresión por plancha o clisé	печатание со стереотипа, стереотипирование, стереотипия	2959
calandra f a piastra	calandra de plancha, laminadora por plancha	листовальный каландр	2960
zoccolo m (di una paletta)	ala (de una paleta)	выступ (поддона)	2961
carrello m a piattaforma	carretilla de plataforma	тележка с подъемной платформой	2962
foglio m di metallo placcato	metal, plancha placada	плакированная жесть	2963
placcatura f	placado, revestido	плакирование, плакировка	2964
pressione f di scoppio	presión o fuerza de estallido o reventamiento	продавливающее усилие	2965
piombo m, sigillo m di piombo	plomo (de soldadura)	пломба, свинцовая пломба	2966

Nr.	DEUTSCH	ENGLISCH	FRANZÖSISCH
2967	**Plombenverschluß** m, **Plombierung** f	**lead seal(ing), seal**	**plombage** m, **plomb** m **à sceller**
2968	**plombieren**	**to seal, to lead, to lead-seal**	**plomber**
2969	**Plombierzange** f, **Plombenzange** f	**sealing pliers, sealing tongs**	**pince** f **à plomber, pince de plombage**
2970	**POPolyolefine** n (siehe 2992)	**PO polyolefines**	**PO polyoléfines** fpl
2971	**polieren, glätten**	**to polish, to burnish**	**polir, buffer**
2972	**Polsterkissen** n	**pad, cushion**	**coussin** m, **coussin de rembourrage**
2973	**Polstermittel*** n, **Polsterstoff*** m	**cushioning material**	**matériel** m **de rembourrage**
2974	**polstern, auspolstern**	**to cushion, to pad**	**matelasser, rembourrer**
2975	**Polsterpack*** m,n (Polstermaterial)	**cushioning material, stuffing (material), padding (material)**	**matériel** m **de rembourrage, rembourrure** f
2976	**Polsterung** f	**cushion(ing), pad(ding)**	**rembourrage** m, **capitonnage** m, **matelassure** f
2977	**Polyacrylnitril*** n (siehe 2829)	**polyacrylonitrile**	**polyacrylonitrile** m
2978	**Polyadhäsivpapier** n	**polyadhesive paper**	**papier** m **polyadhésif**
2979	**Polyamid*** n (**PA**) (Nylon) (siehe 2788)	**polyamide** (nylon)	**polyamide** m (nylon)

ITALIENISCH	SPANISCH	RUSSISCH	Nr.
piombatura f, **sigillatura** f **con piombo**	**soldadura de plomo**	пломбирование (свинцовой пломбой), пломбировка	2967
piombare	**soldar** (con plomo)	пломбировать	2968
pinza f **per piombare**	**pinza para soldar** (con plomo)	пломбировочные клещи, пломбировочные щипцы	2969
PO poliolefina f	**poliolefina (PO)**	полиолефины	2970
lucidare	**pulir, bruñir**	полировать, лощить	2971
imbottitura f, **cuscino** m **di imbottitura**	**cojín, amortiguador, relleno**	демпфирующая прокладка, демпфирующая подушка, амортизирующая прокладка	2972
materiale m **di imbottitura**	**material antichoque, amortiguador**	амортизирующий материал, демпфирующий материал	2973
imbottire	**amortiguar, acolchar**	набивать	2974
materiale m **da imbottitura**	**material de acolchado, de amortiguación, de relleno**	демпфирующий материал	2975
imbottitura f, **cuscinatura** f	**guarnición antichoque, almohadillado, acolchado, amortiguado**	амортизирующая упаковка, демпфирование, мягкая обивка	2976
poliacrilonitrile m	**poliacrilonitrilo**	полиакрилнитрил	2977
carta f **con adesivo a base di polimeri**	**papel poliadhesivo**	бумага, склеивающаяся горячим способом	2978
poliamide f (nylon)	**poliamida** (nilon, nylon), **(PA)**	полиамид	2979

Nr.	DEUTSCH	ENGLISCH	FRANZÖSISCH
2980	**Polybuten** n	**polybutene**	**polybutène** m
2981	**Polybutylen** n	**polybut(yl)ene**	**polybut(yl)ène** m
2982	**Polycarbonat*** n	**polycarbonate**	**polycarbonate** m
2983	**Polyester*** m (**PES**)	**polyester**	**polyester** m
2984	**Polyether** m	**polyether**	**polyéther** m
2985	**Polyethylen*** n (**PE**)	**polyethylene, polythene**	**polythène** m, **polyéthylène** m
2986	**Polyethylen*** n **hoher*** **Dichte, Polyethylen** n **niederer Dichte*** (siehe 1716, 2367, 2424)	**high density polyethylene, low density polyethylene**	**polyéthylène** m (à) **haute densité, polyéthylène** (à) **basse densité**
2987	**polyethylenbeschichtetes Papier** n	**polyethylene-coated paper**	**papier** m **enduit de polyéthylène**
2988	**polyethylengefütterter Papiersack** m	**polyethylene-lined paper sack**	**sac** m **de papier (grande contenance) doublé de polyéthylène**
2989	**Polyisobutylen** n	**polyisobutylene**	**polyisobut(yl)ène** m
2990	**Polymerbeschichtung** f	**polymer coat(ing), coating with polymer compounds**	**enduit** m **polymère, revêtement** m **par corps polymères**
2991	**Polymer(isat)** n, **Polymere** n	**polymerizate, polymeride, polymer**	**polymérisat** m, **polymère** m
2992	**Polyolefine*** npl	**polyolefins**	**polyoléfines** fpl
2993	**Polypapier** n, **kunststoffbeschichtetes Papier** n	**poly-paper**	**papier** m **poly, papier à revêtement synthétique**
2994	**Polypropylen*** n (**PP**)	**polypropylene**	**polypropylène** m
2995	**Polystyrol*** n (**PS**)	**polystyrene**	**polystyrène** m

ITALIENISCH	SPANISCH	RUSSISCH	Nr.
polibutilene m	polibutano	полибутен, полибутилен	2980
polibutilene m	polibutileno (PB)	полибутилен	2981
policarbonato m	policarbonato (PC)	поликарбонат	2982
poliestere m	poliester (PS)	полиэфир, сложный полиэфир	2983
polietere m	poliéter	простой полиэфир, полиэфир	2984
polietilene m	politeno, polietileno (PE)	полиэтилен, политен	2985
polietilene m alta densità, polietilene m bassa densità	polietileno de alta densidad (PE-AD), polietileno de baja densidad (PE-BD)	полиэтилен высокой плотности; полиэтилен низкой плотности	2986
carta f rivestita di polietilene	papel revestido de polietileno	бумага с полиэтиленовым покрытием	2987
sacco m di carta accoppiata a polietilene	saco de gran contenido de papel revestido de polietileno	бумажный мешок из крафт-бумаги, покрытой полиэтиленом	2988
polisobutilene m	poli-isobutileno	полиизобутилен	2989
rivestimento m a base di polimero	revestimiento polimérico, recubrimiento con materiales polímericos	полимерное покрытие	2990
polimero m	polimerizado, polímero	полимер, полимеризат	2991
poliolefine f pl	poliolefinas	полиолефины	2992
carta f al polimero	polipapel	бумага, покрытая полимерной пленкой	2993
polipropilene m	polipropileno (PP)	полипропилен	2994
polistirene m	poliestireno (PS)	полистирол	2995

Nr.	DEUTSCH	ENGLISCH	FRANZÖSISCH
2996	Polystyrol n, geschäumtes Polystyrol	expanded polystyrene, foamed polystyrene	polystyrène m moussé
2997	Polystyrolschaumstoff m	expanded polystyrene, foamed polystyrene, foam polystyrene	polystyrène m moussé, mousse f de polystyrène
2998	Polyethylentereph-thalat* n, Polyterephthalsäureester* m (PET) (siehe 2931)	polyterephthalic acid ester, polyethylene therephthalate,	ester m acide polytérephtalique, polyéthylène, térephthalate m
2999	Polyurethan* n (PUR)	polyurethane	polyuréthane m
3000	Polyvinylacetat n (PVAC)	polyvinyl acetate	acétate m de polyvinyle
3001	Polyvinylalkohol* m (PVA)	polyvinyl alcohol	alcool m de polyvinyle
3002	Polyvinylchlorid* n (PVC) (siehe 1704, 4434)	polyvinyl chloride	chlorure m de (poly)vinyle (PVC)
3003	Polyvinylidenchlorid* n (PVDC)	polyvinylidene chloride	chlorure m de polyvinylidène
3004	Polywachs n	polywax	polycire f
3005	Porenvolumen n	absorption capacity	porosité f
3006	Porigkeitsprüfung f	porosity test	contrôle m de la porosité
3007	porös, porig	porous, spongy	poreux
3008	Porosität f	porosity	porosité f
3009	Portionsentnahme f	taking out of portions, removal of portions	prélèvement m des rations

ITALIENISCH	SPANISCH	RUSSISCH	Nr.
polistirene m espanso	poliestireno expandido (espumado) (PSE)	вспененный полистирол, пенополистирол, стиропор	2996
schiuma f di polistirene	espuma de poliestireno expandido	пенополистирол, стиропор	2997
polietilentereftalato m, estere m di acido politereftalico	ester ácido politereftálico	терефталат полиэтилена	2998
poliuretano m	poliuretano (PUR) (PU)	полиуретан	2999
acetato m di polivinile	acetato de polivinilo (APV)	поливинилацетат	3000
alcool m polivinilico	alcohol de polivinilo (PVA)	поливиниловый спирт	3001
cloruro m di polivinile	poli (cloruro de vinilo) (PVC ó PCV)	поливинилхлорид (ПВХ)	3002
cloruro m di polivinilidene	cloruro de polivinilideno (PVDC) (poli)cloruro de vinilideno	поливинилиденхлорид	3003
cera f a base di polimero	policera	полиэтиленовый воск	3004
capacità f di assorbimento	porosidad	объем пор, пористость	3005
prova f di porosità	control de la porosidad, ensajo de la porosidad	определение пористости, метод определения пористости	3006
poroso	poroso	пористый, губчатый	3007
porosità f	porosidad	пористость, скважность	3008
prelevamento m di porzioni	toma, utilización de las unidades o dosis de consumo	отбор порций, отбор доз	3009

Nr.	DEUTSCH	ENGLISCH	FRANZÖSISCH
3010	**Portionspackung* f** (Menge des Packgutes ist für den einmaligen Verbrauch bemessen)	**portion pack, single portion pack, fractional pack, single service pack** (quantity of the product is portioned for one single consumption)	**emballage-portion** m, **emballage-ration** m, **emballage** m **fractionné** (quantité de la marchandise est rationnée pour une seule consommation)
3011	**Portions(ver)pack(ungs)maschine f**	**single portion packing machine**	**machine** f **à emballer à l'unité ou à la portion**
3012	**Portugiesendose f**	**club can**	**boîte** f **à décollage**
3013	**Porzellan n**	**porcelain**	**porcelaine** f
3014	**Porzellanerde f, Kaolin n**	**porcelain clay, china clay, kaolin**	**kaolin** m, **terre** f **de ou à porcelaine**
3015	**Porzellanverpackung f**	**porcelain package**	**emballage** m **en porcelaine**
3016	**Postpaket n**	**postal parcel**	**colis** m **postal**
3017	**PP, Polypropylen n** (siehe 2994)	**PP polypropylene**	**polypropylène** m
3018	**Prägeetikett n**	**embossed label**	**étiquette** f **en relief**
3019	**Prägefolie f**	**stamping foil, foil for marking**	**feuille** f **à marquer, feuille** f **grainée, d'étampage**
3020	**Prägekalander m, Gaufrierkalander m**	**embossing calender, stamping calender**	**calandre** f **de grainage**
3021	**Prägen* n**	**embossing**	**gaufrage** m
3022	**Prägepresse f**	**embossing press, stamping press, blocking machine**	**presse** f **à marquer, presse d'étampage**

ITALIENISCH	SPANISCH	RUSSISCH	Nr.
imballaggio-porzione m, imballaggio m unitario (la quantità del contenuto é pari ad una singola consumazione)	envase unitario, individual, ración envasada (cantidad envasada de un producto, para una sola consumición)	порционная тара, дозовая упаковка одноразовых порций продукта	3010
macchina f per imballare porzioni singole	máquina para envasar unidades o dosis previstas de una mercancía	машина для порционного упаковывания	3011
scatola f apribile per arrotolamento del coperchio mediante chiavetta (scatola per sardine)	envase club (bote o lata club)	банка с прифальцованным донышком и крышкой с язычком	3012
porcellana f	porcelana	фарфор	3013
caolino m	caolin (tierra de o para porcelana)	каолин, фарфоровая глина	3014
imballaggio m in porcellana	envase de porcelana	фарфоровая тара	3015
pacco m postale	paquete postal	почтовый пакет, посылочный пакет	3016
PP polipropilene m	polipropileno (PP)	полипропилен	3017
etichetta f in rilievo	etiqueta en relieve	тисненая этикетка	3018
foglio m goffrato, foglio m in rilievo	lámina para marcar o imprimir	тисненая фольга, пленка для тиснения	3019
calandra f per goffratura	calandra de graneado, gofrado	каландр для тиснения	3020
goffratura f	gofrado, graneado, estampado	тиснение, штампование	3021
pressa f goffratrice	prensa de estampar o gofrar	пресс для холодного тиснения, станок для тиснения	3022

Nr.	DEUTSCH	ENGLISCH	FRANZÖSISCH
3023	**Prägeverschluß* m, Preßverschluß** m	**embossing closure**	**fermeture** f **par gaufrage**
3024	**Präsentierverpackung** f, **Aufstellverpackung** f, **Schauverpackung** f	**display package, display box**	**emballage** m **de présentation, caisse** f **carton** m **de présentation, présentoir** m
3025	**Präserven*** fpl, **Halbkonserven** fpl	**semi-preserves**	**semi-conserves** fpl
3026	**Präservendose** f, **Halbkonservendose** f	**can for semi-preserves, preserved-food can**	**boîte** f **de préservation, boîte de ou à semi-conserves**
3027	**präservieren**	**to preserve**	**préserver**
3028	**Präservierung** f, **Halbkonservierung** f	**preservation**	**préservation** f
3029	**Präservierungsmittel** n	**preservative agent**	**agent** m **préservatif**
3030	**Präzisionswaage** f	**precision balance**	**balance** f **de précision**
3031	**Preisauszeichnung** f (siehe 318)	**pre-pricing**	**indication** f **du prix**
3032	**pressen, formen, formpressen**	**to mould**	**mouler**
3033	**Preßform** f (Preßwerkzeug)	**mould, matrix**	**moule** m, **matrice** f **(de compression)**
3034	**Preßformmaschine** f	**press moulding machine**	**machine** f **à mouler à pression pneumatique**
3035	**Preßglas** n	**pressed glass**	**verre** m **comprimé, verre pressé**

ITALIENISCH	SPANISCH	RUSSISCH	Nr.
chiusura f **per goffrature**	**cierre por gofrado o estampación**	метод укупорки, при котором тару заделывают при помощи штамповочного пресса	3023
imballaggio m **di presentazione**	**envase/embalaje presentador**	выставочная тара, выставочная коробка	3024
prodotti m pl **conservati, prodotti** m pl **semiconservati**	**semi-conservas**	презервы, пищевые презервы	3025
barattolo m **per prodotti conservati, barattolo** m **per prodotti semiconservati**	**envase para semiconservas, o de semiconservación**	банка для пищевых презервов	3026
conservare	**preservar, conservar**	презервировать, консервировать	3027
conservazione f	**preservación, conservación, protección, semiconservación**	презервирование, консервирование	3028
agente m **conservante**	**agente conservador**	консервирующее средство	3029
bilancia f **di precisione**	**balanza de precisión**	точные весы	3030
indicazione f **del prezzo**	**indicación del precio**	указание цены	3031
stampare, formare per stampaggio	**moldear**	прессовать, штамповать, формовать	3032
stampo m, **matrice** f	**molde, matriz** (de compresión)	пресс-форма, пресс-форма для прямого прессования	3033
macchina f **per stampaggio**	**máquina de moldeo por presión** (neumática)	машина для прямого прессования	3034
vetro m **pressato**	**vidrio prensado**	прессованное стекло	3035

Nr.	DEUTSCH	ENGLISCH	FRANZÖSISCH
3036	**Preßguß** m, **Preßgußteil** n	**pressure casting**	**coulage** m **par pression**
3037	**Preßholz** n	**compressed wood**	**bois** m **comprimé**
3038	**Preßlagenholz** n, **Preßschichtholz** n	**compressed laminated wood**	**bois** m **stratifié et comprimé**
3039	**Preßling** m, **Preßteil** n, **Formteil** n	**moulding, moulded piece, stamping**	**pièce** f **moulée, objet** m **moule, moulage** m, **pièce** f **estampée à la presse**
3040	**Preßluftantrieb** m	**drive by compressed air, air-operated drive**	**commande** f **par air comprimé**
3041	**Preßluftheftkopf** m	**air-operated stapling head**	**tête** f **agrafeuse à air comprimé**
3042	**Preßluftheftung** f	**compressed-air stapling, air-operated stapling**	**agrafage** m **à air comprimé**
3043	**Preßmasse** f, **Formmasse** f	**moulding material, moulding compound**	**matière** f **de moulage, matière à mouler**
3044	**Preßpappe** f	**pressboard**	**carton** m **comprimé**
3045	**Preßspan** m	**press board, glaze board, insulation material**	**presspan** m, **carton** m **comprimé lustré, carton isolateur**
3046	**Preßspankiste** f	**box of agglomerated chips**	**caisse** f **en aggloméré de bois**
3047	**Preßspritzen** n, **Spritzpressen** n, **Transferpressen** n	**transfer moulding, plunger moulding**	**moulage** m **par transfert**

ITALIENISCH	SPANISCH	RUSSISCH	Nr.
colaggio m per pressione	fusión por presión	литье под давлением; изделие, отлитое под давлением	3036
legno m pressato	madera prensada	прессованная древесина	3037
legno m compensato pressato	madera estratificada y prensada	древесно-слоистый пластик (ДСП)	3038
oggetto m stampato	moldeo, pieza moldeada, estampada por prensa	прессизделие, прессованное изделие, прессовка, штампованная деталь	3039
comando m ad aria compressa	cabezal grapador por aire comprimido	пневматический привод, пневмопривод	3040
testa f aggraffatrice ad aria compressa	grapado mediante aire comprimido	пневматическая головка проволокосшивальной машины	3041
aggraffatura f ad aria compressa	material de moldeo, o para moldear	пневматическое скрепление металлическими скобами	3042
materiale m per stampaggio	cartón prensado, comprimido	пресс-масса, прессовочная масса, формовочная масса	3043
cartone m pressato	EINTRAG FEHLT!	прессбрд	3044
presspan m, cartone m isolante	cartón compacto, lustrado, aislante	прессшпан, электропрессшпан, электрокартон	3045
cassa f in agglomerato di legno	caja de madera aglomerada	ящик для древесностружечных материалов (изготовленный формовочно- прессовым методом)	3046
stampaggio m a trasferimento con pistone	moldeo por transferencia	литьевое прессование, пресс-литье	3047

Nr.	DEUTSCH	ENGLISCH	FRANZÖSISCH
3048	**Preßstoff** m	moulded material, pressed material, plastics material, moulded plastics material	plastique m moulé, matière f comprimée
3049	**Preßverfahren** n, **Formpressen** n, **Pressen** n	moulding, compression moulding	moulage m, moulage par compression
3050	**Preßwerkzeug** n, **Formwerkzeug** n	compression mould, moulding tool	moule m à compression
3051	**Primer*** m, **Primärlack** m, **Grundlack** m	primer	primaire m, couche f de fond
3052	**Probe*** f, **Probestück** n, **Muster** n	specimen, sample, test piece	spécimen m, échantillon m
3053	**Probe** f, **Versuch** m	test, experiment	épreuve f, essai m
3054	**Probe(nent)nahme** f	sampling	prélèvement m, des échantillons, échantillonage m
3055	**Probepackung** f	sample pack, trial pack	emballage-échantillon m, emballage d'essai m
3056	**probieren, erproben, prüfen**	to test, to check, to examine, to try	tester, essayer
3057	**Produktionslinie** f, **Produktionsstraße** f	production line	chaîne f de fabrication
3058	**Programmsteuerung** f	programme control, automatic sequencing	commande f à programme, cycle m automatique

ITALIENISCH	SPANISCH	RUSSISCH	Nr.
materiale m plastico stampato	material moldeado, materia comprimida, plástico moldeado	пресс-материал, прессованный материал	3048
stampaggio m per compressione	moldeo por compresión	способ прессования, прессование, прямое прессование, формование	3049
stampo m per compressione	molde de compresión	пресс-форма, пресс-форма для прямого прессования, штамп, прессовый штамп	3050
"primer" m, trattamento m superficiale con lacca	primario (tratamiento previo de una superficie mediante una laca o barniz)	грунтовка, грунтовочное покрытие, праймер; грунтовочный лак, грунтэмаль	3051
campione m	muestra	проба для испытания, испытуемый образец, опытный образец	3052
prova f	prueba, ensayo	проба, испытание	3053
campionatura f, prelievo m di campioni	muestreo, obtención de la muestra	отбор образцов, отбор проб, взятие проб, взятие пробы	3054
imballaggio m di prova, imballaggio m campione	envase/embalaje muestra (para ensayo)	образец тары для испытаний	3055
provare	probar, ensayar	испытывать, опробовать, проверять, контролировать	3056
linea f di produzione	línea, cadena de fabricación	производственная линия	3057
ciclo m automatico (comando m del programma)	orden programado, ciclo automático	программное управление	3058

Nr.	DEUTSCH	ENGLISCH	FRANZÖSISCH
3059	Prüfbedingung f	test condition	condition f d'essai, spécification f d'essai
3060	Prüfbestimmung f	test specification	règlement m d'essai
3061	prüfen, testen, kontrollieren	to test, to examine, to control, to check	éprouver, essayer, examiner, contrôler, vérifier
3062	Prüfdruck* m	testing pressure	pression f d'essai
3063	Prüfling* m	test piece, sample	pièce f à l'essai
3064	Prüfmaschine f, Prüfgerät n	testing machine, checking apparatus, checking device	machine f d'essai, équipement m d'essai
3065	Prüfmaschine f für Druckversuche, Druckprüfmaschine f	compression-test machine	machine f à essayer les matériaux à la compression
3066	Prüfmaschine f für Faltversuche und zum Prüfen der Knickfestigkeit	bending and buckling-strength test machine	machine f à essayer les matériaux au flambage, machine à déterminer la résistance au flambage
3067	Prüfmaschine f für Zugversuche, Zugprüfungsmaschine f	tensile-test machine	machine f à essayer les matériaux à la traction
3068	Prüfmethode f	testing method	méthode f d'essai
3069	Prüfmuster n	test sample	éprouvette f
3070	Prüfung f (Kontrolle, Untersuchung)	examination, control, check(ing)	vérification f, contrôle m
3071	Prüfung f (Versuch)	test, testing	essai m, test m, épreuve f

ITALIENISCH	SPANISCH	RUSSISCH	Nr.
condizione f di prova	condición, especificación de ensayo	условия испытания, условия проведения испытания	3059
capitolato m di prova	especificación, regla o norma de ensayo	инструкция по испытанию	3060
provare, controllare, esaminare	probar, ensayar, analizar, examinar, controlar, verificar	испытывать, проводить испытание, исследовать, проверять, контролировать	3061
pressione f di prova	ensayo de presión	испытательное давление	3062
campione m	muestra para ensayar, ensayo	испытуемый образец	3063
macchina f per prova, apparecchio m di controllo	aparato de ensayo, aparato de control	испытательная машина, прибор для испытаний, испытатель	3064
macchina f per la prova di compressione	máquina o aparato para ensayar los materiales sometiéndolos a compresión (aparato de compresión)	машина для испытания на сжатие	3065
macchina f per la determinazione della resistenza alla fiammatura	aparato para determinar la resistencia del material al plegado (aparato plegador, de ensayo)	машина для испытания на изгиб и испытания прочности при продольном изгибе	3066
macchina f per la prova di trazione	aparato para ensayar la resistencia a la tracción de los materiales	машина для испытания на растяжение, машина для испытания на разрыв	3067
metodo m di prova	método de ensayo	испытательный метод	3068
provetta f, campione m in esame	probeta	проба (взятая на испытание)	3069
esame m, controllo m	verificación, control	проверка, контроль, исследование	3070
prova f	ensayo, análisis, prueba	испытание, проба, тест	3071

Nr.	DEUTSCH	ENGLISCH	FRANZÖSISCH
3072	**Prüfung** f **auf der schiefen Ebene, Aufprallprüfung** f	**incline(d)-impact test**	**essai** m **au plan incliné**
3073	**Prüfverfahren** n, **Prüfmethode** f	**test(ing) method, test(ing) process**	**méthode** f **d'essai, méthode de contrôle**
3074	**Prüfwaage** f, **Kontrollwaage** f	**checkweigher**	**balance** f **de contrôle**
3075	**PS - Polystyrol** (siehe 2995)	**PS polystyrene**	**polystyrène** m
3076	**Puderstreudose** f	**powder dispensing can**	**boîtier-poudreur** m
3077	**Pullmanndose*** f	**Pullmann can**	**boîte** f **(métallique) Pullmann**
3078	**pulverdicht**	**siftproof**	**impénétrable à la poudre**
3079	**pulverförmig, pulvrig**	**powdery, pulverous**	**pulvérulent, en (forme de) poudre**
3080	**pulverisieren**	**to powder, to pulverize, to grind**	**pulvériser**
3081	**Pulverlackbeschichtung** f	**powder lacquering**	**vernissage** m **par poudrage**
3082	**punktschweißen**	**to spot-weld**	**souder par points**
3083	**Punktschweißgerät** n	**spot-welding apparatus, spot welder**	**appareil** m **de soudage par points**
3084	**PUR Polyurethan** (siehe 2999)	**PUR polyurathane**	**PUR polyuréthane** m
3085	**PVAC - Polyvinylacetat** n	**PVAC polyvinyl acetate**	**PVAC acétate** m **de polyvinyle**

ITALIENISCH	SPANISCH	RUSSISCH	Nr.
prova f del piano inclinato	ensayo de impacto en plano inclinado	испытание на наклонной плоскости, испытание ударом на наклонной плоскости	3072
metodo m di prova	método de ensayo, de control	способ испытания, метод испытания	3073
bilancia f di controllo del peso	balanza de control	контрольные весы	3074
polistirolo m	PS-poliestireno	полистирол	3075
barattolo m erogatore di polvere	envase para espolvorear	банка с головкой-распылителем	3076
barattolo m "Pullmann"	bote "Pullmann"	прямоугольная консервная банка для ветчины	3077
impenetrabile alla polvere, a prova di polvere	estanco al polvo	непроницаемый для порошков	3078
polverulento, in polvere	pulverulento, en forma de polvo	порошкообразный, порошковый	3079
polverizzare	pulverizar	растирать в порошок, измельчать в порошок; распылять	3080
laccatura f a base di polvere	polvo de lacado	нанесение порошкового лака на поверхность	3081
saldare su diversi punti	soldar por puntos	сваривать точечной сваркой	3082
apparecchio m per saldare su diversi punti	aparato de soldadura por puntos	машина для точечной сварки	3083
poliuretano m	poliuretano (PUR)	полиуретан	3084
acetato m di polivinile	acetato de polivinilo (PVAC) - Fluorurode polivinilideno (PVDF)	поливинилацетат	3085

Nr.	DEUTSCH	ENGLISCH	FRANZÖSISCH
3086	PVC - Polyvinylchlorid n (siehe 3002)	PVC polyvinyl chloride	PVC chlorure m de polyvinyle
3087	PVDC - Polyvinylidenchlorid n	PVDC polyvinylidene chloride	PVDC chlorure m de polyvinylidène
3088	PVDF - Polyvinylidenfluorid n	PVDF polyvinylidene fluoride	PVDF fluorure m de polyvinylidène
3089	Purging* n	purging	purging
3090	Quadratmetergewicht n (siehe 1184)	substance (weight of a material, expressed in g/m^2)	grammage m, masse f au m^2 (masse d'un matèriel exprimée en g/m^2)
3091	Qualitätsgarantie f	quality guarantee	garantie f de qualité
3092	Qualitätskontrolle f	quality control, quality supervision	inspection f (des marchandises), contrôle m de la qualité
3093	Qualitätsstempel m, Gütezeichen n	quality stamp, quality label, quality mark	estampille f de qualité, marque f de qualité
3094	Qualitätsverbesserung f	upgrade quality, quality improvement	amélioration f (de la qualité)
3095	Qualitäts(ver)minderung f	downgrade quality, reduction of quality	diminution f de la qualité
3096	Qualitätsvorschrift f	quality specification	spécification f de qualité
3097	Quellung f	swelling	gonflement m
3098	Querbelastung f	transverse load	charge f transversale
3099	Querdehnung f	transverse strain, transverse expansion	allongement m transversal
3100	Quereinschlag* m	cross wrapping	enveloppe f transversale

ITALIENISCH	SPANISCH	RUSSISCH	Nr.
cloruro m di polivinile	PVC, poli (cloruro de vinilo)	поливинилхлорид, полихлорвинил	3086
polivinilidencloruro m	PVDC (poli-cloruro de vinilideno)	поливинилиденхлорид	3087
polivinilidenfluoruro m	fluoruro de polivinilideno	поливинилиденфторид	3088
depuratione	purgar	очистка, продувание	3089
grammatura f (peso di materiale espresso in gr/m)	gramaje, masa por m² (masa de un material expresada en gramos por m²)	вес бумаги в г/м²	3090
garanzia f di qualità	garantía de calidad, supervisión	гарантия качества	3091
controllo m di qualità	control de calidad, inspección de las mercancías para controlar su calidad	контроль качества, инспекторский осмотр	3092
marchio m di qualità	estampilla de calidad, (o marca de garantía)	знак качества, клеймо ОТК, инспекторский штамп	3093
miglioramento m della qualità	mejora de la calidad	повышение качества, улучшение качества	3094
diminuzione f della qualità	disminución de la calidad	снижение качества, уменьшение качества	3095
specificazione f della qualità	especificación cualitativa	постановления о качестве, инструкции о качестве	3096
rigonfiamento m	hinchazón	набухание, вспучивание	3097
carico m trasversale	carga transversal	поперечная нагрузка	3098
allungamento m trasversale	alargamiento transversal	поперечное удлинение, поперечное расширение	3099
involucro m trasversale	envuelta transversal	поперечная обертка	3100

Nr.	DEUTSCH	ENGLISCH	FRANZÖSISCH
3101	**Querfaser** f	**cross grain**	**fibre** f **transversale**
3102	**Quergabelstapler** m	**side loading fork lift truck**	**chariot** m **élévateur à fourche latérale**
3103	**Querrichtung** f	**cross direction,(a)cross machine**	**sens** m **tranversal**
3104	**Querriß** m, **Kantenriß** m	**edge fracture**	**rupture** f **transversale, crique** f **transversale, fissure** f **d'angle, fissure** f **de bord**
3105	**Querscheibe*** f	**cross blank, conical cross disk**	**disque** m **transversal (conique)**
3106	**Querschneidemaschine** f, **Querschneider** m	**cross cutting machine**	**machine** f **à couper transversalement**
3107	**Quetschflasche*** f	**collapsible bottle**	**bouteille** f **(plastique) souple, bouteille souple et compressible**
3108	**Quetschtube** f	**collapsible tube, paste tube, spreader tube**	**tube** f **(plastique) souple, tube souple et compressible**
3109	**Rändelkappen- schachtel*** f	**knurled cap box**	**boîte** f **à capuchon moleté**
3110	**Rändelmaschine** f	**knurling machine, bordering machine**	**machine** f **à border, moleteuse** f
3111	**rändeln*, mit Rändelung versehen**	**to edge, to border, to rim, to knurl**	**moleter**
3112	**Rändelverschluß*** f	**knurled closure**	**fermeture** f **moletée**
3113	**Rahmen** m (einer Kiste oder eines Verschlages)	**frame, framing** (of a case or crate)	**cadre** m (d'une caisse ou d'un cadre)
3114	**Rahmenkiste*** f	**frame(d) crate**	**caisse-cadre** f, **caisse cadrée**

ITALIENISCH	SPANISCH	RUSSISCH	Nr.
fibra f trasversale	fibra transversal	поперечное волокно	3101
carrello m elevatore a forche laterali	carretilla elevadora de horquilla lateral	автопогрузчик, производящий погрузку сбоку	3102
senso m trasversale, direzione f trasversale	sentido transversal	поперечное направление	3103
rottura f d'angolo, fessura f trasversale	rotura, fractura, fisura transversal, fisura angular	поперечная трещина	3104
disco m trasversale conico	disco transversal (cónico)	деревянная бочечная втулка, пробка втулочного отверстия	3105
taglierina f trasversale	máquina cortadora transversal	поперечная саморезка, поперечнорезальная машина	3106
bottiglia f deformabile	botella (de plástico) flexible (y comprimible)	бутылочка, из которой содержимое выталкивается при надавливании; гибкая бутылка	3107
tubo m deformabile	tubo comprimible, (flexible y comprimible)	мягкая туба, мягкий тюбик, гибкий тюбик	3108
scatola f con coperchio zigrinato	caja con tapa estriada	коробка с рифленой крышкой	3109
macchina f bordatrice, macchina f zigrinatrice	máquina rebordeadora	накатный станок	3110
bordare, zigrinare	rebordear	накатывать, накатывать рифления	3111
chiusura f zigrinata	cierre de punto, de cordón	затвор с рифлением	3112
intelaiatura f (di una cassa o gabbia)	marco (de una caja o de un cadre)	рама, рамная конструкция, каркас	3113
cassa f con intelaiatura	caja enmarcada	решетка, каркасный ящик	3114

Nr.	DEUTSCH	ENGLISCH	FRANZÖSISCH
3115	**Rakel** f	**doctor blade, coating knife**	**râcle** f, **docteur** m
3116	**Rakelauftragmaschine** f	**doctor kiss coater**	**machine** f **à enduire (à cylindre demi-immergé) avec égalisation par râcle inférieure**
3117	**Rakelmesser** n	**doctor blade, doctor knife**	**raclette** f **"hélio"**
3118	**Rakelwalze** f, **Dosierwalze** f	**doctor roll**	**rouleau** m **doseur**
3119	**Rand** m	**edge, border, margin**	**bord** m, **arête** f, **marge** f
3120	**Rand** m, **vorstehender Rand**	**flange**	**bride** f, **rebord** m
3121	**Randgummiermaschine** f	**margin gluer**	**encolleuse** f **de marges**
3122	**randvoller Inhalt** m	**rim-full content**	**remplissage** m **maximum**
3123	**Randvollvolumen*** n	**rim-full capacity**	**volume** m **à remplissage jusqu'au bord**
3124	**Rangreihentest*** m	**ranking test**	**test** m **pour classement hiérarchique**
3125	**ranzig**	**rancid**	**rance**
3126	**Rapport*** m	**repeat in the design**	**rapport** m, **répétition** f **du dessin**
3127	**Rapport** m, **in Rapport laufen**	**to run in proper alignment**	**être én rapport**
3128	**Rapportdruck*** m	**repeat printing**	**impression** f **par ou en rapport**

ITALIENISCH	SPANISCH	RUSSISCH	Nr.
racla f, spatola f	racleta, cuchilla recubridora	ракель, ракля, шабер, скребок	3115
macchina f spalmatrice a racla	máquina recubridora (con un cilindro semisumergido con igualación por racleta inferior)	машина, наносящая покрытие валком и раклей; машина для нанесения покрытия шабером	3116
coltello m a racla	racleta "hueco"	ракельный нож, шаберный нож	3117
rullo m dosatore	rodillo dosificador	дозирующий валок, дозирующий ролик	3118
bordo m, margine m	ángulo, borde, margen	ребро, край, кромка	3119
flangia f, bordatura f	brida, reborde	реборда, буртик	3120
incollatrice f di margini	encoladora de márgenes (marginal)	краегуммировальная машина	3121
contenuto m massimo (capacità f massima)	contenido a ras-borde	предельная емкость (объем до края)	3122
capacità f massima	capacidad a ras-borde	предельный объем	3123
prova f di classificazione, prova f di ordinamento	ensayo de capacidad	тест по разрядам	3124
rancido	rancio-a (mantequilla oxidada) (por ej.)	прогорклый	3125
ripetizione f del disegno	repetición del dibujo	раппорт (рисунка, переплетения), повторящийся мотив	3126
marciare a giusto registro	estar en contacto	печатать с точным расположением печатного рисунка по отношению к линиям закроя	3127
stampa f per ripetizione del disegno	impresión por repetición	печатание с точным расположением повторяющегося рисунка на отдельных упаковках	3128

Nr.	DEUTSCH	ENGLISCH	FRANZÖSISCH
3129	Raster m	screen, raster	réseau m
3130	Rasterdruck m, Siebdruck m	screen printing	impression f en sérigraphie
3131	Rationalisierung f	rationalization	rationalisation f
3132	rationelle Verpackung f	efficient package, efficient packaging	emballage m efficace
3133	rauhe Behandlung f	rough handling	manutention f brutale, manipulation f robuste
3134	rauhe Oberfläche f	rough surface, coarse surface	surface f rugueuse
3135	Raum m, Platz m	space, place, room	espace m, place f
3136	Raumausnutzung f	utilization of space, efficiency of space	utilisation f de l'emplacement
3137	Raumbedarf m	space occupied, over-all dimensions, (floor) space required, space requirement	encombrement m, emplacement m
3138	Raumeinheit f	unit of space, unit (of) volume	unité f de volume
3139	Raumersparnis f	space saving	économie f de place
3140	Rauminhalt m, Volumen n	volume, contents, capacity	volume m, capacité f
3141	Rauminhalt-Füllmaschine f	density filling machine	remplisseuse f par densité
3142	Raumverminderung f, Volumenminderung f	volume reduction	diminution f de volume

ITALIENISCH	SPANISCH	RUSSISCH	Nr.
retino m	red, pantalla	растр, растровая сетка	3129
serigrafia f	impresión serigráfica	трафаретная печать, шелкотрафаретная печать, шелкография	3130
razionalizzazione f	racionalización	рационализация	3131
imballaggio m razionale	embalaje racional, eficaz	рациональная упаковка	3132
manipolazione f rude	manejo brutal, manipulación ruda	грубое обращение, невнимательное обращение (с тарой, с грузом)	3133
superficie f ruvida	superficie rugosa	шероховатая поверхность	3134
spazio m, posto m	espacio, lugar, sitio	пространство, объем; место	3135
utilizzazione f dello spazio	utilización (eficaz) del espacio	использование полезного пространства	3136
spazio m occupato, ingombro m	volumen, emplazamiento	потребность в пространстве, габаритные размеры	3137
unità f di volume	unidad de volumen	единица объема	3138
economia f di spazio	economía de espacio	экономия в пространстве	3139
volume m, capacità f	capacidad, volumen	кубатура, вместимость, объем, емкость	3140
macchina f riempitrice per densità	máquina llenadora por densidad	фасовочная машина, дозирующая продукцию по объему	3141
diminuzione f di volume	disminución de volumen	объемное уменьшение	3142

Nr.	DEUTSCH	ENGLISCH	FRANZÖSISCH
3143	**Reaktionsklebstoff** m, **Zweikomponenten-klebstoff** m	**mixed adhesive**	**colle** f **à deux composants**
3144	**rechtsgängig**	**right-handed**	**fileté à droite**
3145	**Rechtsgewinde** n, **rechtsgängiges Gewinde** n	**right-hand(ed) thread**	**filet(age)** m **à droite**
3146	**Rechtwinkelkleber** m	**right-angle gluer**	**colleuse** f **à l'équerre**
3147	**recken** (von Folien), **strecken**	**to orient** (films and sheets), **to stretch, to extend**	**orienter, étendre** (des feuilles), **étirer**
3148	**Recycling** n	**recycling**	**recyclage** m
3149	**Regal** n	**shelf, rack**	**rayons** mpl, **rayonnage** m
3150	**Regaleinheit*** f	**shelf unit**	**unité** f **de rayonnage**
3151	**regelbar, regulierbar**	**controllable, adjustable**	**réglable, ajustable**
3152	**Regelung** f	**automatic control**	**réglage** m **automatique**
3153	**regendicht, regenundurchlässig**	**rainproof, waterproof**	**étanche à la pluie**
3154	**Regenerierungstest** m	**regeneration test**	**essai** m **de régénération**

ITALIENISCH	SPANISCH	RUSSISCH	Nr.
adesivo m miscelato	cola (adhesivo) mixta	комбинированный клей, двухкомпонентный клей	3143
filettato in senso orario, destrorso	fileteado a la derecha	правый (о резьбе)	3144
filettatura f destrorsa	filete a la derecha	правая резьба, резьба правого хода	3145
incollatrice f ad angolo retto	encoladora a escuadra	прямоугольная клеильная машина	3146
orientare (film e fogli), stirare	orientar, extender, estirar (las láminas o películas, plásticas especialmente)	вытягивать, растягивать, ориентировать (молекулы в полимере)	3147
riciclaggio	reciclado, reciclar	возвращение отходов для повторного использования в качестве вторичного сырья	3148
scaffale m	radio, radiado	регал, реал, стеллаж, полка	3149
unità f da scaffale (imballaggio m per immagazzinamento)	unidad de estante (o para el estante)	полки	3150
regolabile, adattabile	regulable, ajustable	регулируемый	3151
regolazione f automatica, controllo m automatico	control automático, reglaje	регулирование, регулировка	3152
impermeabile all'acqua, impermeabile alla pioggia, idrorepellente	estanco a la lluvia	непромокаемый	3153
prova f di rigenerazione	ensayo de regeneración	испытание на регенерацию	3154

Nr.	DEUTSCH	ENGLISCH	FRANZÖSISCH
3155	**Registrierapparat** m	recording apparatus, recorder	enregistreur m, instument m enregistreur, mécanisme m enregistreur, indicateur m
3156	**Reguliervorrichtung** f	regulator, regulating device, adjusting device	dispositif m régulateur, dispositif de réglage
3157	**reiben, abreiben**	to rub (off), to cause friction	frotter, se frotter, broyer, ôter en frottant
3158	**Reibfestigkeit** f, **Abriebfestigkeit** f	abrasion resistance	résistance f à l'abrasion, résistance au frottement
3159	**Reibung** f	friction, rubbing, abrasion	friction f, frottement m
3160	**Reibung** f, **gleitende Reibung**	rolling, friction, sliding friction	friction f de glissement
3161	**Reibungsarbeit** f	friction(al) effort, work due to friction	travail m de frottement
3162	**Reib(ungs)fläche** f, **Berührungsfläche** f	rubbing surface, friction surface, friction contact	surface f de frottement, surface de friction, surface de contact
3163	**Reifen** m, **Faßreifen*** m	iron hoop	cerceau m de fût, cercle m de fût
3164	**Reihenfertigung** f	serial production, assembly-line production, mass production	fabrication f en série
3165	**Reinaluminium** n	pure aluminium	aluminium m pur

ITALIENISCH	SPANISCH	RUSSISCH	Nr.
apparecchio m di registrazione	registrador (aparato, instrumento o mecanismo registrador), indicador	регистрирующий аппарат, регистрирующий самопишущий аппарат, регистрирующий прибор, самописец	3155
dispositivo m regolatore	dispositivo regulador, de reglaje de ajuste	регулировочный механизм, регулирующее устройство	3156
sfregare, strofinare, provocare frizione	frotar, causar fricción, friccionar	тереть, перетирать, истирать	3157
resistenza f all'abrasione, resistenza f alla frizione	resistencia a la abrasión, a la fricción	сопротивление истиранию, прочность к истиранию, устойчивость к трению, износостойкость	3158
frizione f, sfregamento m	fricción, frote	трение, перетир, истирание	3159
frizione f per slittamento	fricción de (por) deslizamiento	трение скольжения	3160
lavoro m di frizione	esfuerzo, o trabajo por fricción	работа трения	3161
superficie f di contatto, superficie f di frizione	superficie de fricción, de contacto	трущаяся поверхность, поверхность соприкосновения, поверхность контакта, контактная поверхность	3162
cerchio m per botte	aro (de un barril), cerco	обруч, обруч бочки	3163
fabbricazione f in serie	fabricación en serie	серийное производство, крупносерийное производство	3164
alluminio m puro	aluminio puro	технически чистый алюминий	3165

Nr.	DEUTSCH	ENGLISCH	FRANZÖSISCH
3166	**Reinigung** f, **Spülung** f	cleaning, rinsing	nettoyage m, rinçage m
3167	**Reißbanddose*** f	tear-strip can, pull-tab can	boîte f (métallique) à bande déchirable, boîte à bandelette d'arrachage
3168	**Reißdehnung*** f, **Bruchdehnung** f	stretch at breaking point, elongation at rupture, ductile yield	allongement m de rupture, allongement à la rupture
3169	**reißen, zerreißen**	to tear, to break	déchirer, se déchirer, rompre, se rompre
3170	**Reißfestigkeit** f, **Zugfestigkeit** f	tear strength, breaking strain	résistance f à la déchirure, résistance à la traction, résistance à la tension, résistance à la rupture
3171	**Reißlänge*** f	breaking length, tearing length	longueur f de rupture
3172	**Reißverschluß** m	fastener, slide fastener, zipper	fermeture f éclair, fermeture automatique, fermeture à glissière
3173	**Reiteretikett*** n, **Dachreiteretikett** n	header label, saddle label	étiquette-cavalier f
3174	**Reklame** f, **Werbung** f	advertising, advertisement	publicité f, réclame f
3175	**Reklameartikel** m, **Werbemedium** n	merchandiser, advertising medium	objet m publicitaire, article m de réclame
3176	**Reklame-Einwickel-papier** n	advertising wrapper	enveloppe f publicitaire, emballage m de réclame
3177	**relative Feuchtigkeit** f, **relative Luftfeuchtigkeit** f	relative humidity (RH), relative humidity of the air	humidité f relative, humidité relative de l'air

ITALIENISCH	SPANISCH	RUSSISCH	Nr.
pulitura f	lavado, enjuagado limpiado, limpieza	очистка, очищение; промывка	3166
barattolo m con apertura a strappo	envase metálico (bote, lata) de banda desgarrable (para su apertura)	банка с язычком, жестяная банка с язычком	3167
allungamento m a rottura	alargamiento hasta rotura	относительное удлинение при растяжении, разрывное удлинение, растяжимость	3168
strappare, rompere, rompersi	desgarrarse, romperse, desgarrar, romper	разрывать, раздирать, отрывать	3169
resistenza f allo strappo, resistenza f alla rottura	resistencia al desgarro, a la tracción, a la rotura, a la tensión	сопротивление разрыву при растяжении, разрывная прочность, прочность на разрыв	3170
lunghezza f di rottura	longitud de rotura	разрывная длина	3171
chiusura f automatica	cierre rápido, automático, por deslizamiento o resbalón	застежка-молния, замок "молния"	3172
etichetta f a cavaliere	etiqueta a caballo	этикетка, перегибаемая пополам для запечатывания пакетов	3173
pubblicità f	publicidad, reclamo	рекламное дело, реклама	3174
articolo m pubblicitario	objeto publicitario, artículo de reclamo	рекламный экспонат, рекламный эстамп, рекламный стенд, рекламное средство	3175
avvolgimento m pubblicitario	envoltura publicitaria, envase de reclamo, publicitario	рекламная оберточная бумага	3176
umidità f relativa, umidità f relativa dell'aria	humedad relativa (HR), humedad del aire	относительная влажность, относительная влажность воздуха	3177

Nr.	DEUTSCH	ENGLISCH	FRANZÖSISCH
3178	relative Naßfestigkeit* f (von Papier)	wet strength (of paper), relative wet strength	indice m de résistance à l'état humide (de papier)
3179	Reliefdruck m	relief print	impression f en relief
3180	reproduzierbar	reproducible, controllable	reproduisable
3182	Richtlinie f	regulation	réglementation f directive f
3183	Riechprobe f, Geruchstest m	odour test, smelling test	test m olfactif, détection f des odeurs
3184	Riechstoff m	olfactory agent, fragrance, perfuming agent	matière f odorante
3185	Riemen m, Binderiemen m	strap, belt	lanière f
3186	Ries n, Ries n Papier (Packungseinheit von sortengleichem Plano-Papier, dessen Abmessungen von Flächengewicht und Format abhängig sind)	ream, ream of paper (one ream = one pack of 500 identical sheets of paper; one quire of paper = the twentieth part of a ream)	rame f de papier (une rame = un paquet de 500 feuilles de papier identiques, une main de papier = la vingtième partie d'une rame)
3187	rieselfähiges Gut n	flowable product	matière f se prêtant à l'écoulement
3188	Riesgewicht n (Flächengewicht eines Rieses Papier)	substance weight, basis weight, ream weight (of a ream of paper, expressed in lbs./r.)	poids m d'une rame (de papier; exprimé en g/m²)
3189	Riffelblech n	corrugated sheet metal, channelled plate	tôle f striée, tôle cannelée, tôle rainurée
3190	Riffelpappe* f	rippled paperboard	carton m cannelé
3191	Riffelung f, Riffeln n	corrugation, groove, fluting	cannelage m, rainurage m, cannelure f, rainure f

ITALIENISCH	SPANISCH	RUSSISCH	Nr.
resistenza f **all'umidità relativa** (di carta)	**índice de resistencia a la humedad** (del papel)	относительная влагопрочность (бумаги)	3178
stampa f **in rilievo**	**impresión en relieve**	высокая печать	3179
riproducibile	**reproducible**	воспроизводимый	3180
regolazione f	**regulación, directriz**	правило, устав, инструкция	3182
prova f **dell'odore**	**ensayo al** (o del) **olor, detección de los olores**	проверка на посторонний запах и привкус, испытание на посторонний запах и привкус	3183
sostanza f **odorosa**	**materia odorante**	душистое вещество, средство для улучшения запаха	3184
cinghia f	**cinta, cinturón, correa** (larga y estrecha)	ремень	3185
risma f (un pacco di un numero prestabilito di fogli di carta di uguali dimensioni e qualità)	**resma de papel** (una resma es un paquete de 500 hojas idénticas de papel, una mano de papel es la 20ava parte de una resma)	стопа бумаги	3186
prodotto m **granulare**	**producto fluído**	сыпучий материал	3187
peso m **di una risma** (di carta, espresso in gr/m²)	**peso de una resma** (de papel, expresado en gramos)	вес стопы бумаги	3188
foglio m **di metallo ondulato, lamiera** f **ondulata**	**plancha estriada, plancha acanalada, plancha ranurada**	рифленый лист, гофрированное листовое железо	3189
cartone m **ondulato**	**cartón ondulado**	рифленый картон	3190
ondulazione f **scanalatura** f	**canaladura, ranurado, acanalado**	рифление, гофрирование, гофрировка	3191

Nr.	DEUTSCH	ENGLISCH	FRANZÖSISCH
3192	**Rille** f	**groove**	**rainure** f, **gorge** f
3193	**rillen***	**to crease, to score**	**rainurer, rayer, refouler**
3194	**Rillendeckel*** m	**grooved lid**	**couvercle** m **rainuré**
3195	**Rill- und Anleimmaschine** f	**creasing and glu(e)ing machine**	**machine** f **à rainurer et coller**
3196	**Rill- und Ritzlinien** fpl	**creases and score lines**	**lignes** fpl **des rainures et rayures**
3197	**Rill- und Ritzmaschine**	**creasing and scoring machine**	**machine** f **à rainurer et à rayer**
3198	**Ringdichtung** f	**circumferential joint, annular seal**	**joint** m **annulaire**
3199	**Ringdüse** f	**ring nozzle**	**tuyère** f **annulaire**
3200	**ringförmig**	**annular, ring-shaped**	**annulaire, en forme d'anneau**
3201	**Ringleisten*** fpl	**battens, straps, ring ledges**	**ceintures** fpl **(de tasseaux), listeaux** mpl **annulaires**
3202	**Ringmundstück*** n	**annular mouthpiece**	**embouchure** f **annulaire**
3203	**Ringstauchwiderstand** m	**ring crush resistance**	**résistance** f **au refoulement d'un anneau**
3204	**Riß** m, **Sprung** m, **Ritz** m	**crack, fissure, tear**	**fissure** f, **fente** f, **crevasse** f, **gerçure** f, **rupture** f
3205	**Rißbildung**	**cracking, fissuration, fissuring, formation of cracks**	**fissuration** f, **criquage** m, **formation** f **de fissures**

ITALIENISCH	SPANISCH	RUSSISCH	Nr.
cordonatura f	ranura, acanalado	линия сгиба, линия рилевки, бороздка	3192
cordonare	ranurar, rayar	наносить линии сгибов, наносить линии рилевки	3193
coperchio m cordonato	tapa acanalada	крышка с желобком с внутренней стороны	3194
macchina f cordonatrice, incollatrice f	máquina de ranurar y encolar	фальцовочный и клеильный станок	3195
linee f pl di cordonatura e piegatura	líneas de las ranuras y rayados	линии сгиба и надреза, линии сгиба и высечки (насечки) на картоне	3196
macchina f per la piegatura e cordonatura	máquina para ranurar y rayar	рильаппарат и рицаппарат, рилевочно-резальная машина, биговально-высекальный станок	3197
saldatura f circolare	junta anular, junta circunferencial	уплотнительное кольцо, уплотняющее кольцо	3198
erogatore m ad anello	cabezal anular	кольцевое сопло	3199
a forma di anello	anular, en forma de anillo	кольцеобразный, кольцевой	3200
listelli m pl anulari, listelli m pl perimetrali	pletinas de listones, listones anulares	поясные планки	3201
imboccatura f ad anello	obturador anular	горло бутылки под укупорку фарфоровой пробкой	3202
resistenza f alla compressione dell'anello	resistencia del cerco a la compresión	кольцевое осадочное сопротивление	3203
crepa f, fessura f, rottura f	fisura, grieta, ruptura	трещина, разрыв, надрыв, щель	3204
screpolatura f, fessurazione f	rotura, fisuración, agrietamiento	образование трещин, трещинообразование	3205

Nr.	DEUTSCH	ENGLISCH	FRANZÖSISCH
3206	**Rißfestigkeit** f	crack strength, crack resistance	résistance f à la fissuration, résistance au criquage
3207	**Rißformung** f auf der Oberfläche	surface cracking	fissuration f superficielle
3208	**rissig**	cracked, full of cracks, split, fissured	crevassé, fendillé
3209	**rissig werden**	to crack, to get brittle, to become cracked	se déchirer, se fendre, se gercer
3210	**Ritzaufreißlinie*** f	score line, scored tear line	ligne f de rayure, ligne rayée de déchirage
3211	**ritzen***	to score, to crease	rayer, rainurer
3212	**Ritzhärteprüfung** f	scratch hardness test	essai m de dureté sclérométrique
3213	**Ritzversuch** m	scratch test	essai m au scléromètre, essai au triage
3214	**Röhrchen*** n	small tube	petit tube m
3215	**Rohformat** n	untrimmed size	format m brut
3216	**Rohglas** n	crude glass	verre m cru, verre grossier
3217	**Rohkartonage** f	plain carton, plain boxboard	cartonnage m brut
3218	**Rohleinen** n	raw linen, unbleached linen cloth	toile f écrue
3219	**Rohling** m	blank	ébauche f, pièce f brute, découpe f

ITALIENISCH	SPANISCH	RUSSISCH	Nr.
resistenza f alla fessurazione	resistencia al agrietamiento, a la fisuración	трещиностойкость, стойкость к трещинообразованию	3206
fessurazione f della superficie	fisuración superficial	поверхностное трещинообразование	3207
screpolato, fessurato	agrietado, resquebrajado	трещиноватый, с трещинами	3208
screpolarsi, fessurarsi	desgarrarse, resquebrajarse, agrietarse	трескаться, давать трещину, образовать трещину	3209
linea f di cordonatura, linea f di scalfittura	línea de rayado, línea (tira) de desgarro	насеченная отрывная лента (для открывания жестяной банки)	3210
cordonare, scalfire	rayar, hender, ranurar	насекать картон, надрезать картон, делать насечки	3211
prova f di resistenza alla scalfittura	ensayo de resistencia al rayado (al rasguño), ensayo de dureza esclerométrica	определение твердости методом царапанья	3212
prova f di scalfittura	ensayo de esclerómetro	испытание на твердость царапаньем	3213
tubetto m	tubito	трубочка	3214
formato m grezzo	formato bruto	производственный формат, необрезной формат	3215
vetro m crudo	vidrio crudo, en bruto	необработанное стекло	3216
cartone m grezzo	cartón en bruto	картон-основа	3217
tela f grezza	tejido crudo	лен-сырец	3218
prodotto m semilavorato	pieza, trozo, retal, recorte en bruto (generalmente, de películas de plástico)	заготовка, (пластмассовый) бланк-заготовка тары	3219

Nr.	DEUTSCH	ENGLISCH	FRANZÖSISCH
3220	**Rohmaterial** n, **Rohstoff** m	**raw material, raw stock**	**matière** f **première; matériaux** mpl **bruts**
3221	**Rohpapier** n	**base paper, body paper**	**support** m
3222	**Rohr** n, **Schlauch** m, **Röhre** f	**tube, tubing**	**tube** f, **tuyau** m
3223	**Rohrgeflecht** n	**cane work, wicker work, cane weave**	**paillasson** m, **clayonnage** m **en roseau**
3224	**Rolle** f (Rolle Papier)	**reel** (of paper)	**bobine** f (de papier)
3225	**Rolle*** f, **Spule*** f (zum Aufwickeln)	**roll, coil, spool**	**bobine** f, **bobineau** m, **rouleau** m
3226	**Rolle** f, **von der Rolle**	**reel-fed**	**à partir de la bobine**
3227	**Rollen** fpl, **auf Rollen transportieren!**	**use rollers!**	**transportez sur rouleaux!, à transporter sur rouleaux!**
3228	**Rollenbahn** f, **Röllchenbahn** f	**roller conveyor, gravity roller conveyor**	**convoyeur** m **(à gravité) à rouleaux, bande** f **de roulement**
3229	**Rollenkern*** m (siehe 273, 1822)	**core of spool, plug, coil, reel**	**noyau** m **de bobine, mandrin** m, **tube** f **à embobiner, bobineau** m
3230	**Rollenpapier** n	**reeled paper**	**papier** m **en rouleau, bande** f **de papier sans fin**
3231	**Rollenschneid- und -wickelmaschine** f	**reel slitting and rewinding machine, roller cutting and winding machine**	**machine** f **à découper et enrouler les bobines, débobineuse-coupeuse** f, **machine** f **à découper à roulettes**
3232	**Rollenzufuhr** f	**reel-feed, web-feed**	**alimentation** f **à la bobine**

ITALIENISCH	SPANISCH	RUSSISCH	Nr.
materia f prima, materiale m grezzo	materia prima, materiales en bruto	сырье, сырьевой материал	3220
carta f grezza	papel soporte	бумага-основа, бумага-основа без отделки	3221
tubo m	tubo (caña), tubería	трубка, труба, рукав	3222
graticcio m di canne, graticcio m di giunchi	mimbre	плетеное изделие из тростника, тростниковая плетенка	3223
bobina f (di carta)	bobina (de papel)	рулон, роль, ролик, бобина	3224
rotolo m, bobina f	bobina, rollo, rodillo (para bobinar)	катушка, шпуля	3225
a partire da bobina, alimentato da bobina	a partir de la bobina alimentado/a, por bobina	рулонная подача	3226
trasportare su rulli!	transpórtese sobre rodillos	Транспортировать на роликах!	3227
trasportatore m a rulli per gravità	camino de rodillos (por gravedad), cinta de rodaje (las mercancías se desplazan sobre los rodillos de que se compone la cinta)	роликовый конвейер, роликовый транспортер, рольганг	3228
mandrino m di una bobina, anima f di una bobina	núcleo, mandril, tubo de la bobina o para embobinar	бумажная гильза (для намотки бумаги), накатный стержень, накатный патрон	3229
carta f avvolta in bobina	papel en bobina, banda sin fin de papel	ролевая бумага	3230
macchina f per tagliare e avvolgere in bobina	máquina para cortar y enrollar las bobinas, debobinadora-cortadora, máquina cortadora a base de ruletas	накатно-резальный станок, перемотно-резательный станок	3231
alimentazione f da bobina	alimentación por bobina (a partir de la bobina)	рулонная подача	3232

Nr.	DEUTSCH	ENGLISCH	FRANZÖSISCH
3233	**Rollierverschluß* m,** **Anrollverschluß m**	**roll(ed)-on closure,** **curled cap(sule)**	**fermeture f pressée,** **capsule f serrée par** **rouleaux, capsule f** **roulée**
3234	**Rollneigung* f**	**curling** (tendency of surfaces to curl because of tensions)	**redressage m, roulage m** (tendance d'une surface à se rouler par tensions)
3235	**Rollpalette f**	**trundle roller pallet**	**palette f à roulettes**
3236	**Rollreifendeckelfaß n**	**rolling hoop drum with lid**	**fût m à rouleaux avec couvercle**
3237	**Rollreifenfaß* n**	**trundle rolling hoop drum**	**fût m à rouleaux**
3238	**Rollsickenfaß* n**	**rolling channel drum**	**fût m à rouleaux bordés**
3239	**Rollversuch m,** **Rollprüfung f**	**roll test**	**essai m de roulage**
3240	**Rollvorrichtung f**	**rolling-up device**	**dispositif m d'enroulement**
3241	**Rost m**	**rust**	**rouille f**
3242	**rostbeständig, rostfest**	**rustproof, rust-resistant,** **non-corrosive**	**inoxydable, résistant à la rouille, antirouille**
3243	**rosten, rostig werden,** **verrosten**	**to rust, to become rusty**	**se rouiller, s'enrouiller**
3244	**Rostfestigkeit f,** **Rostbeständigkeit f**	**rust-resisting property,** **corrosion resistance**	**inoxydabilité f, résistance f à corrosion**

ITALIENISCH	SPANISCH	RUSSISCH	Nr.
chiusura f a rotazione	cierre a presión, cápsula cerrada para rodillos (moletas)	колпачок, обкатываемый по венчику горла бутылки; колпачок, обжимающийся на горле бутылки	3233
arrotolamento m (tendenza di una superficie ad arrotolarsi per tensione)	enrollado (tendencia de una superficie a enrollarse por tensiones)	скручиваемость (бумаги)	3234
paletta f a rulli	paleta de rodamientos	поддон на роликах	3235
fusto m con cerchi di rotolamento e con coperchio	barril de aros con tapa	металлический барабан с приваренными обручами катания и со съемной крышкой	3236
fusto m con cerchi di rotolamento	barril de aros	металлический барабан с приваренными обручами катания	3237
fusto m con bordi di rotolamento	barril de aros con reborde y tapa	металлический барабан с обечайкой с ребрами жесткости и со съемной крышкой	3238
prova f di rotolamento	ensayo de rodamiento	испытание на качение	3239
dispositivo m di arrotolamento	dispositivo de enrollado o enrollamiento	намоточный станок	3240
ruggine f	herrumbre, orín, corrosión	ржавчина, коррозия	3241
resistente alla ruggine, a prova di ruggine, inossidabile	inoxidable, resistente a la corrosión	коррозионностойкий	3242
arrugginirsi	oxidarse, corroerse	ржаветь	3243
resistenza f alla ruggine, resistenza f alla corrosione	inoxibilidad, resistencia a la corrosión	стойкость к образованию ржавчины, коррозионная стойкость, стойкость к коррозии	3244

Nr.	DEUTSCH	ENGLISCH	FRANZÖSISCH
3245	**rostfrei, nichtrostend**	**rustfree, rustproof, rustless, stainless**	**inoxydable**
3246	**Rostschutz** m	**rust protection**	**protection** f **antirouille, protection contre la rouille**
3247	**Rostschutzfarbe** f	**rust-preventive paint**	**peinture** f **antirouille, enduit** m **antirouille**
3248	**Rostschutzmittel** n	**rust preventive, anti-corrosive (agent), corrosion inhibitor**	**antirouille** m, **produit** m **antirouille, moyen** m **de protection contre la rouille**
3249	**Rostschutzpapier*** n, **Korrosionsschutz-papier*** n	**anti-rust paper, anti-tarnish paper, cutlery paper, corrosion-preventive paper**	**papier** m **antirouille, papier anticorrosif, papier pour coutellerie, papier préventif à la corrosion**
3250	**Rostschutzverpackung** f	**rust-preventive package**	**emballage** m **de protection contre la rouille, emballage antirouille**
3251	**Rostsicherheit** f, **Rostfestigkeit** f	**corrosion resistance**	**inoxydabilité** f, **résistance** f **à la corrosion**
3252	**rostverhütend, rostverhindernd, rosthemmend**	**rust-preventing, rust-preventive, rust-inhibiting, anti-rust**	**empêchant la rouille, antirouille**
3253	**Rotationsbewegung** f	**rotary motion, rotational movement**	**mouvement** m **giratoire, mouvement à rotation**
3254	**Rotationsdruck-maschine** f, **Rotationsdruckpresse** f	**rotary (printing) press**	**machine** f **typographique rotative, presse** f **rotative (à imprimer)**
3255	**Rotations(tief)druck** m	**rotary (press) printing, rotogravure**	**impression** f **par machine rotative**

ITALIENISCH	SPANISCH	RUSSISCH	Nr.
inossidabile	inoxidable	нержавеющий	3245
protezione f antiruggine	protección anticorrosiva	защита от коррозии (железа и стали)	3246
vernice f antiruggine	pintura anticorrosiva, recubrimiento (coloreado) anticorrosivo	защитная краска, коррозионно-защитная краска	3247
prodotto m inibitore della corrosione, prodotto m antiruggine	producto antioxidante, anticorrosivo, medio de protección contra la corrosión	средство защиты от коррозии, коррозионно-защитное средство, антикоррозионное средство	3248
carta f antiruggine, carta f anticorrosiva (carta f per coltelleria)	papel anticorrosivo, preventivo de la corrosión	антикоррозионная бумага; бумага, применяемая для защиты от коррозии	3249
imballaggio m antiruggine	embalaje protector contra la corrosion, embalaje anticorrosivo	упаковка, предохраняющая от ржавления; коррозионно-защитная упаковка	3250
resistenza f alla corrosione, inossidabilità	inoxidable, resistente a la corrosión	нержавность, стойкость к образованию ржавчины	3251
inibitore della ruggine, antiruggine	preventivo de la corrosión, inhibidor de la oxidación	предохраняющий от ржавления	3252
movimento m rotativo, movimento m rotatorio	movimiento giratorio, rotativo	вращательное движение	3253
macchina f per stampa rotativa, macchina f per stampa a rotocalco	máquina de impresión tipográfica rotativa, prensa rotativa de impresión	печатное оборудование ротационного типа, ротационная печатная машина, ротация	3254
stampa f rotativa, stampa f a rotocalco	impresión mediante máquina rotativa (tipo huecograbado)	ротационная печать, ротационная глубокая печать	3255

Nr.	DEUTSCH	ENGLISCH	FRANZÖSISCH
3256	rotierend	rotary, rotating	rotatif, à rotation
3257	rotierender Zuführtisch m	rotary feed table, turn table	table f d'alimentation rotative
3258	Rückenetikett* n	back label	étiquette f dorsale
3259	Rückfederung* f	resilience	flexion f élastique en arrière
3260	Rückführung f	back guide	guide m arrière
3261	Rückführ(ungs)band n	return belt	bande f de retour
3262	Rückgabeverpackung f, Leihverpackung* f, Mehrwegverpackung* f	returnable package, package to be returned	emballage m consigné, emballage repris
3263	Rückprallhärte f	rebound hardness	dureté f de rebondissement
3264	Rücksendungsetikett n	return label	étiquette f de renvoi
3265	Rücksprungpalette f mit überstehender Fläche	wing pallet with projecting deck	palette f à plancher débordant, palette à plancher à ailes
3266	Rückstand m	residue	résidu m
3267	Rückstellvermögen* n	resilience	reprise f élastique
3268	Rückwand f	back face, backwall	paroi f arrière
3269	rütteln	to shake, to jolt, to jar, to vibrate, to joggle	secouer, ébranler
3270	Rüttelprüfung* f	vibration test	essai m de vibration
3271	Rütteltisch* m	vibrator	table f vibrante, table à secousses
3272	Ruhelage f, Gleichgewichtslage f	resting position, equilibrium position, balance	position f de repos, état m d'équilibre

ITALIENISCH	SPANISCH	RUSSISCH	Nr.
rotativo	rotativo, por rotación	вращающийся	3256
tavolo m rotante d'alimentazione	mesa rotativa de alimentación	вращающийся подающий стол	3257
etichetta f posteriore	etiqueta posterior	задняя этикетка	3258
resilienza f	elasticidad	упругая отдача	3259
guida f di ritorno	guía posterior	механизм обратного хода	3260
nastro m di ritorno	cinta, banda de retorno	реверсивный конвейер	3261
imballaggio m a rendere	envase/embalaje retornable, recuperable, consignado, depositado	возвратная тара, многооборотная тара, залоговая тара	3262
rigidità f di rimbalzo	rigidez, dureza de rebote	эластичность по отскоку	3263
etichetta f di restituzione	etiqueta de retorno (o reenvío)	ярлык для возвратной отправки	3264
paletta f con piano debordante	paleta de piso saliente (con alas laterales)	поддон с выступами	3265
residui m pl	residuo	остаток, осадок	3266
resilienza f	resilencia	способность к возврату	3267
parete f posteriore	pared posterior	задняя стена	3268
scuotere, vibrare	sacudir, vibrar	трясти, встряхивать, вибрировать	3269
prova f di vibrazione	ensayo de vibración	испытание на вибропрочность, испытание на виброустойчивость	3270
tavolo m vibrante	mesa vibradora, o vibratoria	вибростол, вибростенд, виброплощадка	3271
posizione f di riposo, stato m di equilibrio	posición de reposo, estado de equilibrio	положение покоя, состояние покоя, состояние равновесия	3272

Nr.	DEUTSCH	ENGLISCH	FRANZÖSISCH
3273	**Rumpf*** m (Wandungen von Dosen, Flaschen, Hobbocks, Kannen, Schachteln usw.)	**body** (side walls of cans, bottles, hobbocks, drums, boxes etc.)	**corps** m (parois de boîtes métalliques ou carton, de bouteilles, tonnelets etc.)
3274	**Rumpf** m, (**nach außen**) **angerollter Rumpf**	**curled body**	**boîte** f **à bord roulé**
3275	**Rumpfaufreißband*** n, **Reißband** n	**tear strip, body tear strip** (with tear tab)	**bande** f **déchirable, bande de corps d'arrachage** (avec patte de déchirure)
3276	**Rumpfbördel*** n	**body flange**	**bord(age)** m **de corps, collet** m **de corps rabattu**
3277	**Rumpfetikett*** n	**body label**	**étiquette** f **du corps**
3278	**Rumpfhaken** m (gebogene Kante für die Längsnaht eines Dosenrumpfes)	**body hook** (curved edge for the side-seam of a can body)	**crochet** m **de corps** (l'arête cintrée pour l'agrafe longitudinale du corps d'une boîte métallique)
3279	**Rumpfmaschine** f, **Bodymaker** m (Maschine zur Herstellung von Dosenrümpfen)	**bodymaker** (machine for forming can bodies)	**machine** f **à former le corps d'une boîte métallique**
3280	**Rumpfschachtel*** f	**box with body or sleeve and two end sections or lids**	**boîte** f (**ou caisse** f) **à corps ou manchon avec fond et couvercle**
3281	**Rumpfzarge** f (siehe 4501)	**body blank**	**flan** m, **corps** m
3282	**Rundbodenbeutel*** m; **Rundbodensack*** m	**round bottom bag, round bottom sack**	**sachet** f **à fond rond, sac** m **à fond rond**
3283	**Runddose** f	**round can**	**boîte** f **ronde**
3284	**Rundgewinde** n	**round thread, knuckle thread**	**filet** m **arrondi, filetage** m **rond**
3285	**Rundnaht** f	**circular bead** (welding), **circumferential seam**	**joint** m **circulaire, soudure** f **circonférentielle, rivure** f **transversale**

ITALIENISCH	SPANISCH	RUSSISCH	Nr.
corpo m (pareti di barattoli, bottiglie, scatole, fusti ecc.)	**cuerpo** (paredes de envases metálicos o de cartón, de botellas, toneles, etc.)	**корпус, остов**	3273
corpo m **a bordi curlingati**	**cuerpo** (desde el exterior) **enrollado**	**закатанный край корпуса** (банки)	3274
nastro m **a strappo del corpo**	**cinta de desgarro, cuerpo desgarrable** (con orejeta para tirar)	**надрезанная отрывная лента** (на корпусе банки), **насеченная отрывная лента** (на корпусе картонной коробки)	3275
flangia f **del corpo**	**cuerpo orlado,** (con el borde circundado)	**фланец корпуса** (банки)	3276
etichetta f **del corpo**	**etiqueta del cuerpo**	**корпусная этикетка**	3277
agganciatura f **del corpo** (estremità ripiegata per la saldatura longitudinale del corpo dei barattoli)	**engarzado del cuerpo,** (arista para el engarce longitudinal del cuerpo de un bote metálico)	**отбортовка концов заготовки для сцепления в замок** (при образовании продольного шва)	3278
macchina f **formatrice del corpo** (di barattoli metallici)	**máquina formadora del cuerpo de un bote metálico**	**корпусообразующая машина, корпусообразующий автомат**	3279
scatola f **composta da un corpo o manicotto e due parti terminali o coperchi**	**caja de un cuerpo o manguito con fondo y tapa**	**коробка со съемной крышкой и съемным дном**	3280
corpo m **semilavorato**	**troquel, cuerpo** (de un envase, sin fondo ni tapa)	**заготовка корпуса банки**	3281
sacchetto m **a fondo circolare, sacco** m **a fondo circolare**	**bolsa de fondo redondo**	**пакет с круглым дном, мешок с круглым дном**	3282
barattolo m **cilindrico**	**bote redondo, cilíndrico**	**круглая банка**	3283
filettatura f **circolare**	**filete, borde redondeado**	**круглая резьба**	3284
saldatura f **perimetrale**	**junta circular, soldadura circunferencial, cosido** (unión) **transversal**	**кольцевой шов**	3285

Nr.	DEUTSCH	ENGLISCH	FRANZÖSISCH
3286	**Rundschachtel** f	**round box**	**boîte** f **ronde**
3287	**Rundum-Bedruckung** f	**overall (decoration) printing**	**impression** f **circonférentielle**
3288	**Runge** f, **Eckpfosten** m	**post**	**montant** m
3289	**Runge** f **und Fuß** m (bei Paletten)	**post and foot** (of pallets)	**montant** m **et pied** m **ou support** m (de palettes)
3290	**Rungenpalette** f (Aufbau besteht aus Eckenpfosten)	**post pallet, stacking pallet** (superstructure consists of posts)	**palette** f **à montants** (superstructure est munie de montants)
3291	**Rungenverbindung** f (horizontale Schienen zwischen den Paletten-Eckpfosten)	**rail** (horizontal links between pallet posts)	**entretoise** f **de montants** (éléments horizontaux reliant les montants de palettes)
3292	**Rupffestigkeit** f	**picking resistance**	**résistance** f **au pluruage**
3293	**rutschen, gleiten**	**to slip, to skid, to slide**	**glisser, déraper**
3294	**rutschfest, rutschsicher, gleitsicher**	**non-slip, non-skid, anti-skid**	**antidérapant**
3295	**Rutschleiste*** f, **Kufe** f	**sledge runner, skid**	**patin** m, **ski** m
3296	**Sack*** m	**sack**	**sac** m
3297	**Sackabfüllmaschine** f	**sack filling machine**	**ensacheuse** f, **machine** f **à ensacher**
3298	**Sackleinwand** f	**burlap, sackcloth, sacking, hessians**	**toile** f **d'emballage, toile à sacs**
3299	**Sackverschließ-maschine** f	**sack closing machine, sack sewing or tying machine**	**machine** f **à fermer les sacs, machine à coudre ou lier les sacs**
3300	**Säcke** mpl, **in Säcke packen, einsacken**	**to sack**	**ensacher, mettre en sac(s)**

ITALIENISCH	SPANISCH	RUSSISCH	Nr.
scatola f **rotonda**	**caja redonda, cilíndrica**	круглая коробка	3286
stampa f **su tutto il corpo**	**impresión** (decorativa) **circunferencial**	круговое печатание, общее украшение	3287
montante m	**montante**	стойка, угловая стойка	3288
montante m **e supporto** m (di paletta)	**montante y pie o soporte** (de una paleta)	стойка и шашка или лежень (в поддонах)	3289
paletta f **a montanti** (con sovrastruttura a montanti)	**paleta de montantes** (la superestructura está provista de montantes)	стоечный поддон	3290
traversa f (elemento orizzontale che unisce i montanti delle palette)	**cabestrillo de montantes** (elementos horizontales que unen los montantes de las paletas)	горизонтальные крепления, скрепляющие стойки поддона	3291
resistenza f **allo strappo**	**resistencia a la picadura**	прочность на выщипываемость	3292
slittare, scivolare	**deslizar, resbalar, derrapar**	скользить	3293
antiscivolante, antislittante, antisdrucciolevole	**antideslizante, antiderrapante, antirresbalante**	противоскользящий, нескользящий, устойчивый на скольжение	3294
pattino m	**patín, esquí**	лыжа, полоз	3295
sacco m	**saco**	мешок	3296
macchina f **insaccatrice**	**máquina ensacadora** (llenadora de sacos)	фасовочный автомат для наполнения мешков	3297
tessuto m **per sacchi**	**tela de embalaje, arpillera, tela para sacos**	мешковина, дерюга	3298
macchina f **chiuditrice di sacchi**	**máquina cerradora de sacos, para coser o atar los sacos** (cosedora, atadora)	зашивочная машина для мешков, мешкозашиватель, машина для заделки мешков	3299
insaccare	**ensacar, meter dentro de sacos**	затаривать в мешки, расфасовывать в мешки	3300

Nr.	DEUTSCH	ENGLISCH	FRANZÖSISCH
3301	**Säureballon** m	**acid carboy**	**bonbonne** f **à l'acide**
3302	**säurebeständig, säurefest**	**acid-resisting, acid-resistant, acidproof, impervious to acids**	**résistant aux acides, stable aux acides**
3303	**Säurebeständigkeit*** f	**acid resistance**	**résistance** f **aux acides**
3304	**säurefrei, neutral**	**acid-free, acidless, non-acid, neutral**	**exempt d'acide, neutre, sans acide**
3305	**säurefreies Papier** n	**acid-free paper**	**papier** m **non-acide**
3306	**Säurefreiheit*** f	**acidlessness, freeness from acidity**	**absence** f **d'acide**
3307	**Säuregehalt** m	**acid content, acidity**	**teneur** f **en acide, acidité** f
3308	**säurehaltig**	**acidiferous, acid-laden**	**acidifère**
3309	**Säureschutzfett** n	**acidproof grease, acid-resistant grease**	**graisse** f **anti-acide**
3310	**Säurezahl** f, **Neutralisationszahl** f (siehe 2941)	**acid value, acid number, neutralization number**	**indice** m **d'acide**
3311	**Salzsprüh(nebel) versuch** m	**salt-spray test**	**essai** m **au brouillard salin**
3312	**Sammelpackmaschine** f	**collective packing machine, batch packaging machine, parcelling machine, bundling machine**	**machine** f **à grouper et à envelopper, machine à emballer les unités groupées, fardeleuse** f
3313	**Sammelpackung*** f (Zusammenfassung einer handelsüblichen Anzahl von Einzelpackungen zur erleichterten Handhabung)	**collation pack, multipack, multi-unit pack** (compilation of an adequate number of unit packs for better handling)	**emballage** m **multiple, emballage à plusieurs unités, fardeau** m (groupage d'un nombre convenable d'emballages unitaires pour une manutention facilitée)

ITALIENISCH	SPANISCH	RUSSISCH	Nr.
damigiana f, fiasca f	bombona para ácidos	бутыль для кислот	3301
resistente agli acidi	inatacable por los ácidos, resistente, estable a los ácidos	кислотостойкий, кислотоустойчивый, кислотоупорный	3302
resistenza f agli acidi	resistencia a los ácidos	кислотостойкость	3303
non acido, neutro, senza acidi	exento de ácidos, neutro	бескислотный, нейтральный	3304
carta f priva di acidi	papel neutro (no ácido)	бумага, не содержащая кислоты	3305
assenza f di acidi	grado de liberación de los ácidos	бескислотность	3306
contenuto m di acido, acidità f	acidez, contenido de ácido (en ácidos)	содержание кислоты, кислотность	3307
contenente acido	acidífero, contenido ácido	содержащий кислоту	3308
grasso m antiacido	grasa antiácida	кислотозащитное масло	3309
indice m di acidità, valore m di acidità	índice de acidez	кислотное число	3310
prova f di nebulizzazione salina	ensayo en atmósfera salina	испытание в солевой камере, испытание в солевом тумане	3311
fardellatrice f (macchina f per l'imballaggio con raggruppamento)	máquina agrupadora y envolvedora, enfardadora, máquina envasadora de unidades agrupadas	машина для группового упаковывания	3312
confezione f multipla (raggruppamento di un conveniente numero di confezioni unitarie per un migliore maneggiamento)	envase múltiple, colectivo, fardo, bulto (agrupación, unificándolos, de un conjunto conveniente de envases o embalajes unitarios para una manipulación fácil)	групповое упаковывание, комплектное упаковывание	3313

Nr.	DEUTSCH	ENGLISCH	FRANZÖSISCH
3314	**Sammelverpackung*** f (Packmittel, das der Zusammenfassung einer handelsüblichen Anzahl von Einzelpackungen dient)	**multi-unit package** (package for compiling an adequate number of unit packs)	**emballage** m **de groupage, emballage collectif, emballage à plusieurs unités** (emballage groupant un nombre convenable d'emballages unitaires)
3315	**Sandwichdruck*** m, **Zwischenschichten- druck*** m	**sandwich print(ing)**	**impression** f **sandwich**
3316	**Sandwichschichtstoff** m	**sandwich laminate**	**stratifié** m **sandwich**
3317	**Saranbeschichtung** f	**Saran coating**	**couche** f **de Saran**
3318	**satinieren**	**to calender, to glaze, to satin**	**calandrer, glacer, satiner**
3319	**Satinierkalander** m	**supercalender**	**supercalandre** m, **calandre** m **à satiner**
3320	**Satiniermaschine** f	**glazing machine, calender**	**machine** f **à satiner, satineuse** f
3321	**satiniertes Papier*** n	**supercalendered paper, glazed paper, satin(ed) paper**	**papier** m **satiné, papier calandré**
3322	**Sauerstoff** m	**oxygen**	**oxygène** m
3323	**Sauerstoffdurchlässig- keit** f	**oxygen permeability**	**perméabilité** f **à l'oxygène**
3324	**Saugfähigkeit*** f	**absorptive capacity, absorbency**	**capacité** f **d'absorption**

ITALIENISCH	SPANISCH	RUSSISCH	Nr.
imballaggio m multiplo (raggruppamento di un conveniente numero di imballaggi unitari)	envase/embalaje múltple, multiunitario, colectivo, o que contiene varias unidades, (se trata de un envase o embalaje o sistema agrupador de varias unidades de venta envasadas)	групповая тара, групповая потребительская упаковка	3314
stampa f sandwich	impresión sandwich	печатный оттиск между двумя слоями ламината, печать между слоями пленки	3315
accoppiato m, sandwich	estratificado complejo o laminado sandwich	материал многослойной конструкции, материал типа "сандвич"	3316
rivestimento m di saran	capa o revestimiento de sarán	покрытие пленкой саран	3317
calandrare, lucidare, satinare	calandrar, satinar, abrillantar	сатинировать, каландрировать (на суперкаландре), глазировать	3318
supercalandra f, calandra f satinatrice	supercalandra, calandra satinadora	суперкаландр, лощильный каландр	3319
macchina f calandratrice, macchina f satinatrice	máquina satinadora, satinadora	сатинировальный станок, каландр	3320
carta f supercalandrata, carta f satinata	papel satinado, calandrado	лощеная бумага, атласная бумага	3321
ossigeno m	oxígeno	кислород	3322
permeabilità f all'ossigeno	permeabilidad al oxígeno	кислородопроницаемость	3323
capacità f di assorbimento	capacidad de absorción	впитываемость, впитывающая способность, всасывающая способность	3324

Nr.	DEUTSCH	ENGLISCH	FRANZÖSISCH
3325	**Saugpapier** n, **Saugpappe** f	**absorbent paper, absorbent board**	**papier** m **absorbant, carton** m **absorbant**
3326	**Saug(pumpen)kolben** m	**valve piston**	**piston** m **aspirant**
3327	**Saug- und Druckluftförderer** m	**pneumatic conveyor**	**convoyeur** m **pneumatique**
3328	**Saugverfahren** n, **Vakuumformung** f	**vacuum forming**	**formage** m **sous vide**
3329	**Schablone** f	**stencil**	**stencil** m, **patron** m
3330	**schablonieren**	**to stencil**	**patronner**
3331	**Schachtel*** f (Packmittel, z.B. aus Karton, Voll- oder Wellpappe, Blech, Holz oder Kunststoff)	**box, case, carton** (package made from e.g. cardboard, solid or corrugated board, sheet metal, wood or plastics)	**caisse** f, **boîte** f (emballage fabriqué de matériaux comme carton, carton compact ou ondulé, tôle, bois ou plastique)
3332	**Schachtelfüllmaschine** f, **Einschachtelmaschine** f	**box filling machine, boxing machine, casing machine, caser**	**encaisseuse** f, **encartonneuse** f, **machine** f **à mettre en boîtes**
3333	**Schachteln** fpl, **Schachteln aufrichten**	**to set up (folding) boxes, to erect boxes**	**élever des boîtes (pliantes), ériger des boîtes, monter des boîtes, redresser des boîtes**
3334	**Schachtelpappe** f	**boxboard**	**carton** m **pour boîtes, carton d'emballage**
3335	**Schachtelüberzug** m	**box wrap**	**habillage** m **des boîtes**

ITALIENISCH	SPANISCH	RUSSISCH	Nr.
carta f assorbente, cartone m assorbente	papel, cartón absorbente	впитывающая бумага, толстый картон-основа для пропитки	3325
pistone m aspirante	pistón aspirante	поршень вакуум-насоса	3326
trasportatore m pneumatico	transportador neumático	пневматический транспортер	3327
formatura f sottovuoto	termomoldeo al vacío	вакуумное формование, формование под вакуумом	3328
mascherina f, stencil, stampino m	estencil, patrón	шаблон, трафарет	3329
stampigliare (con stencil)	estarcir	изготавливать по шаблону, изготавливать по трафарету	3330
cassa f, scatola f (imballaggio realizzato con materiali come cartone solido o ondulato, metallo, legno o plastica)	caja, envase (fabricado con materiales tales como cartón compacto u ondulado, plancha, madera o plástico)	ящик (картонный: из сплошного или гофрированного картона, металлический, деревянный или полимерный), коробка (картонная, металлическая и т.д.)	3331
macchina f incassatrice, macchina f incartonatrice	encartonadora, encajonadora	машина для наполнения картонных ящиков или коробок	3332
montare scatole (pieghevoli)	máquina erectadora de cajas (plegables), montadora de cajas	собирать складную коробку или складной ящик	3333
cartone m per scatole	cartón para la fabricación de cajas	коробочный картон	3334
decorazione m di scatole	revestido de los botes	оклейка картонной коробки или ящика	3335

Nr.	DEUTSCH	ENGLISCH	FRANZÖSISCH
3336	Schachtelzuschnitt* m	blank, box blank	découpe f, découpe de caisse, flan m
3337	Schaden m	damage	dommage m, détérioration f
3338	schadhaft	damaged, defective, faulty	défectueux, endommagé
3339	Schälfestigkeit f	peeling resistance	résistance f au délaminage
3340	Schälfolie f, geschälte Folie f	sliced film, film sheeting	feuille f tranchée
3341	Schäumverfahren n	foaming process	moussage m
3342	Schale* f, Untersatz m	tray	barquette f, plateau m
3343	Schaltzählwerk n	register control	dispositif m compteur, mécanisme m de contrôle
3344	Scharnier n, Scharniergelenk n	hinge, hinge(d) joint, frame joint, articulation	charnière f, articulation f à charnière, jointure f
3345	Scharnierdeckel* m	hinged lid	couvercle m articulé, couvercle à charnière
3346	Scharnierdeckeldose f	hinged-lid can	boîte f à couvercle à charnière
3347	Schaufensteretikett n	display label	étiquette f d'étalage
3348	Schauloch n, Schauöffnung f	inspection window, inspection panel, sight opening, display window	trou m de regard, regard m, visière f, fenêtre f

ITALIENISCH	SPANISCH	RUSSISCH	Nr.
fustellato m di scatola	corte, troquel de cajas	плоская картонная заготовка (коробки или ящика), развертка картонного ящика	3336
danno m, deterioramento m	daño, deterioro	повреждение, порча, дефект	3337
danneggiato, rovinato, difettoso	defectuoso, dañado	поврежденный, испорченный, дефектный, неисправный	3338
resistenza f alla pelatura	resistencia al pelado	прочность на шелушение	3339
film m tagliato (in formato)	lámina u hoja cortada (formato)	строганая пленка, строганый лист	3340
procedimento m di fabbricazione di una schiuma	método de fabricación de una espuma	вспенивание, метод вспенивания	3341
vassoio m, barchetta f, plateau m	barqueta, bandejita	лоток, противень	3342
contatore m	dispositivo contador, de control	прибор, автоматически контролирующий размещение печатного рисунка	3343
cerniera f	bisagra, articulación de bisagra, junta articulada	шарнир	3344
coperchio m a cerniera	tapa articulada, dotada de bisagra o charnela	навесная крышка, шарнирная крышка, откидная крышка	3345
barattolo m con coperchio a cerniera	bote con tapa articulada	коробка с шарнирной (навесной) крышкой	3346
etichetta f per vetrina	etiqueta de exhibición (en el lugar de venta)	этикетка для приклеивания к окнам магазинов	3347
foro m per controllo, spia f di controllo	ventanilla, mirilla, para inspeccionar	смотровое отверстие, отверстие для наблюдения, смотровый люк	3348

Nr.	DEUTSCH	ENGLISCH	FRANZÖSISCH
3349	**Schaumgummi** m, n	**expanded rubber, latex foam rubber**	**caoutchouc** m **mousse**
3350	**Schaumstoff*** m, **Schaumkunststoff*** m	**foam(ed) plastics, expanded plastics, platics foam, foam**	**mousse** f, **mousse (de) plastique, matière** f **plastique mousse, plastique** m **moussé**
3351	**Schaumstoff** m, **geschlossenzelliger Schaumstoff, offenzelliger Schaumstoff**	**closed-cell foam, expanded plastics, open-cell foam, foam, sponge**	**mousse** f **à cellules fermées, plastique** m **moussé à cellules fermées, mousse** f **à cellules ouvertes**
3352	**Schaumstoff** m, **harter Schaumstoff**	**rigid foam**	**mousse** f **rigide**
3353	**Schaumstoff** m, **weichelastischer Schaumstoff**	**soft foam**	**mousse** f **souple (et élastique)**
3354	**Schaumstoff-Folie*** f	**expanded film, foam(ed) film**	**film** m **expansé**
3355	**Schaumstoffver-packung*** f	**foam package**	**emballage** m **en mousse**
3356	**Schauverpackung** f, **Präsentierverpackung** f, **Aufstellverpackung** f	**display package, display box**	**emballage** m **de présentation, présentoir** m
3357	**Scheibe** f, **Unterlegscheibe** f	**disk, supporting disk, washer, collar**	**disque** m, **rondelle** f
3358	**Schellack** m	**shellac**	**laque** f **en écailles, gomme-laque** f
3359	**Scherfestigkeit*** f, **Schubfestigkeit** f (siehe 3362)	**shear strength, shear resistance**	**résistance** f **au cisaillement**
3360	**Scherspannung** f	**shear(ing) strain, shear(ing) force**	**travail** m **de cisaillement, effort** m **de cisaillement**

ITALIENISCH	SPANISCH	RUSSISCH	Nr.
gomma f espansa, schiuma f di gomma	espuma de caucho	пенорезина, пористая резина	3349
materia f plastica espansa, schiuma f di materia plastica	espuma plástica (de material plástico), plástico esponjoso, espumado	пенистый пластический материал, пенопласт, поропласт	3350
materia f plastica a celle chiuse, materia f plastica a celle aperte	espuma de células cerradas, plástico espumado o espuma plástica de células cerradas, espuma de células abiertas	пенопласт (закрытые поры); поропласт (открытые поры)	3351
schiuma f rigida	espuma rígida	жесткий пенопласт	3352
schiuma f soffice ed elastica	espuma flexible (y elástica)	мягкий эластичный пенопласт	3353
film m espanso, film m in plastica espansa	película expandida, lámina expandida	пленка из пенопласта	3354
imballaggio m in espanso, imballaggio m in plastica espansa	envase, embalaje de plástico expandido	упаковка из пенопласта	3355
imballaggio m di presentazione	envase/embalaje de presentación, presentador	выставочная тара, выставочная коробка, тара для выставки на витрине	3356
disco m, rondella f	disco, redondela, arandela	шайба, подкладная шайба	3357
gomma-lacca f	laca en escamas, goma-laca	шеллак	3358
resistenza f al taglio	resistencia al cizallamiento	прочность при сдвиге, прочность при срезе, прочность на сдвиг, прочность на срез	3359
tensione f di taglio	trabajo, esfuerzo de cizalla	напряжение при сдвиге, напряжение при срезе	3360

Nr.	DEUTSCH	ENGLISCH	FRANZÖSISCH
3361	**Scherversuch** m	**shear(ing) test**	**essai** m **de ou au cisaillement**
3362	**Scherwiderstand** m (siehe 3359)	**shear strength**	**résistance** f **au cisaillement**
3363	**Scheuerfestigkeit*** f, **Abriebwiderstand*** m	**abrasion resistance**	**résistance** f **au frottement, résistance à l'abrasion**
3364	**scheuern, reiben**	**to scrub, to rub**	**frotter**
3365	**Schicht** f (Lage)	**layer, ply**	**couche** f, **pli** m
3366	**Schicht** f (Überzug, Anstrich)	**coat(ing)**	**enduit** m
3367	**schichten** (aufeinanderschichten, stapeln)	**to sack, to pile (up)**	**empiler, gerber**
3368	**schichten** (beschichten)	**to laminate, to coat**	**laminer, enduire, revêtir**
3369	**Schichtfestigkeit** f, **Spaltfestigkeit** f	**interlaminar strength**	**résistance** f **au délaminage, résistance au clivage** m
3370	**Schichtfolie** f	**lamination, laminating sheet**	**couche** f, **strate** f, **film** m **pour stratifiés**
3371	**Schichtkarton** m, **Schichtpappe** f	**multiple board**	**carton** m **multiplex**
3372	**Schicht(preß)stoff** m	**laminate, laminated plastics**	**stratifié** m, **plastique** m **laminé**
3373	**Schichtprofil** n	**laminated section**	**profil** m **stratifié**

ITALIENISCH	SPANISCH	RUSSISCH	Nr.
prova f di taglio	ensayo de corte por cizalla	испытание на сдвиг, испытание на срез	3361
resistenza f al taglio	resistencia al cizallado	сопротивление срезу, сопротивление сдвигу, прочность на срез, прочность на сдвиг	3362
resistenza f all'abrasione, resistenza f allo sfregamento	resistencia a la abrasión	прочность на истирание, износоустойчивость	3363
strofinare, sfregare	frotar, fregar, restregar	тереть, затирать	3364
strato m	capa, pliegue	слой, наслоение	3365
rivestimento m	revestimiento	покровный слой, покрытие, облицовка; окраска	3366
impilare, accatastare	apilar, estibar	штабелировать, укладывать в штабель	3367
laminare, rivestire	laminar, recubrir, revestir	наносить слой или покрытие, наслаивать	3368
resistenza f alla delaminazione	resistencia a la delaminación, al hendido (en el sentido de las capas)	прочность на расслаивание, прочность на расслоение	3369
foglio m di laminazione, strato m di laminazione	capa, estrato, laminado, lámina revestida (complejo)	слоистая пленка, слой пленки, слой фольги	3370
cartoncino m a più strati, cartone m a più strati (multistrato)	cartón multiplex	многослойный картон, склеенный картон	3371
laminato m plastico	laminado, plástico laminado, estratificado	слоистый материал, слоистый прессованный материал, слоистый пластик, ламинат	3372
profilo m di laminazione	perfil estratificado	слоистый профиль	3373

Nr.	DEUTSCH	ENGLISCH	FRANZÖSISCH
3374	Schichtspaltung f, Schichtentrennung f	delamination	délaminage m, clivage m
3375	Schiebeboden m	slide bottom	fond m à coulisse, fond à glissière
3376	Schiebedeckel* m (siehe 872)	slide lid, sliding lid	couvercle m à coulisse, couvercle à glissière
3377	Schiebefaltschachtel* f	shell-and-slide box, shell-and-slide carton	boîte f pliante à tiroir
3378	Schieber* m (einer Schiebeschachtel)	slide (of a sliding box)	tiroir m (d'une boîte)
3379	Schiebeschachtel* f	sliding box, slide box, push-drawer box	boîte f à tiroir, boîte à poussoir
3380	schiefe Ebene* f	inclined plane	plan m incliné
3381	Schiffstransport m	transport by ship	transport m maritime, transport par voie maritime
3382	Schimmel m	mould, mildew	moisissure f
3383	schimmelanfällig	susceptible to mildew	sujet aux moisissures
3384	Schimmelbefall m	mould growth, moulding	croissance f de la moisissure
3385	schimmelbeständig, schimmelfest	antimycotic, mould resistant, mildew resistant	résistant aux moisissures
3386	Schimmelbeständigkeit* f	resistance to mould, resistance to mildew	résistance f aux moisissures
3387	schimm(e)lig	mouldered, mouldy	moisi, chanci
3388	schimmeln, schimmlig werden	to mould	moisir

ITALIENISCH	SPANISCH	RUSSISCH	Nr.
delaminazione f	delaminación, hendido, separación (de capas)	расслаивание, расщепление, расслоение	3374
fondo m scorrevole	fondo deslizante	дно (решетка на брусьях) с планками скольжения	3375
coperchio m scorrevole	tapa delizante	скользящая крышка	3376
astuccio m pieghevole a manicotto, astuccio m con interno scorrevole	caja plegable con gaveta	складная выдвижная коробка, складной выдвижной ящик	3377
parte f interna di una scatola a manicotto	gaveta o cajoncillo (de un envase que lo contenga)	лоток, внутренний ящичек (выдвижной коробки)	3378
astuccio m a manicotto	caja con gaveta, o con sistema de deslizamiento por presión	выдвижная коробка, выдвижной ящик	3379
piano m inclinato	plano inclinado	наклонная плоскость	3380
trasporto m marittimo	transporte marítimo, por vía marítima	водный транспорт	3381
muffa f	moho	плесень	3382
soggetto all' ammuffimento	susceptible de enmohecimiento	подверженный плесневению, восприимчивый к плесневению	3383
crescita f di muffa	desarrollo del moho, crecimiento del moho	плесневение	3384
resistente alla muffa	resistente al moho	грибостойкий, плеснестойкий	3385
resistenza f alla muffa	resistencia al moho	грибостойкость, плеснестойкость	3386
ammuffito	enmohecido	заплесневелый	3387
ammuffire	enmohecerse	плесневеть, покрываться плесенью	3388

Nr.	DEUTSCH	ENGLISCH	FRANZÖSISCH
3389	**Schlag** m, **Stoß** m	**impact, shock**	**impact** m, **choc** m
3390	**Schlagbiegeprüfung** f	**impact bending test, compression buckling (test)**	**essai** m **de flexion au choc, essai à chocs de flexion**
3391	**Schlagpressen** n	**impact moulding, impact extruding**	**moulage** m **au choc**
3392	**Schlagprüfung** f	**impact (crushing) test, percussion test**	**essai** m **au choc**
3393	**Schlagfestigkeit** f, **Schlagwiderstand** m, **Schlagwiderstandsfähigkeit** f	**impact strength, impact resistance, shock resistance**	**résistance** f **au choc**
3394	**Schlauch** m	**tube**	**tuyau** m, **gaine** f
3395	**Schlauchbeutel*** m	**tubular (film) bag, lay-flat film bag**	**sachet** m **tubulaire, sachet de feuille (aplatie) extrudée en gaine**
3396	**Schlauchblasen** n	**blowing an extruded tube**	**soufflage** m **d'une gaine**
3397	**Schlauchfolie*** f, **Blasfolie** f	**tubular film, film tube, blown film**	**feuille** f **extrudée en gaine, gaine** f **en matière plastique, feuille** f **soufflée**
3398	**Schlauchfolie** f, **flach- oder zusammengelegte Schlauchfolie**	**lay-flat tubing**	**feuille** f **aplatie extrudée en gaine**
3399	**Schlauchspritzver-fahren** n	**tube extrusion**	**extrusion** f **de tubes, extrusion de gaine**

ITALIENISCH	SPANISCH	RUSSISCH	Nr.
impatto m, urto m	impacto, choque	удар, толчок, импульс	3389
prova f di flessione all'urto	ensayo de flexión al choque	испытание на ударный изгиб	3390
formatura f per impatto, stampaggio m per impatto	moldeo por impacto, extrusión por impacto	ударное прессование, ударное выдавливание, ударная штамповка	3391
prova f d'urto	ensayo al choque, o a la percusión	испытание на удар, ударное испытание	3392
resistenza f all'urto	resistencia, resistencia al choque	ударная вязкость, ударная прочность	3393
tubo m	tubo	рукав, шланг, трубка	3394
sacchetto m da film tubolare	bolsa tubular, de film plano, extrusionado de forma tubular	мешок из рукавной пленки; плоский мешочек, формированный из рукавной пленки	3395
soffiaggio m di tubo estruso	tubo extruído extrusionado y soplado (película plástica)	экструзия рукава с раздувом	3396
film m tubolare, film m soffiato	película tubular, film tubular, película soplada	пластмассовая пленка в виде рукава, рукавная пленка	3397
foglio m piano estruso in forma tubolare	película plana de extrusión tubular (esta película simple se obtiene por corte lateral de la producida por extrusión de forma tubular)	плоский пленочный рукав	3398
estrusione f di tubi	extrusión de tubos, extrusión tubular (en ambos casos, de película plástica)	экструзия рукавов, экструзия труб из термопластов	3399

Nr.	DEUTSCH	ENGLISCH	FRANZÖSISCH
3400	Schlauchziehmaschine f, Schlauchspritz- maschine f	extruding machine for tubes, tubing machine	machine f à extrusion de tubes
3401	Schlegelflasche* f	mallet-shaped bottle	bouteille f en forme de maillet
3402	schießen, verschließen, zuschließen	to close, to seal, to shut, to lock	fermer
3403	Schließen n durch Schwerkraft	gravity closing, gravity locking	fermeture f par gravité
3404	Schließhaken m	lock hook, bolt staple, catch	fermoir m, auberon m
3405	Schließring m	lock ring, sealing ring	bague f de fermeture
3406	Schliffstopfen* m, eingeschliffener Stopfen m	ground(-in) stopper	bouchon m rodé, bouchon à l'émeri
3407	Schlitzdüsenauftrag- maschine f	air-knife coater	machine f à enduire avec lame d'air, machine à enduire avec râcle à air comprimé
3408	schlitzen*, kerben	to slit, to slot	entailler
3409	Schlitzlochen n	oblong perforation	perforation f allongée
3410	Schlitzmaschine f	slotter	encocheuse f
3411	Schlitzschweißen n	slot welding	soudage m par fentes

ITALIENISCH	SPANISCH	RUSSISCH	Nr.
macchina f per estrusione di tubi	máquina de extrusión tubular	экструдер для производства рукавов	3400
bottiglia f a corpo sottile con imboccatura per tappo di sughero	botella en forma de mazo	фигурная бутылка под укупорку корковой пробкой	3401
chiudere, sigillare	cerrar	закрывать, замыкать, заделывать, производить укупорку	3402
chiusura f per gravità	cierre por gravedad	смыкание под действием собственного веса	3403
gancio m di chiusura	cierre de broche	замок, застежка, крючок затвора, защелка	3404
anello m di chiusura	anilla de cierre	уплотнительное кольцо, запорное кольцо	3405
tappo m smerigliato	tapón esmerilado	притертая пробка, пришлифованная пробка	3406
macchina f spalmatrice a lama d'aria	máquina recubridora con cuchilla de aire, o con racleta de aire comprimido	промазочная машина с воздушносопловым выравниванием слоя	3407
intagliare, incidere	cortar	шлицевать, надрезать	3408
intaglio m allungato	perforación alargada	шлицевые прорези, высечка шлицевых прорезей	3409
"slotter" m	cortadora (y cortadora-hendedora)	просекальная машина, шлицевой аппарат	3410
saldatura f di fessure	soldadura por hendedura (por hendido)	сварка в прорезь	3411

Nr.	DEUTSCH	ENGLISCH	FRANZÖSISCH
3412	Schlitzverklebung* f	single-strip seal, adhesive tape (closure) over longitudinal joints, slot closure by adhesive tapes	fermeture f à une seule bande, fermeture par bande adhésive appliquée le long des joints, fermeture des fentes par rubans adhésifs
3413	Schlitzverschluß* m	slot closure	fermeture f simple (ruban adhésif)
3414	Schmalbodensack m (siehe 2242)	crossbottom sack, block-bottom sack	sac m à fond croisé
3415	Schmalborddeckel* m	open-top end, narrow-flanged grooved lid	couvercle m à sertir, couvercle à collet ou bord étroit
3416	Schmelzglasur f, Email n	enamel	émail m
3417	Schmelzharz n	casting resin	résine f à couler
3418	Schmelzklebstoff* m (siehe 1817)	hot-melt adhesive	colle f Hot-Melt
3419	Schmelzmasse f	melting material	matière f à fusion
3420	Schmelzpunkt m	melting point	point m de fusion
3421	Schmelzschweißung* f	fusion welding, fluid welding	soudage m par fusion
3422	Schmelztauchmasse* f	dip melting material	matière f fondante à immersion
3423	Schmelzverschluß* m	fusion closure	fermeture f à fusion
3424	Schmuckband* n	decorative ribbon	ruban m décoratif
3425	Schnappdeckel* m	snap-on lid, press-on lid, lever lid	couvercle m encliqueté, couvercle à enfoncer, couvercle à loquet, couvercle à verrouillage

ITALIENISCH	SPANISCH	RUSSISCH	Nr.
nastratura f adesiva longitudinale delle falde superiori delle casse	cierre por una sola cinta, cierre por cinta adhesiva aplicada a lo largo de las juntas, cierre de los cortes por cintas adhesivas	оклейка клейкой лентой по стыку наружных клапанов картонного ящика	3412
chiusura f a fessura	cierre ranurado, por ranuar, por hendedura	шторно-щелевой (щелевой) затвор	3413
sacco m a fondo incrociato	saco de fondo cruzado	мешок с плоским дном	3414
coperchio m ad incastro con bordo stretto	tapa de engaste, tapa con cuello de borde estrecho	закаточная крышка с подвитым краем, заполняемым уплотняющей пастой	3415
smalto m	esmalte	эмаль, оплавленная глазурь	3416
resina f da colare	resina de moldeo	литьевая смола	3417
adesivo m fusibile a caldo, adesivo m per incollaggio a caldo, adesivo "hot-melt"	adhesivo hot melt, adhesivo en caliente	расплавленный клей	3418
massa fusa f, materiale m da fondere	material mezclado	сплавляемый материал	3419
punto m di fusione	punto de fusión	точка плавления, температура плавления	3420
saldatura f per fusione	soldadura por fusión	сварка плавлением	3421
massa f fusa per immersione	masa fundída para inmersión	расплавленная масса для погружения	3422
chiusura f per fusione	cierre por fusión	плавленный затвор	3423
nastro m decorativo	cinta decorativa	декоративная лента	3424
coperchio m a pressione	tapa trincada, (debe romperse para abrirse)	крышка, захлопывающаяся под венчик горла стеклянной банки	3425

Nr.	DEUTSCH	ENGLISCH	FRANZÖSISCH
3426	**Schnappschloß** n	**spring lock, spring catch**	**serrure** f **à houssette**
3427	**Schnappverschluß*** m	**snap-in closure, snap-off closure**	**fermeture** f **encliquetée, fermeture à loquet**
3428	**Schneckendosier-maschine** f	**auger filler, dosing screw-conveyor, screw-fed dosing machine**	**machine** f **à doser à vis, doseuse** f **à vis**
3429	**Schnecken(strang)-presse** f, **Strangpresse** f, **Extruder** m	**screw extruder, extruder**	**machine** f **à extrusion, boudineuse** f, **extrudeuse** f, **machine** f **à vis sans fin**
3430	**Schneidemaschine** f, **Schneidepresse** f	**cutting machine, cutter, guillotine**	**découpeuse** f, **machine** f **à découper**
3431	**schneiden** (abschneiden, durchschneiden)	**to cut**	**couper, cisailler, découper**
3432	**schneiden** (in Streifen schneiden)	**to slit**	**découper en bandes**
3433	**schneiden** (Ränder beschneiden)	**to trim**	**couper les bords**
3434	**schneiden** (vom Block schneiden)	**to slice**	**trancher**
3435	**schnell(ab)bindend**	**quick-setting**	**à prise rapide**
3436	**Schnellhaftung** f	**instant tack, fast tacking**	**adhésion** f **rapide**
3437	**Schnell(tief)gefrieren** n	**quick (deep) freezing**	**surgélation** f **ultrarapide**

ITALIENISCH	SPANISCH	RUSSISCH	Nr.
chiusura f a molla	cierre con eslabón	защелка, пружинный затвор	3426
chiusura f a pressione	cierre trincado, (debe romperse para abrirse)	захватывающая крышка, крышка СКН, защелкивающийся колпачок	3427
dosatrice f a vite	máquina dosificadora de tornillo, dosificadora de tornillo	шнековый питатель	3428
estrusore m a vite	máquina de extrusión, bobinadora, extrusora, máquina de tornillo sin fin	червячный пресс, шнековый пресс, шнекпресс, экструдер, червячный экструдер, шнековый экструдер	3429
tagliatrice f, taglierina f	máquina cortadora, cortadora	стопорезка, продольнорезальный станок, резательная машина	3430
tagliare	cortar, cizallar	резать, отрезать, прорезать, перерезать, вырезать	3431
tagliare in striscie	cortar en tiras, en cintas	строгать (пленки), разрезать, расщеплять	3432
tagliare i bordi	cortar los bordes, recortar	обрезать кромки, торцевать (доски)	3433
tagliare (da blocchi)	rebanar	отрезать диски или кружки или пластинки; лущить (шпон, фанеру)	3434
a presa f rapida	de toma rápida	быстросвязывающий, быстросхватывающийся	3435
adesione f rapida	adhesión rápida	мнговенное прикрепление, мнговенное приклеивание	3436
surgelazione f accelerata	congelación ultrarrápida	быстрое замораживание, быстрое охлаждение до очень низкой температуры	3437

Nr.	DEUTSCH	ENGLISCH	FRANZÖSISCH
3438	schnell(tief)gefrorene Lebensmittel npl	quick (deep) frozen foods	denrées fpl (alimentaires) ultrarapidement congelées ou surgelées
3439	schnelltrocknend	quick-drying	séchant rapidement, siccatif
3440	Schnittholz n	cut wood, lumber, saw(n) timber	bois m de sciage
3441	schnüren, verschnüren, binden	to lace, to tie	ficeler, serrer, attacher avec des cordons
3442	Schnur f	cord, string, twine	cordon m, ficelle f, corde(lette) f
3443	schonende Behandlung f	careful treatment	traitement m soigneux
3444	Schrägaufzug m	inclined hoist, inclined lift	ascenseur m sur plan incliné, monte-charge m incliné
3445	schrägflächiges Packmittel n	parallelepiped package	emballage m du type parallélépipédique
3446	Schraubdeckel* m, Gewindedeckel m, Schraubverschluß* m	screw cap, screw lid, screw-cap closure	couvercle m fileté, capsule f à vis
3447	Schraubdeckelver-schließmaschine f	screw-cap tightening machine, capper	visseuse f de couvercles (filetés)
3448	Schraubdeckelver-schluß m, Schraub-verschluß m	screw-cap (closure), screw closure	couvercle m fileté
3449	Schraube f mit Mutter	bolt and nut	boulon m avec écrou
3450	Schraube f ohne Mutter	screw (without nut)	vis f sans écrou
3451	Schraub(en)gewinde n	screw thread, thread	filet m, filetage m (de vis), pas m de vis

ITALIENISCH	SPANISCH	RUSSISCH	Nr.
alimenti m pl **rapidamente surgelati**	**productos alimenticios congelados** ultrarrápidamente	быстрозамороженные пищевые продукты, сильно охлажденные пищевые продукты	3438
a rapida essiccazione	**secativo rápido**	быстровысыхающий, быстросохнущий	3439
legno m **tagliato**	**madera de serradero, serrada**	пиломатериалы, пиленый лесоматериал	3440
legare (con corda, con spago)	**atar, con cuerdas**	завязывать, стягивать, шнуровать	3441
corda f, **spago** m	**cuerda, hilo, bramante, cordón**	веревка, шпагат, шнур, бечевка	3442
manipolazione f **accurata**	**tratamiento cuidadoso, tratamiento cuidado**	бережное обращение, осторожное обращение	3443
montacarichi m **inclinato**	**ascensor sobre plano inclinado, montacargas inclinado**	скиповый подъемник	3444
imballaggio m **parallelepipedo**	**embalaje de forma paralelepipédica**	прямоугольная тара; тара, имеющая форму параллелепипеда	3445
coperchio m **filettato, coperchio** m **a vite**	**tapa, cápsula de rosca**	навинчиваемая крышка, навинчивающаяся крышка, винтовая крышка, крышка с винтовой нарезкой	3446
macchina f **per la filettatura dei tappi**	**enroscadora de tapas** (a rosca)	машина для укупорки тары крышками с винтовой нарезкой	3447
chiusura f **con tappo a vite**	**tapa de rosca**	винтовая крышка, винтовой затвор	3448
vite f **con dado, bullone** m	**tornillo, perno,** (con tuerca)	болт	3449
vite f **senza dado**	**tornillo** (sin tuerca)	винт, шуруп	3450
filetto m **della vite, filettatura**	**paso de rosca**	винтовая резьба, винтовая нарезка	3451

Nr.	DEUTSCH	ENGLISCH	FRANZÖSISCH
3452	Schraubenmutter f	screw nut, (bolt) nut	écrou m
3453	Schraubensicherung f	nut lock, screw-locking device, lock nut	arrêt m de vis, dispositif m de sûreté de vis, frein m de vis, plaquette + arrêtoire f
3454	Schraubglas* n	thread jar, threaded-mouth glass	bocal m fileté, bocal à couvercle à vis, verre m à embouchure filetée
3455	Schraubkappe* f, Verschließkappe* f	screw cap, screw capsule	capsule f vissée, capsule à vis
3456	Schraubstopfen* m	screw stopper, threaded stopper	bouchon m fileté, bouchon à vis, vis-bouchon f
3457	Schraubverschluß* m, Schraubdeckel m, Schraubdeckelverschluß m (siehe 1488)	screw-cap closure, screw-lid (closure), screw closure, threaded closure	capsule f à vis, couvercle m fileté, fermeture f vissable
3458	schreiende Farbe f	loud colour	couleur f tranchante, couleur très ou trop vive, couleur criarde
3459	Schrenzpapier* n	low-qualtiy paper, grocery paper, common (wrapping) paper, Schrenz paper	papier m Schrenz, papier gris (ordinaire), papier à base de vieux papiers
3460	Schrenzpappe* f, Graupappe f, Speltpappe f	low-quality grey-board, (plain) chipboard, millboard, bogus board, grocery board, Schrenz board	carton m Schrenz, carton (simple) gris, carton à base de vieux papiers (mêlés), carton de maculature

ITALIENISCH	SPANISCH	RUSSISCH	Nr.
dado m della vite	tuerca	гайка	3452
dispositivo m di sicurezza a vite	hembra de tornillo, dispositivo, plancha, arandela de detención o seguridad del tornillo, tuerca	устройство для предохранения резьбовых соединений от саморазвинчивания, гаечный замок	3453
vaso m con imboccatura filettata	tarro con cuello de rosca, tarro con tapa de rosca, envase de vidrio, con boca de rosca	стеклянная банка с винтовой нарезкой на горловине, банка с винтовым горлом	3454
capsula f a vite	cápsula de rosca	винтовой колпачок, колпачок с резьбой, навинчивающийся колпачок, свинчивающийся колпачок	3455
tappo m a vite	tapón de rosca	резьбовая пробка, пробка с резьбой	3456
coperchio m filettato, chiusura f a vite	tapa roscada	винтовой затвор, винтовая крышка, крышка с винтовой нарезкой, крышка с винтовой резьбой	3457
colore m molto vivace, colore m violento, colore m stridente	color chillón	"кричащий" цвет	3458
carta f grigia, carta f rigenerata	papel ordinario (de baja calidad) gris, elaborado con papeles viejos	низкосортная бумага (напр. из макулатуры)	3459
cartone m grigio, cartone m rigenerato	cartón gris (de baja calidad, elaborado con desperdicios mezclados de papel)	низкосортный макулатурный картон, газетномакулатурный картон, низкосортный картон из бурой древесной массы или макулатуры	3460

Nr.	DEUTSCH	ENGLISCH	FRANZÖSISCH
3461	Schrumpfbarkeit f	shrinkability	rétrécissabilité f, rétractabilité f
3462	schrumpfen, aufschrumpfen	to shrink, to shrink on	rétrécir, se rétrécir
3463	Schrumpfetikett* n	shrink label	étiquette f de rétrécissement
3464	Schrumpffolie* f	shrink(able) film	film m rétrécissable, feuille f plastique rétrécissable, pellicule f rétrécissable
3465	Schrumpfhaube* f	shrink film hood	capuchon m rétrécissant
3466	Schrumpfkapsel* f	shrink(-on) capsule	capsule f rétrécissable, capsule rétrécissante
3467	Schrumpfpackung* f	shrink pack	emballage rétrécissable
3468	Schrumpfriß m	shrinkage crack, contraction strain	fissure f de retrait, crique f de retrait
3469	Schrumpfspannung f	shrinkage strain, shrinkage tension, shrinkage stress	tension f de rétrécissement, effort m de rétrécissement, travail m au rétrécissement
3470	Schrumpftunnel m	shrink tunnel	tunnel m rétrécissant, tunnel de rétrécissement
3471	Schrumpfung f, Schrumpfen n	shrinkage, shrinking, contraction	retrait m, rétrécissement m, contraction f
3472	Schrumpfpackung f	shrink(-on) pack	emballage m rétrécissable, emballage "shrink"
3473	Schubelastizität f	shearing elasticity, transverse elasticity	élasticité f de cisaillement, élasticité transversale

ITALIENISCH	SPANISCH	RUSSISCH	Nr.
retraibilità f	retractibilidad, contractibilidad	способность сокращаться, способность к сокращению	3461
retrarre, retrarsi	retraerse, contraerse, encogerse	давать усадку, усаживаться, сокращаться	3462
etichetta retraibile	etiqueta retráctil	садящаяся этикетка	3463
film m retraibile	película retráctil, lámina plástica retráctil, encogible	усадочная пленка, сокращающаяся пленка	3464
cappuccio m in film retraibile	capucha de película retráctil, capuchón retráctil	плотно садящийся колпак	3465
capsula f a retrazione	cápsula retráctil	колпачок, обжимаемый на горлышке бутылки	3466
imballaggio m retraibile	envase retráctil	садящаяся упаковка	3467
fessurazione f da retrazione	fisura, rotura de contracción, rotura de retracción	усадочная трещина	3468
tensione f di retrazione	tensión, esfuerzo, trabajo de retracción	усадочное напряжение	3469
tunnel m di retrazione	túnel, horno de retracción	усадочный тоннель, тепловой тоннель для усадки пленки	3470
retrazione f	retracción, contracción, encogimiento	усадка, сокращение (в объеме)	3471
imballaggio m retraibile	envase retráctil	усадочная упаковка, упаковка в сокращающуюся пленку	3472
elasticità f trasversale	elasticidad de cizallamiento, elasticidad transversal	упругость при срезе, упругость при изгибе	3473

Nr.	DEUTSCH	ENGLISCH	FRANZÖSISCH
3474	Schubfestigkeit f, Scherfestigkeit* f	shear stress, shearing strength, transverse strength	résistance f au cisaillement
3475	Schubgabelstapler m	reach-fork truck	chariot m élévateur à fourche rétractable
3476	Schubmodul m	modulus of (elasticity in) shear, shearing modulus of elasticity	module m de cisaillement
3477	Schubspannung f, Scherbeanspruchung f, Schubbeanspruchung f	shear(ing) strain, shear(ing) stress, shear(ing) strength	tension f de cisaillement, effort m de cisaillement
3478	schüttelfest	vibration-proof	résistant aux secousses
3479	schütteln, rütteln	to shake, to joggle, to vibrate, to toss	agiter, secouer, ébranler
3480	Schütteltisch m, Schüttelvorrichtung f	shaking device, shaker, vibrator table	installation f pour secousses, dispositif m trembleur, table f de secouage ou à secousses
3481	schütten	to charge, to discharge, to pour (out)	mettre en tas, verser (déverser), jeter
3482	Schüttgewicht n, Schüttdichte f	bulk weight, apparent density, bulk density	poids m de matière déversée non-tassée, densité f apparente
3483	Schüttgut n, Massengut n, Massengüter npl	bulk goods, bulk material, loose material	produits mpl en vrac, matières fpl en tas, marchandises fpl en vrac, marchandises en grandes masses, marchandises à déverser
3484	Schütttrichter m	discharge hopper, discharge funnel	trémie f entonnoir, trémie de déversement

ITALIENISCH	SPANISCH	RUSSISCH	Nr.
resistenza f al taglio	resistencia al corte (cizallado) transversal	предел прочности при сдвиге, предел прочности при срезе, прочность при сдвиге, прочность при срезе	3474
carrello m elevatore a forche allungabili	carretilla elevadora de horquilla retráctil	погрузчик с убирающейся мачтой	3475
modulo m al taglio	módulo de (elasticidad al) corte por cizalla o transversal	модуль сдвига, модуль упругости при сдвиге	3476
tensione f di taglio, sollecitazione f di taglio	tensión, esfuerzo de cizalla	напряжение сдвига, напряжение при сдвиге, напряжение при срезе, тангенциальное напряжение	3477
resistente alle vibrazioni	resistente a la vibración	стойкий к тряске, вибростойкий	3478
agitare, vibrare	agitar, sacudir, conmover, estremecer, vibrar	встряхивать	3479
tavola f vibrante, dispositivo m vibratore	mesa vibradora, vibratoria (de vibración, vibrante)	трясочный стол, трясочное приспособление, вибростол	3480
scaricare, versare, gettare	descargar, largar, volcar, verter	сыпать, насыпать, высыпать	3481
densità f apparente, peso m apparente di prodotto alla rinfusa	peso del granel, densidad aparente	насыпной вес, кажущаяся плотность	3482
prodotti m pl alla rinfusa, materiali m pl sfusi, materiali m pl sciolti	producto a granel	сыпучий материал, материал сыпучей консистенции, сыпучий груз, массовый груз	3483
tramoggia f di scarico	tolva, embudo de descarga	дно (решетка на брусьях), засыпная воронка	3484

Nr.	DEUTSCH	ENGLISCH	FRANZÖSISCH
3485	**schützen**	**to protect, to guard, to secure, to shelter**	**protéger, abriter, préserver**
3486	**schützen, vor Nässe schützen!**	**keep dry!**	**craint l'humitdité!, à préserver de l'humidité!**
3487	**schützend**	**protective, preservative, prohibitory**	**protecteur, agent** m **protecteur**
3488	**Schulterteil** n, **Schulter** f (einer Flasche)	**shoulder section** (of a bottle)	**épaule** f **(d'une bouteille)**
3489	**Schulteretikett*** n	**shoulder label**	**étiquette** f **d'épaule**
3490	**Schutz** n	**protection, cover, shelter, safeguard**	**protection** f, **préservation** f
3491	**Schutzbeschlag** m	**protective fittings**	**blindage** m **de protection, recouvrement** m **protecteur**
3492	**Schutzecken** fpl (für Kisten)	**corner guards** (for cases)	**coins-protecteurs** mpl (pour caisses)
3493	**Schutzfilm** m	**protective film**	**film** m **protecteur, pellicule** f **protective, couche** f **protectrice**
3494	**Schutzgas*** n, **Inertgas** n	**protective gas, inert gas**	**gaz protecteur, gaz inerte**
3495	**Schutzgaspackung*** f, **Gaspackung*** f (siehe 1380)	**inert-gas package, gas pack**	**emballage** m **sous gaz neutre ou inerte, emboîtage** m **sous gaz**
3496	**Schutzhülle** f	**protecting wrapper, protective cover**	**enveloppe** f **protectrice**
3497	**Schutzkappe** f	**protecting cap, protective cover, over cap**	**capot** m **(protecteur), capuchon** m, **chapeau** m
3498	**Schutzlack** m	**protective lacquer**	**vernis** m **protecteur**

ITALIENISCH	SPANISCH	RUSSISCH	Nr.
proteggere, preservare	proteger, resguardar, preservar	защищать, охранять, предохранять	3485
proteggere dall'umidità! teme l'umidità!	proteger de la humedad	Боится сырости! Беречь от сырости!	3486
protettivo, preservante	protector, preservador	защитный, предохранительный	3487
spalla f (di una bottiglia)	hombro (de una botella)	заплечики, плечики (бутылки)	3488
etichetta f per spalla (di bottiglia)	etíqueta de hombrera, collarín	плечевая этикетка	3489
protezione, preservazione	protección, preservación	защита, предохранение	3490
inserti m pl di protezione	blindaje, recubrimiento protector	защитная обшивка	3491
angolari m pl protettivi (per casse)	protectores de esquinas (de cajas)	металлические угольники (для укрепления ящиков)	3492
film m protettivo	película, capa protectora	защитная пленка	3493
gas m protettivo, gas m inerte	gas protector, inerte	защитный газ, инертный газ	3494
imballaggio m con gas inerte	envasado bajo gas inerte (o neutro)	упаковывание с инертным газом, упаковка с инертным газом	3495
avvolgimento m protettivo	envoltura protectora	защитная оболочка, предохранительная оболочка	3496
cappuccio m di protezione	caja protectora	верхний предохранительный колпачок	3497
vernice f protettiva	barniz protector	защитный лак	3498

Nr.	DEUTSCH	ENGLISCH	FRANZÖSISCH
3499	**Schutzmittel** n	**protective agent, preservative (agent)**	**agent** m **protecteur, agent de conservation**
3500	**Schutzschicht** f	**protection layer, protection coat**	**couche** f **protectrice**
3501	**Schutzüberzug** m, **Schutzanstrich** m	**protective coat(ing)**	**enduit** m **de protection, enduit protecteur, peinture** f **de protection**
3502	**Schutzüberzug** m, **entfernbarer Schutzüberzug, permanenter Schutzüberzug**	**strippable protective coat, permanent protective coat**	**enduit** m **protecteur amovible, enduit protecteur permanent**
3503	**Schutzverpackung** f	**protective package**	**emballage** m **de protection, emballage protecteur**
3504	**schwach, dünn**	**light, thin**	**faible, léger, mince**
3505	**schwachflüchtig, schwachflüchtige Substanzen** fpl	**low volatile, low volatiles** pl	**peu volatil, substances** fpl **peu volatiles**
3506	**schwachwandig**	**thin-wall(ed)**	**à paroi mince**
3507	**Schwammgummi** m	**foamed latex, sponge rubber**	**caoutchouc** m **spongieux, caoutchouc-éponge** m
3508	**Schwammkunststoff** m, **Schaumstoffschwamm** m	**expanded sponge**	**matière** f **plastique éponge, matière plastique spongieuse**
3509	**Schwarzblech*** n	**black sheet, black plate, sheet iron**	**tôle** f **noire**
3510	**schwebend, hängend, frei aufgehängt**	**suspended, floating, pendant**	**suspendu, flottant**
3511	**schwebende Ladung** f	**floating load**	**charge** f **suspendue**

ITALIENISCH	SPANISCH	RUSSISCH	Nr.
agente m protettivo, agente m preservante	agente protector	защитное средство, защитное вещество, предохранительное средство*	3499
strato m protettivo	revestimiento, estrato protector	защитный слой	3500
rivestimento m protettivo	recubrimiento, pintura de protección (protector, protectora)	защитное покрытие, защитное лакокрасочное покрытие	3501
rivestimento m protettivo strappabile, rivestimento m protettivo permanente	revestimiento protector amovible, permanente	снимающееся защитное покрытие; постоянное защитное покрытие	3502
imballaggio m protettivo	embalaje protector, de protección	защитная упаковка	3503
leggero, sottile	débil, ligero, delgado	легкий; тонкий	3504
sostenza f pl a bassa volatilità, sostanze f pl poco volatili	poco volátil, sustancias poco volátiles	труднолетучий; труднолетучие вещества	3505
a parete sottile	de pared delgada	тонкостенный	3506
gommapiuma f, gomma f spugnosa	caucho esponjoso, caucho-esponja	губчатая резина, пенорезина	3507
materia f plastica spugnosa	materia plástica esponjosa, espuma esponjosa	пенопласт или поропласт, газонаполненная пластмасса	3508
banda f nera	chapa negra (de hierro)	черная жесть, черная листовая жесть	3509
sospeso, pendente, fluttuante	suspendido, flotante	взвешенный, находящийся во взвешенном состоянии	3510
carico m sospeso	carga suspendida	подвешенный груз	3511

Nr.	DEUTSCH	ENGLISCH	FRANZÖSISCH
3512	Schwebepackung f, freischwebende Packung	floating pack(age)	emballage m flottant, emballage suspendu
3513	Schweißapparat m	welding apparatus, welding machine	appareil m de soudage, soudeuse f, machine f à souder
3514	schweißbar	weldable	soudable, soudant
3515	Schweißen* n	welding	soudage m
3516	Schweißnaht* f, Schweißlinie f	welding seam, welded joint, weld, seam, weld line	joint m soudé, soudure f, ligne f de soudure
3517	Schweißnaht f, überlappte Schweißnaht	lap-seam weld, lap joint	soudure f recouverte, soudure à recouvrement
3518	Schweißnahtfestigkeit* f	welded joint strength, resistance of welding seams to severing or cracking	résistance f à la déchirure de la soudure
3519	Schweißrißempfindlichkeit f, Schweißrissigkeit f	weld-cracking, susceptibility to weld-cracking, fissuring of welding	susceptibilité f aux criques de soudage
3520	Schweißverbindung f	welded joint	soudure f, joint m soudé
3521	Schweißverschluß* m	welded closure	fermeture f sondée
3522	Schwerblech n, Grobblech n	heavy plate, thick metal plate	tôle f forte, tôle grosse
3523	Schwere f, Schwerkraft f	gravity, weight, gravitation	force f de gravité, force (de la) pesanteur, gravité f

ITALIENISCH	SPANISCH	RUSSISCH	Nr.
imballaggio m sospeso	embalaje flotante, suspendido	тара, в которой упакованное изделие находится в подвешенном состоянии	3512
macchina f saldatrice	aparato soldador, máquina soldadora	сварочный аппарат, аппарат для сварки горячим газом	3513
saldabile	soldable	сваривающийся, свариваемый	3514
saldatura f	soldadura	сварка, термосварка	3515
linea f di saldatura, giunzione f saldata	junta, unión, soldada, línea de soldadura	сварной шов, сварочный шов; линия стыка, след шва	3516
saldatura f a lembi sovrapposti, saldatura f per sovrapposizione	soldadura recubierta	сварное соединение внахлестку, сварной шов внахлестку, шов внахлестку	3517
resistenza f allo strappo della saldatura	resistencia de la soldadura al desgarro	прочность сварного шва, прочность сварного соединения	3518
fessurazione f da saldatura	susceptibilidad de la soldadura a las fisuras	чувствительность к образованию сварных трещин, чувствительность к сварке	3519
giunzione f saldata, saldatura f	unión por soldadura, junta soldada	сварное соединение	3520
chiusura f saldata, chiusura f mediante saldatura	cierre soldado	сварной затвор	3521
lastra f metallica grossa, lastra f metallica di elevato spessore	plancha, chapa fuerte, gruesa	толстолистовая сталь	3522
gravità f, forza f di gravità	fuerza de gravedad, gravitación	сила тяжести	3523

Nr.	DEUTSCH	ENGLISCH	FRANZÖSISCH
3524	Schwerfaß* n	heavy-weight belly-barrel	fût m à bouge lourd
3525	schwerflüchtig	non-volatile	peu volatil, lourd
3526	schwerflüssig, dickflüssig	viscous, heavy	visqueux
3527	Schwergutkiste* f	large-size case, big-volume case	caisse f de grande contenance
3528	Schwergutverpackung* f	heavy goods package, heavy goods container, big-volume package, package for heavy-weight goods	emballage m lourd, emballage de grande contenance, emballage des matériaux lourds
3529	Schwerpunkt m	centre of gravity or mass	centre m de gravité
3530	schwimmende Verpackung* f	floating package, suspended package, suspension package	emballage m flottant, emballage suspendu
3531	Schwingungsbean-spruchung f	vibration stress, alternating stress	travail m de vibrations, effort m de vibrations, contrainte f ondulée
3532	Schwingungsdämpfer m	vibration damper, damper device	amortisseur m de vibrations
3533	Schwingungsfestigkeit f	fatigue strength, dynamic strength, vibration strength	résistance f dynamique
3534	Schwund m, Schrumpfung f	shrinkage, shrinking	retrait m, rétrécissement m
3535	seemäßige Verpackung* f	seaworthy package, overseas package	emballage m maritime
3536	seewasserbeständig	seawater-proof, seawater-resistant	résistant à l'eau de mer

ITALIENISCH	SPANISCH	RUSSISCH	Nr.
botte f di peso elevato	barril pesado (de panza gruesa)	тяжелая бочка или барабан	3524
non volatile, poco volatile	poco volátil, pesado	нелетучий	3525
viscoso, pesante	viscoso	тугоплавкий, вязкотекучий	3526
cassa f di grande capacità	caja de gran contenido	ящик для тяжелых грузов, решетка для тяжелых грузов	3527
imballaggio m per merce pesante	embalaje para mercancias muy pesadas, embalaje pesado, de gran contenido	тара для тяжелых грузов	3528
centro m di gravità, baricentro m	centro de gravedad	центр тяжести	3529
imballaggio m per contenuto sospeso	embalaje flotante, suspendido	тара, в которой упакованное изделие находится в подвешенном состоянии	3530
sollecitazione f alla vibrazione	trabajo, esfuerzo de vibración	вибрационная нагрузка, циклическое напряжение	3531
ammortizzatore m di vibrazioni	amortiguador de la vibración, vibroamortiguador	гаситель колебаний	3532
resistenza f alla vibrazione	resistencia dinámica	предел выносливости, предел усталости, вибропрочность	3533
retrazione f retraibilità	retracción, encogimiento, contracción	усадка, усушка	3534
imballaggio m per spedizioni via mare	embalaje marítimo	тара для морских перевозок товаров, морская упаковка	3535
resistente all'acqua di mare	resistente al agua del mar	устойчивый к действию морской воды, устойчивый к морской воде	3536

Nr.	DEUTSCH	ENGLISCH	FRANZÖSISCH
3537	**Segeltuch** n, **Leinwand** f	**canvas, cloth**	**toile** f **(à voile)**
3538	**Seidenpapier*** n, **Dünnpapier** n	**tissue paper**	**papier** m **mousseline, papier de soie**
3539	**Seil** n, **Leine** f	**rope, cable rope**	**câble** m, **corde** f
3540	**Seitendruck** m	**side pressure, side force**	**pression** f **latérale, poussée** f **latérale**
3541	**Seitenfaltenbeutel*** m (Bodenbeutel, nach dem Füllen standfähig) Flachbeutel mit Seitenfalten	**satchel bag, bottom bag with gussets, square bag with gussets** (able to stand upright after filling)	**sachet** m **soufflet, sachet à plis latéraux rentrants** (sachet à fond capable d'être debout après remplissage) **sachet plat à plis latéraux**
3542	**Seitenfläche** f, **Seite** f	**side face, lateral face**	**face** f, **latérale, côté** m (latéral)
3543	**Seitenheftung** f	**lateral stapling**	**agrafage** m **latéral**
3544	**Seitenleiste*** f	**side batten**	**barre** f **de côté**
3545	**Seitennaht** f	**side seam**	**joint** m **latéral**
3546	**Seitenverschluß*** m	**lateral closure**	**fermeture** f **latérale**
3547	**Seitenwand*** f	**lateral wall**	**paroi** f **latérale**
3548	**Sekunda-Kraftpapier*** n	**second quality kraft paper**	**papier** m **kraft de seconde qualité, papier kraft de secondaire**
3549	**selbstansaugend**	**self-priming, naturally aspirated**	**à prise automatique**
3550	**Selbstbedienung** f	**self-service**	**libre-service** m
3551	**Selbstbedienungs- laden** m	**self-service shop**	**magasin** m **libre-service**
3552	**selbstentzündbar**	**self-igniting**	**auto-inflammable**

ITALIENISCH	SPANISCH	RUSSISCH	Nr.
tessuto m, **tela** f **grezza**	**lona** (de vela)	парусина, полотно, холст	3537
carta f **velina**	**papel de seda**	шелковая бумага, тонкая бумага	3538
cavo m, **corda** f	**cable, cuerda, cabo**	канат, трос, строп	3539
pressione f **laterale**	**presión, fuerza lateral**	давление на стенки, боковое давление	3540
sacchetto m **a soffietto** (capace di restare eretto dopo riempimento)	**bolsa de fuelle** (de pliegues laterales), (bolsa de fondo que permite se mantenga de pie tras ser llenada)	пакет с боковыми складками	3541
faccia f **laterale**	**cara lateral**	боковая поверхность, бок; сторона	3542
aggraffatura f **laterale**	**grapado lateral**	продольное сшивание (скобами)	3543
asse f **laterale**	**barra, tablón lateral**	боковая планка, планка бока	3544
giunzione f **laterale**	**junta lateral**	продольный шов, боковой шов	3545
chiusura f **laterale**	**pared lateral**	боковой затвор	3546
parete f **laterale, fiancata** f **laterale**	**cierre lateral**	боковая оттенка	3547
carta f **Kraft di seconda scelta**	**papel kraft de segunda calidad**	крафт-бумага второго разбора, второсортная крафт-бумага	3548
ad aspirazione automatica	**toma automática**	с самонакладом (автоматический пресс)	3549
"self-service"	**autoservicio**	самообслуживание	3550
negozio m **"self-service"** (negozio a libero servizio), **supermercato** m	**tienda, establecimiento de autoservicio**	магазин самообслуживания	3551
auto-infiammabile	**autoinflamable**	самовоспламеняющийся	3552

Nr.	DEUTSCH	ENGLISCH	FRANZÖSISCH
3553	**Selbstklebeband*** n (siehe 2052)	**self-adhesive tape, pressure-sensitive tape**	**ruban** m **auto-adhésif, ruban applicable sous pression, bande** f **auto-collante**
3554	**Selbstklebeetikett*** n, **Haftetikett*** n	**pressure-sensitive label, self-adhesive label**	**étiquette** f **auto-collante, étiquette adhésive sous pression**
3555	**selbstklebend***	**self-sealing, self-adhesive, pressure-sensitive**	**auto-adhésif, auto-collant**
3556	**Selbstklebepapier*** n, **Kaltsiegelpapier*** n	**pressure-sensitive paper, cold-seal(ing) paper**	**papier** m **auto-collant, papier de scellage à froid**
3557	**Selbstklebung*** , **Kaltsiegelung*** f (siehe 1641)	**cold seal(ing), self-seal(ing)**	**scellage** m **à froid, auto-collage** m
3558	**Selbstklebeverschluß*** m	**self-adhesive closure**	**fermeture** f **auto-adhésive**
3559	**selbstöffnend**	**self-opening**	**à ouverture automatique**
3560	**selbstschließend**	**self-sealing, self-closing**	**serrant mécaniquement, à fermeture automatique**
3561	**selbsttragend**	**self-supporting**	**portant de soi-même**
3562	**Sendung** f	**shipment**	**expédition** f, **envoi** m
3563	**sensorische Prüfung** f (siehe 2766)	**sensoric testing**	**test** m **sensoriel**
3564	**Serienfabrikation** f, **Reihenfertigung** f	**mass production, series production, manufacture in series**	**fabrication** f **en série**
3565	**Sicherheitsfaktor** m	**safety factor**	**coefficient** m **de sécurité**

ITALIENISCH	SPANISCH	RUSSISCH	Nr.
nastro m autoadesivo	cinta autoadhesiva (cinta aplicable por presión), cinta presoadhesiva	самоклеящая лента, самоклейкая лента, самоприклеивающаяся лента, липкая лента (чувствительная к давлению)	3553
etichetta f autoadesiva	etiqueta autoadhesiva	самоприклеивающаяся этикетка	3554
autoadesivo	autoadhesivo	самоклеящий, самоприклеивающийся, липкий (чувствительный к давлению)	3555
carta f autoadesiva, carta f adesiva a freddo	papel autoadhesivo, papel adhesivo en frío	самоприклеивающаяся бумага	3556
autoadesività f, saldatura f a freddo	autoadhesión, pegado en frío	самоклейкость, холодная спайка	3557
chiusura f autoadesiva	cierre autoadhesivo	самосклеивающийся затвор	3558
ad apertura automatica	de apertura automática	самооткрывающийся	3559
a chiusura automatica	cerrado mecánicamente, de cierre automático	самозапирающийся	3560
autoportante	autoportable, autoportante	самонесущий	3561
spedizione f	expedición, envío	партия товара, посылка	3562
prova f sensoriale	análisis sensorial	сенсорное испытание	3563
produzione f in serie	fabricación en serie	серийное производство, серийный выпуск	3564
coefficiente m di sicurezza	coeficiente de seguridad	коэффициент безопасности	3565

Nr.	DEUTSCH	ENGLISCH	FRANZÖSISCH
3566	**Sicherheitsverschluß*** m, **Garantieverschluß** m	**safety closure, guarantee closure, foolproof closure, tamperproof closure**	**fermeture** f **de sûreté, fermeture de garantie, fermeture inviolable**
3567	**sichern*, schützen**	**to secure, to fasten, to protect, to safeguard, to guarantee**	**protéger, mettre à l'abri, abriter, garantir**
3568	**Sicherungsmittel*** n	**securing means**	**moyen** m **de sécurité**
3569	**Sicherungsring*** m	**guard ring, retaining ring, locking ring**	**anneau** m **d'arrêt, anneau de retenue, bague** f **de fixation**
3570	**Sichtfeldfolie** f	**display film**	**pellicule** f **opaque avec partie transparente**
3571	**Sichtpackung*** f (Füllgut ist durch den durchsichtigen Packstoff erkennbar) (siehe 2050, 4333)	**see-through pack(age), window pack(age), transparent pack(age)** (product can be seen through the transparent packaging material)	**emballage** m **transparent, emballage à fenêtre** (la marchandise est reconnaissable à travers les matériaux d'emballage)
3572	**Sichtprüfung** f	**visual test**	**test** m **visuel**
3573	**Sichtverpackung*** f (aus durchsichtigem Packstoff bestehendes Packmittel)	**see-through package, window package, transparent package, display package, revelation wrapper** (package made of transparent material)	**emballage** m **transparent, emballage à fenêtre** (emballage fait de matériaux transparents)
3574	**Sicke*** f	**bead, stiffening corrugation, reinforcing seam or crease**	**moulure** f, **ourlet** m, **suage** m
3575	**Sickendose*** f	**creased can**	**boîte** f **à moulures**
3576	**Sickenfaß*** n	**channel drum, beaded barrel**	**fût** m **à moulures, fût suagé, fût soyé**

ITALIENISCH	SPANISCH	RUSSISCH	Nr.
chiusura f di sicurezza, chiusura f di garanzia	cierre de seguridad, de garantía, inviolable	гарантийная укупорка	3566
assicurare, proteggere	proteger, salvaguardar, garantizar	обеспечивать, гарантировать, предохранять, защищать	3567
materiale m/sostanza f di protezione	dispositivos, medios de seguridad	предохранительное средство	3568
anello m di tenuta	anilla de seguridad, de fijación, de bloqueo	предохранительное кольцо, защитное кольцо	3569
foglio m opaco con finestra trasparente	película opaca parcialmente transparente	непрозрачная пленка с прозрачным поясом	3570
confezione f trasparente (il prodotto é riconoscibile dall' esterno dell'imballaggio)	envase transparente, envase con ventana	прозрачная упаковка, прозрачная пленочная упаковка, упаковка с прозрачным окном	3571
prova f visiva	ensayo visual	визуальный тест	3572
imballaggio m trasparente (costruito con materiale trasparente)	envase transparente, embalaje con ventana (el envase está formado con material o materiales transparentes) envase exhibidor	прозрачная тара, тара (напр. мешок) из прозрачной пленки	3573
nervatura f	moldura, orla, reborde	ребро жесткости, гофр, зиг	3574
barattolo m con nervatura	lata ondulada, acanalada	банка с фальцем	3575
fusto m con nervatura	barril con rebordes	барабан или бочка с гофрированной обечайкой	3576

Nr.	DEUTSCH	ENGLISCH	FRANZÖSISCH
3577	**Siebdruck*** m	**screen printing, silk screen printing, serigraphy**	**sérigraphie** f, **impression** f **en sérigraphie, impression** f **à l'écran de soie**
3578	**Siebdruckmaschine** f	**screen printing machine**	**machine** f **à imprimer en sérigraphie**
3579	**Siegel*** n (Verschließhilfsmittel)	**seal** (auxiliary closing or locking)	**sceau** m, **cachet** m (moyen auxiliaire de fermeture)
3580	**Siegelbacken** fpl	**sealer jaws means, sealer bars**	**mâchoires** fpl
3581	**Siegelkappe*** f	**protecting cap, guarantee cap, safeguarding cap**	**capot** m **protecteur, capuchon** m **de garantie**
3582	**Siegeln*** n (siehe 1746)	**sealing, heat sealing**	**soudure** f **à chaud, thermosoudage** m, **soudage** m, **scellage** m **à chaud, thermoscellage** m
3583	**Siegelnaht*** f	**sealed seam, heat-sealed joint**	**joint** m **soudé (à chaud), joint thermosoudé, joint scellé (à chaud), joint thermoscellé**
3584	**Siegelnahtfestigkeit*** f	**sealed-seam strength, resistance of heat-sealed joints to cracking** (parting)	**résistance** f **à la déchirure des joints (thermo)soudés ou thermoscellés**
3585	**Siegelnahtprofil*** n	**sealed-seam profile, profile of heat-sealed joints**	**profil** m **du joint soudé (à chaud)**
3586	**Siegelrandbeutel*** m	**side-sealed bag, flat bag with (three or two) sealed seams and sealed closure**	**sachet** m **à bords scellés, sachet à fond plat à (trois ou deux) joints soudés avec l'embouchure soudée**

ITALIENISCH	SPANISCH	RUSSISCH	Nr.
serigrafia f	serigrafía, impresión serigráfica, impresión por pantalla de seda	трафаретная печать, сеточная печать, шелкографская печать, шелкография	3577
macchina f per stampa serigrafica	máquina de impresión serigráfica	машина для трафаретной печати	3578
sigillo m (dispositivo ausiliario di chiusura)	sello, (medio de cierre auxiliar)	спай; смолка для укупорки бутылок	3579
barre f pl sigillanti	mordazas soldadoras	сварочные губки, сварочные зажимы	3580
capsula f di garanzia	tapa protectora, capuchón de garantía	колпачок, препятствующий незаконному вскрытию тары; колпачок-пломба	3581
sigillatura f, saldatura f a caldo	junta, unión termosoldada, termosoldadura	сварка (термопластичных пленок), горячая термосварка, склеивание горячим способом	3582
giunzione f saldata (a caldo), giunzione f termosaldata	junta, unión soldada	сварной шов, сварное соединение	3583
resistenza f allo strappo delle giunzioni saldate (a caldo)/termosaldate	resistencia al desgarro de las juntas o uniones termosoldadas	прочность сварного шва, прочность сварного соединения	3584
profilo m della giunzione saldata (a caldo)/ termosaldata	perfil de la junta termosoldada	рельеф сварного шва	3585
sacchetto m a saldatura laterale	bolsa de soldadura lateral, bolsa de fondo plano con (dos o tres) juntas soldadas y cierre soldado	пакет из плоской пленки, свариваемый по краям; мешочек со свариваемыми боковыми швами и дном	3586

Nr.	DEUTSCH	ENGLISCH	FRANZÖSISCH
3587	Siegelverschluß* m	sealed closure	fermeture f scellée
3588	Signiergerät n, Markierungsapparat m	marking equipment	appareil m de marquage
3589	Sikkativ n, Trockenmittel n	siccative, drier, desiccative, desiccant	siccatif m, dessiccateur m, desséchant m
3590	Silberpapier n, Stanniolpapier n	silver paper, silver foil, tin-foil	papier m argenté, papier d'étain, feuille f d'étain
3591	Silberschutzpapier n	anti-tarnish paper (for silver)	papier m qui ne ternit pas l'argent
3592	Silikagel* n, Kieselsäuregel n, Kieselgel* n	silica gel	gel m de silice
3593	siliconisiertes Papier n	anti-adhesive paper, silicone-treated paper	papier m anti-adhésif, papier traité par silicone
3594	Simili-Kraftpapier n	imitation kraft paper	papier m simili-kraft
3595	Sisalfaser f, Sisalhanf m	sisal fibre	fibre f de sisal, chanvre m de sisal
3596	Skinpackung* f, Hautpackung f (siehe 2181)	skin-pack, skin-tight package	skin-pack m, emballage m épousant les contours du produit
3597	Sollfüllgewicht* n	rated filling weight	poids m de remplissage nominal

ITALIENISCH	SPANISCH	RUSSISCH	Nr.
chiusura f saldata, saldatura f	cierre soldado	запломбированный (герметичный) затвор	3587
attrezzatura f per marcatura	aparato, equipo marcador	маркировочно-печатная машина, маркировочный станок	3588
essiccante m, siccativo m	secador, desecador	сиккатив, сушильный агент, осушитель	3589
carta f argentata, stagnola f	papel plata, papel plateado, papel de estaño, lámina, hoja de estaño	посеребренная бумага, станиолевая бумага	3590
carta f di protezione per argenteria	papel antideslustrante ((antiempañante) para proteger la plata	антикоррозионная бумага для упаковки изделий из серебра	3591
gel m di silice	gel de sílice, sal de sílice	силикагель, гель кремнекислоты	3592
carta f trattata ai siliconi, carta f antiadesiva	papel siliconado, papel antiadhesivo	бумага с проклейкой кремнийорганическими соединениями; бумага, покрытая силиконом	3593
carta f imitazione Kraft	papel imitación kraft, papel simil-kraft	имитация крафт-бумаги	3594
fibra f di sisal	fibra de sisal, fibra de cañamo	сизальская пенька	3595
imballaggio m "Skin"	envase piel (skin pack), (sistema de envasado cuyo material contornea el producto envasado formando como una piel sobre el mismo y el material soporte que lo contiene, o uniendo varias unidades de venta entre sí, sin material de envase soporte, sino solamente unificadas por el material-piel de envoltura)	упаковка "картон-пленка", облегающая упаковка, упаковка в оболочку "в пузырь" типа картон и плотная оболочка	3596
peso m nominale (di riempimento)	capacidad ponderal (peso) de llenado	нормативный вес при наполнении	3597

Nr.	DEUTSCH	ENGLISCH	FRANZÖSISCH
3598	Sollfüllmenge* f	rated filling volume	quantité f de remplissage nominale
3599	Sollfüllvolumen* n	rated filling capacity	volume m de remplissage nominal
3600	sondern, sondieren, sortieren	to separate, to sort out, to grade	assortir, séparer, trier
3601	Sondiermaschine f, Sortiervorrichtung f	separating machine	séparateur m
3602	Sonnenschutzmittel n	protective agent against sunlight	produit m anit-solaire
3603	Sorption f	sorption	sorption f, reprise f d'humidité
3604	Sortier- und Auslesemaschine f	sorting machine	séparateur m, trieuse f, machine f à assortir, machine de triage
3605	Sortiereinsatz* m	sorting insert	encart m de triage
3606	Sortiment n	assortment, stock	assortiment m
3607	Sortimentspackung* f	assortment pack	emballage m assortiment
3608	SOS-Beutel m (siehe 488, 489)	SOS bag, self opening square (bottom) bag (with gussets)	sachet SOS m, sac m à fond carré (avec soufflets)
3609	Spaltwiderstand* m, Spaltfestigkeit f, Verbundhaftung f	interlaminar strength, bond strength, cohesion between layers	résistance f du contrecollage, cohérence f entre couches
3610	Spankorb* m (siehe 2194)	basket, chip basket, hamper	panier m, panier en éclats de bois, corbeille f, flein m

ITALIENISCH	SPANISCH	RUSSISCH	Nr.
volume m nominale di riempimento	capacidad volumétrica de llenado	нормативное насыпное (наливное) количество	3598
capacità f nominale di riempimento	capacidad estimada de llenado	нормативная емкость, нормативный насыпной (наливной) объем	3599
assortire, separare, selezionare	separar, seleccionar	сортировать, рассортировать	3600
separatore m	máquina seleccionadora	сортировальная машина	3601
prodotto m contro le radiazioni solari	producto antisolar	средство, защищающее от воздействия солнечных лучей	3602
assorbimento	absorción	сорбция, поглощение	3603
macchina f selezionatrice	máquina separadora	сортировка, сортировальная машина, сортировочная машина	3604
separatore m interno, divisorio m	separador, clasificador	сортировочная вставка	3605
assortimento m	surtido (de mercancías diversas)	ассортимент, сортимент	3606
confezione m assortita	envase surtido	ассортиментная упаковка	3607
sacchetto m a fondo quadro ad apertura automatica (con soffietti laterali)	bolsa S.O.S. (de fondo cuadrado y de fuelles laterales)	самооткрывающаяся сумка, пакет гармошкой с крестообразным дном	3608
resistenza f alla delaminazione, coesione f tra gli strati	resistencia del contracolado, coherencia entre las capas	стойкость к расслаиванию, стойкость к расщеплению, сопротивление раскалыванию	3609
cestello m, canestro m	cesta, canasta, canastilla	корзина из шпона, корзина из древесностружечной ленты	3610

Nr.	DEUTSCH	ENGLISCH	FRANZÖSISCH
3611	**Spannband** n, **Umreifungsband** n	**strap**	**bande** f **de serrage, cerclage** m
3612	**Spannkraft** f, **Federkraft** f	**tension, elastic or tension(al) force, extensibility, elasticity**	**tension** f, **force** f **élastique, élasticité** f, **ressort** m
3613	**Spannringverschluß*** m	**lock ring (closure), clamp ring, tightening ring**	**bague** f **de serrage, bague de tension, anneau** m **de cerclage, anneau** m **tendeur**
3614	**Spann- und Verschließapparat** m (für Umreifungen)	**strapping tool**	**appareil** m **de cerclage**
3615	**Spannung** f, **Zug** m	**tension, stress, strain**	**tension** f, **effort** m
3616	**Spannungsriß** m	**tension crack, drawing crack**	**fissure** f **due à la contrainte, crique** f **de tension**
3617	**Spannungsrißbildung** f	**tension cracking, stress cracking**	**fissuration** f, **formation** f **de fissures**
3618	**Spannungsrißkorrosion** f	**stress corrosion, tension cracking through corrosion**	**fissuration** f **due à la corrosion**
3619	**Spannverschluß*** m, **Kniehebelverschluß** m	**tension(al) closure, lock ring closure, bent-lever closure**	**fermeture** f **(par bague) de serrage, fermeture à genouillère**
3620	**Spanschachtel*** f	**chip basket**	**boîte** f **en éclats de bois**
3621	**Spender** m, **Geber** m, **Aus- bzw. Abgabegerät** n	**dispenser, dispensing machine**	**distributeur** m, **machine** f **débitrice**
3622	**Spenderverpackung*** f	**dispensing package**	**emballage** m **débiteur**

ITALIENISCH	SPANISCH	RUSSISCH	Nr.
reggetta f	cinta de atado, fleje, zuncho	натяжная лента, стяжная лента, обвязочная лента	3611
tensione f, forza f elastica resilienza f	tensión, fuerza elástica, elasticidad, extensibilidad	упругость, эластичность, упругая сила	3612
anello m di chiusura a tensione	anillo de cierre, antillo tensor, aro de fleje	зажимное кольцо, прижимное кольцо	3613
apparecchio m di reggettatura	aparato flejador, zunchador	машина для крепления грузов натянутой стальной лентой	3614
tensione f, sforzo m	tensión, esfuerzo	напряжение, натяжение	3615
fessurazione f, rottura f per tensione	fisura debida a la contracción, resquebrajadura por tensión	трещина, вызванная напряжением; усталостная трещина	3616
formazione f di fessurazioni	fisuración, formación de fisuras	образование трещин под действием напряжений	3617
fessurazione f per corrosione	fisuración de la tensión debida a la corrosión	растрескивание при коррозии под напряжением	3618
chiusura f per tensione, chiusura f a ghiera	cierre de ballesta	зажимный затвор, рычажная крышка	3619
cestino m, paniere m	caja armada	коробка из шпона	3620
apparecchio m distributore, "dispenser" m	distribuidora, dispensadora (máquina dispensadora)	распределитель	3621
imballaggio m distributore	envase distribuidor (normalmente, dosificador o suministrador de una unidad tras otra del producto que contiene)	тара-распределитель	3622

Nr.	DEUTSCH	ENGLISCH	FRANZÖSISCH
3623	**Sperreigenschaften** fpl	**barrier properties**	**propriétés** fpl **de barrage, propriétés d'arrêt, propriétés de verrouillage**
3624	**Sperrgut** n	**bulk freight, bulky goods** pl	**marchandises** fpl **encombrantes**
3625	**Sperrholz** n	**plywood**	**contre-plaqué** m, **bois** m **contre-plaqué**
3626	**Sperrholzfaß** n (siehe 2389)	**plywood drum**	**fût** m **en (bois) contre-plaqué**
3627	**Sperrholzkiste** f, **Leichtkiste** f	**plywood case, plywood crate**	**caisse** f **en contre-plaqué, caissette** f
3628	**sperrig**	**bulky, unwieldy, cumbersome**	**encombrant, volumineux**
3629	**Sperrschichtmaterial*** n	**barrier material**	**matière** m **barrière**
3630	**Sperrverschluß*** m (bei Pappeschachteln)	**locked closure, destructible safety closure** (of board boxes)	**fermeture** f **accrochée, fermeture verrouillée** (de boîtes en carton)
3631	**Spezialverpackung*** f, **anerkannte Spezialverpackung** (von der Deutschen und der Österreichischen Bundesbahn geprüfte und anerkannte Verpackung)	**approved special package** (package tested and approved by the Deutsche and the Österreichische Bundesbahn)	**emballage** m **spécial approuvé** (emballage vérifié et approuvé par la Deutsche et Österreichische Bundesbahn)
3632	**Spezifikation** f	**specification**	**spécification** f
3633	**spezifischer Flächendruck** m	**surface pressure per unit area**	**pression** f **par unité de surface**

ITALIENISCH	SPANISCH	RUSSISCH	Nr.
proprietà f pl **di barriera**	**propiedades barrera**	изоляционные или запирающие свойства	3623
merce f **ingombrante**	**mercancías voluminosas**	громоздкий груз	3624
compensato m	**madera contrachapada**	клееная фанера, фанера	3625
fusto m **in compensato**	**barril de madera contrachapada**	барабан из клееной фанеры, фанерный барабан	3626
cassa f **in compensato**	**caja de madera contrachapada**	ящик из клееной фанеры	3627
ingombrante, voluminoso	**voluminoso**	громоздкий	3628
materiale m **di barriera**	**material barrera**	барьерный материал, защитный материал	3629
chiusura f **ad incastro (per scatole in cartone)**	**cierre desgarrable** (en envases de cartón)	укупорка картонных ящиков посредством сшивки скобами нижних клапанов и заклейки лентой верхних клапанов или оклейки лентой нижних и верхних клапанов	3630
imballaggio m **speciale, imballaggio** m **approvato** (imballaggio esaminato ed approvato dalle ferrovie tedesche e austriache)	**embalaje especial homologado** (por los ferrocarriles de la República Federal Alemana y de Austria)	специальная тара, одобренная тара (тара, проверенная и одобренная Железными дорогами Федеративной Республикой Германии и Железными дорогами Австрии)	3631
specificazione	**especificación**	спецификация	3632
pressione f **per unità di superficie**	**presión por unidad de superficie**	удельное давление	3633

Nr.	DEUTSCH	ENGLISCH	FRANZÖSISCH
3634	**spezifisches Gewicht** n, **spezifische Dichte** f (siehe 1184)	**specific gravity, density, specific density**	**poids** m **spécifique, densité** f
3635	**spezifisches Volumen** n (Quotient aus Dicke und Flächengewicht von Papier) (siehe 4335)	**bulk** (thickness of paper divided by its substance)	**volume spécifique** (quotient de l'épaisseur du papier par sa masse)
3636	**Spinnfaser** f	**spun fibre, synthetic fibre, textile fibre**	**fibre** f **au filage**
3637	**Spinnpapier*** n	**spinning paper, twisting paper**	**papier** m **pour filatures, papier à filer**
3638	**Spinnstoff** m	**textile fibre**	**matière** f **textile, matière filable, matière fibreuse**
3639	**spiralgewickelte Pappdose** f	**spiral or convolute wound fibre can**	**boîte** f **en carton spiralé**
3640	**Spitztüte*** f (aus Papier; siehe 3990)	**cornet, pointed** (paper) **bag**	**cornet** m (de papier)
3641	**Splintring*** m	**split-pin ring, cotter ring**	**anneau** m **à goupille**
3642	**"sprechendes Etikett"** n	**self-explanatory label, informative label**	**étiquette** f **informative**
3643	**Spritzbefilmen** n	**extrusion coating**	**doublage** m **par extrusion-laminage**
3644	**Spritzblasmaschine** f	**injection blowing machine**	**machine** f **d'injection-soufflage, machine de moulage par injection-soufflage**
3645	**Spritzmundstück** n	**spray nozzle, discharge mouthpiece**	**buse** f **d'injection, gicleur** m, **pulvérisateur** m
3646	**spritzen** (spritzgießen)	**to inject**	**injecter, couler par injection**

ITALIENISCH	SPANISCH	RUSSISCH	Nr.
peso m **specifico, densità** f	**peso específico, densidad**	удельный вес, плотность	3634
volume m **specifico** (quoziente tra lo spessore della carta e la sua massa)	**volumen específico,** (cociente del espesor del papel y peso de su masa, peso por superficie)	удельный объем	3635
fibra f **per tessitura**	**fibra de hilado, fibra sintética**	штапельное волокно	3636
carta f **da filare**	**papel de hilo, papel hilado**	бумага для прядения, прядильная бумага, шпагатная бумага	3637
materiale m **per tessitura**	**fibra textil**	волокно, прядильный материал	3638
barattolo m **di carta con avvolgimento a spirale**	**bote de cartón de enrollado en espiral**	комбинированная банка с корпусом, изготовленным методом спиральной навивки	3639
cono m **di carta**	**cubelite, vaso, de papel**	кулек, конусовидный пакет	3640
anello m **a copiglia**	**anillo-pasador**	разводной шплинт	3641
etichetta f **"parlante", etichetta** f **esplicativa**	**etiqueta explicativa** (parlante)	"говорящая этикетка"	3642
rivestimento m **per estrusione**	**recubrimiento por extrusión-laminación**	нанесение пленки на подложку экструдированием	3643
macchina f **per (stampaggio ad) iniezione e soffiatura**	**máquina de inyección-soplado**	пневматическая машина для вбрызгивания	3644
beccuccio m **erogatore, valvola** m **di vaporizzazione**	**cabezal pulverizador, válula pulverizadora**	разбрызгивающее сопло, спринклер	3645
iniettare	**inyectar,** (fundir por inyección)	лить под давлением, отливать под давлением	3646

Nr.	DEUTSCH	ENGLISCH	FRANZÖSISCH
3647	**spritzen** (spritzpressen)	**to transfer-mould, to plunger-mould**	**mouler par transfert**
3648	**spritzen (sprühen)**	**to spray**	**projeter**
3649	**spritzen** (strangpressen)	**to extrude**	**extruder**
3650	**Spritzflasche** f	**squeeze bottle**	**fiole** f **à jet, pissette** f
3651	**Spritzform** f, **Strangpreßform** f	**extrusion die**	**filière** f
3652	**Spritzguß** m, **Spritzgußverfahren** n	**injection moulding**	**moulage** m **par injection**
3653	**Spritz(guß)form** f, **Spritzgußwerkzeug** n	**injection mould**	**moule** f **à injection**
3654	**Spritzkopf** m, **Strangpreßkopf** m	**extruder head**	**tête** f **d'extrusion**
3655	**spritzlackieren**	**to spray (with the gun)**	**peinturer au pistolet**
3656	**Spritzmundstück*** n	**pouring spout, spray nozzle**	**embouchure** f **à jet, bouche-verseuse** f, **bec** m **de pulvérisation**
3657	**Spritzpistole** f, **Sprühpistole** f	**spray gun**	**pistolet-pulvérisateur** m, **pistolet** m **de peinture**
3658	**Spritzpresse** f, **Strangpresse** f	**transfer moulding press, plunger moulding press, extrusion press**	**presse** f **de transfert, presse à extrusion**
3659	**Spritzpressen** n, **Formspritzen** n	**transfer moulding**	**moulage** m **par transfert**

ITALIENISCH	SPANISCH	RUSSISCH	Nr.
stampare mediante pressa	moldear por transferencia	прессовать литьево, прессовать трансферно	3647
spruzzare	proyectar, pulverizar	наносить распылением, напылять, распылять, разбрызгивать	3648
estrudere	extrusionar	экструдировать, шприцевать	3649
spruzzatore m	frasco pulverizador, comprimible	промывалка, гибкая бутылка	3650
filiera f per estrusione	matriz de extrusión, hilera	пресс-форма для литья под давлением; мундштук для экструзии	3651
stampaggio m ad iniezione	moldeo por inyección	литье под давлением; инжекционное прессование	3652
stampo m ad iniezione	molde de inyección	форма для литья под давлением, литьевая пресс-форма	3653
testa f di estrusione	cabezal de extrusión	литьевая головка, экструзионная головка	3654
spruzzare (con pistola)	pintar, lacar a pistola (por proyección de una pulverización)	лакирование распылением	3655
beccuccio m erogatore, beccuccio m di versamento, beccuccio m di polverizzazione	cabezal pulverizador, (boca, válvula)	мундштук шприцмашины	3656
pistola f a spruzzo	pistola pulverizadora	пистолет-распылитель, распылитель	3657
pressa f per stampaggio mediante trasferimento	prensa de moldeo por transferencia, prensa de extrusión	литьевой пресс, экструдер, червячный экструдер, шнековый экструдер, профильный экструдер	3658
stampaggio m mediante trasferimento	moldeo por transferencia	литьевое прессование, пресс-литье	3659

Nr.	DEUTSCH	ENGLISCH	FRANZÖSISCH
3660	**Spritzpreßform** f, **Spritzpreßwerkzeug** n	**transfer mould**	**moule** m **à transfert**
3661	**spröde**	**brittle, short**	**cassant, sec**
3662	**Sprühdose** f, **Druck(zerstäuber)dose** f (siehe 96)	**fingertip dispenser, pressurized dispenser, pressure pack aerosol can**	**boîte** f **presse-bouton, distributeur** m **sous pression, emballage** m **aérosol**
3663	**Sprühung** f, **Sprühnebel** m	**spray**	**pulvérisation** f, **spray** m
3664	**Sprühkappe*** f	**spraying cap**	**capuchon** m **de pulvérisation**
3665	**Sprühkopf*** m	**actuator button, actuator head, spraying head**	**commande** f, **poussoir** m, **bouton** m, **diffuseur** m
3666	**Sprühkopfmündung** f, **Sprühkopföffnung** f	**actuator orifice**	**orifice** m **de diffuseur**
3667	**Sprühkopfzuführer** m	**actuator feeder**	**approvisionneur** m **en poussoirs**
3668	**spülen, reinigen**	**to rinse**	**rincer**
3669	**Spülmaschine** f **für Flaschen**	**bottle rinsing machine**	**rince-bouteilles** m, **machine** f **à rincer les bouteilles**
3670	**Spule*** f, **Rolle** f	**reel, coil, spool**	**bobine** f, **bobineau**
3671	**Spulenkern** m≠3672 **Spund*** m	**core of spool, coil, reel**	**noyau** m **de bobine, tube** f **à embobiner, bobineau** m
3672	**Spund*** m	**bung, faucer, spigot, plug**	**bonde** f, **bonbon** m
3673	**spunden, verspunden** (Fässer spunden)	**to bung** (barrels)	**bonbonner** (des fûts)

ITALIENISCH	SPANISCH	RUSSISCH	Nr.
stampo m per trasferimento	molde de transferencia	пресс-форма для литьевого прессования, литьевая пресс-форма	3660
fragile	quebradizo, frágil	ломкий, хрупкий	3661
barattolo m aerosol	envase aerosol, (envase a presión, dosificador que actúa al apoyar sobre la válvula de salida-proyección)	упаковка под давлением, аэрозольная упаковка; тара для аэрозолей	3662
vaporizzazione f, "spray"	pulverización	струя жидкости (аэрозоля)	3663
cappuccio m di vaporizzazione	cabezal pulverizador	распылительный колпак	3664
pulsante m di vaporizzazione	cabezal, botón difusor	распылительный клапан, выпускной клапан, нажимный клапан	3665
foro m del pulsante di vaporizzazione	orificio del difusor	распылительное сопло, выпускное отверстие клапана	3666
alimentatore m di vaporizzazione	suministrador por impulsos	сифонная трубка (в аэрозольной упаковке)	3667
risciacquare, pulire, lavare	enjuagar	полоскать, промывать, мыть	3668
macchina f risciacqua-bottiglie	máquina enjuagadora de botellas (lavadora de botellas)	машина для ополоскивания бутылок, бутылкомоечная машина	3669
bobina f, rotolo m	bobina, rollo	шпуля, бобина, катушка	3670
anima f della bobina, mandrino m	núcleo de la bobina, tubo de embobinar, cilindro de embobinado	накатный стержень, накатный патрон	3671
cocchiume m tappo m	tapón, obturador, tapón de tonel, de barrica	бочечная втулка, затычка	3672
chiudere con tappi (botti o barili)	taponar (los barriles)	затыкать втулкой, затыкать пробкой (отверстие в бочке)	3673

Nr.	DEUTSCH	ENGLISCH	FRANZÖSISCH
3674	**Spundloch*** n, **Faßspund** m	**bunghole**	**bonde** f
3675	**Spundlochverschraubung** f, **Faßverschraubung*** f	**screw(ed) bung (closure), screw joint for the bunghole**	**fermeture** f **par bonde filetée, fermeture à vis pour le trou de bonde, fermeture vissée de la bonde, bondon** m **à vis**
3676	**Stabilisator** m, **Stabilisierungsmittel** n	**stabilizer**	**stabilisant** m, **stabilisateur** m
3677	**Stabilität** f	**stability, steadiness**	**stabilité** f
3678	**Ständer** m (siehe 1768)	**hobbock**	**hobbock** m
3679	**Stärke** f, **Dicke** f (siehe 667)	**thickness**	**épaisseur** f
3680	**stärken, verstärken**	**to strengthen, to reinforce**	**fortifier, renforcer**
3681	**Stahlband** n, **Bandeisen** n	**steel strap, steel band**	**ruban** m **en acier, feuillard** m **(d'emballage), fer** m **feuillard**
3682	**Stahlbandumreifung** f	**steel strapping, steel band strapping**	**cerclage** m **au feuillard (d'acier ou métallique)**
3683	**Stahlblech*** n	**steel plate, sheet steel, sheet iron**	**tôle** f **d'acier**
3684	**Stahl(blech)trommel** f	**steel drum**	**fût** m **(en tôle) d'acier**
3685	**Stahldraht** m, **Stahldrahtseil** n	**steel wire, wire, steel cable, steel-wire rope**	**fil** m **d'acier, câble** m **en (fils d')acier**
3686	**Stahlfolie*** f	**steel foil**	**feuille** f **en acier**
3687	**Standardausführung** f, **Standardmodell** n	**standard model**	**type** m **standard, modèle** m **standard**

ITALIENISCH	SPANISCH	RUSSISCH	Nr.
foro m di riempimento della botte	boca de tonel, canillero, orificio para taponar (en las barricas, toneles)	втулочное отверстие, отверстие для пробки в бочке	3674
chiusura f di una botte con tappo filettato	cierre por tapón de rosca (sea que el orificio sea a rosca o el tapón tenga así mismo rosca), (ver los casos anteriores 3312 y 3313)	нарезная пробка, пробка с резьбой (для втулочного отверстия в металлическом барабане или бочке)	3675
stabilizzante m	estabilizador	стабилизатор	3676
stabilità f	estabilidad	устойчивость, стабильность	3677
recipiente m di banda stagnata "Hobbock" (fusto m ad apertura totale)	tonelete, barril de apertura total	легковесный металлический барабан со съемной крышкой	3678
spessore m	espesor	тольщина	3679
rafforzare, rendere più resistente	reforzar, fortificar	укреплять, усиливать	3680
reggetta f d'acciaio	fleje de acero	стальная лента, стальная полоса, полосовая лента	3681
reggettatura f con reggetta d'acciaio	flejado (zunchado) con fleje acero	обвязка стальными лентами	3682
foglio m di acciaio	plancha, chapa de acero	листовая сталь, стальной лист, жесть	3683
fusto m d'acciaio	barril de chapa de acero	стальной барабан	3684
filo m d'acciaio, cavo m d'acciaio	hilo, cable de acero (hecho este último a base de hilos de acero)	стальная проволока; стальной трос	3685
foglio m d'acciaio, lamina f d'acciaio	lámina, plancha de acero	стальная фольга	3686
modello m standard	tipo, modelo standard, (ésto es, normalizado, o de uso común y generalizado)	стандартная модель	3687

Nr.	DEUTSCH	ENGLISCH	FRANZÖSISCH
3688	standardisieren, vereinheitlichen, normen	to standardize	standardiser
3689	Standardmaß n, Grundmaß n	standard of measurement	mesure f normale, mesure fondamentale
3690	Standardverpackung* f	standard package	emballage m standard
3691	Standbeutel* m	stand-up pouch, butt-ended bag, flat-ended bag	sachet m à fond plat
3692	standfest, feststehend	stable, firm, rigid	fixe, stable
3693	Standsicherheit f, Standfestigkeit f	stability, steadiness	stabilité f
3694	Standtube* f, Tubenbeutel* m	collapsible tube with plane bottom, butt-ended tube	tube m (souple) à fond plat, tube pouvant se tenir verticalement sur le fond
3695	Stanniol n, Zinnfolie f	tin foil	feuille f d'étain
3696	Stanniolieren* n	tin foiling	munir, doubler de feuille d'étain
3697	Stannioliermaschine f	tin-foiling machine	machine f à appliquer les feuilles d'étain
3698	Stanniolpapier n, Silberpapier n	tin-foil (paper), silver foil, silver paper	papier m d'étain, feuille f d'étain, papier m argenté
3699	Stanze f, Stanzpresse f	punch, die, punching press, stamping press	presse f à estamper, presse de découpage, presse à poinçonner
3700	stanzen (ausstanzen)	to blank, to die-cut	découper
3701	stanzen (lochen)	to punch, to die-cut	poinçonner

ITALIENISCH	SPANISCH	RUSSISCH	Nr.
standardizzare	normalizar	стандартизировать, унифицировать, нормировать	3688
misura f standard	medida normalizada	стандартный размер	3689
imballaggio m standard	embalaje normalizado, envase normalizado	унифицированная тара	3690
sacchetto m a fondo piatto	bolsa de fondo plano	пакет с пяткой; мешочек с дном, сложенным вдвое	3691
fisso, stabile	fijo, rígido, estable	устойчивый, стабильный	3692
stabilità f	estabilidad	устойчивость, запас устойчивости, стабильность	3693
tubo m flessibile a fondo piatto	tubo flexible de fondo plano, que puede sostenerse de pie sobre el fondo	туба с плоским основанием, мягкий тюбик с плоским основанием	3694
foglio m di stagno, stagnola f	hoja, lámina, papel de estaño	станиоль, оловянная фольга	3695
rivestimento m in stagnola	película de estaño	завернуть в станиоль	3696
macchina f per applicare la stagnola	máquina aplicadora de las hojas de estaño	машина для надевания алюминиевых декоративных колпачков на головки и шейки бутылок	3697
stagnola f, carta f argentata	papel, lámina, hoja de estaño, papel plateado	станиолевая бумага, посеребренная бумага	3698
macchina f fustellatrice, macchina f punzonatrice	prensa de estampación, troqueladora, perforadora, de marcar las señales de contraste	листовой штамп, штамповальный станок, штамповочный пресс	3699
fustellare	cortar	высекать (заготовки), вырубать	3700
punzonare	perforar, punzar	перфорировать	3701

Nr.	DEUTSCH	ENGLISCH	FRANZÖSISCH
3702	**stanzen** (prägen)	**to stamp, to pressure-form**	**estamper, étamper, gaufrer**
3703	**Stapel** m	**stack, pile**	**tas** m, **pile** f
3704	**Stapeldruckwider-stand*** m, **Stapelstauchwiderstand** m, **Stauchwiderstand** m	**compression strength, compressive strength, resistance to compression**	**résistance** f **à la (com)pression, résistance à l'écrasement**
3705	**stapelfähig, stapelbar**	**stackable**	**gerbable**
3706	**Stapelfähigkeit** f	**stackability**	**aptitude** f **au gerbage, gerbabilité** f
3707	**Stapelförderer** m	**stack conveyor**	**transporteur** m **stapleur, transporteur gerbeur**
3708	**Stapelkasten** m	**piling box**	**caisse** f **d'empilage**
3709	**stapeln, aufstapeln, aufhäufen**	**to stack, to pile**	**tasser, empiler, gerber**
3710	**Stapelmuster** n	**stacking pattern**	**disposition** f **des piles, imposition** f **des piles**
3711	**Stapelpalette** f	**stacking pallet**	**palette** f **de gerbage, palette de stockage**
3712	**Stapelstauchwider-stand** m	**top-to-bottom resistance**	**résistance** f **de la pile contre l'écrasement vertical**
3713	**Stapelung** f	**stacking**	**gerbage** m, **empilage** m
3714	**Stapelung** f (auf Paletten) **im Verband**	**stacking** (on pallets) **by interlocked pattern**	**groupage** m "faire-bloc" (sur palettes), **gerbage** m "faire-bloc"
3715	**Stapelwagen** m	**stacking truck**	**chariot** m **gerbeur, chariot stapleur**

ITALIENISCH	SPANISCH	RUSSISCH	Nr.
goffrare	estampar, grabar, gofrar	штамповать	3702
pila f, accatastamento m	pila	штабель	3703
resistenza f alla compressione, per accatastamento	resistencia a la compresión, resistencia al aplastamiento	прочность на сжатие, (временное) сопротивление сжатию	3704
accatastabile	apilable	способный к штабелированию	3705
accatastabilità f	apilabilidad, (aptitud de apilamiento)	способность к штабелированию	3706
trasportatore m di accatastamento	tranportador de apilamiento	элеватор, штабелеукладчик	3707
cassa f per accatastamento	caja apilable	штабелируемый ящик	3708
accatastare, impilare	apilar	складывать в штабель, укладывать в штабель, штабелировать	3709
modello m di accatastamento	muestra de depósito	образец штабеля	3710
paletta f di accatastamento	paleta de apilamiento, de almacenaje	поддон для укладки грузов в штабель	3711
resistenza f alla conpressione per accatastamento	resistencia a la compresión por apilamiento	штабельное осадочное сопротивление	3712
accatastamento m	pila	складывание в штабеля, штабелирование, штабелевка	3713
accatastamento m su palette per affardellaggio	apilado con intercalado de paletas (formando unidades de manejo para la manipulación mecánica)	укладка штабеля с перевязкой швов (на поддоне)	3714
carrello m per accatastamento	carretilla apiladora	вилочный электропогрузчик, штабелеукладчик	3715

Nr.	DEUTSCH	ENGLISCH	FRANZÖSISCH
3716	**Stapler** m	**stacker**	**empileuse** f, **stapleur** m, **empileur** m
3717	**Starkpappe*** f	**solid fibreboard**	**carton** m **compact**
3718	**starkwandig**	**thick-walled**	**à paroi épaisse**
3719	**starr, steif, unbiegsam**	**rigid, inflexible**	**rigide, inflexible**
3720	**starres Packmittel*** n	**rigid package**	**emballage** m **rigide**
3721	**Starrheit** f, **Steifigkeit** f	**rigidity, stiffness**	**rigidité** f, **raideur** f
3722	**statische Beanspruchung** f	**static stress**	**contrainte** f **statique**
3723	**Staubabsauganlage** f	**dust exhausting device, dust aspirator**	**groupe** m **dépoussiéreur, dispositif** m **de captage de poussière**
3724	**staubdicht**	**dustproof, dust-tight**	**imperméable à la poussière, étanche à la poussière**
3725	**Staubdichtung** f	**dustproof gasket, dust-tight seal**	**garniture** f **pour empêcher l'entrée de la poussière**
3726	**Staubschutz** m	**dust guard**	**pare-poussière** m, **dispositif** m **anti-poussière**
3727	**Stauchdruck** m, **Flachstauchwider-stand** m	**flat crush resistance, bearing pressure, compression**	**résistance** f **à la compression à plat, résistance à l'écrasement à plat, pression** f **d'écrasement**

ITALIENISCH	SPANISCH	RUSSISCH	Nr.
macchina f per accatastare	apiladora	штабелеукладчик, штабелер	3716
cartone m solido	cartón compacto	сплошной ящичный картон (вес свыше 500 г/ м²), сплошной картон	3717
a parete di elevato spessore	de pared, gruesa	толстостенный	3718
rigido, non flessibile	rígido, inflexible	жесткий	3719
imballaggio m rigido	envase rígido	жесткий упаковочный материал	3720
rigidità f	rigidez, tiesura	жесткость	3721
tensione f statica	contracción estática	статическое напряжение	3722
dispositivo m eliminatore di polvere, dispositivo m aspiratore di polvere	dispositivo de absorción del polvo	пылеотсасывающая установка, установка для отсоса пыли	3723
a prova di polvere	impermeable, impermeable, estanco al polvo	пыленепроницаемый, непроницаемый для пыли	3724
guarnizione f anti polvere	guarnición para evitar la entrada del polvo	пыленепроницаемое уплотнение, пыленепроницаемая уплотнительная прокладка	3725
dispositivo m anti polvere	guarda polvo, dispositivo antipolvo, contra el polvo	пылезащита, предотвращение попадания пыли	3726
resistenza f alla compressione in piano	resistencia a la compresión plana, resistencia al aplastamiento en plano, presión de aplastamiento	прочность гофрированного картона на сжатие, сопротивление раздавливанию	3727

Nr.	DEUTSCH	ENGLISCH	FRANZÖSISCH
3728	**Stauchprüfung*** f, **Stauchwiderstands-prüfung*** f	**compression test**	**essai** m **à la compression, essai** m **de résistance à l'écrasement, essai de résistance à la compression**
3729	**Stauchgeschwindigkeit*** f	**speed of compression, compression rate**	**vitesse** f **de compression**
3730	**Stauchung*** f	**compression**	**compression** f
3731	**Stauchwiderstand*** m, **Druckfestigkeit** f, **Stapelstauchwider-stand*** m	**compression strength, compressive strength, resistance to compression**	**résistance** f **à la (com)-pression, résistance à l'écrasement**
3732	**Stechkarren** m, **Sackkarren** m	**sack trolley**	**diable** m
3733	**Stechkarren hier nicht ansetzen!**	**do not put sack trolley here!**	**ne pas engager le diable de ce côté!** (marquage de transport)
3734	**Steckbodenschachtel*** f	**folding box with hooked bottom flaps**	**boîte** f **pliante à rabats de dessous crochetés**
3735	**Stecklasche*** f	**tucked-in flap**	**patte** f **rentrante**
3736	**Steckverschluß*** m (bei Faltschachteln) (siehe 885)	**hooked lock, tucked-in closure** (of folding boxes)	**fermeture** f **à crochets, fermeture par pattes rentrantes** (de boîtes pliantes)
3737	**Steg*** m	**partition wall**	**entretoise** f
3738	**Stegeinsatz*** m, **Fächereinsatz** m	**compartment(ed) insert, partitioning insert**	**entretoises** fpl **insérées, compartiments** mpl **insérés**

ITALIENISCH	SPANISCH	RUSSISCH	Nr.
prova f di compressione	ensayo de compresión	испытание на статическое давление, испытание прочности гофрированного картона на сжатие, испытание осадочного сопротивления	3728
velocità f di compressione	velocidad de compresión	скорость сжатия	3729
compressione f	compresión	деформация при сжатии	3730
resistenza f alla compressione	resistencia a la (com) presión, resistencia al aplastamiento	прочность при сжатии, прочность на сжатие, (временное) сопротивление сжатию	3731
carrello m per sacchi	carretilla	тележка, тележка для мешков	3732
non accostare qui il carrello!	no dejar carretillas aquí!	Тележек здесь не подводить!, Тележек здесь не ставить! (предупредительная маркировка)	3733
scatola f pieghevole con le falde del fondo ad incastro	caja plegable con los bordes inferiores engarzados	складная коробка с "загибающимся внутрь" клапаном дна	3734
linguetta f a incastro	aleta plegable	загибающаяся вовнутрь накладка	3735
chiusura f ad incastro (per scatole pieghevoli)	cierre por ganchos, por patillas penetrantes	закупорка (картонной коробки) "загибающимся внутрь" клапаном торцовой стенки	3736
inserto m, tramezzo m, separatore m	separador	перегородка, вертикальный вкладыш	3737
inserto m, separatore m	separadores interiores	решетка, гнездовая решетка, ячеистая вставка-разделитель	3738

Nr.	DEUTSCH	ENGLISCH	FRANZÖSISCH
3739	Stegplatte* f (siehe 1945, 4450)	double panel with spacers	plaque f à entretoise(s)
3740	Stehbodenbeutel* m, Standbeutel m	stand-up bag	sachet à fond pouvant se tenir debout
3741	steif, unbiegsam	stiff, rigid, inflexible	raide, inflexible
3742	Steifigkeit f, Steifheit f	stiffness, rigidity	raideur f, rigidité f
3743	Steige* f	fruit crate, tray	plateau m (à fruits), cageot m (à fruits)
3744	Steigrohr n	dip tube	tube m plongeur
3745	Steindruck m, Lithographie f	lithography, lithographic print(ing)	lithographie f, impression f lithographique
3746	Steingut n	pottery, stoneware	poterie f (en grès), faïence f
3747	Steingutflasche f	stone bottle, pottery bottle	bouteille f en grès, bouteille en poterie
3748	Steinieflasche* f	"Steinie" bottle	bouteille f "Steinie"
3749	Stempel m	stamp	timbre m
3750	Stempeldruck m	stamp printing	timbrage m
3751	stempeln	to mark, to stamp	marquer, estampiller
3752	Stereotypdruck m, Stereotypie f, Plattendruck m	stereotype printing, stereotypography	stéréotypie f, clichage m
3753	steril, antiseptisch	sterile, sterilized, antiseptic	stérile, stérilisé, antiseptique

ITALIENISCH	SPANISCH	RUSSISCH	Nr.
pannello m doppio con separatori	doble panel con separadores	двойная панель с распорками	3739
sacchetto m con fondo portante, sacchetto m autoportante	bolsa que se mantiene de pie	стоящий мешочек (с жестким дном)	3740
rigido, non flessibile	tieso, rigido, inflexible	жесткий, негибкий, негнущийся	3741
rigidità f	tiesura, inflexibilidad, rigidez	жесткость	3742
plateau m (per frutta)	bandeja (para frutas)	ящик-лоток для плодов и овощей, лоток	3743
tubo m pescante	tubo de inmersión	сифонная трубка	3744
litografia f, stampa f litografica	litografía, impresión litográfica	литография, литографская печать	3745
terraglia f	loza, alfarería	фаянс	3746
bottiglia f in terraglia	botella de loza	керамический баллон	3747
bottiglia f "Steinie" con collo basso (per birra)	botella "Steinie" (de cuello bajo, para cerveza)	фигурная бутылка разового употребления для розлива пива	3748
timbro m, stampino m	sello	клеймо, штамп	3749
stampigliatura f, timbratura f	sellado	тиснение	3750
marcare, stampigliare	marcar, estampillar	клеймить, штамповать, штемпелевать, маркировать	3751
stampa f stereotipa, stereotipia f	estereotipia, impresión	стереотипия, печатание со стереотипа	3752
sterile, asettico	estéril, esterilizado, aséptico, antiséptico	стерильный, стерилизованный, антисептический	3753

Nr.	DEUTSCH	ENGLISCH	FRANZÖSISCH
3754	**Sterilisierbeutel*** m	**retort pouch**	**sachet** m **de stérilisation**
3755	**sterilisieren***, **entkeimen**	**to sterilize**	**stériliser, dégerminer**
3756	**Sterilisierfestigkeit*** f	**resistance to sterilization**	**résistance** f **à la stérilisation**
3757	**Sterilisiergerät** n	**sterilizer**	**stérilisateur** m, **appareil** m **à stériliser**
3758	**Sterilverpackung** f	**sterile package**	**emballage** m **stérile**
3759	**Sternrad** n	**star wheel, pin feed wheel**	**roue** f **étoilée, étoile** f
3760	**Steuerung** f, **elektronische Steuerung**	**electronic control**	**commande** f **électronique**
3761	**Steuer(ungs)gerät** n	**register control, control equipment**	**appareil** m **de commande**
3762	**Stichprobe*** f	**random test, spot check, random sample**	**prélèvement** m, **échantillonnage** m, **épreuve** f **au hasard, pièce** f **prise au hasard, échantillon** m
3763	**Stickstoffverpackung** f	**nitrogen package**	**emballage** m **sous nitrogène**
3764	**Stift** m, **Drahtstift** m	**pin, peg**	**pointe** f
3765	**Stiftnagel** m, **Drahtstift** m, **"Blaupinne"** f	**tack, wire nail, pin**	**clou** m **d'épingle, pointe** f
3766	**Stirnfaltung*** f	**front(al) fold(ing), end fold(ing)**	**pliage** m **frontal, pliage en tête**
3767	**Stirnverschluß*** m	**front closure**	**fermeture** f **frontale**

ITALIENISCH	SPANISCH	RUSSISCH	Nr.
sacchetto m sterilizzato (in autoclave)	bolsa estéril, esterilizable	мешо(че)к для стерилизации	3754
sterilizzare	esterilizar	стерилизовать	3755
resistenza f alla sterilizzazione	resistencia a la esterilización	стойкость к стерилизации	3756
sterilizzatore f	esterilizador, aparato para esterilizar	стерилизатор	3757
imballaggio m sterilizzato, imballaggio m asettico	envase estéril	стерильная упаковка	3758
ruota f a stella	rueda de estrella, rueda estrellada	звездочка, подающая звездочка	3759
controllo m elettronico	mando electrónico	электронное управление, электронная техника управления	3760
apparecchio m di controllo	aparato de mando, de control	прибор управления, управляющее устройство	3761
prelevamento m di campioni (casuale), campione m con prelievo casuale	probeta, muestra (sacada al azar)	выборка; выборочный контроль, выборочное испытаиние	3762
imballaggio m con azoto	envase/embalaje bajo nitrógeno (se entiende sometido interiormente a la acción del nitrógeno)	упаковка в среде инертного газа (азота)	3763
punta f	punta, tachuela, punzón	штифт, шпилька	3764
chiodo m a punta	clavo puntiagudo, alfiler, aguja	гвоздь с широкой шляпкой, проволочный гвоздь, штифт	3765
piegatura f frontale	pliegue frontal	метод заделки завертки складками на торцовой стороне	3766
chiusura f frontale	cierre frontal	лобовой (передний) затвор	3767

Nr.	DEUTSCH	ENGLISCH	FRANZÖSISCH
3768	Stirnwand f, Stirnseite f	front end, front side, front wall, end wall, end	paroi f de bout, côtè m frontal, tête f
3769	Stoff m, Gewebe n	cloth, fabric	tissu m, étoffe f
3770	Stoffe mpl, pastöse Stoffe, körnige Stoffe, pulvrige Stoffe	non-liquids	substances fpl non-liquides
3771	Stopfen* m, Stoppel* m, Zapfen* m, Stöpsel m (siehe 1572, 3772)	stopper, plug	bouchon m
3772	Stopfen m, eingeschliffener Stopfen, Schliffstopfen m	ground(-in) stopper	bouchon m rodé, bouchon à l'émeri
3773	Stopfen m, mit einem Stopfen verschließen	to stop, to plug	bouchonner
3774	Stoppel* m	plug	bouchon m
3775	Stoß m, Schlag m, Erschütterung f	shock, impact, percussion	choc m, impact m, coup m, precussion f
3776	stoßdämpfend	shock absorbing	anti-choc, amortissant (des chocs)
3777	Stoßdämpfer m	shock absorber	amortisseur m (des chocs)
3778	stoßempfindlich	susceptible to shocks	sensible aux chocs
3779	stoßfest	shockproof	résistant au choc
3780	Stoßfestigkeit* f	shock resistance, impact resistance, impact strength	résistance f au choc
3781	Stoßregistriergerät n, Stoßmeßschreiber m	shock recorder, shock indicator	enregistreur m de chocs

ITALIENISCH	SPANISCH	RUSSISCH	Nr.
parete f frontale	testero, pared frontal	передняя стенка, торцовая стенка, торец, головка	3768
tessuto m, stoffa f	tejido, tela	ткань	3769
sostanze f pl pastose, sostanze f pl granulari, sostanze f pl polverulente	materias pastosas, materias granulares, materias pulverulentas	пастообразные материалы; зерновидные материалы; порошкообразные материалы	3770
tappo m	tapón, obturador	пробка	3771
tappo m smerigliato	tapón esmerilado	притертая пробка, пришлифованная пробка	3772
tappare	taponar, cerrar con un tapón	укупоривать пробкой	3773
tappo m, turacciolo m	obturador	пробка	3774
urto m, impatto m, percussione f	choque, impacto, golpe, percusión	удар, толчок, ударный импульс, соударение; сотрясение	3775
ammortizzante (di urto)	antichoque, amortiguador	демпфирующий, амортизирующий	3776
ammortizzatore m (di urto)	amortiguador (de los choques)	амортизатор, буфер	3777
sensibile agli urti	susceptible (frágil) a los choques	восприимчивый к ударам	3778
resistente all'urto	resistente al choque	ударопрочный	3779
resistenza f all'urto	resistencia al choque	ударная прочность, сопротивление удару	3780
registratore m d'urto, indicatore m d'urto	registrador de los choques	регистратор ударов, индикатор ударов	3781

Nr.	DEUTSCH	ENGLISCH	FRANZÖSISCH
3782	Stoßprüfung* f	drop test, impact test	essai m d'impact, essai de chocs, essai de chutes
3783	Straffpacker m	tight packer	machine f d'emballage rigide, machine d'emballage étiré
3784	stranggepreßte Folie f	extruded sheeting, extruded film	film m extrudée, feuille boudinée
3785	Strangpresse f, Extruder m, Schneckenpresse f	extruder	boudineuse f, extrudeuse f, machine f à extrusion
3786	Strangpresse f, kontinuierliche Strangpresse, diskontinuierliche Strangpresse	screw extruder, hydraulic extruder, stuffer, single batch extruder	boudineuse f, machine f à extrusion, presse f à filer
3787	Strangpressen n	extrusion	moulage m par extrusion, boudinage m, extrusion f
3788	Strangpreßkopf m, Spritzkopf m	extruder head	tête f de boudineuse
3789	Strangpreßmundstück n, Strangpreßform f	extrusion die	filière f de boudineuse
3790	Streckbarkeit f	ductility, extensibility, stretchability	ductilité f, extensibilité f
3791	Streckblasform-maschine f	stretch-blow forming machine	machine f de moulage par extension et soufflage
3792	Streckfolie* f	stretch film	film m extensible
3793	strecken, recken, aus(einander)ziehen	to stretch, to extend, to lengthen, to elongate	étendre, étirer

ITALIENISCH	SPANISCH	RUSSISCH	Nr.
prova f di caduta	ensayo de impacto, ensayo de choque, ensayo de caída	испытание на удар, испытание на ударную прочность, ударное испытание	3782
imballaggio m a tenuta	envase hermético	машина для плотной упаковки	3783
foglio m estruso	hoja, lámina, película extrusionada	экструдированная пленка	3784
estrusore m	extrusora, máquina de extrusión	экструдер, червячный пресс	3785
estrusore m a vite	máquina de extrusión, máquina de extrusión contínua, extrusionadora discontínua	червячный экструдер, шнековый экструдер; профильный пресс, поршневой экструдер	3786
estrusione f	extrusionado (moldeo por extrusión)	экструзия, непрерывное выдавливание, формование методом экструзии	3787
testa f dell'estrusore	cabezal de extrusión	экструзионная головка, головка экструдера	3788
filiera f dell'estrusore	hilera de extrusión	мундштук экструдера	3789
duttilità f, estensibilità f	ductilidad, extensibilidad	растяжимость, тягучесть, дуктильность	3790
macchina f per soffiaggio ed imbutitura	film extensible estirable	растягивающая (пневматическая) вакуумная формовочная машина	3791
film m estensibile	máquina de soplado para fabricar película (film) extensible	растянутая пленка	3792
estendere, stirare, allungare, tendere	extender, estirar, distender	растягивать(ся), вытягивать(ся), тянуться, удлиняться	3793

Nr.	DEUTSCH	ENGLISCH	FRANZÖSISCH
3794	**Streckgrenze** f, **Fließgrenze** f	**yield point, yield value, yield strength, elastic limit, flow limit**	**limite** f **d'allongement, limite** f **d'écoulement, limite** f **d'élasticité**
3795	**Streckpackung*** f	**stretch pack**	**emballage** m **stretch**
3796	**streichen*** (siehe 214)	**to coat**	**coucher, enduire**
3797	**Streichen** n **mit der Bürste, Streichen mit der Luftrakel**	**brush coating, brush spreading, floating knife coating**	**enduction** f **à la brosse, enduction avec râcle à l'air**
3798	**Streichkarton** m	**coated board**	**carton** m **couché**
3799	**Streichmaschine** f, **Auftragmaschine** f	**coating machine, spreading machine, spreader**	**machine** f **à appliquer la couche, enduiseuse** f
3800	**Streichmesser** n	**coating knife, doctor blade**	**râcle** f, **patule** f
3801	**Streifband*** n, **Banderole*** f	**wrapping tape, banderole**	**bande** f, **banderole** f
3802	**Streifenpackung*** f	**strip pack, continuous strip pack**	**emballage** m **"au mètre", emballage en bande continue** (petits emballages reliés ensemble et renfermant chacun une unité de consommation)
3803	**Stretchfolie** f (siehe 635)	**stretch film**	**pellicule** f **stretch**
3804	**Stretchpackung*** f (siehe 636)	**stretch pack**	**emballage** m **stretch**

ITALIENISCH	SPANISCH	RUSSISCH	Nr.
valore m **di allungamento, limite** m **di elasticità**	**límite de alargamiento, límite de elasticidad**	предел текучести при растяжении, предел текучести, предел упругости	3794
imballaggio m **estensibile**	**envasado** (realizado) **por caída** (sobre una lámina plástica calentada sobre una anilla-soporte), **envasado por estiramiento**	упаковка "в кожу", упаковка в растяжимую пленку, облегающая упаковка	3795
rivestire	**revestir, recubrir**	красить, наносить краску, наносить покрытие, меловать	3796
rivestimento m **mediante spazzola, rivestimento** m **mediante racla**	**revestimiento por cepillo o brocha, revestimiento con racleta de aire**	окраска кистью, нанесение (краски, лака) кистью; промазка с плавающим ножом	3797
cartone m **rivestito**	**cartón revestido,** satinado	мелованный картон	3798
macchina f **per rivestimento**	**máquina recubridora, revestidora**	машина для нанесения покрытий, намазочная машина, шпредингмашина, меловальный станок	3799
racla f **per rivestimento**	**racleta, cuchilla**	нож, ракля, шабер, скребок	3800
fascetta f	**cinta, banderola**	бандероль, бумажная обойма	3801
imballaggio m **a striscia continua**	**envasado longitudinal, en contínuo** (las unidades envasades se presentan a lo largo de una cinta o tira)	мешочек-полоса (для упаковки таблеток)	3802
film m **estensibile**	**film estirable**	растянутая пленка	3803
imballaggio m **estensibile**	**envase** (hecho) **con film extensible**	растянутая упаковка	3804

Nr.	DEUTSCH	ENGLISCH	FRANZÖSISCH
3805	**Streudose*** f	**sprinkler can, sprinkling can, strewing can, spraying can, dispersion can**	**boîte** f **à disperser, saupoudroir** m
3806	**Streudruck*** m, **Fortlaufdruck*** m	**non-register printing, continuous printing**	**impression** f **en continu, impression continue**
3807	**Streukopf** m	**sprinkling nozzle, spraying head**	**poudreur** m
3808	**Strichcode** m (siehe 336, 812)	**bar code**	**code-barres** m
3809	**strichvoller Inhalt*** m	**brimful contents**	**contenu** m **ras bord, contenance** f **ras bord**
3810	**Strohmischpapier*** n	**mixed straw paper**	**papier** m **paille mixte**
3811	**Strohmischpappe*** f	**mixed straw board**	**carton** m **paille mixte**
3812	**Strohpapier** n	**strawpaper**	**papier** m **(pure) paille**
3813	**Strohpappe** f	**strawboard**	**carton** m **(pure) paille**
3814	**Strohzellstoff** m	**chemical straw pulp**	**pâte** f **chimique (à base) de paille**
3815	**Stubbyflasche*** f	**Stubby bottle**	**bouteille** f **"Stubby"**
3816	**Stückgut** n	**piece goods** pl, **parcelled goods, parcel**	**marchandises** fpl **en colis, marchandises en ballots, petites marchandises**
3817	**stückige Güter** npl	**lumpy products** pl, **goods** pl **in lumps**	**produits** mpl **en morceaux**
3818	**Stückpackung*** f	**piece pack**	**emballage** m **par pièce**

ITALIENISCH	SPANISCH	RUSSISCH	Nr.
barattolo m erogatore di polveri	bote pulverizador, dispersor	коробка с головкой-распылителем	3805
stampa f in continuo	impresión contínua, impresión continuada (sin registro)	печать форзацного типа	3806
testa f erogatrice	cabezal espolvoreador, cabezal dispersor	головка-распылитель, насадка для распыливания	3807
codice m a barre	codigo de barras	штриховый код	3808
contenuto m raso bocca	llenado a ras borde	полная вместимость, полная емкость	3809
carta paglia f mista	papel paja mixto	соломенно-макулатурная бумага	3810
cartone paglia m misto	cartón paja mixto	соломенно-макулатурный картон	3811
carta paglia f	papel paja (puro)	соломенная бумага	3812
cartone paglia m	cartón paja (puro)	соломенный картон	3813
pasta f chimica da paglia	pasta química a base de paja	соломенная целлюлоза, целлюлоза из соломы	3814
bottiglia f "stubby" (bottiglia per birra di forma tozza)	botella "Stubby"	фигурная бутылка для розлива пива	3815
pacco m, prodotti m pl impaccati	mercancías en paquetes, paqueterío, en fardos, bultos	штучный груз, штучные изделия	3816
prodotti m pl frazionabili in pezzature	productos troceados, en pedazos, en grumos, terrones	кусковые материалы, кусковые изделия	3817
confezione f in pezzi singoli	envase unitario, de una pieza	кусковая (штучная) упаковка	3818

Nr.	DEUTSCH	ENGLISCH	FRANZÖSISCH
3819	**Stülpdeckel* m**	**hooded lid**	**couvercle** m **cloche**
3820	**Stülpdeckel(falt)schachtel*** f (siehe 622, 2041)	**telescope box**	**boîte** f **télescopique**
3821	**Stülpdeckelschachtel** f **mit kurzem Deckel**	**short-lid telescope box, half-telescope box**	**caisse** f **télescopique à couvercle court, caisse à rajouts** (la hauteur du couvercle étant inférieure à celle du corps)
3822	**Stülpdeckelschachtel** f **mit tiefem Deckel**	**full telescope box, case with bottom and top of equal depth**	**caisse** f **télescopique** (dessus et dessous ayant la même hauteur)
3823	**Stülpdeckelschachtel** f **mit tragendem Deckel**	**telescope box with supporting lid**	**caisse** f **télescopique à couvercle portant**
3824	**Stülpdeckelschachtel** f **mit Zungenverschluß**	**flanged-lid telescope case with lock tab**	**caisse** f **à couvercle coiffant avec fermeture par languette(s)**
3825	**Stülpfaltschachtel** f, **Teleskop(versand)- faltschachtel** f	**telescope folding box with flaps**	**caisse** f **pliante télescopique à rabats**

ITALIENISCH	SPANISCH	RUSSISCH	Nr.
coperchio m **telescopico**	**tapa telescópica**	крышка "внахлобучку", съемная крышка	3819
scatola f **telescopica**	**envase, caja, bote telescópico**	телескопическая коробка, телескопический ящик	3820
scatola f **telescopica a coperchio basso** (l'altezza del coperchio é inferiore a quella del corpo)	**caja telescópica de tapa corta,** (la altura de la tapa es inferior a la del cuerpo)	коробка со съемной плоской крышкой, частично телескопическая коробка, ящик с крышкой "внахлобучку", ящик внахлобучку	3821
scatola f **telescopica con coperchio alto** (fondo e coperchio hanno la stessa altezza)	**caja telescópica de tapa profunda** (las partes superior e inferior coinciden, tienen la misma altura)	коробка со съемной глубокой крышкой, полностью телескопическая коробка; телескопический ящик с крышкой "внахлобучку", высота которой равна высоте корпуса	3822
scatola f **telescopica con coperchio portante**	**caja telescópica con tapa de asas**	коробка внахлобучку с шейкой или заплечиками	3823
scatola f **telescopica con coperchio con linguetta di chiusura**	**caja telescópica con tapa de cierre por lengüetas**	коробка внахлобучку с застегивающимся язычком	3824
scatola f **telescopica pieghevole**	**caja plegable telescópica con solapas**	складной картонный ящик с четырехклапанным дном и съемной крышкой, складной телескопический ящик, сборная телескопическая коробка	3825

Nr.	DEUTSCH	ENGLISCH	FRANZÖSISCH
3826	**Stülpklappenbeutel* m**	**double-seam bag with folded and sealed flap, bag with two side seams and a sealed flap**	**sachet m à patte rabattue et scellée, sachet à deux coutures latérales et patte scellée**
3827	**Stütze f**	**support, pillar, bearing**	**support m, appui m, soutien m**
3828	**Stützfläche f, Auflagefläche f**	**supporting surface**	**surface f de support, surface d'appui**
3829	**Stufenranddose* f**	**stepped edge can**	**boîte f à bord étagé**
3830	**stummer Verkäufer m**	**silent salesman, display package**	**vendeur m silencieux**
3831	**stumpfe Oberfläche f**	**dull surface, matted surface**	**surface f mate**
3832	**Stumpfnahtschweißung f**	**butt seam welding**	**soudage m de joints à rapprochement**
3833	**stumpfschweißen**	**to butt weld, to lump-weld**	**souder bout à bout, souder bord à bord**
3834	**Stundenleistung f, Ausbringung, Ausstoß m pro Stunde**	**output per hour, hourly output**	**débit m horaire, rendement m horaire**
3835	**Sturztrommel f**	**revolving drum, hexagonal drum, tumbling drum**	**tambour m culbuteur, tambour m de chute**
3836	**Sturztrommelversuch m**	**tumbling test, drum test**	**essai m au tambour culbuteur**

ITALIENISCH	SPANISCH	RUSSISCH	Nr.
sacchetto m con cuciture laterali e lembo incollato	bolsa de doble costura (soldadura) con orejetas plegadas y selladas (cerradas), bolsa con dos lados soldados (o pegados), y aleta soldada (cerrada por soldadura)	пакет с заклеивающимся клапаном, образуемый из двух лент путем наложения двух боковых сварных швов	3826
supporto m, appoggio m, sostegno m	soporte, sostén, apoyo	опорная стойка, стойка, опора	3827
superficie f di appoggio	superficie de apoyo	опорная поверхность	3828
barattolo m con bordo a gradini	envase de traviesa angular exhibidor	банка со ступенчатым краем	3829
venditore m silenzioso (confezione f di presentazione)	vendedor silencioso	"немой продавец" (название тары)	3830
superficie f ruvida, superficie f antiscivolante	superficie mate	матовая поверхность	3831
saldatura f a lembi combacianti	soldadura de unión de las extremidades	стыковая сварка, сварка встык	3832
saldare f a lembi combacianti	soldar de extremo a extremo, soldar de borde a borde	сваривать стыковым сварным швом	3833
produzione f oraria, rendimento m orario	producción horaria, rendimiento, cadencia por hora	часовая производительность	3834
tamburo m rotante	tambor de volteo, tambor hexagonal, (aparato de ensayo en laboratorios de embalaje para someter a envases/embalajes en ensayo real o con imitación del contenido a golpes y caídas controlados)	вращающийся барабан, вращающийся шестигранный испытательный барабан	3835
prova f del tamburo rotante	ensayo en el tambor de volteo	испытание во вращающемся барабане	3836

Nr.	DEUTSCH	ENGLISCH	FRANZÖSISCH
3837	Styrolacrylnitril	stirene acrylonitrile	styrène-acrylo-nitrile m, SAN copolymère m
3838	Substrat n	substrate	substrat m
3839	Sulfat(kraft)papier n	kraft paper, sulfate (kraft) paper	papier m (kraft) au sulfate, papier kraft
3840	Sulfatpappe f	sulfate board	carton m au sulfate
3841	Sulfatzellstoff m	sulfate pulp	pâte f au sulfate, pâte à la soude
3842	Sulfitpapier n	sulfite paper	papier m au bisulfite, sulfite m
3843	Sulfitpappe f	sulfite board	carton m au bisulfite
3844	Sulfitzellstoff m	sulfite pulp	pâte f au bisulfite
3845	Supermarkt m	supermarket	super-marché m
3846	synchron laufen	to run synchronous	marcher synchrone
3847	synthetische Faser f, Synthesefaser f, Kunstfaser f	synthetic fibre, artificial fibre	fibre f synthétique, fibre artificielle
3848	synthetisches Harz n, Kunstharz n	synthetic resin, artificial resin	résine f synthétique, résine artificielle
3849	Tablett n	tray, table	tablette f
3850	Tablettenverpackung f am laufenden Band, Abpacken n von Tabletten in Streifenverpackungen	continuous-strip tablet packaging	emballage m de comprimés en bande continue
3851	Tack m (siehe 155, 1818)	Tack	Tack m, adhésion f initiale
3852	Tafel* f	panel	panneau m, tableau m, plaque f

ITALIENISCH	SPANISCH	RUSSISCH	Nr.
stirene-acrilonitrile m	acrilonitrilo estireno, o, estireno acrilonitrilo (SAN)	стиролакрилнитрил	3837
substrato m	sustrato	субстрат	3838
carta f (Kraft) al solfato	papel kraft al sulfato	бумага из сульфатной целлюлозы, крафт-бумага	3839
cartone m al solfato	cartón al sulfato	картон из сульфатной целлюлозы	3840
pasta f al solfato	pasta al sulfato, pasta a la sosa	сульфатная целлюлоза	3841
carta f al solfito	papel sulfito, papel bisulfito	бумага из сульфитной целлюлозы	3842
cartone m al solfito	cartón al bisulfito	картон из сульфитной целлюлозы	3843
pasta f al solfito	pasta al bisulfito	сульфитная целлюлоза	3844
supermercato m	supermercado	универмаг самообслуживания	3845
marciare sincronicamente	marcha sincronizada	работать синхронно, вращаться синхронно	3846
fibra f sintetica, fibra f artificiale	fibra sintética, fibra artificial	синтетическое волокно, искусственное волокно	3847
resina f sintetica, resina f artificiale	resina sintética, resina artificial	синтетическая смола, искусственная смола	3848
vassoio m	comprimido, tableta	поднос	3849
confezionamento m in striscia continua di compresse	envase de comprimidos o tabletas en banda contínua	мешочек-полоса для упаковки таблеток; упаковка таблеток в мешочек-полосу	3850
adesività f	agarre	сцепление	3851
pannello m, piastra f, lastra f	panel	доска, плита	3852

Nr.	DEUTSCH	ENGLISCH	FRANZÖSISCH
3853	**Tannenholz** n	white wood, fir (wood)	bois m de sapin
3854	**Tapingstreifen** m (Klebestreifen für Fabrikkanten)	container manufacturers' tape, box tape	bande f kraft m collant pour taping
3855	**Tara*** f, **Leergewicht** n	tare, dead weight, net weight	tare f, poids m à vide, poids m mort
3856	**Tasche** f zum Tragen, **Tragetasche** f, **Tragebeutel** m	carrier bag	pochette f portative, cabas m, sac-cabas m
3857	**Tauchbad** n, im **Tauchverfahren** n	dipping, dipping process, by immersion	barbotage m, immersion f, au trempé m
3858	**tauchbeschichten***	to dip-coat	tremper, immerger, enduire au trempé
3859	**Tauchbeschichtung*** f (siehe 259)	dip-coating, immersion-coating	enduction f par trempage, couche f au trempé
3860	**tauchlackieren**	to immersion-paint	vernisser par immersion, peindre à l'immersion
3861	**Tauchmasse*** f	dip-coating material	masse f à trempage
3862	**Tauchtiefgefrieren** n	immersion (dip) freezing	surgélation f par immersion
3863	**Tauchverpackung** f	dip package	emballage m réalisé par immersion
3864	**Taupunkt** m	dew point, thawing point	point de dégel
3865	**Tauschpalette** f	interchangeable pallet, exchange pallet	palette f échangeable, palette d'échange

ITALIENISCH	SPANISCH	RUSSISCH	Nr.
legno m di abete	madera de abeto	пихтовая древесина	3853
nastro m gommato per nastratura da parte dei produttori (di casse)	banda de papel kraft engomado (precinto)	гуммированная лента для скрепления развертки ящика	3854
tara f, peso m a vuoto	tara, peso en vacío, peso neto	масса упаковки, вес упаковки, вес тары	3855
sacchetto m da asporto	bolsa portátil	сумка	3856
immersione f, per immersione f	chapuzón, inmersión, remojo	раствор для покрытия погружением, раствор для покрытия окунанием	3857
rivestire per immersione	remojar, sumerger, recubrir por inmersión	наносить покрытие методом погружения	3858
rivestimento m per immersione	revestimiento por inmersión	нанесение покрытия методом погружения	3859
verniciare per immersione	barnizar por inmersión	лакировать окунанием	3860
materiale m per rivestire per immersione	material con intenso recubrimiento	погружная масса	3861
surgelazione f per immersione	congelación por inmersión	способ глубокого замораживания погружением	3862
confezionamento m mediante immersione	embalaje (protección) realizado por inmersión (por fusión de ceras y plásticos generalmente, en las que se sumerge el producto a recubrir al que se adhiere una capa pelable)	герметическая упаковка способом погружения (в герметизирующий состав), упаковка в пленку с погружением в горячую воду	3863
punto m di rugiada	punto de descongelación	точка росы	3864
paletta f di scambio	paleta intercambiable	поддон широкого обращения, обменный поддон	3865

Nr.	DEUTSCH	ENGLISCH	FRANZÖSISCH
3866	Teerpapier* n, Asphaltpapier n, bituminiertes Papier n	tar(red) paper, bituminous paper, asphalt-laminated paper	papier-goudron m, papier m goudronné, papier bitum(in)é
3867	Teerpappe* f	tarred board, bituminous board	carton m goudronné, carton bituminé
3868	Teileinschlagmaschine* f	partial wrapping machine	machine f d'enveloppement partiel
3869	Tekturenpapier* m	tecture paper	papier m de couverture
3870	Teleskop(falt)schachtel f, Stülpdeckel(falt)-schachtel f	telecope (folding) box	boîte f (pliante) télescopique
3871	Tellerdeckel m, Eindrückdeckel* m	lever lid, press-in lid	couvercle m rentrant, couvercle à friction, couvercle à enfoncer
3872	Temperaturbeständig-keit* f, Kältebeständigkeit f, Kältefestigkeit f (siehe 1763, 1917)	resistance to cold, resistance to low temperatures, strength at low temperatures	résistance f au froid, résistance aux basses températures
3873	Temperaturschwankung f	temperature variation, fluctuation in temperature	variation f de température, fluctuation f de température
3874	Terne-Blech* n, mattiertes Weißblech n	terne plate	tôle m terne, plaque f terne
3875	Test m, Prüfung f	test, testing	essai m, épreuve f, test m
3876	testen, prüfen, kontrollieren	to test, to examine, to control, to check	éprouver, essayer, examiner, tester
3877	Testliner* m (siehe 628)	test liner	papier m test

ITALIENISCH	SPANISCH	RUSSISCH	Nr.
carta f bitumata, carta f catramata	papel embreado, papel asfaltado, bituminado	гудронированная бумага, битумная бумага, битумированная бумага	3866
cartone m bitumato, cartone m catramato	cartón embreado, asfaltado, bituminado	толь, битумированный картон, гудронированный картон	3867
macchina f per avvolgimento parziale	máquina de envoltura parcial	машина для частичной упаковки	3868
carta f per etichette	máquina de banderolar	оберточная бумага (бумага для заклеивания), оклеечная бумага	3869
scatola f telescopica (pieghevole)	caja, bote telescópico/a	телескопический ящик, складной телескопический ящик, сборная телескопическая коробка	3870
coperchio m a pressione	tapa a presión, tapa de fricción	рычажная крышка, вдвигаемая крышка, вдавливаемая крышка	3871
resistenza f al freddo, resistenza f alle basse temperature	resistencia al frío, resistencia a las bajas temperaturas	холодостойкость, хладостойкость, морозостойкость	3872
variazione f di temperatura	variación, fluctuación de la temperatura	колебание температуры	3873
lamiera f piombata	plancha de terne (aleación de estaño y plomo)	матовая жесть; жесть, покрытая свинцовооловянным сплавом	3874
prova f, "test" m	ensayo, prueba	испытание, проба	3875
provare, controllare	ensayar, probar, analizar, examinar (en cierto sentido, verificar)	испытывать, проводить испытание; проверять, контролировать	3876
copertina f di prova (in cartone ondulato)	ensayo del forro	подкладка для испытания	3877

Nr.	DEUTSCH	ENGLISCH	FRANZÖSISCH
3878	Tetraeder-Verpackung f	tetrahedral package	emballage m tétraèdre
3879	Textiler Packstoff* m	textile packaging material	matière f d'emballage textile
3880	Textilfaser f	textile fibre	fibre f textile
3881	textilverstärktes Papier n	reinforced paper, textile-reinforced paper	papier m entoilé, papier renforcé de textile
3882	thermoelastisch	thermoelastic	thermoélastique
3883	Thermoplast* m	thermoplastics (material), thermoplast	matière f thermoplastique
3884	thermoplastisch	thermoplastic	thermoplastique
3885	thermoplastischer Klebstoff m	thermoplastic adhesive	matière f adhésive thermoplastique, colle f thermoplastique
3886	Thermoplastizität f	thermoplasticity	thermoplasticité f
3887	Thermosflasche f, Isolierflasche f	thermos bottle, vacuum flask	bouteille f isolante, bouteille thermos
3888	Thermosverpackung* f	thermos package	emballage m isolant, emballage isotherme
3889	Thermoverformung f, Thermoformen n	thermoforming	thermoformage m
3890	Tiefdruck* m	gravure printing, intaglio printing, photogravure printing	impression f héliographique, héliogravure f
3891	Tiefgefrieren n	deep freezing	surgélation f

ITALIENISCH	SPANISCH	RUSSISCH	Nr.
imballaggio m **a forma di tetraedro**	**envase tetraédrico** (Tetrapack)	**пакет "Тетрапак",упаковка тетрапак**	3878
materiale m **d'imballaggio in tessuto**	**material textil de envasar, embalar**	**текстильный упаковочный материал**	3879
fibra f **tessile**	**fibra textil**	**текстильное волокно**	3880
carta f **rinforzata con tessili, carta** f **telata**	**papel tela, papel reforzado con tejido** (o tela)	**армированная бумага; бумага, армированная тесктильной тканью**	3881
termoelastico	**termoelástico**	**термоупругий, термоэластичный**	3882
termoplastico m, **materia** f **termoplastica**	**materia, material termoplástico**	**термопласт**	3883
termoplastico	**termoplástico**	**термопластичный**	3884
adesivo m **termoplastico**	**adhesivo termoplástico**	**термопластичный клей, термопластический клей**	3885
termoplasticità f	**termoplasticidad**	**термопластичность**	3886
bottiglia f **thermos**	**termo** (botella, frasco isotermo al vacío)	**термос**	3887
imballaggio m **isotermico**	**envase/embalaje isotérmico**	**изотермическая тара**	3888
termoformatura f	**termomoldeo, termoformado**	**комбинированный метод пневмовакуумного и механического формования изделий из листовых материалов**	3889
stampa f **eliografica, stampa** f **a rotocalco, stampa** f **calcografica**	**impresión por huecograbado, huecograbado**	**глубокая печать, тифдрук**	3890
surgelazione f	**sobrecongelación, congelación**	**глубокое охлаждение**	3891

Nr.	DEUTSCH	ENGLISCH	FRANZÖSISCH
3892	**tiefgezogene Verpackung** f, **Tiefziehverpackung*** f	**deep-drawn package, vacuum-formed package**	**emballage** m **embouti, emballage formé sous vide**
3893	**Tiefkühlanlage** f	**cooling equipment for low temperatures**	**installation** f **frigorifique à basse température**
3894	**Tiefkühlkost** f, **tiefgefrorene Nahrungsmittel** npl	**frozen foods** pl, **deep-frozen foods**	**denrées** fpl **alimentaires surgelées**
3895	**Tiefkühllagerung** f	**cold storage**	**entreposage** m **frigorifique**
3896	**Tiefkühlprodukt** n	**frozen foods** pl, **frozen-food product**	**produit** m **(alimentaire) congelé, denrées** fpl **surgelées**
3897	**Tiefkühlverpackung*** f, **Tiefkühlpackung** f	**deep-freeze package, deep-frozen pack**	**emballage** m **pour produits surgelés, emballage frigorifique**
3898	**Tiefziehen*** n	**deep drawing, drawing**	**emboutissage** m **profond**
3899	**Tiefziehfolie*** f	**deep-drawing foil or film**	**feuille** f **métallique ou plastique à emboutir**
3900	**Tiefziehmaschine** f, **Tiefziehpresse** f	**deep-drawing machine**	**machine** f **à emboutir, presse** f **d'emboutissage**
3901	**Tiegel*** m	**small earthen pot**	**creuset** m
3902	**Tierhaar** n, **gummiertes Haar, Gummihaar** n (zum Polstern)	**rubberized hair** (for cushioning)	**crin** m **caoutchouté** (pour rembourrage)
3903	**Tönnchen** n	**keg, barrel**	**tonnelet** m
3904	**Toleranzwerte** mpl, **Toleranzbereich** m	**allowable limits, range of tolerance**	**zone** f **de tolérance, marge** f **de tolérance**
3905	**Tonne** f, **Faß** n	**barrel, tun, cask, keg**	**tonne** f, **barrique** f, **baril** m, **tonneau** m

ITALIENISCH	SPANISCH	RUSSISCH	Nr.
imballaggio m formato sottovuoto, imballaggio m imbutito	envase formado por embutición al vacío (por termomoldeo al vacío)	тара с большой глубиной вытяжки	3892
attrezzatura f frigorifera a bassa temperatura	instalación frigorífica	установка для глубокого охлаждения	3893
alimenti m pl surgelati	productos alimenticios congelados	сильнозамороженные пищевые продукты	3894
immagazzinaggio m frigorifero	almacenamiento frigorífico	хранение на холоду	3895
prodotti m pl alimentari surgelati	producto alimenticio congelado	сильнозамороженные продукты, быстрозамороженные пищевые продукты	3896
imballaggio m per prodotti surgelati	envase/embalaje para productos congelados	тара для сильнозамороженных пищевых продуктов, упаковка быстрозамороженных пищевых продуктов	3897
imbutitura f	embutición	глубокая вытяжка, глубокое вытягивание	3898
foglio m metallico o plastico per imbutitura	película o plancha metálica o plástica de embutición	пленка или фольга, пригодная для формования	3899
macchina f per imbutitura	máquina, prensa de embutición	пресс для глубокой вытяжки	3900
crogiolo m	marmita, cazuela	тигель	3901
crine m gommato (per imbottitura)	crin recauchutado (para relleno)	прорезиненный волос, покрытый каучуком	3902
barile m barilotto m	tonelete, cuñete	бочонок (емкостью до 20 л)	3903
limiti m pl di tolleranza	zona, margen de tolerancia	область допуска, пределы допусков	3904
botte f, barile m	tonel, barrica, barril	бочка	3905

Nr.	DEUTSCH	ENGLISCH	FRANZÖSISCH
3906	**Torsionsbean-spruchung** f	**torsional stress**	**effort** m **de torsion**
3907	**Torsionssteifigkeit** f	**torsional strength, resistance to twisting**	**résistance** f **à torsion**
3908	**Toxin** n, **Toxicum** n	**toxin, toxic**	**toxine** f, **toxique** m
3909	**Toxinschutz** m, **Antitoxin** n	**antitoxin**	**antitoxine** f
3910	**Toxizität** f	**toxicity**	**toxicité** f
3911	**Träger** mpl, **Klötze** mpl (Stücke zwischen Ober- und Unterfläche einer Palette)	**bearers** pl, **pallet-deck spacers** pl (separating top and bottom decks of a pallet)	**entretoises** fpl (pièces d'écartement séparant les deux planchers d'une palette)
3912	**Trägerfolie*** f	**carrier film**	**pellicule** f **support**
3913	**trägerlose Folie** f	**unsupported sheet(ing)**	**feuille** f **simple, feuille sans support**
3914	**Trägermaterial*** m	**carrier material**	**matériel** m **de transport**
3915	**Trägerstoff*** m, **Trägermaterial** n, **Trägerbahn** f	**substrate, supporting material, carrier** (for being coated)	**support** m **(à être enduit), substrat** m
3916	**Trägheit** f, **chemische Trägheit, inertes Verhalten** n	**chemical inertness**	**inertie** f **chimique**
3917	**tränken, imprägnieren**	**to soak, to impregnate**	**imprégner, imbiber**
3918	**Tragebeutel*** m, **Tragetasche** f	**carrier bag, handle bag**	**sachet** m **portatif, sac** m **à poignée**
3919	**Trag(e)bügel*** m	**handle, bail**	**anse** f, **manche** m, **poignée** f
3920	**Tragegriff*** m	**handle, carrying handle**	**poignée** f, **manche** m

ITALIENISCH	SPANISCH	RUSSISCH	Nr.
sforzo m **di torsione**	**esfuerzo de torsión**	скручивающее усилие, напряжение при кручении	3906
resistenza f **alla torsione**	**resistencia a la torsión**	прочность при кручении, сопротивление кручению	3907
tossina f	**toxina, tóxico**	токсин	3908
antitossina f	**antitoxina**	антитоксин	3909
tossicità f	**toxicidad**	токсичность, ядовитость	3910
supporti m pl (che separano i due pianali di una paletta)	**separadores** (piezas que se colocan entre las superficies superior e inferior de una paleta)	лежень, шашка	3911
film m **di supporto**	**película de arrastre**	пленка-подложка	3912
foglio m **senza supporto**	**hoja, lámina simple, hoja o lámina sin soporte**	пленка без подложки	3913
materiale m **per supporto**	**material de arrastre, acarreo, transporte**	носитель	3914
supporto m, **substrato** m (da rivestire)	**sustrato, soporte, material de base** (para ser recubierto)	подложка, субстрат, поддерживающий лист; бумага-основа, картон-основа	3915
inerzia chimica	**inercia química**	инертность, химическая инертность	3916
impregnare, imbevere	**impregnar, embeber**	пропитывать, импрегнировать	3917
sacchetto m **con maniglia**	**bolsa portátil, bolsa con asas**	пакет с ручками, сумка	3918
maniglia f **impugnatura** f	**asa, mango, empuñadura**	ручка	3919
maniglia f **portante**	**empuñadura, asidero, mango, asa**	ручка	3920

Nr.	DEUTSCH	ENGLISCH	FRANZÖSISCH
3921	**Trageleiste*** f	**handle ledge**	**barre-poignée** f
3922	**Tragepackung** f	**carrier pack(age)**	**emballage** m **portatif**
3923	**Trageschachtel** f	**carrier box**	**boîte** f **de voyage, boîte à poignée**
3924	**Tragetasche** f, **Tragebeutel** m	**carrier bag, shopping bag**	**sac-cabas** m **à poignée, sac** m **portatif**
3925	**Tragevorrichtung** f	**carrying device**	**dispositif-poignée** m
3926	**Tragfähigkeit** f, **Belastbarkeit** f	**bearing strength, carrying capacity, loading capacity**	**résistance** f **(limite) de charge, force** f **portante**
3927	**Traglast** f	**load, carrying capacity**	**charge** f
3928	**Trag(e)tasche*** f	**carrier bag**	**portefeuille** m **de transport**
3929	**Trag(e)verschluß*** m	**carrying closure**	**fermeture** f **de transport**
3930	**Transferpressen** n, **Spritzpressen** n	**transfer moulding, plunger moulding**	**moulage** m **par transfert**
3931	**transparent, durchscheinend, durchsichtig, lichtdurchlässig**	**transparent, diaphanous, translucent**	**transparent, translucide, diaphane**
3932	**Transparentfolie** f	**transparent film**	**pellicule** f **transparente, film** m **transparent**
3933	**Transparentpapier*** n	**transparent paper, diaphanous paper**	**papier** m **transparent**
3934	**Transparenz*** f, **Durchsichtigkeit** f	**transparency, transmittancy, translucency**	**transparence** f, **translucidité** f

ITALIENISCH	SPANISCH	RUSSISCH	Nr.
listello m della maniglia	asa de manejo, porte	ручка в виде планки, устройство транспортирования	3921
imballaggio m portante, imballaggio m da trasporto	envase portátil	тара для ручной переноски	3922
scatola f portante	envase de viaje, envase con asa, caja portátil	ящик с ручкой, коробка с ручкой	3923
sacchetto m con maniglia, "shopper"	bolsa portátil, bolsa con asas	сумка, пакет для покупок, пакет с ручками	3924
dispositivo m di trasporto	dispositivo de arrastre	приспособление для ручной переноски	3925
limite m di carico, limite m di portata	resistencia al límite de carga, capacidad de carga	грузоподъемность, несущая способность	3926
carico m, capacità f di carico	carga (capacidad de acarreo)	предельная погрузка	3927
sacchetto m portante, sacchetto m da trasporto	saco de porte, de transporte	сумка для переноски	3928
chiusura f portante	cierre de transporte	затвор для переноски	3929
stampaggio m per trasferimento	moldeo por transferencia	литьевое прессование, пресс-литье	3930
trasparente, traslucido	transparente, diáfano, translúcido	прозрачный, светопроницаемый, просвечивающий	3931
film m trasparente	película, lámina transparente	прозрачная пленка	3932
carta f trasparente	papel transparente	прозрачная бумага, чертежная калька, подпергамент	3933
trasparenza f	transparencia, translucidez	прозрачность, светопроницаемость, просвечиваемость	3934

Nr.	DEUTSCH	ENGLISCH	FRANZÖSISCH
3935	**Transportbean-spruchung*** f	**transport stress, transit hazard**	**risque** m **de transport**
3936	**Transportbehälter** m, **Versandbehälter** m	**container, shipper**	**conteneur** m
3937	**transportieren, auf Rollen transportieren!**	**use rollers!**	**transportez sur rouleaux!**
3938	**Transport(ier)gerät** n, **Fördergerät** n	**mechanical or material handling equipment, transport equipment**	**matériel** m **de manutention, ustensiles** mpl **de transport**
3939	**Transportkosten** pl	**freight charges, cartage expenses** pl, **transport charges** pl	**frais** mpl **de transport**
3940	**Transportmittel** n	**means of transportation**	**moyen** m **de transport**
3941	**Transportschaden** m	**transport damage, shipping damage**	**dommage** m **de transport, avarie** f
3942	**Transportverpackung*** f (siehe 4243)	**transport package, shipping container, transit package**	**emballage** m **de transport, emballage d'expédition**
3943	**Tray*** m	**tray**	**plateau** m
3944	**Treibgas*** n, **Treibmittel*** n	**propellent gas, propellent, propellant**	**propulseur** m, **gaz** m
3945	**trennen, auftrennen**	**to separate, to sever, to divide, to part**	**détacher, séparer, déchirer**
3946	**Trennfestigkeit** f	**separating strength, crack(ing) strength**	**résistance** f **à la déchirure**

ITALIENISCH	SPANISCH	RUSSISCH	Nr.
rischio m **di trasporto**	**riesgo, azar de transporte**	нагрузка, испытаемая тарой во время транспортировки; воздействие при транспортировке	3935
"container" m	**contenedor de expedición**	контейнер	3936
trasportare mediante rulli!	**transpórtese sobre rodillos! (voz de manipulación, sénalización)**	Транспортировать на роликах!	3937
attrezzatura f **di movimentazione** (meccanico o manuale), **attrezzatura** f **di trasporto**	**material o equipo mecánico de manipulación o manejo, aparatos, elementos de transporte o transportadores**	подъемно-транспортное и погрузочно-разгрузочное оборудование, транспортировочные средства	3938
EINTRAG FEHLT!	**costes de transporte**	стоимость перевозки, плата за провоз	3939
mezzo m **di trasporto**	**medio de transporte**	перевозочное средство	3940
danno m **da trasporto, avaria** f	**daño** (s), **avería** (s) **de transporte**	повреждение во время транспортировки	3941
imballaggio m **da trasporto, imballaggio** m **di spedizione**	**embalaje de transporte, embalaje de expedición**	транспортная тара, внешняя тара	3942
vassoio m	**bandeja**	неглубокий ящик	3943
gas m **propellente, propellente** m	**gas propulsor, gas seco, gas propelente**	аэрозольный газ-вытеснитель, газовытеснитель, пропеллент	3944
separare, dividere	**desprender, separar, arrancar**	разделять, отделять, разъединять, отслаивать(ся)	3945
resistenza f **alla separazione**	**resistencia a la separación**	прочность на отрыв, сопротивление отрыву, сопротивление расслаиванию	3946

Nr.	DEUTSCH	ENGLISCH	FRANZÖSISCH
3947	**Trennfolie** f	interleaf foil	feuille f de séparation
3948	**Trennlinie** f, **Trennungsfuge** f	parting line, separating line, separating joint	fente f de séparation, bavure f
3949	**Trennmittel** n	anti-adhesive means	agent de séparation, produit m de séparation
3950	**Trennpapier*** n, **siliconisiertes Trennpapier*** n (siehe 34)	anti-adhesive paper, release paper	papier m anti-adhésif au silicone
3951	**Trennschweißen*** n	cut-welding	coupe f au chalumeau
3952	**Trennwand** f, **Unterteilungswand** f	partition, partition wall, dividing wall	cloison f, paroi f de séparation
3953	**Tretleiste** f, **Deckleiste*** f	end ledge	listeau m d'arête
3954	**Trichter** m, **Fülltrichter** m	funnel, hopper, bin, feeder hopper, filling funnel	entonnoir m, trémie f, trémie f de remplissage, bec m d'alimentation
3955	**Trichterkanne*** f, **Enghalskanne*** f	funnel drum, drum with funnel-shaped top end, cone top closed-head drum with screw neck and cap, conne top can	bidon m de trémie, touque f à couvercle en entonnoir
3956	**Triplexkarton*** m, **Triplexpappe*** f	triplex board	carton m triplex
3957	**trocken lagern!**	keep dry!	gardez en lieu sec!, à préserver de l'humidité!
3958	**Trockengefrieren** n	freeze drying, accelerated freeze drying (AFD), lyophilization, dehydro-freezing	cryodessiccation f, lyophilisation f

ITALIENISCH	SPANISCH	RUSSISCH	Nr.
foglio m separatore	hoja, lámina separadora	изоляционная пленка, промежуточный слой	3947
linea f di separazione	línea de separación, junta de separación, hendidura de separación	линия раздела, линия разъема, разделительный шов	3948
sostanza f antiadesiva	medios antiadhesivos, antiadhesivos	разделительное средство	3949
carta f ai siliconi, carta f antiadesiva	papel antiadhesivo, papel siliconado	прокладочная бумага; бумага, покрытая силиконом; противоадгезионная бумага, поддерживающий лист	3950
saldatura f a punti	corte-soldadura	разделительная сварка	3951
divisorio m, separatore m	pared separadora, de separación, pared de división, tabique separador	перегородка, разделительная городка, разделительная стенка	3952
listello m angolare	listón del borde	кромочная планка	3953
tramoggia f	embudo, tolva, tolva de alimentación	воронка, загрузочная воронка, заправочная воронка	3954
fusto m con parte superiore a cono	bidón con embudo de vertido, bidón con vertedor	бидон с узкой горловиной	3955
cartoncino m triplex, cartone m triplex	cartón triplex (triple)	трехслойный картон, картон-триплекс	3956
conservare in luogo asciutto!	guárdese en lugar seco, presérvese de la humedad (sénalización, voz de manipulación)	Хранить в сухом месте!, Боится сырости!	3957
disidratazione f a freddo, liofilizzazione f	liofilización	сушка сублимацией, сублимационная сушка, сушка методом сублимации, сушка вымораживанием	3958

Nr.	DEUTSCH	ENGLISCH	FRANZÖSISCH
3959	**Trockengewicht** n	**dry weight**	**poids** m **à l'état sec**
3960	**Trockenkaschieren*** n	**dry lamination**	**contrecollage** m **à sec**
3961	**Trockenmittel*** n, **Sikkativ** n	**siccative, drying agent, desiccative, drier, desiccant**	**dessiccateur** m, **siccatif** m, **desséchant** m, **produit** m **déshydratant**
3962	**Trockenmittelbeutel** m (mit Kieselgel und Indikatoren)	**moisture-absorptive bag** (with silica gel and indicators)	**sachet** m **déshydratant** (avec gel de silice et indicateurs)
3963	**Trockenmitteleinheit** f	**unit desiccant**	**unité** f **de dessiccateur**
3964	**Trockenofen** m, **Trockenschrank** m	**drying oven, drying tunnel**	**étuve** f **de séchage, armoire** f **de séchage, séchoir** m **à tunnel**
3965	**Trockenoffsetdruck*** m	**dry offset (printing)**	**offset** m **sec, impression** f **offset (à) sec**
3966	**Trockensprühung** f	**dry spray**	**pulvérisation** f **sèche**
3967	**Trockner** m, **Trocknungsmaschine** f, **Trockenapparat** m	**dryer, drying machine**	**séchoir** m, **appareil** m **à sécher**
3968	**Trommel*** f (siehe 769)	**drum**	**tambour** m, **fût** m
3969	**tropenbeständig**	**suitable for use in tropical climates**	**utilisable aux conditions climatiques tropicales**
3970	**tropenfest machen**	**to tropicalize**	**tropicaliser**
3971	**Tropenfestigkeit** f	**resistance to tropical conditions**	**résistance** f **aux conditons tropicales**

ITALIENISCH	SPANISCH	RUSSISCH	Nr.
peso m a secco	peso en seco	вес сухого вещества, сухой вес	3959
laminazione f a secco	laminación en seco. Recubrimiento en seco	сухая оклейка	3960
agente m essiccante (siccativo m), agente m disidratante	desecador, agente desecador, producto deshidratante	сушильный агент, осушитель, осушающее средство, высушивающее вещество, сиккатив	3961
sacchetto m disidratante (con gel di silice e indicatori)	bolsa deshidratante (con gel de sílice u otros deshidratantes e indicadores)	мешочек с осушителем, пакет с осушителем (силикагелем) и силикагелем-индикатором	3962
unità f di agente essiccante	unidad deshidratante	единица осушителя	3963
forno m di essiccazione, armadio m di essiccazione	túnel de secado, armario de secado	сушильная печь, сушильный шкаф, камерная сушилка	3964
stampa f offset a secco	impresión offset seco	офсетная печать с форм высокой печати, типоофсет, сухой офсет	3965
polverizzazione f a secco	pulverización seca	распыление сухого порошка	3966
dispositivo m di essiccazione, essiccatore m	secador, máquina, aparato secador	сушилка, сушильный прибор, сушильная машина, сушильный аппарат	3967
tamburo m, fusto m	tambor, barril	барабан, тамбур	3968
utilizzabile in clima tropicale	adecuado para su uso en climas tropicales	тропикостойкий, тропикоустойчивый	3969
rendere utilizzabile in clima tropicale	tropicalizar	подготовлять для условий тропического климата, тропикализировать	3970
resistenza f alle condizioni tropicali	resistencia a las condiciones tropicales	тропикостойкость, тропикоустойчивость	3971

Nr.	DEUTSCH	ENGLISCH	FRANZÖSISCH
3972	**Tropenkammer** f	tropical chamber	**chambre** f **tropicale**
3973	**Tropenprüfung** f	test under tropical conditions	**essai** m **aux conditions tropicales**
3974	**Tropenverpackung** f	tropical package, tropical packaging	**emballage** m **tropical**
3975	**Tropfendosierung** f	drop dispensing	**dosage** m **à (compte-)gouttes**
3976	**Tropfenzähler** m	dropper, drop counter	**compte-gouttes** m
3977	**Tropfer*** m	dropper	**égoutteur** m
3978	**Tropffläschchen*** n, **Tropfenzählerflasche** f	dropping flask	**pipette** f, **bouteille** f **à compte-gouttes**
3979	**Tropf- und Gießstopfen** m	dropping and pouring plug	**bouchon** m **(à) stilligoutte et (à) verseur, bouchon à verse-gouttes**
3980	**Tropfverschluß** m	dropping closure, dropping stopper, dropper plug	**obturateur** m **à compte-gouttes, bouchon** m **à compte-gouttes**
3981	**trüben, trübe machen, trübe werden**	to dull, to darken, to haze, to become cloudy	**troubler, ternir, louchir**
3982	**Trübung** f	haze	**trouble** m, **louche** m
3983	**T-Stoß** m	T-joint, T-weld	**joint** m **droit en T**
3984	**Tube*** f	flexible tube	**tube** m **souple**
3985	**Tubenbeutel*** m, **Standtube*** f, **Standbeutel*** m	bag with (tube-like) plane bottom (able to stand upright,) butt-ended bag, flat-ended bag	**sachet** m (en forme d'un tube) **à fond plat** (capable d'être debout)

ITALIENISCH	SPANISCH	RUSSISCH	Nr.
camera f tropicale	cámara tropical	камера для испытаний в тропических условиях	3972
prova f in condizioni tropicali	ensayo en condiciones tropicales	испытания в тропических условиях	3973
imballaggio m tropicale	embalaje tropical	тропическая тара, упаковка для тропиков, упаковка в тропическом исполнении	3974
dosaggio m a gocce	dosificación por cuenta-gotas	капельная дозировка	3975
contagocce m	cuenta-gotas	капельница (приспособление)	3976
contagocce m	goteador, cuenta-gotas	капельница	3977
flacone m a contagocce	pipeta, frasco cuenta-gotas	склянка-капельница	3978
tappo m contagocce	tapón con vertedor goteador (para suministrar el contenido del envase, gota a gota)	пробка с капельницей	3979
chiusura f contagocce, tappo m contagocce	obturador, tapón cuenta-gotas	затвор с капельницей	3980
rendere opaco, intorbidire	enturbiar, empañar, oscurecer	затуманивать, делать(ся) тусклым, затуманиваться	3981
opacità f	niebla, bruma	помутнение, мутность	3982
saldatura f a T	junta, soldadura en T	тавровое соединение	3983
tubo m	tubo	туба, тюбик, мягкий тюбик	3984
sacchetto m a forma tubolare con fondo piatto (autoportante)	bolsa (de forma tubular) de fondo plano (puede sostenerse de pie)	пакет с пяткой; мешочек с дном, сложенным вдвое	3985

Nr.	DEUTSCH	ENGLISCH	FRANZÖSISCH
3986	**Tubenfüllmaschine** f	**tube-filling machine**	**machine** f **à entuber, machine à remplir les tubes**
3987	**Tubenhütchen*** n	**tube hood**	**capuchon** m **de tube**
3988	**Tubenverschließmaschine** f	**tube closing machine, tube sealing machine**	**machine** f **à fermer les tubes**
3989	**Tülle** f	**spout, pouring spout, nozzle, funnel**	**douille** f, **bec** m **verseur**
3990	**Tüte*** f, **Spitztüte*** f (siehe 3640)	**cornet, pointed bag**	**cornet** m
3991	**Twist-Off-Verschluß** m	**Twist-Off cap**	**capsule** f **Twist-Off**
3992	**Typenbeschränkung** f	**variety reduction**	**réduction** f **des types**
3993	**Typendruck** m	**type printing**	**impression** f **typographique**
3994	**Typisierung** f, **Typennormung** f, **Standardisierung** f	**standardization**	**typisation** f, **normalisation** f
3995	**Überbeanspruchung** f, **Überbelastung** f	**overstressing, overstrain(ing), overload**	**effort** m **excessif, surcharge** f, **surtension** f
3996	**Überdruck** m	**excess pressure, superpressure, overpressure**	**excès** m **de pression, surpression** f
3997	**Überdruck** m, **Überdruckung** f	**overprint(ing)**	**surimpression** f
3998	**Übereinanderlagerung** f	**super(im)position**	**superposition** f

ITALIENISCH	SPANISCH	RUSSISCH	Nr.
macchina f riempitrice per tubi	máquina llenadora de tubos	машина для затаривания продуктов в тубы	3986
tappo m per tubetti	capuchón, tapa, capucha tubular	бушон, колпачок для герметизации туб	3987
macchina f chiuditrice di tubi	máquina cerradora de tubos	машина для завинчивания бушонов, машина для укупорки туб	3988
becco m erogatore, becco m versatore	pitón, pico (de un jarro)	насадка, носик (тубы), наконечник, мундштук, сопло	3989
involto m a cono	cucurucho	кулек, конусовидный пакет	3990
capsula f "twist-off"	tapa twist-off	крышка "Твист-Офф"	3991
riduzione f di assortimento, riduzione f di tipi	reducción de tipos	ограничение количества типоразмеров	3992
stampa f tipografica	impresión tipográfica	типографская печать, высокая печать	3993
standardizzazione f, normalizzazione f	tipificación, normalización de tipos, normalización	типизация, стандартизация	3994
sforzo m eccessivo, sovraccarico m	esfuerzo excesivo, sobretensión, sobrecarga	перегрузка	3995
eccesso m di pressione	exceso de presión, sobrepresión	добавочное давление, избыточное давление, сверхвысокое давление	3996
sovrastampa f	sobreimpresión	переводной оттиск, наложение краски на краску	3997
sovrapposizione f	superposición	штабелирование, укладка грузов один над другим	3998

Nr.	DEUTSCH	ENGLISCH	FRANZÖSISCH
3999	übereinanderliegend	superimposed	posé l'un sur l'autre, superposé
4000	Überfüllung f	overfill(ing)	remplissage m excessif, remplissage de trop-plein
4001	Übergewicht n	overweight, excess weight	surpoids m
4002	Übergreifdeckel* m, Stülpdeckel* m	hooded lid	couvercle m cloche
4003	überlappen, übergreifen	to overlap, to lap (over)	recouvrir, couvrir
4004	überlappt schweißen	to lap-weld	souder par recouvrement
4005	Überlappungsnietung f	lap riveting	rivure f à recouvrement
4006	Überseetransport m, Überseeversand m	overseas shipment, overseas transport(ation)	transport m par voie maritime
4007	Überseeverpackung f	maritime package, overseas package, seaworthy package	emballage m maritime
4008	überstehen, überhängen	to project, to protrude, to hang over	saillir, porter en saillie, tirer au vide
4009	Überstreifen* m	stick-on strip, wrapping tape, banderole	bande f à coller sur l'enveloppe, bandelette f d'enveloppe
4010	Überziehetikett* n	sleeve label	étiquette f capuchon
4011	überzogene Kartonage* f (siehe 1109)	refined board for boxes, coated cardboard	carton m à boîtes raffiné, cartonnages mpl couchés

ITALIENISCH	SPANISCH	RUSSISCH	Nr.
sovrapposto	sobrepuesto, colocado uno encima de otro	наложенный друг на друга	3999
riempimento m eccessivo, troppo-pieno m	sobrellenado, llenado en exceso, demasiado lleno	переполнение	4000
savrappeso m, eccesso m di peso	sobrepeso, peso excesivo	избыточный вес, лишний вес, перевес	4001
coperchio m a telescopio	tapa acampanada, telescópica	захватывающая крышка, крышка "внахлобучку", съемная крышка	4002
ricoprire, sovrapporre	sobreponer, traslapar, solapar	соединять внахлестку, перекрывать, захватывать	4003
saldare per sovrapposizione	soldadura de traslape (traslapada) solape	сваривать внахлестку	4004
rivettatura f per sovrapposizione	remache, (junta) de traslape	клепка внахлестку	4005
trasporto m oltremare, spedizione f oltremare	transporte por vía marítima, expedición ultramarina	заокеанский транспорт, заморский транспорт, трансокеанский транспорт	4006
imballaggio m oltremare	embalaje marítimo	тара для транспортирования (грузов) морским путем, морская упаковка	4007
sporgere, protendersi	sobresalir, proyectar, colgar arriba de, destacarse sobre	выступать, выдаваться, свисать	4008
nastro m per avvolgimento	cinta engomada para envolturas, bandelora adhesiva o engomada de la envoltura	бандероль, ленточное крепление (из бумаги)	4009
etichetta f coprente (etichetta f "sleeve")	etiqueta-manguito	обтяжная этикетка	4010
cartone m raffinato per scatole, cartone m rivestito	cartón fino para envases, cartón revestido	облицованные картонажные изделия	4011

Nr.	DEUTSCH	ENGLISCH	FRANZÖSISCH
4012	**Überzug** m (Schutzschicht, Beschichtung)	**coat, coating, film**	**couche** f, **enduit** m
4013	**Überzug** m (Schutzüberzug, Umhüllung)	**cover, overwrap, envelope, wrapper, shroud**	**enveloppe** f, **housse** f **couverture** f
4014	**Überzug** m, **abziehbarer Überzug, abstreifbarer Überzug**	**strip(pable) coating, peelable coating**	**revêtement** m **déchirable**
4015	**Überzug** m, **rutschfester Überzug**	**non-skid coating, antiskid coating**	**revêtement** m **antidérapant**
4016	**Überzugsmasse** f	**coating compound**	**matière** f **de revêtement**
4017	**Überzugspapier** n	**cover paper, protective paper**	**papier** m **pour couvertures, papier protecteur**
4018	**Überzugsschicht** f	**coating film, protective coat**	**pellicule** f **protectrice**
4019	**Ultraschallschweißen*** n	**ultrasonic welding**	**soudure** f **ultrasonique**
4020	**umbördeln**	**to flange, to bead (over), to border**	**brider, bord(el)er**
4021	**Umbördelung** f	**flange, flanging**	**bord** m **rabattu**
4022	**umflechten**	**to braid**	**tresser**
4023	**umflochtener Glasballon** m, **ungeschützter Glasballon**	**demijohn, bare demijohn**	**bonbonne** f **(en verre) clissée, bonbonne nue**
4024	**umfüllen, abfüllen**	**to decant**	**transvaser**
4025	**Umgebungstemperatur** f	**ambient temperature**	**température** f **ambiante**
4026	**umhüllen, einhüllen, einschlagen**	**to envelop, to wrap**	**envelopper**

ITALIENISCH	SPANISCH	RUSSISCH	Nr.
rivestimento m (strato protettivo)	capa, revestimiento, película	покрытие, слой, защитный слой	4012
copertura f, avvolgimento m, involucro m	sobre, funda, envoltura	защитное покрытие, оболочка, обертка, чехол	4013
rivestimento m strappabile, rivestimento m pelabile	recubrimiento desgarrable, recubrimiento pelable	снимающееся покрытие	4014
rivestimento m antiscrucciolevole	revestimiento antideslizante	противоскользящее покрытие, нескользящее покрытие	4015
materiale m per rivestimento, "compound" m	masa de recubrimiento, material de recubrimiento	состав для покрытий	4016
carta f per rivestimento, carta f protettiva	papel de recubrimiento, papel protector	облицовочная бумага, оклеечная бумага	4017
foglio m per rivestimento, rivestimento m protettivo	película protectora	верхний слой, кроющий слой, покровный слой	4018
saldatura f ultrasonica	soldadura ultrasónica	сварка ультразвуком	4019
flangiare	rebordear, ribetear	отбортовывать, загибать кромку	4020
flangia f	reborde, vuelta	отбортовка	4021
intrecciare	trenzar, entrelazar	оплетать	4022
damigiana f (di vetro) non rivestita	bombona de vidrio, damajuana	оплетенная бутыль	4023
decantare, travasare	trasvasar	переливать	4024
temperatura f ambiente	temperatura ambiente	температура окружающей среды	4025
avvolgere	envolver, recubrir, enfundar	завертывать	4026

Nr.	DEUTSCH	ENGLISCH	FRANZÖSISCH
4027	**Umhüllung* f, Hülle f**	**envelope, (over)wrapping, hull, cover, shroud**	**enveloppe f, housse f, gaine f, surenveloppage** m
4028	**Umkehrpalette f, umkehrbare Palette** f(beide Flächen sind Ladeflächen)	**reversible pallet** (both decks are load decks)	**palette f réversible** (les deux planchers sont des planchers de charge)
4029	**Umkehrwalzenbeschichter** m	**reverse roll(er) coater**	**machine f à enduire avec rouleaux inversés**
4030	**Umladung f**	**transshipment**	**transbordement** m
4031	**Umlauf m eines Packmittels**	**trip of a package**	**voyage m d'un emballage**
4032	**umpacken**	**to repack**	**réemballer, changer d'emballage**
4033	**Umpackung f, Umverpackung f**	**outer package, outer protection wrapping**	**emballage-suremballage** m
4034	**umreifen***	**to strap**	**cercler, serrer, banderoler**
4035	**Umreifung f**	**strapping**	**cerclage m, serrage m, banderolage m**
4036	**Umreifungsband* n, Spannband n**	**strapping**	**bande f de serrage, feuillard m de cerclage**
4037	**Umreifungsmaschine* f**	**strapping machine, strapper**	**appareil m de cerclage, cercleuse f**
4038	**Umreifungsschloß n, Umreifungsbandverschluß m**	**strap fastener, strap joint**	**agrafe f de cerclage, attache f aux cerclages**
4039	**Umsack* m**	**baler, baler sack**	**sac m à (très) grande contenance**

ITALIENISCH	SPANISCH	RUSSISCH	Nr.
avvolgimento m, involucro m	envoltura, recubrimiento, funda	оболочка, наружная оболочка, чехол	4027
paletta f reversibile (entrambi i piani sono indonei al carico)	paleta reversible, (las dos planchas son de carga)	обратимый поддон, двухнастильный поддон	4028
spalmatura f "reverse roll", spalmatura f a cilindri controrotanti	máquina de recubrir con los rodillos invertidos	реверсивная пропиточная машина	4029
trasbordo m	transbordo/e	перегрузка (товара)	4030
viaggio m di un imballaggio	viaje de un embalaje	оборот тары	4031
reimballare	reembalar, cambiar de embalaje	заново паковать	4032
imballaggio m esterno	embalaje exterior	наружная обертка, наружная защитная обертка	4033
reggiare	zunchar, flejar, atar, unir, banderolar	обтягивать, стягивать	4034
reggiatura f	zunchado, flejado, atado, unido, banderolado	обтяжка, стягивание обвязочной лентой или проволокой	4035
reggetta f, reggia f	banda, cinta de atado o de zunchado, fleje	обвязочная лента, стяжная лента	4036
reggiatrice f	máquina, o aparato de zunchar, o de flejar, flejadora, zunchadora	обвязочная машина, лентообвязочная машина, машина для обтяжки тары стальной лентой	4037
sigillo m per reggiatura	enlazador	замок для скрепления обвязочной (стяжной) ленты	4038
sacco m a grande capacità	saco de gran capacidad, (saco de muy gran contenido)	тюковой мешок, большой бумажный мешок	4039

Nr.	DEUTSCH	ENGLISCH	FRANZÖSISCH
4040	**Umschäumen** n (siehe 298, 868)	**foaming-in**	**enveloppement** m **à mousse**
4041	**Umschlag** m	**wrapper, envelope, cover**	**enveloppe** f, **couverture** f
4042	**Umschlagpapier** n, **Einwickelpapier** n	**cover paper, wrapping paper**	**papier** m **pour couvertures, papier à envelopper**
4043	**Umschließung*** f	**enclosure**	**encapsulage** m, **scellement**
4044	**Umschnürung*** f	**binding, banding, hooping**	**ficelage** m, **cerclage** m
4045	**Umspinnen** n, **Kokonisieren** n	**cocoonization, cocooning, spray webbing**	**coconisation** f, **enveloppement** m **de cocon, mise** f **en cocon**
4046	**Umverpackung*** f	**outer packaging**	**emballage** m **extérieur**
4047	**Umweltrecht** n	**environmental legislation**	**législation** f **sur la protection de l'environnement**
4048	**un(aus)dehnbar**	**inexpansible, non-ductile, inextensible**	**inextensible**
4049	**unbehandelt, roh**	**untreated**	**non-préparé**
4050	**unbiegsam, ungeschmeidig**	**rigid, inflexible**	**non-pliable, raide, rigide, inflexible**
4051	**unbrennbar**	**non-inflammable, non-combustible**	**non-inflammable, non-combustible, ignifuge**
4052	**unbrennbar machen**	**to fireproof**	**ignifuger**
4053	**undicht, durchlässig**	**leaky, untight, permeable, pervious**	**perméable, non-étanche**

ITALIENISCH	SPANISCH	RUSSISCH	Nr.
schiumatura f	espumación interior, interna	обшивка пенообразованием	4040
avvolgimento m, copertura f, involucro m	envoltura, cobertura	обертка, обложка, конверт	4041
carta f per avvolgimento, carta f per copertura	papel de envolver	обложечная бумага, оберточная бумага	4042
protezione f	inclusión	обхватка	4043
cerchiatura f, legatura f, nastratura f	atado, zunchado, flejado	обвызывание, связывание, завязывание	4044
cocoonizzazione f, imballaggio "a bozzolo"	coconización, encapullado, (envoltura protectora a ultranza aplicada por pulverización sobre una estructura de tela de araña)	оплетка, коконизация, способ упаковки "Кокон"	4045
imballaggio m esterno	embalaje, envase exterior	переупаковка	4046
legislazione f sull'ambiente	legislación sobre el medio ambiente	право, касающееся окружающей среды	4047
non estensibile	inextensible, no dúctil	нерастяжимый	4048
grezzo, non trattato	no tratado, no preparado	необработанный, неочищенный	4049
rigido, non flessibile	rígido, inflexible	негибкий, несгибаемый, негнущийся	4050
ininfiammabile, ignifugo	ininflamable, incombustible, ignífugo	негорючий, огнестойкий	4051
ignifugare, rendere ininfiammabile	ignifugar, hacer incombustible	придавать огнестойкость	4052
permeabile (non stagno)	permeable, no estanco	неплотный, негерметичный, проницаемый, с течью	4053

Nr.	DEUTSCH	ENGLISCH	FRANZÖSISCH
4054	undicht sein	to leak	perdre, fuir, avoir des fuites
4055	undichte Dose f	leaker	boîte f non-étanche
4056	Undichtheit f, Undichtigkeit f	leak, leakiness, perviousness, permeability	inétanchéité f, non-étanchéité f, fuite f, fente f
4057	Undichtigkeitsanzeiger m	leak detector	détecteur m de fuites
4058	undurchlässig, dicht	impermeable, impervious, impenetrable, hermetic	imperméable, étanche, jointif, hermétique
4059	undurchsichtig, lichtundurchlässig, opak	opaque, non-transparent, impervious to light	opaque, non-transparent, imperméable à la lumière
4060	Undurchsichtigkeit f	opactiy	opacité f
4061	unentzündlich, unentflammbar	uninflammable, flameproof, non-ignitable	non-inflammable
4062	ungebleichter Halbstoff m	unbleached pulp	pâte f écrue
4063	ungeglättetes Papier m	unfinished paper	papier m brut
4064	ungeleimtes Papier n	unsized paper	papier m non-collé
4065	ungeschützter Glasballon m, umflochtener Glasballon	bare demijohn, (braided) demijohn	bonbonne f (en verre) nue, bonbonne clissée
4066	Universal-Einwickelmaschine f, einstellbare Einwickelmaschine f	variable-size wrapping machine, adjustable wrapping machine	enveloppeuse f à dimensions variables ou réglables

ITALIENISCH	SPANISCH	RUSSISCH	Nr.
essere permeabile, avere delle perdite	ser permeable, perder, tener fugas o escapes	просачиваться, протекать	4054
barattolo m con difetto di tenuta	bote no estanco, bote que gotea, (bote cuyas juntas no cierran herméticamente)	банка с течью	4055
perdita f, mancanza f di tenuta	inestanquidad, no estanquidad, falta de estanquidad, permeabilidad, penetrabilidad, pérdida, fuga	неплотность, течь, утечка	4056
rivelatore m di perdite	detector de fugas	прибор для определения утечки, указатель утечки	4057
impermeabile, stagno, ermetico	impermeable, impenetrable, estanco, hermético	непроницаемый, плотный, герметичный	4058
opaco, non trasparente	opaco, no transparente, impermeable a la luz	непрозрачный, светонепроницаемый, опаковый	4059
opacità f	opacidad	непрозрачность	4060
ininfiammabile	no inflamable, ininflamable	невоспламеняющийся, невоспламеняемый	4061
pasta f non bianchita	pasta cruda, pasta sin blanquear (de papel)	небеленая полумасса	4062
carta f non calandrata	papel en bruto	некаландрованная бумага	4063
carta f non collata	papel sin encolar	непроклееная бумага	4064
damigiana f non rivestita, damigiana f impagliata	bombona sin proteger, damajuana sin forrar	баллон, неоплетенная бутыль	4065
macchina f impacchettatrice a dimensioni variabili o regolabili	máquina envolvedora universal, (apta para envolver objetos de dimensiones variables, por ajuste)	регулируемый оберточный станок, регулируемая заверточная машина	4066

Nr.	DEUTSCH	ENGLISCH	FRANZÖSISCH
4067	unlösbar, unlöslich	undetachable, insoluble, undissolvable	indétachable, insoluble
4068	unmagnetisch, unmagnetisch machen	non-magnetic, to demagnetize	non-magnétique, désaimanter
4069	unten!, diese Seite nach unten!	bottom! this side down!	bas!
4070	Untenbefüllung f	bottom filling	remplissage m au fond
4071	Untergewicht n	short weight, underweight	manque m de poids
4072	Unterkante f	bottom edge	bord m inférieur
4073	Unterlage f, Grundfläche f, Basis f	basis, base, foundation, base plate	base f, fond m
4074	Unterlage f, Unterschicht f	underlayer, base layer, lower stratum	sous-couche f, couche f inférieure
4075	Unterlegscheibe f, Dichtungsscheibe f	washer, wad	rondelle f, rondelle jointive
4076	Unterteil n (einer Schachtel)	bottom, bottom part (of a box)	dessous m (d'une boîte)
4077	unverkleideter Verschlag m, offener Verschlag	unsheathed crate, open crate	cadre m (de bois) ou caisse f à claire-voie
4078	unverletzbar, unzerstörbar	inviolable, indestructible	inviolable, indestructible
4079	unverpackt	unpackaged, in bulk	sans emballage, en vrac
4080	unzerbrechlich	unbreakable, non-breakable	incassable, non-fragile, infrangible

ITALIENISCH	SPANISCH	RUSSISCH	Nr.
insolubile, indissolubile	inseparable, insoluble	неразъемный; нерастворимый	4067
non magnetico, smagnetizzare	antimagnético, desimantar	немагнитный	4068
basso! questa parte in basso!	abajo! esta parte hacia abajo! (voz y signo o texto de manipulación)	Дно!	4069
riempimento m dal fondo	llenado desde el fondo	расфасовка продукта в тару через отверстие в дне или через открытое дно	4070
peso m inferiore	falto, escaso de peso	недовес, недостаточный вес	4071
bordo m inferiore	borde inferior	нижняя кромка	4072
base f, fondo m	base, fondo, capa inferior, fundamento, basamento	основание, базис	4073
strato m inferiore, strato m di base	basamento, capa inferior	подкладка, подложка, основа, подслой	4074
rondella f	arandela, disco de cierre o de junta	подкладная шайба, уплотнительная шайба	4075
fondo m (di una scatola)	fondo, parte inferior (de una caja)	нижняя часть (коробки или ящика), основание (коробки)	4076
gabbia f aperta	cadre (de madera) o caja abierta (sin forrar) (que permite que se vea el contenido), jaula de madera (de estructura calada)	открытая решетка	4077
iniviolabile, indistruttibile	inviolable, indestructible	ненарушимый, неразрушимый	4078
non imballato	sin embalar, a granel, sin envasar	без упаковки, навалом, насыпью	4079
infrangibile	irrompible	небьющийся	4080

Nr.	DEUTSCH	ENGLISCH	FRANZÖSISCH
4081	unzerreißbar	untearrable, tear-resistant	indéchirable
4082	Ursprungsfestigkeit f	endurance strength, fatigue limit, natural limit of stress	limite f (d'endurance) à la fatigue
4083	UV-Bestrahlung f	UV-irradiation	irridaition f UV
4084	UV-Durchlässigkeit* f, UV-Undurchlässigkeit f	UV transmission rate, transparency to ultraviolet light, opacity to ultraviolet radiation	transparence f aux rayons ultraviolets, opacité f ou imperméabilité f aux U.V.
4085	Vakuum n, unter Vakuum, mittels Vakuum (siehe 972)	vacuum	vide m, vacuum m, sous vide
4086	Vakuumapparat m	vacuum apparatus	appareil m à (faire le) vide
4087	Vakuumbedampfen* n, Bedampfen n (siehe 2569)	vacuum deposition, vacuum metallizing, vapour deposition	métallisation f dans le vide, titanisation f à vide, vaporisation f
4088	Vakuumformmaterial n, Vakuumverformmasse f	vacuum-forming material	matière f à former sous vide
4089	Vakuumformung f	vaccum forming	formage m sous vide, formage dans le vide
4090	Vakuumfüll- und Verschließmaschine f	vacuum filling and closing or sealing machine	machine f à remplir et fermer sous vide ou par vide
4091	Vakuumgefriertrockner m, Gefriertrockner m	vacuum freeze drier	sécheur m à vide, appareil m de lyophilisation à vide

ITALIENISCH	SPANISCH	RUSSISCH	Nr.
non strappabile (non lacerabile)	indesgarrable/no desgarrable	неразрывный	4081
limite m di fatica, resistenza f allo sforzo	límite de resistencia a la fatiga	предел выносливости, предел усталости	4082
irradiazione f con raggi UV	irradiación ultra violeta (U.V.)	УФ облучение	4083
trasparenza f ai raggi UV, impermeabilità f ai raggi UV	transparencia a la luz UV (ultravioleta), opacidad o impermeabilidad a los rayos UV	проницаемость для ультрафиолетовых лучей; непроницаемость для ультрафиолетовых лучей	4084
vuoto m, sottovuoto m	vacío, bajo vacío, al vacío	под вакуумом	4085
attrezzatura f per sottovuoto	aparato (o máquina) de vacío (para hacer el vacío)	вакуум-аппарат, машина для вакуумирования	4086
metallizzazione f sottovuoto, vaporizzazione f	deposición al vacío, metalización, titanización, vaporización al vacío	вакуумная металлизация, металлизация в вакууме	4087
materiale m per la formatura sottovuoto	material para moldear al vacío, o por vacío	материал для вакуумного формования	4088
formatura f sottovuoto	formación, moldeo al vacío, o por vacío	вакуумное формование, формование под вакуумом	4089
macchina f riempitrice e chiuditrice sottovuoto	máquina para llenar y cerrar (o soldar) al vacío	машина для наполнения и укупорки тары под вакуумом, машина для вакуумной упаковки	4090
attrezzatura f per liofilizzazione sottovuoto	aparato liofilizador al vacío	сублимационная сушилка	4091

Nr.	DEUTSCH	ENGLISCH	FRANZÖSISCH
4092	Vakuumpumpe f	vacuum pump	pompe f à faire le vide
4093	vakuumschweißen	to vacuum-seal	souder sous vide
4094	vakuumgeformte Verpackung	vacuum-formed package	emballage m formé sous vide
4095	Vakuumpackung* f	vacuum pack(age)	emballage m sous vide
4096	Vakuumverschluß* m	vacuum closure, vacuum (protecting) seal	fermeture f à vide, obturateur m abritant le vide
4097	vegetabilisches Pergament* n, Echtpergament n	vegetable parchment, parchment paper	parchemin m végétal, parchemin véritable, papier m parchemin(é)
4098	Velin n, Velinpapier n	vellum, wove paper	vélin m, papier m vélin
4099	Velourspapier* n	velour(s) paper, flock paper	papier m velours
4100	Ventil n	valve	soupape f, valve f
4101	Ventil n für den einmaligen Gebrauch	one-shot valve, single use valve	valve f usage unique
4102	Ventilation f, Belüftung f, Entlüftung f	ventilation, aeration	ventilation f, aération f, aérage m
4103	Ventilbetätigung f	actuation of valve	commande f de valve
4104	ventilieren	to ventilate, to vent	ventiler, aérer
4105	Ventilkopf m	valve head	bouton m de valve
4106	Ventilsack* m, Ventilbeutel* m	valve sack, valve bag	sac m à valve, sachet m à soupape

ITALIENISCH	SPANISCH	RUSSISCH	Nr.
pompa f per il vuoto	bomba de vacío	вакуум-насос, вакуумный насос	4092
saldare sottovuoto	soldar al vacío	термосварка под вакуумом	4093
imballaggio m formato sottovuoto	envase/embalaje formado al vacío, o por vacío	тара, формованная под вакуумом	4094
imballaggio m sottovuoto	envase al vacío	тара для вакуумного упаковывания	4095
chiusura f sottovuoto	cierre al vacío, obturador (protector) del vacío	вакуумный затвор, крышка для вакуумной закатки	4096
carta f pergamena vegetale	pergamino vegetal, pergamino auténtico, papel pergamino	растительный пергамент, настоящий растительный пергамент, пергаментная бумага	4097
carta f velina	papel avitelado	веленевая бумага	4098
carta f vellutata	papel aterciopelado	бархатная бумага	4099
valvola f	válvula	клапан, вентиль, вентиль-клапан	4100
valvola f da usare una sola volta	válvula de un sólo uso	разовый клапан, клапан разового действия	4101
ventilazione f, aerazione f	ventilación, aireación	вентиляция, аэрация	4102
dispositivo m di comando della valvola	mando de la válvula	открывание вентиля-клапана	4103
ventilare, aerare	ventilar, airear	вентилировать, проветривать	4104
testa f della valvola, cono m della valvola	cabeza de válvula	головка клапана	4105
sacco m a valvola, sacchetto m a valvola	saco von válvula, bolsa con válvula	мешок с клапаном	4106

Nr.	DEUTSCH	ENGLISCH	FRANZÖSISCH
4107	Ventilschaft m	valve stem	tige f de commande de valve, gicleur m, tige f de soupape
4108	Ventilsteigrohr n	valve dip tube	tube m plongeur de valve
4109	Ventilteller* m	valve plate	tête f de soupape, disque m de soupape
4110	Ventilträger* m	valve carrier	porte-soupape m
4111	Ventilverschluß* m	valve closure, valve capsule	fermeture f à valve, obturateur-valve m
4112	Ventil(verschließ)kappe f	valve cap	capot m (protecteur) de valve, capuchon m de valve
4113	Ventilverschraubung f	valve cap	bouchon m de valve
4114	Verbandstapelung f, Stapelung f im Verband	stacking by interlocked pattern, chimney stack	groupage m ou gerbage m "faire-bloc"
4115	verbinden	to join	lier, raccorder, connecter
4116	verblassen, verbleichen	to fade (away), to lose colour	se faner, perdre sa couleur
4117	verbleien, plombieren	to lead, to plumb, to seal	plomber
4118	Verbrauch m	consumption	consommation f
4119	Verbraucherfreundlich-keit f	consumer acceptability	attractif pour le consommateur
4120	Verbraucherpackung* f (siehe 2170)	consumer pack	emballage m de consommateur
4121	Verbrauchsgüter npl	consumer goods	articles mpl de consommation
4122	Verbrennbarkeit f, Brennbarkeit f	combustibility	combustibilité f

ITALIENISCH	SPANISCH	RUSSISCH	Nr.
stelo m della valvola	vástago de la válvula	клапанный шток	4107
pistone m della valvola	tubo immersor de la válvula	сифонная трубка	4108
testa f della valvola	válvula plana	головка (тарелка) клапана	4109
supporto m della valvola	válvula portadora	держатель клапана	4110
chiusura f a valvola	cierre por válvula, válvula de cierre	затвор с клапаном	4111
cappuccio m della valvola	cápsula, capuchón protector de la válvula	предохранительный колпачок	4112
tappo m a vite della valvola	casquillo, tapa de la válvula	колпачок вентиля	4113
accatastamento m in blocco unico	apilado por entrecruzado, estiba o almacenamiento	укладка штабеля с перевязкой швов	4114
legare, unire, congiungere	unir, conectar	соединять, связывать	4115
sbiadirsi, perdere colore	marchitarse, perder color, palidecer, desteñirse	выцветать, обесцвечивать, выцвести	4116
piombare	emplomar	освинцовывать, покрывать свинцом	4117
consumo m	consumo	потребление, расход	4118
accettabilità f da parte del consumatore	consumo aceptable	благоприятное для потребителя оформление	4119
confezione f per la vendita al dettaglio	envase de consumo	потребительская упаковка	4120
articoli m pl di consumo	artículos de consumo	товары широкого потребления	4121
combustibilità f	combustibilidad	горючесть	4122

Nr.	DEUTSCH	ENGLISCH	FRANZÖSISCH
4123	**Verbundfolie*** f (siehe 4126)	**composite film, composite sheet**	**film** m **(en matière plastiques) complexe**
4124	**Verbundglas** n, **Mehrschichtenglas** n	**laminated glass, compound glass, multilayer glass**	**verre** m **triplex**
4125	**Verbundhaftung*** f, **Kaschierfestigkeit** f, **Spaltwiderstand** m	**laminating strength, bond(ing) strength, interlaminar strength, cohesion between layers**	**résistance** f **du contrecollage, cohérence entre les couches**
4126	**Verbundpackstoff*** m (siehe 4123, 4127)	**composite packaging material**	**matériaux** mpl **d'emballage complexes**
4127	**Verbundpapier** n (siehe 4126)	**composite paper, sandwich paper**	**papier** m **complexe**
4128	**Verbundpreßstoff** m	**composite plastic(s), reinforced plastic(s), RP**	**plastique** m **complexe**
4129	**Verbundstahl** m	**compound steel**	**acier** m **compound**
4130	**Verbundstoff** m, **Verbundwerkstoff** m	**composite, composite material, sandwich material**	**matériel** m **complexe**
4131	**verchromt**	**chrome-plated**	**chromé**
4132	**verderbliche Güter** npl, **leicht verderbliche Lebensmittel** npl	**perishable goods, perishables**	**produits** mpl **périssables, denrées** fpl **périssables**
4133	**verdichten, komprimieren**	**to condense, to concentrate, to compress**	**condenser, comprimer**
4134	**verdicken, eindicken, sich verdicken**	**to thicken, to concentrate, to coagulate, to jell, to become viscous**	**épaissir, congeler, se coaguler, se congeler**

ITALIENISCH	SPANISCH	RUSSISCH	Nr.
foglio m composito	película, film complejo (compuesto de varias láminas superpuestas y unidas entre sí)	комбинированная пленка	4123
vetro m a più strati	vidrio triplex, vidrio multicapa	многослойное стекло, безопасное стекло	4124
resistenza f della laminazione, coesione f tra gli strati	resistencia del contracolado, coherencia entre las capas	сопротивление расславанию, прочность склейки	4125
materiale m d'imballaggio composito	materiales complejos de envase	комбинированный упаковочный материал	4126
carta f accoppiata	papel complejo	многослойная бумага	4127
plastica f accoppiata	plástico complejo	многослойный пластик	4128
composto m a base di acciaio	acero compuesto, compuesto a base de acero	биметаллическая сталь	4129
materiale m composito	material complejo, material sandwich	комбинированный материал, многослойный материал	4130
cromato	cromado	хромированный	4131
prodotti m pl deperibili, derrate f pl deperibili	productos, artículos perecederos	скоропортящиеся товары, скоропортящиеся грузы, скоропортящиеся пищевые продукты	4132
condensare, concentrare, comprimere	condensar, comprimir, concentrar	сжимать, уплотнять, компримировать	4133
coagulare, rapprendere, rapprendersi	espesar, congelar, coagularse, congelarse, volverse viscoso	сгущать, концентрировать, загущать, сгущаться	4134

Nr.	DEUTSCH	ENGLISCH	FRANZÖSISCH
4135	Verdrehungsfestigkeit f, Torsionsfestigkeit f	torsional strength, torsional rigidity	résistance f à la torsion
4136	Verdrillung* f	torsion, twist(ing)	toronnage m
4137	verdünnen	to dilute	diluer
4138	verdunsten, verdampfen, sich verflüchtigen	to volatilize, to evaporate	volatiliser, se volatiliser, vaporiser
4139	Veredelung f, Oberflächenbearbeitung f	surface treatment, surface finish(ing), refinement	traitement m, traitement en surface
4140	vereinheitlichen, normen	to standardize	standardiser, normaliser
4141	verfärben, sich verfärben	to change colour, to discolour, to fade	changer de couleur, se faner
4142	verfallen, verderben	to deteriorate, to decay	se dégrader
4143	verfaulen, vermodern	to rot, to moulder, to decay	pourrir, se putréfier, vermouler
4144	verflüchtigen, sich verflüchtigen	to volatilize	se volatiliser
4145	verflüssigen	to liquefy, to dilute	fluidifier, liquéfier
4146	verformbar	deformable	apte à la déformation
4147	verformen (formen)	to form, to shape	former, façonner, transformer
4148	verformen, sich verformen, sich verziehen	to deform, to distort, to work	déformer, se déformer, tordre, se tordre, gauchir

ITALIENISCH	SPANISCH	RUSSISCH	Nr.
resistenza f alla torsione	resistencia a la torsión	предел прочности при кручении, сопротивление скручиванию	4135
torsione f	torsión, retorcimiento	скручивание, скрутка, кручение	4136
diluire	diluir	разбавлять, разжижать	4137
volatilizzarsi, evaporare	volatilizar, volatilizarse, evaporarse	испаряться, улетучиваться	4138
trattamento m superficiale, finissaggio m	tratamiento superficial	облагораживание, отделка, поверхностная обработка	4139
standardizzare	tipificar, normalizar	унифицировать, стандартизировать	4140
cambiare di colore, scolorire	cambiar de color, ajarse, marchitarse	обесцвечиваться, выцветать, изменять цвет	4141
degradarsi, deperire	deteriorarse, degradarse	разрушаться, портиться	4142
putrefarsi, decomporsi	pudrirse, corromperse, putrificarse	гнить, загнивать, истлевать	4143
volatilizzarsi	volatilizarse	улетучиваться	4144
fluidificare, liquefarsi	licuarse, disolverse, fluidificarse	сжижать, ожижать	4145
deformabile	deformable	деформируемый	4146
formare	formar, confeccionar, transformar	формовать, придавать форму	4147
deformare, distorcere	deformarse, distorsionarse, torcerse, alabearse	деформировать, деформироваться, искривляться, коробиться	4148

Nr.	DEUTSCH	ENGLISCH	FRANZÖSISCH
4149	Verformung f, bleibende Verformung, nicht elastische Verformung	permanent set, plastic yield	déformation f permanente, déformation non-élastique
4150	Verformung f, elastische Verformung	elastic deformation	déformation f élastique
4151	Verformung f, plastische Verformung	plastic deformation	déformation f plastique
4152	Verformung f unter Druck	deformation under load	déformation f sous charge
4153	vergilben*	to yellow	jaunir
4154	verhindernd	preventive	préventif
4155	verhüten, verhindern	to prevent	empêcher, éviter
4156	Verkäufer m, stummer Verkäufer (siehe 258)	silent salesman	vendeur m silencieux
4157	Verkapselmaschine f, Kappenaufsetzmaschine f	capping machine, capper	machine f à capsuler, encapsuleuse f
4158	verkapseln	to capsule, to cap	(en)capsuler
4159	Verkaufsautomat m	automatic-vending machine, mechanical seller	distributeur m automatique

ITALIENISCH	SPANISCH	RUSSISCH	Nr.
deformazione f permanente, deformazione f non elastica	deformación permanente, deformación no elástica	остаточная деформация, необратимая деформация, пластическая деформация	4149
deformazione f elastica	deformación elástica	эластическая деформация, упругая деформация, обратимая деформация	4150
deformazione f plastica	deformación plástica	пластическая деформация, остаточная деформация, необратимая деформация	4151
deformazione f sotto carico	deformación por compresión, deformación por carga	деформация под нагрузкой	4152
ingiallire	amarillear	желтеть	4153
preventivo	preventivo	предохранительный	4154
prevenire, evitare	prevenír, evitar, impedir, precaver	предотвращать, предохранять	4155
venditore m silenzioso	vendedor, silencioso	немой продавец (название тары)	4156
macchina f incapsulatrice	máquina de capsular, capsuladora	машина для укупорки бутылок колпачками	4157
incapsulare	capsular	укупоривать колпачками	4158
distributore m automatico	máquina distribuidora automática, máquina tragaperras de suministro o dispensadora accionada por monedas	торговый автомат	4159

Nr.	DEUTSCH	ENGLISCH	FRANZÖSISCH
4160	verkaufsfördernde Eigenschaften fpl	sales-promotional properties, sales-promoting properties	propriétés fpl incitant à l'achat
4161	verkaufsfördernde Verpackung f	package with sales appeal, promotional package	emballage m incitant à l'achat
4162	Verkaufsort m (Ort des Kaufentschlusses)	point of purchase (POP), point of sale	lieu m de vente, point m de vente
4163	Verkaufspackung f, Verkaufsverpackung f	retail package, consumer package	emballage de vente, unité f (d'emballage) de vente
4164	Verkehrsträger mpl	transportation system	système m de transport
4165	verklammern	to clamp, to brace	cramponner
4166	Verklebung f, Klebung f	glu(e)ing, bond(ing)	collage m
4167	verkleideter Verschlag m, geschlossener Verschlag	sheathed crate	claire-voie f enveloppée, caisse f à cadre coffré
4168	verkorken, pfropfen	to cork, to stopper	boucher, tamponner
4169	verladen	to load, to charge, to forward, to ship	charger, expédier, embarquer
4170	Verladevorrichtung f	loading equipment	installation f de chargement
4171	Verlaschung f, Verlaschen n	overlapping	pose f de couvre-joint, éclissage m
4172	verletzbar, zerstörbar	violable, destructible	violable, destructible

ITALIENISCH	SPANISCH	RUSSISCH	Nr.
proprietà f di promozione di vendita	propiedades incitantes a la venta, propiedades promotoras de la venta	рекламно-сбытовое значение тары; свойства, способствующие продаже	4160
imballaggio m promozionale di vendita	envase promotor de ventas	тара, привлекающая покупателей; рекламная тара	4161
punto m di vendita	punto o lugar de venta (PLV)	место продажи	4162
imballaggio m di vendita, imballaggio m di presentazione	envase vendedor, envase vendedor unitario, envase (para mercancías) de consumo	потребительская тара, тара для розничной торговли	4163
autorità f preposte al traffico, ai trasporti	autoridades de tráfico, organizaciones de tráfico	транспортное управление, транспортные организации	4164
attaccare con ganci	engrapar, grapar	скреплять скобами, зажимать	4165
incollaggio m, incollatura f	encolado, adhesión	склеивание, приклеивание	4166
gabbia f di legno rivestita, gabbia f di legno foderata	cadre ((de madera) revestido, forrado, cubierto, cajón cerrado	закрытая решетка	4167
tappare, tappare con sughero	taponar, encorchar	закупоривать	4168
caricare, spedire (per nave), imbarcare	cargar, expedir, embarcar	погружать, грузить, нагружать	4169
attrezzatura f di carico	instalación de carga	погрузочный механизм	4170
applicazione f del coprigiunto	embridado, unión	нахлестка	4171
violabile, distruggibile	violable, destructible	уязвимый, разрушимый	4172

Nr.	DEUTSCH	ENGLISCH	FRANZÖSISCH
4173	**verlorene Verpackung** f, **Einwegverpackung** f	**disposable package, no-return package, non-returnable package, one-way package, throw-away package, single use package**	**emballage** m **perdu, emballage non-réutilisable, emballage pour une tournée**
4174	**Verlustkiste** f (siehe 891)	**disposable case**	**caisse** f **perdue**
4175	**Verlustziffer** f, **Verlustquote** f	**loss index, loss factor**	**indice** m **des pertes**
4176	**Vernetzung** f	**cross-linkage**	**réticulation** f
4177	**verpacken, Verpacken*** n (allgemeiner Begriff für die Tätigkeit des Umhüllens von Packgütern sowie des Füllens und Verschließens von Packmitteln)	**to pack, to package, packing, packaging** (general term for the performance of enclosing, enveloping or encasing goods as well as of filling and closing/sealing packages)	**emballer, empaqueter, conditionner, emballage** m, **empaquetage** m, **conditionnement** m (terme général pour l'acte de l'enveloppement ou de l'enfermement des marchandises comme pour celui du remplissage et de la fermeture des emballages)
4178	**verpacken, in Beutel verpacken, in Beutel (ab)packen, einbeuteln**	**to bag**	**ensacher**
4179	**verpacken, in Dosen verpacken, in Dosen füllen**	**to can**	**remplir en boîtes**
4180	**verpacken, in Fässer verpacken**	**to barrel**	**encaquer, entonner**

ITALIENISCH	SPANISCH	RUSSISCH	Nr.
imballaggio m **a perdere, imballaggio** m **non riutilizzabile**	**envase perdido, envase de un sólo uso, envase no retornable, envase no consignable**	необоротная тара, разовая тара, невозвратная тара	4173
cassa f **a perdere**	**caja perdida** (no consignada)	ящик разового употребления	4174
indice m **di perdita**	**índice de pérdidas**	коэффициент потерь	4175
incollaggio m **a croce, incollaggio** m **incrociato**	**enredado, enredo uníon en cruz, cruzada**	образование сети, образование сетчатой структуры	4176
imballare, imballaggio m (termine generale che definisce l'azione di avvolgere, chiudere, o inscatolare merci come pure quella di riempire e chiudere imballaggi)	**envasar, embalar,** (concepto genérico referente al acto de envasar o embalar las mercancías colocándolas en materiales o manufacturas adecuados, que, conteniéndolas, las protegen contra los daños de transporte o exteriores, así como las presentan digna y adecuadamente para su venta informando sobre su contenido, dícese también del llenado y cierre de las mercancías en sus envases o embalajes)	**упаковывать; упаковывание, упаковка** (общий термни для обозначения всех операций по подготовке продукции для транспортирования, хранения, сбыта и потребления с применением тары и вспомогательных упаковочных средств, с наполнением и укупоркой тары)	4177
insacchettare, mettere in sacchetti	**embolsar**	упаковывать в мешочки, расфасовывать в пакеты	4178
inscatolare (in scatole di metallo)	**enlatar**	упаковывать в жестяные банки, консервировать	4179
mettere in barile	**embarrilar, entonelar**	затаривать в бочки	4180

Nr.	DEUTSCH	ENGLISCH	FRANZÖSISCH
4181	**verpacken, in Flaschen** **verpacken, in Flaschen füllen**	**to bottle**	**embouteiller**
4182	**verpacken, in Kisten** **verpacken, in Schachteln verpacken**	**to pack into cases or boxes, to box, to encase**	**encaisser**
4183	**verpacken, in Säcke** **verpacken, einsacken**	**to sack**	**ensacher, mettre en sac(s)**
4184	**Verpacker*** m, **Abpacker** m (siehe 43, 2179)	**packer, packager**	**emballeur** m
4185	**Verpackt mit Trockenmittel**	**packed with desiccant**	**emballé avec dessiccateur** (marquage de transport)
4186	**Verpackung*** f (Oberbegriff für die Gesamtheit der Packmittel und Packhilfsmittel, a) z.B. Obstverpackung = Verpackung für Obst, b) z.B. Versandverpackung = Verpackung für den Versand, c) z.B. Blechverpackung = Verpackung aus Blech.)	**package, packaging** (general term for the combination of package and packaging accessoires, a) e.g. fruit package = package for fruit, b) e.g. shipping package = package for shipment, c) e.g. sheet metal package = package manufactured from sheet metal.)	**emballage** m (terme général pour tous les emballages y compris les matériaux auxiliaires, a) p. ex. emballage de fruits, b) p. ex. emballage d'expédition, c) p. ex. emballage en tôle.)

ITALIENISCH	SPANISCH	RUSSISCH	Nr.
imbottigliare	embotellar	разливать в бутылки, разливать по бутылкам	4181
incassare, inscatolare	encajonar	упаковывать в деревянные ящики, упаковывать в картонные ящики	4182
insaccare	ensacar	упаковывать в мешки, затаривать в мешки	4183
imballatore m	embalador	упаковочное предприятие, упаковщик	4184
"imballato con essicante"	"embalado con desecador o desecante", con deshidratante, con absorbente del vapor de agua (marca o indicación de transporte)	Консервирование выполнено с использованием осушителя... (дата) (предупредительная маркировка)	4185
imballaggio m (termine generale per tutti gli imballaggi, cioé tutti i mezzi di imballaggio e i materiali ausiliari d'imballaggio o accessori. a) ad esempio: imballaggio di frutta = imballaggio per frutta. b) ad esempio: imballaggio di spedizione = imballaggio destinato, alla spedizione. c) ad esempio: imballaggio in banda stagnata.	embalaje, (concepto general y amplio aplicable a todos los medios de protección de las mercancías por medio de materiales, manufacturas y medios auxiliares, que las contienen, para realizar las tres funciones principales que se abarcan en esta palabra: a) embalaje el nombre de la mercancía a embalar, aplicación del embalaje, así por ejemplo:	тара (и упаковка) (общее понятие, охватывающее тару и вспомогательные упаковочные средства; термины, обозначающие разные виды тары, образуются путем дополнения понятия "тара": а) видом продукции, для которой тара предназначена, напр. плодоовощная тара; б) назначением	4186

Nr.	DEUTSCH	ENGLISCH	FRANZÖSISCH
4186	**Verpackung* f** *Fortsetzung*		
4187	**Verpackung f** (Vorgang des Verpackens)	**packaging, packing** (the process of packaging)	**emballage** m, **empaquetage** m (le procédé d'emballage)
4188	**Verpackung f, atmende Verpackung**	**breathing package**	**emballage** m **perméable à l'air**
4189	**Verpackung f aus Schaum(kunst)stoff, Packmittel n aus Schaum(kunst)stoff**	**foam package**	**emballage** m **en mousse plastique**
4190	**Verpackung* f, federnde Verpackung**	**resilient package, spring-clamped package**	**emballage** m **à ressorts**

ITALIENISCH	SPANISCH	RUSSISCH	Nr.
	embalaje de frutas, embalaje para frutas, b) embalaje la palabra funcional referente al uso a que se destina el embalaje, así por ej.: embalaje de expedición embalaje destinado a la expedición de mercancías, c) embalaje el nombre de los materiales que lo forman: especificación del o de los materiales con que se fabrican los envases o embalajes, así, embalaje de madera	тары; напр. экспотрная тара; в) видом материала, из которого тара изготовлена, напр. деревянная тара; г) характерным признаком конструкции, напр. складная тара)	4186
imballaggio m (il procedimento di imballaggio)	**embalaje** (método o proceso de embalar o envasar) (ver embalar, envasar)	**упаковка** (процесс предохранения грузов с помощью тары, процесс упаковывания)	4187
imballaggio m **traspirante**	**embalaje o envase que respira, transpirable, permeable al aire** (que permite el paso de aire)	**дышащая упаковка**	4188
imballaggio m **in schiuma plastica, imballaggio** m **in resina espansa**	**embalaje de espuma plástica**	**тара из пенопластов**	4189
imballaggio m **a molla**	**embalaje de resorte**	**упаковка с пружинными амортизаторами**	4190

Nr.	DEUTSCH	ENGLISCH	FRANZÖSISCH
4191	Verpackung f, freischwebende Verpackung, freihängende Verpackung	floating package, freely suspended package	emballage m flottant, emballage suspendu
4192	Verpackung f für Pflanzen	horticultural package, plant package	emballage m pour l'horticulture
4193	Verpackung f industrieller Güter, Verpackung für industrielle Güter, Industrie-Verpackung f	industrial packaging, industrial package, package for industrial products	emballage m industriel, emballage pour produits industriels
4194	Verpackung f, maschinelle Verpackung, maschinelles Verpacken n	automatic packaging	emballage m mécanique, conditionnement m automatique
4195	Verpackung f, maschinengerechte Verpackung	package to suit the machine	emballage m adapté à la machine
4196	Verpackung f nach Maß, konstruierte Verpackung, Konstruktionsverpackung f	tailor-made package, custom-made package, package tailored to one's needs, made-to-measure package	emballage m fabriqué sur mesure, emballage à façon
4197	Verpackung* f, schwimmende Verpackung	floating package, suspended package	emballage m flottant, emballage suspendu
4198	Verpackung f, verkaufsfördernde Verpackung	promotional package, package with sales appeal	emballage m incitant à l'achat
4199	Verpackung f, vorgefertigte Verpackung	prefabricated package	emballage m préfabriqué

ITALIENISCH	SPANISCH	RUSSISCH	Nr.
imballaggio m **in sospensione** (con il prodotto sospeso all'interno)	**embalaje colgante, embalaje suspendido**	**тара, в которой упакованное изделие находится в подвешенном состоянии**	4191
imballaggio m **per orticoltura**	**envase/embalaje para horticultura**	**плодоовощная тара, тара для плодоовощной продукции**	4192
imballaggio m **industriale, imballaggio** m **per prodotti industriali**	**embalaje industrial, embalaje para productos industriales**	**тара для промышленных товаров, тара для промышленной продукции, промышленная тара**	4193
imballaggio m **a macchina**	**envase/embalaje automático, envase/ embalaje mecánico**	**механизированное упаковывание, автоматическое упаковывание**	4194
imballaggio m **adattato alla macchina**	**envase/embalaje adaptado a la máquina**	**тара, удовлетворяющая требованиям упаковочных машин**	4195
imballaggio m **fabbricato su misura**	**embalaje fabricado a medida, embalaje por encargo** (para atender a necesidades especifícas)	**тара, полностью соответствующая конфигурации упаковываемого изделия**	4196
imballaggio m **sospensione**	**embalaje flotante, embalaje suspendido**	**тара, в которой упакованное изделие находится в подвешенном состоянии**	4197
imballaggio m **promozionale**	**envase promotor de ventas**	**тара, привлекающая покупателей; рекламная тара**	4198
imballaggio m **prefabbricato**	**envase/embalaje prefabricado**	**тара заводского изготовления**	4199

Nr.	DEUTSCH	ENGLISCH	FRANZÖSISCH
4200	**Verpackung** f **zur Weiterverwendung, Mehrzweckverpackung** f	**after-use package, multi-purpose package**	**emballage** m **pour le service après-usage, emballage à l'emploi ultérieur, emballage approprié à buts multiples**
4201	**Verpackungsberater** m	**packaging (industry) consultant**	**conseiller** m **en emballage**
4202	**Verpackungsdruck-farbe*** f	**packaging ink, printing ink for packaging**	**encres** fpl **d'impression pour emballages**
4203	**Verpackungseignung** f (Möglichkeit des Verpackens ohne Schwierigkeit)	**packageability**	**aptitude** f **de marchandises à être empaquetées**
4204	**Verpackungseinsatz** m (Auskleidung, Einsatz) (siehe 1854, 2030)	**liner, package liner, insert, dunnage (AE)**	**doublure** f, **doublure d'emballage, revêtement** m, **insertion** f, **garniture** f
4205	**Verpackungseinsatz** m (Stegeinsatz, Fächereinsatz)	**compartmented insert, partition insert (for packages)**	**entretoises** fpl **insérées (dans l'emballage), compartiments** mpl **insérés, renforts** mpl **insérés**
4206	**Verpackungsflasche*** f	**pack(ag)ing bottle**	**bouteille** f **d'emballage**
4207	**Verpackungsfolie** f, **Filmpack** n	**film pack, pack(ag)ing film**	**filmpack** m, **film** m **rigide**
4208	**Verpackungsforschung** f	**packaging research**	**recherche** f **sur l'emballage**
4209	**Verpackungsgestalter** m	**package designer**	**maquettiste** m **à d'emballages**
4210	**Verpackungsindustrie** f, **Verpackungswirtschaft** f	**packaging industry**	**industrie** f **de l'emballage, industrie des emballages**

ITALIENISCH	SPANISCH	RUSSISCH	Nr.
imballaggio m per più impieghi successivi, imballaggio m per usi ulteriori, imballaggio m riutilizzabile	envase/embalaje reutilizable (para el mismo u otros usos), envase/ embalaje de uso múltiple	тара многоцелевого назначения	4200
consulente m d'imballaggio	asesor de embalaje, consultor de embalaje	эксперт-упаковщик, техник-упаковщик	4201
inchiostro m per imballaggio	tintas de impresión para envase y/o embalaje	краски для печати на таре	4202
attitudine f delle merci ad essere imballate	embalabilidad	способность (товара) к упаковыванию, способность (товара) подвергаться упаковыванию без затруднений	4203
rivestimento m, guarnizione f	forro, forro de un embalaje, revestido (interior)	сорочка, облицовка, вкладыш, прокладка	4204
inserto m divisorio	compartimentos, inserciones de separación, separadores (colocados en el interior de los envases/embalajes)	перегородка, ячеистая вставка-разделитель, гнездовая решетка	4205
bottiglia f da imballaggio	botella de envase	стеклянная парфюмерная тара и аптекарская посуда	4206
foglio m per imballaggio	lámina, película de envase/embalaje	упаковочная пленка, пленка для упаковки	4207
ricerca f sull'imballaggio	investigación sobre envase y embalaje (se refiere a investigación científica)	научно-ислледовательские работы в области тары, исследование тары	4208
progettista m d'imballaggio, "designer" m di imballaggio	diseñador de envases/ embalajes	проектировщик тары, (художник-оформитель тары)	4209
industria f d'imballaggio	industria del embalaje, economía del embalaje	тароупаковочная промышленность, индустрия упаковки	4210

Nr.	DEUTSCH	ENGLISCH	FRANZÖSISCH
4211	Verpackungskosten pl	packaging costs pl	frais mpl d'emballage, coût m de l'emballage
4212	Verpackungslinie f (siehe 2528)	packaging line	ligne f de conditionnement
4213	Verpackungsmaschine f, Abpackmaschine f	pack(ag)ing machine, pack(ag)ing equipment	machine f d'emballage, machine à emballer, machine de conditionnement, machine d'empaquetage
4214	Verpackungsmehraufwand m, Verpackungsmehrkosten fpl	increased packaging cost, additional expenditure for packaging	surcroît m de dépenses pour l'emballage, excédent m de dépenses pour l'emballage
4215	Verpackungsmethode f, Verpackungstechnik f	packaging method, packaging technique, package engineering	méthode f d'emballage, technique f d'emballage
4216	Verpackungsmittel n (siehe 2791)	package, means of packaging, packaging material	emballage m, moyen m d'emballage
4217	Verpackungsnetz* n, Netzverpackung f	packaging net, net package	emballage m en filet tubulaire, filet m tubulaire (à emballer)
4218	Verpackungsnormung f	package standardization	normalisation f des emballages
4219	Verpackungspapier n, Packpapier n	packing paper, wrapping paper	papier m d'emballage
4220	Verpackungsprüfung* f	package test(ing), package control	essai m à l'emballage, épreuve f d'emballage, contrôle m d'emballage
4221	Verpackungsstraße f, Verpackungslinie f	packaging line	chaîne f d'empaquetage, chaîne de conditionnement
4222	Verpackungsvorgang m	packaging operation, packaging process	procédé m d'emballage
4223	Verpackungswettbewerb m	packaging contest, packaging competition	concours m d'emballage

ITALIENISCH	SPANISCH	RUSSISCH	Nr.
costi m pl d'imballaggio	gastos, costos del embalaje	стоимость упаковки, издержки по таре	4211
linea f d'imballaggio	línea de envasado	линия упаковки	4212
macchina f d'imballaggio, macchina f per confezionamento	máquina de envasar/ embalar	упаковочная машина, фасовочно- упаковочное оборудование	4213
spesa f addizionale per imballaggio	aumento de gastos por envase o embalaje, costo adicional del envase y/o embalaje	дополнительные издержки по таре	4214
metodo m d'imballaggio, tecnica f d'imballaggio	método de embalaje de envasado, técnica de envasado o embalaje	техника упаковки, способ упаковки; техника производства тары	4215
materiale m d'imballaggio, mezzo m d'imballaggio	medios de envasado de embalaje o para embalar	упаковочные средства, тара и упаковочные материалы	4216
rete f per imballaggio, imballaggio m a rete	red de envasar, envase de red (de tipo tubular)	сетчатая тара (в виде мешка или рукава), упаковочная сетка	4217
standardizzazione f dell'imballaggio	normalización de envase y embalaje	стандартизация тары	4218
carta f da imballaggio	papel de embalaje, para embalar	упаковочная бумага	4219
prova f d'imballaggio	ensayo, prueba, control de envase/embalaje	испытание тары, лабораторное испытание тары	4220
linea f d'imballaggio	línea de envasado, línea de embalado	упаковочная линия, упаковочно- расфасовочная линия	4221
procedimento m d'imballaggio	operación, proceso de envasado/embalaje	фасовочно- упаковочный процесс	4222
concorso m d'imballaggio	concurso de embalaje	конкурс упаковок	4223

Nr.	DEUTSCH	ENGLISCH	FRANZÖSISCH
4224	Verpackungswirtschaft* f	packaging economy	industrie f de l'emballage
4225	Verpackungswissenschaft* f	packaging science	science f de l'emballage
4226	verriegeln	to bolt, to block, to (inter)lock	bloquer, serrer, verrouiller
4227	Verriegelung f	locking mechanism, interlocking device, clamping device	verrouillage m, dispositif m de verrouillage, bloquage m
4228	verrosten	to rust, to become rusty	se rouiller, s'enrouiller
4229	Versand m	shipment, dispatch	envoi m, expédition f
4230	Versandfaltschachtel f	folding box, folding carton, shipping folding box	caisse f pliante, boîte f pliante, caisse f pliante d'expédition
4231	Versand(falt)schachtel f mit Innenbeutel	bag-in-box	sac-en-boîte m, caisse f à sac-en-boîte
4232	Versandfaltschachtel f mit übereinandergreifenden oder überlappenden Verschlußklappen	folding case with outer flaps overlapping, full flap slotted container	caisse f pliante à rabats chevauchants
4233	Versandfaltschachtel f mit zusammenstoßenden äußeren Verschlußklappen	folding case with only outer flaps meeting and innerflaps gapping, regular slotted container	caisse f pliante à rabats normaux, caisse f à rabats jointifs
4234	versandfertig, versandbereit	ready for shipment, ready for dispatch	prêt à être expédié

ITALIENISCH	SPANISCH	RUSSISCH	Nr.
economia f dell'imballaggio	economía del envase/ embalaje	упаковочное хозяйство	4224
scienza f dell'imballaggio	ciencia del envase/ embalaje	наука об упаковках	4225
bloccare, serrare	atrancar, bloquear, enclavar, anclar	блокировать, заклинивать, стопорить, зажижать	4226
dispositivo m di serraggio	mecanismo de bloqueo, dispositivo de bloqueo	блокирующее устройство, стопорное устройство, зажимное приспособление	4227
arrugginire, arruginirsi	oxidarse, enmohecerse	ржаветь, заржаветь	4228
spedizione f	expedición, despacho	отправка, отгрузка	4229
scatola f pieghevole da spedizione	caja plegable de expedición (concepto genérico aplicable a todo tipo de cajas plegables de expedición)	складной картонный ящик	4230
scatola f con sacchetto interno, Bag-in-Box m	caja plegable de expedición con bolsa interior, odre en caja, caja-odre	картонный ящик с внутренним вкладышем в форме мешка	4231
scatola f pieghevole con falde esterne sovrapposte	caja plegable de expedición con alas exteriores sobrepuestas o solapadas y ajustadas	складной картонный ящик с наружными клапанами внахлестку; складной картонный ящик с наружными клапанами, складывающимися внахлестку	4232
scatola f pieghevole con falde esterne combacianti	caja plegable de expedición con aletas exteriores encontradas y aletas interiores cruzadas	складной картонный ящик с наружными клапанами встык, складной картонный ящик с наружными клапанами, сходящимися впритык	4233
pronto per la spedizione	listo para expedición, preparado para despacho	готовый к отправке, упакованный	4234

Nr.	DEUTSCH	ENGLISCH	FRANZÖSISCH
4235	**Versandhülse*** f (siehe 1823)	**shipping sleeve, mailing sleeve, mailing tube**	**gaine** f **d'expédition, gaine pour expéditions postales**
4236	**Versandverpackung*** f	**shipping package, shipper**	**colis** m **d'expédition, emballage** m **d'expédition**
4237	**Versandrohr*** n	**shipping tube**	**tube** m **d'expédition**
4238	**Versandrolle*** f	**mailing tube, shipping tube**	**tube** f **d'expédition, tube d'envoi**
4239	**Versandschachtel*** f	**shipper, shipping box, shipping case, shipping carton**	**caisse** f **d'expédition, boîte** f **d'expédition**
4240	**Versandschachtel*** f **mit Einsatzdeckel**	**shipping case with fitting lid**	**caisse** f **d'expédition avec couvercle rentrant**
4241	**Versandschachtel** f **mit Hohlboden**	**recessed-end case or box**	**caisse** f **d'expédition avec fond rentrant**
4242	**Versandtasche*** f	**shipping bag**	**pochette** f **d'expédition**
4243	**Versandverpackung*** (siehe 2322)	**shipping package, shipping container**	**emballage** m **d'expédition;**
4244	**Verschlag*** m	**crate**	**cadre** m **de bois**
4245	**Verschlag** m, **offener Verschlag, unverkleideter Verschlag**	**unsheathed crate, open crate**	**cadre** m **(de bois) à claire-voie, caisse** f **à claire-voie**
4246	**Verschlag** m, **verkleideter Verschlag, geschlossener Verschlag**	**sheathed crate**	**cadre** m **(de bois), cadre coffré, cadre enveloppé**
4247	**Verschleiß** m, **Abnutzung** f	**wear, wear and tear**	**usure** f, **détérioration** f

ITALIENISCH	SPANISCH	RUSSISCH	Nr.
guaina f di spedizione	funda de expedición, funda postal, bolsa postal, sobre	трубка из ящичного картона, используемая для почтовых отправлений	4235
imballaggio m di spedizione	embalaje de expedición (un sólo embalaje o varios envases o envases múltiples agrupados, para su expedición contenidos en un embalaje)	транспортная упаковка, упаковка во внешнюю тару (отдельных единиц или определенного числа потребительской тары или изделий или групповой тары)	4236
tubo m di spedizione	tubo de expedición	посылочная труба	4237
tubo m di spedizione	tubo para expedición, tubo postal	трубка из ящичного картона, используемая для почтовых отправлений	4238
scatola f di spedizione	caja, bote de expedición	транспортный ящик, ящичная тара	4239
scatola f di spedizioni con coperchio rientrante	caja de expedición con tapa entallada	картонный ящик со съемной крышкой	4240
scatola f di spedizione con fondo rientrante	caja de expedición con fondo cóncavo	картонный ящик с углубленным дном	4241
busta f/sacco m da spedizione	saco, bolsa de expedición	транспортная сумка	4242
imballaggio m di spedizione	embalaje de expedición, embalaje listo para ser expedido	внешняя тара, транспортная тара	4243
gabbia f	cadre (de madera)	решетка, обрешетка	4244
gabbia f aperta, gabbia f non rivestita	cadre (de madera) abierto, jaula (de madera) (de estructura calada)	открытая решетка	4245
gabbia f chiusa, gabbia f rivestita	cadre (de madera) cerrado, cajón cerrado	закрытая решетка, решетка с полной наружной обшивкой	4246
usura f, logoramento m	desgaste, deterioro	износ, изнашивание, истирание	4247

Nr.	DEUTSCH	ENGLISCH	FRANZÖSISCH
4248	verschleißen, sich abnutzen	to wear (away), to wear out	s'user
4249	verschleißfest	wear-resistant	résistant à l'usure, antiusure
4250	Verschleißwiderstand m, Verschleißhärte f	wear resistance, resistance to wear and tear, abrasion resistance	résistance f à l'usure, résistance à l'abrasion
4251	verschließen*	to seal, to close, to lock	fermer, sceller
4252	Verschließetikett* n	sealing label	étiquette f de fermeture
4253	Verschließhilfsmittel* n	closing/sealing accessory	accessoire m de fermeture
4254	Verschließhülse* f (siehe 1824)	strapping seal (for fastening the straps)	boucle f, agrafe (pour fixer le cerclage)
4255	Verschließkappe* f, Kappe* f	cap, sealing cap	capsule f, chapeau m obturateur, couvercle m bouchon
4256	Verschließkapsel* f (siehe 1203, 1962)	capsule, sealing capsule	capsule f, capsule de fermeture, chapeau m de fermeture
4257	Verschließklappe* f (einer Faltschachtel) (siehe 2043)	flap (of a folding case)	rabat m (d'une caisse pliante)
4258	Verschließklappen fpl, überlappende Verschließklappen, übereinandergreifende Verschließklappen	overlapping flaps	rabats m mpl chevauchants, rabats qui se couvrent complètement

ITALIENISCH	SPANISCH	RUSSISCH	Nr.
deteriorarsi, logorarsi	desgastarse, usarse	изнашиваться, истираться	4248
resistente all'usura	resistente al uso	износостойкий, износоустойчивый, прочный на истирание	4249
resistenza f all'usura, resistenza f all'abrasione	resistente a la abrasión, al desgaste	износостойкость, износоустойчивость, сопротивление износу, сопротивление истиранию, стойкость к истиранию	4250
chiudere, sigillare	cerrar, sellar	укупоривать, закупоривать, заделывать	4251
etichetta f di chiusura, etichetta f di sigillo	etíqueta precinto	уплотняющая (укупорочная) этикетка	4252
mezzo m di chiusura/ sigillatura	accessorio de cierre	вспомогательное уплотняющее средство	4253
sigillo m di chiusura (per fissare la reggetta)	enlazador, grapa para unir el flejado, enlazador	замок для скрепления обвязочной (стяжной) ленты	4254
tappo m, coperchio m	cápsula, obturador, tapa, tapón	колпачок, укупорочный колпачок	4255
capsula f di chiusura	cápsula de cierre	укупорочный капсюль	4256
falda f (di una scatola pieghevole)	solapa (de una caja plegable)	клапан (картонного ящика)	4257
falde f pl, sovrapponibili (che si coprono completamente)	solapas plegables	клапаны внахлестку; клапаны, соединяющиеся внахлестку; перекрывающиеся клапаны	4258

Nr.	DEUTSCH	ENGLISCH	FRANZÖSISCH
4259	**Verschließklappen** fpl, **zusammenstoßende Verschließklappen**	**meeting flaps,** (flaps meeting in the centre)	**rabats** mpl **jointifs, rabats qui se joignent dans le centre**
4260	**Verschließmaschine** f	**closing/sealing machine**	**machine** f **à fermer**
4261	**Verschließmembran(e)** f	**sealing membrane**	**membrane** f **de couvercle**
4262	**Verschließmittel*** n	**means of closing/sealing**	**fermeture** f, **obturateur** m, **moyen** m **de fermeture**
4263	**Verschließplombe*** f	**lead seal**	**plomb m à sceller**
4264	**Verschließschraube** f	**screw plug, screw stopper**	**vis** f **de fermeture, bouchon** m **filetéè**
4265	**Verschließstopfen** m, **Stopfen*** m	**plug, stopper**	**bouchon** m
4266	**Verschluß*** m	**closure, seal**	**fermeture** f, **obturateur** m, **sceau** m
4267	**Verschlußabstand** m, **Freiraum*** m	**ullage, headspace, clearance**	**espace** m **vide, dégagement** m
4268	**Verschlußdeckel** m	**closure lid, cover, cap, closing lid**	**couvercle** m, **couvercle de fermeture, couvercle d'obturation**
4269	**Verschlußdichtung** f	**lid sealing compound, cap sealing compound, cap gasket**	**produit** m **d'obturation de couvercles, joint** m **de couvercle, joint de fermeture**

ITALIENISCH	SPANISCH	RUSSISCH	Nr.
falde f pl combacianti (che si uniscono nel centro)	juntas de solapas, solapas entrentadas	клапаны встык; клапаны, соединяющиеся встык; клапаны, сходящиеся впритык; встречающиеся клапаны	4259
macchina per chiudere/ sigillare	máquina cerradora	укупорочная машина, машина для закупоривания (тары)	4260
membrana f di chiusura	membrana cerradora	укупорочная мембрана	4261
mezzo m di chiusura	obturador	укупорочное средство, затвор (вспомогательное упаковочное средство или элемент упаковки)	4262
piombo m di sigillatura, sigillo m di piombo	sello o precinto de plomo	пломба	4263
chiusura f filettata, tappo m a vite	tornillo de cierre	резьбовая пробка, пробка с резьбой	4264
tappo m	tapón	пробка, втулка	4265
chiusura f, saldatura f, sigillatura f	cierre, obturador, sello, precinto	укупорка, затвор, замок, застежка	4266
spazio m di testa, spazio m libero (di recipienti, bottiglie, ecc.)	espacio de aire, hueco, (en recipientes, botellas, barriles, etc.)	разница между полной и номинальной вместимостями, свободное пространство (в таре)	4267
coperchio m di chiusura	tapa, tapa de cierre, tapa de obturación	крышка, запорная крышка	4268
guarnizione f di chiusura	compuesto obturador de tapas, junta de cierre de la tapa	уплотняющий материал для крышек, уплотнительная паста, уплотнительная масса	4269

Nr.	DEUTSCH	ENGLISCH	FRANZÖSISCH
4270	Verschlußeinlage-scheibe f, Dichtungsscheibe f	closure liner, closure seal, sealing disk, gasket	doublure f pour fermetures, disque m d'obturation, disque m de couverture
4271	verschmutzen	to contaminate, to foul	encrasser, contaminer
4272	verschnüren	to lace, to tie	ficeler, serrer
4273	Verschnürung f	lacing, tying	ficelage m
4274	verschrauben	to screw, to bolt	serrer à vis, visser, boulonner, fermer à vis
4275	Verschraubung f, Schraubverschluß m	screwing, screwed closure, screw-cap closure	vissage m, fermeture f à vis, couvercle m fileté
4276	versenden	to ship, to dispatch	expédier, envoyer
4277	verspröden, spröde werden	to embrittle	devenir cassant
4278	Versprödungs-temperatur f	embrittlement temperature	température f de fragilité
4279	verspunden	to blow and tongue together, to plug, to bung	assembler à rainure et languette, enter, emboîter
4280	verstärken	to reinforce, to strengthen	renforcer, armer
4281	verstärkter Packstoff* m (z.B. textil- oder glasfaserverstärkt)	reinforced packaging material (e.g. textile- or glass fibre reinforced)	matériaux mpl d'emballage renforcés (p.ex de textile ou de fibres de verre)
4282	verstärktes Papier n (siehe 4281)	reinforced paper	papier m renforcé, papier entoilé

ITALIENISCH	SPANISCH	RUSSISCH	Nr.
rivestimento m di chiusura, guarnizione f di chiusura, disco m di chiusura	revestimiento de cierres, disco obturador, disco de recubrimiento (para el dispositivo de cierre)	виккельное кольцо (для уплотнения крышки), уплотнительное кольцо, уплотняющая прокладка для крышки	4270
contaminare	ensuciar, contaminar	загрязнить	4271
legare	enlazar, atar, apretar	перевязывать, обвязывать	4272
legatura f	atado	обвязывание, перевязывание	4273
avvitare	cerrar a rosca, atornillar, empernar	свинчивать, завинчивать	4274
avvitatura f, chiusura f a vite	atornillado, cierre a rosca, tapado a rosca	завинчивание; винтовой затвор, винтовой колпачок, винтовая крышка	4275
spedire, inviare	expedir, enviar	отправлять, рассылать	4276
diventar fragile	hacerse quebradizo	делать хрупким, становиться хрупким, становиться ломким	4277
temperatura f di infragilimento	temperatura de fragilidad	температура хрупкости, температура появления хрупкости	4278
chiudere con tappo a linguetta	taponar, obturar, ensamblar, machiembrar	соединять в шпунт и гребень, соединять гребнем в паз	4279
rinforzare	reforzar, armar	усиливать, армировать	4280
materiale m d'imballaggio rinforzato (ad esempio tessuto o fibra di vetro rinforzata)	materiales de embalaje reforzados, (por ej. de textiles, o de fibras de vidrio)	армированный тароупаковочный материал, армированный тарный материал	4281
carta f rinforzata	papel reforzado	армированная бумага	4282

Nr.	DEUTSCH	ENGLISCH	FRANZÖSISCH
4283	**Verstärkung** f	**reinforcement, strengthening, stiffening**	**renforcement** m, **renfort**
4284	**Verstärkungsprofil** n	**corrugation vane, reinforcing strip**	**section** f **de renforcement, profil** m **de renforcement, nervure** f **de renforcement**
4285	**Verstärkungsrippe** f, **Versteifungsrippe** f	**rib, reinforcing rib**	**nervure** f, **nervure de renfort**
4286	**verstauen**	**to stow (away)**	**arrimer, loger, abriter**
4287	**versteifen, absteifen, verstärken**	**to stiffen, to strengthen, to brace, to reinforce**	**étayer, renforcer, raidir, supporter, appuyer**
4288	**Versteifungsblech** n, **Verstärkungsblech** n	**stiffening sheet, reinforcement plate**	**tôle** f **de renfort, plaque** f **de renforcement**
4289	**Versteifungsrahmen** m	**stiffening frame**	**cadre** m **raidisseur**
4290	**verstopfen, mit einem Stopfen verschließen**	**to stop, to plug**	**bouchonner**
4291	**verstopfen, verschmutzen**	**to clog, to become clogged, to obstruct**	**obstruer, engorger**
4292	**Verstrebung** f, **Verankerung** f	**reinforcement, strutting, bracing**	**entretoise** f, **renforcement** m
4293	**verstrecken** (siehe 1462)	**to orientate**	**orienter**
4294	**Versuch** m, **Probe** f, **Prüfung** f	**test, trial, experiment**	**essai** m, **épreuve** f, **test** m
4295	**Versuchsbedingungen** fpl	**test conditions**	**conditions** fpl **d'essai**

ITALIENISCH	SPANISCH	RUSSISCH	Nr.
rinforzo m, **rinforzamento** m	**refuerzo**	усиление, армирование, укрепление	4283
profilo m **di rinforzo**	**perfil de refuerzo, nervadura de refuerzo**	кольцо жесткости, концентрический рельеф, рельефный буртик	4284
nervatura f, **nervatura** f **di rinforzo**	**nervadura, acanalado, estría de refuerzo**	ребро жесткости	4285
stivare, sistemare	**arrumar, estibar, colocar, guardar**	грузить, укладывать груз	4286
irrigidire, rafforzare	**reforzar, apuntalar, consolidar, aferrar**	придавать жесткость, повышать жесткость, крепить	4287
foglio m **di metallo per irrigidimento**	**chapa, plancha de refuerzo**	усиливающий жестяной элемент	4288
intelaiatura f **di irrigidimento**	**bastidor, marco de refuerzo**	рама жесткости	4289
tappare	**taponar, cerrar, obturar con estopa**	укупоривать, закупоривать, укупоривать пробкой	4290
ostruire, intasare, insudiciare	**obstruir, taponar, obturar, atorar**	засорять, засоряться, блокировать	4291
rafforzare, fissare	**puntal, apuntalamiento, refuerzo**	раскос, раскосная система; жесткое крепление, анкерное крепление	4292
orientare (estendere)	**biorientado**	ориентирующее растяжение	4293
prova f, **esperimento** m, **test** m	**ensayo, prueba, experimento, análisis**	испытание, опыт, эксперимент, проба, тест	4294
condizioni f pl **di prova**	**condiciones de ensayo**	условия опыта, условия испытания	4295

Nr.	DEUTSCH	ENGLISCH	FRANZÖSISCH
4296	Versuchstransport m, Testreise f	trial transport, test transport	transport m d'essai, voyage m d'essai
4297	Vertiefung f	recess, cavity	creux m, fissure f, cavité f, approfondissement m
4298	Verträglichkeit f	compatibility	compatibilité f
4299	verwittern	to weather, to decay	se décomposer (à l'air)
4300	verziehen, sich verziehen, sich werfen	to warp, to distort, to buckle	se déformer, se voiler, se gauchir, se déjeter
4301	verzieren, Verzierung f	to decorate, decoration	décorer, orner, décoration f, décor m
4302	verzinktes Blech* n	galvanized sheet (metal)	tôle f galvanisée
4303	Verzinkung f	galvanization	zingage m galvanique
4304	verzinntes Blech* n, Feinblech n	tinned sheet, tin plate	tôle f étamée
4305	Verzinnung f, galvanische Verzinnung	tin plating	étamage m galvanique
4306	Verzögerungsklebstoff m	retardation adhesive	colle à effet retardé
4307	Vibration f, Erschütterung f	vibration, percussion, concussion	vibration f, trépidation f
4308	Vibrationsbean-spruchung f	vibration stress	contrainte f vibratoire

ITALIENISCH	SPANISCH	RUSSISCH	Nr.
trasporto m di prova	transporte experimental	экспериментальное транспортирование, экспериментальная отгрузка	4296
cavità f, fessura f	cavidad, concavidad, hueco	углубление, выемка, оформляющая полость матрицы	4297
compatibilità f	compatibilidad	совместимость, сообразность	4298
decomporsi (all'aria)	descomponerse (al aire)	выветривать, разлагаться	4299
deformarsi, distorcersi, curvarsi	deformarse, torcerse, alabearse, abarquillarse	коробиться, перекашиваться	4300
decorare, decorazione f	decorar, ornamentar, decoración, adorno	украшать, декорировать, отделывать; украшение декорация	4301
foglio m di metallo galvanizzato	plancha galvanizada	оцинкованное железо, оцинкованная жесть	4302
galvanizzazione f	galvanización	цинкование, покрытие цинком	4303
foglio m di banda stagnata	plancha estañada, hojalata	луженый лист, белая жесть	4304
stagnatura f galvanica	estañado galvánico	лужение, покрытие ополом; электролитическое лужение	4305
adesivo m di ritardo (ritardante)	adhesivo retardante	клей замедленного действия	4306
vibrazione f	vibración, percusión, trepidación	вибрация, тряска, сотрясение	4307
sollecitazione f da vibrazione	esfuerzo de vibración	вибрационная нагрузка, вибрационное напряжение	4308

Nr.	DEUTSCH	ENGLISCH	FRANZÖSISCH
4309	**Vibrationsfülltrichter** m	**vibrating hopper, vibrating bin**	**entonnoir** m **d'alimentation à vibration, tremie** f **vibrante de remplissage**
4310	**Vibrationsgerät** n, **Vibrator** m	**vibrating equipment, vibrator**	**appareil** m **à vibration, vibr(at)eur** m
4311	**Vibrationssieb** n	**vibration sifter, vibrating screen**	**tamis** m **vibrateur, crible** m **vibrant**
4312	**Vibrationssortierer** m	**vibration sorter**	**trieuse** f **à vibration**
4313	**Vibrationstest*** m	**vibration test**	**essai** m **de vibration**
4314	**Vichyflasche*** f	**Vichy-bottle, Vichy-shaped bottle**	**bouteille** f **"Vichy", bouteille en forme "Vichy"**
4315	**Vielfachpackung*** f	**multi-pack**	**multipack** m
4316	**Vierkantdose** f	**rectangular can, square can, F-style can, oblong can**	**boîte** f **(métallique) rectangulaire, boîte carrée**
4317	**Vierpunktaufhängung** f, **Vierpunktlagerung** f	**four-point attachment or fastening**	**appui** m **sur quatre points**
4318	**Vierwegepalette** f (Einfahrt aus allen vier Richtungen)	**four-way pallet** (entry from all four directions)	**palette** f **à quartre entrées** (passage sur les quatre côtés)
4319	**Vinyl** n, **Vinylchlorid** n	**vinyl, vinyl chloride**	**vinyle** m, **chlorure** m **vinylique**
4320	**Vinylharz** n	**vinyl resin**	**résine** f **vinylique**
4321	**Vinyl(harz)-Kunststoffe** mpl	**vinyl plastics** pl	**matières** fpl **plastiques vinyliques**

ITALIENISCH	SPANISCH	RUSSISCH	Nr.
tramoggia f a vibrazione	tolva de alimentación por vibración, embudo de llenado por vibración	вибрационный питатель, трясковый питатель, вибрационный питающий бункер	4309
apparecchio m vibratore, vibratore m	aparato, equipo de vibración, vibrador	вибратор, уплотняющий вибратор	4310
setaccio m vibratore	tamiz, cedazo, vibrador	вибрационное сито, вибрационный грохот, виброгрохот	4311
assortire m a vibrazione, cernitore m a vibrazione	separador, seleccionador por vibración	вибрационная сортировка	4312
prova f di vibrazione	ensayo de vibración	вибрационное испытание	4313
bottiglia f "Vichy"	botella "Vichy", botella de forma "Vichy"	фигурная бутылка для разлива минеральных вод	4314
pacco m multiplo	envase múltiple, multienvase	упаковка для многократного пользования	4315
barattolo m rettangolare, barattolo m squadrato	envase (metálico) rectangular, lata rectangular, de base cuadrada	прямоугольная жестяная банка	4316
fissaggio m su quattro punti, sospensione f su quattro angoli	apoyo sobre cuatro puntos	четырехточечная опора	4317
paletta f a quattro vie (con entrata di presa dalle quattro direzioni)	paleta de cuatro entradas (entrada de las horquillas por los cuatro lados)	четырехзаходный поддон (ввод вилочных захватов погрузчика с четырех сторон)	4318
vinile m, cloruro m di vinile	vinilo, cloruro de vinilo, cloruro vinílico	винил; винилхлорид, хлористый винил	4319
resina f vinilica	resina vinílica, resina de vinilo	виниловая смола, винильная смола	4320
materie f pl viniliche	materias plásticas vinílicas	виниловые пластики	4321

Nr.	DEUTSCH	ENGLISCH	FRANZÖSISCH
4322	**Vinyliden** n, **Vinylidenchlorid** n	**vinylidene, vinylidene chloride**	**vinylidène** m, **chlorure** m **de vinylidène**
4323	**Vinylpolymerisate** npl	**vinyl polymers** pl	**polymères** mpl **de vinyle**
4324	**Visco-Elastizität** f	**viscous elasticity**	**visco-élasticité** f
4325	**viskos, dickflüssig, zähflüssig**	**viscous, semifluid, consistent**	**visqueux, consistant, épais**
4326	**Viskosefolie** f	**viscose film**	**feuille** f **de viscose**
4327	**Viskosität** f	**viscosity**	**viscosité** f
4328	**Vliesstoff** m	**non-woven (material)**	**étoffe** f **nappée**
4329	**vollbelastet**	**at full load, fully loaded**	**à charge normale, à pleine charge** f
4330	**Volleinschlag*** m, **Ganzeinschlag** m	**overwrapping, overall wrap(per)**	**surenveloppement** m, **enveloppe** f **complète**
4331	**Vollkonservendose** f, **Konservendose*** f	**can, food can, preserved-food can**	**boîte** f **de ou à conserves**
4332	**Vollpappe*** f	**solid (firbe)board**	**carton** m **compact**
4333	**Vollsichtpackung** f, **Vollsichtverpackung** f (siehe 2050, 3571)	**transparent pack(age), see-through pack(age)**	**emballage** m **transparent**
4334	**Volumen*** n, **Rauminhalt** m	**volume, capacity**	**volume** m, **contenance** f
4335	**Volumen** n, **spezifisches Volumen** (bei Papier; siehe 3635)	**bulk** (of paper)	**volume** m **spécifique** (de papier)

ITALIENISCH	SPANISCH	RUSSISCH	Nr.
vinilidene m, cloruro m di vinilidene	vinilideno, cloruro de vinilideno	винилиден; винилиденхлорид, хлористый винилиден	4322
polimeri m pl di vinile	polímeros de vinilo	виниловые полимеры	4323
elasticità f viscosa	visco-elasticidad, elasticidad retardada	вязкоупругость	4324
viscoso, semifluido	viscoso, semifluído, espeso, pastoso	вязкий, вязкотекучий, густотекучий, консистентный	4325
foglio m di viscosa	película de viscosa (película de xantogenato de celulosa)	вискозная пленка, целлофан	4326
viscosità f	viscosidad	вязкость	4327
tessuto m non tessuto (materiale)	no tejído (material)	руно, прочес, ватка, ваточный холст, прочесанная шерсть в виде тонкого слоя	4328
a pieno carico	a plena carga	полностью нагруженный	4329
sovravvolgimento m, avvolgimento m completo	sobreenvuelta, envoltura total	завертка, полная обертка	4330
barattolo m per alimenti conservati	bote, lata de conserva	консервная банка	4331
cartone m solido	cartón compacto	сплошной картон, сплошной склеенный картон	4332
imballaggio m trasparente	envase transparente	прозрачная упаковка, прозрачная тара, тара из прозрачной пленки	4333
volume m	volumen, espacio interior	объем, емкость, вместимость, кубатура	4334
volume m specifico (di carta)	volumen específico (del papel)	удельный объем	4335

Nr.	DEUTSCH	ENGLISCH	FRANZÖSISCH
4336	**Volumengewicht** n	**weight by volume**	**poids** m **spécifique, gravité** f **spécifique**
4337	**volumenkonstantes Packmittel*** n, **volumenstabiles Packmittel**	**constant volume package**	**emballage** m **à volume constant, emballage à dimensions stables**
4338	**Volumenpackung*** f	**volume pack(age), package by volume**	**emballage** m **volumétrique**
4339	**volumetrisch**	**volumetric**	**volumétrique**
4340	**voluminös**	**voluminous**	**volumineux**
4341	**vor Nässe schützen!**	**keep dry!**	**craint l'humidité!, à préserver de l'humidité!**
4342	**vorbehandeltes Papier** n	**pretreated paper**	**papier** m **traité**
4343	**Vorbehandlung** f	**pretreatment, primary treatment**	**traitement** m **préparatoire**
4344	**vorbrechen, brechen**	**to prefold, to prebreak, to precrease**	**précasser**
4345	**Vorderansicht** f	**front view**	**vue** f **de face, vue d'avant**
4346	**vorgefertigte Verpackung** f	**prefabricated package**	**emballage** m **préfabriqué**
4347	**vorgestrecktes Folienmaterial** n	**prestretched sheet**	**flan** m **préétiré**
4348	**vor(her)bedruckt**	**preprinted**	**préimprimé**
4349	**Vornorm** f	**tentative standard**	**norme** f **préparatoire**

ITALIENISCH	SPANISCH	RUSSISCH	Nr.
peso m **specifico**	**peso específico**	объемный вес	4336
imballaggio m **a volume costante**	**envase de volumen constante**	упаковка с постоянным объемом	4337
imballaggio m **a volume**	**envase, embalaje volumétrico**	тара для упаковывания по объему	4338
volumetrico	**volumétrico**	объемный, волюметрический	4339
voluminoso	**voluminoso**	объемистый	4340
tenere in luogo asciutto! teme l'umidità!	**presérvese de la humedad!** (voz, señal o marca de manipulación)	Беречь от сырости!, Боится сырости!	4341
carta f **pre-trattata**	**papel tratado**	предварительно обработанная бумага	4342
pre-trattamento m	**tratamiento previo**	предварительная обработка, подготовка поверхности	4343
pre-piegatura f, **snervatura** f	**rotura previa**	предварительно сгибать, предварительно фальцевать (картон)	4344
vista f **frontale**	**visto de frente, visto por delante**	вид спереди	4345
imballaggio m **pre-fabbricato**	**envase prefabricado**	тара заводского изготовления	4346
foglio m **pre-stirato**	**film, película preestirada** (estirada previamente para causarle una deformación permanente)	предварительно растянутый листовой материал	4347
pre-stampato	**preimpreso, impreso previamente**	заранее отпечатанный	4348
progetto m **di norma**	**propuesta de norma, norma preparatoria**	временный стандарт	4349

Nr.	DEUTSCH	ENGLISCH	FRANZÖSISCH
4350	**Vorschrift** f	**ordinance**	**prescription** f
4351	**vorschriftsmäßige Verpackung** f	**package complying with the specification**	**emballage** m **conforme aux normes et conditions**
4352	**Vorsicht!**	**handle with care!**	**à manipuler avec précaution!**
4353	**Vorverpacken** n, **Vorverpackung** f	**pre-pack(ag)ing, pre-package, first wrapper, first package, inner package**	**préemballage** m, **emballage** m **intérieur, première enveloppe** f
4354	**vorverpackt**	**prepackaged**	**préemballé**
4355	**V.P.I.(Dampfphasenschutz)**	**V.P.I. (vapour phase inhibitor)**	**V.P.I. (protection à phase de vapeur)**
4356	**V.P.I.- (Korrosions-schutz-)papier** n	**V.P.I. (anti-corrosive)paper**	**papier** m **anticorrosif V.P.I.**
4357	**Vulkanfiber** f	**vulcanized fibre**	**fibre** f **vulcanisée**
4358	**Vulkanfiber-Rohpapier** n, **Vulkanfiber-Rohstoff** m	**vulcanized-fibre body paper**	**pâte** f **de fibre vulcanisée**
4359	**Waage** f	**scales** pl, **balance**	**balance** f, **bascule** f
4360	**Wabe** f	**honeycomb**	**nid** m **d'abeilles**
4361	**wabenförmig, wabenartig**	**honeycomb(ed)**	**alvéolé, alvéolaire**
4362	**Wabenpappe** f	**honeycomb board**	**carton** m **à nid d'abeilles**

ITALIENISCH	SPANISCH	RUSSISCH	Nr.
norma f, prescrizione f, disposizione f	orden (disposición)	предписание, положение	4350
imballaggio m conforme alle norme	envase/embalaje conforme a normas	тара, изготовляемая в соответствии с требованиями технических условий или стандартов	4351
attenzione! maneggiare con cura!	cuidado! precaución! (voz, marca de manipulación)	Осторожно!, Обращаться осторожно!	4352
pre-imballaggio m, imballaggio m interno	preenvasado o preembalado, (operación previa a la de envasar o embalar)	предварительная упаковка, предупаковка; внутренняя упаковка	4353
pre-imballato	preenvasado	упакованный предварительно, предупакованный	4354
V.P.I. (protezione contro la fase vapore)	V.P.I. (protección contra la fase de vapor - de agua -) (inhibidor de la fuse de vapor)	летучий ингибитор в паровой фазе, парофазный ингибитор	4355
carta f anticorrosiva V.P.I.	papel V.P.I. anticorrosivo	антикоррозионная бумага, VPI-бумага	4356
fibra f vulcanizzata	fibra vulcanizada	фибра, вулканизированная фибра	4357
carta f grezza di fibra vulcanizzata, materia f prima di fibra vulcanizzata	pasta de fibra vulcanizada	бумага-основа для фибры	4358
bilancia f	balanza, báscula	весы	4359
nido m d'ape	nido de abeja	ячеистая конструкция, сот	4360
formato a nido d'ape	alveolado, alveolar	ячеистый, сотовый, сотообразный	4361
cartone m a nido d'ape	cartón de nido de abejas	слоистый ячеистый картон	4362

Nr.	DEUTSCH	ENGLISCH	FRANZÖSISCH
4363	**Wachs** n	**wax**	**cire** f
4364	**Wachs** n, **mit Wachs überziehen, wachsen**	**to wax**	**encirer, enduire de cire**
4365	**wachskaschieren***	**to wax-coat, to wax-laminate**	**contrecoller à la cire, revêtir à la cire**
4366	**Wachspapier*** n	**waxed paper, paraffined paper**	**papier** m **ciré, papier paraffiné, papier imprégné de paraffine**
4367	**Wachstuch** n	**oilcloth**	**toile** f **cirée**
4368	**Wärme(aus)dehnung** f	**thermal expansion**	**dilatation** f **thermique**
4369	**Wärmebehandlung** f	**thermal treatment**	**traitement** m **thermique**
4370	**wärmebeständig**	**heat-resistant, heat-resisting**	**résistant à la chaleur, résistant aux effets de la chaleur**
4371	**wärmedurchlässig**	**heat transmitting, diathermic**	**conduisant la chaleur**
4372	**Wärmedurchlässigkeit** f	**heat transmission (rate)**	**conductibilité** f **de chaleur**
4373	**wärmehärtbarer Klebstoff** m, **hitzehärtbarer Klebstoff, Duroplast-Klebstoff** m	**thermosetting adhesive**	**colle** f **thermodurcissable**
4374	**Wärmeimpuls-verfahren*** n	**heat-impulse welding, thermal heat-impulse welding**	**thermosoudure** f **à impulsion**
4375	**wärmeisolierendes Material** n	**heat-insulating material, material insulator**	**calorifuge** m, **isolateur** m **calorifuge**
4376	**Wärmeisolierung, Wärmeisolation** f, **Wärmeschutz** m	**heat insulation, thermal insulation**	**isolement** m **thermique, isolement calorifuge, calorifu(gea)ge** m

ITALIENISCH	SPANISCH	RUSSISCH	Nr.
cera f	cera	воск, парафин	4363
cerare, rivestire con cera	encerar, recubrir de cera	вощить, натирать воском, пропитывать воском	4364
accoppiare con cera	contracolar, revestir con cera	ламинировать воском, кашировать воском	4365
carta f paraffinata, carta f cerata	papel encerado, papel parafinado, papel impregnado de parafina	вощеная бумага, вощанка, парафинированная бумага	4366
tela f cerata	tela encerada	клеенка	4367
dilatazione f termica	dilatación térmica	тепловое расширение	4368
trattamento m termico	tratamiento térmico	термическая обработка	4369
resistente al calore	resistente al calor, refractario	термостойкий, теплостойкий, термостабильный, нагревостойкий, жаростойкий	4370
conduttore di calore	conductor térmico	теплопроницаемый, теплопрозрачный	4371
conducibilità f termica	termoconductibilidad	теплопрозрачность, теплопроницаемость, теплопроводность	4372
adesivo m termoindurente	adhesivo termoendurecible	термореактивный клей	4373
termosaldatura f ad impulsi	termosoldadura por impulsos	термоимпульсный способ сварки, термоимпульсная сварка	4374
materiale m isolante dal calore	calorífugo, aislante, termoaislante	теплоизоляционный материал	4375
isolamento m termico	aislamiento térmico, aislamiento calorífugo	теплоизоляция, тепловая изоляция, тепловая защита, теплозащита	4376

Nr.	DEUTSCH	ENGLISCH	FRANZÖSISCH
4377	Wärmekontakt-verfahren* n	heat-contact welding, thermal heat-contact welding	thermosoudure f par procédé de contact
4378	Wärmeleitfähigkeit f	thermal conductivity	conductivité f thermique
4379	Wärmeschutzmittel n	insulating material, heat insulator	isolation f calorifuge
4380	Wärmeübergang m	thermal transfer	transfert m de chaleur
4381	wärmeundurchlässig	heat insulating, impervious to heat	isolant à la chaleur
4382	Walzblech n, gewalztes Eisenblech n	rolled (iron) plate, (rolled) sheet metal	tôle f laminée, plaque f laminée
4383	Walzenauftrag m	roll(er) coating	enduction f à rouleaux
4384	Walzenbeschichter m	roll(er) coater	machine f à endurie sur rouleaux
4385	Walzfolie f	rolled sheet, calendered sheet	feuille f laminée, feuille calandrée
4386	Walzmaschine f	rolling machine, roller	machine f à laminer, laminoir m
4387	Wand f, Wandung* f	wall, panel	paroi f, mur m
4388	Wand f, Zwischenwand f, Trennwand f	partition (wall), baffle	cloison f, mur m de refend
4389	Wanddicke f	wall thickness	épaisseur f de la paroi
4390	Wandung f	wall	paroi f
4391	Warenzeichen n, Fabrikmarke f	trade-mark	marque f, marque de fabrique

ITALIENISCH	SPANISCH	RUSSISCH	Nr.
termosaldatura f per contatto	termosoldadura por contacto	термоконтактный способ сварки, контактная тепловая сварка	4377
conducibilità f termica	termoconductibilidad	теплопроводность	4378
mezzo m di protezione dal calore	material calorífugo, material aislante	противостаритель, предохраняющий от действия тепла; теплоизоляционный материал	4379
convezione f, conduzione f (di calore)	transferncia térmica, termo transferencia	переход тепла, теплопередача	4380
isolante di calore	isotermo	теплонепроницаемый, теплоизоляционный	4381
foglio m di metallo laminato a rulli	plancha laminada, plancha bobinada (de hierro)	листовой прокат, жесть	4382
rivestimento m a rulli	revestimiento por rodillos	нанесение покрытия валками	4383
macchina f per rivestimento a rulli	máquina de revestir por rodillos	валковая машина для нанесения покрытий	4384
foglio m laminato, foglio m calandrato	hoja, lámina, hoja, lámina calandrada	каландрованный лист	4385
laminatoio m	máquina laminadora, laminadora	вальцовый пресс, вальцовый станок	4386
parete f, pannello m	pared, panel	стена, стенка, панель	4387
parete f divisoria, transenna f	pared, pared separadora, tabique separador	перегородка	4388
spessore m della parete	espesor de la pared	толщина стены, толщина стенки, толщина перегородки	4389
parete f	pared	перегородка, стенка	4390
marchio m di fabbrica	marca, marca de fábrica, marca comercial	товарный знак, фирменный знак, заводская марка, торговая марка	4391

Nr.	DEUTSCH	ENGLISCH	FRANZÖSISCH
4392	warm härtbar, wärmehärtend, hitzehärtbar, duroplastisch	thermosetting	thermodurcissable
4393	warm härtbare Kunststoffe mpl, Duroplaste mpl	thermosets pl, thermosetting plastics pl	thermodurcis mpl, matières fpl plastiques thermodurcissable
4394	warm härtbarer Klebstoff m, Duroplast-Klebstoff m	thermosetting adhesive	colle f thermodurcissable
4395	warmabbindender Klebstoff m	intermediate-temperature setting adhesive, thermosetting adhesive	colle f à chaud
4396	warmbrüchig	hot-short	cassant à chaud
4397	Warmformung f, Warmverformen n	thermoforming	thermoformage m
4398	Warmhalteverpackung f	thermo-package	thermo-emballage, m emballage m isolant
4399	Warmkleben n	glu(e)ing at high temperatures	coller à chaud
4400	warmschweißen	to heat-weld	souder à chaud
4401	Warnzettel* m	caution label, warning tag	fiche f d'avis, étiquette f avertisseuse
4402	Wartezeit f, offene Wartezeit, geschlossene Wartezeit	open assembly time, closed assembly time	temps m d'exposition avant assemblage, temps d'assemblage avant pression
4403	wasserabstoßend*, wasserabweisend*	water-repellent, water-resistant	hydrofuge, résistant à l'eau, résistant à l'état humide

ITALIENISCH	SPANISCH	RUSSISCH	Nr.
termoindurente	termoendurecbile	термореактивный	4392
materie f pl plastiche termoindurenti	materias plásticas termoendurecibles, "Duroplast"	термореактивные пластики, термореактивные пластмассы, реактопласты	4393
adesivo m termoindurente	cola termoendurecible	термореактивный клей	4394
colla f adesiva a caldo	cola caliente, termoestable, adhesiva en caliente	клей горячего отвердения	4395
fragile al calore	termoquebradizo	хрупкий при нагреве	4396
termoformatura f	termomoldeo	формование при нагреве, горячее формование, метод термоформовки	4397
imballaggio m termico	envase-termo	упаковка для сохранения тепла	4398
incollare, far aderire a caldo	pegado, encolado a alta temperatura	склеивание при высоких температурах	4399
saldatura f caldo	termosoldar	сваривать при нагревании	4400
etichetta f di precauzione	etiqueta de aviso, etiqueta de advertencia	предупредительная этикетка, предупредительный ярлык	4401
tempo m di esposizione prima del montaggio	tiempo de espera abierto, tiempo de cerrado	открытая выдержка (напр. перед сборкой), время выдержки перед склеиванием; закрытая выдержка	4402
idrorepellente, resistente all'acqua	hidrófugo, resistente, repelente al agua, resistente a la humedad	гидрофобный, водоотталкивающий, несмачиваемый	4403

Nr.	DEUTSCH	ENGLISCH	FRANZÖSISCH
4404	wasseranziehend, wasseraufnehmend, hygroskopisch	hygroscopic, water-absorbing	hygroscopique, absorbant l'eau
4405	Wasseraufnahme f	water absorption	absorption f d'eau
4406	Wasseraufnahme-vermögen* n	absorptive capacity	propriété f hygroscopique
4407	wasserdampfdicht, wasserdampfundurchlässig	impervious to water vapour, water vapour proof, moisture proof	étanche à la vapeur de l'eau
4408	Wasserdampfdurch-lässigkeit* f	water vapour transmission, water vapour permeability (WVP)	perméabilité f à la vapeur d'eau
4409	Wasserdampfdurch-lässigkeitsrate f	water vapour transmission rate (WVTR)	indice m de perméabilité à la vapeur d'eau
4410	Wasser(dampf)undurch-lässigkeit f	water (vapour) impermeability	imperméabilité f à (la vapeur de) l'eau
4411	wasserdicht, wasserundurchlässig*	watertight, waterproof, impervious, impermeable (to water)	étanche à l'eau, à l'épreuve d'eau, imperméable à l'eau
4412	wasserdicht machen, imprägnieren	to waterproof, to make impermeable, to impregnate	rendre imperméable (à l'eau), imprégner
4413	wasserdurchlässig, undicht	pervious to water	perméable (à l'eau)
4414	Wasserdurchlässigkeit* f	water permeability, permeability to moisture	perméabilité f à l'eau, perméabilité à l'humidité
4415	wasserfest*, wasserabweisend	wet strength, water-repellent, water-resistant	résistant à l'eau, résistant à l'état humide, hydrofuge

ITALIENISCH	SPANISCH	RUSSISCH	Nr.
igroscopico	**higroscópico**	**гигроскопический, гигроскопичный**	4404
assorbimento m **d'acqua**	**absorción de agua**	**водопоглощение**	4405
capacità f **di assorbimento d'acqua**	**capacidad de absorción, propiedad higroscópica**	**влагоемкость, гигроскопичность, водопоглощаемость**	4406
a prova di vapor acqueo, a prova di umidità	**estanco al vapor de agua**	**паронепроницаемый**	4407
trasmissione f **di vapor acqueo, permeabilità** f **al vapor acqueo**	**permeabilidad al vapor de agua**	**паропроницаемость, проницаемость для паров воды, водо-паропроницаемость**	4408
percentuale f **di trasmissione di vapor acqueo**	**proporción o tanto por ciento de permeabilidad al vapor de agua**	**масса воды, проходящей сквозь 1 м² пленки в сутки в специфических условиях**	4409
impermeabilità f **al vapor acqueo, impermeabilità** f **all'acqua**	**impermeabilidad al** (vapor de) **agua**	**паронепроницаемость**	4410
impermeabile all'acqua (a tenuta d'acqua)	**estanco al agua, estanco a la prueba o ensayo de agua, impermeable al agua**	**водонепроницаемый, водоупорный**	4411
impermeabilizzare	**impermeabilizar, impregnar**	**придавать водонепроницаемость, пропитывать для придания водонепроницаемости**	4412
permeabile all'acqua	**permeable** (al agua)	**водопроницаемый**	4413
permeabilità f **all'acqua**	**permeabilidad al agua, permeabilidad a la humedad**	**водопроницаемость**	4414
resistente all'acqua	**resistente al agua, resistente a la humedad, hidrófugo**	**водостойкий, прочный к воде, водоотталкивающий**	4415

Nr.	DEUTSCH	ENGLISCH	FRANZÖSISCH
4416	Wasserlöslichkeit f	water solubility	solubilité f à l'eau
4417	Wasserpapier n, Imprägnier-Rohpapier n	waterleaf paper	papier m sans colle, papier non-collé
4418	Wasserstoffbombage f	hydrogen swell	bombage m par dégagement d'hydrogène
4419	Wasserstoffionenkonzentration f (siehe 2941)	concentration of hydrogen ions	concentration f des ions d'hydrogène (voir valeur pH)
4420	Wasserstoff-Korrosionstest m	hydrogen corrosion test	essai m de dégagement d'hydrogène
4421	Wasserundurchlässigkeit f, Wasserdichtheit f	water impermeability, watertightness	étanchéité f d'eau, imperméabilité f à l'eau
4422	Watte f	wadding, absorbent cotton, cotton batting	ouate f, nappe f
4423	Watte f, mit Watte auslegen, wattieren	to wad	ouater
4424	Wattebausch m	wad, cotton plug	bouchon m d'ouate
4425	Wattierung f, Wattepolster n	wadding, wad-cushioning	ouatage m, embourrage m d'ouate
4426	Wechselwirkung f	interaction	effet m réciproque
4427	Wegwerfpackung f, Einwegverpackung f, verlorene Verpackung f	throw-away package, disposable package, no-return package	emballage m perdu, emballage non-réutilisable
4428	weich, biegsam, flexibel	soft, flexible, non-rigid	souple, flexible

ITALIENISCH	SPANISCH	RUSSISCH	Nr.
idrosolubilità f	solubilidad en agua	растворимость в воде	4416
carta f non collata	papel sin cola	"водная" бумага, пропиточная бумага	4417
rigonfiamento m da idrogeno	bombeo por desprendimiento de hidrógeno	водородный бомбаж	4418
concentrazione f di ioni di idrogeno	concentración de los iones de hidrógeno (valor pH)	концентрация водородных ионов, концентрация ионов водорода	4419
prova f di corrosione da idrogeno	ensayo de corrosión de hidrógeno	испытание на коррозию с выделением водорода	4420
impermeabilità f all'acqua, resistenza f all'acqua	estanquidad al agua, impermeabilidad al agua	водонепроницаемость	4421
cotone m, ovatta f	algodón en rama, guata	вата, целлюлозная вата	4422
ovattare	enguatar	подбивать ватой	4423
tappo m di ovatta	tapón (de algodón)	ватный тампон; кусочек ваты, вкладываемый в склянки и трубочки	4424
imbottitura f di ovatta	enguatado, relleno de guata	ватная подкладка	4425
interazione f	interacción	взаимодействие	4426
imballaggio m a perdere, imballaggio m non riutilizzabile	envase/embalaje de un sólo uso, envase/ embalaje desechable, envase/embalaje no retornable, envase/ embalaje no consignable, ensave/embalaje perdido, envase/embalaje regalado, de un solo uso	разовая тара, тара для разового использования, необоротная тара	4427
flessibile, elastico	blando, flexible	мягкий, гибкий, эластичный	4428

Nr.	DEUTSCH	ENGLISCH	FRANZÖSISCH
4429	weich, weich gemacht	soft, plasticized	plastifié
4430	Weichfolie f	flexible film, plasticized film, non-rigid sheeting	feuille f souple, feuille plastifiée
4431	Weichholz n	softwood	bois m tendre
4432	weichmachen, plastifizieren	to plasticize	plastifier
4433	Weichmacher* m	plasticizer	plastifiant m
4434	Weich-Polyvinyl-chlorid* n (siehe 3002)	plasticized polyvinyl chloride	chlorure m de polyvinyle plastifié
4435	Weichverpackung* f	flexible package, package of flexible material	emballage m souple, emballage en matériel souple
4436	Weißband* n	tinplate band	bande f de fer-blanc
4437	Weißblech* n	tinplate	fer-blanc m, fer m étamé
4438	Weißblechdose f	tin can, tin	boîte f en fer-blanc
4439	Weißpappe* f	white mechanical pulp board	carton m bois blanc, carton m de pâte mécanique
4440	Weiterreißwiderstand* m, Weiterreißfestigkeit f	tear strength, tear resistance, propagational breaking strength	résistance f à la déchirure, résistance à la propagation de la rupture
4441	Weiterverwendung f	after-use, further use, subsequent utilization	utilisation f ultérieure, emploi m ultérieur

ITALIENISCH	SPANISCH	RUSSISCH	Nr.
plastificato	flexible, plastificado	пластифицированный	4429
foglio m flessibile, foglio m plastificato	película flexible	пластифицированная пленка, пластифицированный лист	4430
legno m tenero	película plastificada madera blanda	мягкая древесина	4431
plastificare	plastificar	пластифицировать	4432
plastificante m	plastificante	пластификатор, мягчитель	4433
cloruro m di polivinile plastificato	poli(cloruro de vinilo) plastificado	размягченный поливинилхлорид	4434
imballaggio m flessibile	envase flexible, envase de material blando	мягкая тара	4435
nastro m di banda stagnata	plancha de hojalata	лента (полоса) из белой жести	4436
banda f stagnata	hojalata, hierro estañado	белая жесть, луженая жесть	4437
barattolo m di banda stagnata	bote, lata (de hojalata)	банка из белой жести, консервная банка, жестяная консервная банка	4438
cartone m da pasta meccanica	cartón de pasta mecánica, cartón de madera blanca	белый картон	4439
resistenza f allo strappo, resistenza f alla lacerazione con incisione iniziale	resistencia al desgarro, resistencia a la propagación de la rotura	сопротивление раздиранию по надрыву, прочность при разрыве образца с надрезом	4440
uso m ulteriore, impiego m multiplo	utilización, empleo ulterior	дальнейшее употребление, дальнейшее использование (тары)	4441

Nr.	DEUTSCH	ENGLISCH	FRANZÖSISCH
4442	**Weithals** m	**large-neck finish, wide mouth**	**ouverture** f **large, goulot** m **large**
4443	**weithalsig**	**wide-necked, wide-mouthed, with large neck**	**à goulot large**
4444	**Weithalsflasche*** f	**wide-necked bottle**	**bouteille** f **à goulot large**
4445	**Weithalskanne*** f	**wide-neck(ed) drum, truncated-ring seal can with friction opening**	**touque** f **à goulot large**
4446	**Weithalsstandflasche** f	**wide-mouth bottle**	**bouteille** f **à goulot large**
4447	**Wellblech** n	**corrugated sheet metal, corrugated plate**	**tôle** f **ondulée, feuille** f **de métal ondulée**
4448	**wellen, riffeln, riefeln, mit Sicken versehen**	**to corrugate**	**onduler**
4449	**Wellenpapier** n, **Wellpappenwelle** f	**fluting, flute** (of corrugated board)	**papier** m **à cannelure, papier pour cannelure, cannelure** f **(du carton ondulé)**
4450	**Wellkunststoff*** m (siehe 1945, 3739)	**corrugated plastics**	**plastique** m **ondulé**
4451	**Wellpapier*** n (siehe 1245)	**corrugated paper**	**papier** m **ondulé**
4452	**Wellpappe*** f	**corrugated board, corrugated fibreboard, corrugated**	**carton** m **ondulé, ondulé** m
4453	**Wellpappe*** f, **dreiwellige Wellpappe**	**tri(ple)-wall(ed) corrugated board**	**carton** m **ondulé triple face, carton ondulé triple cannelé**
4454	**Wellpappe*** f, **einseitige Wellpappe**	**single-face corrugated board**	**carton** m **ondulé une face, carton ondulé simple face**

ITALIENISCH	SPANISCH	RUSSISCH	Nr.
imboccatura f larga	boca ancha	широкое горло, широкая горловина	4442
a imboccatura larga	de cuello largo	широкогорлый	4443
bottiglia f a imboccatura larga	botella de cuello ancho	широкогорлая бутылка	4444
bidone m a imboccatura larga	bidón de cuello largo	бидон с широкой горловиной	4445
bottiglia f a imboccatura larga	bidón, lata, de cuello largo	широкогорлая бутылка	4446
foglio m di metallo ondulato	plancha ondulada, lámina ondulada de metal	гофрированная листовая сталь, волнистое железо	4447
ondulare	ondular (en hispanoamérica se usa también "corrugar", mal expresado, anglicismo)	гофрировать, рифлевать, наносить рифления, желобить	4448
ondulazione f (di cartone ondulato)	acanalado (del cartón ondulado)	гофрированный картон, волнистый картон	4449
plastica f ondulata	plásticos ondulados	гофрированная пластмасса, волнистая пластмасса	4450
carta f ondulata	papel ondulado	гофрированная бумага	4451
cartone m ondulato	cartón ondulado, ondulado	гофрированный картон	4452
cartone m ondulato triplo	cartón ondulado triple cara, cartón ondulado triple acanalado	семислойный гофрированный картон	4453
cartone m ondulato semplice	cartón ondulado, una cara, cartón ondulado, cara simple	двухслойный гофрированный картон, односторонний гофрированный картон	4454

Nr.	DEUTSCH	ENGLISCH	FRANZÖSISCH
4455	Wellpappe* f, einwellige Wellpappe, zweiseitige Wellpappe (siehe 4457)	single-wall corrugated, double-face corrugated board	carton ondulé double face
4456	Wellpappe f, grobwellige Wellpappe	corrugated board with widely spaced flutes, giant (jumbo) corrugated	carton ondulé triple face, carton m ondulé en grosses cannelures
4457	Wellpappe f, zweiseitige Wellpappe (siehe 4455)	double-face corrugated board, single-wall corrugated	carton m ondulé double face
4458	Wellpappe* f, zweiwellige Wellpappe, Doppel-Doppelwellpappe f	double-double face corrugated board, double-wall(ed) corrugated	carton m ondulé double-double, carton ondulé quintuple face
4459	Wellpappenmaschine f	corrugated board making machine, corrugator	machine f pour la fabrication du carton ondulé
4460	Wellpappenrohstoff m	corrugating stock	papier m brut ou de base pour carton ondulé
4461	Wellpappepolster n	corrugated board cushion	rembourrage m en carton ondulé
4462	Wellpappeschachtel	corrugated (fibre)board box	caisse f en carton ondulé
4463	Wellung f	corrugation	ondulation f
4464	Werbepackung f, Werbeverpackung f	advertising package, promotional package	emballage m publicitaire, emballage de réclame
4465	werbepsychologische Verpackungsprüfung f	advertising psychological packaging test	analyse f de l'effet psychologique d'un emballage

ITALIENISCH	SPANISCH	RUSSISCH	Nr.
cartone m ondulato doppio	cartón ondulado doble cara	трехслойный гофрированный картон, одностенный гофрированный картон	4455
cartone m ondulato ad ondulazione alta, cartone ondulato m ad onda A	cartón ondulado de grandes acanaladuras (de canal A)	гофрированный картон с крупной волной	4456
cartone m ondulato doppio	cartón ondulado doble cara	трехслойный гофрированный картон, двусторонний гофрированный картон	4457
cartone m ondulato doppio-doppio	cartón ondulado doble-doble	пятислойный гофрированный картон, двустенный гофрированный картон	4458
ondulatrice f, macchina f per la fabbricazione del cartone ondulato	onduladora, máquina para la fabricación del cartón ondulado	машина для выработки гофрированного картона	4459
materia f prima per cartone ondulato	papel bruto o de base para cartón ondulado	бумага для гофра	4460
imbottitura f di cartone ondulato	relleno de cartón ondulado	упорный вкладыш (амортизатор) из гофрированного картона	4461
cassa f di cartone ondulato	caja de cartón ondulado	ящик из гофрированного картона, короб из гофрированного картона	4462
ondulazione f	ondulación	гофр	4463
imballaggio m pubblicitario, imballaggio m di propaganda	envase publicitario, envase/embalaje anunciador	рекламная тара	4464
test m psicologico sull'imballaggio, test m di imballaggio dal punto di vista psicologico	ensayo psicológico del envase publicitario	рекламно-психологический тест упаковок	4465

Nr.	DEUTSCH	ENGLISCH	FRANZÖSISCH
4466	werbewirksam, werbekräftig	advertising, of advertising value, appealing	publicitaire, incitant à l'achat
4467	Werbung f am Verkaufsort	point-of-purchase advertising, (POP advertising), point-of-sale advertising	publicité f sur le lieu de vente
4468	Werkstoff m, Material n, Packstoff m	material, packaging material	matériel m, matériaux mpl, matériaux mpl d'emballage
4469	wetterfest, wetterbeständig, witterungsbeständig	weatherproof, weather-resistant	résistant aux intempéries, à l'abri des intempéries
4470	Wickeldose* f, gewickelte Dose f	convolute can	boîte f enroulée, boîte bobinée
4471	Wickelhülse* f	winding core	mandrin m d'embobinage
4472	wickeln, aufwickeln	to wind (up), to coil	rouler, enrouler, embobiner
4473	wickeln, einwickeln, umwickeln	to wrap, to envelop	envelopper
4474	Wickelpappe* f	wound (paper)board	carton m en bobine
4475	wiederöffnen	to reopen	réouvrir
4476	wiederverschließen*	to reclose	refermer
4477	wiederverwendbare Verpackung f	reusable package	emballage m réutilisable
4478	Wiederverwertung f	recycling	recyclage m

ITALIENISCH	SPANISCH	RUSSISCH	Nr.
pubblicitario, che incita all'acquisto	**publicitario, incitante a la venta**	**рекламный, привлекательный** (внешний вид товара или тары)	4466
pubblicità f **sul luogo di vendita**	**publicidad en el lugar de venta** (PLV)	**реклама на месте продажи, реклама в магазинах розничной торговли**	4467
materiale m **d'imballaggio, materiali** m pl **d'imballaggio**	**material, materiales, materiales de envase/ embalaje**	**материал, упаковочный материал**	4468
resistente alle variaziono climatiche	**resistente a la intemperie, inalterable a la intemperie**	**погодостойкий, погодоустойчивый, атмосферостойкий**	4469
barattolo m **ad avvolgimento parallelo**	**envase enrollado, envase embobinado**	**комбинированная банка, бумажно-металлическая комбинированная банка**	4470
mandrino m **d'avvolgimento**	**núcleo (bobinador)**	**накатная (намоточная) втулка, накатная (намоточная) гильза, накатная (намоточная) муфта**	4471
avvolgere in bobina, arrotolare	**enrollar, envolver, embobinar**	**наматывать, навивать**	4472
avvolgere	**envolver**	**обертывать, завертывать**	4473
cartone m **arrotolato**	**bobina de papel, cartón**	**оберточный (намоточный) картон**	4474
riaprire	**reabrir, volver a abrir**	**вновь открывать**	4475
richiudere	**recerrar, volver a cerrar**	**вновь укупоривать**	4476
imballaggio m **riutilizzabile**	**envase/embalaje reutilizable**	**многооборотная тара, возвратная тара**	4477
riciclaggio m, **riciclo** m	**reciclado**	**повторное (вторичное) использование** (регенериванного) **материала**	4478

Nr.	DEUTSCH	ENGLISCH	FRANZÖSISCH
4479	Wiege-Füllmaschine f, Abfüllwaage f, Wäge-Füllmaschine	gravity filling machine, weight filling machine, fill-weigher	remplisseuse f par gravité, peseuse-remplisseuse f, balance f pour le remplissage
4480	Wiegemaschine f Wägemaschine f	weighing machine, scales pl	peseuse f, bascule f
4481	Windung f	turn, coil, winding, spire	tour m détour m, spire f
4482	Winkeleisen n	angle iron, angle steel	fer m à cornière, fer d'angle
4483	Wlnkelflansch m	angle flange	bride f angulaire, bride à cornières
4484	Winkelstütze f	angle bracket, supporting angle piece	ferrure f de console, équerre f de support
4485	Wirbelsprühkopf m	break-up spray actuator (head)	bouton-poussoir m tourbillonnaire
4486	wirksam, wirkungslos	efficient, effective, inefficient, ineffective	efficace, effectif, sans effet, inefficace
4487	Wirkstoff* m	agent	agent m, matière f active
4488	Wirkungsweise f	mode of operation, mode of action, performance	manière f d'opérer, mode m de fonctionnement
4489	witterungsbeständig, wetterbeständig	weather-resistant	résistant aux intempéries
4490	wölben, sich wölben	to vault, to arch, to curve	voûter, se voûter, faire des voûtes, se gondoler
4491	Wollfilzpapier n	wool-felt paper	papier-feutre m laineux

ITALIENISCH	SPANISCH	RUSSISCH	Nr.
macchina f **riempitrice a peso**	**máquina llenadora por gravedad, pesadora-llenadora, balanza para el llenado, ponderal**	взвешивающая и наполнительная машина	4479
macchina f **pesatrice, bilancia**	**máquina pesadora, pesadora ponderal**	взвешивающее устройство	4480
avvolgimento m, **spira** f	**vuelta en espiral, espiral, envuelta**	виток (напр. обмотки, пружины)	4481
angolare m **in ferro**	**hierro angular, acero angular, cantonera**	угловая сталь	4482
nastro m **per angoli**	**brida angular**	угловой фланец	4483
supporto m **angolare**	**soporte, puntal angular**	угловой кронштейн, угловой фиксатор (груза), угловая опора	4484
erogatore m **a spruzzo a vortice**	**botón pulsador, pulverizador**	клапан с механическим диспергированием струи (в аэрозольной упаковке)	4485
efficiente, efficace, inefficiente, inefficace	**eficiente, eficaz, sin efecto, ineficaz**	эффективный, действенный; безрезультатный, безуспешный	4486
agente m, **principio** m **attivo**	**agente**	агент, действующий фактор	4487
modo m **di impiego, sistema** m **di funzionamento**	**forma, modo de operar, actuar, modo de funcionamiento**	принцип действия, принцип работы	4488
resistente alle intemperie	**resistente a la intemperie**	погодостойкий, стойкий к атмосферным влияниям	4489
curvare, inarcarsi	**arquearse, abombarse, alabearse**	округляться, изгибаться, образовывать свод	4490
carta f **(in feltro di) lana**	**papel fieltro, lanoso**	бумага-основа с содержанием шерсти	4491

Nr.	DEUTSCH	ENGLISCH	FRANZÖSISCH
4492	**Wollfilzpappe** f	**wool-felt board**	**carton-feutre** m **laineux**
4493	**Wrap-around...**	**wrap-around ...**	**... enveloppant**
4494	**Wulst** f	**bead(ing), bulb, bulge, reinforcement**	**renflement** m, **bourrelet** m, **renforcement** m
4495	**zähflüssig, viskos**	**viscous, semifluid, consistent**	**visqueux, consistant**
4496	**Zähigkeit** f, **Härte** f	**toughness, tenacity**	**ténacité** f, **dureté** f
4497	**Zählapparat** m	**counter, counting device**	**appareil** m **à compter, compteur** m
4498	**Zangenhefter** m	**stapling pliers**	**pince-agrafeuse** f
4499	**Zapfen*** m (siehe 3771)	**stopper, plug, peg**	**tampon** m, **bouchon** m, **cheville** f
4500	**Zapfloch*** n	**tap-hole**	**bonde** f, trou m **de bonde**
4501	**Zarge*** f, **Rumpfzarge** f (Rumpf eines Packmittels ohne Boden und Deckel) (siehe 3281)	**body blank** (body of a package without ends)	**flan** m, **corps** m (corps d'un emballage sans fond et couvercle)
4502	**Zargenbördelmaschine** f	**body-flanging machine**	**machine** f **à bord(el)er les corps de boîtes**
4503	**Zargenrundmaschine** f, **Zargenbiegemaschine** f (für Dosen)	**body-forming machine**	**machine** f **cintrer les corps de boîtes**
4504	**Zellfaser** f	**synthetic cellulose fibre**	**cellulose** f

ITALIENISCH	SPANISCH	RUSSISCH	Nr.
cartone m (in feltro di) lana	cartón-fieltro	картон-основа с содержанием шерсти	4492
avvolgimento m totale	envoltura en torno	обертка	4493
rigonfiamento m	abombamiento	утолщение, выступ, вздутие; буртик, зиг, ребро жесткости	4494
viscoso, semifluido	viscoso, semiflúido	вязкий, густой, вязкотекучий	4495
durezza f, tenacità f	tenacidad, dureza	вязкость, твердость	4496
dispositivo m contatore	aparato contador, contador	счетчик	4497
aggraffatrice f, pinza f aggraffatrice	pinza grapadora, grapadora	щипцы для сшивания проволочными скобами	4498
tappo m, cocchiume m	tapón (de madera), espita, canilla	затычка, пробка (бочки), втулка	4499
foro m di spillatura, foro m di colata	perforación	отверстие для пробки	4500
corpo m (corpo di un imballaggio senza fondo e senza coperchio)	costado, cuerpo virola (de un envase o embalaje, sin tapa ni fondo)	корпус	4501
macchina f bordatrice per corpi scatola	máquina rebordeadora de los cuerpos de los envases	машина для отбортовки корпусов,отбортовочная машина	4502
macchina f formatrice del corpo scatola	máquina formadora de cuerpos de envases (botes de hojalata)	корпусообразующая машина, формирующий узел корпусной машины	4503
cellulosa f	celulosa, fibra celulósica sintética	волокно целлюлозы, целлюлозное волокно	4504

Nr.	DEUTSCH	ENGLISCH	FRANZÖSISCH
4505	**Zellglas*** n (Gattungsbegriff für Zellulosehydratfolie)	**regenerated cellulose (film), cellophane**	**cellophane** m, **feuille** f **cellulosique**
4506	**Zellglasfolie** f	**cellulose film, cellophane film**	**feuille** f **de cellophane, feuille de cellulose**
4507	**Zellglaswolle*** f	**cellulose wool**	**laine** f **de cellophane**
4508	**Zellstoff** m, **Zellfaserstoff** m (techn.), **Cellulose** f (chem.) (siehe 1156)	**pulp** (tech.), **chemical pulp, cellulose** (chem.)	**pâte** f **de bois** (techn.), **cellulose** f (chim.), **pâte f chimique**
4509	**Zellstoffpappe** f	**pulpboard, millboard**	**carton** m **à pâte de bois**
4510	**Zellstoffwatte*** f	**pulp wadding, pulp cotton, cellucotton**	**ouate** f **en pâte de bois, ouate cellulosique**
4511	**Zellulose** f, **Cellulose** f (chem.), **Zellstoff** m, **Zellfaserstoff** m (techn.)	**cellulose** (chem.), **pulp** (techn.)	**cellulose** f (chim.), **pâte f de bois** (techn.)
4512	**Zellwolle** f, **Viskose-Zellwolle** f	**synthetic wool, rayon staple fibre, viscose staple fibre**	**fibran(n)e** f, **laine** f **viscose (de cellulose)**
4513	**zerbrechen**	**to break, to fracture**	**(se) briser, (se) casser, (se) rompre**
4514	**zerbrechlich!**	**fragile!**	**fragile!**
4515	**zerbrechlich, brüchig**	**fragile, breakable, brittle**	**fragile, cassant, fragmenteux**
4516	**Zerbrechlichkeit** f	**fragility, brittleness**	**fragilité** f

ITALIENISCH	SPANISCH	RUSSISCH	Nr.
foglio m **di cellulosa rigenerata, cellofan** m	**celofán, película celulósica**	**целлофан** (общее название), **пленка из регенерированной целлюлозы, целлофановая пленка, целлюлозная пленка**	4505
foglio m **di cellofan, foglio** m **di cellulosa**	**película de celofán, película celulósica** (celulosa regenerada)	**целлюлозная пленка, целлофановая пленка, целлофан**	4506
lana f **di cellulosa**	**lana de celulosa**	**целлофанная шерсть**	4507
pasta f **di cellulosa (chim.), pasta** f **di legno (tecn.)**	**pasta** (de madera), **pasta química, celulosa**	**целлюлоза, техническая целлюлоза, целлюлозный волокнистый материал** (техн.)**; клетчатка** (хим.)	4508
cartone m **di pasta di legno**	**cartón de pasta de madera**	**целлюлозный картон**	4509
ovatta f **di cellulosa**	**guata de pasta de madera, guata celulósica**	**целлюлозная вата, алигнин, "целл-креп"**	4510
cellulosa f **(chim.), pasta** f **di legno (tecn.)**	**celulosa** (química), **pasta de madera** (técnica)	**клетчатка** (хим.)**; целлюлоза, техническая целлюлоза, целлюлозный волокнистый материал** (техн.)	4511
fibra f **sintetica di viscosa (lana** f **viscosa di cellulosa)**	**lana sintética, rayón, viscosa** (de celulosa)	**целлюлозная шерсть, штапельное волокно, вискозное штапельное волокно**	4512
rompere, rompersi	**romper** (se), **fracturar** (se)	**ломать, сломать(ся), разбить(ся)**	4513
fragile!	**frágil** (voz, marca simbolo de manipulación)	**Хрупкое!, Обращаться осторожно!**	4514
fragile, facile alle rotture	**frágil, rompible, quebradizo**	**ломкий, хрупкий, бьющийся**	4515
fragilità!	**fragilidad**	**ломкость, хрупкость**	4516

Nr.	DEUTSCH	ENGLISCH	FRANZÖSISCH
4517	zerlegbare Verpackung* f	dismountable package, collapsible package	emballage m démontable, emballage désassemblable
4518	zerreißbar	tearable	déchirable
4519	zerreißen	to tear, to break, to rupture	déchirer, se déchirer, rompre (par traction)
4520	Zerreißfestigkeit f, Zugfestigkeit f	ultimate strength, tensile strength, tear strength, maximum load	résistance f à la rupture (par traction)
4521	Zerreißprobe f, Zerreißversuch m	tension test, tensile test, breaking test	essai m de rupture (par traction), épreuve f à la rupture (par traction)
4522	zersetzen, sich zersetzen, verderben	to decompose, to disintegrate	se décomposer, se corrompre
4523	zerspringen, zersplittern, zerbersten	to crack, to burst, to break (to pieces)	se briser, se rompre, éclater
4524	zerstäuben	to atomize, to spray, to pulverize, to vapourize	pulvériser, atomiser, vaporiser
4525	Zerstäuber* m	atomizer, sprayer, pulverizer, vapourizer	atomiseur m, vaporisateur m, diffuseur m
4527	ziehen, in Form ziehen	to draw (sheet metal)	étirer, draper (des feuilles de métal)
4528	ziehen, tiefziehen (mit Stempel)	to deep draw	emboutir
4529	Ziehpappe* f	board for pressing	carton m pour emboutissage
4530	Ziehverfahren n, Extrusion f	extrusion (process)	extrusion f, boudinage m

ITALIENISCH	SPANISCH	RUSSISCH	Nr.
imballaggio m smontabile	embalaje desmontable, embalaje plegable, embalaje desarmable	разборная тара, разборный ящик	4517
strappabile	desgarrable	разрываемый, раздираемый	4518
strappare, rompere (per trazione)	desagarrar (se), romper (por tracción)	разорвать(ся), разодрать, изорваться	4519
resistenza f alla rottura (per trazione)	resistencia a la rotura (por tracción)	сопротивление разрыву, сопротивление раздиранию, прочность на разрыв, прочность на растяжение	4520
prova f di trazione	ensayo de rotura (por tracción), prueba de rotura (por tracción)	испытание на разрыв, испытание на раздирание	4521
decomporsi, disintegrarsi	descomponerse, desintegrarse, corromperse	разлагать(ся), портить(ся), гнить	4522
scoppiare, sbriciolarsi, frantumarsi	romperse, quebrarse, reventarse	лопаться, трескаться, разрываться на части	4523
polverizzare, atomizzare, vaporizzare	pulverizar, atomizar, vaporizar	распылять, рассеивать	4524
polverizzatore m, vaporizzatore m, diffusore m	atomizador, pulverizador, vaporizador, difusor	распылитель, пульверизатор, разбрызгиватель	4525
stirare (di foglio metallici)	estirar, formar (planchas metálicas)	тянуть, подвергать вытяжке, вытягивать	4527
imbutire (con punzone)	embutir (embutir profundamente, con prensa)	подвергать глубокой вытяжке, подвергать глубокому вытягиванию (с применением толкателя)	4528
cartone m per imbutitura	cartón de embutición	штамповочный картон	4529
estrusione f	extrusión, embutición	вытягивание, вытяжка, экструзия	4530

Nr.	DEUTSCH	ENGLISCH	FRANZÖSISCH
4531	Ziehverfahren n, Kunststoffolien-Tiefziehen n	deep drawing (plastics film)	emboutissage m
4532	Zierband* f	decorative ribbon	ruban décoratif
4533	Zierkapsel* f (siehe 1962)	decorative cap	capsule f décorative, capsule fantaisie
4534	Zierplombe* f	decorative lead	sceau m de plomb décoratif
4535	Zierverpackung f	fancy package	emballage m de luxe et de fantaisie
4536	Zigarettenpackung f	pack of cigarettes, cigarette packet	paquet m de cigarettes, emballage m à cigarettes
4537	Zigarrenschachtel f, Zigarrenkiste f	cigar box	boîte f à cigares
4538	Zinkblech n	zinc plate, sheet zinc, galvanized sheet (metal)	zinc m laminé, tôle f de zinc
4539	Zinnblech n, Weißblech n	tin plate, sheet tin	fer-blanc m, fer m étamé
4540	Zinnfolie f, Blattzinn n, Stanniol n	tin foil	feuille f d'étain, étain m en feuilles
4541	Zufallspackung* f	pack at random	emballage m aléatoire
4542	Zuführeinrichtung f, Zuführer m	feed(er) device	alimentateur, m alimentation f, dispositif m d'alimentation, margeur m
4543	Zuführtisch m	feeding table	table f d'alimentation
4544	Zuführung f, Zuführung von Hand, selbsttätige Zuführung	feed(ing), hand feed(ing), automatic feed(ing)	alimentation f, alimentation à la main, alimentation automatique

ITALIENISCH	SPANISCH	RUSSISCH	Nr.
imbutitura f (di film plastici)	embutición, proceso de embutición, embutición profunda de láminas plásticas, o metálicas	глубокая вытяжка	4531
nastro m decorativo	banda, cinta decorativa	декоративная лента	4532
capsula f decorativa	cápsula, tapa, decorativa	декоративная капсула	4533
piombino m decorativo, sigillo m decorativo	plomo decorativo	декоративная пломба	4534
imballaggio m da regalo, imballaggio m di lusso	envase de lujo, envase de fantasía	декоративная упаковка	4535
pacchetto m sigarette	paquete de cigarrillos	папиросная упаковка, пачка папирос	4536
scatola m per sigari	caja de puros	сигарная коробка	4537
foglio m di zinco, lastra f di zinco	zinc laminado, plancha de zinc	цинковый лист, листовой цинк	4538
banda f stagnata	plancha estañada, hojalata	листовое олово, белая жесть	4539
foglio m di stagno, stagnola f	hoja, lámina de estaño, hojalata, estaño en hojas	оловянная фольга, станиоль	4540
confezione f a riempimento casuale	envase casualmente lleno	упаковка со случайным количеством содержимого материала	4541
alimentatore m	dispositivo alimentador (de una máquina)	подающий механизм, подающее устройство, автоподатчик	4542
tavolo m di alimentazione	mesa de alimentación	загрузочный стол	4543
alimentazione f, alimentazione f manuale, alimentazione f automatica	alimentación, alimentación a mano, alimentación automática	ручная подача; самоходная подача	4544

Nr.	DEUTSCH	ENGLISCH	FRANZÖSISCH
4545	**Zuführung** f **durch Gefälle**	**gravity feed**	**alimentation** f **par gravité**
4546	**Zugbeanspruchung** f	**tensile stress, stretching strain**	**effort** m **de traction, effort de tension**
4547	**zugelassene Verpackung** f	**approved package**	**emballage** m **approuvé**
4548	**Zugfestigkeit*** f, **Festigkeit** f **gegen Zugbeanspruchung** f, **Zerreißfestigkeit** f	**tensile strength, tear strength, breaking strain**	**résistance à la traction, résistance à la déchirure, résistance à la tension, résistance à la rupture**
4549	**Zugfestigkeitsprüfung*** f	**tensile test, tension test, tensile-strength test**	**essai** m **de traction, essai de résistance à la déchirure**
4550	**Zugprüfmaschine** f, **Zugfestigkeitsprüf-maschine** f	**tensile(-strength) test machine**	**machine** f **à essayer les matériaux à la traction, appareil** m **à éprouver la résistance à la tension**
4551	**Zugspannung** f	**tensile stress, tensile strain, traction force**	**effort** m **de traction**
4552	**Zulassung** f	**approval**	**approbation** f
4553	**Zungenverschluß*** m	**tuck-in closure, locking tongues (closure), hooked lock**	**fermeture** f **par languettes, fermeture par pattes rentrantes, fermeture à crochets**
4554	**zupfropfen, zustopfen**	**to plug (up), to stop (up)**	**tamponner, bouchonner**
4555	**zusammenklappbar, zusammenlegbar**	**collapsible, foldable**	**pliable, (re)pliant**

ITALIENISCH	SPANISCH	RUSSISCH	Nr.
alimentazione f per gravità, alimentazione f per caduta	alimentación por gravedad	гравитационная подача, питание самотеком	4545
sollecitazione f alla trazione	esfuerzo de tracción, esfuerzo de tensión	напряжение при растяжении, растягивающая нагрузка	4546
imballaggio m autorizzato, imballaggio m approvato	envase, embalaje autorizado	допущенная упаковка	4547
resistenza f alla trazione, resistenza f allo strappo, resistenza f alla tensione	resistencia a la tracción, resistencia al desgarro, resistencia a la tensión, resistencia a la rotura (por tracción)	прочность при растяжении, прочность на растяжение, сопротивление разрыву при растяжении	4548
prova f di trazione	ensayo de tracción, ensayo de resistencia al desgarro	испытание прочности на разрыв при растяжении	4549
apparecchio m per prova di trazione	máquina o aparato para ensayar la resistencia a la tracción o a la tensión de los materiales	машина для испытания на растяжение, прибор для испытания сопротивления растяжению	4550
sforzo m di trazione	esfuerzo de tracción	напряжение при растяжении, растягивающее напряжение	4551
autorizzazione f, approvazione f	autorización	допуск, прием	4552
chiusura f con linguette	cierre por lengüetas, cierre por patillas penetrantes, cierre por enganches	закупорка картонной коробки при помощи замка, состоящего из язычка и ушка	4553
tappare	taponar, obturar	закупоривать, затыкать	4554
pieghevole, deformabile	plegable, comprimible	складной	4555

Nr.	DEUTSCH	ENGLISCH	FRANZÖSISCH
4556	**zusammensacken** (von Füllgut in der Verpackung)	**to set** (products set in the package)	**tasser** (produits se tassant dans l'emballage)
4557	**zusammenschrumpfen**	**to shrink, to contract**	**se rétrécir, se ratatiner**
4558	**Zusatzstoff** m	**additive**	**additif** m
4559	**Zuschnitt** m (gestanzter Rohling)	**blank**	**flan** m, **feuille** f **préparée, ébauche** f **estampée**
4560	**Zuschnitt** m (z.B. einer Faltschachtel)	**blank** (e. g. of a folding box)	**découpe** f (p. ex. d'une boîte pliante)
4561	**Zuschnitt-Einschlag-Maschine** f	**wrap-around machine**	**machine** f **à envelopper**
4562	**Zweierpackung** f	**twin-pack, two-unit package**	**emballage** m **à deux unités**
4564	**Zweikomponentendose*** f	**dual-compartment can, can with two separate sections** (for two different products)	**boîte** f **à deux compartiments** (pour deux différents produits)
4565	**Zweikomponentenklebstoff** m, **Mischklebstoff** m	**two-component adhesive, mixed adhesive**	**colle** f **de mélange, adhésif** m **à deux composants**
4566	**Zweinahtbeutel*** m	**double-seam (flat) bag, bag with two side seams**	**sachet** m **(plat) à deux coutures (latérales)**
4563	**Zweikammer-Aerosolpackung*** f	**two-chamber aerosol pack**	**emballage** m **aérosol à deux compartiments**
4567	**zweiseitig gestrichenes Klebeband** n	**double coated tape**	**ruban** m **adhésif double face**

ITALIENISCH	SPANISCH	RUSSISCH	Nr.
stipare (prodotti che comprimono nell'imballaggio)	**amontonarse, apretujarse** (los productos dentro de un embalaje)	утрамбовывать (материал сыпучей консистенции в таре)	4556
retrarre, retrarsi	**contraerse, retraerse, encogerse**	сокращаться, усаживаться	4557
additivo m	**aditivo**	добавка, примесь, присадка	4558
fustella f	**corte, recorte,** (en imprenta: molde de cartón), **pieza estampada, impresa, o troquelada** (en bruto)	заготовка, плоская заготовка	4559
fustellato m (ad esempio di una scatola pieghevole)	**recorte, troquel** (por ejemplo: de una caja plegable)	заготовка, развертка (картонной коробки или ящика)	4560
macchina f **avvolgitrice**	**máquina para envolver (envasar - embalar) etorno, máquina wrap-around**	покройно-оберточная машина	4561
imballaggio m **di due unità**	**envase/embalaje para dos unidades**	упаковка двустучная	4562
barattolo m **a due scomparti** (per due differenti prodotti)	**bote o lata de dos compartimentos** (para dos productos diferentes)	двухкомпонентная банка	4564
adesivo m **a due componenti**	**cola, adhesivo mezclado de dos componentes**	двухкомпонентный клей, комбинированный клей	4565
sacchetto m **piatto con due cuciture longitudinali**	**bolsa** (plana) **con dos costuras** (laterales)	гладкий пакет, склеенный по двум бокам в виде кармана	4566
aerosol m **a camera doppia**	**aerosol de cámara doble**	аэрозольная упаковка, состоящая из двух частей	4563
nastro m **adesivo sulle due facce**	**cinta adhesiva de doble cara**	клейкая лента с двусторонним покрытием	4567

Nr.	DEUTSCH	ENGLISCH	FRANZÖSISCH
4568	zweiseitige Wellpappe f, einwellige Wellpappe (siehe 4455)	double-face corrugated, single-wall(ed) corrugated board	carton m ondulé double face
4569	zweiteilige Faltschachtel f	two-piece folding case	caisse f pliante (en) deux pièces
4570	Zweitnutzen m	secondary use	usage m secondaire
4571	Zweiwegepalette f (Einfahrt aus zwei entgegengesetzten Richtungen)	two-way pallet (entry from two opposite directions)	palette f à deux entrées (passage sur deux côtés opposés)
4572	zweiwellige Wellpappe f, Doppel-Doppelwell-pappe f	double-wall(ed) corrugated board, double-double face corrugated	carton m ondulé double-double
4573	Zwillingspackung f	twin package	emballage m jumeau
4574	Zwirbelverschluß m, Dreheinschlag* m	twisting closure, torsion seal, twisted wrapping	fermeture f par toronnage, enveloppe f tordue
4575	Zwischenlage* f (siehe 854)	inserted liner, intermediate layer	doublure f insérée, lame f intermédiaire, couche f intermédiaire
4576	Zwischenlaufpapier n, Zwischenschichtpapier n	interlayer paper	papier m de protection, papier intermédiaire
4577	Zwischenpalette f	intermediate pallet	palette f intermédiaire
4578	Zwischenschicht f	interlayer	couche f de liaison, intercouche f

ITALIENISCH	SPANISCH	RUSSISCH	Nr.
cartone m ondulato doppio, cartone m ondulato ad una ondulazione	cartón ondulado doble cara, cartón ondulado una sóla cara (simple)	трехслойный гофрированный картон	4568
astuccio m in due pezzi, scatola f pieghevole in due pezzi	caja plegable de dos piezas	картонный ящик из двух деталей, складная коробка с приставным поясом	4569
utilizzo m secondario	uso secundario, segundo uso	вторичное (ис)пользование, вторичная польза	4570
paletta f a due vie (entrata dalle due opposte direzioni)	paleta de dos entradas (las horquillas de la carretilla elevadora pueden entrar por dos lados)	двухзаходный поддон (ввод вилочных захватов погрузчика с двух противоположных сторон)	4571
cartone m ondulato triplo, cartone m ondulato doppio-doppio	cartón ondulado doble-doble	пятислойный гофрированный картон	4572
imballaggio m abbinato	envases gemelos	двойная упаковка, сдвоенная упаковка	4573
chiusura f per torsione, avvolgimento m per torsione	cierre por torsión, envoltura por torsión	закрывание (пакета) "вперекрутку", завертка "взакрутку"	4574
foglio m intermedio, strato m intermedio	capa inserta, lámina intermediaria o intercalada, película intercalada	прокладка, внутренний слой, промежуточный слой, перегородка	4575
carta f di protezione, carta f intermedia	papel de protección, papel intermedio	бумажная прокладка, прокладочная бумага	4576
paletta f intermedia	paleta intermedia	промежуточный поддон	4577
strato m intermedio	capa intermedia, lámina de unión, intercapa	промежуточный слой, прослойка, промежуточное покрытие	4578

Nr.	DEUTSCH	ENGLISCH	FRANZÖSISCH
4579	**Zwischenschichtendruck*** m, **Sandwichdruck** m	**sandwich print(ing)**	**impression** f **(en) "sandwich"**
4580	**Zylinderfaß** n	**cylindrical barrel, cylinder-shaped barrel**	**fût** m **cylindrique, fût en forme de cylindre**

English (Findex)

A

B

body blank 3281
body flange 3276
body hoo 3278
body label 3277
body paper 3221
body tear stri 3275
body-flanging machine 4502
body-forming machine 4503
bodymake 3279
bodymake 706
bodymaker 502
bogus board 3460
boil fast 2121
boil resistant 2121
boilable pouch 2122
boil-in-bag-package 2122
boilproof 2121
to bolt 4226
to bolt 4274
bolt and nut 3449
(bolt) nut 3452
bolt staple 3404
bolt with nut 2622
bond 2059
to bond 2066
to bond 2402
bond strength 1638
bond strength 1981
bond strength 2057
bond strength 3609
bonded seal 2080
bond(ing) 4166
bonding (binding) agent 450
bonding material 2083
bonding strengt 2403
bond(ing) strength 4125
bonding strength 447
bonding test 2077
bone glass 2587
book sleev 543
bookbinder's cardboard 540
bookbinding board 540
border 3119
to border 3111
to border 4020
bordered capsule 504
bordering machine 3110
bordering machine 505
bottle 1192
to bottle 1195
to bottle 1332
to bottle 25

to bottle 26
to bottle 2784
to bottle 4181
bottle bottom 1197
bottle cap 1203
bottle cap 1216
bottle capping machine 1204
bottle capsule 1203
bottle carrier 1212
bottle closing or sealing machine 1215
bottle closure 1216
bottle corker 1213
bottle corking machine 1213
bottle crate 1205
bottle deposit 1207
bottle gasket 1198
bottle jacket 1201
bottle "Meplat" 2549
bottle neck 1200
bottle neck 1662
bottle packing machine 1214
bottle rinsing machine 3669
bottle rinsing or washing machine 1210
bottle sleeve 1201
bottle stopper 1211
bottle washer 1210
bottle with internal thread 1193
bottle with screw cap (closure) 1194
bottle wrapper 1201
bottle wrapping (paper) 1206
bottle (wrapping) tissue 1209
bottle-disk rubber sealing rin 1208
bottle-green 1538
bottles 3273
bottle-shaped can 1202
bottling lin 21
bottling machine 1196
bottling machine 22
bottom 4076
bottom 494
bottom and top end) 695
bottom bag 496
bottom bag with gussets 3541
bottom batten 500
bottom cleat 500
bottom edge 4072
bottom end 494
bottom filling 4070
bottom flap 501
bottom fold 498
bottom folding and seaming machine 499
bottom force 1309

bottom part 4076
bottom seam 498
bottom strengthening hoo 1362
bottom! this side down! 4069
bottoming machine 499
bow-heavy 2186
box 1992
box 3331
to box 4182
to box 867
box blank 1978
box blank 3336
box filling machine 3332
box filling machine 866
box for milk bottles 2586
box hardboard 1703
box making machine 1972
box of agglomerated chips 3046
box palle 515
box pallet with mesh panels 1510
box parts cut to size 2037
box protection 2033
box tape 3854
box wall 2034
box with body or sleeve and two end sections
    or lids 3280
box wrap 3335
boxboard 1973
boxboard 3334
boxes etc.) 3273
boxing machine 3332
boxing machine 866
to brace 4165
to brace 4287
bracing 4292
bracing 74
bracing 79
brad 739
to braid 4022
(braided) demijohn 4065
braided demijohn 1526
branding iro 830
brass 2555
brass foil 2557
brass plate 2556
to braze 1700
brazed flange 2440
to break 2114
to break 3169
to break 4513
to break 4519
to break (to pieces) 4523

breakable 4515
breaking length 3171
breaking resistance 530
breaking strain 3170
breaking strain 4548
breaking strength 2115
breaking strength 532
breaking stress 2118
breaking test 4521
break-up spray actuator (head) 4485
breather hole 941
breathing package 206
breathing package 4188
bright 1512
bright surface 2717
brightness 1515
brilliancy 1515
brilliant 1512
brilliant surface 2717
brimful contents 3809
British gum 647
brittle 1539
brittle 3661
brittle 4515
brittle 535
brittle point 1917
brittleness 4516
broad-flanged cap 523
broken surface 791
to bronze 2569
to bronze 527
brown 520
brown mechanical pulp board 2380
brown mechanical pulp paperboard 521
brown mechanical woodpulp 519
brown mixed pulp board 516
brown wood paper 517
brown wood paperboard 518
to brush 212
brush coating 3797
brush spreading 3797
to brush-coat 212
bubble 464
bubble pack 466
bubble pack 539
bucket 2254
bucket 826
to buckle 2114
to buckle 4300
buckling load 2117
buckling or deflection strength 416
buckling strength 2115

D

F

G

H

headspac 1382
headspac 2189
headspace 1238
headspace 4267
heat insulating 4381
heat insulation 1891
heat insulation 4376
heat insulator 1890
heat insulator 4379
heat lamination 1734
heat marking 829
heat resistance 1763
heat sealing 1735
heat sealing 1746
heat sealing 3582
heat transmission (rate) 4372
heat transmitting 4371
heat-and-serve food 1120
heat-and-serve meals 2123
heat-contact welding 4377
heated tool 1752
heated tool welding 1753
heated wedge 1752
heated wedge method 1753
heater 951
heatfix tape 1736
heat-impulse welding 4374
heating channel 1751
heating passage 1751
heating station 951
heating tunnel 1754
heat-insulating material 4375
heat-resistant 1762
heat-resistant 4370
heat-resisting 4370
heat-resisting quality 1763
heat-seal label 1740
heat-seal lacquer 1744
heat-seal tape 1738
heat-sealable 1742
heat-sealable paper 1747
heat-sealed joint 3583
heat-sealing adhesive 1743
heat-seal(ing) coating 1744
heat-sealing compound 1743
heat-sealing equipment 1745
heat-sealing iron 1739
heat-sealing machine 1745
heat-sealing paper 1747
heat-seal(ing) temperature 1748
heat-sealing wax 1749
to heat-weld 4400

heavy 3526
heavy duty 358
heavy goods container 3528
heavy goods package 3528
heavy plate 1573
heavy plate 3522
heavy-weight belly-barrel 3524
heel 1197
height appr. 4,76 mm) 1
height approx. 1,19 mm) 811
height approx. 3,2 mm) 323
height of fall 1009
height of head space 2385
heigth approx. 3,9 mm) 557
hemp linen 1686
hemp paper 1687
hemp rope 1688
hermetic 1376
hermetic 1384
hermetic 2450
hermetic 2454
hermetic 4058
hermetic 649
hermetic seal 2449
hermetically sealed 2450
hessians 3298
hexagonal drum 3835
HF welding 1772
high density 1784
high density 651
high density polyethylene 2688
high density polyethylene 2986
high flow 1225
high permeability 793
high polymer 1777
high pressure polyethylene 1771
high-frequency welding 1772
high-frequency welding equipment 1773
high-gloss foil or film 1517
high-gloss paper 1519
high-gloss paper 1774
highly extensible paper 1769
highly fluid 771
highly glazed paper 2843
high-shelf store 1778
high-speed machine 1776
high-temperature short time sterilisation 1775
hinge 3344
hinge(d) joint 3344
hinged lid 2040
hinged lid 3345
hinged-lid can 3346

I

interrupted 1872
inventory 2341
inviolable 4078
ionomers 1873
IR-irradiation 1874
iron hoop 3163
iron-band cutter 344
ironwood 1699
irradiation 413
irradiation of food 2371
isobutylene 1875
isomer 1893
ISO-standard 1894

J

jacket 1823
Japan(ese) paper 1896
jar 1393
jar 1536
to jar 3269
jaw 324
to jell 4134
to joggle 3269
to joggle 3479
to join 4115
joint 1038
joint 2059
joint 2639
jointed-band conveyor 1558
jointless 2642
to jolt 3269
jute 1901
jute canvas 1903
jute fibre 1902
jute linen 1903
jute sack 1904
jute wrapping linen 1905

K

kaolin 1957
kaolin 3014
Keep cool! 2338
keep cool! 2258
Keep dry! 2339
keep dry! 2632
keep dry! 3486
keep dry! 3957
keep dry! 4341

keep upright! 230
keep-fresh or preserving package 1328
keep-fresh paper 1327
keeve 514
keg 1080
keg 3903
keg 3905
keg 995
key-opening can 699
key-opening lid 56
kieselguhr 2014
kneading and mixing machine 2112
knuckle thread 1486
knuckle thread 3284
to knurl 3111
knurled cap box 3109
knurled closure 3112
knurling machine 3110
kraft board 2227
kraft cardboard 2652
kraft crêpe paper 2228
kraft duplex cardboard 2651
kraft mixed paper 2654
kraft (or Kraft) 2231
kraft paper 2231
kraft paper 2653
kraft paper 3839
kraft pulp 2234
kraft sack paper 2233
kraft sulphate paper 2653
kraft wrapping paper 2230
kraft-lined board 2232
kraftliner 2229

L

label 963
to label 967
label clip 965
label gumming machine 964
label overprinting machine 966
labeller 968
labelling 969
labelling machine 968
laboratory test 2307
lac varnish 2311
to lace 3441
to lace 4272
lacing 4273
lacquer 1063
lacquer 2308

M

N

to nail 2637
nail puller 2032
nailed wooden case 1797
nailing machine 2636
narrow neck 930
narrow-flanged grooved lid 3415
narrow-neck bottle 932
narrow-neck(ed) (fixed end) drum 931
natural limit of stress 4082
natural resin 2657
naturally aspirated 3549
neck 1662
neck 2616
nesting package 2663
net 2664
net bag 2665
net load 2710
net package 2669
net package 4217
net sack 2667
net tubing 2668
net weight 2382
net weight 3855
net window 2666
neutral 3304
neutral equilibrium 1549
neutralization number 3310
nitro-cellulose 2697
nitrocellulose 563
nitrogen package 3763
no-deposit bottle 2934
no-deposit bottle 890
nominal capacity 2662
nominal contents 1340
nominal contents 2661
nominal volume 2660
non-acid 3304
non-ageing 122
non-breakable 4080
non-clogging 2686
non-combustible 4051
non-conducitve 2680
non-conducting 2680
non-conductor 1879
non-corrodible 2211
non-corroding 2683
non-corrosive 3242
non-drying 2684
non-ductile 4048
non-fading paper 2848

non-ferrous metal 2676
non-fibrous 2677
non-food package 2699
non-food products 2679
non-foods 2679
nonfreezing 1399
nonfreezing 1909
non-ignitable 4061
non-inflammable 2675
non-inflammable 4051
non-lacquered seam area 2640
non-liquids 3770
non-magnetic 4068
non-poisonous 1506
non-register printing 1315
non-register printing 3806
non-register printing 749
non-reproducible 2682
non-returnable bottle 890
non-returnable package 4173
non-returnable package 891
non-rigid 4428
non-rigid sheeting 4430
non-skid 3294
nonskid 1556
non-skid coating 4015
non-slip 3294
nonslip 1556
non-tarnish 2685
non-toxic 1506
non-transparent 4059
non-volatile 2678
non-volatile 3525
non-woven (material) 4328
no-return bottle 2934
no-return bottle 890
no-return package 4173
no-return package 4427
no-return package 891
normal 2704
nose-heavy 2186
not do be dropped! 2672
Not to be tilted! Do not tilt! 2018
not to be tipped! 2671
notch 2004
notch bending test 2009
notch(ed) impact strength 2008
notched-bar impact test 2009
notch(ed-bar) impact-bending test 2007
notched-bar strength 2006
nozzl 775
nozzle 2616

P

polyacrylonitrile 2977
polyadhesive paper 2978
polyamid 2979
polybutene 2980
polybut(yl)ene 2981
polycarbonate 2982
polychrome 2527
polyester 2983
polyether 2984
polyethylene 2985
polyethylene therephthalate 2998
polyethylene-coated paper 2987
polyethylene-lined paper sack 2988
polyisobutylene 2989
polymer 2991
polymer coat(ing) 2990
polymeride 2991
polymerizate 2991
polyolefins 2992
poly-paper 2993
polypropylene 2994
polystyrene 2995
polyterephthalic acid ester 2998
polythene 2985
polyurethane 2999
polyvinyl acetate 3000
polyvinyl alcohol 3001
polyvinyl chloride 3002
polyvinylidene chloride 3003
polywax 3004
(POP advertising) 4467
pop tes 2612
porcelain 3013
porcelain clay 3014
porcelain package 3015
porosity 2456
porosity 3008
porosity test 3006
porous 3007
to portion 713
portion pack 3010
portioning machine 712
positive die 2912
positive mould 1336
post 3288
post and foo 3289
post pallet 3290
postal parcel 3016
postal sample bag 2620
postforming 2625
pot 1393
pottery 3746

pottery bottle 3747
pouch 417
to pour (out) 3481
pour spout 286
pour spout 294
pour spout 299
pour spout closure 287
pour spout seal 287
pourable or flowable product 1338
(pouring) spout 2616
pouring spout 3656
pouring spout 3989
to powder 3080
powder dispensing can 3076
powder lacquering 3081
powdered adhesive 2094
powdery 3079
PP polypropylene 3017
to prebreak 4344
to prebreak 522
precision balance 3030
to precrease 4344
to precrease 522
prefabricated package 4199
prefabricated package 4346
to prefold 4344
to prefold 522
pre-pack 1122
pre-pack ordinance 1123
pre-package 4353
prepackaged 4354
pre-pack(ag)ing 4353
prepared food 1120
prepared food 1121
prepared food 2123
pre-pricing 3031
preprinted 4348
presentation 225
to preserv 2161
preservation 2163
preservation 3028
preservative 2164
preservative 3487
preservative (agent) 3499
preservative agent 3029
preservative package 2166
to preserve 1664
to preserve 3027
preserved or canned food 2158
preserved-food can 1651
preserved-food can 2159
preserved-food can 3026

Q

R

S

spot check 3762
spot welder 3083
to spot-weld 3082
spot-welding apparatus 3083
spout 3989
spout bag 421
spray 3663
to spray 3648
to spray 410
to spray 4524
spray gun 3657
spray nozzle 3645
spray nozzle 3656
to spray off 71
to spray (on) 253
spray webbing 2130
spray webbing 4045
to spray (with the gun) 3655
sprayer 4525
sprayer 767
spraying can 3805
spraying cap 3664
spraying head 3665
spraying head 3807
to spread 214
to spread an adhesive 2084
spreader 3799
spreader tube 3108
spreading machine 3799
to spring 1098
spring action 1102
spring action 1105
spring catch 3426
spring lock 3426
spring reaction 1105
(spring) suspension 1102
spring suspension 1097
spring-clamped package 1100
spring-clamped package 4190
springiness 1102
spring(-type) shock absorber 1101
springy 1099
sprinkler can 3805
sprinkling can 3805
sprinkling nozzle 3807
spun fibre 3636
spun glass 1530
spun glass fabrics 1537
spun glass wadding 1544
square bag with gusset 3541
square can 4316
square thread 1176

square thread 1481
squeeze bottle 3650
stability 1546
stability 1666
stability 3677
stability 3693
stability 609
stabilizer 3676
stable 3692
stable 608
stable equilibrium 1550
stack 3703
to stack 256
to stack 3709
stack conveyor 3707
stackability 3706
stackable 3705
stacker 3716
stacker for pallets 251
stacker for pallets 2818
stacking 3713
stacking and unstacking machine 255
stacking by interlocked pattern 3714
stacking by interlocked pattern 4114
stacking palle 3290
stacking pallet 3711
stacking pattern 3710
stacking truck 3715
stain resistance 2224
stainless 2683
stainless 3245
to stam 309
stamp 3749
to stamp 3702
to stamp 3751
stamp printing 3750
stamping 3039
stamping calender 3020
stamping foil 3019
stamping press 3022
stamping press 3699
standard 2700
standard 2704
standard model 3687
standard of measurement 1589
standard of measurement 3689
standard package 3690
standard sheet 2701
standard specification 2700
standard specification 2706
standardization 2707
standardization 3994

T

U

W

Y

Z

Français (Findex)

boîte métallique à joint d'agrafe ou à jointure
  entrelacée 1394
boîte métallique à joint d'agrafe ou à jointure
  entrelacée 697
boîte métallique emboutie 1498
boîte métallique emboutie 698
boîte métallique non-étanche 2377
boîte (métallique) Pullmann 3077
boîte (métallique) rectangulaire 4316
boîte monobloc 2599
boîte non-étanche 4055
boîte non-étanche 701
boîte pliante 1027
boîte pliante 4230
boîte pliante à fenêtre 1118
boîte pliante à montage instantané 242
boîte pliante à monter 242
boîte pliante à rabats de dessous crochetés
  3734
boîte pliante à tiroir 3377
boîte (pliante) télescopique 3870
boîte pour ampoules 142
boîte pour denrées alimentaires 2372
boîte presse-bouton 3662
boîte raffinée 1109
boîte rigide 1296
boîte rigide 1305
boîte ronde 3283
boîte sertie avec trou de remplissage 1043
boîte télescopique 3820
boîte-bido 1946
boîte-cadeau 1451
boîteou caisse à corps ou manchon avec fond
  et couvercle 3280
boîtier-poudreu 3076
bombage par dégagement d'hydrogène
  4418
bombé 1496
bonbon 3672
bonbonn 2195
bonbonn 644
bonbonne 342
bonbonne 3673
bonbonne à l'acide 3301
bonbonne clissée 1526
bonbonne clissée 4065
bonbonne en verre 1525
bonbonne (en verre) clissée 4023
bonbonne (en verre) nue 1526
bonbonne (en verre) nue 4065
bonbonne nue 4023
bonbonnes et dame-jeannes) 1577

bonbonnièr 513
bond 3674
bonde 1093
bonde 3672
bonde 4500
bonde extra-fine 1111
bondon à vis 3675
bonne fluidité 1225
bor 503
bord 1948
bord 3119
bord inférieur 4072
bord rabattu 4021
bord de caisse 2036
bord (en)collé 2070
bord supérieur 2738
bord(age) de corps 3276
bord(el)er 4020
bordeler 506
border 506
bordeuse 6
bott 548
bouche 2616
bouche d'aérage 2465
bouche de dosage 719
bouche-bouteill 2200
bouche-bouteille(s) 1213
bouche-bouteille(s) 2203
boucher 2201
boucher 2938
boucher 4168
boucher 652
boucheus 1215
bouche-verseuse 3656
boucho 1093
boucho 1216
boucho 3771
boucho 3774
boucho 4265
bouchon 2937
bouchon 4499
bouchon à compte-gouttes 3980
bouchon à l'émeri 3406
bouchon à l'émeri 3772
bouchon à poignée 1572
bouchon (à) stilligoutte et (à) verseur 3979
bouchon à verse-gouttes 3979
bouchon à vis 3456
bouchon de drain 20
bouchon (de liège) 2200
bouchon de liège 2206è#2206
bouchon de remplissage 1348

F

G

H

non-étanchéité 4056
non-fibreux 2677
non-fragile 4080
non-inflammable 4051
non-inflammable 4061
non-magnétique 4068
non-oxydant 2774
non-pliable 4050
non-préparé 4049
non-reproduisable 2682
non-siccatif 2684
non-ternissant 2685
non-transparent 4059
non-vénéneux 1506
non-vieillissant 122
non-volatil 2678
norm 2700
normalisatio 2707
normalisatio 3994
normalisation des emballages 4218
normal(isé) 2704
normalisé 1431
normaliser 2702
normaliser 4140
norme DIN 676
norme ISO 1894
norme préparatoire 4349
noyau de bobine 3229
noyau de bobine 3671
numéroteu 2708
nylo 2711

O

objet coulé 1414
objet coulé 1504
objet moulé 1310
objet moule 3039
objet publicitaire 3175
obliquité du cône 2156
obstruer 4291
obturateu 1959
obturateur 4262
obturateur 4266
obturateur à compte-gouttes 3980
obturateur à déchirer 52
obturateur abritant le vide 4096
obturateur bec-verseur 287
obturateur de bouteilles 1211
obturateur de capsules 1963
obturateur-valve 4111

odeur étrangère 1324
oei 2754
oeillet 2754
offset 2757
offset sec 3965
oléfine 2761
on dénote le contenu de l'emballage: paquet
    de cigarettes ou emballage à cigarettes)
    2808
ondul 4452
ondulatio 4463
ondulé 1469
ondulé en grosses cannelures 1574
onduler 4448
opacit 2421
opacit 2765
opacit 4060
opacité ou imperméabilité aux U.V. 4084
opalescenc 2764
opaque 2420
opaque 2763
opaque 4059
opératio 192
opération 189
ordures 2606
oreill 545
oreille 2754
orienté à deux axes 436
orienter 3147
orienter 4293
orifice 2616
orifice 2745
orifice de pulvérisation 37
orifice d'écoulement 37
orifice conique droit (ou inversé) 777
orifice conique inversé 2155
orifice d'aération 282
orifice d'aération 37
orifice de diffuseur 3666
orifice de remplissage 1347
orner 4301
osier 2197
ôter en frottant 3157
ôter le bouchon 937
ôter ou user en frottant 47
ouatage 4425
ouate 4422
ouate cellulosique 4510
ouate de verre 1544
ouate en pâte de bois 4510
ouater 4423
ourlet 3574

S

U

V

Italiano (Findex)

A

874

G

H

M

N

nastri in tessuto 328
nastri sottili 770
nastro 1626
nastro 345
nastro a strappo 231
nastro a strappo 235
nastro a strappo del corpo 3275
nastro adesivo 2073
nastro adesivo rinforzato con fibre 1468
nastro adesivo sulle due facce 4567
nastro autoadesivo 2052
nastro autoadesivo 3553
nastro continuo 927
nastro decorativo 3424
nastro decorativo 4532
nastro di alluminio 126
nastro di banda stagnata 4436
nastro di carta 2863
nastro di carta adesiva 2069
nastro di carta adesiva 2877
nastro di carta gommata 1615
nastro di carta gommata 2864
nastro di chiusura 431
nastro di "clips" 582
nastro di copertura 8
nastro di ritorno 3261
nastro gommato 1603
nastro gommato 1612
nastro gommato 2051
nastro gommato per nastratura da parte dei
   produttori 3854
nastro per angoli 4483
nastro per avvolgimento 4009
nastro sottilissimo 1111
nastro stampato 367
nastro termoadesivo 1736
nastro termosaldante 1738
nastro trasportatore 1246
nastro trasportatore 1627
nastro trasportatore a maglie 1558
nastro trasportatore a raffreddamento 1247
nastro trasportatore continuo 1221
nastro trasportatore (trasportatore a nastro)
   348
né arrotolata) 2949
nebulizzare 253
negozio "self-service" (negozio a libero
   servizio) 3551
nervatura 3574
nervatura 4285
nervatura di rinforzo 4285
neutro 3304

nido d'ape 4360
nitrato di cellulosa 563
nitrocellulosa 2697
nitrocellulosa 563
non a tenuta 790
non accostare qui il carrello! 3733
non acido 3304
non capovolgere! 1949
non capovolgere! 2672
non chiudibile 2686
non conduttore 2680
non congelabile 1399
non dovrebbe più essere usato nel linguaggio
   tecnico) 544
non estensibile 4048
non fibroso 2677
non flessibile 3719
non flessibile 3741
non flessibile 4050
non gettare! 2673
non imballato 4079
non infiammabile 2675
non intorbidante 2685
non magnetico 4068
non opaco 1512
non otturabile 2686
non riproducibile 2682
non rovesciare! 2671
non rovesciare 2018
non siccativo 2684
non sinonimo di scatola) 1969
non strappabile (non lacerabile) 4081
non trasparente 2763
non trasparente 4059
non trattato 4049
non usare ganci! 1644
non usare ganci! 1999
non velenoso 1506
non volatile 2678
non volatile 3525
norma 2700
norma 4350
norma DIN 676
norma ISO 1894
normalizzare 2702
normalizzare 1431
normalizzazione 2707
normalizzazione 3994
numeratore 2708
numero di cadute necessario per la rottura del
   prodotto o dell'imballaggio 1012

Q

R

resistenza allo strappo 3292
resistenza allo strappo 4440
resistenza allo strappo 4548
resistenza all'ossidazione 2771
resistenza all'umidità relativa 3178
resistenza all'urto 3393
resistenza all'urto 3780
resistenza all'usura 4250
resistenza dei colori 1060
resistenza della adesione 447
resistenza della carta all'incollatura 2403
resistenza della giunzione 447
resistenza della laminazione 4125
resistenza della saldatura 2641
resistenza di accoppiamento 1981
resistenza di isolamento 1878
resistenza relativa all'umidità 2649
resistenza superficiale 2737
rete 2664
rete metallica 2486
rete metallica 2487
rete per imballaggio 4217
retino 3129
retraibilità 3461
retrarre 250
retrarre 3462
retrarre 4557
retrarsi 3462
retrarsi 4557
retrazione 3471
retrazione retraibilità 3534
riaprire 4475
riavvolgere 272
ribobinare 272
ricaricare 2626
ricerca sull'imballaggio 4208
richiudere 4476
riciclaggio 3148
riciclaggio 4478
riciclaggio dei rifiuti 18
riciclo 4478
ricoprire 4003
riduzione di assortimento 3992
riduzione di tipi 3992
riempiemento a temperatura ambiente 1335
riempimento 1354
riempimento a bassa temperatura 1334
riempimento a freddo 1334
riempimento a freddo 1908
riempimento a temperatura ambiente 750
riempimento con gas di protezione 374
riempimento dal fondo 4070

riempimento di bottiglie 22
riempimento eccessivo 4000
riempimento in aerosol per conto terzi 95
riempire 1331
riempire 25
riempire 2626
riempire 373
riempire e chiudere/sigillare 1297
riempire e chiutere/saldare 241
riempire i barattoli 705
rifilare 32
rifilare 407
rifinitura 2624
rifinitura della superficie 2735
rifiuti domestici 1714
rifiuto 14
rifiuto 300
rigidità 1307
rigidità 3721
rigidità 3742
rigidità alla flessione (piegatura) 442
rigidità di rimbalzo 3263
rigido 1691
rigido 3719
rigido 3741
rigido 4050
rigonfiamento 3097
rigonfiamento 4494
rigonfiamento da idrogeno 4418
rigonfiare 274
rigonfiarsi 415
rinforzamento 4283
rinforzare 4280
rinforzare con tassello 386
rinforzato con fibra di vetro 1533
rinforzato con nylon 2712
rinforzo 4283
ripetizione del disegno 3126
ripiegatura 1038
riproducibile 3180
rischio di trasporto 3935
risciacquare 3668
risma 3186
ritorno della molla 1105
riutilizzabile 611
rivelatore di metalli 2564
rivelatore di perdite 4057
rivestimenti interni 1854
rivestimento 1364
rivestimento 291
rivestimento 3366
rivestimento 398

S

sacchetto 417
sacchetto a fondo circolare 3282
sacchetto a fondo incrociato 2241
sacchetto a fondo piatto 1170
sacchetto a fondo piatto 3691
sacchetto a fondo piatto 496
sacchetto a fondo quadro a soffietto 489
sacchetto a fondo quadro ad apertura
  automatica 3608
sacchetto a fondo quadro con apertura
  automatica 488
sacchetto a fondo quadro 2111
sacchetto a fondo rinforzato 497
sacchetto a forma tubolare con fondo piatto
  (autoportante) 3985
sacchetto a più pareti 1409
sacchetto a più strati 1409
sacchetto a rete 2665
sacchetto a saldatura laterale 3586
sacchetto a soffietto 3541
sacchetto a valvola 4106
sacchetto anticondensazione 181
sacchetto autoportante 3740
sacchetto campione 2617
sacchetto campione postale 2620
sacchetto composito 2140
sacchetto composito 419
sacchetto con beccuccio versatore 421
sacchetto con cuciture laterali e lembo
  incollato 3826
sacchetto con finestra 1117
sacchetto con fondo portante 3740
sacchetto con lembo di chiusura e tasca
  2045
sacchetto con lembo di chiusura 2044
sacchetto con maniglia 3918
sacchetto con maniglia 3924
sacchetto con sacchetto interno 422
sacchetto conico 2154
sacchetto conico 420
sacchetto da asporto 3856
sacchetto da far bollire 2122
sacchetto da film tubolare 3395
sacchetto da trasporto 3928
sacchetto di carta 2867
sacchetto disidratante 3962
sacchetto doppio 681
sacchetto interno 1851
sacchetto interno 880

sacchetto piatto con due cuciture
  longitudinali 4566
sacchetto piatto con incollatura parallela
  1171
sacchetto pieghevole 1018
sacchetto portante 3928
sacchetto saldato su tre lati 744
sacchetto sterilizzato (in autoclave) 3754
sacco 3296
sacco a fondo circolare 3282
sacco a fondo incrociato 2242
sacco a fondo incrociato 3414
sacco a fondo piatto 1179
sacco a grande capacità 2535
sacco a grande capacità 4039
sacco a pareti multiple 1582
sacco a più strati 2535
sacco a rete 2667
sacco a valvola 4106
sacco di carta 2874
sacco di carta accoppiata a polietilene 2988
sacco di juta 1904
sacco in cotone 355
sacco inseribile 884
sacco interno 1860
sacco interno 886
sacco per rifiuti con supporto 2607
sacco pieghevole 1019
saldabile 2437
saldabile 3514
saldare 2439
saldare a freddo 1937
saldare a fuoco 1700
saldare a lembi combacianti 3833
saldare per sovrapposizione 4004
saldare sottovuoto 4093
saldare su diversi punti 3082
saldatrice ad alta densità 1773
saldatrice ad impulsi 1839
saldatura 2639
saldatura 3515
saldatura 3520
saldatura 3587
saldatura 4266
saldatura a caldo 1735
saldatura a caldo 1746
saldatura a caldo 3582
saldatura a contatto 2175
saldatura a doppia L 688
saldatura a freddo 1938
saldatura a freddo 1940
saldatura a freddo 3557

stampigliare 3330
stampigliare 3751
stampigliatura 216
stampigliatura 3750
stampigliatura 408
stampino 3329
stampino 3749
stampo 1290
stampo 1629
stampo 3033
stampo 470
stampo a pressione 1314
stampo ad iniezione 3653
stampo manuale 1672
stampo maschio 2912
stampo per colaggio 1502
stampo per compressione 3050
stampo per formatura a caldo 327
stampo per soffiaggio 470
stampo per trasferimento 3660
stampo positivo 1336
stampone durevole 612
standardizzare 2702
standardizzare 3688
standardizzare 4140
standardizzato 1431
standardizzato 2704
standardizzazione 2707
standardizzazione 3994
standardizzazione dell'imballaggio 4218
stappare 937
stato di equilibrio 3272
stazione di riscaldamento 951
stelo della valvola 4107
stencil 3329
stereotipia 2959
stereotipia 3752
sterile 1997
sterile 3753
sterilizzare 1998
sterilizzare 3755
sterilizzare 936
sterilizzato 1997
sterilizzatore 3757
sterilizzazione breve ad alta temperatura
    1775
stingersi 13
stipare 4556
stirare 3147
stirare 3793
stirare 4527
stirene-acrilonitrile 3837

stivare 4286
stoffa 3769
stoppaccio per guarnizione 665
strappabile 4518
strappare 3169
strappare 4519
strato 2331
strato 3365
strato di base 4074
strato di copertura 632
strato di feltro 1166
strato di laminazione 3370
strato inferiore 4074
strato intermedio 4575
strato intermedio 4578
strato interno 1861
strato isolante 1889
strato pigmentato 2946
strato protettivo 3500
strato superiore 2739
stress biologico 455
strofinare 3157
strofinare 3364
strumento di misura 2554
strumento di misurazione 2552
strumento di misurazione 2559
strumento per l'apertura 2748
struttura a nido d'ape 1816
struttura di paletta con intelaiatura mobile
    2821
struttura di rinforzo angolare 819
struttura fibrosa 1079
sturare 937
substrato 3838
substrato 3915
(sud)dividere 254
sughero 2199
supercalandra 3319
supercalandrato 1779
superficie 2716
superficie antiscivolante 3831
superficie brillante 2717
superficie di appoggio 3828
superficie di base 1587
superficie di contatto 2171
superficie di contatto 3162
superficie di frizione 3162
superficie di supporto 224
superficie liscia 2718
superficie lucida 2717
superficie non levigata 2720
superficie ondulata 2721

U

Z

Español (Findex)

A

a baja temperatura 1908
a fricción 2911
a granel 2446
a granel 2501
a granel 2503
a granel 4079
a la compresión 530
a la fisuración 3206
a la flexión 2118
a la fricción 3158
a la rotura 3170
a la rotura por tracción 534
a la tensión 3170
a la tracción 3170
a los microbios 2579
a los olores 1443
a mano 1669
a mano 2478
a máquina 2489
a partir de la bobina alimentado/a 3226
a partir de la hoja 511
a plena carga 4329
a presión 2910
a prueba de robo 670
abajo! esta parte hacia abajo! 4069
abarquillarse 4300
abatible 839
abertura 2745
ablandar 269
abombamiento 4494
abombarse 4490
abrasión 53
abridor de cajas 2032
abrillantar 3318
abrir 2744
abrir por aquí! 1760
absorbente de humedad 65
absorbente de vapor de agua) 2013
absorbente del vapor de agua. 180
absorber 594
absorber 65
absorber 66
absorción 3603
absorción de agua 4405
absorción de humedad 1140
absorción del vapor de agua 68
acabado 1122
acabado 187
acabado 2723

acabado 2724
acabado 2726
acabado 926
acabado final 2624
acabado superficial 2722
acabado superficial 2735
acabar 186
acanalada 3575
acanalado 1
acanalado 3191
acanalado 3192
acanalado 4285
acanalado 4449
acanalado b ,48 cm 323
acanalado E 811
acarreo 3914
accesorio de manipulación 1677
accessorio de cierre 4253
acción elástica 1102
acción manual 1669
acción o reacción del resorte 1105
aceitada 2751
aceitado 2749
aceite protector contra el óxido 2165
aceleración de la caída 1002
acelerador 405
acero angular 4482
acero compuesto 4129
acetato de celulosa 561
acetato de polivinilo (APV) 3000
acetato de polivinilo (PVAC) - Fluorurode
    polivinilideno (PVDF) 3085
acetobutirato de celulosa 562
acidez 322
acidez 3307
acidífero 3308
acolchado 2976
acolchar 296
acolchar 2974
acomplejado 2346
acomplejar 396
acondicionar 2152
acoplador 404
acrilo-nitrilo 89
acrilonitrilo estireno 3837
actividad alcalina 113
actúan generalmente al ser accionadas por
    monedas que se introducen en la ranura de
    que van provistas al objeto) 283
actuar 4488

C

M

N

P

Q

recubrir 397
recubrir 4026
recubrir con brocha 212
recubrir de cera 4364
recubrir o revestir por extrusión-laminado 398
recubrir por inmersión 3858
recuperable 2399
recuperable 3262
recuperable 613
red 2664
red 3129
red de envasar 4217
red metálica 2487
red tubular 2668
red tubular para envasar 2669
redonda contenido < 60 l) 1947
redondela 3357
redondela para el tapón-corona 2250
reducción de tipos 3992
reembalar 4032
reforzado 1523
reforzado con nilon 2712
reforzado o armado con fibras de vidrio 1533
reforzar 3680
reforzar 4280
reforzar 4287
reforzar con varillas 386
refractario 1148
refractario 1762
refractario 4370
refrigeración 2262
refrigeracón 1912
refrigerador 1405
refrigerador 2259
refrigerante 36
refuerzo 4283
refuerzo 4292
refuerzo angular o de las esquinas 819
registrador 3155
registrador de los choques 3781
regla o norma de ensayo 3060
reglaje 3152
regulable 3151
regulación 3182
regulador de nivel 1242
regulador del peso 1474
rellenar 296
relleno 2972
relleno de ángulos 1952
relleno de cartón ondulado 4461
relleno de guata 4425
reluciente 2717

remachada 2696
remachadora 2695
remachar 2694
remache 4005
remanente 639
remate 2693
remojar 3858
remojo 3857
rendimiento 2709
rendimiento 3834
repelente al agua 4403
repesar 2629
repetición del dibujo 3126
replegar 1045
reproducible 3180
requisito 2706
resbalar 1552
resbalar 3293
resguardar 3485
residuo 300
residuo 3266
residuos 124
residuos 2606
residuos 2609
residuos domésticos 1714
resilencia 3267
resina 1707
resina acetónica 87
resina acrílica 88
resina alílica 120
resina alquídica o alcídica 117
resina artificial 3848
resina colada 1503
resina de anilina-formaldehido 168
resina de laminación 2347
resina de moldeo 3417
resina de vinilo 4320
resina dura 1698
resina epoxy 950
resina fenólica 2942
resina moldeada 1503
resina natural 2657
resina para colar o fundir 1503
resina sintética 2275
resina sintética 3848
resina soluble 1709
resina termoendurecible 1708
resina vinílica 4320
resinar 1710
resistencia 1127
resistencia 2771
resistencia 3393

S

T

U

V

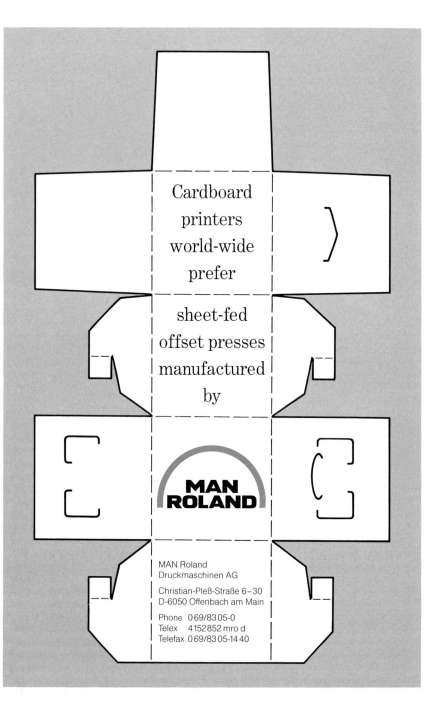

Cardboard
printers
world-wide
prefer

sheet-fed
offset presses
manufactured
by

MAN ROLAND

MAN Roland
Druckmaschinen AG

Christian-Pleß-Straße 6–30
D-6050 Offenbach am Main

Phone 069/8305-0
Telex 4152852 mro d
Telefax 069/8305-1440

Fibre Drums

"Clima-Pak®" and "all Fibre" – efficient packaging concepts based on fibre/thermoplastic adhesive laminate from Van Leer

DOT-21C-250
IG/X 85/S/87
7413 081/792

IG/X87/S/86/D/1290/VLD
070/50

an Leer
erpackungen GmbH
m Westhover Berg 30
000 Cologne 90
el. 02203/1003-0
elex 8874518 vlvp d
elefax 02203/100337

Van Leer
Packaging

High Tech aus einer Hand.
Extrusion, Druck,
Veredlung, Konfektionierung.

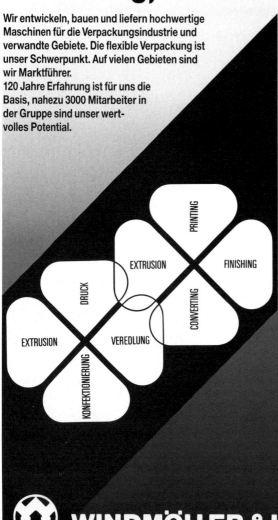

Русский (Findex)

Б

1017

воздушное включение 2457
воздушносухой 2462
воздушный пузырь 846
воздушный пузырь 2451
воздушный пузырь 2457
воздушный тарнспорт 2467
войлок 1632
войлочная прокладка 1164
войлочное уплотнение 1163
войлочный полировальный диск 1165
волнистая пластмасса 4450
волнистая поверхность 2721
волнистое железо 4447
волнистый 1469
волнистый картон 4449
волокнистая масса 1073
волокнистая плита 1075
волокнистое вещество 1077
волокнистое сырьё 1077
волокнистый 1071
волокнистый материал 1077
волокнистый наполнитель 1072
волокнистый полуфабрикат 1654
волокнит 1072
волокно 1068
волокно 3638
волокно бумажной массы 2869
волокно целлюлозы 4504
волос 1613
волос 1631
волюметрический 4339
воронка 3954
воск 4363
воск для вощения методом погружения
 888
воск для ламинирования 2348
воск для склеивания 2081
воск из расплава из термопластов 249
воспламеняемость 525
воспламеняемость 935
воспламеняемый 949
воспламеняющийся 524
воспламеняющийся 934
восприимчивость 226
восприимчивый к плесневению 3383
восприимчивый к ударам 3778
воспроизводимый 3180
вощанка 4366
вощёная бумага 4366
вощить 4364
впитываемость 3324
впитывающая бумага 3325

впитывающая способность 3324
ВПИ-бумага 4356
впрыскивать 879
впрыскивающее сопло 776
впускной клапан 1356
вращательное движение 3253
вращаться синхронно 3846
вращающийся 3256
вращающийся барабан 3835
вращающийся подающий стол 3257
вращающийся шестигранный
 испытательный барабан 3835
временный стандарт 4349
временный стандарт 2703
время жизни 1665
время выдержки 1635
время выдержки перед склеиванием 4402
время гелеобразования 1428
время желатинизации 1428
время затвердевания 958
время схватывания 1635
время схватывания 4
время схватывания 958
вручную 2478
всасывающая способность 3324
всасывающий вентилятор 2448
вскрывать 2744
вскрытие тары 147
вспененный полистирол 1449
вспененный полистирол 2996
вспенивание 3341
вспениваться 298
вспитывающая способность 226
вспомогательное вещество 1761
вспомогательное средство 1761
вспомогательное уплотняющее средство
 4253
вспомогательное устройство для отбора
 942
вспомогательное устройство для
 открывания 2747
вспомогательные упаковочные средства
 2789
вспомогательный материал 1761
вспомогательный упаковочный аппарат
 2787
вспучивание 3097
вспучиваться 415
вставка 865
вставка из упаковочного материала 2792
вставляемая друг в друга 2663
встречающиеся клапаны 4259

Д

Е

естественная смола   2657

Ж

З

И

1036

О

Р

решетчатый ящик 2362
решетчатый ящичный поддон 1510
ржаветь 2208
ржаветь 3243
ржаветь 4228
ржавчина 3241
рилевочно-резальная машина 3197
рильаппарат и рицаппарат 3197
рифлевать 4448
рифление 3191
рифленная поверхность 2721
рифленый картон 3190
рифленый лист 3189
pH-метр 2940
ровная поверхность 2718
розничная упаковка 898
розничная упаковка 899
ролевая бумага 3230
ролик 3224
роликовый конвейер 3228
роликовый транспортер 3228
роль 3224
рольганг 3228
ротационная глубокая печать 3255
ротационная офсетная машина 2759
ротационная печатная машина 3254
ротационная печать 3255
ротация 3254
рукав 3222
рукав 3394
рукавная пленка 3397
рукоятка 1569
рукоятка 1755
рукоятка 1674
рулон 3224
рулон бумаги 2873
рулон ленты для склейки 2071
рулон пленки 1282
рулон упаковочного материала 2804
рулон фольги 1282
рулонная подача 3226
рулонная подача 3232
руно 4328
ручка 3920
ручка 3919
ручка 1569
ручка 1674
ручка 1755
ручка 545
ручка в виде планки 3921
ручная подача 1685
ручная подача 4544

ручная подъемная тележка 1680
ручное управление 1669
ручной 2478
ручной штабелеукладчик 1684
рычажная крышка 151
рычажная крышка 2910
рычажная крышка 3619
рычажная крышка 1718
рычажная крышка 2120
рычажная крышка 3871
рычажная крышка 836
рычажная крышка 849
рычажная крышка 881
рычажная пробка 1718
рычажная пробка 547
рычажный затвор 1718

С

с битумной прослойкой 203
с крупной волной 1574
с пластмассовым покрытием 2289
с покрытием медью 2302
с полистной подачей 511
с ручной подачей 1685
с ручным приводом 1668
с ручным управлением 1668
с самонакладом 3549
с течью 4053
с трещинами 3208
садящаяся упаковка 3467
садящаяся этикетка 3463
самовоспламеняющийся 3552
самозапирающийся 3560
самоклейкая лента 2052
самоклейкая лента 3553
самоклейкость 1940
самоклейкость 3557
самоклеящая лента 2052
самоклеящая лента 3553
самоклеящий 2082
самоклеящий 3555
самонесущий 3561
самообслуживание 3550
самооткрывающаяся сумка 488
самооткрывающаяся сумка 3608
самооткрывающийся 3559
самописец 3155
самоприклеивающаяся бумага 3556
самоприклеивающаяся бумага 1939
самоприклеивающаяся лента 2052

Т

X

Ц

Щ

Э

чувствительный к воздействию воздуха
    2458
чувствительный материал   922
чувствительный товар   922
шуруп   2622
шуруп   3450
шуруп   1804
(филаментная) нить   1372
(художник-)оформитель тары   4209
Vцелл-крепV   4510